Untreueschutz der GmbH gegen den übereinstimmenden Willen der Gesellschafter?

Europäische Hochschulschriften
Publications Universitaires Européennes
European University Studies

Reihe II
Rechtswissenschaft

Série II Series II
Droit
Law

Bd./Vol. 4676

PETER LANG
Frankfurt am Main · Berlin · Bern · Bruxelles · New York · Oxford · Wien

Andrea Lichtenwimmer

Untreueschutz der GmbH gegen den übereinstimmenden Willen der Gesellschafter?

PETER LANG
Internationaler Verlag der Wissenschaften

Bibliografische Information der Deutschen Nationalbibliothek
Die Deutsche Nationalbibliothek verzeichnet diese Publikation in der Deutschen Nationalbibliografie; detaillierte bibliografische Daten sind im Internet über <http://www.d-nb.de> abrufbar.

Zugl.: Passau, Univ., Diss., 2007

D 739
ISSN 0531-7312
ISBN 978-3-631-56757-9

www.peterlang.de

Meinen Eltern

VORWORT

Die vorliegende Arbeit wurde im Wintersemester 2006/2007 von der Juristischen Fakultät der Universität Passau als Dissertation angenommen. Das Manuskript wurde im Januar 2007 abgeschlossen.

Mein besonderer Dank gilt meinem Doktorvater, Herrn Professor Dr. Werner Beulke, der das Thema angeregt hat, für seine stete Bereitschaft, den Fortgang der Arbeit mit wertvollen Anregungen zu fördern. Er hat mir bei der Bearbeitung den notwendigen inhaltlichen Freiraum gelassen und mich stets mit fachlichem Rat und persönlichem Verständnis begleitet.

Herrn Professor Dr. Jan Wilhelm danke ich für die rasche Erstellung des Zweitgutachtens.

Besonderer Dank gebührt meinen Eltern, die mir die Anfertigung dieser Arbeit erst ermöglicht haben. Sie sicherten die finanzielle Basis meines Studiums und unterstützten mich auch sonst auf jede erdenkliche Weise. Ihnen ist die Arbeit gewidmet.

Schließlich danke ich allen, die mich während der Entstehung der Arbeit unterstützt haben.

München, im November 2007 Andrea Lichtenwimmer

Inhaltsverzeichnis

Einleitung

„Sofern nicht einer der klassischen alten Fälle der Untreue vorliegt, weiß kein Gericht und keine Anklagebehörde, ob § 266 StGB vorliegt oder nicht. Man behilft sich meist damit, dass man § 266 mit heranzieht, wenn der Fall besonders schwerwiegend erscheint." Betrachtet man die GmbH-rechtliche Untreue, liegt es nahe anzunehmen, dass *Hellmuth Mayer*[1] seinen resignativen Ausspruch an einer ihrer Causes célèbres erdacht hat.[2] Seit etwa einhundert Jahren beschäftigt sich die Rechtsprechung mit der Strafbarkeit des Geschäftsführers bei einvernehmlichen Auszahlungen aus dem Haftungsfonds der GmbH.[3] Die Literatur hat die Entwicklung intensiv begleitet.[4] Kaum eine Frage im Grenzbereich zwischen Strafrecht und Gesellschaftsrecht wird so kontrovers diskutiert wie die nach den Voraussetzungen, unter denen die schädigende Minderung des Gesellschaftsvermögens durch den Geschäftsführer trotz der Zustimmung der Gesellschaftergesamtheit als Untreue zu würdigen ist. Die Bestimmung der Reichweite der Dispositionsbefugnis der Gesellschafter ist mittlerweile eine klassische Streitfrage des GmbH-Strafrechts. Die Fernwirkungen der vornehmlich strafrechtlich geführten Diskussion auf das heutige Gesellschaftsrecht sind beachtlich. So ist die kürzlich vollzogene Abkehr des II. Zivilsenats des BGH von der Haftung im qualifiziert faktischen Konzern und dessen Ersetzung durch die Existenzgefährdungshaftung in der Entscheidung *Bremer Vulkan*[5] nicht zuletzt auf die strafrechtlichen Vorarbeiten im Bereich der GmbH-Untreue zurückzuführen.[6] Trotz der jahrzehntelangen Eingrenzungs- und Systematisierungsbestrebungen von Rechtsprechung und Lehre sind die Konturen des Untreuetatbestands noch immer nicht klar definiert. Der Mangel an trennscharfer, dem Bestimmtheitsgrundsatz Rechnung tragender Handlungsanweisung zeigt sich besonders deutlich im gesellschaftsrechtlichen Bereich, wo die strafrechtliche Pflichtwidrigkeit einer Handlung unter Rückgriff auf den gesellschaftsrechtlichen Pflichtenmaßstab beurteilt werden soll.[7]

---

[1] *Mayer*, Materialien zur Strafrechtsreform, Bd. 1, S. 337.

[2] Die Sentenz ist mittlerweile zum geflügelten Wort avanciert. Eine Auswahl der in jüngster Zeit reichlich sprießenden Zitatstellen findet sich bei *Busch*, Konzernuntreue, S. 1; *Rose*, wistra 2005, 281, 282; *Saliger*, ZStW 112 (2000), 563.

[3] Die ersten Entscheidungen des Reichsgerichts datieren vom Anfang des letzten Jahrhunderts; RGSt 42, 278; 71, 353.

[4] Vgl. nur die Monographien von *Birkholz*, Untreuestrafbarkeit; *Flum*, Strafrechtlicher Schutz der GmbH und *Kaufmann*, Organuntreue. *Kohlmann*, Strafrechtliche Verantwortlichkeit, Rn. 170 ff.; *Ulmer*, in FS Pfeiffer (1988), 853; *Wodicka*, Untreue zum Nachteil der GmbH.

[5] BGHZ 149, 10. Strafrechtliche Aufarbeitung in BGHSt 49, 147.

[6] *Röhricht*, in FS 50 Jahre BGH (2000), 83, 88 Fn. 24. Kritisch *Schünemann*, LM § 309 AktG 1965 5/2002, 901, 902, der die Abkehr vom qualifiziert faktischen Konzern als „Rechtsrückbildung" bezeichnet.

[7] Kritisch zu Extensionstendenzen bei der Untreue *Saliger*, ZStW 112 (2000), 563.

Ursprünglich entzündete sich die Diskussion um die GmbH-rechtliche Untreue an der (tatsächlich oder vermeintlich) widersprüchlichen Behandlung der einschlägigen Sachverhalte durch die Straf- und die Zivilgerichte.[8] Das Strafrecht verpflichte den Geschäftsführer auf die Betreuung der selbständigen Vermögensinteressen der GmbH und verbiete ihm gleichzeitig, zivilrechtlich zulässigen und verbindlichen Weisungen der Gesellschafter nachzukommen.[9] *Nelles*, die 1991 monographisch auf das Problem hingewiesen hat, prägte das Schlagwort der „Normfalle"[10]. Es sei widersprüchlich, den Geschäftsführer für zivilrechtlich gebotenes Verhalten wegen Untreue zu bestrafen. Im Jahr 1999 haben die Straf- und Zivilgerichte auf die Kritik aus dem Schrifttum reagiert und ihre Positionen zur Reichweite von Gesellschafterbeschlüssen, die das Verhalten des Geschäftführers sanktionieren, einander angenähert.[11] Der nunmehr propagierte Gleichlauf der Kriterien in Zivilrecht und Strafrecht sollte Anlass sein, erneut über die Vermögensdispositionsbefugnis der Gesellschafter und deren Reichweite nachzudenken. Die zivilrechtlichen Beschränkungen der Gesellschafter müssen nicht zwingend in das Strafrecht übernommen werden;[12] das ergibt sich schon aus der Eigenständigkeit der einzelnen Rechtsgebiete.[13] Zudem hat die mit viel Nachdruck geführte Diskussion um die sachgerechte Ausdifferenzierung der Reichweite der Gesellschafterzustimmung im Strafrecht lange Zeit die Frage in den Hintergrund gedrängt, ob mit der Untreue der dogmatisch richtige Ansatzpunkt für die strafrechtliche Würdigung des Verhaltens des Geschäftsführers gefunden ist.[14] Neben oder anstelle der Untreue könnten die Bankrottdelikte (§ 283 Abs. 1 StGB – Handeln in der Krise – oder § 283 Abs. 2 StGB – Herbeiführen der Krise durch eine Bankrotthandlung) einschlägig sein. Während beim Einzelkaufmann und der Personengesellschaft der widerrechtliche Entzug von Vermögen in der Krise als Bankrottdelikt auch dann strafbar ist, wenn der Inha-

---

[8] Vgl. *Kohlmann*, in FS Werner (1984), 387; *Labsch*, wistra 1985, 1; *ders.*, JuS 1985, 602.

[9] Aus strafrechtlicher Sicht *Gribbohm*, ZGR 1990, 1; aus zivilrechtlicher Sicht *Fleck*, ZGR 1990, 31.

[10] Untreue zum Nachteil von Gesellschaften, S. 267 und passim.

[11] BGH vom 20.7.1999, 1 StR 668/98, NZG 2000, 307 m. Anm. *Zeidler* = NJW 2000, 154 (strafrechtlich) und BGH vom 21.6.1999, II ZR 47/98, NZG 1999, 1001 (zivilrechtlich). Mit den Urteilen Bremer Vulkan (BGHZ 149, 10), L. Kosmetik (BGHZ 150, 61) und KBV (BGHZ 151, 81) hat die Zivilrechtsprechung den Existenzschutz der GmbH anerkannt; ausführlich *Rubner*, „Solvat socius" statt „caveat creditor"?, S. 92 ff.

[12] Kritisch zur strafrechtlichen Rechtsprechung Rowedder/Schmidt-Leithoff/*Pentz*, GmbHG, § 3 Rn. 50; Roth/Altmeppen/*Altmeppen*, GmbHG, § 43 Rn. 129.

[13] *Achenbach*, in GS Schlüter (2002), 257, 273; *Lüderssen*, in FS Lampe (2003), 727, 728; *Tiedemann*, in FS Weber (2004), 319, 323; *ders.*, Wirtschaftsstrafrecht, S. 67.

[14] Symptomatisch die Einschätzung von *Ransiek*, ZStW 116 (2004), 634: „§ 266 StGB passt immer." Dabei ist die Vereinnahmung des Untreuetatbestands Folge einer seit den frühen siebziger Jahren festzustellenden Tendenz zur sozialen Wahrnehmung und strafrechtlichen Verfolgung von Wirtschaftskriminalität, so *Kubiciel*, NStZ 2005, 353 Fn. 1.

ber bzw. alle Gesellschafter zustimmen, lehnen Rechtsprechung und Lehre aufgrund der so genannten Interessentheorie eine Bankrottstrafbarkeit des Geschäftsführers der GmbH ab und schließen eine Anwendbarkeit der Insolvenzdelikte auf die in der Praxis häufigsten Insolvenzfälle, nämlich solche der GmbH, weitgehend aus.[15] Dass der Tatbestand des Bankrotts das Interesse der Massegläubiger an einer möglichst weitgehenden Befriedigung abhängig davon schützt, ob der Geschäftsführer das Schuldnervermögen im eigenen oder im Gesellschaftsinteresse vermindert, ist jedenfalls nicht unmittelbar einsichtig. Die unterschiedlichen Auffassungen bei den Bankrottdelikten korrespondieren mit einer unterschiedlichen Bewertung der Schutzobjekte bei der Untreue. Ungeachtet dessen, dass bei Personengesellschaften vertreten wird, eine Schädigung des Vermögens der Gesellschaft reiche nur dann für eine Bestrafung nach § 266 StGB aus, wenn materiell das Vermögen eines Gesellschafters geschädigt ist, bezieht die herrschende Auffassung bei der GmbH den Schutz der aktuellen und potentiellen Gläubiger der GmbH, denen zur Befriedigung ihrer Forderungen eine Vermögensmasse erhalten werden soll, in den Schutz des Tatbestands mit ein.[16] Es erscheint nicht unplausibel, dass die strafrechtliche Dogmatik der GmbH-Untreue Gläubigerschutzaspekte zu sehr in den Vordergrund stellt und die eigene Rechtspersönlichkeit der Gesellschaft sowie die Interessen der Gesellschafter aus dem Blick verliert.

Mit der vorliegenden Arbeit soll der Versuch unternommen werden entgegen der herrschenden Auffassung zu begründen, dass eine Untreuestrafbarkeit des Geschäftsführers, der Auszahlungen aus dem Haftungsfonds der GmbH vornimmt, bei Zustimmung aller Gesellschafter nicht anzuerkennen ist. Es soll aus der Sicht des Strafrechts untersucht werden, ob die gesellschaftsrechtlichen Beschränkungen des Gesellschafterzugriffs auf das Vermögen der GmbH in das Strafrecht transformiert werden können. In Abkehr von der ganz einhelligen Auffassung in Literatur und Rechtsprechung soll betrachtet werden, ob die Ausrichtung auf die untreuerechtlichen Vorschriften nicht fehlsam ist, wobei zu zeigen sein wird, dass sich dieses Ergebnis aus strafrechtsdogmatischen Erwägungen ableiten lässt.

Die Diskussion über die Struktur und Ausrichtung des Kapitalschutzrechts deutscher Prägung, die derzeit geführt wird, ist ebenfalls ein Anlass, die straf-

---

[15] BGHSt 28, 371; 30, 127; 34, 222, 223; *Demuth-Schneider*, BB 1970, 642, 644; *Tröndle/Fischer*, StGB, § 14 Rn. 5. Zur Kritik an der Interessenformel siehe *Arloth*, NStZ 1990, 570; *Labsch*, Jura 1985, 5; *Winkelbauer*, JR 1988, 33, 34.

[16] BGH vom 29.11.1983, 5 StR 616/83, StV 1984, 119, 205; vom 22.2.1991, 3 StR 348/90, wistra 1991, 183; Maurach/Schroeder/Maiwald/*Maiwald*, Strafrecht BT/1, § 45 Rn. 42; *Schulte*, NJW 1984, 1671.

rechtliche Sanktionierung der beschriebenen Verhaltensweisen zu hinterfragen. Eine dogmatische Unschärfe zeigt sich möglicherweise daran, dass trotz jahrzehntelanger intensiver Auslegungsarbeit die Geschäftsführerhaftung in den Fällen der einvernehmlichen Auszahlung aus dem Haftungsfonds der GmbH keine sicheren Konturen gewinnen konnte. Es greift aber zu kurz, die Gründe dafür ausschließlich in den tatbestandlichen Unsicherheiten der weit geratenen Untreuevorschrift zu suchen. Jedenfalls die Diskussion um die verfassungsrechtlichen Grenzen der Vorschrift soll nicht nachgezeichnet werden.[17] Eine rechtsstaatlich akzeptable Auslegung der Vorschrift ist trotz der Weite und einer gewissen Unterbestimmtheit der Tatbestandsmerkmale, insbesondere beim Treuebruchtatbestand, möglich und soll nicht in Frage gestellt werden.[18]

Der „stark fächerübergreifende Charakter"[19] der Untreue bringt es mit sich, dass im Rahmen dieser Untersuchung über den „Tellerrand des Strafrechts" hinaus auf das Zivilrecht, insbesondere das Gesellschaftsrecht, geschaut werden wird. Die Vorgreiflichkeit zivilrechtlicher oder öffentlichrechtlicher Rechtsverhältnisse ist jedoch keine Besonderheit des Untreuetatbestands, sondern dem Strafrecht – wie zu zeigen sein wird – immanent. Die Berührungspunkte des Strafrechts mit dem Gesellschaftsrecht sind vielfältig und nicht völlig überschneidungsfrei. Auf Tatbestandsebene betrifft das die formelle Anknüpfung an gesellschaftsrechtlich vorgegebene Normen und Begrifflichkeiten sowie den Rückgriff auf zivilrechtliche Kriterien bei der Bestimmung der Vermögensbetreuungspflicht, auf Ebene der Pflichtwidrigkeit bzw. Rechtswidrigkeit die Übernahme zivilrechtlicher Schranken der Gesellschafterzustimmung in das Strafrecht. Auf Rechtsfolgenseite tritt die strafrechtliche Sanktion zu der gesellschaftsrechtlichen hinzu, wobei beide bestimmte, möglicherweise dieselben Verhaltensweisen des Alleingesellschafters sanktionieren. Erst in weiterer Hinsicht ist der zivilrechtliche Handlungsrahmen der Gesellschafter relevant. Erst wenn er abgesteckt ist, kann beantwortet werden, ob auch nach neuester Rechtsprechung eine korrekturbedürftige Diskrepanz in der Haftungsverfassung zwischen strafrechtlicher und zivilrechtlicher Sichtweise besteht, wie das auf Grundlage der

---

[17] Kritisch zur Bestimmtheit der Untreue *Saliger*, ZStW 112 (2000), 563 („an der Grenze der Verfassungswidrigkeit"); *Kargl*, ZStW 113 (2001), 565, 589 (Treuebruchtatbestand „genügt [...] nicht einmal herabgeminderten Ansprüchen an den Bestimmtheitsgrundsatz") sowie *Matt*, NJW 2005, 389 ff., der die gegenwärtige Strafrechtspraxis im Rahmen der Untreue als einen Übergriff der Moral auf den Bereich des Strafrechts qualifiziert; vgl. hierzu bereits *Labsch*, Untreue, S. 177 ff., der eine rechtsstaatlich akzeptable Auslegung des § 266 StGB gar für unmöglich hält. Jüngstens MünchKommStGB/*Dierlamm*, § 266 Rn. 3 („mit dem Bestimmtheitsgebot unvereinbar").

[18] Schönke/Schröder/*Lenckner/Perron*, StGB, § 266 Rn. 2; SK-StGB/*Samson/Günther*, § 266 Rn. 22 f.

[19] *Labsch*, Jura 1987, 343.

früheren Rechtsprechung häufig beklagt wurde.[20] Zugleich kann unter Umständen ein methodischer Vorsprung einer Disziplin geortet und für Zwecke der anderen genutzt werden.

Zunächst wird der bisherige Stand der Rechtsprechung anhand ihrer Entwicklung seit der reichsgerichtlichen Judikatur dargestellt und die Unsicherheiten angesprochen, die sich aufgrund der Anknüpfung an die Untreuevorschriften ergeben, sowie die Literaturauffassungen zu der Frage dargestellt. Es wird zu klären sein, ob der strafrechtliche Schutz der GmbH vor einvernehmlichen Vermögensverlagerungen mittels des Untreuetatbestandes bewirkt werden kann. Sodann wird nachgewiesen, wie das Insolvenzrecht strafwürdigen Verlagerungen von Gesellschaftsvermögen in das Privatvermögen der Gesellschafter – systemkonform und ohne tatsächliche Einbuße im Schutzniveau – begegnen kann. Wegen der Verzahnung mit gesellschaftsrechtlichen Fragestellungen ist es erforderlich, das Gesellschaftsrecht und die Mechanismen in den Blick zu nehmen, mit denen es Schutz vor widerrechtlichen Vermögensverlagerungen der Gesellschafter bietet.

Der Vorschlag nach der Wiedereinführung von untreuerechtlichen Sondertatbeständen soll nicht aufgegriffen werden.[21] Eine solche Maßnahme ist entbehrlich, da § 266 StGB sämtliche untreuerelevanten Fälle abdeckt. Die Untersuchung beschränkt sich auf die speziellen GmbH-rechtlichen Probleme bei einvernehmlichen Schädigungen der Gesellschaft. Fälle, in denen der Geschäftsführer eigenmächtig zum Nachteil der GmbH handelt, werden nicht weiterverfolgt und das ohne Unterschied, ob es zu einer Bereicherung des Geschäftsführers kommt oder nicht. Es kann nicht zweifelhaft sein, dass der Abschluss ungünstiger Verträge für die GmbH oder die Übernahme unangemessener Verpflichtungen zu Lasten der GmbH ebenso missbräuchlich ist wie übertriebene Repräsentationsaufwendungen.[22] Ebenfalls nicht behandelt werden die Fragestellungen, die sich bei Untreuehandlungen zum Nachteil einer Vor-GmbH stellen. Rechtsprechung und Literatur lehnen bislang einen Untreueschutz der Vor-GmbH vor einvernehmlichen Schädigungen ab.[23] Als Geschädigter der Untreue kommt

---

[20] Zum Vorwurf der Normdiskrepanz *Nelles*, Untreue zum Nachteil von Gesellschaften, S. 267, 275 und passim sowie *Meilicke*, BB 1988, 1261 und *Ulmer*, in FS Pfeiffer (1988), 853, 854.

[21] *Saliger*, ZStW 112 (2000), 563, 564.

[22] Zu den einzelnen Fallgruppen *Kohlmann*, Strafrechtliche Verantwortlichkeit, Rn. 198 ff.

[23] BGHSt 3, 23, 25; BGH vom 24.7.1991, 4 StR 258/91, wistra 1991, 24; vom 20.1.2000, 4 StR 342/99, wistra 2000, 178; *Bittmann/Pikarski*, wistra 1995, 91; *Gribbohm*, ZGR 1990, 1, 6; *Kohlmann*, in FS Geerds (1995), 675; a. A. *Grunst*, BB 2001, 1537; *Schäfer*, GmbHR 1993, 717 ff.; monografisch *Hentschke*, Untreueschutz der Vor-GmbH, der für ein Abrücken von dieser Auffassung aufgrund der neueren Rechtsprechung des BGH und dessen Paradig-

nach herrschender Auffassung nur ein mit dem Täter nicht identischer Vermögensträger in Betracht. Eine GmbH in Gründung kommt als verselbständigtes Gesamthandsvermögen einer juristischen Person zwar nahe, besitzt aber nicht die für die Untreuestrafbarkeit erforderliche eigene Rechtspersönlichkeit. Mit dem gleichen Argument wird eine Untreuestrafbarkeit zulasten einer Personengesellschaft abgelehnt. Dort sind die einzelnen Gesellschafter Vermögensinhaber; eine Schädigung des Gesamthandsvermögens der Gesellschaft ist nur insoweit für den Nachteil im Sinne des § 266 StGB bedeutsam, als damit gleichzeitig das Vermögen der Gesellschafter berührt wird.[24] Diese Grundsätze gelten auch für die GmbH & Co. KG mit der Besonderheit, dass schädigende Handlungen mittelbar einen untreuerelevanten Nachteil für die Komplementär-GmbH darstellen können.[25] Auch die im Zusammenhang mit der Untreuestrafbarkeit bei Personengesellschaften stehenden Fragen werden nicht weiterverfolgt.[26] Ebenfalls nur am Rande berücksichtigt werden die spezifischen Probleme, die sich im GmbH-Konzern stellen.[27] Da richtungweisende Entscheidungen bis in die jüngste Vergangenheit fehlten, ist die Untreue im Konzern zu Recht als „dogmatisches Dunkelfeld"[28] bezeichnet worden. Die Auswirkungen der konzernrechtlichen Verflechtung auf die Untreuestrafbarkeit der handelnden Personen in dem herrschenden bzw. dem abhängigen Unternehmen haben durch die Entscheidungen Bremer Vulkan verstärkte Aufmerksamkeit erfahren.[29] In konzernrechtlichen Sachverhalten bedarf die sachgerechte Bestimmung der strafrechtlich relevanten Pflichten der Organe der Obergesellschaft besonderer Aufmerksamkeit. Die in der Konzernstruktur angelegten Interessengegensätze zwischen herrschenden und abhängigen Unternehmen müssen mit Rücksicht auf die besonderen Interessen der Untergesellschaft gelöst werden.

---

menwechsel bei den Haftungsverhältnissen eintritt. *Deutscher/Körner*, wistra 1996, 8 ff. verneinen die Anwendbarkeit der Bankrottdelikte bei der Vor-GmbH.

[24] BGH vom 29.11.1983, 5 StR 616/83, wistra 1984, 71; vom 7.8.1984, 5 StR 312/84, wistra 1984, 226; vom 12.5.1989, 3 StR 55/89, wistra 1989, 264; OLG Düsseldorf vom 16.10.1987, 5 Ss 193/87, NStZ 1988, 368; *Schulte*, NJW 1983, 1773, 1774; *ders*., NJW 1984, 1671; a. A. *Schäfer*, NJW 1983, 2850; *Grunst*, BB 2001, 1537.

[25] Ausführlich *Kohlmann*, Strafrechtliche Verantwortlichkeit, Rn. 365 ff.; *Krekeler*, Wirtschaftsstrafsachen, S. 102; *Tiedemann*, GmbH-Strafrecht, vor § 82 Rn. 26 f.

[26] Vgl. *Flum*, Strafrechtlicher Schutz der GmbH, S. 40; *Kaufmann*, Organuntreue, passim; *Grunst*, BB 2001, 1537; HWSt/*Seier*, V 2 Rn. 292 ff.

[27] Vgl. hierzu *Busch*, Konzernuntreue; Hachenburg/*Kohlmann*, GmbHG, vor § 82 Rn. 306; HWSt/*Seier*, V 2 Rn. 299; MünchKommStGB/*Dierlamm*, § 266 Rn. 233; im französischen Recht wird ein Schadensausgleich im Konzerninteresse anerkannt, wenn das Risiko bzw. der Schaden der benachteiligten Gesellschaft nicht zu groß ist und durch das Gleichgewicht des Konzerns gefordert ist (sog. Rozenblum-Doktrin, vgl. Revue des sociétés 1985, 648 mit Anm. *Bouloc*).

[28] HWSt/*Seier*, V 2 Rn. 299.

[29] BGHZ 149, 10; BGHSt 49, 147.

1. Kapitel: Grundlagen

A. Die Bedeutung der GmbH im Wirtschaftsleben

Das Bemühen, die GmbH und ihre Gläubiger wirksam vor ihren Gesellschaftern zu schützen, ist auch vor dem Hintergrund zu sehen, die GmbH in ihrem Ansehen im Wirtschaftsverkehr zu stärken und als *die* Gesellschaftsform für den Mittelstand zu erhalten. Trotz der Freizügigkeit der ausländischen Gesellschaftsformen in Deutschland ist die Attraktivität der GmbH ungebrochen; sie erweist sich im Vergleich zu anderen Organisationsformen in vielen Bereichen als vorteilhaft und ermöglicht bei hoher Flexibilität der gesellschaftsrechtlichen Organisation und starker Stellung der Gesellschafter die Beschränkung der Haftung auf das Gesellschaftsvermögen.

I. Die GmbH im Handelsverkehr

Die GmbH erfreut sich im Handelsverkehr seit ihrer gesetzlichen Einführung im Jahre 1892 großer Beliebtheit. Beim zahlenmäßigen Vergleich mit anderen Gesellschaftsformen liegt sie mit Abstand an der Spitze. Auswertungen der Umsatzsteuerstatistik des Statistischen Bundesamtes und der Erhebungen der Deutschen Bundesbank im Rahmen der Erfassung der Aktienemissionen belegen, dass die Anzahl der in der Bundesrepublik Deutschland registrierten GmbH im Jahr 2002 über 900 000 beträgt.[30] Damit ist sie nach den Einzelunternehmen die zweithäufigste Unternehmensrechtsform und ihre Anzahl übertrifft sogar die aller anderen Gesellschaften in Deutschland zusammen. Über drei Viertel aller Gesellschaften haben nur einen oder zwei Gesellschafter.[31] Die meist personalistische Struktur der GmbH zeigt sich nicht nur in den Mitgliederzahlen sondern auch in der überwiegend selbstorganschaftlichen Leitung; so werden die weitaus meisten Gesellschaften durch ihre Gesellschafter geleitet. Der Anteil der Gesellschaften, die einen Fremdgeschäftsführer bestellt haben, liegt nur bei etwa 10 %.[32]

---

[30] Vgl. auch *Hansen*, GmbHR 2004, 39. Primärdaten sind nicht mehr verfügbar, seit das Statistische Bundesamt 1993 Erhebungen aufgrund der Eintragungen in den Handelsregistern eingestellt hat. Eine Verbesserung bei der Erfassung von Unternehmensdaten wird das zum 1.1.2007 neu eingeführte zentrale Unternehmensregister bringen, in dem die wichtigsten veröffentlichungspflichtigen Daten über ein Unternehmen zentral elektronisch abgerufen werden können. (Gesetz über elektronische Handelsregister und Genossenschaftsregister sowie das Unternehmensregister (EHUG) in der Form des Bundestagsbeschlusses vom 28.9.2006).

[31] Weitere statistische Daten finden sich bei *Meyer*, Haftungsbeschränkung im Recht der Handelsgesellschaften, S. 494.

[32] *Kornblum*, GmbHR 1994, 505, 511.

Als umsatzstärkste Rechtsform erwirtschaftet die GmbH rund ein Drittel aller steuerpflichtigen Umsätze im Inland und übertrifft die typengemischten Rechtsformen (z. B. GmbH & Co. KG), AG und Einzelunternehmen deutlich.[33] Gleichzeitig lässt sich anhand der Zahlen aber ein Trend zur kleineren GmbH belegen. Während ihr zahlenmäßiger Anteil in der Umsatzsteuerstatistik 1962 bei 1,5 % lag, hat er sich in den folgenden vierzig Jahren mehr als verzehnfacht.[34] In der gleichen Zeit hat sich der Umsatzanteil der GmbH „nur" verdoppelt. Ein wesentlicher Teil der GmbH-Gründungen bringt keinen oder nur einen geringen Umsatzzuwachs, da es sich entweder um (steuerinduzierte) Gründungen von Komplementär-GmbH und Betriebsaufgliederungen oder um Klein- und Kleinstunternehmen handelt.[35]

II. Insolvenzanfälligkeit der GmbH

Die GmbH ist nicht nur die wichtigste Gesellschaftsform in Deutschland, sie dominiert auch die Statistiken zum Insolvenzgeschehen.[36]

1. Statistische Daten

18 938 Insolvenzen im Jahr 2004 bringen den Ruf der GmbH sicherlich noch nicht in Misskredit.[37] Gleichwohl ist nicht zu übersehen, dass die Krisenfestigkeit eines Unternehmens auch von seiner Rechtsform abhängt. Von den 39 320 Unternehmensinsolvenzen im Jahr 2003 betrafen 20 034 eine GmbH.[38] Das bedeutet, dass etwa jedes zweite insolvente Unternehmen in der Rechtsform der GmbH geführt wird. Die absolute Insolvenzanfälligkeit der einzelnen Unternehmensformen ist allerdings wenig aussagekräftig, wenn man sie nicht mit der Zahl der wirtschaftlichen Unternehmen, die in einer bestimmten Rechtsform betrieben werden, und ihrem wirtschaftlichen Gewicht in Beziehung setzt. Stellt man die Zahlen der Umsatzsteuerstatistik und der Insolvenzstatistik gegenüber, lässt sich die Insolvenzhäufigkeit der einzelnen Gesellschaftsformen herleiten.[39]

---

[33] Vgl. *Meyer*, GmbHR 2004, 1417, 1419.

[34] *Hansen*, GmbHR 2004, 39, 40.

[35] *Meyer*, GmbHR 2002, 177.

[36] Statistische Daten zu Insolvenzen liefert beispielsweise die Insolvenzstatistik des Statistischen Bundesamtes; im Internet abrufbar unter http://www.destatis.de.

[37] Statistisches Bundesamt, Pressemitteilung vom 4.3.2005, recherchierbar auf der Internetseite des Statistischen Bundesamtes (Fn. 36).

[38] Statistisches Bundesamt, Insolvenzen in Deutschland 2003, Wiesbaden 2004, S. 20. Geringfügig andere Zahlen veröffentlicht Creditreform, Insolvenzen, Neugründungen, Löschungen 2004 (im Internet abrufbar unter http://www.creditreform.de).

[39] Vgl. *Meyer*, GmbHR 2002, 242, 251; *ders.* GmbHR 2004, 1417, 1422; siehe auch *Rubner*, DStR 2005, 1694, 1697, der aus den Zahlen optimistisch schlussfolgert, die Insolvenzhäufigkeit der GmbH sei nicht so hoch wie landläufig angenommen und dabei die wesentlich geringere Insolvenzanfälligkeit der Personengesellschaften außer Betracht lässt. Ein komplet-

Das Statistische Bundesamt setzt die Anzahl von Insolvenzen pro Rechtsform zu den von ihm erfassten Gesamtzahlen von Unternehmen pro Rechtsform ins Verhältnis und ermittelt so die relative Insolvenzhäufigkeit der einzelnen Unternehmensformen.[40] Es zeigt sich, dass Kapitalgesellschaften wesentlich insolvenzanfälliger sind als Einzelunternehmen und Personengesellschaften (ohne GmbH & Co. KG). So wurden 2004 von 10 000 Unternehmen, die in der Rechtsform einer Personengesellschaft geführt wurden, 82 insolvent, während die Zahl der insolventen Unternehmen, die in der Rechtsform der GmbH betrieben wurden, im gleichen Zeitraum und wiederum bezogen auf 10 000 Unternehmen 228 betrug. Insgesamt sind die haftungsbeschränkten Rechtsformen überdurchschnittlich anfällig, während die übrigen unterdurchschnittlich anfällig sind. Neben der Wahrscheinlichkeit des Insolvenzeintritts ist für das Ausfallrisiko des Gläubigers entscheidend, inwieweit ihre Forderungen bei der einmal eingetretenen Insolvenz der Gesellschaft zumindest teilweise befriedigt werden können. Für die GmbH-Gläubiger ist die Chance aus der Insolvenzmasse befriedigt zu werden gering. 2004 wurden weniger als die Hälfte der beantragten GmbH-Insolvenzverfahren überhaupt eröffnet, während die durchschnittliche Eröffnungsquote aller Rechtsformen immerhin bei 60,94 % lag.[41] Die gesamtwirtschaftlichen Folgen der Insolvenzen sind enorm. Die gesamten voraussichtlichen Forderungen der Gläubiger wurden 2004 von den Gerichten mit 39,2 Mrd. € angegeben (2003: knapp 42 Mrd. €). Obwohl die Unternehmensinsolvenzen nur etwa ein Drittel aller Insolvenzen ausmachten, entfielen auf sie zwei Drittel der Forderungen.[42]

2. Insolvenzursachen

Die Insolvenzursachenforschung identifiziert seit jeher zwei Hauptursachen für Unternehmensinsolvenzen, die sich zum Teil gegenseitig bedingen und verstärken: Managementfehler und unzureichende (Eigenkapital-)Ausstattung.[43] Zur Höhe des Eigenkapitals deutscher Unternehmen liefert die Deutsche Bundesbank wichtige Anhaltspunkte, die im Rahmen ihres Refinanzierungsgeschäfts die Jahresabschlüsse mehrerer zehntausend Unternehmen analysiert.[44] Aller-

---

tes Bild ergibt aber nur ein Vergleich aller Rechtsformen und nicht nur ein solcher der Rechtsformen mit Haftungsbeschränkung.

[40] Statistisches Bundesamt, Insolvenzstatistik 2004 (Fn. 36).

[41] Statistisches Bundesamt, Fachserie 2, Reihe 4.1 (2005); vgl. auch *Meyer/Hermes*, GmbHR 2005, 807, 809.

[42] Statistisches Bundesamt, Insolvenzen in Deutschland 2004 (Fn. 36).

[43] *Meyer*, Haftungsbeschränkung im Recht der Handelsgesellschaften, S. 1079 ff., daneben werden z. B. Absatzschwierigkeiten und Konjunktureinbrücke genannt; vgl. auch die statistischen Daten der Creditreform (Fn. 38).

[44] Jahresabschlüsse westdeutscher Unternehmen 1971–1996 (1999), abrufbar im Internet unter http://www.bundesbank.de.

dings erfolgt die Aufschlüsselung nach Rechtsformen nur sehr grobmaschig; es werden nur Kapitalgesellschaften und Nichtkapitalgesellschaften jeweils nach zwei Größenklassen (KMU[45] und Großunternehmen) ausgewiesen. Bei den kleinen und mittleren Unternehmen liegt im letzten Berichtsjahr 2001[46] die Eigenkapitalquote bei 7,5 %, während sie bei den Großunternehmen mit 25 % mehr als dreimal so hoch ist. Die Eigenkapitalausstattung von Kapitalgesellschaften ist tendenziell um einiges höher als die von Nichtkapitalgesellschaften, wobei die Zahlen vor dem Hintergrund des nicht unerheblichen Spielraums insbesondere der Einzelunternehmen bei der Zuordnung von Vermögensgütern zum privaten und betrieblichen Vermögen zu sehen sind. Daneben muss aber auch berücksichtigt werden, dass viele GmbH lediglich über das gesetzliche Mindeststammkapital von 25.000 € verfügen. Auch wenn die dargestellten empirischen Daten keine detaillierte Analyse typischer Insolvenzursachen ersetzen, könnten die wesentlich höheren Insolvenzhäufigkeiten der haftungsbeschränkten Rechtsformen ein Hinweis dafür sein, dass sich die Anreizwirkungen der Haftungsbeschränkung, die die ökonomische Theorie beschreibt,[47] zumindest bei einem gewissen Teil der Unternehmen auswirkt. Risikoreichere Unternehmenssparten werden ausgegliedert, Gründungen optimistischer angegangen, und in Krisen fällt der Schritt in ein Insolvenzverfahren leichter.[48] Wenn man von einer allgemein günstigeren Eigenmittelausstattung der Kapitalgesellschaften im Vergleich zu den anderen Unternehmen ausgeht, ist der Hinweis auf die besondere Bedeutung der Finanzierungsstruktur der Unternehmen für die höhere Insolvenzanfälligkeit der Kapitalgesellschaften allerdings nicht unmittelbar einsichtig.[49] In welchem Umfang der Abzug von Gesellschaftsvermögen durch die Gesellschafter tatsächlich ursächlich für eine Insolvenz ist, lässt sich mittels des vorhandenen Datenmaterials nicht verlässlich feststellen. Nach einer älteren Untersuchung kommt es in dem Stadium, in dem die Gesellschafter die Insolvenz des Unternehmens voraussehen, verstärkt zu Vermögensverlagerungen aus der Gesellschaft auf die Gesellschafter.[50] Dieses empirisch gefundene Ergebnis lässt sich mit den Überlegungen der ökonomischen Theorie verifizieren. Da das Eigenkapitalpolster der Gesellschafter kurz vor einer Insolvenz bereits aufgebraucht ist, werden die Gesellschafter dazu verleitet, besonders riskante Ge-

---

[45] Nach der neueren KMU-Definition der Europäischen Union sind Kleinunternehmen solche mit einem Jahresumsatz bis 1. Mio. €, mittlere solche mit einem Jahresumsatz bis 50 Mio. € und große mit darüber liegenden Umsatzzahlen (Empfehlung 2003/361/EG vom 6.5.2003).

[46] Monatsbericht der Deutschen Bundesbank April 2003, S. 49 ff.; abrufbar unter http://www.bundesbank.de.

[47] Ausführlich in jüngster Zeit etwa *Hansmann/Kraakman*, Yale Law Journal 110 (2000), 387.

[48] *Meyer*, GmbHR 2004, 1417, 1427.

[49] So aber Michalski/*Michalski*, GmbHG, Syst. Darstellung 1 Rn. 157; ebenso *Tiedemann*, Wirtschaftsstrafrecht Bd. 2, S. 73 ff.

[50] *Liebl*, Geplante Konkurse?, S. 83 f.

schäfte zu tätigen. Während sie die Verluste aus solchen Geschäften ausschließlich auf die Gläubiger verlagern können, verbleiben die Gewinnchancen bei ihnen. Die negative Anreizwirkung der beschränkten Haftung wirkt sich also in Insolvenznähe besonders stark aus.[51]

III. Untreuehäufigkeit bei der GmbH

Seit die handels- und gesellschaftsrechtlichen Sondertatbestände wie § 81 a GmbHG sukzessive aufgehoben wurden, weil sie der Gesetzgeber neben § 266 StGB als entbehrlich erachtet hat, ist die Untreue eine der Zentralnormen der Wirtschaftskriminalität. Die Bedeutung der Untreue im Bereich des Wirtschaftsstrafrechts wird durch statistische Zahlen unterstrichen. Zwar weist die Kriminalitätsstatistik für das Jahr 2004 lediglich 11 020 reine Untreuestraftaten aus, während im gleichen Zeitraum 941 859 Betrugsfälle erfasst wurden.[52] Vergleicht man jedoch die Schadenszahlen, so ergibt sich, dass mit den Untreuetaten insgesamt Schäden in Höhe von 1.000 Mio. Euro verursacht wurden, während mit den knapp 90 mal so vielen Betrugsfällen insgesamt „nur" ein Schaden in Höhe von 3.068 Mio. Euro einhergeht – also etwas mehr als dreimal so viel wie mit den Untreuestraftaten. Bei einer von *Tiedemann* im Jahr 1980 erhobenen Stichprobe von 98 wegen Untreue eingeleiteten Strafverfahren mit GmbH-Beteiligung entfielen mehr als ein Drittel, nämlich 37 Fälle, in den Anwendungsbereich des § 81 a GmbHG a. F.[53] Nach einer durch Beschluss der 42. Konferenz der Justizminister und Justizsenatoren seit 1974 eingeführten und 1985 abgeschlossenen „Bundesweiten Erfassung von Wirtschaftsstraftaten nach einheitlichen Gesichtspunkten" waren Geschäftsführer von GmbH im Jahr 1981 in 268 (1982: 324) strafrechtlichen Ermittlungsverfahren wegen des Verdachts der Untreue nach § 266 StGB verwickelt, in 191 (1982: 238) Fällen kam es zur Anklage wegen dieses Vorwurfs.[54] GmbH (einschließlich GmbH & Co. KG) sind an mehr als 50 % aller bekannt gewordenen Fälle der Wirtschaftsstraftaten im Sinne des § 74 c GVG beteiligt. Der Bankrott und die Verletzung der Buchführungspflicht werden als geradezu typische Straftaten der GmbH und der Rechtsformen unter Beteiligung von GmbH bezeichnet.[55] Als kriminalitätsför-

---

[51] *Easterbrook/Fischel*, Chicago Law Review 52 (1985), 89, 113 zur Unterkapitalisierung; *Posner*, Chicago Law Review 43 (1975), 499, 504 Fn. 14; relativierend *Enriques/Macey*, Cornell Law Review 86 (2001), 1165, 1171.

[52] Bundeskriminalamt, Polizeiliche Kriminalitätsstatistik für die Bundesrepublik Deutschland 2004, Abschnitt 3.9 und 3.10; abrufbar im Internet unter http://www.bundeskriminalamt.de.

[53] *Tiedemann*, GmbH-Strafrecht, vor § 82 Rn. 4.

[54] *Tiedemann*, GmbH-Strafrecht, vor § 82 Rn. 4; vgl. auch *Liebl*, wistra 1988, 83, 86: „ansteigende Tendenz". Die Kriminalitätsziffer liege bei mehr als 0,5 % aller GmbH, da die Dunkelziffer noch hinzukäme.

[55] *Tiedemann*, GmbH-Strafrecht, vor § 82 Rn. 5: Nach der Bundesweiten Erfassung der Wirtschaftsstraftaten von 1981 gab es 463 (1982: 546) Strafverfahren mit 365 bzw. 425 Anklagen.

dernd wird insbesondere die Haftungsbeschränkung betrachtet;[56] die geringen Gründungsanforderungen trügen zusätzlich dazu bei, dass unseriöse Geschäftemacher in die GmbH abwandern.

B. Einzelfälle treuwidrigen Geschäftsführerverhaltens

Dem *KBV*-Urteil des II. Zivilsenats des BGH liegt ein typischer Fall einer mittelständischen Unternehmensinsolvenz zu Grunde, bei der die unternehmerische Aktivität die Grundlage der Existenz des Unternehmers und seiner Familie bildet.[57] Gerät in solchen Fällen das (Familien-)Unternehmen – das meist in Form der Einpersonengesellschaft betrieben wird – in eine wirtschaftliche Schieflage, wird häufig die Geschäftstätigkeit nicht einfach eingestellt und die Gesellschaft liquidiert. Stattdessen wird eine Auffang- bzw. Nachfolgegesellschaft gegründet, in die die Aktiva und bestimmte Passiva der krisenbedrohten GmbH eingebracht werden und mit der im Wesentlichen die Geschäftstätigkeit der alten GmbH fortgesetzt wird. Bei der Bestimmung der Gegenleistung oder der Bemessung der Wertverhältnisse verfährt man in der Regel großzügig. Sodann wird die unternehmens- und tätigkeitslose alte GmbH geräuschlos entsorgt; nicht selten endet das Verfahren in der Abweisung der Insolvenzeröffnung mangels Masse und der Amtslöschung. Die Gläubiger gehen leer aus, da die werthaltigen Aktiva der Gesellschaft entzogen wurden. Der gesetzliche Gläubigerschutzmechanismus hat versagt.

Ein weiterer geradezu klassischer Fall der missbräuchlichen Verwendung der GmbH in der Krise ist die Aufspaltung einer einheitlichen wirtschaftlichen Aktivität in zwei Schwestergesellschaften, wobei die Zahlungsströme so gesteuert werden, dass der einen Gesellschaft (Vertriebsgesellschaft) die Einnahmen zufließen und die andere (Produktionsgesellschaft) die Verbindlichkeiten eingeht. Fällt letztere Gesellschaft – erdrückt durch die Last der Verbindlichkeiten – in die Insolvenz, dann bleiben die Einnahmen der Vertriebsgesellschaft der Haftungsmasse und dem Zugriff der Gläubiger entzogen. Mit beachtlicher krimineller Energie gehen Gesellschafter auch in den Fällen zu Werke, bei denen Gesellschaften (nach der deutschen Wiedervereinigung häufig aus dem Portfolio der Treuhandanstalt) zu dem Zweck erworben werden, ihnen zum persönlichen Vorteil der Gesellschafter bzw. Hintermänner die werthaltigen Aktiva, zumeist Grundstücke, planmäßig zu entziehen und die Gesellschaft, die

---

[56] Rowedder/Schmidt-Leithoff/*Schaal*, GmbHG, vor § 82 Rn. 7; *Tiedemann*, GmbH-Strafrecht, vor § 82 Rn. 3.
[57] BGHZ 151, 181.

wegen des Abzugs des betriebsnotwendigen Kapitals nicht mehr in der Lage ist, weiter zu wirtschaften, in die (masselose) Insolvenz zu führen.[58]

Anders als in der frühen Diskussion häufig zu beobachten, lassen sich die beschriebenen Gestaltungen mit dem Begriff der *verdeckten Gewinnausschüttung* nicht zutreffend erfassen.[59] Verdeckte Gewinnausschüttung ist ein steuerrechtlich geprägter Begriff und bezeichnet eine Vermögensminderung, die durch das Gesellschaftsverhältnis veranlasst ist, sich auf die Höhe des sogenannten Unterschiedsbetrags im Sinne des § 4 Abs. 1 Satz 1 EStG auswirkt und in keinem Zusammenhang mit einer offenen Ausschüttung steht.[60] Die gesellschaftsrechtlich relevanten Sachverhalte lassen sich nicht dadurch kennzeichnen, dass stets ein „Gewinn" vorliegt; bei den inkriminierten Handlungen handelt sich nicht notwendigerweise um „Ausschüttungen" und auch das Gegensatzpaar „verdeckt" – „offen" führt nicht weiter.[61] Der Begriff verstellt wegen seiner speziell steuerrechtlichen Funktion den Blick auf die gesellschafts- und strafrechtliche Fragestellung nach einem Schutz des Vermögens der Gesellschafter vor dem Zugriff der Gesellschafter. Er ist terminologisch irreführend und erfasst nicht alle relevanten Fallgestaltungen.[62] Da die Terminologie im strafrechtlichen Kontext keinen Erkenntnisgewinn bringt, soll im Folgenden auf sie verzichtet werden.

In strafrechtlicher Hinsicht knüpft der Schutz der Gesellschaft in den zu untersuchenden Fällen an die gesellschaftsrechtlichen Vorgaben an. Untreue nach § 266 StGB soll nach herrschender Auffassung jedenfalls dann vorliegen, wenn das gesellschaftsrechtliche Gläubigerschutzkonzept von den Verantwortlichen der Gesellschaft mit Billigung der Inhaber missachtet wird. Das Gesellschaftsvermögen ist der Verfügungsbefugnis der Gesellschafter entzogen, wenn die Interessen Dritter oder öffentliche Interessen berührt sind. Das ist dann der Fall, wenn eine konkrete und unmittelbare Existenzgefährdung eintritt oder wenn die

---

58 Vgl. Sachverhalt in der Entscheidung des BGH vom 10.7.1996, 3 StR 50/96, NStZ 1996, 540. *Lampe*, GA 1987, 241 hat für solche Vorgehensweisen den Begriff der „Aushöhlung" geprägt.

59 So aber *Hellmann*, wistra 1989, 214; *Lipps*, NJW 1989, 502; *Meilicke*, BB 1988, 1261; neuestens *Krekeler/Werner*, StraFo 2003, 374 und *Reiß*, wistra 1989, 81, die Fallgestaltungen der „verdeckten Gewinnausschüttung" behandeln.

60 Ständige Rechtsprechung; vgl. nur BFH, BStBl. II 2003, 329, 330.

61 Ebenso *Stimpel*, in FS 100 Jahre GmbHG (1992), 335, 341 („Fehlbezeichnung"); *Wodicka*, Untreue zum Nachteil der GmbH, S. 54; *Hentschke*, Untreueschutz der Vor-GmbH, S. 90 ff.

62 *Wiedemann*, Gesellschaftsrecht Bd. 1, S. 440, schlägt als Begriff „verdeckte Vermögensverlagerungen" vor; *Winter*, Mitgliedschaftliche Treuebindungen, S. 221, „verdeckte Zuwendungen"; so auch *Flum*, Strafrechtlicher Schutz der GmbH, S. 13.

Verfügung geeignet ist, das Stammkapital der Gesellschaft zu gefährden.[63] Neben die Kapitalerhaltung aus § 30 GmbHG treten die Regeln des Eigenkapitalersatzes, die ebenfalls im Grundsatz untreuebewehrt sind.[64] Es kommt nach der herrschenden Auffassung weder darauf an, ob die Maßnahme dem Gesellschafter einen Vorteil bringt bzw. ob er einen solchen erstrebt, noch darauf an, ob der Vermögensentzug unmittelbar durch Entnahmen zugunsten des Gesellschafters oder mittelbar durch schädigende Weisungen herbeigeführt worden ist.

Unter den potentiell mit einer Untreuestrafbarkeit bedrohten Handlungsweisen sind aber auch im Grundsatz wirtschaftlich vernünftige Transaktionen, die sich entweder kapitalschutzkonform nur mit komplizierten rechtlichen Strukturen umsetzen oder sich gar nicht realisieren lassen. Als Beispiel seien MBO- bzw. LBO-Finanzierungen herausgegriffen. Dem Erwerber steht zur Absicherung der Kaufpreisforderung vielfach nur das Reinvermögen der zu erwerbenden GmbH zur Verfügung, da er mit Ausnahme der Anteile an der zu erwerbenden Gesellschaft keine Sicherheiten zur Verfügung hat.[65] Das Anlagevermögen der Ziel-GmbH, aus dessen Cashflow wirtschaftlich die Kreditraten bedient werden, als Sicherheit für das Darlehen zu verwenden, das der Erwerber zur Kaufpreisfinanzierung aufnimmt, ist wegen Verstoßes gegen den Kapitalerhaltungsgrundsatz praktisch unmöglich. Die strengen Voraussetzungen, die verlangen, dass im Falle der Verwertung der Sicherheit eine Beeinträchtigung des Stammkapitals der Gesellschaft ausgeschlossen ist, werden kaum je vorliegen bzw. nachgewiesen werden können.[66] Daneben seien Cash- oder Sicherheitenpools[67] in Konzernen genannt, die der BGH mit einer Entscheidung vom 24.11.2003 in unsicheres Fahrwasser gebracht hat, da er Kredite an Gesellschafter auch dann als Auszahlung im Sinne des § 30 GmbHG wertet, wenn der Rückzahlungsanspruch vollwertig ist.[68] Letztere Fallgestaltungen werden wegen ihrer spezifisch konzernrechtlichen Problematik nicht weiterverfolgt.

---

[63] BGHSt 49, 147.

[64] Vgl. mit unterschiedlichen Akzenten *Schäfer*, GmbHR 1993, 780, 795; *Geerds, D.*, in FS Geerds (1995), 689, 701; *Kohlmann*, Strafrechtliche Verantwortlichkeit, Rn. 207; sowie aus neuerer Zeit *Maurer*, GmbHR 2004, 1549, 1555.

[65] Vgl. *Schäfer*, GmbHR 1993, 780, 796; *Kerber*, WM 1989, 473, 474; *Wittkowski*, GmbHR 1990, 544, 549.

[66] BGHZ 157, 72; hierzu auch die Beiträge von *Cahn*, Der Konzern 2004, 235; *Wessels*, ZIP 2004, 793; *Fuhrmann*, NZG 2004, 552; *Habersack/Schürnbrand*, NZG 2004, 689; *Vetter*, BB 2004, 1509.

[67] Als Cashpool bezeichnet man ein konzerninternes Abrechnungssystem, bei dem die Konten der Tochtergesellschaften tagesaktuell auf Null gestellt werden und etwaige Guthabensalden auf einem Konto der Muttergesellschaft zusammengeführt und zur Finanzierung verwendet werden.

[68] Vgl. die unter Fn. 66 Genannten sowie die Anmerkungen von *Bayer/Lieder*, ZGR 2005, 133; *Schäfer*, GmbHR 2005, 133. Die Anwendbarkeit der Rechtsprechung auf Cash-Pools

C. GmbH als Gegenstand rechtspolitischer Diskussion

Das Recht der GmbH kennzeichnet das Spannungsverhältnis zwischen vermögensrechtlicher Verselbständigung der Gesellschaft und den umfangreichen Einflussmöglichkeiten der Gesellschafter auf das Gesellschaftsvermögen. Mit der Gesellschaft mit beschränkter Haftung hat der Gesetzgeber ohne historisches Vorbild eine Rechtsform geschaffen, die es den Gesellschaftern ermöglicht, die persönliche Haftung für Verbindlichkeiten der Gesellschaft auszuschließen und dennoch die Geschicke der Gesellschaft bis ins Einzelne zu bestimmen.[69]

Im internationalen Vergleich zeigt sich das deutsche Kapitalgesellschaftsrecht besonders stark dem Gläubigerschutz verpflichtet, während dieser Interessengruppe in anderen Ländern kein so starker Einfluss auf die gesetzliche und richterrechtliche Ausgestaltung der entsprechenden Rechtsformen mit beschränkter Haftung beigemessen wird.[70] Trotz dieser Fokussierung auf die Gläubigerinteressen hat Deutschland keinen entscheidenden Vorsprung in der Bekämpfung der Insolvenzanfälligkeit, insbesondere der GmbH, vorzuweisen; im Gegenteil: die GmbH erweist sich – wie soeben gezeigt – als relativ insolvenzanfällig.

Die Untersuchung entsteht auch vor dem Hintergrund, dass für das deutsche Kapitalschutzrecht in der GmbH nachhaltiger Reformbedarf festgestellt wird.[71] Die Möglichkeit der weitgehenden Einflussnahme der Gesellschafter auf die Geschicke der Gesellschaft unter Ausschluss der persönlichen Haftung für die Gesellschaftsschulden hat seit der Einführung der GmbH zu Überlegungen

---

bestätigt der BGH in seiner Entscheidung vom 16.1.2006, II ZR 76/04, ZIP 2006, 665. Vgl. hierzu *Wilhelm*, DB 2006, 2729. Der Gesetzgeber plant in Reaktion auf diese Rechtsprechung eine Änderung des § 30 Abs. 1 GmbHG und die Aufnahme einer Vorschrift, wonach die darlehensweise Hingabe von Gesellschaftsvermögen für Zwecke der Gesellschaft ausdrücklich für zulässig erklärt werden soll, wenn sie im Interesse der Gesellschaft liegt (vgl. Art. 1 Nr. 11 des Gesetzes zur Modernisierung des GmbH-Rechts und Bekämpfung von Missbräuchen (MoMiG) vom 29.5.2006).

[69] Zur historischen Dimension vgl. nur *Meyer*, Haftungsbeschränkung im Recht der Handelsgesellschaften, S. 289 ff.; *Vossius/Wachter*, BB 2005, 2539, im Volltext abrufbar unter http://www.gmbhr.de/volltexte.

[70] *Roth*, ZGR 2005, 348.

[71] *Grunewald/Noack*, GmbHR 2005, 189; *Mülbert*, Der Konzern 2004, 151; *Mülbert/Birke*, European Business Organisation Law Review 3 (2002), 695, 718; *Schön*, Der Konzern 2004, 162; zur Reformdiskussion *Kleindiek*, DStR 2005, 1366; *Eidenmüller/Engert*, AG 2005, 97. Die „Pfadabhängigkeit" des Rechts negierend und zu einseitig am englischen Recht orientiert *Triebel/Otte*, ZIP 2006, 311. Zur Diskussion nach Vorstellung des Referentenentwurfs des Gesetzes zur Modernisierung des GmbH-Rechts und zur Bekämpfung von Missbräuchen (MoMiG) etwa *Bormann*, DB 2006, 2616.

geführt, unter welchen Voraussetzungen die Gesellschafter persönlich für missbräuchliches Verhalten in Haftung genommen werden können. Bereits in der Entstehungsphase des Gesetzes entzündete sich die Kritik an der Rechtsform GmbH daran, dass sie trotz geringer Anforderungen an Kapitalausstattung, Kapitalaufbringung und Kapitalerhaltung eine unbegrenzte Haftungsfreistellung wie die Aktiengesellschaft gewährt.[72] Bis in die heutige Zeit ist das Misstrauen gegen die GmbH nicht gänzlich überwunden,[73] wobei die Statistiken zum Insolvenzgeschehen den Kritikern Recht zu geben scheinen. Die Rechtsprechung versucht, den unseriösen Praktiken unter dem Deckmantel der GmbH mit konzern- und gesellschaftsrechtlichen Haftungskonzepten zu begegnen. Mit der Übernahme der Existenzgefährdungshaftung im Urteil *Bremer Vulkan* hat der BGH die zwei bisher diskutierten Haftungsmodelle – den qualifiziert faktischen Konzern und die Durchgriffshaftung – auf einen gemeinsamen Ausgangspunkt zurückgeführt und den missbräuchlichen Zugriff der Gesellschafter auf das betriebsnotwendige Kapital auf eine neue dogmatische Grundlage gestellt.[74] Der BGH in Strafsachen ist diesem Haftungskonzept gefolgt und hat es in den Untreuetatbestand eingefügt.[75] Auch wenn das System des deutschrechtlichen Kapitalschutzes derzeit nicht (mehr) auf dem Prüfstand des Gesetzgebers steht,[76] hat er weit reichende Reformschritte angekündigt – nicht zuletzt vor dem Hintergrund der Freizügigkeit ausländischer Kapitalgesellschaften in Deutschland[77] und wohl auch aus Angst vor der mangelnden Konkurrenzfähigkeit der deutschen GmbH im internationalen Vergleich.[78] Daneben mutet die geplante Novellierung der Ausschließungsgründe des § 6 Abs. 2 Satz 3 GmbHG, mit der die Zulässigkeitskriterien auf alle einschlägigen Vermögensdelikte ausgedehnt werden sollen, als ein Eingriff mit vergleichsweise geringer Intensität an.[79]

---

[72] *Liebmann*, DJZ 1902, 327.

[73] *Fleck*, in FS 100 Jahre GmbHG (1992), 391, 419 („eine nicht nur von unseriösen Schuldnern [...] geschätzte Rechtsform").

[74] BGHZ 149, 10.

[75] BGHSt 49, 147.

[76] Der Entwurf eines Gesetzes zur Modernisierung des GmbH-Rechts und Bekämpfung von Missbräuchen (MoMiG) vom 29.5.2006 hält an den Grundsätzen der Stammkapitalaufbringung und -erhaltung fest. Die Stammkapitalziffer wird von derzeit 25.000 € auf 10.000 € gesenkt. Weitere Reformschwerpunkte sind das Recht der Gesellschafterdarlehen und die Einführung eines gutgläubigen Erwerbs von Geschäftsanteilen.

[77] Vgl. die Urteile des EuGH Centros (vom 9.3.1999, Rs. C-212/97, GmbHR 1999, 474), Überseering (vom 5.11.2002, Rs. C 208/00, GmbHR 2002, 1137), Inspire Art (vom 30.9.2003, Rs. C-167/01, GmbHR 2003, 1260) und zuletzt SEVIC Systems AG (vom 13.12.2005, C-411/03, DStR 2006, 49) zu transnationalen Verschmelzungen.

[78] Vorteilhaftigkeitsvergleich aus Sicht der Rechtsökonomik bei *Roth*, ZGR 2005, 348.

[79] Art. 11 des Entwurfs eines Gesetzes zur Sicherung von Werkunternehmeransprüchen und zur verbesserten Durchsetzung von Forderungen (Forderungssicherungsgesetz) vom 2.2.2006. Kritisch dazu *Drygala*, ZIP 2005, 423.

Eine Deregulierung des GmbH-Rechts könnte auch im Wege einer Reduzierung bzw. Abschaffung gläubigerschützender Vorschriften und Verlagerung des Gläubigerschutzrechts aus dem Gesellschaftsrecht in das Insolvenzrecht stattfinden.[80] Welche Auswirkungen eine Grundsatzentscheidung des Gesetzgebers auf die strafrechtliche Bewertung des Geschäftsführers haben wird, der Auszahlungen aus dem Haftungsfonds der GmbH vornimmt, lässt sich derzeit nicht absehen. Sicher erscheint aber, dass die derzeitige strafrechtliche Bewertung, die Hand in Hand mit dem gesellschaftsrechtlichen Gläubigerschutzkonzept geht, nicht ohne Friktionen weiterverfolgt werden kann, und es zu einer Neuausrichtung der strafrechtlichen Verantwortlichkeit der Geschäftsführer und Gesellschafter der GmbH etwa in Form einer stärkeren Anbindung an die Insolvenzdelikte kommen wird.

---

[80] *Röhricht*, ZIP 2005, 505, 515; *Dauner-Lieb*, DStR 2006, 2034; monographisch *Rubner*, „Solvat socius" statt „caveat creditor"?

2. Kapitel: Die Untreue als strafrechtlicher Anknüpfungspunkt

Existenzgefährdende oder stammkapitalrelevante Eingriffe in das Vermögen einer GmbH sind nach herrschender Auffassung auch dann als Untreue strafbar, wenn alle Gesellschafter dem Eingriff zustimmen. Den Gesellschaftern wird mit den Mitteln des Untreuestrafrechts verwehrt, über das Vermögen der GmbH, deren oberstes Willensbildungsorgan sie sind, vollständig und nach ihrem Interesse zu verfügen. Eine *Bankrottstrafbarkeit* kommt dagegen nach herrschender Auffassung nur in Betracht, wenn der Geschäftsführer zumindest auch im Interesse der GmbH, jedenfalls aber nicht ausschließlich eigennützig oder im Interesse der Gesellschafter handelt. Das führt dazu, dass der Bankrotttatbestand im Bereich der einvernehmlichen Schädigung der GmbH praktisch ohne Anwendungsbereich ist. Der BGH hat sich den Zugriff auf diese Delikte durch die von ihm entwickelte Interessenformel versperrt, obwohl es eigentlich deren genuine Aufgabe ist, Gläubigerschutz zu gewährleisten. Die Untreue muss also für das Schließen einer Lücke herhalten, die die Rechtsprechung ohne Not selbst geschaffen hat.

A. Rechtshistorische Entwicklung der GmbH-rechtlichen Untreue

Die Behandlung der GmbH-rechtlichen Untreue in der aktuellen Diskussion wird erst vor dem Hintergrund der historischen Entwicklung der Organdelikte deutlich. Das Verständnis des Reichsgerichts von der Einpersonen-Gesellschaft und den Einwirkungsmöglichkeiten der Gesellschafter auf ihre Gesellschaft prägen die Rechtsprechung und Literatur bis heute. Die Schwierigkeiten bei der Bestimmung der relevanten Norm sowie der Strafbarkeitsgrenzen setzen sich ausgehend von der Vorläufernorm des heutigen § 266 StGB über den Sondertatbestand § 81 a GmbHG fort und beeinflussen bis heute die Auslegung der Tatbestandsmerkmale des § 266 StGB.[81]

Die geschichtliche Entwicklung der strafgesetzlichen Bestimmungen zur Organuntreue ist gekennzeichnet durch zwei parallele Entwicklungsstränge. Auf der einen Seite steht der allgemeine Untreuetatbestand, der – geprägt vom positivistischen, begriffsjuristischen Denken des ausgehenden 19. Jahrhunderts – die spezifischen Probleme der gesellschaftsrechtlichen Untreue nach der Auffassung der Zeit nicht zufriedenstellend lösen konnte. Es setzte daher schon bald nach Einführung des Strafgesetzbuchs 1871 die Tendenz ein, den allgemeinen Untreuetatbestand durch spezifische gesellschaftstypenorientierte Untreueregelungen zu flankieren. Erst spät, nämlich nach der Schaffung der Bundesrepublik Deutschland, wird das zersplitterte Untreuestrafrecht wieder auf den Grundtatbestand des § 266 StGB zurückgeführt.

[81] Maurach/Schroeder/Maiwald/*Maiwald*, Strafrecht, BT/1, § 45 Rn. 6.

I. Die allgemeine Untreuevorschrift des § 266 Abs. 1 Ziff. 2 StGB a. F.

Die apodiktische Gegenüberstellung zwischen Bankrott und Untreue, die die Entwicklung der Rechtsfigur der GmbH-rechtlichen Untreue maßgebend beeinflusst hat, sowie die bis in die heutige Zeit reichende Unsicherheit über die Reichweite der gesellschaftsrechtlichen Untreue nehmen ihren Ausgangspunkt in der Untreuevorschrift des Strafgesetzbuches vom 15.5.1871.

1. Gesetzgeberischer Hintergrund

Bei der Einführung des Strafgesetzbuches von 1871 hat der Gesetzgeber die Schädigung von Gesellschaften durch ihre Organe offenbar nicht als Regelungsziel des Untreuetatbestandes gesehen. Die ursprüngliche Fassung des § 266 StGB zählte in Abs. 1 Ziff. 1 und 3 die Adressaten der Vorschrift enumerativ und nach allgemeiner Auffassung abschließend auf und konzentrierte sich dabei auf Personen, die nach dem bürgerlichen Recht zu besonderer Treue verpflichtet sind, wie den Vormund, den Kurator oder den Sequester.[82] Gesellschaftsorgane wurden mit Ausnahme des Verwalters einer Stiftung nicht genannt.[83] In der Praxis stellte sich bald das Problem, ob auch juristische Personen in ihrer Eigenschaft als Vermögensträger vor ungetreuem Verhalten ihrer Organe geschützt waren. Um die Fälle der gesellschaftsbezogenen Untreue in den Griff zu bekommen, hat das Reichsgericht in der Folgezeit § 266 Abs. 1 Ziff. 2 StGB herangezogen, der den Bevollmächtigten als tauglichen Täter nannte.[84] Die Auslegungsarbeit konzentrierte sich zunächst darauf, ob Organe von juristischen Personen als Bevollmächtigte im Sinne des § 266 StGB a. F. qualifiziert werden können. Bei Gesellschaften mit eigener Rechtspersönlichkeit, wie der Aktiengesellschaft, stufte das Reichsgericht im Ergebnis Vorstand und Vorstandsmitglieder als Bevollmächtigte ein.[85] § 266 StGB a. F. wurde unter zwei weiteren Aspekten der Praxis nicht gerecht: Die Norm erfasste nur die *absichtliche* Benachteiligung, was nicht nur im gesellschaftsrechtlichen Bereich zu einer unklaren Abgrenzung zu riskanten Handlungsweisen führte, bei denen der Treueverpflichtete den Nachteil für das anvertraute Vermögen nur für möglich erachtete. Ein weiteres Problem im Zusammenhang mit Untreuehandlungen gegen Gesellschaften lag darin, dass die Tathandlung in Ziff. 2 beschrieben war als eine „Verfügung über Forderungen und Vermögensstücke“. Das erwies sich im gesellschaftsrechtlichen Kontext als zu eng, da sich z. B. die treuwidrige Belas-

---

[82] Vgl. *Ebermayer/Lobe/Rosenberg*, Reichsstrafgesetzbuch, 1929, § 266 Anm. 7.

[83] In den Kommissionsberatungen vom 1.10–27.11.1869 wurde ein Antrag des sächsischen Generalstaatsanwalts Schwarze, den Geschäftsführer einer Gesellschaft in den Anwendungsbereich des § 266 Abs. 1 Ziff. 1 StGB aufzunehmen, abgelehnt, vgl. *Schubert/Vornbaum*, Entstehung des StGB, Bd. 1, S. 225.

[84] Ausführlich *Nelles*, Untreue zum Nachteil von Gesellschaften, S. 22 ff.

[85] RGSt 3, 35, 40; 5, 4, 7; so auch schon das Königliche Obertribunal; vgl. hierzu *Oppenhoff*, Königliches Obertribunal in Strafsachen, Bd. 19, S. 130.

tung mit einer Verbindlichkeit nicht darunter fassen ließ. Die unklare Gesetzeslage lieferte eine breite Palette von Auslegungsmöglichkeiten, die von völliger Straflosigkeit ungetreuen Verhaltens von Organen zum Nachteil ihrer Organisationen über die Strafbarkeit bestimmter Verhaltensweisen bis hin zur Möglichkeit reichte, alle vermögensschädigenden Verhaltensweisen als Untreue zu erfassen.[86]

2. Frühe Rechtsprechung des Reichsgerichts

Das Reichsgericht hatte sich bereits früh mit Fällen zu beschäftigen, bei denen der Geschäftsführer unter Billigung der Gesellschafter einer GmbH Geld zur eigenen Verfügung entzog. Die erste Leitentscheidung des Reichsgerichts in RGSt 42, 278, die zu der Frage der Zuordnung des GmbH-Vermögens und der Reichweite der Entnahmebefugnis des (Allein-)Gesellschafters einer GmbH Stellung nimmt, datiert vom 29.3.1909.[87] Sie befasst sich vorrangig mit der Abgrenzung zwischen Allgemeindelikten und Insolvenzstraftaten und legt den Grundstein für die spätere Interessentheorie des BGH zu § 14 StGB.[88] Der Ansicht des BGH, wonach das im Folgenden darzustellende Urteil den Beginn einer ständigen Rechtsprechung zur GmbH-rechtlichen Untreue markiert,[89] wird man nur unter dem Aspekt folgen können, dass das Reichsgericht mit der Interessentheorie das bis heute maßgebende Kriterium in der Abgrenzung zwischen Untreue und Bankrott entwickelt hat.

In dem zu entscheidenden Fall hatte der Angeklagte, der Geschäftsführer einer als GmbH geführten privaten Telefongesellschaft, über deren Vermögen das Konkursverfahren eröffnet worden war, aus dem Gesellschaftsvermögen die ihm zugesagten Bezüge, Reisespesen und Repräsentationskosten und darüber hinaus weitere nicht vereinbarte Beträge zur Bestreitung seines privaten Lebensbedarfs entnommen.[90] Zum Zeitpunkt der Entnahmen war der Angeklagte

---

[86] Überblick bei *Frassati*, ZStW 15 (1895), 409, 414 ff.

[87] Bereits in den ersten Reichsgerichtsbänden (RGSt 7, 90, 91; 15, 309) hatte sich das Gericht mit gesellschaftsschädigendem Verhalten von Organen gegenüber der GmbH zu beschäftigen. Zu entscheiden war dort die Frage, wann „übermäßiger Aufwand" im Sinne von § 210 Nr. 1 KO a. F. in Verbindung mit § 83 GmbHG a. F. vorliegt.

[88] So auch *Wodicka*, Untreue zum Nachteil der GmbH, S. 65; *Arloth*, NStZ 1990, 570; a. A. *Wilhelm*, in FS Flume II (1978), 337, 345 Fn. 36, der meint, dass das Reichsgericht das Interessenkriterium nicht verwende und lediglich auf ein der GmbH zurechenbares Handeln als Organ abstelle.

[89] BGHSt 3, 32, 40 bezieht sich auf RGSt 42, 278 und 71, 353; spätere Entscheidungen des BGH wiederum auf BGHSt 3, 32.

[90] Aus der Entscheidung ergibt sich nicht, zu welchem Zeitpunkt die Entnahmen vorgenommen wurden und ob sie in objektiver oder subjektiver Beziehung zu dem Konkursfall standen. Eine solche Feststellung war nach dem Tatbestand des § 240 Abs. 1 Ziff. 1 KO a. F. nicht

zunächst Mitgesellschafter, später Alleingesellschafter der GmbH. Das Vorgericht hatte die Entnahme der weiteren nicht vertraglich vereinbarten Beträge für die Bestreitung des privaten Lebensunterhalts des Angeklagten als „Verbrauch übermäßiger Summen durch Aufwand" gewertet und ihn nach § 240 Nr. 1 KO a. F. in Verbindung mit § 83 GmbHG a. F. verurteilt.

Dem ist das Reichsgericht entgegengetreten. Mangels Handeln im Interessenkreis der Gesellschaft scheide eine Verurteilung nach Maßgabe der Konkursdelikte aus. Nach Ansicht des 3. Strafsenats kommt jedoch eine Bestrafung nach § 266 Nr. 2 StGB a. F. in Betracht. Das Gericht begründet dies damit, dass das Gesellschaftsvermögen auch für den Alleingesellschafter fremdes Vermögen darstellt, „welches alleine den Gesellschaftsgläubigern [haftet] und das er nur auf dem Wege der Liquidation in sein Eigentum überführen [kann]".[91] Weiter führt das Gericht aus, dass auch dem Alleingesellschafter andere Rechte an dem Gesellschaftsvermögen als § 29 GmbHG oder der Gesellschaftsvertrag einräumen, nicht zustehen. Was darüber hinaus entnommen werde, führe in die Strafbarkeit, sei es nach § 266 Nr. 2 StGB a. F. oder §§ 242, 246 StGB.[92]

Erste wichtige Aussage ist, dass auch dem Alleingesellschafter das GmbH-Vermögen als fremdes gegenübersteht und nicht etwa durch die Vereinigung aller Geschäftsanteile in einer Hand die formale Trennung zwischen Gesellschafter- und Gesellschaftsvermögen aufgehoben wird. Auch materiell besteht die Trennung der Vermögensmassen nach Ansicht des 3. Strafsenats fort, da ansonsten eine Strafbarkeit in Bezug auf die Allgemeindelikte Untreue, Diebstahl und Unterschlagung nicht in Betracht kommt. Das Gericht hat ganz selbstverständlich die zivilrechtlichen Begrifflichkeiten auch im Strafrecht für maßgeblich erklärt und sich hinsichtlich der Einpersonen-Gesellschaft auf Vorgaben der zivilrechtlichen Rechtsprechung berufen.[93] Dort und im Anschluss an die Rechtsprechung auch in der zivilrechtlichen Literatur war bereits zu dieser Zeit anerkannt, dass durch die Vereinigung aller Geschäftsanteile in einer Hand die Gesellschaft nicht erlischt, sondern als „Ein-Mann-GmbH" mit allen formellen und materiellen Konsequenzen fortbesteht.[94] Diese Auffassung erklärt der

---

erforderlich (Hachenburg/*Klug*, GmbHG, 1959, § 83 Anm. 6, 18) und in dem Urteil des RG deshalb nicht enthalten.

[91] RGSt 42, 278, 283 mit Verweis auf RGZ 23, 202; 68, 172; RG vom 20.6.1904, I. 122/04, Seuffert's Archiv 60 (1905), 410.

[92] Das RG stuft das geschäftsführende Organ „selbstverständlich" als tauglichen Täter einer Untreue ein, S. 282.

[93] RGSt 42, 278, 283 zitiert RGZ 23, 202 (zur Kuxe) und RGZ 68, 172 (keine Befreiung von § 181 BGB durch Gesellschafterbeschluss beim Einmann-Gesellschafter-Geschäftsführer).

[94] Vgl. außer den in Fn. 93 Genannten auch RGZ 85, 380; 87, 24; 92, 77; 99, 233. A. A. etwa *Brodmann*, GmbHG, 1930, § 2 Anm. 8 a m. w. N., der die Anerkennung einer Ein-Mann-

3. Strafsenat auch für das Strafrecht für maßgeblich. Er erteilt damit einer eigenständigen strafrechtlichen Begriffsbildung ebenso wie einer rein wirtschaftlichen Betrachtungsweise eine Absage und übernimmt die zivilrechtliche Konstruktion in das Strafrecht.[95] Das ist auch aus damaliger Sicht keinesfalls zwingend, da schon zu dieser Zeit die Unabhängigkeit der strafrechtlichen Disziplin von der zivilrechtlichen anerkannt war.[96]

An die Aussage der strikten Trennung der Vermögenssphären zwischen Gesellschafter und Gesellschaft schließt das Gericht mit dem Satz an, dass auch dem Alleingesellschafter das Gesellschaftsvermögen nur in den Grenzen zustehe, die durch § 29 GmbHG[97] und den Gesellschaftsvertrag gezogen sind.[98] Diese Aussage gab Anlass zu vielen unterschiedlichen Deutungen und legte den Grundstein für die bis heute vorherrschende Auffassung, die den Gesellschafterzugriff auf das Gesellschaftsvermögen nicht schrankenlos zulässt. *Ulmer* schließt aus ihr, dass das Reichsgericht nur Entnahmen in den Grenzen einer ordentlichen Gewinnentnahme zulassen will.[99] *Flum* nimmt an, dass das Reichsgericht die Bedeutung von § 29 GmbHG verkennt.[100] Grenze der Verfügungsbefugnis der Gesellschafter sei § 30 GmbHG; diese Norm werde aber von dem Gericht gerade nicht genannt. *Vonnemann* nimmt an, dass das Reichsgericht die Grenze des § 29 GmbHG sachlich mit der des § 30 GmbHG gleichsetzt, und möchte die Entscheidung so dem Verdikt der sachlichen Unrichtigkeit zu entziehen.[101] Das Reichsgericht nenne mit § 29 GmbHG nur die positiv bestimmende Norm, deren Reichweite durch § 30 GmbHG begrenzt werde.

GmbH als „logische[n] Widersinn“ und als „Unding“ angreift, das „ der Absicht des Gesetzes in das Gesicht [schlägt]; auch *Herschel*, DR 1940, 581 (zit. bei *Wilhelm*, in FS Flume II [1978], 337 Fn. 131).

95 Das kritisiert *Brodmann*, GmbHG, 1930, § 82 Anm. 4 als „der zivilistischen Konstruktion im Strafrecht eine ihr dort nicht zukommende Bedeutung bei[zu]messen“.

96 Enger noch *Binding*, Handbuch des Strafrechts, S. 9 f., der das Strafrecht als „akzessorisches Rechtsgebiet“ bezeichnet.

97 § 29 GmbHG in der vom Reichsgericht in Bezug genommenen Fassung von 1892 weist gegenüber der heute geltenden Fassung nur unbeachtliche Änderungen auf, so dass auf den Zusatz a. F. verzichtet werden kann.

98 RGSt 42, 278, 283.

99 *Ulmer*, in FS Pfeiffer (1988), 853, 856; im Anschluss an *Kohlmann*, in FS Werner (1984), 387, 388; ebenso *Waßmer*, Untreue bei Risikogeschäften, S. 84, der den Bezug auf § 29 GmbHG als „unhaltbare Begründung“ kritisiert; vgl. auch *Reiß*, wistra 1989, 81, 82.

100 *Flum*, Strafrechtlicher Schutz der GmbH, S. 47; ebenso *Geerds, D.*, in FS Geerds (1995), 689, 709, der meint, dass die Entscheidung durch neuere Entscheidungen des BGH, bei denen als Grenze der Dispositionsbefugnis auf § 30 GmbHG abgestellt werde, überholt sei; dezidiert *Birkholz*, Untreuestrafbarkeit, S. 37 („wenig glückliche Bemerkung“).

101 GmbHR 1988, 329, 331.

Die Passage wird offensichtlich in ihrer Bedeutung überschätzt. Entgegen *Vonnemann* ist davon auszugehen, dass das Reichsgericht zwischen beiden Vorschriften unterscheiden konnte und die Bedeutung des § 30 GmbHG als Schranke der gesetzlichen Vermögensbindung erkannte. Grundlage einer verdeckten Gewinnausschüttung ist nicht etwa § 29 GmbHG; eine solche Auszahlung ist vielmehr außerhalb des Anwendungsbereichs und unabhängig von § 29 GmbHG zulässig.[102] Für den zu beurteilenden Fall war es, wie *Wilhelm* zutreffend klarstellt, nicht entscheidungserheblich die genauen Grenzen der strafrechtlichen Verfügungsbefugnis auszuloten.[103] Das Reichsgericht hat es deshalb nicht getan.[104] Das nimmt *Zöllner* zum Anlass, den Strafgerichten vorzuwerfen, „ohne Sichtbarmachung der zivilrechtlichen Grenzen der Vermögensbindung" wegen Untreue zu verurteilen.[105] Es war aber durch das Vorgericht – aus dessen Sicht folgerichtig, weil es eine Strafbarkeit aus § 266 Nr. 2 StGB a. F. nicht in Betracht gezogen hatte – gar nicht festgestellt, ob die entnommenen Beträge dem Gesellschafter ohne Verstoß gegen Kapitalerhaltungsvorschriften oder sonstige maßgebliche Schranken der Vermögensauskehrung aus dem Gesellschaftsvermögen zugestanden haben. Der Grund, warum das Gericht dennoch § 29 GmbHG zitiert, ergibt sich aus seinem Verständnis der Einpersonen-Gesellschaft. Es schließt mit dem Hinweis auf § 29 GmbHG an den vorangegangenen Gedanken an.

Die Trennung der Vermögenssphären ist nach Auffassung des Reichgerichts nicht nur eine formelle. Eine Einpersonen-GmbH verkörpert nicht etwa, wie *Brodmann* annimmt, „zwei Rechtssubjekte (in derselben Person) und ein Vermögen"[106]. Vielmehr ist das Gesellschaftsvermögen materiell alleine der GmbH zugeordnet, wobei der Zugriff des Einmann-Gesellschafters den Beschränkungen des GmbH-Gesetzes unterliegt. Die Gewinnvorschriften des GmbH-Gesetzes werden nicht deshalb unbeachtlich, weil eine Vereinigung aller Geschäftsanteile in einer Hand stattgefunden hat. Eine genaue Festlegung der Dispositionsgrenzen des Gesellschafters hat das Gericht nicht beabsichtigt; diese Aufgabe konnte späteren Entscheidungen vorbehalten bleiben.

---

[102] Vgl. Baumbach/Hueck/*Hueck/Fastrich*, GmbHG, § 29 Rn. 68 ff.; Scholz/*Emmerich*, GmbHG, § 29 Rn. 101; Roth/Altmeppen/*Altmeppen*, GmbHG, § 29 Rn. 61, jeweils mit Hinweisen auf die gesellschaftsrechtlichen Schranken der verdeckten Gewinnausschüttung.

[103] *Wilhelm*, in FS Flume II (1978), 337, 390 Fn. 208, der die Texttreue des RG in Bezug auf § 29 GmbHG, also die Notwendigkeit der Anrechnung auf den Jahresgewinn, betont.

[104] In diesem Sinne verstehen auch *Müller-Christmann/Schnauder*, JuS 1998, 1080, 1083 die reichsgerichtlichen Judikate.

[105] *Zöllner*, Schranken mitgliedschaftlicher Stimmrechtsmacht, S. 22 Fn. 14.

[106] Er ging von einer allenfalls formellen Trennung aus. Siehe *Brodmann*, GmbHG, 1930, § 2 Anm. 8 a.

3. Zwischenergebnis

Entgegen dem bisherigen Verständnis der reichsgerichtlichen Rechtsprechung hat das Gericht unter der Geltung des § 266 StGB a. F. Schranken der Dispositionsbefugnis der Gesellschafter über das Vermögen der Gesellschaft nicht festgelegt. Das Gericht ist auch nicht für eine strikte Trennung von Gesellschafts- und Gesellschafterebene eingetreten. Es ist daher zumindest zweifelhaft, wenn der BGH zur Begründung seiner Auffassung zur Reichweite der Dispositionsbefugnis auf die Präzedenzien des Reichsgerichts verweist.

II. Spezialgesetzliche Regelung in § 81 a GmbHG

Bereits ab 1884 hat der Gesetzgeber versucht, die spezifisch gesellschaftsrechtlichen Probleme der Untreue mit der Einführung verschiedener Sondertatbestände in den Griff zu bekommen.[107] Ein Motiv für die Einführung dieser Straftatbestände lag darin, die dogmatischen Unsicherheiten zu beheben, die sich aus dem Tatbestand des § 266 StGB und dessen umstrittener Anwendung auf die Organe der Gesellschaften ergaben.[108] Die Schaffung von Partikularrecht für die unterschiedlichen Gesellschafts- und Organisationsformen erschien dem Gesetzgeber einer grundlegenden Änderung des § 266 StGB aus mehreren Gründen vorzugswürdig. Die tatbestandlichen Voraussetzungen der Sondernormen ließen sich flexibel an die allenthalben aufkommenden Missstände bei der Handhabung der (neuen) Gesellschaftsformen anpassen, die in dieser Zeit der sprunghaften Industrialisierung mit dem arbeitsteiligen Wirtschaften einhergingen. Daneben herrschte die Auffassung vor, dass das strafwürdige Verhalten der Verantwortlichen eng mit der jeweiligen Gesellschaftsform verknüpft sei und dessen Berücksichtigung in der allgemeinen Untreuevorschrift diese überfrachten würde.[109] Neben der kernstrafrechtlichen Norm des § 266 StGB entstand auf diese Weise ein bunter Strauß untreuerechtlicher Spezialvorschriften, die sich in den tatbestandlichen Voraussetzungen und den Regelungszielen deutlich voneinander unterschieden.

1. Gesetzgeberischer Hintergrund

Erst relativ spät, nämlich mit Gesetz vom 26.5.1933, wird mit § 81 a GmbHG eine GmbH-rechtliche Sondernorm eingeführt, die die Untreue als „Geschäftsführer, Liquidator oder Mitglied eines Aufsichtsrats oder eines ähnlichen Organs“ zum Nachteil einer Gesellschaft mit beschränkter Haftung unter Strafe

---

[107] Beispielhaft Art. 249 ADHGB (vom 18.7.1884) und die Folgenorm § 312 HGB (Inkraftgetreten am 1.1.1900) für Organe von AG und KGaA; § 140 des Gesetzes betreffend die Erwerbs- und Wirtschaftsgenossenschaften vom 1.5.1889 (Organe von Genossenschaften).

[108] Vgl. hierzu auch den Überblick bei *Nelles*, Untreue zum Nachteil von Gesellschaften, S. 45 ff.

[109] *Frassati*, ZStW 15 (1895), 409, 414.

stellt.[110] Gleichzeitig mit der Einführung von § 81 a GmbHG wird § 266 StGB neu gefasst und in seinen tatbestandlichen Voraussetzungen so geformt, wie er im Wesentlichen noch heute geltendes Recht ist. Gesetzesmaterialien, die unmittelbar Aufschluss über die Motive des Gesetzgebers geben, fehlen; aus literarischen Äußerungen maßgeblich am Gesetzentwurf beteiligter Ministerialbeamter lässt sich entnehmen, dass die allgemeine Untreuevorschrift – auch im Zuge zeitbedingter antiliberaler Bestrebungen –[111] so weit wie möglich gefasst und daneben Sondertatbestände vornehmlich aus generalpräventiven Gründen aufrechterhalten bzw. neu eingeführt werden sollten.[112] Begreift man – und diese Auffassung hatte sich in Literatur und Rechtsprechung in der Folgezeit durchgesetzt – das Verhältnis von GmbH-rechtlicher Sondernorm und § 266 StGB als Fall der Spezialität, so hätte es schon im Zeitpunkt der Einführung den speziellen gesellschaftsrechtlichen Untreuetatbestand des § 81 a GmbHG neben der erweiterten Fassung des § 266 StGB als lex generalis nicht bedurft.[113] Demgegenüber weist *Tiedemann* darauf hin, dass man dies auch anders sehen hätte können.[114] Ließe man für ein „Handeln zum Nachteil der Gesellschaft" bereits das Handeln mit Nachteilsvorsatz ausreichen, ohne einen objektiven Nachteilseintritt zu fordern,[115] ergäbe sich ebenso ein eigenständiger Anwendungsbereich des § 81 a GmbHG wie dadurch, dass im Rahmen des § 81 a GmbHG zumindest hätte fraglich sein können, ob der Vorsatz des Täters auch die Pflichtwidrigkeit seines Handelns umfassen musste.[116] Ein weiterer wichtiger Hinweis kommt von *Labsch*, der darauf aufmerksam macht, dass Sondertatbestände einen überindividuellen Rechtsgutaspekt oder einen ausgeprägten Gläubigerschutzaspekt aufweisen können.[117]

---

[110] RGBl. I 1933, 295 ff.

[111] Die Neufassung wurde als „Befreiung des Strafrechts vom zivilistischen Denken" gefeiert, so die gleichnamige Habilitationsschrift von *Bruns* aus 1937.

[112] *Schäfer*, DJZ 1933, Sp. 794 f.; *Pfundner/Neubert*, Das neue Reichsrecht, II. 6 c; *Peschke*, DJZ 1933, 1098; *Hachenburg*, DJZ 1933, 822.

[113] So bereits zu § 266 Ziff. 2 StGB 1871 die Entscheidungen RGSt 37, 25; 47, 38; 61, 341; 62, 31; zur Neufassung *Schäfer*, DJZ 1933, Sp. 789 ff., der zwar eine Spezialität der gesellschaftsrechtlichen Normen gegenüber § 266 StGB annimmt, aber meint, dass auf die generalpräventive Wirkung der Spezialvorschriften nicht verzichtet werden könne; vgl. auch *Schwinge/Siebert*, Untreue, S. 12; *Heimann-Trosien*, JZ 1976, 549, 550.

[114] *Tiedemann*, GmbH-Strafrecht, vor § 82 Rn. 11.

[115] So *Staub/Pinner*, HGB, Bd. II, 1926, § 312 Anm. 1 entgegen der h. M.

[116] Vgl. Hachenburg/*Klug*, GmbHG, 1959, § 81 a Anm. 29; a. A. *Kohlmann*, in FS Werner (1984), 387, 388: Das Merkmal der Pflichtverletzung brauchte im Tatbestand nicht erwähnt werden, weil sich die Pflichtenstellung der Gesellschaftsorgane von selbst ergibt; ebenso BGHSt 9, 203, 217; *Baumbach/Hueck*, GmbHG, 10. Aufl., § 81 a Anm. 2 A b; *Vogel*, GmbHG, 1956, § 81 a Anm. 3; *Flum*, Strafrechtlicher Schutz der GmbH, S. 21.

[117] *Labsch*, wistra 1985, 1, 7.

§ 81 a GmbHG und § 266 StGB haben bis zum 31.3.1970 nebeneinander gegolten. In der Begründung zur Aufhebung von § 81 a GmbHG heißt es, dass die Norm ersatzlos entfallen kann, weil die beschriebene Tathandlung bereits von § 266 StGB erfasst wird.[118] Offensichtlich hielt man die Gründe, die für die Einführung der Sondernorm herangezogen wurden, bei ihrer Aufhebung nicht mehr für stichhaltig. Bei den Beratungen zum Aufhebungsgesetz bestand ersichtlich die Erwartung, dass § 266 StGB alle Fälle erfassen wird, die ehemals unter die spezielle Norm gefallen sind. Ausweislich der Begründung zum Aufhebungsgesetz standen § 266 StGB und § 81 a GmbHG im Verhältnis der Spezialität zueinander.[119] Wird der speziellere Tatbestand aufgehoben, so übernimmt nach allgemeinen Regeln der weitere Tatbestand die Funktion des spezielleren Gesetzes mit. *Richter* weist darauf hin, dass die Aufhebung zu Einbußen bei der Generalprävention geführt haben könnte, da die Strafbarkeit der GmbH-rechtlichen Untreue weithin unbekannt sei.[120] Aus heutiger Sicht ist dieser Einwand – und nicht erst seit dem von großem Medienecho begleiteten *Bremer Vulkan* Prozess – nicht mehr stichhaltig.

2. Kein überindividuelles Rechtsgut Gläubigerschutz

Nach der Auffassung von *Schäfer* führt die Aufhebung des § 81 a GmbHG – entgegen der Gesetzesbegründung – zu empfindlichen Schutzlücken im Bereich der GmbH-rechtlichen Untreue.[121] Sie basiert auf der Annahme, dass § 81 a GmbHG neben dem Individualrechtsgut des Vermögens der Gesellschaft überindividuelle Rechtsgüter schützt, in concreto die Vermögensinteressen der Gläubiger. Wäre das richtig, hätten sich unter der Geltung des § 81 a GmbHG die bei § 266 StGB so kontrovers diskutierten Einwilligungsprobleme a limine vermeiden lassen.[122] Da die Gesellschafter nicht Träger des Rechtsgutes „Gläubigerinteressen" sind und folglich über solche Befriedigungsinteressen nicht wirksam disponieren können, scheidet eine wirksame Einwilligung in die Vermögensverfügung des Geschäftsführers nach dieser Auffassung von vorneherein aus. Die Frage der Reichweite der Gesellschafterzustimmung stellt sich nicht mehr.

Dass § 81 a GmbHG neben dem Vermögen ein weiteres Rechtsgut schützt, wurde während der Geltungsdauer der Vorschrift soweit ersichtlich nur von

---

[118] Schriftlicher Bericht des Sonderausschusses für die Strafrechtsreform, BT-Drucks. V/4094, S. 56.

[119] Schriftlicher Bericht des Sonderausschusses für die Strafrechtsreform, BT-Drucks. V/4094, S. 56.

[120] GmbHR 1984, 137, 144. So auch *Tiedemann*, in FS Tröndle (1989), 319, 320.

[121] Dezidiert in GmbHR 1993, 780, 787; auch *Kasiske*, wistra 2005, 81, 85 Fn. 47.

[122] *Labsch*, wistra 1985, 1, 7 f.

Klug vertreten.[123] Der qualifizierte Fall der besonderen Arglist, der in Abs. 2 der Vorschrift geregelt war, setzt nach seiner Auffassung den Schutz des einfachen Vertrauens im Grundtatbestand voraus. Als weiteres Argument führt *Klug* aus, dass die GmbH-Untreue – anders als die Untreue nach § 266 StGB – auch dann nicht zum Antragsdelikt wird, wenn sie sich (wie etwa bei einer Familien-GmbH) gegen Angehörige richtet. Das erste Argument lässt sich – zeitbedingt – auf die sog. „Verratstheorie“[124] zurückführen, die heutzutage überwunden ist. Das zweite geht schlicht fehl. Der Grund für das fehlende Angehörigenprivileg liegt darin, dass sich die Tat gegen eine juristische Person richtet, die auch dann keine verwandtschaftlichen Beziehungen zum Täter aufweist, wenn sämtliche Gesellschafter Angehörige sind. Unmittelbar Geschädigte der Straftat ist anders als bei der Personengesellschaft alleine die GmbH und nicht die Mitgesellschafter. Auch eine analoge Anwendung der Vorschriften, die ein Strafantragserfordernis von der Angehörigeneigenschaft abhängig machen, kommt nicht in Betracht, da den Mitgesellschafter ein Vermögensnachteil allenfalls mittelbar (über einen verminderten Wert seiner Beteiligung) trifft.[125]

Die Position des BGH ist dagegen weniger eindeutig. Das Gericht lehnte es in Fortführung der reichsgerichtlichen Auffassung in der Entscheidung vom 17.6.1952 ausdrücklich ab, der Benachteiligung von Gläubigern strafbarkeitsbegründende Wirkung beizumessen.[126] Wenn auch im Zusammenhang mit der Untreue gegenüber einer Vor-GmbH geäußert, ist doch bemerkenswert, dass der BGH jeden Gläubigerbezug des § 81 a GmbHG verneint.[127] Damit widerspricht der BGH explizit den Stimmen in der Literatur, die § 81 a GmbHG eine Gläubigerschutzkomponente zumessen wollen. Schutzobjekt des § 81 a GmbHG ist nach der Auffassung des BGH ausschließlich das Vermögen der Gesellschaft.[128] Aber schon in der Entscheidung vom 18.3.1954 soll eine „gewisse Kehrtwende“

---

[123] In Hachenburg, GmbHG, 1959, § 81 a Anm. 1; aus der Retrospektive: Hachenburg/*Kohlmann*, GmbHG, vor § 82 Rn. 60, der *mittelbaren* Schutz der Gläubiger annimmt; zurückhaltend *Labsch*, wistra 1985, 1, 7 („mit gewisser Berechtigung“); offen gelassen bei Schönke/Schröder/*Lenckner*/*Perron*, StGB, § 266 Rn. 21 b.
[124] *Klee* und *Freisler* im Protokoll der 48. Sitzung der Strafrechtskommission vom 29.1.1934.
[125] Erstaunlich daher die vereinzelte Entscheidung BGH vom 18.6.2003, 5 StR 489/02, wistra 2003, 385, 387 f., in der der 5. Strafsenat in einer solchen Konstellation einen Strafantrag für erforderlich hält.
[126] BGHSt 3, 23. Vgl. auch die wenige Tage später ergangene Entscheidung BGHSt 3, 32.
[127] Anders interpretiert wird die Entscheidung von *Gribbohm*, ZGR 1990, 1, 3; der unter Bezugnahme auf dieses Urteil dem Gläubigerschutz in der Rechtsprechung des BGH eine gewisse Bedeutung zumisst. So wie hier *Flum*, Strafrechtlicher Schutz der GmbH, S. 51.
[128] BGHSt 3, 32.

in der Argumentation des Gerichts eingetreten sein.[129] Der BGH erkenne nunmehr in Abkehr von seiner früheren Rechtsauffassung die Interessen der Gläubiger als Schutzobjekt des § 81 a GmbHG an[130] und poenalisiere ähnlich wie in RGSt 71, 353 Verfügungen zum Nachteil von Gläubigern.[131] Das soll sich aus folgender Passage in den Urteilsgründen ergeben:

„Eine willkürliche Entnahme von Gesellschaftsvermögen ist auch dem Geschäftsführer nicht erlaubt, der zugleich einziger Gesellschafter ist, weil er im Hinblick auf den Ausschluss seiner persönlichen Haftung das Gesellschaftsvermögen im Interesse der Gläubiger zu erhalten hat, wie dies das GmbHG vorschreibt."[132]

Es lässt sich trefflich darüber streiten, ob das Gericht mit der Bezugnahme auf die Gläubigerschutzvorschriften die Funktion der Kapitalerhaltungsvorschriften konkretisiert oder ob einen besonderen Gläubigerbezug der Untreuevorschrift festgestellt. Mit seiner Argumentation nimmt das Gericht im Ansatz bereits den in jüngster Zeit betonten Zusammenhang zwischen der beschränkten Haftung und der damit korrespondierenden Verfügungsbeschränkung der Gesellschafter vorweg.[133] Der Hinweis dürfte daher so zu verstehen sein, dass die Funktion der Kapitalerhaltungsvorschriften konkretisiert wird, die in der Erhaltung eines Haftungsfonds liegt und deren Schutzwirkung mittelbar auch den Gesellschaftsgläubigern zugute kommt.[134] Das ist aber eine bloße Folge der gesetzlichen Kapitalbindung, nicht Ausfluss eines besonderen Gläubigerbezugs der Untreuevorschriften. Nicht außer Acht bleiben darf bei dieser Auslegung, dass Gläubigerinteressen mittelbar auch dann auf die Anwendung der Untreuevorschrift einwirken, wenn sie nur als gesetzlicher Ausfluss der Kapitalschutzregeln anerkannt werden.

---

[129] 3 StR 934/52, GmbHR 1954, 75 (stark gekürzt). Gegenstand des Urteils sind nicht verbuchte Entnahmen erheblicher Beträge aus der Gesellschaftskasse durch den Alleingesellschafter und Geschäftsführer einer Einpersonen-GmbH.

[130] *Kohlmann*, in FS Werner (1984), 387, 390; ebenso *Schneider*, GmbHR 1954, 75 in einer Urteilsanmerkung. Dieser Meinung zuneigend auch *Wodicka*, Untreue zum Nachteil der GmbH, S. 73, der mangels Hinweises des BGH auf ein Gesellschaftsinteresse am Kapitalerhalt dem Schutz der Gläubigerinteressen in der Argumentation des BGH maßgebliche Bedeutung zumisst; diesen – angeblichen – Meinungsumschwung des BGH begrüßen *Scholz*, GmbHG, 5. Aufl. 1960, § 81 a Anm. II und Hachenburg/*Klug*, GmbHG, 1959, § 81 a Anm. 1.

[131] *Wilhelm*, in FS Flume II (1978), 337, 346; eingeschränkt auch *Kohlmann*, in FS Werner (1984), 387, 393 und deutlicher auf S. 395 Fn. 22 m. w. N.; diese Argumentation wiederum ablehnend auf S. 398.

[132] Zitiert nach BGH vom 18.3.1954, 3 StR 934/52, GmbHR 1954, 75.

[133] Zu dieser Argumentation vgl. nur *Röhricht*, in: FS 50 Jahre BGH (2000), 83.

[134] Für ein solches Verständnis der Entscheidung *Flum*, Strafrechtlicher Schutz der GmbH, S. 52, unter Bezugnahme auf *Ulmer*, in FS Pfeiffer (1988), 853, 860.

§ 81 a GmbHG schützt Gläubigerinteressen, wenn diese als Schutzgut der Norm anzuerkennen sind. Das Schutzgut einer Strafnorm wird in dem Tatbestand der Strafvorschriften in der Regel nicht ausdrücklich benannt. Ein Anhaltspunkt hinsichtlich des geschützten Rechtsguts kann sich allenfalls aus der Erfolgsbeschreibung eines Straftatbestands ergeben.[135] Bei § 81 a GmbHG ist ein unmittelbarer Gläubigerbezug weder im Wortlaut der Vorschrift angelegt noch sonst erkennbar. Er ergibt sich nicht bereits daraus, dass der geschützte Vermögensträger eine Gesellschaft mit Haftungsbeschränkung ist. Unerheblich ist auch, dass das Fundament des GmbH-rechtlichen Gläubigerschutzes die Gewährleistung einer ausreichenden Haftungssubstanz ist. Möglicherweise lassen sich aber bei § 81 a GmbHG aus seiner Eigenschaft als Sondertatbestand Schlussfolgerungen für die Frage des Schutzgutes ziehen. Die bloße Existenz eines Sondertatbestands neben einer allgemeinen Norm liefert noch keinen hinreichenden Anhaltspunkt für ein erweitertes Rechtsgut der Sondernorm. Das Rechtsgut der Sondernorm ist nach den allgemeinen Regeln zu bestimmen, wobei an die Ableitung eines durch die Strafnorm angeblich mitgeschützten überindividuellen Rechtsguts ebenso strenge Anforderungen wie bei der Grundnorm zu stellen sind. Wenn sich keine zwingenden Hinweise darauf ergeben, dass ein überindividuelles Rechtsgut vorliegt, ist seine Existenz abzulehnen. Schließlich darf bei der Anerkennung überindividueller Rechtsgüter ihre Wirkungsweise nicht vernachlässigt werden. Eine Zuweisung darf nicht leichtfertig erfolgen, da ihre Existenz dem Träger des individuellen Rechtsguts die Dispositionsbefugnis entzieht. Eine großzügige Anerkennung führt im Ergebnis dazu, dass die strafbegrenzende Funktion des Rechtguts unterlaufen und verhindert wird, dass im Bereich des Individualrechtsschutzes die Funktion des Strafrechts als ultima ratio sichergestellt ist. Sieht man ein überindividuelles Rechtsgut als Rechtsgut einer Individualrechtsnorm, so wird der dogmatische und methodische Wert des Rechtsguts in seiner Funktion als (teleologisches) Auslegungskriterium ausgehöhlt.[136]

Zwischenergebnis:
Diese Grundsätze gelten auch bei § 81 a GmbHG, so dass eine Gläubigerschutzkomponente der Norm im Ergebnis abzulehnen ist.

3. Späte Anerkennung von Dispositionsschranken in der Rechtsprechung

Ist es der Rechtsprechung mit dem von ihr betonten fehlenden Gläubigerbezug von § 81 a GmbHG ernst, dann darf sie Dispositionsschranken der Gesellschaf-

---

[135] *Schmidhäuser*, Strafrecht AT, 2/38; zur Methode der Rechtsgutermittlung vgl. *Langer*, Die falsche Verdächtigung, S. 35 ff. Zum verfassungsrechtlichen Rechtsgutbegriff *Roxin*, Strafrecht AT/1, § 2 Rn. 9 ff.; vgl. auch *Jescheck/Weigend*, Strafrecht AT, § 1 III.
[136] *Nelles*, Untreue zum Nachteil von Gesellschaften, S. 305.

ter zum Schutz von Gläubigerinteressen nicht festschreiben. Ob und wenn ja, welche Dispositionsschranken die Rechtsprechung anerkennt, soll im Folgenden untersucht werden.

a) RGSt 71, 353

Die neben RGSt 42, 278 zweite häufig zitierte Entscheidung RGSt 71, 353 datiert vom 20.9.1937 und erging zu §§ 266 StGB a. F., 81 a GmbHG, 20 ZwecksparG.[137] Dort führt der 5. Strafsenat unter Zurückweisung der abweichenden Ansicht *Brodmanns*[138] und unter Bezugnahme auf RGSt 42, 278 aus, dass sich auch der alleinige Gesellschafter eines Diebstahls und einer Unterschlagung gegenüber seiner GmbH schuldig machen kann.[139] Gleiches gelte auch für die Untreue im Rahmen der Vorschriften des § 266 StGB, des § 81 a GmbHG und des § 20 ZwecksparG, wenn die übrigen Voraussetzungen gegeben seien. Ergänzend fügt das Gericht hinzu, dass „gerade bei einer GmbH, die ein Zwecksparunternehmen betreib[e], (...) die Fähigkeit, ihre Pflichten gegenüber ihren Gläubigern, namentlich gegenüber ihren Sparern zu erfüllen, weder vereitelt noch gefährdet werden“ dürfe.

Zwecksparunternehmen, durch NS-Gesetz vom 17.5.1933 eingeführt[140] und bereits durch Reichsgesetz vom 31.12.1935 wieder aufgelöst[141], waren gemäß der Legaldefinition in § 1 Abs. 1 ZwecksparG Privatunternehmen (in der Rechtsform der AG, KGaA oder GmbH, § 2 Abs. 1 des Gesetzes oder der OHG, § 3 des Gesetzes), bei denen durch die Leistungen mehrerer Sparer ein Vermögen aufgebracht wurde, aus dem die einzelnen Sparer ein Darlehen erhalten, oder das dazu verwendet werden sollte, ihnen Gegenstände auf Kredit zu ver-

---

[137] Keine Bedeutung erlangt in dem Zusammenhang die Entscheidung RGSt 69, 203, in der das Reichsgericht zur Struktur der Untreue ausführt, dass sowohl der Treuebruchtatbestand als auch der Missbrauchstatbestand die Pflichtwidrigkeit des inkriminierten Verhaltens voraussetzen. Die Frage der Dispositionsgrenzen der Gesellschafter wird dort vom Gericht nicht angesprochen. Das übersieht *Becker*, Wettbewerbsverbot in der Einmann-GmbH, S. 68, der davon ausgeht, dass die durch RGSt 69, 203 als Maßstab der Pflichtwidrigkeit herangezogenen „Grundsätze eines ordentlichen Kaufmanns“ auch als Grenzen der Dispositionsbefugnis der Gesellschafter gelten sollen. Missverständlich auch *Ulmer*, in FS Pfeiffer (1988), 853, 856.

[138] Der die Entscheidung RGSt 42, 278 ohne nähere Begründung ablehnt, siehe in GmbHG 1930, § 2 Anm. 8 a. Die Gründe für seine ablehnende Haltung sind vor dem Hintergrund seiner Vorstellung der Einpersonen-GmbH als ein Vermögen mit zwei Rechtssubjekten, also einem Vermögen, das auch dem Gesellschafter zugeordnet ist, zu sehen.

[139] RGSt 71, 353, 355.

[140] RGBl. I 1933, 269. Anders *Flum*, Strafrechtlicher Schutz der GmbH, S. 48 und *Meilicke*, BB 1988, 1261, 1263, die beide auf 1935 abstellen.

[141] RGBl. I 1935, 1457.

schaffen.[142] Da bereits eine Verfahrensrüge zur Aufhebung des Urteils und zur Zurückweisung führte, konnte sich das Gericht auf kurze Hinweise zur materiellen Rechtslage beschränken. Im Hinblick auf den abzuurteilenden Sachverhalt ist aus den spärlichen Hinweisen des 5. Senats nur gesichert, dass der Beschwerdeführer Mitgesellschafter einer Zwecksparkasse in der Rechtsform der GmbH war[143] und er etwas aus dem Vermögen der GmbH beiseite geschafft hat. Der Senat gibt dem Untergericht auf, die Stellung des Angeklagten im Geschäftsbetrieb der GmbH festzustellen, um eine Subsumtion unter die verschiedenen untreuerechtlichen Vorschriften mit ihren teilweise differierenden Tatbestandsmerkmalen zu ermöglichen. An diese Ausführungen schließen sich die oben zitierten Passagen an. Bei unbefangener Betrachtung sind die Hinweise so zu deuten, dass eine Strafbarkeit nach allen in Betracht kommenden konkurrierenden Untreuevorschriften jedenfalls auf die Gesellschafterstellung gestützt werden kann. Und das selbst dann, wenn der Beschwerdeführer entgegen obigen Feststellungen Alleingesellschafter sein sollte. Eine solche Strafbarkeit war auch im Geltungsbereich des § 20 ZwecksparG keineswegs selbstverständlich, da dessen erster Absatz, was dem Reichsgericht trotz des eindeutigen Wortlauts einer Anmerkung wert war,[144] mit „persönlich haftenden Gesellschaftern" die KGaA und die OHG nicht aber die GmbH im Blick hatte.[145]

Wie schon in RGSt 42, 278 trifft das Reichsgericht nur Aussagen zur Trennung der Vermögenssphären der GmbH und ihres Alleingesellschafters.[146] Die Ausführungen waren notwendig, wenn man davon ausgeht, dass das Gericht die in

---

[142] Der vom Reichsgericht angewandte § 20 des Zweckspargesetzes lautete:
„(1) Vorstandsmitglieder, persönlich haftende Gesellschafter, Geschäftsführer, Liquidatoren oder Bevollmächtigte einer Zwecksparunternehmung, die zum Nachteil der Sparer über den zur Zuteilung an die Sparer bestimmten Teil des von den Sparern gemeinsam aufgebrachten Vermögens geschäftsplanwidrig verfügen, werden wegen Untreue nach § 266 Strafgesetzbuch bestraft.
„(2) Ebenso wird bestraft, wer als Treuhänder, Vertrauensmann, Aufsichtsratsmitglied oder in einem ähnlichen Verhältnis bei solchen Verfügungen wissentlich mitwirkt."

[143] Nicht jedoch Alleingesellschafter, da in den Urteilsgründen auf einen Mitgesellschafter R. hingewiesen wird; RGSt 71, 353, 355.

[144] RGSt 71, 353, 355.

[145] *Gribbohm*, ZGR 1990, 1, 9 weist zutreffend darauf hin, dass der Gesellschafter als Bevollmächtigter (im Sinne der Nr. 2) angesehen werden konnte.

[146] Anderer Ansicht übereinstimmend die Literatur, die dem Urteil Maßstäbe für die Bestimmung der Grenzen der Dispositionsbefugnis der Gesellschafter entnimmt. Keine Einigkeit aber bei der Frage, ob der (auch) zu § 20 ZwecksparG ergangenen Entscheidung auch allgemeingültige Aussagen zu § 266 StGB entnommen werden können. Dagegen *Flum*, Strafrechtlicher Schutz der GmbH, S. 48; *Vonnemann*, GmbHR 1988, 329, 331; *Meilicke*, BB 1988, 1261, 1263; wohl auch *Becker*, Wettbewerbsverbot in der Einmann-GmbH, S. 63; *Birkholz*, Untreuestrafbarkeit, S. 41 („Sonderfall"); differenzierend *Wodicka*, Untreue zum Nachteil der GmbH, S. 70.

RGSt 42, 278 im Strafrecht für maßgeblich gehaltenen zivilrechtlichen Grundsätze von der Trennung der Vermögen der Gesellschaft und des Alleingesellschafters gegen die Kritik *Brodmanns*[147] aufrechterhalten will. Weitergehende Aussagen zur Reichweite der Dispositionsbefugnis der Gesellschafter können der Entscheidung nicht entnommen werden.[148] Eine exakte Festlegung der Grenzen der Dispositionsbefugnis kann nicht einem (beiläufig geäußerten) Satz in den Entscheidungsgründen entnommen werden.[149] Nach den lückenhaften Feststellungen des Vorgerichts steht nämlich gar nicht fest, ob ein Einverständnis aller Gesellschafter vorliegt. Selbst wenn man über diesen Einwand hinweggeht, erscheint es nicht plausibel, dass das Gericht eine so weitreichende Aussage – ohne jegliche Präzedenzien – an so unscheinbarer Stelle unterbringt, und dies wohlgemerkt zu einer Zeit, zu der noch nicht einmal die Existenz der Einpersonen-Gesellschaft allgemein anerkannt war. Es liegt näher anzunehmen, dass das Gericht alleine die grundsätzliche Möglichkeit einer Untreue des Gesellschafters gegenüber einer GmbH als Zwecksparkasse begründen wollte und zwar im Sinne einer Treuwidrigkeit. Die Missachtung der Pflichten, die den Gesellschafter aus § 20 ZwecksparG treffen, löst eine Pflichtwidrigkeit im Sinne des Treuebruchtatbestandes aus. Entgegen den anders lautenden Ansichten in der Literatur,[150] bezieht sich die Aussage des 5. Senats nicht auf die Dispositionsbefugnis, sondern alleine auf die Pflichtwidrigkeit des Handelns des Gesellschafters. Dem möglichen Einwand, dass dies Ausführungen zur Vermögensbetreuungspflicht nötig gemacht hätte, kann damit begegnet werden, dass besondere Anforderungen an die Vermögensbetreuungspflicht im Anwendungsbereich des Zweckspargesetzes nicht zu stellen sind, da der weit formulierte § 20 Abs. 2 des Geset-

---

[147] GmbHG, 1930, § 2 Anm. 8 a; vgl. auch *Wilhelm*, in FS Flume II (1978), 337 Fn. 131 mit Hinweis auf *Herschel*, DR 1940, 581.

[148] Zweifelnd auch *Kohlmann*, in FS Werner (1984), 387, 389, anders jedoch S. 393, wo die Entscheidung als eine jede Dispositionsbefugnis verneinende Extremposition der Rechtsprechung dargestellt wird; ebenso *Wodicka*, Untreue zum Nachteil der GmbH, S. 69, der annimmt, dass durch die Entscheidung jede das Gesellschaftsvermögen vermindernde Verfügung poenalisiert wird. Vgl. auch *Meilicke*, BB 1988, 1261, 1263. Zurückhaltender *Vonnemann*, GmbHR 1988, 329, 331, der keine verbindliche Interpretation des in seiner Bedeutung unklaren Satzes vornehmen möchte; noch anders *Wilhelm*, in FS Flume II (1978), 337, 346, der die Dispositionsgrenzen aus RGSt 42, 278 aufrechterhalten sieht; ebenso *Ulmer*, in FS Pfeiffer (1988), 853, 856; demgegenüber erkennt *Ziemons*, Haftung der Gesellschafter, S. 192 eine erste Einschränkung der Grundsätze aus RGSt 42, 278 auf solche vermögensmindernde Verfügungen, durch die Fähigkeit der Gesellschaft, ihre Pflichten gegenüber ihren Gläubigern zu erfüllen, vereitelt werden.

[149] Überrascht über die Entschlossenheit des Reichsgerichts, keinerlei Verfügungen über das Gesellschaftsvermögen zuzulassen *Kohlmann*, in FS Werner (1984), 387, 389; zweifelnd auch *Vonnemann*, GmbHR 1988, 329, 331.

[150] Vgl. nur die in Fn. 148 Genannten. Daneben auch *Birkholz*, Untreuestrafbarkeit, S. 43 Fn. 50; *Auer*, Gläubigerschutz durch § 266 StGB, S. 55.

zes auch den Gesellschafter in den Kreis der möglichen Täter einbezieht.[151] Auch für den Fall, dass nach § 81 a GmbHG verurteilt werden sollte, ist eine solche Feststellung nicht erforderlich, da sich das Vorliegen einer Vermögensbetreuungspflicht bereits aus der Stellung als Organ ergibt.[152]

Die sich an der Entscheidung entzündende Frage, ob die Rechtsprechung die Dispositionsbefugnis der Gesellschafter auch durch rein gläubigerschützende Vorschriften[153] eingeschränkt sieht,[154] muss daher richtigerweise dahin gestellt werden, ob der Verstoß gegen solche Vorschriften die Pflichtwidrigkeit des Handelns zu begründen vermag. Auch zur allgemeineren Problematik, welche Rolle der Gläubigerschutz in der Argumentation des Reichsgerichts zur Frage der Dispositionsbefugnis spielt, kann die vorliegende Entscheidung nichts beitragen.

b) Frühe Rechtsprechung des BGH zu § 81 a GmbHG

Die erste Entscheidung des BGH im Zusammenhang mit der einvernehmlichen Schädigung des Haftungsfonds der GmbH steht ganz im Zeichen sachlicher Kontinuität zu der Rechtsprechung des Reichsgerichts; ebenso wie diese lässt sie nähere Aussagen zu den Grenzen der Dispositionsbefugnis vermissen.[155] Der 1. Strafsenat knüpft ausdrücklich an die reichsgerichtliche Rechtsprechung an und fasst sie mit den Worten zusammen, dass das „Einverständnis der Gesellschafter eine Untreue gegenüber der mit eigener Rechtspersönlichkeit ausgestatteten Gesellschaft nicht aus[schließt].“[156] Zwei Interpretationen der Passage lassen sich denken. Misst man ihr nicht mehr an Aussage bei, als dass das Vorliegen eines Einverständnisses nicht ohne weiteres und unter allen denkbaren Umständen eine Untreuestrafbarkeit ausschließt, so bleibt sie ein wenig schlicht. Versteht man sie so, dass der BGH dem Einverständnis in der reichsgerichtlichen Rechtsprechung überhaupt keine strafbarkeitsrelevante Wirkung zumisst, dann träte damit ein falsches Verständnis des Gerichts von der Reichweite der Kapitalbindung bei der GmbH zutage, was wohl nicht unterstellt werden

---

[151] So auch RGSt 71, 353, 355; vgl. *Gribbohm*, ZGR 1990, 1, 9, der unter Hinweis auf RGSt 71, 353 den Gesellschafter zum Kreis der möglichen Täter im Rahmen des § 266 StGB 1933 zählt.

[152] Vgl. zu § 81 a GmbHG BGHSt 9, 203, 217.

[153] § 20 ZwecksparG ist seinem Wortlaut nach gläubigerschützend.

[154] *Birkholz*, Untreuestrafbarkeit, S. 41; ebenso *Geerds, D.*, in FS Geerds (1995), 689, 707; *Wodicka*, Untreue zum Nachteil der GmbH, S. 70; *Meilicke*, BB 1988, 1261, 1263; kritisch *Becker*, Wettbewerbsverbot in der Einmann-GmbH, S. 63.

[155] BGHSt 3, 23.

[156] BGHSt 3, 23, 25.

kann.[157] Sachlich argumentiert der BGH wie zuvor schon das Reichsgericht alleine mit der eigenen Rechtspersönlichkeit der GmbH. Auf diese knappen Hinweise kann sich das Gericht beschränken, da Gegenstand des Verfahrens Untreuehandlungen gegenüber einer Vor-GmbH waren und es dem Gericht alleine darauf ankommt, die Unterschiede in der rechtlichen Behandlung zu der Untreue gegenüber einer GmbH in diesem Gründungsstadium darzustellen. Im Gegensatz zu einer eingetragenen Gesellschaft soll das Einverständnis aller (Gründungs-)Gesellschafter stets tatbestandsausschließend wirken.[158]

In dem wenige Tage später ergangenen Urteil BGHSt 3, 32 vom 24.6.1952 geht der BGH nach Meinung vieler Rezensenten ausführlicher auf die Einverständnisproblematik ein und zeigt weitere Grenzen der Dispositionsbefugnis auf. Die beiden nach den Feststellungen des Gerichts als Geschäftsführer[159] tätigen Mehrheitsgesellschafter einer GmbH, die eine Kies- und Sandbaggerei betrieb, haben Maschinen vom Gelände der später in Konkurs gefallenen Gesellschaft weggenommen und zu dem Geschäftsbetrieb einer Kommanditgesellschaft bringen lassen, welche die Geschäfte der GmbH übernehmen sollte und an der beide als Kommanditist bzw. als Komplementär beteiligt waren. Der BGH würdigte dieses Verhalten neben einer in Aussicht genommenen Strafbarkeit nach § 239 Abs. 1 Nr. 1 KO a. F. auch unter dem Gesichtspunkt der Unterschlagung und der Untreue. Inkriminierte Handlungen im Sinne des § 81 a GmbHG können nach Ansicht des BGH sowohl das Beiseiteschaffen von Gegenständen sein, die im Eigentum der GmbH stehen,[160] als auch der Entzug von Ansprüchen oder Anwartschaften auf Erwerb des Eigentums an zur Sicherung übereigneten oder unter Eigentumsvorbehalt gelieferten Gegenständen. Im Hinblick auf eine etwaige Zustimmung aller Gesellschafter führt das Gericht aus, dass diese die Rechtswidrigkeit der Untreue und der Unterschlagung nicht entfallen lasse. Die Gesellschafter seien „weder befugt noch in der Lage" dem Vermögensentzug namens der Gesellschaft rechtswirksam zuzustimmen. Nach einem argumentati-

---

[157] So *Ulmer*, in FS Pfeiffer (1988), 853, 856, der annimmt, der BGH stelle auf die Grenze des § 29 GmbHG ab.

[158] Näher zu der Strafbarkeit von schädigenden Handlungen in der Vor-GmbH *Hentschke*, Untreueschutz der Vor-GmbH; *Kohlmann*, in FS Geerds (1995), 675; vgl. auch BGH vom 24.7.1991, 4 StR 258/91, wistra 1992, 24; BGH vom 20.1.2000, 4 StR 342/99, wistra 2000, 178.

[159] Einer war formell zum Geschäftsführer bestellt, während das Gericht den anderen kraft der Natur seiner Betätigung als Geschäftsführer im Sinne des § 83 GmbHG ansah. Zur Bejahung der Geschäftsführereigenschaft des nicht formell zum Geschäftsführer bestellten Gesellschafters ließ der Senat die tatsächliche Erfüllung von Geschäftsführeraufgaben in einem Umfang genügen, der über den des ordnungsgemäß bestellten Geschäftsführers hinausging, BGHSt 3, 32, 37. Diese Grundsätze übertrug das Gericht auch auf die Strafbarkeit nach § 81 a GmbHG, BGHSt 3, 32, 39.

[160] Insoweit wurde bereits die Strafbarkeit wegen Unterschlagung bejaht, BGHSt 3, 32, 39.

ven Hinweis auf die eigene Rechtspersönlichkeit der GmbH, präzisiert der 1. Strafsenat unter Bezugnahme auf die reichsgerichtliche Judikatur, dass es den Gesellschaftern verboten sei, „willkürlich Vermögen der Gesellschaft aus[zu]antworten".[161] Anspruch hätten sie nur auf den Reingewinn nach § 29 GmbHG, nicht auf sonstiges Vermögen der Gesellschaft.[162] „Hinzu komme", dass „ganz offensichtlich" ein Verstoß gegen § 30 GmbHG vorliege; dies deshalb, weil nur noch ein Reinvermögen in Höhe von 90 DM bei der Gesellschaft vorgefunden wurde.[163]

Der BGH ordnet die Zustimmung aller Gesellschafter im Deliktsaufbau erst auf der Ebene der Rechtswidrigkeit und nicht bereits der Tatbestandsmäßigkeit ein. Erst bei seinen Entscheidungen zu § 266 StGB wird er die Zustimmung der Gesellschafter als Tatbestandsausschluss anerkennen.[164] Das Gericht lässt bereits die Zurechnung der Zustimmung der Gesellschafter an die mit eigener Rechtspersönlichkeit ausgestattete Gesellschaft scheitern, so dass sich die Frage nach den Dispositionsgrenzen nicht mehr stellt. Als maßgebliche Vorschrift der Vermögensverwendung durch die Gesellschafter nennt der Senat unter Bezugnahme auf RGSt 42, 278 den § 29 GmbHG. Sollte es sich dabei um eine Aussage zu den Schranken der Dispositionsbefugnis der Gesellschafter handeln,[165] so kann sie nur auf einem Missverständnis der zuletzt genannten Entscheidung durch den BGH beruhen, da das Reichsgericht § 29 GmbHG nicht als Grenze

---

[161] BGHSt 3, 32, 40 unter Bezugnahme auf RGSt 71, 353.

[162] Nach Ansicht *Gribbohms*, ZGR 1990, 1, 16, handelt es sich hierbei um ein obiter dictum, das nicht darüber hinwegtäuschen dürfe, dass der BGH kleinere Entnahmen aus dem sonstigen Vermögen der Gesellschaft ohne weiteres nicht als treuwidrig erachte, wenn dadurch die Existenz der Gesellschaft nicht gefährdet werde.

[163] BGHSt 3, 32, 40.

[164] So auch in BGHSt 9, 203, 216; BGH vom 29.1.1964, 2 StR 485/63, GA 1965, 291; ebenso OLG Stuttgart vom 12.3.1978, 1 Ss (6) 173/78, MDR 1978, 593; anders der BGH zu § 266 StGB, vgl. nur BGH vom 24.10.1990, 3 StR 16/90, wistra 1991, 107, 109; BGHSt 34, 379, 385; tatbestandsausschließende Wirkung wird der Zustimmung unter dem Regime des § 81 a GmbHG in der Entscheidung des BGH vom 17.10.1956, 2 StR 434/56, GA 1958, 46 zugemessen. Unrichtig daher *Schäfer*, GmbHR 1993, 780, 794, der von grundsätzlicher Verortung durch den BGB auf Ebene der Rechtswidrigkeit ausgeht. Zur Einordnung in den Deliktsaufbau vgl. auch *Gribbohm*, ZGR 1990, 1, 19 [rechtfertigende Einwilligung]; *Arzt/Weber*, Strafrecht BT, § 22 Rn. 70; *Hillenkamp*, NStZ 1981, 161, 165; *Schünemann*, in Leipziger Kommentar, StGB, § 266 Rn. 100; Schönke/Schröder/*Lenckner/Perron*, StGB, § 266 Rn. 21, 38 [tatbestandsausschließendes Einverständnis].

[165] So *Flum*, Strafrechtlicher Schutz der GmbH, S. 50; ebenso *Wodicka*, Untreue zum Nachteil der GmbH, S. 72; auch *Geerds, D.*, in FS Geerds (1995), 689, 709, der annimmt, der BGH stütze seine Argumentation nur auf § 29 GmbHG; aus zivilrechtlicher Sicht Roth/Altmeppen/*Altmeppen*, GmbHG, § 43 Rn. 71, der in der Bezugnahme auf § 29 GmbHG die Forderung nach einem ordnungsgemäßen Gewinnverwendungsbeschluss erkennt.

der Dispositionsbefugnis angesehen hatte.[166] Näher liegt es daher anzunehmen, dass das Gericht – ebenso wie das Reichsgericht in der Entscheidung RGSt 42, 278 – § 29 GmbHG gar nicht als Dispositionsschranke einführen wollte. So verstanden bleibt die Entscheidung auf der Linie der bisherigen Rechtsprechung, die noch keine Dispositionsschranken festgelegt hat. *Wodicka* nimmt an, dass das Gericht mit dem „Verbot der willkürlichen Vermögensverlagerung"[167] ein weiteres von § 29 GmbHG abweichendes Kriterium für den Umfang der Dispositionsbefugnis nennt.[168] Überzeugender erscheint es aber, weder § 29 GmbHG noch die Willkür als Grenzen der Dispositionsbefugnis der Gesellschafter aufzufassen. Es bleibt Spekulation, dass der BGH mit dem Verbot des willkürlichen Vermögensentzugs ein Kriterium für die Beachtlichkeit des Einverständnisses der Gesellschafter festlegen wollte.[169] Wenn der BGH die Grundsätze der Kapitalbindung richtig anwendet, dann können sich die Urteilspassagen nur auf das Maß der Pflichtwidrigkeit beziehen. Der textliche Zusammenhang, in dem § 29 StGB in den Entscheidungsgründen steht, stützt diese These. Die Anknüpfung an die Pflichten der Gesellschafter stellt nicht zwingend einen Bezug zu den Dispositionsgrenzen her. Angeklagt waren Gesellschafter-Geschäftsführer, die neben den gesellschafterlichen Schranken der Einflussnahme auf das Gesellschaftsvermögen auch den Geschäftsführerpflichten unterliegen, wobei man dem Gericht allenfalls vorhalten kann, dass die Pflichtenkreise nicht voneinander geschieden hat und insbesondere nicht geklärt hat, ob der Pflichtenmaßstab des § 43 GmbHG durch den Allein-Gesellschafter-Geschäftsführer abänderbar ist.[170] In Richtung einer Pflichtwidrigkeit weist auch, dass Willkür im hier inte-

---

[166] Anders *Flum*, Strafrechtlicher Schutz der GmbH, S. 50, der § 29 GmbHG als Dispositionsgrenze in der Rechtsprechung des Reichsgerichts ansieht.

[167] Dieses Kriterium kommt in der Rechtsprechung häufig vor, vgl. nur BGHSt 28, 371; 34, 387, 389; BGH vom 7.11.1978, 5 StR 314/78, GA 1979, 311, 313; vom 30.6.1982, 2 StR 297/82, NStZ 1982, 465; vom 24.3.1982, 3 StR 68/82, wistra 1982, 148, 149; vom 17.11.1983, 4 StR 662/83, NStZ 1984, 118, 119; vom 6.5.1986, 4 StR 207/86, wistra 1986, 262.

[168] Untreue zum Nachteil der GmbH, S. 72.

[169] Anders, und zwar für eine eigenständige Bedeutung des Willkürmerkmals als Dispositionsschranke in der Rechtsprechung des BGH *Kohlmann*, in FS Werner (1984), 387, 390; auch *Ulmer*, in FS Pfeiffer (1988), 853, 856 sowie *Waßmer*, Untreue bei Risikogeschäften, S. 84; vgl. auch *Ziemons*, Haftung der Gesellschafter, S. 193; auf einem anderen Blatt steht, ob das Willkürmerkmal als solches als Dispositionsschranke anerkannt wird, ablehnend *Fleck*, ZGR 1990, 31, 36.

[170] So die (noch) h. M. im Zivilrecht, die den Sorgfaltsmaßstab des § 43 Abs. 1 GmbHG grundsätzlich für disponibel hält. Die Reichweite der Befreiungsmöglichkeit ist strittig. Vgl. nur Scholz/*Uwe H. Schneider*, GmbHG, § 43 Rn. 185; Baumbach/Hueck/*Zöllner/Noack*, GmbHG, § 43 Rn. 5 („keine beliebige Abänderbarkeit"; „ausgeschlossen für primär dem Gläubigerschutz dienenden Pflichten"); *Lutter/Hommelhoff*, GmbHG, § 43 Rn. 2. Dispens des Einmann-Gesellschafter-Geschäftsführers von § 43 Abs. 1 und 2 GmbHG ist möglich, so OLG Karlsruhe, Urteil vom 12.5.1999, 13 U 140/98, DStR 2000, 1024 m. Anm. *Haas*. Vgl.

ressierenden Zusammenhang als die willentliche Nachteilszufügung ohne einen aus der Sicht eines ordentlichen Geschäftsmanns einsichtigen Grund beschrieben werden kann.[171] Eine willkürliche Handlung lässt die „Sorgfalt eines ordentlichen Geschäftsmannes" vermissen,[172] den Maßstab, dem ein Geschäftsführer nach § 43 Abs. 1 GmbHG in zivilrechtlicher Hinsicht unterliegt. Warum sollte der BGH nicht im Rahmen der Pflichtwidrigkeit auch strafrechtlich auf den Begriff der Willkür, also des Fehlens der üblichen Sorgfalt, abstellen?[173]

Ergänzend zu dieser Argumentation verweist der Senat darauf, dass auch eine Verletzung des § 30 GmbHG „offensichtlich" vorliegt. Damit bezieht das Gericht erstmalig die Kapitalerhaltungsvorschriften in seine Überlegungen ein. Entsprechend obiger Argumentation könnte der Verweis auf § 30 GmbHG nicht nur eine mögliche Grenze der Dispositionsbefugnis bezeichnen, sondern als Maßstab der Pflichtwidrigkeit gelten. Zivilrechtlich ist das konsequent, da Adressat des § 30 GmbHG jedenfalls der Geschäftsführer ist.[174] Eine genaue Zuordnung kann unterbleiben, da der Verstoß gegen § 30 GmbHG neben dem Kriterium der Willkürlichkeit noch keine eigenständige Bedeutung erlangt.[175] Das Gericht stellt das Kriterium der willkürlichen Vermögensverlagerung ganz in den Mittelpunkt seiner Überlegungen, der Verstoß gegen § 30 GmbHG wird nur beiläufig angesprochen.[176]

c) BGHSt 9, 203

Erst mit der Entscheidung BGHSt 9, 203 vom 12.1.1956 steckt der BGH einen ersten Rahmen ab, in dem die weitere Diskussion zu den Schranken der Gesell-

---

auch BGHZ 119, 256. Anders noch *Baumbach/Hueck*, GmbHG, 10. Aufl., zu § 81 a GmbHG. Wieder anders *Wilhelm*, in FS Flume II (1978), 337, 390 (Gesellschafter unterliegen Pflichtenmaßstab des § 43 Abs. 1 GmbHG); jüngst *van Venrooy*, GmbHR 2004, 237 für einen Anspruch der GmbH auf sachkundige Geschäftsführung. Im Zivilrecht *Altmeppen*, NJW 2002, 321, 323.

[171] Vgl. nur *Fleck*, ZGR 1990, 31, 36.

[172] *Birkholz*, Untreuestrafbarkeit, S. 40.

[173] Vgl. auch BGH vom 18.3.1954, 3 StR 934/52, GmbHR 1954, 75 (stark gekürzt); die hier vertretene These stützt auch die Entscheidung BGHSt 34, 379, in der die Willkür nur als Maß der Pflichtwidrigkeit angesehen wird.

[174] Statt vieler *Lutter/Hommelhoff*, GmbHG, § 30 Rn. 2.

[175] So auch *Wilhelm*, in FS Flume II (1978), 337, 346; *Müller-Christmann/Schnauder*, JuS 1998, 1080, 1083; a. A. *Wodicka*, Untreue zum Nachteil der GmbH, S. 72, der von einer eigenständigen Bedeutung des Verstoßes gegen § 30 GmbHG neben dem Willkürverbot ausgeht; noch anders *Vonnemann*, GmbHR 1988, 329, 331, der in § 30 GmbHG den maßgeblichen Unwirksamkeitsgrund sieht; ebenso *Schäfer*, GmbHR 1993, 780, 793.

[176] Das bringt dem Gericht Kritik von *Zöllner*, Schranken mitgliedschaftlicher Stimmrechtsmacht, S. 22 Fn. 14 ein, der bezogen auf die Dispositionsschranken moniert, dass das Gericht die zivilrechtlichen Grenzen der Vermögensbindung nicht sichtbar mache.

schafterzustimmung verlaufen soll.[177] Die Entscheidung betrifft den Erwerb von Geschäftsanteilen durch die GmbH entgegen § 33 Abs. 2 GmbHG. Der Angeklagte, Aufsichtsmitglied der GmbH, beteiligte sich an einer Transaktion bei der unter Billigung aller Gesellschafter voll eingezahlte Geschäftsanteile in Höhe von 500.000 DM von einem Mitgesellschafter durch ein anderes Mitglied des Aufsichtsrats als Treuhänder für die Gesellschaft erworben wurden. Der Käufer fungierte nur als Strohmann; die Gesellschaft selbst sollte die Anteile erwerben, deren Bezahlung aus Mitteln der Gesellschaft das Stammkapital beeinträchtigte.

Zur strafrechtlichen Beachtlichkeit einer Zustimmung aller Gesellschafter führt der 3. Strafsenat aus, dass derjenige, der sie erteilt, „von der Rechtsordnung als Träger des rechtlich geschützten Interesses anerkannt“[178] werden müsse. Im Hinblick auf die GmbH „bildet [zwar] die Gesamtheit der Gesellschafter das oberste Organ der Gesellschaft mit beschränkter Haftung; seiner Bestimmung unterliegt aber nicht, was dem Wesen dieser Gesellschaft zuwiderlaufen würde oder was der Gesetzgeber überwiegend im Interesse der Gesellschaftsgläubiger vorgeschrieben hat (vgl. hierzu auch § 195 Nr. 3 AktG).“ Zu diesen Vorschriften gehört das Gebot der Erhaltung des Stammkapitals. „Es lässt sich nicht hinwegdenken, ohne dass die Gesellschaft mit beschränkter Haftung in ihrem Wesen verändert würde. (...) Daraus ergibt sich, dass weder die Gesellschafter noch der Aufsichtsrat diesen Grundsätzen entgegenstehenden Verfügungen über das Gesellschaftsvermögen rechtwirksam zustimmen können.“[179]

Das Gericht ordnet die Rechtsträgerschaft der GmbH selbst und nicht den Gesellschaftern in ihrer Gesamtheit zu. Als geschütztes Rechtsgut des § 81 a GmbHG erkennt der BGH in Übereinstimmung mit seiner bisherigen Auffassung das Vermögen der GmbH an, Gläubigerinteressen lässt er unberücksichtigt. Den Anknüpfungspunkt für die erstmals erforderlichen Ausführungen zur Reichweite der Gesellschafterzustimmung sieht der BGH richtigerweise in der *Dispositionsbefugnis* des Rechtsgutinhabers. Der maßgebliche rechtliche Wille der Gesellschaft bei der Zustimmung wird durch ihr oberstes Organ, die Gesellschafterversammlung, gebildet. Inhaltlich sei die Zustimmung, weil nicht vom Rechtsgutinhaber selbst, sondern seinem Organ erteilt, gebunden. Der Zustimmung der Gesellschafter unterliege aber nicht, was das *Wesen der Gesellschaft* antastet.[180] Das Wesen der Gesellschaft wird durch die beschränkte Haftung und

---

[177] So auch *Wilhelm*, in FS Flume II (1978), 337, 390; anders *Kohlmann*, in FS Werner (1984), 387, 391, „Präzisierung“, ihm folgend *Flum*, Strafrechtlicher Schutz der GmbH, S. 52.
[178] BGHSt 9, 203, 216.
[179] BGHSt 9, 203, 216.
[180] So auch *Geerds, D.*, in FS Geerds (1995), 689, 709.

den dadurch erforderlichen Verkehrsschutz bestimmt, der vorrangig durch die Kapitalerhaltungsvorschriften des GmbH-Gesetzes gewährleistet wird. In diesen liege daher eine – wenn auch nicht die einzige – Schranke der Gesellschafterzustimmung, gleichzeitig dienen sie der materiellen Ausfüllung der vom BGH anerkannten Schranke.[181] Anders als *Flum* annimmt,[182] stützt der BGH die Unbeachtlichkeit der Gesellschafterzustimmung nicht alleine auf die Kapitalerhaltungsvorschriften. Diese Vorschriften stellen auch keine weitere Schranke der Gesellschafterzustimmung neben dem Wesen der Gesellschaft dar.[183] Entgegen *Gribbohm* lässt die Entscheidung nicht erkennen, ob das Gericht für die Verurteilung auf den Verstoß gegen die Kapitalerhaltungsvorschriften abstellt.[184] Den Kapitalvorschriften kommt nur die Funktion zu, die Wesensschranke des BGH auszufüllen und zu konkretisieren. Der Wesensbegriff bedarf der Operationalisierung, damit er in der Praxis handhabbar wird – und diese Funktion erfüllen die §§ 30 ff. GmbHG.

d) Zusammenfassung

Die Rechtsprechung zu § 81 a GmbHG zu den Schranken des Einverständnisses der Gesellschafter war nicht so einheitlich, wie das nach Lektüre vornehmlich der älteren Kommentarliteratur scheinen mag.[185] Das Reichsgericht hat unter der Geltung des § 81 a GmbHG nicht und der BGH erst relativ spät zu Dispositionsschranken der Gesellschafter Stellung genommen. Definierte Grenzen der Einflussnahme hat der BGH erst in BGHSt 9, 203 genannt. Er hat sie aus dem „Wesen der Gesellschaft" abgeleitet und die Kapitalerhaltungsvorschriften darunter subsumiert. Da die Kapitalerhaltungsvorschriften bei Einvernehmen der Gesellschafter ausschließlich dem Gläubigerschutz dienen, ist der Ansatz der Rechtsprechung bedenklich. Ohne es offen zu legen, stützt der BGH die Anwendung der Untreuevorschriften materiell auf Gläubigerschutzaspekte.

B. Weitergeltung der Grundsätze des § 81 a GmbHG in § 266 StGB?

Mit der Aufhebung von § 81 a GmbHG stellt sich die Frage, ob die zu dieser Norm entwickelten Grundsätze unter § 266 StGB weitergeführt werden können oder ob eine neue Dogmatik der GmbH-rechtlichen Untreue entwickelt werden

---

[181] Wie hier *Waßmer*, Untreue bei Risikogeschäften, S. 84; vgl. auch im Hinblick auf ein Eigeninteresse der GmbH *Becker*, Wettbewerbsverbot in der Einmann-GmbH, S. 64.

[182] Strafrechtlicher Schutz der GmbH, S. 52; ebenso *Kaufmann*, Organuntreue, S. 29; ähnlich *Vonnemann*, GmbHR 1988, 329, 331, der die Kapitalerhaltungsvorschriften als die entscheidende Grenze sieht.

[183] So aber *Wodicka*, Untreue zum Nachteil der GmbH, S. 75.

[184] Vgl. *Gribbohm*, ZGR 1990, 1, 2, der davon ausgeht, dass der 3. Strafsenat nicht entscheidend auf die Verletzung der Kapitalerhaltungsvorschriften abstellt.

[185] Vgl. nur die Erläuterungen in *Baumbach/Hueck*, GmbHG, 10. Aufl., § 81 a; *Scholz/Fischer*, GmbHG, 6. Aufl. 1962, § 81 a Nr. 2; *Tiedemann*, GmbH-Strafrecht, vor § 82 Rn. 15.

muss. Die Aufhebung von § 81 a GmbHG stand unter der gesetzgeberischen Erwartung, dass sich daraus keine Änderung in der Rechtslage ergeben wird. Alle bislang unter § 81 a GmbHG strafbaren Verhaltensweisen sollten auch unter § 266 StGB strafbar sein.[186] In der Lehre wurden aus der Aufhebung von § 81 a GmbHG unterschiedliche Konsequenzen gezogen. Ein Schwerpunkt der Stellungnahmen lag bei der Frage, ob die Tatbestandsmerkmale bei § 266 StGB mit Bezug auf § 81 a GmbHG ausgelegt werden können.

Als äußerer Beleg für die Orientierung an § 81 a GmbHG ist zu werten, dass die GmbH-rechtliche Untreue den Geschäftsführungsdelikten im engeren Sinne zugerechnet wird.[187] Obwohl die tatbestandlichen Voraussetzungen von § 266 StGB anders als bei § 81 a GmbHG nicht an die Geschäftsführereigenschaft des Täters anknüpfen, wird an der zu § 81 a GmbHG entwickelten Deliktssystematik festgehalten. Daneben griff der BGH in seinen ersten GmbH-rechtlichen Entscheidungen auf die Grundsätze zurück, die er zu § 81 a GmbHG entwickelt hat.[188] Das brachte ihm den Vorwurf ein, es beachte die Unterschiede beider Normen in der Schutzrichtung nicht hinreichend. Auch im Schrifttum wird bei der Auslegung des § 266 StGB auf die Aussagen zu § 81 a GmbHG zurückgegriffen,[189] wobei die Diskussion vom vorgeblichen Gläubigerschutzaspekt des § 81 a GmbHG bestimmt wird.[190] Von *Labsch*, der eine Untreuestrafbarkeit des Geschäftsführers ablehnt, wird er als Argument dafür ins Feld geführt, dass eine Strafbarkeit bei einvernehmlichem Handeln der Gesellschafter wegen der im Unterschied zu § 81 a GmbHG fehlenden Gläubigerschutzkomponente bei § 266 StGB ausscheiden muss.[191] *Schneider* fordert, dass die Schutzlücken, die mit der Aufhebung eines Spezialgesetzes auftreten, mit einer erweiternden Auslegung des § 266 StGB zu begegnen, damit auch alle Fälle erfasst werden, die unter der Geltung des § 81 a GmbHG strafbar waren.[192] Dem Vorschlag kann nicht gefolgt werden, da dies eine unzulässige Auslegung eines Straftatbestandes unter

---

[186] Schriftlicher Bericht des Sonderausschusses für die Strafrechtsreform, BT-Drucks. V/4094, S. 56.

[187] *Schäfer*, GmbHR 1993, 717, 718; *Kohlmann*, Strafrechtliche Verantwortlichkeit, Rn. 1.

[188] Rechtsprechungsnachweise bei den Entscheidungen BGH vom 23.11.1982, 5 StR 176/82, wistra 1983, 71; vom 17.11.1983, 4 StR 662/83, NStZ 1984, 118; vom 6.5.1986, 4 StR 207/86, wistra 1986, 262; ausführlich BGHSt 35, 335, 337. Vgl. auch die Einschätzung von *Achenbach*, in FS 50 Jahre BGH (2000), 593, 595.

[189] Vgl. die Rechtsprechungsanalysen bei *Kohlmann*, in FS Werner (1984), 387, 388; *Flum*, Strafrechtlicher Schutz der GmbH, S. 49; *Wodicka*, Untreue zum Nachteil der GmbH, S. 64; sowie Hachenburg/*Kohlmann*, GmbHG, vor § 82 Rn. 55; *Gribbohm*, ZGR 1990, 1, 11 hinsichtlich des Vermögensinhabers. Andere Ansicht aber *Labsch*, wistra 1985, 1, 7; *ders.*, JuS 1985, 602, 605; Schönke/Schröder/*Lenckner*/*Perron*, StGB, § 266 Rn. 21 b.

[190] *Schäfer*, GmbHR 1993, 780, 787. Zum Gläubigerbezug der Norm vgl. oben S. 43.

[191] JuS 1985, 602, 605; vgl. auch Schönke/Schröder/*Lenckner*/*Perron*, StGB, § 266 Rn. 21 b.

[192] Untreue nach dem neuen Aktienrecht, S. 38 ff., 109 ff. (für die Aktiengesellschaft).

Rückgriff auf einen anderen darstellt. Die Auslegung von Tatbestandsmerkmalen darf nicht durch die Auslegung einer aufgehobenen Norm beeinflusst werden. Schließlich kann *Tiedemann* nicht darin gefolgt werden, dass die Aufhebung der gesellschaftsrechtlichen Sondertatbestände „jedenfalls theoretisch" zu einer Ausweitung der Strafbarkeit bei der GmbH-Untreue führt.[193] Da der Täterkreis des § 266 StGB im Gegensatz zu § 81 a GmbHG nicht begrenzt sei, könne auch ein Treuepflichtverstoß des (beherrschenden) Alleingesellschafters grundsätzlich eine Untreuestrafbarkeit eröffnen. Eine solche Auslegung war aber über die allgemeine Norm des § 266 StGB auch zur Zeit der (parallelen) Geltung des § 81 a GmbHG nicht ausgeschlossen, da einem Sondertatbestand keine Sperrwirkung für die Anwendung des allgemeinen Tatbestands zukommt. § 266 StGB in der Fassung von 1933 kannte ebenso wie die heutige Fassung keine Einschränkung des Täterkreises, so dass unabhängig von der Geltung des § 81 a GmbHG eine Strafbarkeit des Gesellschafters bei § 266 StGB nicht an der fehlenden Täterqualifikation scheitert.

Ein Rückgriff auf die zu einer aufgehobenen Norm entwickelten Kriterien ist nach allgemeinen Regeln statthaft, wenn Tatbestandsmerkmale gleich auszulegen sind.[194] Unter dieser Voraussetzung ist nicht zu beanstanden, wenn Rechtsprechung und Lehre zu § 266 StGB an die zu § 81 a GmbHG entwickelten Präzedenzien anknüpfen. Da § 81 a GmbHG keine Gläubigerschutzkomponente zukommt, sind keine Fälle denkbar, die unter der Geltung des § 81 a GmbHG strafbar waren und nunmehr straffrei bleiben.[195] Soweit in der Literatur unter Bezugnahme auf den Gläubigerschutzaspekt des § 81 a GmbHG anderes vertreten wird, ist das schon deshalb abzulehnen, weil der Norm keine gläubigerschützende Funktion zukommt. Letzten Endes darf aber die fortwirkende Bedeutung, die § 81 a GmbHG bei der Auslegung der Tatbestandsmerkmale des § 266 StGB zukommt, nicht überschätzt werden. Im Hinblick auf die Reichweite der Einflussnahme der Gesellschafter auf das Vermögen der GmbH, kann aus der Rechtsprechung und Literatur zu § 81 a GmbHG nur wenig entnommen werden. Der BGH war unter der Geltung des § 81 a GmbHG mit der Anerkennung von Dispositionsschranken der Gesellschafter sehr zurückhaltend. Die ersten reichsgerichtlichen Urteile lehnen ebenso wie der BGH in seinen frühen Entscheidungen einen strafrechtsfreien Bereich der schädigenden Einflussnahme auf die Gesellschaft ab. Der BGH hat Grenzen der Einflussnahme erst relativ

---

[193] GmbH-Strafrecht, vor § 82 Rn. 11; für die Aktiengesellschaft: *Geilen*, Aktienstrafrecht, vor § 399 Rn. 12; *Otto*, Aktienstrafrecht, vor § 399 Rn. 59.

[194] Zum Verhältnis von § 81 a GmbHG und § 266 StGB *Nelles*, Untreue zum Nachteil von Gesellschaften, S. 302.

[195] *Schmitz*, Reform, S. 66; a. A. *Schäfer*, GmbHR 1993, 780, 783; *Hartung*, NJW 1996, 229 für Vermögensbetreuungspflicht des Geschäftsführers.

spät, nämlich in BGHSt 9, 203, diskutiert und sie aus dem „Wesen der Gesellschaft“ abgeleitet. Da er sich auf eine beschränkte Dispositionsbefugnis der Gesellschafter eingelassen hat, musste er in der Folgezeit inhaltliche Kriterien entwickeln, um den Maßstab für die tägliche Rechtspraxis handhabbar zu machen. Der BGH hat sich dieser Aufgabe in einer langen Folge von Urteilen gewidmet, in denen er im Wechselspiel mit den Zivilsenaten des BGH versuchte, taugliche Kriterien zu entwickeln.

Als *Zwischenergebnis* ist festzuhalten, dass die Aufhebung des § 81 a GmbHG zu keiner Änderung der Rechtslage geführt hat, da der BGH seine Rechtsprechung zu § 81 a GmbHG fortgeführt hat. Dies ist nicht zu beanstanden, soweit sich die Auslegung der Tatbestandsmerkmale des § 266 StGB in zulässiger Weise an § 81 a GmbHG orientiert.

3. Kapitel: Die GmbH-rechtliche Untreue bei § 266 StGB

Die GmbH-rechtliche Untreue steht im Spannungsfeld von Selbständigkeit und Abhängigkeit der juristischen Person von den dahinter stehenden Personen. Bei der GmbH legt die Existenz zwingender Kapitalerhaltungsvorschriften und die Objektivierung der Satzung durch die Handelsregistereintragung das Bestehen eines vom Gesellschaftergesamtinteresses losgelöstes Gesellschaftsinteresse nahe.[196] *Savignys* Theorie von der juristischen Person, wonach „das Subjekt der Rechte nicht in den einzelnen Mitgliedern besteht, sondern im idealen Ganzen"[197], die Gesamtheit der Mitglieder also von der juristischen Person verschieden ist, bildet den theoretischen Ausgangspunkt der Beschäftigung mit dem vom Gesellschafterinteresse abgelösten Gesellschaftsinteresse. So erkennt *Zöllner* die juristische Person im Verhältnis zu ihren Mitgliedern als Interessenträger an, gegenüber der Mitgliedergesamtheit aber nur infolge ihrer Ausgestaltung als eigenständiges Vermögens- und Haftungssubjekt, also nur soweit, wie die gesetzliche Vermögensbindung reicht.[198] Die Anerkennung der Verselbständigung der GmbH als juristische Person und ihre gedankliche Loslösung von den Gesellschaftern bildet die Grundlage für ein eigenständiges Gesellschaftsinteresse, ein Gedanke, der auch für das Strafrecht fruchtbar gemacht wurde. Weil Träger des strafrechtlich geschützten Interesses die GmbH selbst sei, dürfe auch die Gesamtheit ihrer Gesellschafter nicht unter Missbrauch ihrer Stellung als Organ der GmbH bestimmen, was dem Wesen der Gesellschaft zuwiderlaufe.[199] Für den Missbrauch der Befugnis oder für die Pflichtwidrigkeit eines Verhaltens des Geschäftsführers zum Nachteil der eigenen Rechtspersönlichkeit GmbH trotz Einverständnis der Gesellschafter sei entscheidend, ob die Zustimmung der Gesellschafter gesetzwidrig ist, also das Stammkapital aushöhlt, oder unter Verstoß gegen die Grundsätze eines ordentlichen Kaufmanns die Gesellschafterstellung missbraucht wird.[200] Neben den Kapitalerhaltungsvorschriften wird von der Strafrechtsprechung die Erhaltung der Existenzfähigkeit der Gesellschaft als absolute Schranke des Gesellschafterzugriffs gewertet.[201]

Bereits ein oberflächlicher Blick auf die gesellschaftsrechtliche Diskussion zeigt, dass die Existenz eines eigenständigen Gesellschaftsinteresses und dessen Reichweite ebenso wenig gesichert sind wie die rechtlichen Konsequenzen, die

---

[196] Grundlegend *Winter*, Mitgliedschaftliche Treuebindungen, S. 195; *ders.*, ZGR 1994, 570, 580 ff.; *Nissing*, Eigeninteresse, S. 88 ff.; *Priester*, ZGR 1993, 512, 517 ff. (beschränkt auf Konzernsachverhalte).

[197] System des heutigen römischen Rechts, Bd. II, S. 243.

[198] Schranken mitgliedschaftlicher Stimmrechtsmacht, S. 21 ff.

[199] BGHSt 34, 379, 383.

[200] BGHSt 34, 379, 386. Durch spätere Entscheidungen eingeschränkt, vgl. unten Rechtsprechungsanalyse S. 222.

[201] BGHSt 9, 203; 34, 333, 337.

aus einem Eigeninteresse der Gesellschaft abgeleitet werden können.[202] Den Einwänden der Literatur gegen einen Haftungsansatz, der auf ein gesellschaftsrechtliches Eigeninteresse gestützt wird, versucht der BGH in neueren zivilrechtlichen Entscheidungen dadurch Rechnung zu tragen, dass er nicht mehr von „schützenswerten Eigenbelangen“[203] der GmbH spricht, sondern sich der Durchgriffslehre zuwendet.[204] Die Durchgriffshaftung setzt unmittelbar beim Schutz der Gesellschaftsgläubiger an und vermeidet die Konstruktion eines Eigeninteresses der Gesellschaft. Wenn die Gesellschafter auf die GmbH im Interesse ihrer Gläubiger Rücksicht zu nehmen haben, so müsste die GmbH neben den Interessen ihrer Gesellschafter auch die ihrer Gläubiger verkörpern. Selbst wenn man im Gesellschaftsrecht ein aus Gläubigerinteressen abgeleitetes Eigeninteresse konstruieren wollte, müsste man, um die schädigende Einflussnahme des Geschäftsführers im Einverständnis mit den Gesellschafter auf die Gesellschaft *strafrechtlich* zu ahnden, dies mittels einer Strafnorm tun, die nicht nur die Gesellschaft, sondern auch die Belange der der Gläubiger schützt.

A. Rechtsgut bei der GmbH-rechtlichen Untreue

Rechtsgüter sind die Interessen der Gemeinschaft, denen das Strafrecht seinen Schutz gewährt. Sie sind die Grundlage des Aufbaus und der Auslegung der Tatbestände. Ein Strafrechtsgut existiert als solches, weil eine andere, logisch vorrangige Wertordnung das Gut als Rechtsgut anerkannt hat.[205] Was ein potentiell schützenswertes Rechtsgut ist, kann sich nicht mehr im Wege der Auslegung des Straftatbestands ergeben.[206] Das Rechtsgut bezeichnet strafrechtlich betrachtet keinen Status und keine Haftungsmasse, es ist nicht Rechtsgut um des Rechtsguts willen.[207] Das Rechtsgut genießt strafrechtlichen Schutz, trifft aber durch die Festlegung als Schutzobjekt keine Aussage zu der Art des Schutzes.[208]

---

[202] Zum Meinungsstand Baumbach/Hueck/*Hueck/Fastrich*, GmbHG, § 13 Rn. 26 ff.; *Lutter/Hommelhoff*, GmbHG, § 14 Rn. 26; *Falkenstein*, Entnahmerechte der Gesellschafter, S. 160; *Grigoleit*, Gesellschafterhaftung, S. 275 ff.; *Ziemons*, Haftung der Gesellschafter, S. 94 ff.

[203] So noch die Formulierung im 1. Leitsatz der Bremer Vulkan Entscheidung, BGHZ 149, 10.

[204] BGHZ, 151, 181.

[205] Vgl. auch *Stratenwerth*, in FS Lenckner (1998), 377 ff.; für eine Definition der Rechtsgüter aus und wegen des strafrechtlichen Schutzes *Hoyer*, Strafrechtsdogmatik, S. 176 f.; Ermittlung des Rechtsguts aus der strafrechtlichen Norm mit Hilfe teleologischer Kriterien *Nelles*, Untreue zum Nachteil von Gesellschaften, S. 290, unter Rückgriff auf *Vornbaum*, Strafrechtlicher Schutz des Strafurteils, S. 71.

[206] Zur Kontroverse um den Rechtsgutsbegriff seit seiner „Entdeckung“ durch *Birnbaum* (Neues Archiv d. Criminalrechts 15 [1834], 149 ff.), vgl. nur *Hassemer*, Theorie und Soziologie, S. 27 ff., 41 ff. und in jüngerer Zeit *Stratenwerth*, in FS Lenckner (1998), 377.

[207] *Stratenwerth*, in FS Lenckner (1998), 377, 384.

[208] Schönke/Schröder/*Lenckner/Eisele*, StGB, vor § 13 Rn. 8 ff.

Bei der Bestimmung des Rechtsguts nimmt das Strafrecht keine eigene Regelung vor, es findet vielmehr eine hinsichtlich ihrer Werthaltigkeit geordnete, in sich abgeschlossene Reihe von Gütern vor. Es setzt auf der Wertung der vorrangig berufenen Rechtsordnung auf und agiert verhaltensbildend, weil diese Rechtsordnung bereits eine ausreichende Güterabwägung vorgenommen hat.

Die Bestimmung des Rechtsguts bei der GmbH-rechtlichen Untreue hat für die Untersuchung richtungweisende Bedeutung, da ihre Kernfrage nach der Reichweite der Einwilligungsbefugnis letztlich nichts anderes als eine spezielle Ausgestaltung der Frage nach dem Rechtsgut der Untreuevorschrift ist. Will man die Reichweite der Dispositionsbefugnis der Gesellschafter bestimmen, so setzt das sichere Kenntnisse über ihren Gegenstand voraus, nämlich die inhaltlichen Strukturen und Zwecksetzungen des jeweiligen Rechtsguts, aus denen sich seine Zuordnung ergibt.[209] Wie wichtig die sachgerechte Festlegung des Rechtsguts einer Strafnorm ist, zeigt sich daran, dass früher die Unwirksamkeit der Einwilligung häufig auf den Hinweis gestützt wurde, dass auch Rechtsgüter, die scheinbar zugunsten des Einzelnen geschützt werden, letztlich als Gemeinschaftswerte dem ausschließlichen Bestimmungsrecht des Staates oder der Allgemeinheit unterliegen.[210] Wäre bei der GmbH-Untreue ein überindividuelles Rechtsgut zum Schutze der Gläubiger anzuerkennen, so ließe sich eine Beschränkung des Zugriffs der Gesellschafter auf das Vermögen der Gesellschaft zum Schutz dieser Interessen leicht begründen. Ein Gläubigerbezug der Norm könnte sich aus der besonderen Zweckbindung des GmbH-Vermögens als Haftungsfonds für die Gläubiger ergeben. Allerdings ist fraglich, ob ein solcher mittelbarer Schutz der Gläubigerinteressen ausreicht, um die Dispositionsbefugnis der Gesellschafter einzuschränken.[211]

I. Vermögen als geschütztes Rechtsgut

Schutzobjekt der Untreue ist das Vermögen. Heute steht außer Streit, dass die Untreue ein Vermögensdelikt ist.[212] Das Ergebnis muss auch angesichts einer

---

209 *Klentzy*, Der Mangel am Straftatbestand, S. 91.

210 *Binding*, Handbuch des Strafrechts, S. 8.

211 Ausführlich zur Frage der Rechtsgutvertauschung *Sternberg-Lieben*, Die objektiven Schranken der Einwilligung, S. 512 ff.

212 BGHSt 28, 371, 373; 43, 293, 297; NK-StGB/*Kindhäuser*, § 266 Rn. 1; *Schünemann*, in Leipziger Kommentar, StGB, § 266 Rn. 28; *Lackner/Kühl*, StGB, § 266 Rn. 1; SK-StGB/*Samson/Günther*, § 266 Rn. 2; *Haft*, Strafrecht BT, S. 222; *Saliger*, ZStW 112 (2000), 563, 571; zur GmbH-rechtliche Untreue: BGH vom 20.7.1999, 1 StR 668/98, NJW 2000, 154; *Kohlmann*, in FS Werner (1984), 387, 394; *Labsch*, wistra 1985, 1, 7; *Radtke*, GmbHR 1998, 361, 364; *Schäfer*, GmbHR 1993, 780, 787. Schönke/Schröder/*Lenckner/Perron*, StGB, § 266 Rn. 1. Dieser Ausgangspunkt wird von *Stapelfeld*, BB 1991, 1501, 1502 nicht hinreichend beachtet.

Diskussion um den Rechtsgutbegriff, die die soziale Bezogenheit von Funktionseinheiten hervorhebt und eine „geistige Realität" in den Vordergrund ihrer Definitionsbemühungen stellt, nicht relativiert werden.[213] Im Einklang mit der herrschenden Auffassung sieht sich auch *Hübner*, obwohl er das „fremder Hand anvertraute Vermögen" als geschütztes Rechtsgut charakterisiert.[214] *Brammsen* gibt zu bedenken, dass die zufällige Anknüpfung an den Tatgegenstand zu irrtümlicher Gleichsetzung von Rechtsgut und Angriffsobjekt Anlass geben mag.[215] Das ist aber hinzunehmen, da Rechtsgut und Handlungsobjekt nicht nur bei der Untreue „wie Idee und Erscheinung"[216] aufeinander bezogen sind.

Es kann heute auch als geklärt gelten, dass die Untreue *neben dem Vermögen* keine weiteren Schutzgüter kennt.[217] Früher wurde wegen der besonderen Struktur der Untreue – der Täter macht sich bei Ausführung der vermögensschädigenden Handlung eines Vertrauensbruchs bzw. einer Pflichtverletzung gegenüber dem Anvertrauenden schuldig – teilweise angenommen, dass die Dispositionsfreiheit und -befugnis des Vermögensinhabers oder das besondere Vertrauen in die Pflichttreue des Täters und die Redlichkeit des Rechts- und Wirtschaftsverkehrs als weiteres Schutzgut der Untreue neben das Vermögen treten.[218] Wäre ein solches überindividuelles Rechtsgut anzuerkennen, dann gäbe es keinen relevanten Verzicht des Rechtsgutinhabers auf den strafrechtlichen Schutz, weil der geschädigte Einzelne nicht über Rechtsgüter der Allgemeinheit disponieren kann. Heute wird der Untreue zu Recht kein überindividuelles Rechtsgut mehr zugeschrieben.[219] Es ist anerkannt, dass das Vertrauen in die Pflichttreue des Täters nicht als eigenständiger Schutzgegenstand der Untreue neben das Vermögen tritt.[220] Der Betreuer eines fremden Vermögens genießt

---

[213] *Otto*, Grundkurs Strafrecht AT, § 1 II 3, dessen Rechtsgutbegriff mit der Beschränkung auf Beziehungen, in denen „sich das Rechtssubjekt mit Billigung durch die Rechtsordnung personal entfaltet", nur auf Delikte gegen Individualinteressen anwendbar ist; vgl. zur Diskussion auch Schönke/Schröder/*Lenckner/Eisele*, StGB, vor § 13 Rn. 9, zur Relativierung des Rechtsgutskonzeptes *Stratenwerth*, in FS Lenckner (1998), 377, 388 ff.

[214] In Leipziger Kommentar, StGB, 10. Aufl., § 266 Rn. 19.

[215] DB 1989, 1609. Zur Unterscheidung von Angriffsobjekt und Rechtsgut vgl. nur *Jescheck/Weigend*, Strafrecht AT, § 26 I 4; *Maurach/Zipf*, Strafrecht AT/1 § 19 Rn. 14; *Wessels/Beulke*, Strafrecht AT, Rn. 6 ff.

[216] *Jescheck/Weigend*, Strafrecht AT, § 26 I 4.

[217] Teilweise anders *Hartung*, NJW 1995, 1186, 1190, der die Liquidität als mitgeschützt ansieht.

[218] *Dunkel*, Vermögensbetreuungspflicht, S. 42–48; *ders.*, GA 1977, 334 f.; *Luthmann*, NJW 1960, 419, 420 („Vertrauen in die Redlichkeit des Rechts- und Wirtschaftsverkehrs").

[219] BGHSt 43, 293, 297; *Arzt/Weber*, Strafrecht BT, § 22 Rn. 1; *Gössel*, Strafrecht BT/2, § 25 Rn. 1; Maurach/Schroeder/Maiwald/*Maiwald*, Strafrecht BT/1, § 45 Rn. 1; *Wessels/Hillenkamp*, Strafrecht BT/2, Rn. 747.

[220] *Mitsch*, Strafrecht BT II/1 § 8 Rn. 1.

zwar in der Regel das Vertrauen des Vermögensinhabers, da er sonst kaum in diese Stellung berufen worden wäre. Richtig ist auch, dass der Untreuetäter durch die Tat das Vertrauen des Vermögensinhabers in seine Pflichttreue enttäuscht. Der Bruch der Vertrauensbeziehung ist aber nicht konstituierend für das Unrecht der Untreue. Er ist der Tat immanent und hat für das Opfer über den Vermögensnachteil hinaus keine eigenständige strafrechtliche Qualität, die es rechtfertigen würde, ihn zu einem eigenständigen Schutzgut aufzuwerten. Darüber hinaus besteht eine Vertrauensbeziehung zwischen Täter und Opfer nicht nur bei der Untreue. Mit gleicher Berechtigung könnte man beim Betrug ein überindividuelles Rechtsgut Vertrauen annehmen, wobei beim Betrug noch dazukommt, dass das Vertrauensverhältnis arglistig zum Zwecke der Bereicherung geschaffen wird.

II. Vermögen als Schutzgut nur im Bereich des § 30 GmbHG?

Unter grundsätzlicher Anerkennung des zivilrechtlichen Trennungsprinzips stellt *Kohlmann* – von der wissenschaftlichen Diskussion insoweit weitgehend unbeachtet –[221] eine differenzierende Betrachtung des Schutzobjekts des § 266 StGB unter Einbeziehung des § 30 GmbHG an.[222]

Ausgangspunkt der Erwägungen *Kohlmanns* ist die zivilrechtlich gebotene Trennung des Gesellschaftsvermögens von dem Gesellschaftervermögen. Das vorausgesetzt, müsste nach den Erwägungen von *Kohlmann* im Strafrecht das „Gesellschaftsvermögen grundsätzlich gegenüber Verfügungen der Gesellschafter sakrosankt sein“[223], und nur Entnahmen, die sich im Rahmen des § 29 GmbHG bzw. davon zulässigerweise abweichenden Satzungsregelungen halten, strafrechtlich unbedenklich sein. Letztere wiederum werden durch die Vorschrift des § 30 GmbHG charakteristisch eingeschränkt. Aus dem Verbot der gesellschafterlichen Disposition über das GmbH-Vermögen, soweit es zur Erhaltung des Stammkapitals erforderlich ist, resultiert nach *Kohlmann* eine Begrenzung des Schutzobjekts des § 266 StGB. Nur soweit der gegenständliche Bereich des § 30 GmbHG reiche, unterliege das Vermögen der GmbH dem strafrechtlichen Schutz des § 266 StGB. Der Schutzbereich ende dort, „wo die Pflicht der Gesellschafter zur Erhaltung des Stammkapitals aufhört“[224]. § 30

---

[221] Explizit aufgegriffen von *Auer*, Gläubigerschutz durch § 266 StGB, S. 157; zustimmend auch *Stapelfeld*, BB 1991, 1501, 1504; zweifelnd dagegen *Birkholz*, Untreuestrafbarkeit, S. 68, mit dem Hinweis, dass die Funktion des § 30 GmbHG im System von *Kohlmann* nicht deutlich werde.

[222] In FS Werner (1984), 387, 397; (wohl) aufgegeben in Strafrechtliche Verantwortlichkeit, Rn. 170. Ähnlich *Achenbach*, in FS 50 Jahre BGH (2000), 593, 598.

[223] *Kohlmann*, in FS Werner (1984), 387, 397.

[224] *Kohlmann*, in FS Werner (1984), 387, 397; ebenso *Stapelfeld*, BB 1991, 1501, 1504, der die Gesellschaftsgläubiger in den Schutzbereich des § 266 StGB einbezieht.

GmbHG komme die Funktion zu, den Bereich strafrechtlich geschützten Vermögens festzulegen.[225] Die Dispositionsbefugnis über das Vermögen der Gesellschaft als Merkmal des strafrechtlichen Einverständnisses weist *Kohlmann* der Gesellschaftergesamtheit zu, die sie in den durch § 30 GmbHG gesteckten Grenzen auszuüben hat.[226] In gewisser Umkehrung des Ansatzpunktes von *Nelles*[227] schließt *Kohlmann* von der nach zivilrechtlichen Maßstäben zu beurteilenden Dispositionsbefugnis auf die Reichweite des strafrechtlichen Schutzobjekts. Jedenfalls unterstellt er beide dem Regime des § 30 GmbHG. Ist aber schon der Schutzbereich des § 266 StGB mangels Verstoßes gegen § 30 GmbHG nicht tangiert, dann kommt es auf ein Einverständnis der Gesellschafter nicht mehr an. Umgekehrt steht die Untreuestrafbarkeit bei Eröffnung ihres Anwendungsbereichs bereits fest, ohne dass ihr Einverständnis die Strafbarkeit hindern könnte. *Kohlmann* übersieht zudem, dass das abstrakt aus dem Schutzzweck einer Norm bestimmbare Schutzobjekt mit der im Einzelfall festzulegenden Reichweite des strafrechtlichen Schutzes nicht gleichsetzt werden kann. Mit gleicher Berechtigung könnte man sagen, dass ein insolventer Privatmann während der Wohlverhaltensphase nicht mehr wirksam über sein zur Gläubigerbefriedigung einzusetzendes Vermögen verfügen kann, soweit es dieser Zweckbindung unterliegt. Der insolvente Schuldner könnte *sich selbst gegenüber* der Untreue schuldig machen, soweit er solches Vermögen für sich verbraucht und damit dem Gläubigerzugriff entzieht. Dass diese Konsequenz nicht ernsthaft vertreten wird, zeigt deutlich, dass eine besondere Zweckbindung keinen Einfluss auf den Schutzbereich einer strafrechtlichen Norm haben kann.[228]

III. GmbH als geschützter Vermögensträger

Mit der Feststellung, dass geschütztes Rechtsgut der Untreue das Vermögen ist, ist für den Bereich der GmbH-rechtlichen Untreue die entscheidende Frage aber noch nicht beantwortet. Sie ist dahin zu stellen, *welches* Vermögen als geschützt anzusehen ist.

---

[225] Dagegen *Auer*, Gläubigerschutz durch § 266 StGB, S. 157, mit dem Hinweis, dass § 30 GmbHG nicht die eigentums- und vermögensrechtliche Zuordnung regelt. Vgl. auch *Grunst*, BB 2001, 1537, 1539, die damit argumentiert, dass die Begrenzung der Einwilligungswirkung bei natürlichen Personen nicht zu einer Spaltung der Persönlichkeit durch Fiktion einer unabhängig vom Willen der natürlichen Person geschützten, hinter dieser stehenden Rechtsperson führt.

[226] *Kohlmann*, in FS Werner (1984), 387, 403.

[227] Vgl. unten S. 78.

[228] Überzeugend gegen ein Splitting des Kapitals auch HWSt/*Seier*, V 2 Rn. 274.

1. Kein Schutz von Gläubigerinteressen

Unstreitig ist das Vermögen der GmbH Schutzobjekt; teilweise wird daneben auch das Befriedigungsinteresse der Gläubiger als Schutzgut genannt.[229] In dem Bestreben die Schutzwirkung des Untreuetatbestands auch auf die Gläubiger der Gesellschaft durchgreifen zu lassen, begründet *Stapelfeld* unter Rückgriff auf *Kohlmann*[230] eine Gläubigerschutzkomponente von § 266 StGB.[231] Er steht mit seiner Auffassung aber isoliert, weder die Rechtsprechung noch die Literatur sind ihm in diesem Punkt gefolgt.

a) Rechtsprechung

Vorderhand spielt der Gläubigerschutz in der Argumentation des BGH keine Rolle.[232] Diese Haltung des Gerichts hat Tradition. Auch das Reichsgericht hat es stets abgelehnt, die Interessen der Gläubiger durch § 266 StGB geschützt zu sehen. Entgegenzutreten ist daher der Einschätzung *Kohlmanns*, das Reichsgericht habe in RGSt 42, 278 die Interessen der Gesellschaftsgläubiger als Schutzobjekt des § 266 StGB a. F. anerkannt.[233] *Kohlmann* schließt das aus einem Halbsatz in den Entscheidungsgründen, in dem das Gericht die Gesellschaftsgläubiger erwähnt und dabei feststellt, dass allein das Gesellschaftsvermögen den Gesellschaftsgläubigern haftet. Entgegen *Kohlmann* dient der Hinweis auf die Gesellschaftsgläubiger dem Gericht nur als Argumentationsbehelf für die – zum damaligen Zeitpunkt keinesfalls gesicherte – Anerkennung der Einpersonengesellschaft. Auch der Alleingesellschafter der im GmbH-Gesetz verankerten Bindung des Gesellschaftsvermögens. Die Vereinigung aller Geschäftsanteile in einer Hand ändert nach der Auffassung des Gerichts nichts an der selbständigen Persönlichkeit und dem eigenen Vermögen der Einpersonen-Gesellschaft. Eine weitergehende Aussage zu dem Schutzobjekt des § 226 StGB wird man dem nicht beilegen können. Vielmehr ist der Auffassung *Ulmers* zuzustimmen,

---

229 *Gribbohm*, ZGR 1990, 1, 7 unter Hinweis auf RG, LZ 1910, 219 Nr. 36 (zu § 146 GenG a. F.); RG, JW 1935, 3301, 3302 (zu § 312 HGB a. F.); RGZ 157, 213, 216 (zu § 312 HGB a. F.); a. A. *Schneider*, GmbHR 1954, 75 (zu § 81 a GmbHG). Wohl auch für eine Aufnahme von Befriedigungsinteressen der Gläubiger *Mohr*, Bankrottdelikte, S. 49 m. w. N.

230 In Hachenburg, GmbHG, 1979, vor § 82 Rn. 7 f.

231 BB 1991, 1501, 1503.

232 BGHSt 3, 32, 40; 34, 379, 386; eine strafrechtliche Bedeutung des Gläubigerschutzes klingt dagegen an in BGH vom 18.3.1954, 3 StR 934/52, GmbHR 1954, 75; BGHSt 9, 203, 216; BGH vom 23.11.1982, 5 StR 176/82, wistra 1983, 71. Anders *Gribbohm*, ZGR 1990, 1, 2, der durchaus einen Gläubigerschutzaspekt in der Rechtsprechung des BGH erkennt. Kritisch *Mohr*, Bankrottdelikte, S. 49, der der Rechtsprechung vorwirft, den Schutz der GmbH als eigener Rechtspersönlichkeit nur aus Gläubigerschutzgesichtspunkten herleiten zu können. Siehe auch *Nelles*, Untreue zum Nachteil von Gesellschaften, S. 263, die der Rechtsprechung „ansatzweise" Argumentation mit dem Aspekt des Gläubigerschutzes vorhält; ebenso *Tiedemann*, in FS Stree und Wessels (1993), 540.

233 *Kohlmann*, in FS Werner (1984), 387, 388 („bemerkenswert").

dass der Gläubigerschutz in der Argumentation des Reichsgerichts keine entscheidende Bedeutung hatte.[234]

Bislang hat der BGH wie unter der Geltung des § 81 a GmbHG zumeist formelhaft darauf verwiesen, dass geschützter Rechtsträger alleine die Gesellschaft sei und der durch die Untreue vermittelte Schutz den Gläubigern nur mittelbar, quasi als Rechtsreflex zugute komme. Gläubigerschutz spielt in der Rechtsprechung bislang nur insoweit eine Rolle, als die die Rechtspersönlichkeit und damit das Wesen der GmbH schützenden gesetzlichen wie kaufmännischen Grundsätze „überwiegend auf Wahrung des Interesses der Gesellschaftsgläubiger gerichtet sind"[235]. Auch die Entscheidungen des 3. Strafsenats vom 18.3.1954 zu § 81 a GmbHG[236] und des 5. Strafsenats vom 23.11.1982[237], in denen der BGH näher auf den Gläubigerschutzaspekt der Norm eingeht, liegen auf dieser Linie. Der Hinweis auf die Gläubiger ist so zu verstehen, dass die Kapitalerhaltungsvorschriften das Vermögen der GmbH auch im Interesse der Gläubiger erhalten. Trotzdem hält sich hartnäckig die Einschätzung, die Rechtsprechung berücksichtige Gläubigerschutzaspekte bei der GmbH-rechtlichen Untreue, ohne dies offen zu legen. So vertritt *Rubner*, dass der Bezug auf die Eigeninteressen der GmbH im Ergebnis Gläubigerschutz sei.[238] Und tatsächlich lässt sich schwerlich argumentieren, dass die Rechtsprechung frei vom Gläubigerschutzgedanken ist. Zu wessen Schutz außer dem der Gläubiger soll eine Strafbarkeit materiell angeordnet sein, wenn die Gesellschafter mit einer schädigenden Maßnahme einverstanden sind?

In jüngster Zeit zeichnet sich eine neue Entwicklung ab, die hoffen lässt, dass der BGH in Zukunft deutlicher zwischen den einzelnen Schutzadressaten unterscheidet. Aufhorchen lässt das Urteil *Bremer Vulkan*, in dem der BGH die fortgesetzte Ablehnung der Einbeziehung von Gläubigerinteressen in den Schutzgedanken des Untreuetatbestands mit der Formulierung relativiert, dass die Konzernmutter die Interessen „ihrer Tochtergesellschaft (und deren Gläubiger) zu wahren"[239] habe. Es deutet sich an, dass das Gericht schützenswerte Eigenbelange der GmbH unter Hinzuziehung des Gläubigerschutzgedankens

---

[234] In FS Pfeiffer (1988), 853, 860; ihm folgend: *Flum*, Strafrechtlicher Schutz der GmbH, S. 47.

[235] BGHSt 34, 379, 386.

[236] BGH vom 18.3.1954, 3 StR 934/52, GmbHR 1954, 75; anders *Ayasse*, Untreue im Bankenbereich, S. 57.

[237] BGH vom 23.11.1982, 5 StR 176/82, wistra 1983, 71.

[238] „Solvat socius" statt „caveat creditor"?, S. 93 ; vgl. auch *Reiß*, wistra 1989, 81, 83 und *Labsch*, wistra 1985, 1, 5; *Kutzner*, NStZ 2005, 271.

[239] BGHSt 49, 147.

anzunehmen bereit ist.[240] Diese Einsicht könnte aus der Überlegung stammen, dass Eigenbelange der Gesellschaft nur durch Gläubigerinteressen vermittelt werden können, wenn Interessen der Gesellschafter nicht berührt sind. Das Gericht erläutert aber nicht näher, warum die Gläubigerinteressen nunmehr in den Schutzbereich der Untreue einbezogen sein sollen. Ungeklärt ist daher, ob der Grundsatz nicht mehr gelten soll, wonach die Gesellschaft um ihrer selbst willen geschützt wird und das Interesse der Gläubiger nur mittelbar darin einfließt.[241]

b) Literatur

Die Interessen der Gläubiger fallen nach überwiegender Auffassung in der Literatur nicht in den Schutzbereich des § 266 StGB. Zwar mögen diese Interessen durch einen Eingriff in den Haftungsfonds der Gesellschaft beeinträchtigt werden. Der (indirekte) Schutz, den die Regeln über das Mindestkapital für die Gesellschaftsgläubiger bereithalten, sei nur reflexartig und habe keinen Einfluss auf das maßgebliche Schutzobjekt. *Ulmer* weist zur Begründung auf die speziellen GmbH-rechtlichen Zusammenhänge hin. Der über die Kapitalerhaltungsregeln des GmbHG bezweckte Vermögensschutz der GmbH habe die Funktion, im Interesse der Gesellschaftsgläubiger einen Haftungsfonds zu erhalten und ihn gegen Beeinträchtigungen der Gesellschafter zu sichern.[242] Einen Gegensatz zwischen dem Vermögensschutz der GmbH und der (mittelbaren) Sicherung von Gläubigerinteressen gebe es nicht; ein Gläubigerbezug des § 266 StGB sei daher abzulehnen. *Grigoleit* geht davon aus, dass die Zwecke des Gläubigerschutzes in die Vermögensträgerschaft der juristischen Person normativ integriert sind.[243]

Anderer Ansicht sind *Stapelfeld*[244] und *Schneider*[245], die die Gesellschaftsgläubiger und die Arbeitnehmer neben der Gesellschaft selbständig als Treugeber ansehen. Sie verweisen darauf, dass nach der Absicht des Gesetzgebers die juristische Person dem Schutz verschiedener Vermögensinteressen – unter anderem der Gesellschaftsgläubiger und der Arbeitnehmer – diene. In die gleiche Richtung geht die Einschätzung *Kohlmanns*, dass bei der GmbH-rechtlichen Untreue *mittelbar* die Interessen der Gläubiger und der Arbeitnehmer durch

[240] Vgl. auch *Ransiek*, in FS Kohlmann (2003), 207, 214; *Kutzner*, NStZ 2005, 271.
[241] BGH vom 25.6.2001, II ZR 38/99, GmbHR 2001, 771, 772 (§ 30 GmbHG kein Schutzgesetz im Sinne des § 823 Abs. 2 BGB). Siehe ausführlich zur Funktion des Mindestkapitals im Zivilrecht *Wilhelmi*, Grundsatz der Kapitalerhaltung, S. 96 f.; *Kleffner*, Erhaltung des Stammkapitals, S. 109; jüngst *Barta*, GmbHR 2005, 657, 659 sowie unten S. 202.
[242] In FS Pfeiffer (1988), 853, 860 f.
[243] Gesellschafterhaftung, S. 216.
[244] BB 1991, 1501, 1503 f.
[245] Untreue nach dem neuen Aktiengesetz, S. 17, 38.

§ 266 StGB geschützt seien.[246] Die Prämisse *Kohlmanns*, dass sich der strafrechtliche Schutz alleine auf den Vermögenserhalt in der GmbH bezieht und eine Einbeziehung von Gewinnausschüttungsansprüchen oder sonstigen Gläubigerforderungen nicht stattfindet, ist nicht zu beanstanden.[247] Nicht gefolgt werden kann seiner Auffassung, soweit er den Interessen der Gläubiger und der Arbeitnehmer mittelbaren Schutz durch die Untreuevorschrift zubilligt. Die Interessen dieser beiden Gruppen sind nicht selbständiges Schutzobjekt und haben daher bei der Bestimmung des Schutzgutes der Untreue außer Betracht zu bleiben. Es ist keine Besonderheit der GmbH-rechtlichen Untreue, dass neben das eigentliche Schutzobjekt, dem Vermögen der Gesellschaft, weitere rechtliche Interessen treten, die bei einer Beeinträchtigung des Schutzobjekts zwangsläufig oder zufällig berührt werden. Das hat weder für die Bestimmung des Schutzguts der Untreue noch der Auslegung der Tatbestandsmerkmale Bedeutung.[248] In einer jüngeren Arbeit hält *Kohlmann* seinen Standpunkt hinsichtlich des Gläubigerschutzaspektes der Untreue nicht mehr aufrecht. Er vertritt nunmehr in Einklang mit der herrschenden Auffassung, dass § 266 StGB ausschließlich das Vermögen der Gesellschaft schützt.[249]

2. Vermögensbetreuungspflicht als Bezugspunkt des Schutzgutes?

Einen anderen Weg bei der Bestimmung des Trägers des Schutzgutes weist *Flum*, der verdeutlicht, dass geschütztes Vermögen nur dasjenige sein kann, das der Betreuungspflichtige zu betreuen hat.[250] Da den Geschäftsführer keine Vermögensbetreuungspflicht gegenüber den Arbeitnehmern oder den Gläubigern der GmbH treffe, sei deren Vermögen nicht in den Schutzbereich der Norm einbezogen. Das Ergebnis von *Flum* stützt zwar die bisherigen Untersuchungen, dennoch darf nicht außer Acht bleiben, dass sich das Schutzgut eines Tatbestandes nicht aus der Auslegung der Tatbestandsmerkmale ergibt.[251] Das Gegenteil ist richtig. Die Tatbestandsmerkmale müssen anhand des autonom zu bestimmenden Schutzgutes ausgelegt werden.[252] *Flum* setzt also mit der Bezugnahme des Rechtsguts auf die Vermögensbetreuungspflicht voraus, was damit erst

---

[246] In Hachenburg, GmbHG, vor § 82 Rn. 60; sowie *ders.*, Strafrechtliche Verantwortlichkeit, Rn. 174.

[247] *Kohlmann*, Strafrechtliche Verantwortlichkeit, Rn. 171.

[248] Zur Bedeutung von Drittinteressen unter der Geltung des § 81 a GmbHG a. F., vgl. oben S. 43.

[249] In FS Werner (1984), 387, 396.

[250] Strafrechtlicher Schutz der GmbH, S. 86.

[251] MünchKommStGB/*Freund*, vor § 13 Rn. 43; *Heghmanns*, Straftatbestände zum Schutz von Verwaltungsrecht, S. 35 ff., 42 ff., das Strafrecht tritt als sekundäre Normenordnung sanktionierend zu der primär vorausgesetzten rechtlichen Verhaltensordnung hinzu.

[252] Zur teleologischen Auslegung vgl. Schönke/Schröder/*Eser*, StGB, § 1 Rn. 43; SK-StGB/*Rudolphi*, § 1 Rn. 32 ff.

bewiesen werden soll. § 266 StGB soll der Gefährdung des Treugebers entgegenwirken, die sich daraus ergibt, dass der Treunehmer einen unkontrollierten Zugriff auf das für ihn fremde Vermögen des Treugebers hat.[253] Dementsprechend wird das Vermögen des Treugebers als das durch § 266 StGB geschützte Rechtsgut definiert. Besonders einprägsam formuliert *Hübner*, dass das zu schützendes Rechtsgut allein das „fremder Hand anvertraute Vermögen"[254] sei. Es geht also um das Vermögen, das der Treunehmer für den Treugeber zu verwalten hat, im vorliegenden Fall ist es das Vermögen der GmbH.

3. Zusammenfassung

Der überwiegenden Auffassung in der Literatur ist zuzustimmen. Die Gläubigerinteressen sind nicht als Schutzobjekt der Untreue anzuerkennen, da sie allenfalls reflexartig geschützt sind. Der Gläubigerschutzaspekt kann nicht „über die Hintertür", nämlich bei der Auslegung der Tatbestandsmerkmale über das Wesen der GmbH als juristische Person und das Eigeninteresse der GmbH an der Erhaltung ihrer Liquidität eingebracht werden.[255]

So überzeugend das Ergebnis aus systematischer Sicht ist, so wenig befriedigt es inhaltlich. Man wird nicht leugnen können, dass die Strafbarkeit materiell angeordnet ist, weil bei einem Eingriff in den Haftungsfonds der GmbH letztlich die Befriedigungsinteressen der Gläubiger als Drittinteressen verletzt werden. Aufgrund des Einverständnisses der Gesellschafter kann das Eigeninteresse der Gesellschaft nur im Hinblick auf die Gläubigerinteressen tangiert sein. Die herrschende Auffassung muss sich die Frage gefallen lassen, ob es nicht konsequenter wäre, die inkriminierte Handlung mittels eines Deliktes zu bestrafen, dass die Gläubigerinteressen und nicht die Interessen der GmbH schützt.

B. Vermögenszuordnung bei der GmbH

Bei der Untreue gilt wie beim Betrug der Grundsatz der Identität von Treugeber und Geschädigtem.[256] Durch die Untreuehandlung muss also das Vermögen des Vollmacht- oder Treugebers benachteiligt werden;[257] die durch die Pflichtwid-

---

[253] *Kohlmann*, in FS Werner (1984), 387, 394.

[254] In Leipziger Kommentar, StGB, § 266 Rn. 19.

[255] So aber *Tiedemann*, GmbH-Strafrecht, vor § 82 Rn. 15.

[256] *Wessels/Hillenkamp*, Strafrecht BT/2, Rn. 775 ff.; Maurach/Schroeder/Maiwald/*Maiwald*, Strafrecht BT/1, § 45 Rn. 40.

[257] Die Diskussion um den *strafrechtlichen Vermögensbegriff* soll im Folgenden nicht vertieft werden, soweit dort Aussagen zu Inhalt und Reichweite der strafrechtlich geschützten Vermögenspositionen gemacht werden. Hierzu die Darstellung bei *Cramer*, Vermögensbegriff, S. 33; auch *Kaufmann*, Organuntreue, S. 15 ff.; *Nelles*, Untreue zum Nachteil von Gesellschaften, S. 331 ff. und die Vertreter der einzelnen Vermögensbegriffe. Gegen eine in Folge der wirtschaftlichen Betrachtungsweise auftretende Subjektivierung des Vermögensschadens

rigkeit des Täters bedingte Beschädigung des Vermögens eines unbeteiligten Dritten wird hingegen nicht von § 266 StGB erfasst.[258]

I. Keine eigenständig strafrechtliche Bestimmung des Vermögensinhabers

Mit der Reichweite der Dispositionsbefugnis der Gesellschafter braucht sich nicht auseinanderzusetzen, wer im Vermögen einer juristischen Person, insbesondere der GmbH schon kein taugliches Angriffsobjekt im Sinne des § 266 StGB sieht bzw. das Vermögen strafrechtlich nicht oder nicht in allen Teilen der GmbH zuordnet. Für die GmbH-Untreue hat zuerst *Labsch* eine an wirtschaftlichen Kriterien ausgerichtete Auslegung des Tatbestandsmerkmals „fremd" propagiert, während *Nelles* eine originär strafrechtliche Definition der Vermögensinhaberschaft vorstellt. In dem unverkennbaren Bestreben, die als unangemessen empfundene untreuestrafrechtliche Sanktionierung des Geschäftsführerverhaltens zu vermeiden, argumentieren vor allem *Labsch*[259] und von ihrem anderen dogmatischen Ansatzpunkt aus auch *Nelles* gegen die von der herrschenden Meinung in Schrifttum und Rechtsprechung praktizierte Übernahme der zivilrechtlichen Vermögenszuordnung in das Strafrecht. Konsequenterweise lehnen sie für den geschäftsführenden Alleingesellschafter bereits die Fremdheit des GmbH-Vermögens ab und gelangen gar nicht zu der Frage der Wirksamkeit der Einwilligung.[260] Klargestellt sei, dass auch die Vertreter der eigenständig strafrechtlichen Bestimmung des Vermögensinhabers die zivilrechtliche Selbständigkeit der juristischen Person und ihre Fähigkeit als Zivilrechtssubjekt, Trägerin von Rechten und Pflichten zu sein,[261] anerkennen. Sie verneinen nur das zivilrechtliche Primat bei der Bestimmung des strafrechtlichen Vermögensinhabers.

Saliger, ZStW 112 (2000), 563, 568 unter Hinweis auf *Riemann*, Vermögensgefährdung und Vermögensschaden, S. 4 f. Es wird nicht das Vermögensobjekt, sondern die Zuordnung von Vermögenspositionen zum Vermögen der juristischen Person betrachtet. Soweit die strafrechtlichen Vermögenslehren Aussagen zur Vermögenszuordnung treffen, werden diese im Folgenden dargestellt; vgl. für die juristische Vermögenslehre *Gallas*, in FS Schmidt (1961), 401, 408.

[258] Maurach/Schroeder/Maiwald/*Maiwald*, Strafrecht BT/1, § 45 Rn. 42.

[259] wistra 1985, 1, 7 und JuS 1985, 602, 604.

[260] Entgegen *Wodicka*, Untreue zum Nachteil der GmbH, S. 192 Fn. 41 trifft dies auch auf die von *Nelles* vertretene Auffassung zu. Die von *Nelles* diskutierten Einschränkungen betreffen nie die Ebene der Einwilligung der Gesellschafter, sondern die von ihr auf Ebene der Vermögensinhaberschaft postulierte Zwecksetzungsbefugnis; vgl. unten S. 78.

[261] Im Zivilrecht allgemeine Meinung. Vgl. nur Baumbach/Hueck/*Hueck/Fastrich*, GmbHG, § 13 Rn. 2; *Lutter/Hommelhoff*, GmbHG, § 13 Rn. 2; *Wiedemann*, Gesellschaftsrecht Bd. 1, S. 198; andere Ansichten sind heute überholt, vgl. aber *Brodmann*, GmbHG, 1930, § 2 Anm. 8 a, der bei der Einmann-GmbH dem Gesellschafter sachlich die Vermögensinhaberschaft zuweist.

1. Die wirtschaftliche Betrachtungsweise als originär strafrechtliche Auslegungsmethode

Den Weg bereitet für die heute selbstverständliche Erkenntnis, dass strafrechtliche Normen unabhängig von zivilrechtlichen Begriffsinhalten ausgerichtet auf den strafrechtlichen Schutzzweck der Norm ausgelegt werden müssen,[262] hat *Bruns* mit seiner Habilitationsschrift „Die Befreiung des Strafrechts vom zivilistischen Denken" aus dem Jahr 1937. Er zeigt darin erstmals die vielfachen Berührungspunkte des Strafrechts mit dem Zivilrecht auf und kommt zu dem Schluss, dass identische Begriffe im Zivil- und Strafrecht durchaus verschiedene Bedeutungsinhalte haben können. Nach einem auf die Arbeiten von *Bruns* gründenden, alle Teilbereiche des Strafrechts umfassenden Lösungsansatz sind im Strafrecht grundsätzlich nicht die zivilrechtlich vorgegebene Konstruktion, sondern nur die tatsächlichen Gegebenheiten maßgebend. Die Unabhängigkeit strafrechtlicher Tatbestandsmerkmale von den gleich lautenden außerstrafrechtlichen Begriffen führt danach über die Möglichkeit einer eigenständigen Auslegung „im Sinne des Strafrechts" hinaus zu einer spezifisch strafrechtlichen Begriffsbildungs- und Auslegungsmethodik, die in erster Linie durch ihre größere Wirklichkeitsnähe gekennzeichnet sei und die weit mehr mit dem „gesunden Volksempfinden" und dem natürlichen Sprachgebrauch in Einklang stehe als „die scharf geschliffenen, abstrakten Begriffsbildungen des Zivilrechts"[263]. Ohne diese ausufernde zeitimmanente Rhetorik hält *Bruns* an dieser These auch in jüngerer Zeit fest und betont die grundsätzliche Bedeutung der tatsächlichen Betrachtungsweise als spezielle Form der teleologischen Auslegung.[264] Die Einheitlichkeit der Begriffsbildung müsse dann aufgegeben werden, wenn künstliche zivilrechtliche Konstruktionen und rechtsgeschäftliche Manipulationen die wirkliche, faktische Sachlage bewusst verdunkelten.[265]

---

[262] Allg. Ansicht. Vgl. nur *Wessels/Beulke*, Strafrecht AT, Rn. 58; *Schünemann*, Unternehmens kriminalität, S. 129; ebenso *Cadus*, Die faktische Betrachtungsweise, S. 19; *Jescheck/Weigend*, Strafrecht AT, § 17 IV 3; *Maurach/Zipf*, Strafrecht AT/1, § 9 Rn. 19; *Engisch*, Einführung in das juristische Denken, S. 96 ff. *Stein*, Das faktische Organ, S. 132; für den Bereich der GmbH-Untreue vgl. *Flum*, Strafrechtlicher Schutz der GmbH, S. 63; allg. bereits *Lobe*, in FS Frank (Nachdruck 1969), 33, 36.

[263] *Bruns*, Die Befreiung des Strafrechts vom zivilistischen Denken, S. 7; kritisch zum rechtspolitischen Anspruch der Arbeit und zur Rezeption in der Lehre *Lüddersen*, in FS Hanack (1999), 487, 488 ff.

[264] *Bruns*, JR 1984, 133 ff.; *ders*., GA 1982, 1, 12 f.; ihm folgend *Wiesener*, Die strafrechtliche Verantwortlichkeit, S. 147 ff.; vgl. auch *Rimmelspacher*, JZ 1967, 472, 479.

[265] *Bruns*, JR 1984, 133, 135; *Otto*, Struktur des Vermögensschutzes, S. 150, der für den Bereich der Eigentumsdelikte die „Fremdheit" nicht an die formal zivilrechtliche Eigentumsposition anknüpft, sondern genügen lässt, dass kein Dritter eine bessere Vermögensposition an der Sache innehat.

a) Allgemeiner Anwendungsbereich

Als Teilbereich der umfassenderen faktischen Betrachtungsweise ist die wirtschaftliche Betrachtungsweise dann anzustellen, wenn es um die Auslegung strafrechtlicher Tatbestandsmerkmale mit vermögensbezogenem Charakter geht. Die Vertreter eines „wirtschaftlichen" Vermögensbegriffes lösen sich von den formalen zivilrechtlichen Vorgaben und streben eine flexiblere strafrechtliche Lösung über eine rein tatsächliche Betrachtungsweise an.[266] Sie verneinen konsequenterweise im Fall der Einpersonen-GmbH bereits die Fremdheit des Gesellschaftsvermögens, da es sich wirtschaftlich betrachtet um eigenes Vermögen des Gesellschafters handelt, das er nur formal aus seinem sonstigen Vermögen herausgelöst und in besonderer Rechtsform verselbständigt hat.[267] Die formale zivilrechtliche Betrachtungsweise, die nicht notwendigerweise die Wertungen des Strafrechts vorausbestimmen müsse, wird nach dieser Auffassung der dem Strafrecht eigenen materialen Betrachtungsweise nicht gerecht.[268]

b) Auffassung von *Labsch*

Auf diesen Vorarbeiten fußt die Lehre von *Labsch*, der das GmbH-Vermögen bei der *Einpersonen-GmbH* nicht als fremd im strafrechtlichen Sinne betrachtet und für sich das Verdienst reklamieren kann, die strafrechtliche Unabhängigkeit von außerstrafrechtlicher Begriffsbestimmung im Bereich der vermögensbezogenen Tatbestandsmerkmale umgesetzt zu haben.[269] Zur Begründung verweist *Labsch* unter Hinweis auf den damals nur in Teilen des zivilrechtlichen Schrifttums befürworteten Haftungsdurchgriff darauf, dass auch zivilrechtlich die strikte Trennung zwischen Gesellschafter- und Gesellschaftsvermögen nicht

---

[266] So für § 242 StGB *Eser*, Strafrecht IV, Nr. 1 A 44; Schönke/Schröder/*Eser*, StGB, 23. Aufl., § 242, Rn. 14; mittlerweile ist *Eser* von dieser Ansicht abgerückt vgl. Schönke/-Schröder/*Eser*, StGB, 27. Aufl., § 242 Rn. 14; der Rechtsstandpunkt von *Otto* ist uneinheitlich: für eine wirtschaftliche Betrachtungsweise *Otto*, Struktur des Vermögensschutzes, S. 153; *ders.*, Grundkurs Strafrecht, Die einzelnen Delikte, § 40 I 3; im Sinne des Trennungsprinzips *ders.*, JZ 1985, 69, 74 und Jura 1989, 328; der wirtschaftlichen Betrachtungsweise zuneigend, im Ergebnis für die GmbH aber ablehnend in JZ 1993, 559, 560; für eine wirtschaftliche Betrachtungsweise auch Schönke/Schröder/*Lenckner/Perron*, StGB, § 266 Rn. 21 b; SK-StGB/*Samson/Günther*, § 266 Rn. 46; vgl. auch *Schneider*, Untreue nach dem neuen Aktienrecht, S. 37 für die Einmann-Aktiengesellschaft; *Lampe*, in Müller-Dietz, Strafrechtsdogmatik und Kriminalpolitik, S. 59, 63.

[267] *Labsch*, wistra 1985, 1, 7; *ders.*, JuS 1985, 602, 603; zustimmend *Laskos*, Untreue bei der Kreditvergabe, S. 173; vgl. auch *Dreher/Tröndle*, 40. Aufl. 1981, § 266 Rn. 17 ff. m. w. N.; ebenso aus zivilrechtlicher Sicht *Brodmann*, GmbHG, 1930, § 2 Anm. 8 a.

[268] Schönke/Schröder/*Lenckner/Perron*, StGB, § 266 Rn. 21 b; ablehnend *Brammsen*, DB 1989, 1609, 1610; *Tiedemann*, in FS Dünnebier (1982), 519, 525 f.; ebenso *Schneider*, Untreue nach dem neuen Aktienrecht, S. 37 für die Einmann-AG

[269] *Cramer*, Vermögensbegriff, S. 90 f.; *Lenckner*, JZ 1967, 105 ff.; *Gallas*, in FS Schmidt (1961), 401 ff.

ausnahmslos durchgehalten wird.[270] Außerdem sei die eigene Rechtspersönlichkeit lediglich haftungstechnische Konstruktion, die ausschließlich die GmbH-Gläubiger und die schuldrechtliche Haftung ihnen gegenüber im Blick habe.[271] Aufgrund der Vereinigung von Treugeber und Treueverpflichteten in einer Person scheide jedenfalls für den Fall des geschäftsführenden Alleingesellschafters eine Strafbarkeit von vorneherein aus.[272] Interessanterweise hat die wirtschaftliche Betrachtungsweise in dem untreuerechtlichen Zusammenhang eine strafeinschränkende Wirkung, während sie in ihrem weiteren Anwendungsbereich, den Organdelikten, zu einer Strafausweitung führt.[273]

Für den Fall der *Mehrpersonengesellschaft* wird das nicht vertreten. Auch die Vertreter der wirtschaftlichen Betrachtungsweise erkennen an, dass das Gesellschaftsvermögen einer Mehrpersonengesellschaft nicht mit dem des einzelnen Gesellschafters identisch ist. Die Mitberechtigung der übrigen Gesellschafter erlegt dem einzelnen Gesellschafter Schranken in seiner Dispositionsbefugnis auf, die die strafrechtliche Fremdheit des GmbH-Vermögens für den einzelnen Gesellschafter begründen.[274] Wegen §§ 60 Abs. 4 Satz 2, 72 GmbHG geht *Reiß* davon aus, dass das Vermögen *mittelbar* auch den Gesellschaftern zugeordnet ist.[275] Im Rahmen der Einwilligungsprüfung ist bei der Frage, wer Inhaber des geschützten Vermögensinteresses ist, bei der Mehrpersonengesellschaft darauf abzustellen, dass als Inhaber des Gesellschaftsvermögens die Gesellschafter in ihrer Gesamtheit als *wirtschaftliche Eigentümer* anzusehen sind.[276]

c) Kritik

Die faktische Betrachtungsweise ist als Lösungsansatz unabhängig von möglichen Anwendungsschwierigkeiten dann anzuerkennen, wenn sie ein Rechtsprinzip darstellt, das eigenständige Ergebnisse für den strafrechtlichen Auslegungsprozesses bereitstellen und sie auch begründen kann.[277]

---

[270] Erst in jüngster Zeit erkennt der BGH eine Durchgriffshaftung bei existenzvernichtenden Eingriffen an, BGHZ 149, 10; vgl. statt vieler die Urteilsbesprechungen von *Emmerich*, AG 2004, 423; *Haas*, WM 2003, 1929 und *Keßler*, GmbHR 2005, 257.

[271] *Labsch*, JuS 1985, 602, 604, anders aber *ders.*, Jura 1987, 343, 347.

[272] *Labsch*, wistra 1985, 1, 7.

[273] So auch *Flum*, Strafrechtlicher Schutz der GmbH, S. 93.

[274] Vgl. auch *Schäfer*, NJW 1983, 2850, 2851, der für die Personengesellschaft trotz der zivilrechtlichen Vermögensinhaberschaft der Gesellschafter in ihrer gesamthänderischen Verbundenheit von der Fremdheit des KG-Vermögens für die Gesellschafter ohne Unterschied zwischen Komplementären und Kommanditisten ausgeht.

[275] wistra 1989, 81, 85.

[276] *Labsch*, JuS 1985, 602, 604; ihm folgend *Ayasse*, Untreue im Bankenbereich, S. 57; ähnlich Schönke/Schröder/*Lenckner*/*Perron*, StGB, § 266 Rn. 21 b.

[277] In diesem Sinn *Bruns*, GA 1982, 1, 13; ebenso *Wiesener*, Die strafrechtliche Verantwortlichkeit, S. 24 ff.

Cadus hat in seiner von dem Bruns-Schüler Wolfgang Frisch angeregten Dissertation zutreffend herausgearbeitet, dass die faktische Betrachtungsweise neben den anerkannten strafrechtlichen Auslegungsmethoden einen eigenständigen Stellen- und Begründungswert nicht besitzt.[278] Auslegung führt, nach den anerkannten Erkenntnissen in Rechtsprechung und Lehre, zu einer präziseren, auf die Besonderheiten des Einzelfalls zugeschnittenen Erfassung des Bedeutungsgehalts einer Norm.[279] Durch die Anwendung der Auslegungsmittel, die auf den klassischen Methodenkanon der grammatikalischen, historischen, systematischen und teleologischen Auslegung zurückgreift, erfolgt eine Sinndeutung der Gesetzesnorm durch die Ermittlung ihres vom Gesetzgeber vorgegebenen Inhalts und Umfangs. Im Wege einer solchen Auslegung fördert der Rechtsanwender die in der Norm selbst enthaltenen, vertypten Werturteile des Gesetzgebers zutage und gibt ihr die für den Subsumtionsvorgang erforderliche konkrete Fassung.[280] Auslegung hat demnach im Lichte der strafrechtlichen Sanktion stattzufinden und nicht über die Wortlautgrenze hinaus, da so die Schwelle zur verbotenen Analogie überschritten wäre.[281]

Die faktische Betrachtungsweise ist nur dann als Interpretationsmethode des Strafrechts ernst zu nehmen, wenn sie inhaltliche Kriterien an die Hand gibt, die eigenständige und abstrakt vorherbestimmbare Auslegungsergebnisse ermöglichen.[282] Faktisch betrachten bedeutet – wie *Cadus* nachgewiesen hat – die zugrunde liegenden Umstände so zu sehen, wie sie sich tatsächlich darstellen und nicht wie sie scheinen.[283] Damit leistet die faktische Betrachtungsweise, die von *Otto* als „unselbständiges Element innerhalb der teleologischen Auslegungsmethode“ bezeichnet wird,[284] eine eigenständige Normauslegung gerade nicht, da nicht hinreichend deutlich wird, welche tatsächliche Fakten jeweils für die Auslegung herangezogen werden müssen.[285] Zumeist nicht näher umschrie-

---

[278] *Cadus*, Die faktische Betrachtungsweise, S. 98.

[279] Vgl. nur *Larenz*, Methodenlehre, S. 217; *Fikentscher*, Methoden des Rechts, S. 202; *Zippelius*, Methodenlehre, S. 90 ff.

[280] Allg. Meinung, vgl. nur *Larenz*, Methodenlehre, S. 320 ff.; *Jescheck/Weigend*, Strafrecht AT, § 17 IV 1; *Schünemann*, in FS Klug (1983), 169 ff.

[281] H. M., vgl. nur BVerfGE 71, 108, 115; 92, 1, 12; NK-StGB/*Hassemer*, § 1 Rn. 76 ff.; *Tiedemann*, Tatbestandsfunktion, S. 56 f.

[282] *Cadus*, Die faktische Betrachtungsweise, S. 57. *Stein*, Das faktische Organ, S. 133 f. lehnt die faktische Betrachtungsweise als eine „normübergreifende allgemeine Interpretationsmethode“ wegen Verstoßes gegen das Analogieverbot ab.

[283] *Cadus*, Die faktische Betrachtungsweise, S. 97; ihm folgend *Montag*, Strafvorschriften des GmbH-Rechts, S. 74; ebenso *Möller*, Wirtschaftliche Betrachtungsweise im Privatrecht, S. 87 f.

[284] Jura 1989, 328, 329.

[285] *K. Schmidt*, in FS Rebmann (1989), 419, 433 stellt treffend fest: „Vor die ‚faktische Betrachtungsweise' haben die Götter die Normauslegung gesetzt, vor die ‚Befreiung des Straf-

bene wirtschaftliche Aspekte sind nicht ein Auslegungskriterium neben anderen, sondern determinieren die Auslegung am Ende in jedem Fall. Damit ist die wirtschaftliche Betrachtungsweise in Wirklichkeit keine Auslegungsmethode, sondern das Mittel, um ein bestimmtes, vom Zivilrecht notwendig abweichendes Auslegungsergebnis vorzugeben.[286] Ähnlichen Bedenken ist der *wirtschaftliche Vermögensbegriff* ausgesetzt, soweit er Aussagen zur Zuordnung von Vermögen trifft. Da nach den erklärten Zielen der wirtschaftlichen Vermögenstheorie der Bereich strafrechtlich geschützten Vermögens auch rein tatsächliche Erwerbsaussichten und Forderungen aus sittenwidrigen oder verbotenen Rechtsgeschäften umfasst, genügt für eine strafrechtliche Zuordnung die faktische Zugriffsmöglichkeit auf einen Vermögensgegenstand.[287]

Schon wegen des Analogieverbots bildet im Strafrecht der mögliche umgangssprachliche Wortsinn die Grenze der zulässigen Auslegung.[288] Zusätzlich müssen Strafnormen so ausgelegt werden, dass der Norminhalt ohne weiteres verständlich ist, damit den Normunterworfenen der abstrakte Verhaltensbefehl erreicht.[289] Nach diesen Grundsätzen wäre die wirtschaftliche Betrachtungsweise allenfalls dann geeignet, den strafrechtlichen Normbefehl transparent zu machen, wenn die Fremdheit des GmbH-Vermögens für den Alleingesellschafter im Bewusstsein weiter Teile der Rechtsunterworfenen nicht verankert ist, sondern eine diffuse Gleichsetzung zwischen GmbH-Vermögen und Eigenvermögen stattfindet. Empirische Untersuchungen belegen hingegen, dass der Begriff „fremd" sehr wohl eindeutig besetzt ist.[290] Auch für ein laienhaftes Verständnis ist das der GmbH zugeordnete Vermögen dem Vermögen des Gesellschafters ausgelagert und verselbständigt, so dass die zivilrechtliche Güterzuordnung von dem Normunterworfenen strafrechtlich nachvollzogen wird. Allenfalls fehlt das Unrechtsbewusstsein bei Verstößen gegen die als normkonform nachvollzogene Vermögenszuordnung.

Auch der erweiternde Ansatz von *Otto* führt für die GmbH-rechtliche Untreue nicht weiter. Er bestimmt die Fremdheit im Sinne der Eigentumsdelikte nicht

---

rechts vom zivilistischen Denken' die Kenntnis und Klarstellung der in Frage kommenden Zivilrechtsregeln." Kritisch zur Lehre von Bruns *Lüddersen*, in FS Hanack (1999), 487, 492.

286 So auch *Birkholz*, Untreuestrafbarkeit, S. 220 ff.; die faktische Betrachtungsweise ablehnend HWSt/*Wegner*, VII 1 Rn. 11; *Achenbach*, in FS Stree und Wessels (1993), 545, 561 f.

287 *Bruns*, in FS Mezger (1954), 355.

288 *Roxin*, Strafrecht AT/1, § 5 Rn. 26 ff.; *Schünemann*, Nulla poena sine lege, S. 19 ff.

289 Anderenfalls verkäme das Strafrecht zu einer für den Bürger nicht mehr verständlichen „Geheimwissenschaft", MünchKommStGB/*Schmitz*, § 1 Rn. 68 mit Verweis auf BVerfGE 92, 1, 18 f.; *Birkholz*, Untreuestrafbarkeit, S. 238.

290 Hilfestellung leistet hierbei die Praxis der Besicherung bei den Kreditinstituten, vgl. hierzu das empirische Material bei *Meyer/Hermes*, GmbHR 2005, 807, 812.

zivilrechtlich, sondern ordnet strafrechtlich Güter dem zu, in dessen Vermögen sie sich befinden, ohne dass ein Dritter eine bessere Vermögensposition an der Sache innehat.[291] Er erklärt nicht plausibel, warum die Gesellschaft nicht die umfassende Herrschaftsmacht über die ihr zugeordneten Vermögensgegenstände innehaben soll.[292] Die Selbständigkeit der juristischen Person als umfassende Sachherrin wirkt nicht nur relativ zugunsten des Anteilseigners gegen Dritte, sondern absolut gegenüber jedem Dritten, also auch gegenüber dem Anteilsinhaber selbst.[293]

d) Zusammenfassung

Die faktische Betrachtungsweise überspielt vordergründig und ohne hinreichenden Grund eine ausgebildete, wohl durchdachte zivilrechtliche Dogmatik und ersetzt sie durch eine Billigkeitsauslegung, die weder im Wortsinn des zivilrechtlich geprägten Merkmals „fremd“ angelegt ist noch von dem Verständnis weiter Bevölkerungskreise getragen ist. Sie ist daher abzulehnen.

2. Die Zwecksetzungsbefugnis als Maßstab der Vermögensinhaberschaft

Nelles beschreitet mit ihrem Versuch, einen eigenständigen strafrechtlichen, speziell aus dem Tatbestand des § 266 StGB abgeleiteten Rechtsbegriffs der Vermögensinhaberschaft zu begründen, einen ganz anderen Weg.[294] In ihrer Habilitationsschrift, deren Anliegen es ist, die Beziehungsstruktur des § 266 StGB am Beispiel organisierter Vermögensinhaber einer systematischen Analyse zu unterziehen,[295] entwickelt sie eigene strafrechtliche Kriterien der *„Zuteilung* des Vermögens als Ganzem“ und deren Abgrenzung von Befugnissen, die dem einzelnem eingeräumt sind, *„mit diesem Vermögen (nur) umzugehen“*.[296] Es ist der Versuch, eine spezifisch strafrechtliche Güterzuordnung aus der Beziehungsstruktur des § 266 StGB zu entwerfen, die sich an strafrechtlicher Widerspruchsfreiheit orientiert, also für natürliche Personen, juristische Personen und Personenvereinigungen gleiche Maßstäbe anlegt, und davon geleitet ist, Gegensätzlichkeiten zum Gesellschaftsrecht auszuschließen.[297]

a) Die „Handlungsorganisation“ als Vermögensinhaber

Ausgehend von der als Fehlentwicklung empfundenen strafrechtlichen Rechtsprechung zur GmbH-rechtlichen Untreue, die bewirke, dass der GmbH-

---

[291] Struktur des Vermögensschutzes, S. 148; *ders.*, Jura 1989, 328, 329.

[292] Auch *Otto*, Jura 1989, 328, 329 konzediert, dass gute Gründe für eine solche Auslegung sprechen.

[293] Kritisch zur Lehre *Ottos* auch *Haas*, Untreue, S. 70 f.

[294] *Nelles*, Untreue zum Nachteil von Gesellschaften.

[295] *Nelles*, a. a. O., S. 8.

[296] *Nelles*, a. a. O., S. 6 (Hervorhebung im Original).

[297] *Nelles*, a. a. O., S. 15.

Geschäftsführer divergierenden Normbefehlen unterworfen sei,[298] ohne dass er in der Lage sei, den Widerspruch zu der zivilrechtlichen Rechtslage ohne Friktionen aufzulösen, entwickelt sie als ein zentrales Anliegen der Arbeit Kriterien, die dazu dienen, das Beziehungsgeflecht zwischen der „Trias Objekt – Zuordnung – Subjekt von Vermögen“ transparent und operabel zu machen.[299]

In einem ersten Schritt erarbeitet *Nelles* eine eigene Definition der strafrechtlichen Vermögenszuordnung. Sie setzt bei den natürlichen Personen an, die gesichertes Bezugssubjekt von Vermögen und Vermögensinteressen sind.[300] Hieraus leitet sie die Bedingungen ab, denen Subjekte von Vermögen in einem allgemeinen strafrechtlichen Sinne genügen müssen. Ausgehend von der Arbeitshypothese, dass die Dispositionsmacht einer Person über eine bestimmte vermögenstaugliche Position ein Definitionsmerkmal der Vermögensinhaberschaft sei, formt sie dieses Kriterium zur Zwecksetzungsbefugnis, die in ihrem theoretischen Konzept conditio sine qua non der strafrechtlichen Vermögensinhaberschaft ist.[301] Eine erste Konkretisierung erfährt das Kriterium der Dispositionsmacht dadurch, dass sie nur dann in der Lage ist, die Vermögensinhaberschaft zu bestimmen, wenn sie sich in den Grenzen des rechtlich Erlaubten hält, also von der Rechtsordnung nicht missbilligt wird.[302]

Für eine eindeutige und widerspruchsfreie Zuordnung erweist sich das so erarbeitete Kriterium der im Einklang mit der Rechtsordnung ausgeübten Dispositionsmacht in zwei Konstellationen als zu wenig trennscharf. In den Fällen „defekter Autonomie“ (scil. bei Geschäftsunfähigen) fehlt es an rechtlich wirksamer Dispositionsbefugnis des Minderjährigen, ohne dass diesen Personen die Fähigkeit abgesprochen werden könnte, Inhaber von Vermögen zu sein. An Stelle der autonomen Zwecksetzung des Vermögenseinsatzes tritt in diesen Fällen die Zwecksetzung durch das Gesetz, die unveränderliche Zielvorgaben an die

---

[298] A. a. O., S. 267, 275 und passim.

[299] A. a. O., S. 8 und vgl. insb. 4. Teil ab S. 429. A. A. *Wodicka*, Untreue zum Nachteil der GmbH, S. 192, der in der Vermögenszuordnung nur vordergründig das Thema der Arbeit von *Nelles* erkennt. Er ordnet sie folgerichtig als Vertreterin einer uneingeschränkten Dispositionsbefugnis ein. Dem ist jedenfalls aus formalen Gründen nicht zu folgen, da *Nelles* – von ihrem Standpunkt aus folgerichtig – nicht auf Ebene der Dispositionsbefugnis argumentiert. So wie hier *Radtke*, GmbHR 1998, 311, 314; ebenso *Schäfer*, GmbHR 1992, 509, 511; einschränkend jedoch *ders.*, GmbHR 1993, 780, 788; anders wiederum *Waßmer*, Untreue bei Risikogeschäften, S. 83, der in den Vordergrund stellt, dass *Nelles* die Trennung der Vermögensmassen anerkenne.

[300] Vermögensinteressen definiert *Nelles* als „von dem Vermögenssubjekt autonom – im Falle defekter Autonomie die für es gesetzlich – definierten Zwecke des Vermögenseinsatzes im Rahmen der Rechtsordnung, a. a. O., S. 471.

[301] A. a. O., S. 445.

[302] A. a. O., S. 455.

„Handlungsorganisation“ (scil. den gesetzlichen Vertreter) stellt.[303] Für die Fälle der „Arbeitsteilung“ (also bei rechtsgeschäftlicher Vertretung) besteht das Problem, das sich der Vermögensinhaber eines Teils seiner Dispositionsbefugnis entäußert und diesen auf eine andere Person übertragen hat, ohne dass letzterer dadurch zum Vermögensinhaber wird. Diese Konstellation löst *Nelles* mit der Erwägung, dass die Dispositionsmacht als solche teilbar sei und nur der, der sich vorbehält, die Ziele des Vermögenseinsatzes autonom festzusetzen, Vermögensinhaber sei, während derjenige, dem nur die Macht eingeräumt ist, die Art und Weise ihrer Umsetzung zu definieren und durchzusetzen, nicht Vermögensinhaber sei.[304] In der Zusammenschau ergibt sich für den Bereich der natürlichen Person folgende Definition der Vermögensinhaberschaft:

„Vermögensobjekte werden denjenigen natürlichen Personen zugeordnet, die die Macht und das Recht haben, die Zwecke des Vermögenseinsatzes autonom und verbindlich zu definieren. (Zwecksetzungsbefugnis). In Fällen defekter Autonomie tritt an die Stelle des *Rechts auf autonome Zwecksetzung* die *Zwecksetzung durch das Gesetz* [Hervorhebung im Original].“[305]

Mit der Zwecksetzungsbefugnis ist also das relevante Definitionskriterium für die Anerkennung von Vermögenssubjekten gewonnen. Hieraus leitet *Nelles* in einem weiteren Schritt ab, durch welche (abstrakten) Eigenschaften Subjekte als Vermögenssubjekte ausgezeichnet werden. Zu diesem Zweck erarbeitet sie vier kumulativ anzuwendende Bedingungen. Subjekte von Vermögen müssen (1) (mindestens) rechtlich handlungsfähig sein, (2) sie müssen in Bezug auf Vermögenspositionen einen einheitlichen Zweck definiert haben oder einem gesetzlich definierten Zweck unterliegen, darüber hinaus müssen sie (3) haftungsfähig sein und sie müssen (4) als Personenvereinigung von den für sie handelnden Personen unterscheidbar, also individualisierbar sein.[306]

Indem *Nelles* die so gefundenen Kriterien auf sämtliche juristische Personen und Personengesellschaften anwendet, kommt sie zu dem Ergebnis, dass neben den natürlichen Personen grundsätzlich auch alle juristischen Personen und alle Personengesellschaften als vermögensfähiges Subjekt in Betracht kommen.[307] In einem weiteren Schritt versucht sie zu klären, wem innerhalb der Handlungsorganisation von juristischen Personen die Zieldefinitionsmacht und damit die Zwecksetzungsbefugnis als entscheidendes Kriterium der Vermögenszuordnung

---

[303] A. a. O., S. 461.
[304] A. a. O., S. 458.
[305] A. a. O., S. 461.
[306] A. a. O., S. 479.
[307] A. a. O., S. 488.

zukommen. Für *Nelles* kommen die juristische Person als solche oder die Gesamtheit der an der Handlungsorganisation beteiligten natürlichen Personen in Betracht.[308] In Analogie zu dem Unmündigen kann die Personenvereinigung als solche nur dann Vermögenssubjekt sein, wenn das Gesetz die Zwecke des Vermögenseinsatzes selbst und unveränderlich festlegt. Konsequenz wäre, dass autonome Zwecksetzungsbefugnis im Bereich der juristischen Person nicht ausgeübt werden kann, da alle für sie handelnden Personen nur auf nachrangigen Hierarchiestufen stünden und nur die Art und Weise des Vermögenseinsatzes festlegen können. Das ist jedoch, wie *Nelles* darlegt, nicht der Fall, da das Gesetz im Unterschied zum Minderjährigen zwar Zwecke vorgibt, diese aber nur sehr grob oder gar nicht begrenzt. Der konkrete Organisationszweck kann vielmehr in der Satzung durch die Gründer bestimmt werden. „Die Initiatoren *sind* [Hervorhebung im Original] aber zugleich die (spätere) Handlungsorganisation, also die Gruppe von Funktionsträgern, deren Wille der „der" juristischen Person ist."[309]

Damit liegt die Zwecksetzungsbefugnis bei der Gesamtheit der Mitglieder der Personenvereinigung in ihrer organisationsrechtlichen, durch die Satzung definierten Verbundenheit; diese sind jedenfalls strafrechtlich das relevante Vermögenssubjekt.[310] Zur rein terminologischen Frage wird, ob man die „Gesamtheit der Mitglieder in ihrer organisatorischen Verbundenheit" oder die juristische Person als Vermögensinhaber bezeichnet.[311] Die Mitgliederversammlung ist somit Vermögensinhaber und scheidet als potentielle Täterin einer Untreue aus.

b) Systemimmanente Kritik oder Autonomer Vermögenseinsatz versus Zweckbindung durch das Gesetz

Nelles kommt das Verdienst zu, die Beziehungsstruktur des Untreuetatbestandes einer gründlichen rechtstheoretischen Analyse unterzogen zu haben. Versucht man die Annäherung an die von hohem Abstraktionsniveau geprägte Schrift, so fordern ihre Thesen, die durch Ableitungen aus reiner Logik gewonnen werden, Kritik heraus.[312] Erklärtes Ziel von *Nelles* ist es, eine spezifisch strafrechtliche Güterzuordnung zu schaffen. Eine solche vom Zivilrecht abweichende Zuordnung ist grundsätzlich vorstellbar, rechtfertigt aber den dogmatischen Aufwand

---

[308] A. a. O., S. 488.
[309] A. a. O., S. 491.
[310] Eine Ausnahme stellt nach *Nelles* die Stiftung dar, bei der deren Initiator mit der Gründung den Zweck bereits unveränderlich vordefiniert hat und unveränderbar für die späteren Repräsentanten der Stiftung festgelegt hat, so dass die Stiftung selbst und nicht die Gesamtheit ihrer Mitglieder in ihrer organisationsrechtlichen Verbundenheit Vermögensinhaber sind, siehe a. a. O., S. 492.
[311] A. a. O., S. 492, 546.
[312] Vgl. auch *Gribbohm*, ZHR 156 (1992), 372.

nur dann, wenn sich die neu zu entwerfende Güterzuordnung von der zivilrechtlichen unterscheidet. Das leistet die von *Nelles* entwickelte Güterzuordnung nicht, da sie das Vorliegen und die Reichweite der Zwecksetzungsbefugnis letztlich dem Primat des Zivilrechts unterstellt und die von ihr erarbeiteten Kriterien für die juristische Person keine vom Zivilrecht abweichende Zuordnung ergeben.[313] *Nelles* erkennt in Übereinstimmung mit der herrschenden Auffassung die Vermögensfähigkeit der juristischen Person an. Anders als diese nimmt sie aber auch die strafrechtliche Vermögensinhaberschaft der Personengesellschaft an und verbindet dies mit Kritik an der Rechtsprechung, indem sie aufdeckt, dass diese nur durch fehlerhafte Wahl des Bezugsrahmens die Vermögensinhaberschaft der Personengesellschaft verneint.[314] Beide Ergebnisse werden jedoch in ihr Gegenteil verkehrt, indem *Nelles* ohne großen dogmatischen Aufwand zur rein terminologischen Frage herabstuft, ob die Gesellschaft oder die Gesellschafter in ihrer Gesamtheit als Vermögensinhaber anzusehen sind.[315] Unerörtert bleibt, dass auf letztere die zuvor entwickelten Kriterien für Vermögensinhaber nicht passen. So unterliegt z. B. die Gesellschafterversammlung selbst schwerlich der Zwangsvollstreckung.[316] Mit der juristischen Person hat der Gesetzgeber anders als bei den Personengesellschaften zivilrechtlich ein eigenes Zuordnungssubjekt von Rechten und Pflichten geschaffen, das vollständig und nicht nur relativ von den hinter ihr stehenden natürlichen Personen abgesondert ist.[317] Ehe *Nelles* die These von der materiellen Deckungsgleichheit der Gesellschafterinteressen mit denen der Gesellschaft im Strafrecht in Frage stellt, hätte sie klären müssen, ob die absolute Vermögenssonderung, die das Zivilrecht für die juristische Person im Gegensatz zu den Personengesellschaften anordnet, nicht auch strafrechtlich Niederschlag finden kann. Weil sie die Gesellschaftergesamtheit mit der juristischen Person selbst gleichsetzt, verschließt sie sich den Weg zur Anerkennung von Rechtsbeziehungen der Gesellschafter zu ihrer Gesellschaft.

---

[313] Weitergehender *Birkholz*, Untreuestrafbarkeit, S. 116, der *Nelles* insgesamt eine zivilrechtskonforme Argumentation zuspricht.

[314] A. a. O., S. 181. Personengesellschaften können zivilrechtlich Zuordnungsobjekt von Besitz und Eigentum sein, anders und von ihrem dogmatischen Standpunkt aus folgerichtig die Vertreter der traditionellen Gesamthandslehre; vgl. ausführlich *K. Schmidt*, Gesellschaftsrecht, § 10 III 3. Die h. M. lehnt die strafrechtliche Vermögensfähigkeit der Personengesellschaften auch auf Basis der Einheitslehre ab, da die Gesamthänder als Gruppe das Zuordnungssubjekt darstellt. Vgl. zu dem modernen Gesamthandsverständnis *Flume*, Allgemeiner Teil des Bürgerlichen Rechts I/1, § 4 II; *Grunewald*, Gesellschaftsrecht, Rn. 95 ff.

[315] *Birkholz*, Untreuestrafbarkeit, S. 117 gibt zu bedenken, dass die juristische Person nicht zwangsläufig Vermögensinhaber zu sein braucht.

[316] Kritisch *Schäfer*, GmbHR 1992, 509, 511.

[317] So *Wiedemann*, Gesellschaftsrecht Bd. 1, S. 199; auch *Kohlmann*, in FS Werner (1984), 387, 395.

Das Zivilrecht selbst ordnet Güter rechtlich dem zu, der sie aufgrund Vertrag oder Gesetz wirksam nach den zivilrechtlichen Regeln erworben hat. Ohne Belang ist eine faktische Herrschaftsbeziehung zu dem Objekt, wenn man von dem Besitz als publizitätsstiftender tatsächlicher Sachherrschaft absieht. Aus der umfassenden Herrschaftsbeziehung Eigentum entspringt in der Regel die Befugnis, über die der Einflusssphäre dieser Herrschaftsstellung unterliegenden Vermögenspositionen nach Belieben rechtlich und tatsächlich zu verfügen (§ 903 BGB), sofern nicht Schutzaspekte, wie bei nicht voll Geschäftsfähigen entgegenstehen. Zivilrechtlich ist die Dispositionsbefugnis eine Konsequenz des Eigentums, die als Ausfluss der umfassenden Herrschaftsmacht Eigentum entsteht. *Nelles* greift nun als Element für ihren Definitionsansatz die umfassende Dispositions- und Zwecksetzungsbefugnis nach zivilrechtlichen Vorgaben heraus. Anhand des von *Nelles* selbst gewählten Beispiels des Minderjährigen zeigt sich, dass ihre Zuteilungsordnung nicht verfängt. Die von ihr ins Feld geführte Kombination von faktischer und rechtlicher Verfügungsbefugnis ist als Definitionsmerkmal einer autonomen Vermögenszuordnung nicht trennscharf genug. Bei einem Auseinanderfallen der beiden Komponenten der Herrschaftsbeziehung nimmt sie die Geltung der rechtlichen Komponente zu Gunsten einer rein faktischen Zuordnung zurück und ersetzt die autonome rechtliche Verfügungsbefugnis durch einen gesetzlichen Zwecksetzungsrahmen. Unklar ist, warum zivilrechtliche Schutzvorschriften (Minderjährigenschutz nach §§ 107 ff. BGB), die einer an sich möglichen Disposition die zivilrechtliche Wirksamkeit absprechen, für eine untreuestrafrechtliche Vermögensordnung Bedeutung entfalten sollen. Das müsste in gleicher Weise für alle absoluten Verfügungsverbote, jedenfalls aber für solche, die den Schutz bestimmter Personen bezwecken, gelten. Das ihnen unterworfene Vermögen müsste dann relativ zur Geltung des Verfügungsverbots der Gestaltung durch das Gesetz unterstellt werden. Gleichzeitig verkennt *Nelles*, dass das Gesetz als materieller Maßstab der Zwecksetzungsbefugnis ungeeignet ist, da es die individuellen Zwecke des Vermögenseinsatzes nicht autonom und verbindlich vordefiniert, sondern nur grobe Raster und äußerste Grenzen vorgibt, innerhalb dessen sich der Vermögenseinsatz frei und gemäß der Beurteilung des gesetzlichen Vertreters entfalten kann.[318] Gesetzliche Schutzvorschriften sind trotz ihrer materiellen Ausrichtung keine „Platzhalter", die die fehlende rechtliche Dispositionsbefugnis ausfüllen.[319] Da *Nelles* inhaltlichen Kriterien keine Bedeutung zumisst, ist nicht nachvollziehbar, warum sie dem Stammkapitalerhalt keine solche Funktion zukom-

---

[318] *Schäfer*, GmbHR 1992, 509, 512.

[319] So wird man *Nelles*, Untreue zum Nachteil von Gesellschaften, S. 460 aber kaum verstehen können.

men lässt.[320] Schließlich könnte ihrem Befund, dass gesetzliche Vorschriften den autonomen Vermögenseinsatz unterschiedlich intensiv regeln können, dadurch Rechnung getragen werden, dass jeweils der als Vermögensinhaber anzusehen ist, dem die bezogen auf die konkrete Situation maximal denkbare frei verfügbare Zwecksetzungsbefugnis zukommt.

Fallen tatsächliche Macht und rechtliche Befugnis hinsichtlich eines Gegenstandes auseinander, ohne dass im engeren Sinn ein Handeln für einen anderen (Stellvertretung) vorliegt – man denke nur an Fälle der Treuhandschaft oder der Sicherungsübereignung –, liefert das Modell von *Nelles* eine zivilrechtskonträre Handlungsanweisung. Während das Zivilrecht und ihm folgend die herrschende Auffassung im Strafrecht die formale Herrschaftsposition „Eigentum" im Außenverhältnis zu Dritten (und auch im Innenverhältnis zwischen Treueverpflichteten und Treunehmer) entscheidend sein lässt,[321] weist *Nelles* die Verfügungsbefugnis und damit die formale Herrschaftsposition dem zu, der im Innenverhältnis die bessere Rechtsposition aufweist. Das absolute Recht als formale Herrschaftsposition tritt hinter die tatsächlich bestehende bessere Verfügungsbefugnis eines Dritten zurück. Das offenbart auch die Schwäche des Ansatzes von *Nelles*, der in diesem wesentlichen Punkt vom Zivilrecht abweicht.[322] Somit schützt *Nelles* zumindest in diesen Fällen nicht die formale Herrschaftsposition, die im Grunde nur aus einer wirksamen zivilrechtlichen Zuordnung entspringen kann. Unzureichend verwirklicht ist außerdem der Gedanke, dass Schutz der zivilrechtlichen Zuordnung von Vermögenswerten auch Schutz der Verfügungsmöglichkeit des Rechtsgutsinhabers bedeutet. Eine Durchbrechung der zivilrechtlichen Zuordnung findet außerhalb der GmbH-rechtlichen Untreue selbst dann nicht statt, wenn die Rechtsposition nach einer nur auf die wirtschaftliche Nutzung abstellenden Betrachtungsweise nur noch vorgeblich for-

---

[320] Das gilt unabhängig davon, ob man Verfügungen unter Verstoß gegen § 30 GmbHG als zivilrechtlich nichtig einstuft oder nicht. Vgl. *Sernetz/Haas*, Kapitalaufbringung, Rn. 468 ff. und unten S. 161.

[321] Zur Auffassung im Zivilrecht MünchKommBGB/*Schramm*, vor § 164 Rn. 28 ff. Für das Strafrecht BGHSt 1, 186 f.; *Arzt/Weber*, Strafrecht BT, § 22 Rn. 24; *Schünemann*, in Leipziger Kommentar, StGB, § 266 Rn. 67; Schönke/Schröder/*Lenckner/Perron*, StGB, § 266 Rn. 6. Dagegen ist dem Sicherungsgeber nach h. M. ein Verfügungsrecht über fremdes Vermögen eingeräumt; eine Vermögensbetreuungspflicht trifft ihn regelmäßig nicht, vgl. BGHSt 16, 280, 282; 22, 190. Der Missbrauchstatbestand ist nicht erfüllt, da sich nach h. M. fremd nach materiellem Recht richtet; eine Vermögensbetreuungspflicht des Sicherungsnehmers gegenüber dem Sicherungsgeber wird verneint, *Schünemann*, in Leipziger Kommentar, StGB, § 266 Rn. 50; Schönke/Schröder/*Lenckner/Perron*, StGB, § 266 Rn. 26.

[322] *Birkholz*, Untreuestrafbarkeit, S. 116, der (auch) davon ausgeht, dass *Nelles* die zivilrechtliche Zuteilungsordnung in das Strafrecht übernimmt, berücksichtigt diese Konstellation nicht.

malen Charakter hat.[323] So wird etwa beim Miteigentum die formale Herrschaftsposition auch dann geschützt, wenn der Miteigentümer die reale Nutzungsmöglichkeit gar nicht wahrnimmt. Für *Nelles* wären hingegen die Zuordnungen im Innenverhältnis maßgebend. Es ist also nicht die zivilrechtliche Güterzuordnung, die *Nelles* für das Strafrecht entscheidend sein lässt.[324]

Die Konzeption der Vermögenszuordnung ist zudem einseitig geprägt von der Vorstellung der *Vermögenszuordnung bei der natürlichen Person.* Rechtliche Handlungsunfähigkeit aufgrund mangelnder Geschäftsfähigkeit kann nicht unbesehen der Handlungsunfähigkeit der juristischen Person gleichgesetzt werden. Letztere sind nicht faktisch willens- und handlungsunfähig, sie handeln durch die dazu berufenen Organe im Rahmen der ihnen durch Gesetz, Satzung und Beschlüsse der Gesellschafterversammlung zugewiesenen Befugnisse.[325] Indem *Nelles* auf die rein tatsächlichen Zugriffsmöglichkeiten der Gesellschafter abstellt, nicht aber auf das rechtliche Dürfen, das nach der gesetzlichen Konzeption jedenfalls durch § 30 GmbHG begrenzt sein müsste, wird im Ergebnis zivilrechtlich der GmbH zugeordnetes Vermögen unter Negierung der juristischen Person strafrechtlich den Gesellschaftern zugeordnet. Das Konzept widerspricht der zivilrechtlichen Rechtsordnung, die das Dazwischenschieben einer eigenen Rechtspersönlichkeit erlaubt, anstatt die als Anteilseigner hinter der Gesellschaft stehenden natürlichen Personen entweder einzeln oder als Gesamtheit als Träger der Rechte und Pflichten zu betrachten.[326] Neben den bisher vorgetragenen Bedenken steht es darüber hinaus in Widerspruch zu den Verfügungsmöglichkeiten bei der Personengesellschaft, bei der die Gesellschafter in ihrer Gesamtheit rechtlich unbeschränkt auf die Vermögensgegenstände einwirken können. Die Theorie der Zwecksetzungsbefugnis ist nach alledem abzulehnen.

II. Das Trennungsprinzip als Strukturprinzip des Strafrechts

Das Strafrecht ist grundsätzlich zu einer eigenständigen Normauslegung berufen, die sich im Rahmen der teleologischen Auslegung eines gesetzlichen Straftatbestandes an dem von ihm geschützten Rechtsgut zu orientieren hat.[327] Tat-

---

[323] *Auer*, Gläubigerschutz durch § 266 StGB, S. 143.

[324] *Nelles*, Untreue zum Nachteil von Gesellschaften, S. 456. Die Dispositionsbefugnis steht dem zu, der im Verhältnis zu Dritten handeln darf.

[325] *K. Schmidt*, Gesellschaftsrecht, § 10 I 1, zur Zurechnung der Handlungen von Organen an den Verband. Die Bestellung des Organs dient der Herstellung der Handlungsfähigkeit. Vgl. auch *Flume*, Allgemeiner Teil des Bürgerlichen Rechts I/2, § 11 I.

[326] *Auer*, Gläubigerschutz durch § 266 StGB, S. 152.

[327] *Günther*, Strafrechtswidrigkeit, S. 149 f.; Baumann/Weber/Mitsch/*Weber*, Strafrecht AT, § 9 Rn. 68 ff.; *Jescheck/Weigend*, Strafrecht AT, § 17 IV 3; Schönke/Schröder/*Eser*, StGB, § 1 Rn. 36.

sächlich wird das Auslegungsergebnis aber häufig dem zivilrechtlichen entsprechen. Eine spezifisch strafrechtliche Auslegung verkehrte nämlich bei der GmbH-rechtlichen Untreue den Zusammenhang zwischen eigenständiger strafrechtlicher Auslegung, der dadurch hervorgerufenen Normdiskrepanz zwischen Zivilrecht und Strafrecht und deren Auflösung ins Gegenteil.[328] Das Auseinanderdriften der rechtlichen Bewertung in Zivilrecht und Strafrecht wird durch eine spezifisch strafrechtliche Auslegung bei der GmbH-Untreue nicht wieder auf ein einheitliches Normengefüge zurückgeführt.[329] Sie führt bei der GmbH-Untreue nicht dazu, dass zivilrechtskonforme Ergebnisse verhindert werden, sondern dazu, dass solche erst geschaffen werden. Die strafrechtliche Auslegung wird um des Vermeidens von Normwidersprüchen wegen betrieben. Das unterscheidet sie von anderen Tatbeständen, bei denen eine eigenständige strafrechtliche Auslegung eine Rolle spielt. So stellt der etwa wirtschaftliche Vermögensbegriff vom Zivilrecht abweichende Auslegungsergebnisse sicher. Die ergebnisorientierte Sicht der strafrechtlichen Auslegung desavouiert die Auslegungsmethode. Bei der Untreue versperrt sie den Blick auf die logisch richtige Abfolge der Methodikschritte. Nimmt man die These von der Emanzipation der strafrechtlichen Auslegung ernst, dann ist letztere autonom nach den anerkannten Auslegungskriterien durchzuführen, nicht zielgerichtet geleitet von Wertungswidersprüchen, die durch die strafrechtliche Auslegung nicht hervorgerufen, sondern vermieden werden sollen. Ob Normwidersprüche zu anderen Teilrechtsordnungen auftreten und wie sie gegebenenfalls vermieden werden können, darf für die Auslegung keine Rolle spielen.

1. Die zivilrechtliche Vermögenszuordnung

Die GmbH ist eine Rechtsperson des Privatrechts, die Zuordnungspunkt von Vermögen ist und strafrechtlich geschützt werden kann. Die widerstreitenden Theorien zur Natur der juristischen Person brauchen nicht dargestellt zu werden,[330] da sie zum Verständnis der GmbH und der Lösung einzelner Fragen wenig beitragen. Unbeantwortet bleiben kann hier auch, ob der juristischen

---

[328] *Nelles*, Untreue zum Nachteil von Gesellschaften, S. 267 und passim; *Schäfer*, GmbHR 1993, 780, 783. Die Gewichte haben sich durch die neue Rechtsprechung und die Annäherung der strafrechtlichen und zivilrechtlichen Senate verschoben. Vgl. zur Rechtsprechung unten S. 222.

[329] Die Motivlage beschreibt anschaulich *Labsch*, JuS 1985, 602; ebenso *Nelles*, Untreue zum Nachteil von Gesellschaften, S. 165.

[330] Es wurden vertreten: Die sog. „Fiktionstheorie" vgl. *Savigny*, System des heutigen römischen Rechts, Bd. II, S. 236, 239; sowie die „Theorie der realen Verbandspersönlichkeit", vgl. *v. Gierke*, Deutsches Privatrecht I, § 59; sowie die sog. „Zweckvermögenstheorie", vgl. *Wieacker*, in FS Huber (1973), 339, 347 ff.

Verselbständigung der GmbH ein materialer Gehalt zukommt.[331] Zivilrechtlich ist die GmbH Inhaberin des ihr zugeordneten Vermögens, da das in der GmbH organisierte Sondervermögen durch die Verleihung von Rechtsfähigkeit in den Händen der juristischen Person verselbständigt wird.[332] Unerheblich ist, dass die GmbH als juristische Person im Hinblick auf ihr Vermögen weder Willen bilden noch betätigen kann. Der historische Gesetzgeber wies der GmbH eine „Mittelstellung zw. den streng individualistischen Gesellschaftsformen des geltenden Rechts (scil. den Personengesellschaften) und der als äußerste Konsequenz des kapitalistischen Prinzips sich darstellenden Aktiengesellschaft“[333] zu und wich damit von dem bis dahin „leitenden Grundsatz des geltenden Gesellschaftsrechts“ ab, wonach die „limitierte Verantwortlichkeit (...) das Korrelat einer vorwiegend passiven Beteiligung am Unternehmen“[334] darstellt. Der ursprüngliche Vorschlag *Oechelhäusers*, der eine „offene Handelsgesellschaft mit beschränkter Haftung“ favorisiert hatte,[335] konnte sich im Gesetzgebungsverfahren nicht durchsetzen. Ausweislich der Entwurfsbegründung sollte Leitbild für die ohne historisches Vorbild geschaffene Gesellschaftsform[336] ein Verband sein, der in der Mitte zwischen kapital- und personengesellschaftsrechtlichen Strukturen steht[337] und sich in seinen Strukturelementen stark an die Aktiengesellschaft anlehnt.[338]

Der Vermögensinhaber wird nach der materiellrechtlichen Zuordnung bestimmt; etwaige Ausübungs- oder Einwirkungsbefugnisse anderer Personen, wie Vertretungs- oder Geschäftsführungsbefugnisse, beeinflussen die Inhaberstellung nicht.[339] Die Eigenständigkeit des in der GmbH versammelten Sondervermögens gegenüber Gesellschaftsfremden und gegenüber den Gesellschaftern und Geschäftsführern gehört wesensnotwendig zu einer juristischen Person. Das deutsche Recht betont diese Eigenständigkeit dadurch, dass es bei Auflösung der Gesellschaft den Gesellschaftern keine Rückgewähransprüche an den von ihnen

---

[331] Vgl. hierzu *Wilhelm*, in FS Flume II (1978), 337, 390; auch zur Gegenauffassung. Auch *Ballerstedt*, Kapital, S. 170. Scholz/*Emmerich*, GmbHG; § 13 Rn. 58 sieht die juristische Person als „Zweckgebilde der Rechtsordnung ohne reales Substrat“.

[332] Ulmer/*Raiser*, GmbHG, § 13 Rn. 2 mit Hinweisen auf heute nicht mehr vertretene abweichende Auffassungen.

[333] Entwurf I, S. 35. Die Entwürfe sind abgedruckt bei *Schilling*, in FS Kunze (1969), 205 ff.

[334] *Wieland*, ZSchwR 36 (1895), 205, 206.

[335] Abgedruckt bei *Wieland*, Handelsrecht II, S. 399; *Schilling*, in FS Kunze (1969), 205.

[336] *Dalberg*, DJZ 1912, 611, 6122 „Schöpfung der Juristen“; vgl. zur Entstehungsgeschichte *Fränkel*, Die Gesellschaft mit beschränkter Haftung, 1915; *Limbach*, Theorie und Wirklichkeit der GmbH, 1966.

[337] Scholz/*H. P. Westermann*, GmbHG, Einleitung Rn. 45; *Lutter*, in FS 100 Jahre GmbHG (1992), 49, 75 verwendet untechnisch den Begriff der „Kleinen Aktiengesellschaft“.

[338] *Wiedemann*, Gesellschaftsrecht Bd. 1, S. 101.

[339] *Brammsen*, DB 1989, 1609,1613.

eingelegten Wirtschaftsgütern zugesteht. Der Vermögenskreis der juristischen Person und seiner Gesellschafter sind streng getrennt. Eine „wirtschaftliche" Eigentümerstellung der Gesellschafter gibt es nicht.[340] Die in § 13 Abs. 2 GmbHG angeordnete Haftungsbeschränkung im Außenverhältnis baut auf der Trennung der Zuordnungssubjekte auf. Wesensnotwendig für eine juristische Person ist die Haftungsbeschränkung nicht.[341] Auch wenn einer juristischen Person Rechtsfähigkeit verliehen wird, kann die Rechtsordnung zusätzlich eine Vollhaftung der Gesellschafter vorsehen. Dass solche Gestaltungen mit dem Begriff der juristischen Person vereinbar sind, zeigt sich bei der Kommanditgesellschaft auf Aktien, bei der es einen vollhaftenden Gesellschafter gibt.

Nicht ganz konsequent lässt die Rechtsprechung aber zu, dass der geschäftsführende Alleingesellschafter einen Vermögensschaden der Gesellschaft aus der Verletzung *seiner Rechte* als eigenen Schaden gegenüber dem Schädiger geltend macht.[342] Die rechtliche Verschiedenheit von Gesellschaft und Alleingesellschafter soll dadurch nicht in Frage gestellt werden, sondern den „tatsächlichen Gegebenheiten" mit der Erwägung Rechnung getragen werden, dass in solchen Fällen die Einpersonen-Gesellschaft haftungsrechtlich als ein in besonderer Form verwalteter Teil des Vermögens des Alleingesellschafters anzusehen sei.[343]

2. Die Übernahme der zivilrechtlichen Bedeutungsinhalte in das Strafrecht

Die Rechtsprechung und das überwiegende Schrifttum weisen der GmbH ihr zivilrechtlich zugeordnetes Vermögen auch strafrechtlich in einem Sinne zu, dass die Gesellschaft als Inhaberin des durch § 266 StGB geschützten Vermögens anzusehen ist.[344] Das Gesellschaftsvermögen steht der GmbH als eigen-

---

340 *Wiedemann*, Gesellschaftsrecht Bd. 1, S. 198; anders *Brodmann*, GmbHG, 1930, § 2 Anm. 8 a für die Einpersonengesellschaft: „Sachlich Träger des Gesellschaftsvermögens ist der Ein-Mann persönlich".

341 Ulmer/*Raiser*, GmbHG, § 13 Rn. 47; *ders.*, AcP 199 (1999), 104, 135.

342 BGHZ 61, 380, 381; BGH vom 8.2.1977, VI ZR 249/74, NJW 1977, 1283; vom 6.10.1988, III ZR 143/87, NStZ 1989, 184; *Gribbohm*, ZGR 1990, 1 Fn. 59; *Wiedemann*, Gesellschaftsrecht Bd. 1, S. 199.

343 Vgl. Roth/Altmeppen/*Altmeppen*, GmbHG, § 13 Rn. 29 m. abw. Ansicht *Wilhelm*.

344 BGHSt 34, 379, 385; insoweit nicht überholt durch BGHSt 35, 333; BGH vom 23.11.1982, 5 StR 176/82, wistra 1983, 71. Hachenburg/*Kohlmann*, GmbHG, vor § 82 Rn. 60; *Schünemann*, in Leipziger Kommentar, StGB, § 266 Rn. 70; *Schmid*, in Müller-Gugenberger/Bieneck, Wirtschaftsstrafrecht, § 31 Rn. 60 f.; NK-StGB/*Kindhäuser*, § 266 Rn. 30; *Tiedemann*, GmbH-Strafrecht, vor § 82 Rn. 15; *Tröndle/Fischer*, StGB, § 266 Rn. 11; *Brammsen*, DB 1989, 1609, 1610; *Richter*, GmbHR 1984, 137, 145; *Wodicka*, Untreue zum Nachteil der GmbH, S. 212 f. So auch schon *Baumann*, ZStW 68 (1956), 522. *Gribbohm*, ZGR 1990, 1, 11, argumentiert (angreifbar) mit § 81 a GmbHG, der ein Handeln zum Nachteil der Gesellschaft vorgesehen habe. Vgl. für das Grunderwerbsteuerrecht BFH, MittBayNot 2002, 316, wonach es bei dem Erwerb eines Grundstücks durch eine Einmann-GmbH in Gründung bei

ständigem Rechtsträger auch strafrechtlich zu, während es für die Gesellschafter Fremdvermögen darstellt.

Vor dem Hintergrund ist erstaunlich, dass der 5. Strafsenat des BGH in zwei neueren Entscheidungen als Geschädigte der Untreuehandlung des Geschäftsführers nicht die Gesellschaft sondern die (Mit-)Gesellschafter ansieht.[345] Mit Entscheidung vom 22.5.2003 hob der Senat die Verurteilung des Geschäftsführers einer geschädigten GmbH auf. Er hatte der Gesellschaft ca. 300.000 DM entzogen, wobei offen war, ob die Ehefrau des Angeklagten und Mitgesellschafterin mit dem Vermögenstransfer einverstanden war. Der BGH bezeichnete die Ehefrau für den Fall des Fehlens der Zustimmung als „verbliebene und allein geschädigte Gesellschafterin"[346]. In einer weiteren Entscheidung vom 18.6.2003 hatte die Vorinstanz den Gesellschafter und (wohl) Geschäftsführer einer GmbH wegen Untreue zum Nachteil der GmbH verurteilt.[347] Als Geschädigten sah es den Sohn und Mitgesellschafter an, der dem Vermögensentzug nicht zugestimmt hatte. Der Strafsenat hat sich die Auffassung des Landgerichts zu Eigen gemacht, ohne auf die Diskrepanz mit der Vermögensträgerschaft der GmbH hinzuweisen.[348] Eine grundlegende Neuorientierung dürfte nicht beabsichtigt gewesen sein, da sie sicherlich nicht in aller Stille vonstatten gegangen wäre und einer eingehenderen Begründung bedurft hätte. Auch wenn man davon wird ausgehen können, dass der BGH in der Sache nichts ändern wollte, darf man doch hoffen, dass das höchste deutsche Strafgericht in Zukunft wieder sorgfältiger formuliert, damit Missverständnisse gar nicht erst entstehen können.[349]
Eine Begründung für die Übernahme der zivilrechtlichen Vermögenszuordnung in das Strafrecht findet man selten. *Brammsen* argumentiert mit „metastrafrechtlichen Begebenheiten", an die das Strafrecht in dieser Frage anknüpft, dass nämlich Rechtssubjekte Rechtsschutz genießen.[350] *Kaufmann* sieht die wirtschaftliche Zuordnung des Vermögens auf die Gesellschaft durch die steuer-

---

mangelnder Eintragung und Auflösung der Vor-GmbH zu einem Rechtsträgerwechsel auf den Gründungsgesellschafter kommt.

[345] Entscheidung vom 22.5.2003, 5 StR 520/02, wistra 2003, 344 und vom 18.6.2003, 5 StR 489/02, wistra 2003, 385; ablehnende Besprechung von *Bittmann/Richter*, wistra 2005, 51 ff. Früher hatte der BGH (BGHSt 4, 202) auch angenommen, dass durch die Untreue zum Nachteil einer GmbH auch die Gesellschafter (nicht der Geschäftsführer: BGH vom 14.10.1987, 2 StR 466/87, StV 1988, 55) i. S. des § 61 Nr. 2 StPO a. F. verletzt sind.

[346] Vom 22.5.2003, 5 StR 520/02, wistra 2003, 344, 346 f.

[347] Unklar auch die Äußerungen von *Salditt*, NStZ 2005, 270 f., der zwar ein Eigeninteresse der Gesellschaft ablehnt, bei fehlendem Einvernehmen des Mitgesellschafters mit dem Vermögensentzug den Unrechtsgehalt der Tat aber nach der Quote bestimmen möchte, die dem Anteil des Mitgesellschafters entspricht.

[348] Vom 18.6.2003, 5 StR 489/02, wistra 2003, 385, 386 f.

[349] So auch im Ergebnis *Bittmann/Richter*, wistra 2005, 51, 53.

[350] *Brammsen*, DB 1989, 1609, 1610; so auch *Schäfer*, GmbHR 1993, 780, 788.

liche Betrachtung gerechtfertigt.[351] Auch dort gäbe es einen Unterschied zwischen dem Körperschaftsteuerrecht und dem Einkommensteuerrecht, dem die Personengesellschaften unterworfen sind. *Kohlmann* sieht auch den Alleingesellschafter und Geschäftsführer als tauglichen Täter des § 266 StGB.[352] Die wirtschaftliche Betrachtungsweise greife nicht durch, da § 266 StGB die GmbH als Rechtspersönlichkeit schützen will.[353] Einen besonderen Akzent setzt *Grunst,* die die besondere Haftungssituation als Argument der herrschenden Auffassung für die Vermögensinhaberschaft der juristischen Person (in Abgrenzung zur Personengesellschaft) sieht.[354] Sie selbst lehnt diese Betrachtungsweise als „schutzzweckwidrigen Gläubigerschutz" ab. Richtig daran ist, dass die mit der Rechtsnatur als juristische Person verbundene Haftungsbeschränkung der Gesellschafter auf das Gesellschaftsvermögen einen besonderen Schutz des Vermögens auch gegen Zugriffe der Gesellschafter erfordert.[355] Die als wertungsgerecht erkannte Schutzbedürftigkeit des GmbH-Vermögens liefert jedoch kein zusätzliches Argument für die Fähigkeit juristischer Personen auch strafrechtlich Träger des ihnen zugeordneten Vermögens zu sein. Die Vermögensfähigkeit der juristischen Person ist vielmehr der Schutzbedürftigkeit des Haftungsfonds logisch vorrangig und von ihr unabhängig. Die Anerkennung einer juristischen Person erfordert weder das Vorliegen eines Mindestkapitals noch die Aufbringung desselben durch die Gesellschafter.

Nach alledem scheint es am überzeugendsten zu sein, die strafrechtliche Normauslegung nicht auf lediglich tatsächlich bestehende wirtschaftliche Machtverhältnisse zu stützen, sondern die rechtlichen Zuteilungsordnung des Zivilrechts zu achten und sich zur Vermeidung von Wertungswidersprüchen nicht zu ihnen in Gegensatz setzen.[356] Hierbei trennt *Tiedemann* zwischen Normen, die einen

---

351 *Kaufmann*, Organuntreue, S. 16; der Gesellschaft komme „Opferqualität" zu, S. 14.

352 Strafrechtliche Verantwortlichkeit, Rn. 174 mit Verweis auf RGSt 42, 278, 283; 71, 353 f.

353 BGHSt 3, 32, 39 f.; 34, 379 f.; BGH vom 6.5.1986, 4 StR 207/86, wistra 1986, 262; vom 29.11.1983, 5 StR 616/83, wistra 1984, 71; vom 23.11.1982, 5 StR 176/82, wistra 1983, 71; vom 30.6.1982, 2 StR 297/82, NStZ 1982, 465; vom 20.5.1981, 3 StR 94/81, S. 10 (insoweit nicht wiedergegeben in BGHSt 30, 127 f.); *Kohlmann*, Strafrechtliche Verantwortlichkeit, Rn. 174 m. w. N.

354 *Grunst*, BB 2001, 1537, 1539; auch *Wodicka*, Untreue zum Nachteil der GmbH, S. 200.

355 Grundlegend *Lutter*, Kapital, S. 42, 51; vgl. auch Scholz/*Emmerich*, GmbHG, § 13 Rn. 55; *Lutter/Hommelhoff*, GmbHG, § 13 Rn. 6; im Zusammenhang mit der GmbH-rechtlichen Untreue *Schäfer*, GmbHR 1993, 717, 721; aus rechtsökonomischer Sicht *Birkholz*, Untreuestrafbarkeit, S. 260.

356 *Cadus*, Die faktische Betrachtungsweise, S. 26; im Ergebnis auch *Cramer*, Vermögensbegriff, S. 77 f., der allerdings die begriffliche Akzessorietät des Strafrechts als rechtstechnisches Mittel zur Vermeidung von Normwidersprüchen sieht; zur GmbH-Untreue *Flum*, Strafrechtlicher Schutz der GmbH, S. 6; *Waßmer*, Untreue bei Risikogeschäften, S. 88; *Wodicka*, Untreue zum Nachteil der GmbH, S. 203.

bestimmten, fest umrissenen Geltungsbereich haben und die wegen der im Zivilrecht anerkannten Möglichkeit der Analogie auf andere Sachverhalte entsprechend angewandt werden. Bei diesen könne das Strafrecht nur auf den direkten Bedeutungsgehalt der Norm zugreifen.[357] Enthalte die Norm dagegen selbst Analogieelemente, wie bei Generalklauseln, so komme es zu einer „Normambivalenz“, bei der ein und derselbe Begriff strafrechtlich enger ausgelegt werden müsse, als der außerstrafrechtliche.[358] Die Bindung an den zivilrechtlichen Eigentumsbegriff ist nach *Bockelmann* mehr als die Konstatierung eines bloßen Akzessorietätsverhältnisses, in dem der strafrechtliche zum bürgerlich-rechtlichen Begriff steht. Es liege nicht etwa so, dass die Dogmatik des Strafrechts bei der Definition dessen, was Eigentum ist, statt der eigenen Kraft zu vertrauen, Anlehnung an die Lehren des Zivilrechts gesucht hätte, ohne eigentlich dazu genötigt zu sein.[359] Die Anknüpfung an den wirtschaftlichen Erfolg statt an die zivilrechtliche Gestaltung birgt die Gefahr der Ablösung von der die Rechtssicherheit gewährleistenden Form des Zivilrechts. Nur bei zivilrechtlich nicht vorgeprägten Begriffen sei daher Raum für eine faktische oder wirtschaftliche Auslegung.[360] Strafrechtspflege als Schutz von Individualrechtsgütern dient auch dem Schutz der zivilrechtlichen Zuordnung von Vermögenswerten als Verfügungsmöglichkeit des Rechtsgutinhabers.[361] Wenn der GmbH eine eigene Rechtssubjektivität zuerkannt wird, besteht aus strafrechtsdogmatischen Gründen richtigerweise kein Anlass, ihre – und sei es auch nur formale – Position in Bezug auf Vermögenswerte nicht auch strafrechtlich zu schützen.[362] Die wirtschaftliche Betrachtungsweise stellt auf die faktischen Zugriffsmöglichkeiten der Gesellschafter in ihrer Gesamtheit ab und schmälert den Schutz der

---

[357] Vgl. in dem Zusammenhang auch die zivilrechtliche Extension des persönlichen Anwendungsbereichs bei § 30 GmbHG und der Rechtsfigur des wirtschaftlichen Alleingesellschafters. A. A. Schönke/Schröder/*Eser*, StGB, § 1 Rn. 33; SK-StGB/*Rudolphi*, § 1 Rn. 25 a und *Kaufmann*, Organuntreue, S. 46, die jeweils eine vorgreifliche zivilrechtliche Analogie anerkennen. Soweit bei zivilrechtlichen Begriffen wie dem Eigentum analoge Erweiterungen gemacht werden, sind diese auch für das Strafrecht verbindlich, Schönke/Schröder/*Eser*, StGB, § 1 Rn. 33 mit Hinweis auf *Höpfel*, JurBl. 1979, 585.

[358] *Tiedemann*, Auslegungs- und Methodenprobleme, S. 37; kritisch hierzu *Bruns*, GA 1982, 1, 20; ähnlich *K. Schmidt*, in FS Rebmann (1989), 419, 436 f.; zustimmend *Stein*, Das faktische Organ, S. 46.

[359] ZStW 69 (1957), 267, 286.

[360] *Tiedemann*, Tatbestandsfunktion, S. 56 f.; ebenso *Teichmann*, in FS Bartholomeyczik (1973), 377, 381.

[361] *Kaufmann*, Organuntreue, S. 53 stellt wohl im Ergebnis zu einseitig zur Vermeidung von Normwidersprüchen ausschließlich auf Akzessorietätsgesichtspunkte ab; anders *Kohlmann*, in FS Werner (1984), 387, 397 der das Schutzobjekt der GmbH-rechtlichen Untreue auf den durch § 30 GmbHG geschützten Bereich beschränkt wissen möchte.

[362] So auch *Schneider*, Untreue nach dem neuen Aktiengesetz, S. 37; wirtschaftliche Betrachtungsweise sei „nicht haltbar“: *Kohlmann*, in FS Werner (1984), 387, 397.

zivilrechtlich originär der Gesellschaft zugewiesenen Vermögensposition.[363] Wenn die Gesellschafter die Möglichkeit wirtschaftlicher Betätigung einschließlich der Möglichkeit der rechtlichen Trennung von Privat- und Gesellschaftsvermögen wahrnehmen, ist es konsequent, wenn das Strafrecht das Gesellschaftsvermögen auch gegen Zugriffe der Gesellschafter abschottet.[364]

Eine abweichende Beurteilung rechtfertigt auch nicht die neuerdings vom BGH erstmals mit Leben erfüllte Figur der *Durchgriffshaftung*.[365] Dieses zivilrechtliche Instrument ignoriert weder die rechtliche Verselbständigung der GmbH gegenüber den Gesellschaftern noch beseitigt es die formale Trennung der beiden Vermögenssphären, sondern erlaubt nur in Missbrauchsfällen den haftungsrechtlichen Zugriff auf das Eigenvermögen des Gesellschafters.[366] So verstanden, bestätigt die Existenz der Durchgriffshaftung das Konzept der Vermögenstrennung. Es belegt, dass das Trennungsprinzip im Kapitalgesellschaftsrecht in engen Zusammenhang mit den Bestimmungen der Kapitalaufbringung und -erhaltung steht und den Gesellschaftern die Berufung auf das Trennungsprinzip des § 13 Abs. 2 GmbHG zur Sicherung des Haftungsfonds der Gesellschaft verwehrt bleibt, wenn sie entgegen den normativen Wertungen des Gesetzgebers die Eigenständigkeit der juristischen Person nicht respektieren.[367]

Umgekehrt negiert die strafrechtliche Eigentumszuordnung in Form der wirtschaftlichen Betrachtungsweise die zivilrechtliche Vermögenszuordnung.[368] Als Inhaber des Gesellschaftsvermögens wären die Gesellschafter und nicht die Gesellschaft anzusehen. Hinsichtlich des zivilrechtlichen Zuordnungssubjektes

---

[363] *Schünemann*, in Leipziger Kommentar, StGB, § 266 Rn. 47 für die Missbrauchsuntreue wegen der mit diesem Tatbestand geforderte rechtsgeschäftliche Machtstellung. Anders für den Treuebruchtatbestand, wegen der Formel der Wahrung der (bloßen) Vermögensinteressen.
[364] *Radtke*, GmbHR 1998, 361, 362.
[365] In BGHZ 149, 10 erkennt das Gericht die Durchgriffshaftung als maßgeblichen Haftungstatbestand für die Fälle existenzvernichtenden Verhaltens an. Näher unten S. 218 ff. *Labsch*, JuS 1985, 602, 604 sieht hingegen die Durchgriffshaftung als Beleg dafür an, dass die Vermögenssonderung zwischen juristischer Person und Gesellschafter nicht durchzuhalten ist.
[366] Die Rechtsprechung betont den Ausnahmecharakter des Haftungsdurchgriffs, vgl. BGHZ 61, 380: „Über die Rechtsfigur einer juristischen Person darf nicht leichtfertig und schrankenlos hinweggegangen werden." Zur Missbrauchslehre *Serick*, Rechtsform und Realität. Teilweise anders der Begründungsansatz der Normzwecklehre, die die Eigenständigkeit der juristischen Person relativiert. Vgl. dazu etwa *Müller-Freienfels*, AcP 156 (1957), 522 f.
[367] Überzeugend *Wodicka*, Untreue zum Nachteil der GmbH, S. 201 f., der in dem Haftungsdurchgriff die normative Sicherung des Trennungsprinzips sieht. *Flum*, Strafrechtlicher Schutz der GmbH, S. 91 verweist auf die Sicherung des GmbH-Vermögens, das durch den Durchgriff realisiert werden soll.
[368] *Waßmer*, Untreue bei Risikogeschäften, S. 88; *Gribbohm*, ZGR 1990, 1, 12; *Fleck*, ZGR 1990, 31, 32.

Gesellschaft würde ein Schutz „ihres" Vermögens nicht mehr stattfinden, weil zivilrechtlich im Eigentum der Gesellschaft stehende Güter strafrechtlich als für die Gesellschaft fremd zu qualifizieren wären.[369] Wer die Einpersonen-Gesellschaft strafrechtlich nicht als Inhaber ihres Gesellschaftsvermögens ansieht, nimmt unüberbrückbare Widersprüche zum Zivilrecht in Kauf. Der strafrechtliche Güterschutz würde auf eine Negation der zivilrechtlichen Vermögenszuordnung hinauslaufen und im Ergebnis gegen zivilrechtliche Prämissen stattfinden.[370] Eigentümer der zivilrechtlich der Gesellschaft zuzuordnende Sachen wäre nach der wirtschaftlichen Betrachtungsweise der Alleingesellschafter und nicht die Gesellschaft. Das hätte zur Folge, dass die zivilrechtlich der GmbH gehörenden Sachen strafrechtlich für diese fremd sind. Diese Auffassung belebt für das Strafrecht die für das Zivilrecht längst überwundene materiale Zuordnung des Gesellschaftsvermögens auf den Einpersonengesellschafter.[371] Eine Übernahme der zivilrechtlichen Bedeutungsinhalte in das Strafrecht ist aus einem weiteren Grund geboten: Entscheidende Bedingung für die Effektivität des Strafrechts als Mittel der Verhaltensbeeinflussung ist, dass die strafrechtlichen Verhaltensnormen hinreichend bestimmt sind.[372] Die Anlehnung an das Zivilrecht ist dort geboten, wo das Strafrecht Begriffe verwendet, die nicht ohne Bezugnahme auf Normen aus anderen Rechtsgebieten zu verstehen sind. Diese „institutionellen Begriffe" sind vom Strafrecht in der Bedeutung zu übernehmen, die ihnen im außerstrafrechtlichen Bereich zukommt.[373]

III. Zusammenfassung

Die GmbH ist auch strafrechtlich Zurechnungssubjekt von Rechten und Pflichten. Die zivilrechtliche Vermögenszuordnung auf die juristische Person selbst ist in das Strafrecht zu übernehmen.

C. Vermögensbetreuungspflicht

Ein Vermögensschaden ist tatbestandsmäßig herbeigeführt, wenn der Täter Vermögensinteressen des Geschäftsherrn, deren Wahrung dem Treueverpflichteten obliegt, missachtet. Mit dem Begriff der Vermögensbetreuungspflicht wird das Innenverhältnis zwischen Täter und Vermögensinhaber beschrieben.[374]

---

369 *Auer*, Gläubigerschutz durch § 266 StGB, S. 149; *Brammsen*, DB 1989, 1609, 1610; *Kaufmann*, Organuntreue, S. 52; *Kohlmann*, in FS Werner (1984), 387, 397; *Reiß*, wistra 1989, 81, 82 f.; *Ulmer*, in FS Pfeiffer (1988), 853, 860 f.

370 *Auer*, Gläubigerschutz durch § 266 StGB, S. 148.

371 So noch *Brodmann*, GmbHG, 1930, § 2 Anm. 8 a.

372 MünchKommStGB/*Schmitz*, § 1 Rn. 39 ff.; NK-StGB/*Hassemer*, § 1 Rn. 15; *Wessels/Beulke*, Strafrecht AT, Rn. 47; *Gribbohm*, in Leipziger Kommentar, StGB, § 1 Rn. 60; Schönke/Schröder/*Eser*, StGB, § 1 Rn. 18 a.

373 Im Ergebnis auch *Cramer*, Vermögensbegriff, S. 77.

374 Der Begriff „Vermögensbetreuungspflicht" ist nicht gesichert. So werden auch die Begrif-

Dafür ist die Übertragung von Kompetenzen wesentlich, die den Pflichtigen in die Lage versetzen, als Repräsentant des Vermögensinhabers für diesen verbindliche Entscheidungen über den Vermögenseinsatz zu treffen.[375] Aufgrund der ihm eingeräumten Kompetenz muss der Täter das ihm anvertraute Vermögen selbständig und quasi „von innen“ heraus schädigen können.

Der BGH geht seit der *Scheckkarten*-Entscheidung BGHSt 24, 386 in ständiger Rechtsprechung davon aus, dass beide Untreuealternativen durch das gemeinsame, inhaltsgleiche Merkmal der Vermögensbetreuungspflicht verbunden sind.[376] Mittlerweile ist ein großer Teil des Schrifttums auf die Linie des BGH eingeschwenkt, auch wenn das systematische Verhältnis der beiden Tatbestände nach wie vor umstritten ist.[377] Die heute herrschende Auffassung geht mit dem BGH davon aus, dass die Vermögensbetreuungspflicht Tatbestandsmerkmal sowohl des Missbrauchs- als auch des Treuebruchtatbestands ist.[378] Die Gegenansicht verneint die Notwendigkeit einer Vermögensbetreuungspflicht zur tatbestandlichen Einschränkung des Missbrauchstatbestands,[379] während eine vermittelnde Ansicht zwar das Erfordernis einer Vermögensbetreuungspflicht für beide Tatbestandsalternativen bejaht, jedoch an die Vermögensbetreuungspflicht beim Missbrauchstatbestand nicht die gleichen Anforderungen wie beim Treuebruchtatbestand stellt, sondern die mit der Verleihung der Befugnis verbundene Verpflichtung ausreichen lässt, von dieser nur im Interesse des Vermögensinhabers Gebrauch zu machen.[380]

---

fe Vermögensfürsorgepflicht oder Vermögenswahrnehmungspflicht gebraucht; im Überblick *Bringewat*, GA 1973, 353, 361 f.

[375] Vgl. *Bringewat*, GA 1973, 353, 358 ff.; *Dierlamm*, NStZ 1997, 534; NK-StGB/*Kindhäuser*, § 266 Rn. 31.

[376] Im Anschluss an *Hübner*, JZ 1973, 407; 408; *ders.*, in Leipziger Kommentar, StGB, 10. Aufl., § 266 Rn. 5 ff.

[377] Die monistische Theorie vertreten neben den in Fn. 378 Genannten auch *Schreiber/Beulke*, JuS 1977, 656; SK-StGB/*Samson/Günther*, § 266 Rn. 5; *Schmidhäuser*, Strafrecht BT, 11/60; *Krey/Hellmann*, Strafrecht BT/2 Rn. 542; *Wessels/Hillenkamp*, Strafrecht BT/2, Rn. 750; vgl. jüngst auch *Lüderssen*, in FS Lampe (2003), 727, 729.

[378] Eingehende Untersuchung bei *Wegenast*, Missbrauch und Treuebruch, S. 22 ff. mit detaillierten Nachweisen zu abweichenden Ansichten; aus der Kommentarliteratur *Lackner/Kühl*, StGB, § 266 Rn. 4, 21; Maurach/Schroeder/Maiwald/*Maiwald*, Strafrecht BT/1, § 45 Rn. 11, 18; MünchKommStGB/*Dierlamm*, § 266 Rn. 21; *Tröndle/Fischer*, StGB, § 266 Rn. 18; ausführlich auch *Nelles*, Untreue zum Nachteil von Gesellschaften, S. 194 ff., 220, die sich ebenfalls dieser h. M. anschließt.

[379] *Arzt*, in FS Bruns (1978), 365, 382; *Labsch*, Jura 1987, 343, 346; *Miehe*, JuS 1980, 261, 262; *Schünemann*, in Leipziger Kommentar, StGB, § 266 Rn. 25.

[380] *Eser*, Strafrecht IV, Nr. 17, A 41; *Mitsch*, Strafrecht BT II/1, § 8 Rn. 19; Schönke/Schröder/*Lenckner/Perron*, StGB, § 266 Rn. 2, 11; *Wegenast*, Missbrauch und Treuebruch, S. 134 ff.

Der herrschenden Auffassung ist zu folgen, auch wenn die hierzu vertretenen abweichenden Ansichten im Rahmen dieser Untersuchung nicht einmal im Ansatz gewürdigt werden können. Demzufolge kommt der Vermögensbetreuungspflicht bei beiden Tatbeständen ein identischer Inhalt zu, da sich die maßgeblichen Pflichten zur Vermögensbetreuung jeweils aus den dem Innenverhältnis entspringenden Befugnissen ergeben.[381] Die Gegenauffassung, die für die Missbrauchsalternative keine Vermögensbetreuungspflicht verlangt, überzeugt nicht. Die durch die weite Formulierung des Untreuetatbestands geschaffene Gefahr der Poenalisierung nahezu jeder Pflichtverletzung kann wirksam nur durch die Anerkennung einer Vermögensbetreuungspflicht auch beim Missbrauchstatbestand begegnet werden.[382]

I. Bezugspunkt der Vermögensbetreuungspflicht

Die Vermögensbetreuungspflicht besteht ausschließlich im Verhältnis zum *Vermögensinhaber*. Vermögensinhaber ist die GmbH. Eine Verpflichtung, daneben die Vermögensinteressen der Gesellschafter oder der Gläubiger der Gesellschaft zu betreuen, besteht nicht.[383]

Der Geschäftsführer einer GmbH steht nicht in strafrechtlich relevanter Verbindung zu den *Gesellschaftern* der GmbH. Seine organschaftliche Stellung und der Anstellungsvertrag erlegen ihm nur Verpflichtungen gegenüber der Gesellschaft auf, nicht aber gegenüber den einzelnen Gesellschaftern. Die Gesellschafter können auch nicht als wirtschaftliche Vermögensinhaber gesehen werden. Das Gesellschaftsvermögen bleibt für die Gesellschafter trotz ihrer Finanzierungsverantwortung Fremdvermögen. Daran ändert auch nichts, dass sich das Vermögen aus den Einlagen der Gesellschafter zusammensetzt. Die Gesellschafter scheiden auch deshalb als Treugeber aus, weil sie neben dem Geschäftsführer als Treunehmer in Betracht kommen. Wenn die Gesellschafter aber eine herausgehobene Pflichtenstellung zur Gesellschaft innehaben können, aus der Treuepflichten resultieren, dann können sie nicht gleichzeitig Bezugspunkt der Vermögensbetreuungspflicht sein, da sie sonst zugleich treueverpflichtet und treueberechtigt wären.

Ebenso wenig obliegt dem Geschäftsführer die Betreuung der Vermögensinteressen der *Gläubiger* der GmbH. Die Gläubigerinteressen sind nicht in den

---

[381] So SK-StGB/*Samson/Günther*, § 266 Rn. 5.

[382] *Kubiciel*, NStZ 2005, 353, 354 (Einschränkung des Tatbestands durch die Vermögensbetreuungspflicht als der bislang bedeutsamste Reduktionsansatz der Rechtsprechung).

[383] Hinsichtlich der mangelnden Vermögensbetreuungspflicht gegenüber den Gesellschaftern vgl. BGH vom 22.1.1953, 3 StR 154/52; vom 25.4.2006, 1 StR 519/05, ZIP 2006, 993; *Schünemann*, in Leipziger Kommentar, StGB, § 266 Rn. 125; *Kohlmann*, Strafrechtliche Verantwortlichkeit, Rn. 171.

Schutzzweck der Untreuenorm einbezogen. Das Gesellschaftsvermögen dient zwar zur Befriedigung der Forderungen der Gläubiger und zum Aufbau einer realen Haftungsgrundlage, die die Rückführung der von ihnen hingegebenen Gelder realistisch macht. Das ändert aber nichts daran, dass der Schutz des Gläubigervermögens nur mittelbar gewährleistet ist. Die Verpflichtung des Geschäftsführers zur Durchsetzung der Interessen der GmbH mag ihn in manchen Situationen zu Entscheidungen anhalten, die mit den Interessen der Gläubiger in Konflikt treten.

Der Interessenkonflikt zwischen den Gesellschaftern und den Gläubigern der Gesellschaft ist in vielen Entscheidungssituationen vorgezeichnet. So sind die Gläubiger an einer risikoaversen Geschäftspolitik interessiert, weil dem Risiko das hingegebene Geld vollständig zu verlieren, nur die Chance auf die vertragliche Verzinsung gegenübersteht. Für die Gesellschafter kann eine riskantere Strategie durchaus erfolgversprechend sind, weil sich die Verluste (bei Fehlschlagen der Strategie) auf das eingesetzte Kapital beschränken, die Gewinnchancen theoretisch aber unendlich sind.

Gelegentlich ist im Hinblick auf den Pflichtengeber versucht worden, zwischen dem Vermögensinhaber und dem Anvertrauendem zu unterscheiden, wobei sich die relevante Pflichtenbeziehung zu dem Vermögensinhaber und nicht zu dem Anvertrauenden ergeben soll.[384] Die Unterscheidung wurde für den Fall getroffen, dass Anvertrauender und Vermögensinhaber tatsächlich auseinanderfallen, wie das etwa bei der Verwaltung von Sondervermögen durch den Insolvenzverwalter oder Nachlasspfleger praktisch wird. Sie stellt klar, dass die Untreue nicht den Anvertrauenden, sondern den Vermögensinhaber schützt. Bei der GmbH-Untreue bringt die Unterscheidung keinen Erkenntnisgewinn, da beide Kategorien in der Gesellschaft zusammenfallen. Weder die Gesellschafter noch die Gläubiger der Gesellschaft sind „Anvertrauende“.

Würde man das anders sehen wollen, so führte das wieder zu einer wirtschaftlichen Betrachtungsweise zurück. Die Gesellschafter bestimmen zwar die Geschicke der GmbH, ihr Handeln ist aber nicht Handeln der juristischen Person selbst.

---

384 *Schünemann*, in Leipziger Kommentar, StGB, § 266 Rn. 140, wonach nichts ändert, dass der Vermögensinhaber unbekannt ist. A. A. Maurach/Schroeder/Maiwald/*Maiwald*, Strafrecht BT/1, § 45 Rn. 43.

II. Inhaber der Vermögensbetreuungspflicht

Anders als § 81 a GmbHG, der den Täterkreis auf Geschäftsführer, Liquidatoren, Mitglieder des Aufsichtsrats oder eines ähnlichen Organs der Gesellschaft beschränkte, kennt § 266 StGB keine solche Konkretisierung. Trotzdem ist § 266 StGB ein Sonderdelikt, da als Täter der Untreue nur Personen in Betracht kommen, die eine besondere Rechts- und Pflichtenstellung innehaben.[385] Tauglicher Täter des § 266 StGB ist nur, wer Inhaber einer Vermögensbetreuungspflicht ist. Für Personen, die keiner solchen Pflichtenstellung unterliegen, kommt nur eine Teilnahmestrafbarkeit in Betracht, wobei die Strafe nach § 28 Abs. 1 StGB zu mildern ist.[386]

Während für den ordnungsgemäß bestellten Geschäftsführer im Ergebnis nicht zweifelhaft sein kann, dass er einer besonderen Pflichtenbindung unterliegt, die eine herausgehobene Pflichtenstellung im Sinne des Untreuerechts darstellt,[387] bedarf es eingehenderer Betrachtung, ob und wenn ja, unter welchen Voraussetzungen die Gesellschafter eine solche Pflichtenstellung innehaben (können). Bislang hatte man überwiegend angenommen, dass das allenfalls zutrifft, wenn der Gesellschafter als faktischer Geschäftsführer aktiv Geschäftsführungsaufgaben wahrnimmt.[388] In neuerer Zeit hat der BGH die strafrechtlichen Anforderungen an die Vermögensbetreuungspflicht der Gesellschafter einer Gesellschaft im Konzernzusammenhang näher dargelegt und auch den *beherrschenden Alleingesellschafter* als Treuepflichtigen gegenüber der Gesellschaft anerkannt.[389]

Dass die Frage des der GmbH zur Treue Verpflichteten bis heute nicht abschließend beantwortet ist, mag in ihrer Struktur begründet sein, wonach die Gesellschafter auf die Geschicke der Gesellschaft starken Einfluss nehmen können. Andererseits ist aber auch für die gesellschaftsrechtlich sehr viel strenger verfasste Aktiengesellschaft noch nicht geklärt, ob die Aktionäre der Gesellschaft bzw. den Mitaktionären vermögensbetreuungspflichtig sind.[390] Für die Aktien-

---

[385] *Roxin*, in Leipziger Kommentar, StGB, § 25 Rn. 37 („Pflichtdelikt").

[386] BGH vom 21.3.1985, 1 StR 417/84, wistra 1985, 190, 191; vom 10.2.1988, 3 StR 502/87, wistra 1988, 305, 306; *Lackner/Kühl*, StGB, § 266 Rn. 2; *Schünemann*, in Leipziger Kommentar, StGB, § 266 Rn. 94; *Tröndle/Fischer*, StGB, § 266 Rn. 18.

[387] *Nelles*, Untreue zum Nachteil von Gesellschaften, S. 249 („Prototyp" eines tauglichen Täters).

[388] BGHSt 34, 379.

[389] BGHSt 49, 147; kritisch dazu *Tiedemann*, JZ 2005, 45, 47.

[390] HWSt/*Seier*, V 2 Rn. 215; zur (fehlenden) Vermögensbetreuungspflicht des Aufsichtsrats in der AG *Lüderssen*, in FS Lampe (2003), 727; *Tiedemann*, in FS Tröndle (1989), 319, 322 nimmt eine Garantenstellung des Aufsichtsrats gegenüber vermögensschädigenden Verhaltensweisen des Vorstands an.

gesellschaft wird angenommen, dass jedenfalls der Minderheitsaktionär keiner Vermögensbetreuungspflicht gegenüber seiner Gesellschaft unterliegt, sofern er nicht als faktisches Organ anzusehen ist[391] oder – bei konzernrechtlicher Verflechtung – ein herrschendes Unternehmen repräsentiert und durch sein Abstimmverhalten in der Hauptversammlung Einfluss auf die Geschäftsführung der abhängigen Gesellschaft ausüben kann.[392]

1. Grundlage der Vermögensbetreuungspflicht

Eine Treuepflicht des nicht (wirksam) zum Geschäftsführer Bestellten oder des GmbH-Gesellschafters scheidet von vornherein aus, wenn nicht auch die rein *tatsächliche Übernahme* von Pflichten im Verhältnis zur GmbH pflichtenbegründend sein kann. Es fehlt nämlich sowohl dem Gesellschafter als auch dem faktischen Geschäftsführer die organschaftliche Berechtigung im Sinne des § 35 Abs. 1 GmbHG für die GmbH tätig zu werden.

Seinem Wortlaut nach setzt der Treuebruchtatbestand voraus, dass der Täter die ihm kraft Gesetzes, behördlichen Auftrags, Rechtsgeschäft oder eines Treueverhältnisses obliegende Pflicht verletzt, fremde Vermögensinteressen wahrzunehmen. Es kann auch ein Treueverhältnis rein tatsächlicher Art, das subsidiär zu den Treueverhältnissen aus Gesetz oder Vertrag ist, Pflichten mit sich bringen.[393] Gemeint sind damit tatsächliche Verhältnisse, die rechtlich eine Pflicht zur Vermögensbetreuung begründen.[394] Der Gesetzgeber hat die Herleitung von Pflichten aus tatsächlichen Verhältnissen vorgesehen, um die Bestrafung nicht an „zivilrechtlichen Schwierigkeiten" scheitern zu lassen.[395] Andererseits löst die *bloße Übernahme von Pflichten* keine erhöhten Treuepflichten aus. Im Grundsatz sind bei der Vermögensbetreuungspflicht die gleichen Abgrenzungsfragen zu lösen wie bei den unechten Unterlassungsdelikten. So können *moralische und ethische Fürsorgepflichten* weder bei den unechten Unterlassungsdelikten noch bei der Untreue Grundlage der Betreuungspflicht bilden.[396] Eine Ausnahme vom Gleichlauf der Betreuungspflichten ist die *Ingerenz*, die zwar bei den genannten Unterlassungsdelikten, nicht aber bei der Untreue Ansatzpunkt eines Treueverhältnisses sein kann, weil sie sich in der fahrlässigen Verursachung eines Vermögensschadens erschöpft und durch sie keine rechtliche

---

[391] BGHSt 21, 101 ff. im Anschluss an BGHSt 3, 32.

[392] Die Treuepflicht der Aktionäre bei Ausübung des Stimm- und Anfechtungsrechts hat keine Vermögensbetreuungspflicht zur Folge, so *Schünemann*, in Leipziger Kommentar, StGB, § 266 Rn. 107; NK-StGB/*Kindhäuser*, § 266 Rn. 57.

[393] *Schünemann*, in Leipziger Kommentar, StGB, § 266 Rn. 62; Maurach/Schroeder/Maiwald/*Maiwald*, Strafrecht BT/1, § 45 Rn. 26.

[394] *Lackner/Kühl*, StGB, § 266 Rn. 10.

[395] *Schwinge/Siebert*, Untreue, S. 37.

[396] Maurach/Schroeder/Maiwald/*Maiwald*, Strafrecht BT/1, § 45 Rn. 27.

Pflicht zur Vermögensbetreuung entsteht.[397] Ob *sittenwidrige oder gesetzeswidrige Treueverhältnisse* eine Betreuungspflicht auslösen können, ist umstritten. Mittlerweile überwiegt wohl die Auffassung, dass auch rechtswidrige Abreden eine Rechtspflicht zur (unrechtmäßigen) Wahrnehmung fremder Vermögensinteressen begründen.[398] Das betrifft z. B. den Fall, dass ein Hehler ihm zur Verwertung übergebenes Diebesgut veruntreut. Anderer Auffassung ist *Maiwald*, der eine Untreuestrafbarkeit in diesen Fällen auf der Grundlage der juristisch-ökonomischen Vermittlungslehre mit der Begründung ablehnt, dass bei ungetreuem Verhalten eines Dritten beim Ganoven kein Vermögensnachteil eintritt.[399] Da auch der Verbrecher nicht in einem rechtsfreien Raum lebt, kann die abredewidrige Verwertung überlassener Gegenstände eine Treueposition verletzen. Ebenso verneinen *Samson/Günther* eine Treuepflicht bei nichtigem Rechtsverhältnis, soweit die Nichtigkeit auf einer rechtlichen Missbilligung des Rechtsverhältnisses beruht.[400] Ergibt sich die Nichtigkeit dagegen aus anderen Gründen, so nehmen *Samson/Günther* ein Treueverhältnis an, soweit Täter und Opfer nur tatsächlich über die Begründung einer solchen Pflicht einig sind.[401] Taugliche Grundlage einer Vermögensbetreuungspflicht kann auch die *berechtigte Geschäftsführung ohne Auftrag* sein.[402] Lehnt man mit einem Teil des Schrifttums die Regeln der Geschäftsführung ohne Auftrag ab, wenn aufgrund eines unwirksamen Rechtsverhältnisses im Rechts- und Pflichtenkreis eines anderen gehandelt wird,[403] so können sich untreuerelevante Verhaltenspflichten aus § 242 BGB ergeben, wenn es nach den Beziehungen zwischen den Beteiligten und den gesamten Umständen Treu und Glauben widerspricht, vertragliche

---

397 RGSt 71, 272; HansOLG Hamburg vom 4.5.1973, 2 Ss 33/73, MDR 1973, 871.

398 Im Anschluss an BGHSt 8, 254, 256 die Rechtsprechung; *Wessels/Hillenkamp*, Strafrecht BT/2, Rn. 774; *Schünemann*, in Leipziger Kommentar, StGB, § 266 Rn. 64.

399 In Maurach/Schroeder/Maiwald, Strafrecht BT/1, § 45 Rn. 28.

400 SK-StGB/*Samson/Günther*, § 266 Rn. 36; im Ergebnis ebenso RGSt 70, 9; BGH vom 27.3.1953, 2 StR 146/52, NJW 1954, 889; a. A. BGHSt 8, 256; 20, 143; BGH vom 6.12.1983, VI ZR 117/82, NJW 1984, 800.

401 Ebenso Schönke/Schröder/*Lenckner/Perron*, StGB, § 266 Rn. 26; *Lackner/Kühl*, StGB, § 266 Rn. 10.

402 *Büning*, Strafrechtliche Verantwortung, S. 35; a. A. BGH vom 14.12.1954, 5 StR 556/54, LM Nr. 21 zu § 266 StGB; BGHSt 8, 149, 150; *Schünemann*, in Leipziger Kommentar, StGB, § 266 Rn. 112; ablehnend Schönke/Schröder/*Lenckner/Perron*, StGB, § 266 Rn. 26 für den auftragslosen Geschäftsführer, anders aber bei Rn. 30, wenn der Täter trotz Fehlens eines rechtlich wirksamen Betreuungsverhältnisses nach dem wirklichen oder mutmaßlichen Willen des Geschäftsherrn handelt und entsprechende Einwirkungsmöglichkeiten auf sein Vermögen hat.

403 Die Rechtsprechung wendet bei nichtigen Verträgen die Regeln der Geschäftsführung ohne Auftrag an, BGH vom 30.9.1993, VII ZR 178/91, NJW 1993, 3196; vom 10.10.1996, III ZR 205/95, NJW 1997, 47, 48; vom 23.9.1999, III ZR 322/98, NJW 2000, 72, 73. Ablehnend Teile das Schrifttum, vgl. nur Erman/*Ehmann*, BGB, vor § 677 Rn. 9 m. w. N.; differenzierend *Martinek/Theobald*, JuS 1997, 992, 993.

Rechte und Pflichten daran scheitern zu lassen.[404] Anderes gilt für die *unberechtigte Geschäftsführung ohne Auftrag*, die keine Treuepflicht auslösen soll.[405]

Wendet man die dargestellten Grundsätze auf die Geschäftsführeruntreue an, dann liegt ein Rechtsverhältnis vor, das Grundlage von Vermögensfürsorgepflichten sein kann, wenn die Gesellschafter mit der tatsächlichen Übernahme der Geschäftsführung durch einen nicht (wirksam) zum Geschäftsführer Bestellten einverstanden sind. Anderes gilt, wenn der Geschäftsführer gegen den Willen bzw. gegen die Interessen des Geschäftsherrn handelt. Fehlt es am Einverständnis der Gesellschaft mit dem Handeln des Geschäftsführers, dann ist ihm keine Obhutsposition eingeräumt, die ein Treueverhältnis im Sinne des § 266 StGB begründen kann.

2. Kriterien einer sachgerechten Bestimmung des Vermögensbetreuungspflichtigen

Die Vermögensbetreuungspflicht wird in der Regel durch ein Bündel an Kriterien typisiert, die jeweils nur indizielle Bedeutung für die Erheblichkeit der Pflicht haben sollen.[406] Es wird z. B. formuliert, dass der Täter zur fremdnützigen Vermögensfürsorge innerhalb eines nicht unbedeutenden Pflichtenkreises verpflichtet sein muss, wobei ihm ein Ermessensspielraum, Selbständigkeit und Bewegungsfreiheit eingeräumt sein müssen.[407] Die Rechtsprechung fordert, dass die Verpflichtung zur Vermögenssorge ein wesentlicher Bestandteil des Aufgabenbereichs des Täters sein müsse, wobei Grundlage ein fremdnützig typisiertes Schuldverhältnis sei. Die Vermögensbetreuungspflicht müsse dabei den typischen und wesentlichen Inhalt des rechtlich begründeten oder faktisch bestehenden Treueverhältnisses bilden sowie Haupt- und nicht bloße Nebenpflicht sein.[408]

---

[404] Palandt/*Heinrichs*, BGB, § 242 Rn. 6.

[405] Ebenso *Hübner*, in Leipziger Kommentar, StGB, 10. Aufl., § 266 Rn. 42; *Nelles*, Untreue zum Nachteil von Gesellschaften, S. 560 Fn. 52.

[406] Kritik an der dadurch hervorgerufenen Unsicherheit des Tatbestands, *Hübner*, in Leipziger Kommentar, StGB, 10. Aufl., § 266 Rn. 25.

[407] *Krey/Hellmann*, Strafrecht BT/2, Rn. 566; *Schünemann*, in Leipziger Kommentar, StGB, § 266 Rn. 58 f.; ausführlich zum Inhalt der Vermögensbetreuungspflicht *Nelles*, Untreue zum Nachteil von Gesellschaften, S. 220. Nicht zutreffend allerdings der Hinweis von *Ziemons*, Haftung der Gesellschafter, S. 200 Fn. 98, dass *Nelles* die Vermögensbetreuungspflicht als die Macht betrachte, die Art und Weise der Durchsetzung der Zwecke des Vermögenseinsatzes bestimmen zu können. Zum dogmatischen Konzept von *Nelles* ausführlich oben S. 78 ff.

[408] BGHSt 1, 186, 188 f.; 22, 190, 191; *Lackner/Kühl*, StGB, § 266 Rn. 11.

Das Kriterienbündel der Rechtsprechung lässt sich in die einzelnen konstituierenden Elemente auflösen und auf ihre Tauglichkeit hin betrachten, den Täterkreis bei der GmbH-rechtlichen Untreue sachgerecht zu bestimmen.

a) Fremdnützigkeit

Fremdnützigkeit liegt vor, wenn dem Pflichtigen der Schutz und die Förderung fremder Vermögensinteressen obliegen. Er wird im Interesse des Geschäftsherrn tätig, berücksichtigt dabei die Interessen des Geschäftsherrn und übernimmt Betreuungspflichten, die dem Geschäftsherrn eigentlich selbst zukämen.[409] *Hillenkamp* übernimmt für das Kriterium der Fremdnützigkeit der Täterverpflichtung die Begrifflichkeiten, die zur Geschäftsbesorgung nach § 675 BGB entwickelt wurden.[410] Sein Ansatz ist berechtigt, da die Fremdnützigkeit auch bei der Geschäftsbesorgung ein zentrales Merkmal ist.[411] Ohne Zweifel lassen sich mit diesem Kriterium die klassischen Fälle eigeninteressierter Leistungsverhältnisse aus dem Anwendungsbereich der Untreue herausfiltern. *Kargl* gibt zu bedenken, dass das Kriterium nicht sehr trennscharf sei.[412] Nach seiner Auffassung lassen sich mit dessen Hilfe nicht einmal die als potentielle Untreuetäter anerkannten Geschäftsführer mit Sicherheit zuordnen, da sie regelmäßig nicht ausschließlich für den Vermögensinhaber handeln, sondern zum Teil ganz erhebliche Eigeninteressen, z. B. auf Gewinnbeteiligung, verfolgen.[413] Der Einwand von *Kargl* ist nicht stichhaltig. Die Existenz von Eigeninteressen hat keinen Einfluss auf die Charakterisierung einer Tätigkeit als fremdnützig. Eigeninteressen, die dem Interesse des Geschäftsherrn parallel laufen, sind grundsätzlich unbedenklich und lassen sich nie ganz ausschließen.[414] Es steht außer Frage, dass der Geschäftsführer, dem Provisionen abhängig von Geschäftserfolg des laufenden Jahres versprochen sind, der Gesellschaft gegenüber verpflichtet ist, den Gewinn zu maximieren. Dass er daran ein eigenes Interesse hat, dispensiert nicht die Verpflichtung im Interesse der Gesellschaft zu handeln. Im Ge-

---

[409] *Schünemann*, in Leipziger Kommentar, StGB, § 266 Rn. 74 ff.; *Tröndle/Fischer*, StGB, § 266 Rn. 29; Schönke/Schröder/*Lenckner/Perron*, StGB, § 266 Rn. 23; *Kindhäuser*, in FS Lampe (2003), 709, 720.

[410] In *Wessels*, Strafrecht BT/2, Rn. 752; so auch *Arzt/Weber*, Strafrecht BT, § 22 Rn. 60.

[411] *Schünemann*, in Leipziger Kommentar, StGB, § 266 Rn. 74 mit Verweis auf *Dallinger*, MDR 1967, 173.

[412] ZStW 113 (2001), 565, 584.

[413] *Labsch*, Untreue, S. 171.

[414] Vgl. *Thomas*, in FS Rieß (2002), 795, 797. Bei § 675 BGB stellt die Rechtsprechung darauf ab, ob es sich um eine Tätigkeit handelt, für die ursprünglich der Geschäftsherr selbst zu sorgen hatte, die ihm aber durch den Geschäftsführer abgenommen wurde, BGHZ 19, 282, 292. Enger *Schramm*, Untreue und Konsens, S. 41, der an die zu § 675 BGB entwickelten Grundsätze anknüpfen möchte, wonach es für die Anwendbarkeit der Norm unerheblich ist, wenn der Auftragnehmer erhebliche Eigeninteressen verfolgt, sofern der Schwerpunkt im Fremdinteresse liegt.

genteil dient das Provisionsinteresse des Geschäftsführers als Anreiz, sich mit aller Kraft für das Unternehmen einzusetzen. Läuft dagegen das Eigeninteresse des Geschäftsführers, etwa auf Freizeitgenuss statt Arbeitseinsatz, dem des Geschäftsherrn entgegen, so ändert das nichts an der grundsätzlichen Fremdorientierung der Tätigkeit des Geschäftsführers. Er handelt aber pflichtwidrig, wenn er seine eigenen Interessen entgegen dem Interesse der Gesellschaft verfolgt und darüber die Interessen der Gesellschaft vernachlässigt. Von *Birkholz* kommt der Einwand, dass sich das Merkmal fremdnützig in zweifacher Hinsicht verstehen lässt.[415] Es könne die Motivationslage, die zur Einräumung der Machtposition geführt hat, genauso bezeichnen wie die Folgen seiner Einräumung. Der Versuch einer Konkretisierung in die eine oder andere Richtung führe in die Zirkularität. Es mag zwar richtig sein, dass Fremdnützigkeit beide Bedeutungsinhalte verkörpert, interpretiert man die Fremdnützigkeit aber in beiden Ausprägungen gleich, dann ist ein Auseinanderfallen des Bedeutungsgehalts nicht denkbar. Es kommt also im Ergebnis nicht darauf an, in welcher Bedeutung man das Merkmal versteht.

b) Dauer, Gewicht, Selbständigkeit

Die Tätigkeit des Vermögensbetreuungspflichtigen muss nach herrschender Auffassung von einer gewissen Bedeutung sein. Als Kriterien hierfür gelten *Dauer*, *Selbständigkeit* und *Gewicht*.[416] Die sachgerechte Konkretisierung der genannten Kriterien ist für den Anwendungsbereich der Untreue von grundlegender Bedeutung. Das Merkmal der Dauer erweist sich als für das Merkmal der Vermögensbetreuungspflicht nicht relevant. Mit *Schünemann* ist zu konstatieren, dass die Dauer einer Tätigkeit in der Regel keinen Rückschluss auf die Stellung des Betreuungspflichtigen zulässt. Als Beispiel nennt er den Kassenboten, der auch nach zehnjähriger Tätigkeit nicht wegen Untreue zu bestrafen ist, wenn er beim täglichen Gang zur Bank die Tageseinnahmen veruntreut.[417] Des Weiteren wird von der herrschenden Auffassung verlangt, dass dem Pflichtigen eine gewisse *Selbständigkeit* bei der Erfüllung seiner Pflichten eingeräumt ist. Er muss eigenverantwortlich Entscheidungen treffen können und darf in seinem Handlungsspielraum nicht vollständig gebunden sein.[418] Selbständigkeit wird von der Rechtsprechung als Abgrenzung zu „rein mechanischen Tätigkeiten“

---

[415] *Birkholz*, Untreuestrafbarkeit, S. 136.

[416] OLG Hamm vom 18.11.1971, 2 Ss 685/71, NJW 1972, 298, 301 (Ausstellen ungedeckter Schecks). Kritisch Schönke/Schröder/*Lenckner/Perron*, StGB, § 266 Rn. 24; *Kindhäuser*, in FS Lampe (2003), 709, 716.

[417] In Leipziger Kommentar, § 266 Rn. 88; ablehnend auch MünchKommStGB/*Dierlamm*, § 266 Rn. 52.

[418] BGHSt 3, 289, 294; BGH vom 24.10.2001, 1 StR 432/01, NStZ-RR 2002, 107; Schönke/Schröder/*Lenckner/Perron*, StGB, § 266 Rn. 23 f.; *Mitsch*, Strafrecht BT II/1 § 8 Rn. 42; NK-StGB/*Kindhäuser*, § 266 Rn. 34; SK-StGB/*Samson/Günther*, § 266 Rn. 28.

wie der bloßen Botentätigkeit oder der Erledigung einzelner Aufträge verstanden. *Kargl* kritisiert im Ergebnis zu Recht, dass den genannten Merkmalen die Eignung zur Abgrenzung fehle.[419] Das liegt aber nicht so sehr daran, dass die Kriterien an sich unbrauchbar wären. Vielmehr werden in der Rechtsprechung die Anforderungen gerade an die Selbständigkeit so niedrig angesetzt, dass das Merkmal nicht mehr zur Abgrenzung taugt.[420] *Schünemann* relativiert die Bedeutung der genannten Kriterien für die Bestimmung des Betreuungspflichtigen insgesamt und weist ihnen nur indizielle Bedeutung für eine eigenständige Betreuungsstellung zu. Eine Abgrenzung hat nach seiner Auffassung danach zu erfolgen, ob dem Täter eine qualifizierte Herrschaft über das anvertraute Vermögen eingeräumt ist. Das sei bei Abwesenheit von Kontrolle der Fall, wobei er unter Kontrolle nicht die Frage einer nachträglichen Nachprüfung, sondern die gleichzeitige Steuerung und Überwachung versteht.[421] Täter des Treuebruchtatbestands ist nach *Schünemann* nur derjenige, der sich bei seiner fremdnützigen Tätigkeit selbst zu kontrollieren hat.

Als *Ergebnis* kann festgehalten werden, dass Selbständigkeit, Dauer und Gewicht der Betreuungstätigkeit wichtige Kriterien zur Bestimmung der Garantenpflicht sind, aber nur von begrenztem Erkenntniswert für die Bestimmung der Stellung des Betreuungspflichtigen.

c) Wesentlicher Inhalt, Hauptpflicht

Ein weiteres Abgrenzungsmerkmal zu Obhutsverhältnissen, die keine Untreuestrafbarkeit auslösen, sieht die herrschende Auffassung darin, dass die Betreuung fremder Vermögensinteressen als *Hauptpflicht* bzw. Hauptgegenstand angelegt sein muss. Hieraus folgt, dass die Vermögensbetreuungspflicht typischer und wesentlicher Inhalt der Geschäftsbesorgung sein muss.[422] Dagegen reichen beliebige andere Pflichten, wie die typischen Nebenpflichten aus schuldrechtlichen Austauschgeschäften (Informations- und Aufklärungspflichten), zur Bejahung einer Vermögensbetreuungspflicht nicht aus.

Der Anknüpfung an Haupt- oder Nebenpflichten wird vorgeworfen, dass sie in doppelt fehlerhafter Weise eine Zivilrechtsakzessorietät voraussetze, da weder

---

[419] ZStW 113 (2001), 565, 586; SK-StGB/*Samson/Günther*, § 266 Rn. 31 (Dauer unerheblich). Ähnlich *Schramm*, Untreue und Konsens, S. 40.

[420] Vgl. nur BGHSt 13, 315, 319, der die Selbständigkeit des Kassenhalters davon abhängig macht, ob er „zur Kontrolle der Einnahmen und der Ablieferungen Bücher zu führen, unter Umständen auch Quittungen zu erteilen, ferner Wechselgeld herauszugeben“ hat. Vgl. auch *Arzt/Weber*, Strafrecht BT, § 22 Rn. 64.

[421] In Leipziger Kommentar, StGB, § 266 Rn. 85. Kritisch *Schramm*, Untreue und Konsens, S. 41 („Kontrolle wenig aussagekräftig“).

[422] BGHSt 1, 186, 188 ff.; 4, 170, 172; 33, 244, 250.

die zivilrechtliche Pflichtkategorie noch die Unterscheidung zwischen verschiedenen Pflichtformen für das strafrechtliche Treueverhältnis präjudiziell seien.[423] Dem Einwand ist zuzugeben, dass dem Merkmal der Hauptpflicht nur insoweit Bedeutung zukommt, als mit seiner Hilfe die Rechtsverhältnisse ausgeschieden werden können, bei denen es dem Beteiligten in erster Linie darauf ankommt, das eigene Vermögen zu erhalten, ohne auf die Erhaltung des Vermögens seines Vertragspartners zu achten. Es lassen sich aber nicht alle Betreuungsverhältnisse in diese Kategorien einordnen. So können auch Nebenabreden zu Verträgen, die nicht auf eine vermögenssorgerische Tätigkeit gerichtet sind, Betreuungspflichten auslösen.

d) Gesamtbetrachtung

Die herrschende Meinung stellt die vorgenannten Kriterien in eine Gesamtbetrachtung ein und bestimmt das Merkmal der Wahrnehmung fremder Vermögensinteressen in einer Gesamtschau nach dem Gewicht und der Bedeutung der dem Täter zukommenden Pflichtenstellung, wobei die genannten Kriterien als Anhaltspunkt für das Bestehen einer Treuepflicht dienen.[424]

e) Zusammenfassung

Wesentlicher Inhalt der Vermögensbetreuungspflicht ist die Besorgung eines (zumindest auch) fremdnützigen Geschäfts mit eigenem Entscheidungsspielraums.[425] Letztlich kann jedes der genannten Kriterien für sich alleine aber nur ein Indiz für das Vorliegen einer Vermögensbetreuungspflicht sein. Sie können durch andere Umstände in ihrer Wirkung im Hinblick auf die Vermögensbetreuungspflicht verstärkt, abgeschwächt oder neutralisiert werden.

3. Tauglicher Täterkreis bei der GmbH-Untreue

Die Grundlage, auf der die strafrechtliche Wertung hinsichtlich einer Vermögensbetreuungspflicht anzusetzen hat, ist die zivilrechtliche Kompetenzordnung, da das Zivilrecht die Rechtsbeziehungen in der Gesellschaft in spezifischer Weise ordnet. Von der zivilrechtlichen Vorwertung der Organpositionen hängt ab, ob strafrechtlich eine Vermögensbetreuungspflicht in Betracht kommt. Neben den zivilrechtlichen Grundlagen müssen aber auch strafrechtliche Wertungen berücksichtigt werden.[426] So könnte das Handeln des Täters als Geschäftsführer in strafrechtlicher Hinsicht nicht notwendig voraussetzen, dass die Bestellung zum Geschäftsführer zivilrechtlich wirksam ist oder der Geschäfts-

---

[423] *Schünemann*, in Leipziger Kommentar, StGB, § 266 Rn. 88.

[424] So bereits RGSt 69, 58 als erste grundlegende Entscheidung nach der Neufassung des Untreuetatbestands 1933. Vgl. auch Schönke/Schröder/*Lenckner/Perron*, StGB, § 266 Rn. 25.

[425] NK-StGB/*Kindhäuser*, § 266 Rn. 36.

[426] Hachenburg/*Kohlmann*, GmbHG, vor § 82 Rn. 47; *Tiedemann*, GmbH-Strafrecht, § 82 Rn. 42, 127.

führer im Handelsregister eingetragen ist. Maßgebend könnte vielmehr sein, dass der Geschäftsführer sein Amt tatsächlich wahrnimmt.[427] Daneben stellt sich die Frage, ob und wenn ja, unter welchen einschränkenden Voraussetzungen die Gesellschafter als tauglicher Täter der Untreue in Betracht kommen.

a) Geschäftsführer als Inhaber der Außenkompetenz

Die GmbH ist zwingend mit zwei Organen ausgestattet. Neben der Gesellschafterversammlung ist der Geschäftsführer weiteres notwendiges Organ der GmbH, § 6 GmbHG.[428] Beide Organfunktionen sind auch dann klar voneinander zu unterscheiden, wenn die personelle Besetzung identisch ist. Das ergibt sich aus dem Prinzip der Drittorganschaft, wonach unerheblich ist, ob einige oder alle Gesellschafter zugleich auch Geschäftsführer sind oder ob diese Funktion von Dritten wahrgenommen wird.[429] Dem Geschäftsführer obliegen die Leitung des Unternehmens in dem von den Gesellschaftern autonom abgesteckten Rahmen sowie die Vertretung der GmbH. Er hat die „Erstkompetenz" bei allen Angelegenheiten der Geschäftsführung, § 37 GmbHG, soweit das Gesetz nicht den Gesellschaftern eine Aufgabe zuweist oder die Geschäftsführer gemäß § 49 Abs. 2 GmbHG die Zustimmung der Gesellschafter einzuholen haben.[430]

aa) Ordnungsgemäß bestellter Geschäftsführer

Es kann im Ergebnis nicht zweifelhaft sein, dass der *ordnungsgemäß bestellte Geschäftsführer* in Bezug auf die Gesellschaft eine herausgehobene Pflichtenstellung innehat, die eine Vermögensbetreuungspflicht auslöst.[431] Mit der Bestellung erhält der Geschäftsführer seine Stellung als Exekutivorgan der Gesellschaft; sie setzt voraus, dass der Geschäftsführer durch Beschluss der Gesell-

---

[427] *Montag*, Strafvorschriften des GmbH-Rechts, S. 95 f., 118 ff.; *Kratsch*, ZGR 1985, 506, 533; zu eng dagegen *Büning*, Strafrechtliche Verantwortung, S. 12 f. mit der Einschränkung auf den wirksam bestellten Geschäftsführer.

[428] In der mitbestimmten GmbH ist zusätzlich ein Aufsichtsrat obligatorisch, vgl. Roth/Altmeppen/*Altmeppen*, GmbHG, § 52 Rn. 36. Zur Bestellungskompetenz des Aufsichtsrats vgl. Roth/Altmeppen/*Altmeppen*, GmbHG, § 6 Rn. 36.

[429] Zu den steuer-, sozialversicherungs- und altersversorgungsrechtlichen Konsequenzen vgl. Baumbach/Hueck/*Zöllner/Noack*, GmbHG, § 35 Rn. 12.

[430] Scholz/*Uwe H. Schneider*, GmbHG, § 37 Rn. 4; ausführlich *Ziemons*, Haftung der Gesellschafter, S. 12 ff.

[431] Allg. Auffassung. Vgl. nur BGHSt 34, 379; HWSt/*Seier*, V 2 Rn. 267; *Schünemann*, in Leipziger Kommentar, StGB, § 266 Rn. 125; *Tiedemann*, GmbH-Strafrecht, vor § 82 Rn. 15; *Flum*, Strafrechtlicher Schutz der GmbH, S. 23; *Kohlmann*, Strafrechtliche Verantwortlichkeit, Rn. 172; *Labsch*, wistra 1985, 1, 6; *Schäfer*, GmbHR 1993, 780, 788; *Waßmer*, Untreue bei Risikogeschäften, S. 21; unklar *Kaufmann*, Organuntreue, S. 51, der annimmt, dass die Vertreter einer wirtschaftlichen Betrachtungsweise konsequenterweise die Vermögensbetreuungspflicht des Geschäftsführers leugnen müssten, da die Gesellschaftsinteressen stets die Gesellschafterinteressen überlagerten.

schafter oder im Gesellschaftsvertrag bestimmt wird und sich der Berufene zur Übernahme der Organstellung bereit erklärt.[432] Der Geschäftsführer muss bei der Geschäftsführung die Sorgfalt eines ordentlichen Geschäftsmanns anwenden, § 43 Abs. 1 GmbHG. Er hat in allen Angelegenheiten, die das Interesse der Gesellschaft berühren, allein deren und nicht den eigenen Vorteil zu suchen. Diese Pflicht hat der BGH aus § 43 Abs. 1 GmbHG i. V. m. der allgemeinen Treuepflicht hergeleitet und in verschiedenen Entscheidungen bestätigt.[433]

Auch der *Alleingesellschafter-Geschäftsführer* steht in einem solchen relevanten Pflichtenverhältnis zu seiner Gesellschaft.[434] *Lenckner/Perron*, die für diesen Fall nicht mit dem Kriterium der Fremdnützigkeit arbeiten möchten,[435] ist nicht zuzustimmen. Sie tragen vor, dass der Täter keine fremden Vermögensinteressen wahrzunehmen habe, da der Wille der Gesellschaft vom Gesellschafter festgelegt wird, und vermengen damit die Fremdheit einer vermögensrechtlichen Position als ein Merkmal der Vermögenszuordnung mit der tatsächlichen Möglichkeit auf die Interessen Einfluss zu nehmen. Die bloße Möglichkeit der Gesellschafter auf den Vermögenseinsatz in der juristischen Person bestimmenden Einfluss auszuüben, bestimmt nicht die rechtliche Vermögensinhaberschaft, auf die das Strafrecht auch beim Begriff der Fremdnützigkeit abzustellen hat. Allerdings müssen beim *Alleingesellschafter-Geschäftsführer* Einschränkungen hinsichtlich des Pflichtenumfangs (bzw. des Pflichtenmaßstabs) gemacht werden, weil sich der Alleingesellschafter-Geschäftsführer nach herrschender Auffassung von den gesellschaftsrechtlichen Pflichten in dem Umfang dispensieren kann, in dem diese abänderbar sind.[436] Die Betreuungspflicht reicht nur soweit die gesetzlichen Mindestpflichten des Geschäftsführers gehen; verstößt er gegen andere, disponierbare Pflichten, dann ist darin in der Regel ein konkludenter Verzicht auf die Durchsetzung der Ansprüche der Gesellschaft zu sehen. Der in dem Zusammenhang geäußerte Gedanke von *Kohlmann*, wonach das Gesellschaftsvermögen auch bei der Einpersonengesellschaft ausschließlich der Gesellschaft und nicht dem Gesellschafter persönlich zusteht,[437] ist zwar richtig, führt aber nicht weiter, da er für die Frage der Vermögenspflicht nicht erheblich ist. Die Vermögensbetreuungspflicht kann auch nicht mit dem Hinweis verneint

---

[432] Scholz/*Uwe H. Schneider*, GmbHG, § 6 Rn. 36; Baumbach/Hueck/*Hueck/Fastrich*, GmbHG, § 6 Rn. 14.

[433] BGH vom 8.5.1967, II ZR 126/66, GmbHR 1968, 141, 142; vom 10.2.1977, II ZR 79/75, GmbHR 1977, 129, 130; vom 23.9.1985, II ZR 246/84, GmbHR 1986, 42, 43; Scholz/*Uwe H. Schneider*, GmbHG, § 43 Rn. 17.

[434] *Kohlmann*, Strafrechtliche Verantwortlichkeit, Rn. 173.

[435] In Schönke/Schröder, StGB, § 266 Rn. 28.

[436] Vgl. hierzu oben Fn. 170.

[437] Strafrechtliche Verantwortlichkeit, Rn. 172; vgl. auch RGSt 42, 278, 283; BGHSt 3, 23, 25.

werden, sie führe dazu, dass der Gesellschafter-Geschäftsführer praktisch „sich selbst gegenüber“ betreuungspflichtig sei. Die Gesellschaft ist auch hier Zurechnungsobjekt der Pflichten des Geschäftsführers; die faktische Betrachtungsweise ist mit den oben dargestellten Gründen abzulehnen.[438]

Während die Vertretungsbefugnis des Geschäftsführers im Rechtsverkehr mit Dritten nicht eingeschränkt werden kann, können die Gesellschafter in weitem Umfang die Wahrnehmung der Geschäftsführungstätigkeit durch den Geschäftsführer in der Satzung oder im Einzelfall durch einen Weisungsbeschluss regeln. Der weisungsfreie Bereich des Geschäftsführers kann soweit eingeschränkt werden, dass ihm nur noch die Vertretungsbefugnis im Außenverhältnis verbleibt. Außerdem kann der Geschäftsführer nicht wirksam von der Einhaltung der Amtspflichten dispensiert werden, die im öffentlichen Interesse bestehen. Solche gesellschaftsrechtlich unentziehbare Pflichten stellen die Buchführungspflicht, § 41 GmbHG, die Aufstellung des Jahresberichts, § 264 Abs. 1 Satz 1 HGB i. V. m. § 6 GmbHG und die Insolvenzantragspflicht dar.[439] Mit Ausnahme der genannten Bereiche unterliegt das Weisungsrecht der Gesellschafter keinen Beschränkungen. Ein weisungsfreier Eigenbereich der eigenverantwortlichen Wahrnehmung von Geschäftsführungsaufgaben durch den Geschäftsführer ist nicht anzuerkennen.[440]

Betrachtet man die soeben dargestellten Kriterien, mit deren Hilfe die herrschende Meinung das Vorliegen einer Vermögensbetreuungspflicht bestimmt, so kann durchaus zweifelhaft sein, ob der *in seiner Aufgabenwahrnehmung völlig eingeschränkte Geschäftsführer* in einem solchen Pflichtenverhältnis zu der Gesellschaft steht. Es kann in extremen Fällen, in denen die Gesellschafter den Geschäftsführer auch im Alltagsgeschäft eng binden, an der Entscheidungsfreiheit und der Selbständigkeit der Aufgabenerfüllung und damit an einem wesentlichen Indiz zur Begründung der Vermögensbetreuungspflicht fehlen. Im

---

[438] Vgl. oben S. 73.

[439] Weitergehend spricht Roth/Altmeppen/*Altmeppen*, GmbHG, § 37 Rn. 4 von einer Bindung an Gesetze und die guten Sitten. Vgl. auch Rowedder/Schmidt-Leithoff/*Koppensteiner*, GmbHG, § 37 Rn. 23 f.; Scholz/*Uwe H. Schneider*, GmbHG, § 37 Rn. 38. *Raiser/Veil*, Recht der Kapitalgesellschaften, § 32 Rn. 81 bezieht die Bindung an § 30 GmbHG mit ein. Ausführlich zur Funktion des § 30 GmbHG und der Frage der zivilrechtlichen Dispositionsmöglichkeiten auch unten S. 202 ff. Das Gesellschaftsinteresse steht nach überwiegender Auffassung – sofern die Gläubigerinteressen gewahrt sind – zur Disposition der Gesellschafter, vgl. nur Roth/Altmeppen/*Altmeppen*, GmbHG, § 37 Rn. 4.

[440] Roth/Altmeppen/*Altmeppen*, GmbHG, § 37 Rn. 4; *Ziemons*, Haftung der Gesellschafter, S. 21; so auch *van Venrooy*, GmbHR 1982, 175, 177; anders *Lutter/Hommelhoff*, GmbHG, § 37 Rn. 18 a und *Gieseke*, GmbHR 1996, 486, die einen Kernbereich kardinaler Sorgfaltspflichten jenseits der Bindung an Gesetz und die guten Sitten als weisungsfreien Eigenbereich anerkennen.

Ergebnis ist aber auch der Geschäftsführer, dem kein oder nur ein kleiner Geschäftsführungsbereich zur eigenständigen Wahrnehmung verbleibt, aufgrund seiner herausgehobenen Pflichtenstellung als vermögensbetreuungspflichtig anzusehen. Er ist trotz der weitgehenden Einflussnahme der Gesellschafter auf die Geschicke der Gesellschaft zur ordnungsgemäßen Erfüllung der ihm im öffentlichen Interesse auferlegten Pflichten gehalten, ohne dass ihn die Gesellschafter hiervon dispensieren können.[441] Dem Geschäftsführer obliegt es selbständig zu prüfen, ob ein Weisungsbeschluss im Einzelfall rechtswidrig ist. Sofern er das annehmen muss, darf er ihn nicht ausführen oder muss Maßnahmen ergreifen, um Schaden von der Gesellschaft zu wenden. Er ist eigenverantwortlich zur Einhaltung der gesetzlichen Bestimmungen gegenüber den Gesellschaftern verpflichtet.[442] Weiterführend ist in dem Zusammenhang auch der Vergleich mit der Situation des Geschäftsführers nach Insolvenzeröffnung. Dem Geschäftsführer werden regelmäßig, insbesondere aber bei Erlass eines Veräußerungs- und Verfügungsverbots, die zur Begründung der Täterstellung bei § 266 StGB erforderlichen Befugnisse fehlen, wenn ihm im Rahmen der Insolvenzeröffnung die Verwaltungs- und Verfügungsbefugnis über das GmbH-Vermögen entzogen und dem (vorläufigen) Insolvenzverwalter übertragen wird.[443] Anders als dem in seinem Handlungsspielraum eingeengten Geschäftsführer verbleibt dem Geschäftsführer nach Insolvenzeröffnung kein Substrat seiner Tätigkeit mehr, sie wird vollständig überlagert durch die Arbeit des Insolvenzverwalters. Es kommt somit nicht auf die tatsächliche Ausgestaltung des Aufgabenbereichs des Geschäftsführers an, sondern auf den gesetzlichen Umfang seiner Pflichten. Erst wenn diese durch die Bestellung eines anderen organschaftlichen Vertreters dispensiert werden, wird der Geschäftsführer von seinen Pflichten frei. Dieses Beispiel belegt, dass der gesetzliche Umfang der Pflichten maßgebend ist und nicht die tatsächliche Ausgestaltung in der jeweiligen Gesellschaft.

bb) Faktischer Geschäftsführer

Mit dem ordnungsgemäß bestellten Geschäftsführer als Täter ist der Kreis der Betreuungspflichtigen aber noch nicht erschöpfend festgelegt. Auch die Personen, die sich tatsächlich als Geschäftsführer gerieren, können unter bestimmten einschränkenden Voraussetzungen einer Vermögensbetreuungspflicht im Sinne des § 266 StGB unterliegen.

---

[441] *Reiß*, wistra 1989, 81, 83.

[442] *Reiß*, wistra 1989, 81, 83, mit dem Hinweis, dass allseitiges Einverständnis der Gesellschafter zivilrechtlich nicht von der Beachtung gläubigerschützender Vorschriften entlastet.

[443] BGH vom 12.12.1996, 4 StR 489/98, wistra 1997, 146; *Tiedemann*, GmbH-Strafrecht, vor § 82 Rn. 14, für die Untreue gegenüber gesellschaftsfremden Dritten. Die Einschränkung ist nicht notwendig; auch im Verhältnis zur Gesellschaft sind die Pflichten des Geschäftsführers bei Berufung eines Insolvenzverwalters dispensiert.

Es kommt in der Praxis gar nicht so selten vor, dass die als Geschäftsführer handelnden Personen – mit oder ohne Kenntnis der Beteiligten – nicht wirksam zum Geschäftsführer bestellt sind.[444] Hierbei sind zwei Grundfälle zu unterscheiden. In ersten Fall wird der Bestellungsakt tatsächlich vorgenommen; die Bestellung ist aber unwirksam. Das kommt beispielsweise vor, wenn eine Person trotz eines gesetzlichen Hinderungsgrundes im Sinne des § 6 Abs. 2 GmbHG zum Geschäftsführer bestellt werden soll. Von den Fällen, bei denen ein auf Wirksamkeit gerichteter objektiver Bestellungsakt vorliegt, sind solche zu unterscheiden, bei denen Personen als Geschäftsführer auftreten, von deren Bestellung und Eintragung in das Handelsregister bewusst abgesehen wird. Die maßgeblichen Entscheidungsträger in der Gesellschaft halten sich im Hintergrund oder ziehen sich formal auf ihre Gesellschafterstellung zurück und schieben andere Personen („Strohmänner“) als Geschäftsführer vor, die selbständig keine Entscheidungen treffen dürfen.

(1) Begriff des faktischen Organs und Anwendungsbereich

Ursprünglich stellte sich bei den als echte Sonderdelikte ausgestalteten Geschäftsführungsdelikten des GmbHG (§§ 82, 84, 85) und den Insolvenzdelikten des StGB die Frage, ob Täter im Sinne dieser Vorschriften auch sein kann, wer zwar zivilrechtlich nicht zum Organ der Gesellschaft bestellt ist, tatsächlich aber als solches auftritt.[445] Allgemein lässt sich das Problem dahin formulieren, ob der Kreis der strafrechtlich Verpflichteten über den der formell bestellten Organmitglieder hinausgeht und auch Personen umfasst, die ohne Bestellungsakt die Tätigkeiten eines Organs mit Duldung und/oder Einverständnis der Gesellschafter wahrnehmen.[446] Eine schematische Orientierung an Statusmerkmalen, wie der formalen Bestellung zum Geschäftsführer, ließe außer Betracht, dass der Hintermann in den Strohmannfällen das Geschehen maßgeblich steuert, ihn die strafrechtlichen Konsequenzen aber mangels Organeigenschaft nicht treffen.[447] Es wird daher in Rechtsprechung und Lehre seit längerem versucht, mit der Figur des faktischen Geschäftsführers den Kreis der Normadressaten im Wege

---

[444] Vgl. Sachverhalt bei BGH vom 10.11.1959, 5 StR 337/59, JR 1960, 104 f.; BGHSt 28, 20, 21; 34, 379, 382.

[445] Auch über § 14 StGB findet eine Zurechnung von Pflichten statt, vgl. *Ransiek*, ZGR 1992, 203, 210 sowie unten S. 287 ff.

[446] Bejahend die h. M. im Strafrecht, auch soweit es um § 14 StGB geht. BGHSt 31, 118, 122; 21, 101, 104; BGH vom 8.11.1989, 3 StR 249/89, wistra 1990, 97, 98; *K. Schmidt*, in FS Rebmann (1989), 419 ff.; a. A. *Stein*, Das faktische Organ, S. 121 f., die einen erkennbaren (wenn auch u. U. rechtsunwirksamen) Bestellungsakt fordert, da die Strafvorschriften des GmbHG an den rechtlichen Status von Personen und die daraus folgende Funktion abstellen, nicht nur alleine auf die tatsächlich wahrgenommene Funktion. Zustimmend *Ransiek*, ZGR 1992, 203, 209 Fn. 31.

[447] *Kratsch*, ZGR 1985, 506, 507.

einer extensiven Gesetzesauslegung auf die „tatsächlich Verantwortlichen" zu erweitern.[448] Eine starke Gegenauffassung lehnt die Rechtsfigur des faktischen Geschäftsführers ab. Der Hauptvorwurf liegt darin, dass sie gegen das Analogieverbot und das Gebot der Tatbestimmtheit des Art. 103 Abs. 2 GG verstoße, da Normadressaten der entsprechenden Strafvorschriften nur solche Personen sein können, die die in der Norm angelegten Tätermerkmale aufweisen.[449] Teilweise wird die Figur des faktischen Geschäftsführers für entbehrlich gehalten und die zugrunde liegenden Probleme mit alternativen Regelungskonzepten gelöst.[450]

Dabei werden auch von Kritikern der faktischen Betrachtungsweise die Fälle für unbedenklich gehalten, bei denen zivilrechtliche Mängel die organschaftliche Bestellung unwirksam machen.[451] Die Bestellung gewährt dem Geschäftsführer auch bei ihrer Unwirksamkeit eine dem Amt entsprechende Stellung, sofern er mit Kenntnis/Einverständnis auch nur eines Mitglieds der Gesellschafterversammlung tätig wird.[452] Für diese Fälle bestimmt bereits § 14 Abs. 3 StGB, dass es für die Organhaftung auf die zivilrechtliche Wirksamkeit des Bestellungsaktes nicht ankommt. Das Reichsgericht hatte ursprünglich – ebenso wie später in § 14 Abs. 3 StGB kodifiziert – verlangt, dass der Geschäftsführer „irgendwie zu diesem Amt bestellt worden war".[453] An dieser Einschränkung hält die herrschende Auffassung mit dem Argument nicht mehr fest, dass im Einverständnis aller Gesellschafter mit dem faktischen Handeln als Geschäftsführer zugleich eine (strafrechtlich) ausreichende Bestellung zum Geschäftsführer liege.[454] Die Rechtsprechung und herrschende Lehre bejahen die strafrechtliche Verantwortlichkeit des faktischen Geschäftsführers, wenn er mit Einverständnis der Gesell-

---

[448] BGHSt 3, 39; 6, 315; 34, 382; *Kratsch*, ZGR 1985, 506, 508; vgl. auch *Gübel*, Auswirkungen der faktischen Betrachtungsweise, S. 65; zustimmend *Fuhrmann*, in FS Tröndle (1989), 139, 155; *Richter*, GmbHR 1984, 113, 119.

[449] MünchKommStGB/*Radtke*, § 14 Rn. 10, 47, 118 f.; *Tiedemann*, GmbH-Strafrecht, § 84 Rn. 32; *Kaligin*, NStZ 1981, 90, 91; *Stein*, Das faktische Organ, S. 193; *Ransiek*, Unternehmensstrafrecht, S. 94 ff. sowie allgemein zur Kritik an der faktischen Betrachtungsweise auch oben S. 73.

[450] *Cadus*, Die faktische Betrachtungsweise, S. 146 (Lösung über Rechtsmissbrauch); *Stein*, Das faktische Organ (Verdrängungsprinzip im Zusammenhang mit § 64 Abs. 1 GmbHG).

[451] Vgl. *Gübel*, Auswirkungen der faktischen Betrachtungsweise, S. 102 ff.

[452] RGSt. 16, 269, 271 f.; BGHSt 3, 37 f.; *Löffeler*, wistra 1989, 121, 123; *Lutter/Hommelhoff*, GmbHG, § 84 Rn. 3; *Montag*, Strafvorschriften des GmbH-Rechts, S. 118 ff.; *Stein*, Das faktische Organ, S. 115 ff.; *Tiedemann*, GmbH-Strafrecht, § 84 Rn. 28.

[453] RGSt 16, 269, 271 f.; 24, 353, 354. Mit RGSt 71, 112, 113 ausgedehnt auf nicht bestellte Organmitglieder.

[454] BGHSt 31, 118, 122 f.; kritisch *Tiedemann*, GmbH-Strafrecht, § 84 Rn. 28. *K. Schmidt*, in FS Rebmann (1989), 419, 425 weist darauf hin, dass das bloße Einverständnis kein Organbestellungsakt sei und beides strikt zu trennen sei.

schafter die Geschäftstätigkeit aufgenommen hat.[455] Eine einseitige Anmaßung der Geschäftsführerstellung genügt hingegen nicht.

Trotz der intensiven Beschäftigung von Rechtsprechung und Lehre mit der Rechtsfigur des faktischen Geschäftsführers ist die Konstellation weitgehend ungeklärt, in der *neben* dem faktischen Geschäftsführer ein formell wirksam bestellter Geschäftsführer vorhanden ist. Nach der Auffassung des BGH in einer älteren Entscheidung steht das der strafrechtlichen Verantwortlichkeit des faktischen Geschäftsführers nicht entgegen, sofern er eine überragende Stellung in der Geschäftsführung einnimmt.[456] Nicht erforderlich soll nach der zivilrechtlichen Rechtsprechung sein, dass der Handelnde die gesetzliche Geschäftsführung völlig verdrängt. Ausschlaggebend sei vielmehr, dass der Betreffende die Geschicke der Gesellschaft durch eigenes Handeln im Außenverhältnis entscheidend in die Hand genommen hat.[457] In BGHSt 3, 32 lässt das Gericht zur Bejahung der Geschäftsführereigenschaft des nicht formell zum Geschäftsführer bestellten Gesellschafters die tatsächliche Erfüllung von Geschäftsführeraufgaben in einem Umfang genügen, der über den des ordnungsgemäß bestellten Geschäftsführers hinausgeht und überträgt diese Grundsätze auf die Strafbarkeit nach § 81 a GmbHG.

Kohlmann hält es zusätzlich für erforderlich, dass der faktische Geschäftsführer in seiner Eigenschaft als Geschäftsführer nach außen hin auftritt.[458] Die Einbeziehung des aktiv einflussnehmenden Mehrheitsgesellschafters in den Kreis der strafrechtlich verantwortlichen Unternehmensführung begegne hingegen erheblichen Bedenken, sofern sich dessen Aktivitäten ausschließlich auf interne Anweisungen beschränken.[459] Auch der BGH stellt (im Zivilrecht) in neueren Entscheidungen[460] nunmehr maßgeblich darauf ab, dass der Betreffende die Geschicke der Gesellschaft durch eigenes Handeln im Außenverhältnis entscheidend in die Hand genommen hat. Eine Person, die lediglich intern auf die

---

[455] BGH vom 10.6.1958, 5 StR 190/58, GmbHR 1958, 179; BGHSt 31, 118, 121; *Schmid*, in Müller-Gugenberger/Bieneck, Wirtschaftsstrafrecht, § 31 Rn. 13; a. A. HWSt/*Wegner*, VII 1 Rn. 11; Schönke/Schröder/*Lenckner/Perron*, StGB, § 14 Rn. 42; zu den Voraussetzungen auch *Dierlamm*, NStZ 1996, 153 ff.

[456] BGH vom 10.6.1958, 5 StR 190/58, GmbHR 1958, 179 f.; in jüngerer Zeit lässt es das Gericht hingegen genügen, dass der faktische Geschäftsführer bei der Leitung der GmbH ein Übergewicht hat, BGH vom 17.4.1984, 1 StR 736/83, wistra 1984, 178.

[457] BGH vom 11.7.2005, II ZR 235/03, BB 2005, 1869.

[458] In Hachenburg, GmbHG, § 84 Rn. 25; ablehnend *Gübel*, Auswirkungen der faktischen Betrachtungsweise, S. 112.

[459] *Kohlmann*, Strafrechtliche Verantwortlichkeit, Rn. 19.

[460] BGH vom 27.6.2005, II ZR 113/03, DB 2005, 1787; BGH vom 11.7.2005, II ZR 235/03, BB 2005, 1869 m. Anm. *Gehrlein*; BGHZ 150, 61, 69 f.; BGHZ 104, 44, 48.

Geschäftsführung Einfluss ausübt, ist mangels Außenwirkung nicht faktischer Geschäftsführer. Die Weisungsabhängigkeit der gesetzlichen Geschäftsführung mache den Weisungsbefugten nicht schon zum faktischen Geschäftsführer.

(2) Anwendbarkeit bei der GmbH-Untreue

Eine nähere Auseinandersetzung mit der faktischen Betrachtungsweise kann an dieser Stelle unterbleiben, wenn sie für die Bestimmung des tauglichen Täters bei der GmbH-Untreue entbehrlich ist. Auch wenn die Rechtsprechung des Reichsgerichts zum Bevollmächtigtenbegriff bei § 266 Abs. 1 Ziff. 2 a. F. StGB die Entwicklung der Organ- und Vertreterhaftung entscheidend geprägt hat,[461] spielt die faktische Betrachtungsweise bei der heutigen Fassung des Untreuetatbestands keine Rolle mehr. Zur Verdeutlichung sei noch einmal der Geltungsgrund der faktischen Betrachtungsweise in Erinnerung gerufen. Sie stellt im Bereich der gesellschaftsrechtlichen Sonderdelikte eine Konstruktion beziehungsweise eine Auslegungsmethode dar, bei der tatsächliche Aspekte die Auslegung von Tatbestandsmerkmalen vorherbestimmen und dabei üblicherweise den Kreis der Verpflichteten über die nach zivilrechtlichen Begrifflichkeiten Verantwortlichen hinaus ausdehnen.[462] Die Untreue ist zwar ein Sonderdelikt, aber kein Organdelikt. Es kann daher dahinstehen, ob einer Person durch das Strafrecht sanktionierte Pflichten zugerechnet werden können, die ihr nach ihrem zivilrechtlichen Status nicht zukommen. Es kommt alleine darauf an, ob dem sich als „faktischer Geschäftsführer"[463] gerierenden Dritten eine Treueposition zur Gesellschaft eingeräumt ist, die eine Vermögensbetreuungspflicht auslöst.[464] Die soeben dargestellten Bedenken gegenüber einer Ausdehnung des Begriffes des faktischen Geschäftsführers im Strafrecht haben für § 266 StGB keine Geltung, da es hier nicht um die Organfrage, sondern um die Treueposition geht.[465] Eine nähere Charakterisierung des Normadressaten ist bei der Untreue anders als bei den Geschäftsführungsdelikten des GmbH-Gesetzes nicht notwendig.

---

[461] RGSt 61, 228 ff.; 62, 15, 18 f.; 63, 251 ff.

[462] Ausführlich oben S. 73 ff.

[463] Im Folgenden kurz für eine Person, die ohne zum Geschäftsführer bestellt zu sein, mit Einverständnis der Gesellschafter im Außenverhältnis für die Gesellschaft tätig wird.

[464] Bejahend BGHSt 3, 39; 6, 315; 34, 382; BGH vom 25.9.1979, 1 StR 702/78, NJW 1980, 845; BGH 3 StR 50/96; BGH, GmbHR 1996, 925, 926; Hachenburg/*Kohlmann*, GmbHG, vor § 82 Rn. 139; *Nelles*, Untreue zum Nachteil von Gesellschaften, S. 557 ff.; *Tiedemann*, GmbH-Strafrecht, vor § 82 Rn. 15; weitergehend *Gübel*, Auswirkungen der faktischen Betrachtungsweise, S. 142 ff.; einschränkend *Keuffel-Hosbach*, Grenzen der Strafbarkeit, S. 131; wieder anders *Wiesener*, Die strafrechtliche Verantwortlichkeit, S. 105, der dem Vertreter die rechtsgeschäftliche Treuepflicht des Verpflichteten zurechnet.

[465] *Tiedemann*, NJW 1986, 1845; zu eng *Büning*, Strafrechtliche Verantwortung, S. 12 f., der vertritt, dass im Hinblick auf das Vermögen der GmbH grundsätzlich nur der wirksam bestellte Geschäftsführer der besonderen Vermögensbetreuungspflicht nach § 266 StGB unterliegt.

Gübel unterscheidet zwischen Missbrauchs- und Treuebruchsuntreue.[466] Die Rechtsfigur des faktischen Geschäftsführers sei auf die Missbrauchsuntreue nicht anwendbar, da das dafür erforderliche Grundverhältnis fehle.[467] Der Missbrauchstatbestand könne nicht erfüllt sein, da eine rechtsunwirksame, wenn auch faktische Rechtsmacht nicht gebraucht und somit auch nicht missbraucht werden kann.[468] Dem ist zuzustimmen. Würde man auch bei der Missbrauchsuntreue versuchen, das wirksame Rechtsverhältnis im Wege einer faktischen Betrachtung zu ersetzen, bliebe der eigenständige Anwendungsbereich des Treuebruchtatbestands dunkel.[469] Anderes hat dagegen nach *Gübel* beim Treuebruchtatbestand zu gelten, da die erforderliche Treuepflicht ihre Grundlage auch in tatsächlichen beziehungsweise sozialethischen Treueverhältnissen finden kann.[470] Zuzustimmen ist *Gübel* darin, dass ein wirksames zivil- oder öffentlichrechtliches Grundverhältnis weder notwendige noch hinreichende Voraussetzung für das Entstehen einer strafrechtlichen Betreuungspflicht ist. Die materielle Rechtspflicht, die Vermögensinteressen der Gesellschaft wahrzunehmen, kann sich auch aus einem tatsächlichen Treueverhältnis ergeben, das die „Kraft" haben müsse, „rechtlich zu verpflichten"[471]. Ein tatsächliches Treueverhältnis kann wegen des durch den Täter dadurch in Anspruch genommenen Vertrauens eine strafrechtliche Betreuungspflicht auslösen. Das faktische Treueverhältnis muss dadurch gekennzeichnet sein, dass dem Täter – nach dem Willen der Beteiligten – ein über die Zwecksetzung des Innenverhältnisses hinausgehender Überschuss an Entscheidungsmacht eingeräumt wird.[472] Dem faktischen Geschäftsführer wird von den Gesellschaftern zumindest konkludent eine entsprechende Treueposition eingeräumt, da es ihnen gerade darauf ankommt, dass er

---

[466] Auswirkungen der faktischen Betrachtungsweise, S. 137 ff.

[467] BGHSt 5, 61, 63; *Lackner/Kühl*, StGB, § 266 Rn. 5 a; *Kohlmann*, Strafrechtliche Verantwortlichkeit, Rn. 177; a. A. *Büning*, Strafrechtliche Verantwortung, S. 29, der für den nichtigen Bestellungsakt auf die bestehende Verpflichtungsbefugnis nach § 35 GmbHG abstellen möchte.

[468] Zu den Voraussetzungen der Missbrauchsuntreue und zu den abweichenden Auffassungen siehe unten S. 157 ff.

[469] Selbst *Schünemann*, in Leipziger Kommentar, StGB, § 266 Rn. 53, der der faktischen Betrachtungsweise aufgeschlossen gegenübersteht, hält den Missbrauchstatbestand für den „falschen Platz, um die Zivilrechtsakzessorietät bezüglich des Begriffs der Rechtszuständigkeit aufzugeben, weil die ‚Befreiung des Strafrechts vom zivilistischen Denken' in dieser Grundfrage zwar kriminalpolitisch diskutabel ist, ohne Brüche im Gesamtsystem des Vermögensstrafrechts aber nur einheitlich erfolgen könnte."

[470] So schon *Welzel*, Strafrecht, S. 388.

[471] *Hübner*, in Leipziger Kommentar, StGB, 10. Aufl., § 266 Rn. 75.

[472] *Kindhäuser*, in FS Lampe (2003), 709, 719, der ein Treueverhältnis aus der Übernahme von Garantenpflichten folgert.

im Außenverhältnis die Geschäftsleitung der GmbH wahrnimmt.[473] Aufgrund des dadurch in Anspruch genommenen Vertrauens ist der faktische Geschäftsführer wegen der Übernahme von Schutzfunktionen unabhängig von der zivilrechtlichen Bestellung treueverpflichtet.[474]

Die Rechtsfigur des faktischen Geschäftsführers braucht richtigerweise auch bei der Treuebruchsalternative nicht bemüht zu werden. Ob einer Person eine solche für § 266 StGB relevante Treueposition eingeräumt ist, beurteilt sich nach den soeben dargestellten Kriterien.[475] Im Regelfall wird dem faktischen Geschäftsführer eine Position zukommen, die ihm selbständige Entscheidungsbefugnis und nicht unerhebliche Verantwortung für die Leitung der für ihn fremden Gesellschaft zuweist, so dass er als vermögensbetreuungspflichtig anzusehen ist.[476] Die Treuepflicht lässt sich zivilrechtlich anknüpfen und aus den Regeln über die berechtigte Geschäftsführung ohne Auftrag oder aus einer Treuepflicht aus § 242 BGB herleiten.[477] Für die strafrechtliche Betrachtung ist unerheblich, auf welcher dogmatischen Grundlage die Pflicht beruht. Lehnt man mit einem Teil der Literatur die Regeln der Geschäftsführung ohne Auftrag ab,[478] wenn aufgrund eines zivilrechtlich unwirksamen Rechtsverhältnisses Tätigkeiten übernommen werden,[479] so lassen sich Verhaltenspflichten aus § 242 BGB herleiten. Unerheblich ist dabei, ob der sich als faktischer Geschäftsführer Gerierende Gesellschafter ist.[480] Die Vermögensbetreuungspflicht ergibt sich aus seiner Stellung als faktischer Geschäftsführer.

b) Gesellschafter bei Wahrnehmung der Gesellschafterrechte

Bislang war man ganz überwiegend davon ausgegangen, dass die Gesellschafter einer GmbH keine Vermögensbetreuungspflicht gegenüber der Gesellschaft trifft, solange sie sich auf die Wahrnehmung ihrer Gesellschafterrechte be-

---

473 Bedenken bei *Krey/Hellmann*, Strafrecht BT/2 Rn. 569 c gegen die allgemeine Unschärfe der Voraussetzungen der Vermögensbetreuungspflicht.

474 Hachenburg/*Kohlmann*, GmbHG, vor § 82 Rn. 68; *Ransiek*, in FS Kohlmann (2003), 207, 218.

475 Vgl. oben S. 98 ff.

476 BGHSt 3, 32, 37 f.; 6, 315 f.; 21, 101; 31, 118 f.; BGH vom 19.4.1984, 1 StR 736/83, wistra 1984, 178; BGH vom 10.7.1996, 3 StR 50/96, NStZ 1996, 540 f.; eingehende Darstellung bei *Fuhrmann*, in FS Tröndle (1989), 139 ff.; zur Kritik *Kratsch*, ZGR 1985, 506, 525 f.; *Kohlmann*, Strafrechtliche Verantwortlichkeit, Rn. 19.

477 *Büning*, Strafrechtliche Verantwortung, S. 35 ff.

478 Vgl. oben S. 98.

479 Ablehnend auch MünchKommBGB/*Seiler*, § 677 Rn. 47; Erman/*Ehmann*, BGB, vor § 677 Rn. 9.

480 *Wodicka*, Untreue zum Nachteil der GmbH, S. 292.

schränken.[481] Auch der BGH hat früher nur dem (faktischen) Geschäftsführer einer GmbH eine Vermögensbetreuungspflicht auferlegt; dagegen weisen jüngere Entscheidungen zur Haftung im Konzern auch dem *beherrschenden Alleingesellschafter* die Pflicht zu, dem beherrschten Unternehmen nicht Vermögenswerte in einem Umfang zu entziehen, dass die Existenzfähigkeit der Gesellschaft gefährdet wird.[482] So bejahte der 3. Strafsenat in der Entscheidung vom 10.7.1996 aufgrund der tatsächlichen Stellung des Angeklagten in der geschädigten GmbH eine Vermögensbetreuungspflicht des Angeklagten.[483] Er nutzte nach den Feststellungen des Gerichts seine dominierende Stellung in der Holding-GmbH, zu deren alleinigem Geschäftsführer er später bestellt wurde, um dem Geschäftsführer der geschädigten GmbH umfangreiche Weisungen bis hin zum Tagesgeschäft zu erteilen und selbst ihre Vermögensangelegenheiten in nicht unmaßgebender Weise wahrzunehmen. Ausdrücklich offen ließ das Gericht dabei, ob der Angeklagte faktischer Geschäftsführer im Sinne der zu den Geschäftsführer- und Organdelikten entwickelten Rechtsprechung ist. Das könne wegen der diesbezüglich allein maßgebenden „tatsächlichen Verfügungsmacht" des Angeklagten über das Vermögen der geschädigten GmbH dahingestellt bleiben. Noch weitergehend nehmen der II. Zivilsenat und der 5. Strafsenat bereits im Leitsatz des *Bremer Vulkan* Urteils an, dass der Alleingesellschafter einer GmbH vermögensbetreuungspflichtig im Sinne des § 266 StGB ist.[484] Die Vermögensbetreuungspflicht soll aus der Stellung als beherrschendes Unternehmen gegenüber der beherrschten GmbH folgen, aufgrund dessen das herrschende Unternehmen in der Lage ist, faktisch unbeschränkt Einfluss zu nehmen. Dieser Einfluss wurde beim Konzern Bremer Vulkan unter anderem dadurch ausgeübt, dass die Mutter die Tochter veranlasste, Mittel in den Liquiditätsverbund des Konzerns einzubringen.

Auch wenn Konzernsachverhalte eine andere Betrachtung als unverbundene Gesellschaften rechtfertigen, zeigt sich, dass der BGH mit der Anerkennung von

---

[481] NK-StGB/*Kindhäuser*, § 266 Rn. 58; Schönke/Schröder/*Lenckner/Perron*, StGB, § 266 Rn. 26; *Tiedemann*, GmbH-Strafrecht, vor § 82 Rn. 17; *Seier*, in Achenbach/Wannenmacher, Beraterhandbuch, § 21 II Rn. 233; *Flum*, Strafrechtlicher Schutz der GmbH, S. 221 ff.; a. A. *Richter*, GmbHR 1984, 137, 144; *Wodicka*, Untreue zum Nachteil der GmbH, S. 297 ff.

[482] BGH vom 10.7.1996, 3 StR 50/96, NStZ 1996, 540; BGHSt 49, 147; die ITT-Entscheidung (BGHZ 65, 15) wurde von Teilen der Literatur herangezogen, um den aktiven Mehrheitsgesellschafter als Normadressat des § 64 GmbHG zu nehmen; vgl. *K. Schmidt*, JZ 1978, 661, 666; *Tiedemann*, GmbH-Strafrecht, § 84 Rn. 31; ablehnend *Lutter/Hommelhoff*, GmbHG, § 64 Rn. 3. Einschränkend jetzt BGH vom 27.6.2005, II ZR 113/03, DB 2005, 1787 und vom 11.7.2005, II ZR 235/03, BB 2005, 1869.

[483] BGH vom 10.7.1996, 3 StR 50/96, NStZ 1996, 540.

[484] BGHZ 149, 10; BGHSt 49, 147.

Vermögensbetreuungspflichten in jüngster Zeit recht großzügig verfährt.[485] Möglicherweise lassen sich aus den Entscheidungen auch Rückschlüsse darauf ziehen, wie das Gericht bei unverbundenen Gesellschaften judizieren würde. Grundsätzlich kommen im Konzern Vermögensbetreuungspflichten des herrschenden Unternehmens gegenüber der abhängigen Gesellschaft oder umgekehrt der abhängigen Gesellschaft in Bezug auf die Obergesellschaft in Betracht. Daneben lassen sich besondere Vermögensbetreuungspflichten bei Schwestergesellschaften denken.[486] Stets sind die konzernrechtliche Verflechtung und der Abhängigkeitstatbestand zu berücksichtigen. Die *konzernspezifischen* Pflichtenstellungen werden im Folgenden nur insofern betrachtet, als sich daraus Aussagen für unverbundene Gesellschaften ableiten lassen.

Ausgangspunkt für die Beurteilung, ob dem Gesellschafter eine Vermögensbetreuungspflicht zukommt, ist die zivilrechtliche Ausgestaltung der Gesellschafterstellung in der GmbH und zum Gesellschaftsvermögen. Maßgebend sind die gesetzlichen und satzungsmäßigen Vorgaben sowie die tatsächliche Ausgestaltung der Gesellschafterstellung. Neben personalistisch strukturierten GmbH, bei denen der oder die Gesellschafter die Geschicke der Gesellschaft wesentlich bestimmen (beherrschender oder aktiver Gesellschafter), stehen typischerweise die GmbH mit (Minderheits-) Gesellschafter, für den die kapitalistische Beteiligung an der Gesellschaft im Vordergrund steht („gewöhnlicher" Gesellschafter).

aa) Die Gesellschafterversammlung als oberstes internes Willensbildungsorgan

Die Gesellschafter in ihrer Gesamtheit sind das höchste Organ der GmbH und für die Willensbildung in der Gesellschaft zuständig.[487] Sie sind „Herr im Haus", geben die Geschicke der Gesellschaft vor und definieren im Rahmen der gesetzlichen Beschränkungen sowie der mitgliedschaftlichen Treuepflichten die Interessen der Gesellschaft. Während bei der AG die Kompetenzverteilung zwischen den Aktionären, dem Vorstand und dem Aufsichtsrat kraft Gesetzes zwingend vorgeschrieben ist, überlässt das GmbHG die Ausgestaltung der Funktionsverteilung zwischen den Gesellschaftern und den Geschäftsführern weitgehend der Gesellschafterautonomie („Kompetenz-Kompetenz"). Das GmbH-Gesetz geht von der sachlichen Allzuständigkeit der Gesellschafter aus und regelt deshalb die Entscheidungskompetenzen etwa für die Bestimmung der Grundsätze der Geschäftspolitik und die Leitung des Unternehmens nicht aus-

---

[485] Ausführlich *Busch*, Konzernuntreue, S. 56 ff.; vgl. auch HWSt/*Seier*, V 2 Rn. 299; *Kaufmann*, Organuntreue, S. 127; *Ransiek*, in FS Kohlmann (2003), 207; *Tiedemann*, GmbH-Strafrecht, vor § 82 Rn. 22; *Wellkamp*, NStZ 2001, 113.
[486] *Raiser*, in FS Ulmer (2003), 493.
[487] Scholz/*K. Schmidt*, GmbHG, § 45 Rn. 5.

drücklich. Das GmbH-Gesetz sieht keine umfassende Kompetenzzuweisung an die Gesellschafter in den Angelegenheiten der Geschäftsführung vor, es weist ihnen auch nicht das Recht zu die Grundsätze der Unternehmenspolitik festzulegen. Allerdings sind wichtige Einzelzuständigkeiten ausdrücklich den Gesellschaftern zugeordnet. So obliegen ihnen nach dem Gesetz die Grundlagenentscheidungen, § 46 GmbHG. In dieser Kompetenz bestellen sie die Geschäftsführer und berufen sie wieder ab. Die Zuständigkeit zur Geschäftsführung im weiteren Sinn ist zwischen den Geschäftsführern und den Gesellschaftern aufgeteilt. Lediglich die organschaftliche Vertretung der GmbH im Außenverhältnis ist im Interesse der Rechtssicherheit zwingend den Geschäftsführern zugewiesen. Daneben geht § 37 GmbHG erkennbar davon aus, dass die laufende Geschäftsführung nicht den Gesellschaftern, sondern den Geschäftsführern obliegt. Im Anwendungsbereich des § 49 Abs. 2 GmbHG hat der Geschäftsführer vor einer Entscheidung die Gesellschafterversammlung einzuberufen.

bb) Möglichkeiten der Einflussnahme der Gesellschafter auf die Geschäftsführung

Das Recht der Gesellschafter, den Geschäftsführern *Weisungen* in Bezug auf die Geschäftsführung zu erteilen, ergibt sich aus § 37 Abs. 1 GmbHG. Vom Weisungsrecht der Gesellschafterversammlung umfasst sind alle Bereiche der Geschäftsführung. Die Gesellschafter können sich nach Belieben Geschäftsführungsangelegenheiten generell vorbehalten oder im Einzelfall an sich ziehen.[488] Sie können den Inhalt der Geschäftsführungstätigkeit bis ins Einzelne vorgeben, entweder durch generell abstrakte Regelungen im Gesellschaftsvertrag oder durch konkrete Weisungen bei einzelnen Geschäftsvorfällen. Daneben treffen die Gesellschafter die unternehmenspolitischen Grundentscheidungen. Die Erteilung einer Weisung in Geschäftsführungsangelegenheiten stellt materiell Wahrnehmung der Geschäftsführung dar.[489] Die Gesellschafter entscheiden bei Weisungen an die Geschäftsführer über die Zweckmäßigkeit einer Maßnahme. Weisungen sind nur in Übereinstimmung mit Gesetz und Gesellschaftsvertrag zulässig.[490]

Der Einflussnahme der Gesellschafter entzogen ist die Vertretung der Gesellschaft im Außenverhältnis; hierfür ist stets der Geschäftsführer alleine zuständig. Über die Vertretungsbefugnis hinaus gibt es keinen Kernbereich eigenver-

---

488 Scholz/*Uwe H. Schneider*, GmbHG, § 37 Rn. 30 ff.; Roth/Altmeppen/*Altmeppen*, GmbHG, § 35 Rn. 2. A. A. für einzelne Geschäftsführungsfragen *Wiedemann*, Gesellschaftsrecht Bd. 1, S. 336 (Gesellschafter können nur entscheiden, wenn die Geschäftsführer dies ausdrücklich an sie herantragen.).

489 *Ziemons*, Haftung der Gesellschafter, S. 11.

490 Die Einzelheiten sind streitig. Vgl. Scholz/*Uwe H. Schneider*, GmbHG, § 37 Rn. 50 m. w. N.

antwortlicher Geschäftsführungsbefugnis, der dem Geschäftsführer ausschließlich vorbehalten bliebe.[491] Er hat in allen Bereichen seiner Tätigkeit die Pflicht, den wirksamen Weisungen der Gesellschafter nachzukommen. Dies gilt auch für die Wahrnehmung der Vertretung. Auch wenn der Geschäftsführer seine Vertretungsrechte wahrnimmt, ist er pflichtgebunden und hat der Gesellschaft gegenüber die sich aus dem Gesellschaftsvertrag oder den Weisungen der Gesellschafter ergebenden Beschränkungen einzuhalten.[492]

Die Ausübung des Weisungsrechts durch die Gesellschafter führt für diese nach herrschender Auffassung nicht zu einer Haftung nach § 43 GmbHG.[493] Der einzelne Gesellschafter hat im Verhältnis zur Gesellschaft keine organschaftliche Pflicht, die Unternehmenspolitik mit der Sorgfalt eines ordentlichen Geschäftsmannes zu bestimmen oder die Geschäftsführer zu überwachen.[494] Argumentiert wird damit, dass der Gesellschafter kein fremdes Vermögen verwaltet und kein fremdes Vertrauen in Anspruch nimmt. Auch wenn das Argument durchaus angreifbar ist, weil das in der GmbH verselbständigte Vermögen für den Gesellschafter genauso fremd ist wie für jeden Dritten, unterwirft die herrschende Auffassung den Gesellschafter im Ergebnis zu Recht nicht der strengen Haftung nach § 43 GmbHG. Würde man an die Ausübung der Mitverwaltungsrechte durch den einzelnen Gesellschafter die Maßstäbe des § 43 GmbHG anlegen, so könnten nur noch entsprechend ausgebildete und erfahrene Personen Gesellschafter einer GmbH werden.[495] Es ist aber jedermann unbenommen, sich nur als Kapitalgeber an einer Gesellschaft zu beteiligen, ohne aktiv in die Geschicke der Gesellschaft einzugreifen. Handlungspflichten der Gesellschafter kommen erst dann in Betracht, wenn ein Gesellschafter faktisch die Gesellschaft leitet. Wenn der Gesellschafter aktiv auf die Geschäftsleitung der Gesellschaft Einfluss nimmt, dann steht nicht mehr um die Begrenzung der Mehrheitsmacht durch Treuepflichten in Rede. Wer dauerhaft die Unternehmensleitung übernimmt, übernimmt Handlungspflichten, so dass sich die Frage nach den Grenzen der Befugnis in dieser Form nicht mehr stellt. Den faktischen Geschäftsführer treffen die gesetzlichen Pflichten des Geschäftsführers.[496]

---

[491] OLG Düsseldorf vom 15.11.1984, 8 U 22/84, ZIP 1984, 1476; Ulmer/*Paefgen*, GmbHG, § 37 Rn. 14; Roth/Altmeppen/*Altmeppen*, GmbHG, § 37 Rn. 3; *Ziemons*, Haftung der Gesellschafter, S. 21 ff.; a. A. Baumbach/Hueck/*Zöllner/Noack*, GmbHG, § 37 Rn. 19; *Hommelhoff*, ZGR 1978, 119, 129; *Gieseke*, GmbHR 1996, 486.

[492] *K. Schmidt*, Gesellschaftsrecht, § 36 II.

[493] Scholz/*Uwe H. Schneider*, GmbHG, § 43 Rn. 16; *Lutter/Hommelhoff*, GmbHG, § 43 Rn. 40 (anders noch *dies*., 12. Aufl., Rn. 14); *Flume*, ZHR 144 (1980), 18, 31; *Ulmer*, GmbHR 1984, 256, 262; *Zöllner*, Schranken mitgliedschaftlicher Stimmrechtsmacht, S. 322 ff.

[494] Anders *Wilhelm*, Rechtsform und Haftung, S. 285 ff., 336 ff.

[495] Scholz/*Uwe H. Schneider*, GmbHG, § 43 Rn. 16.

[496] Scholz/*Uwe H. Schneider*, GmbHG, § 43 Rn. 18.

Das Gesellschaftsrecht stellt den Gesellschaftern mit der Weisung ein Instrument zur Verfügung, mittels dessen sich der Einfluss auf die Gesellschaft fein austarieren lässt. Das vor Augen werden im Folgenden nur zwei Ausprägungen der Wahrnehmung der Gesellschafterrechte– der beherrschende Gesellschafter und der, der sich auf die kapitalmäßige Beteiligung beschränkt – und deren Auswirkungen auf die Vermögensbetreuungspflicht untersucht; „Zwischenstufen“ werden ausgeblendet, sind aber ohne weiteres denkbar.

cc) *Beherrschender oder aktiver Gesellschafter*

In der Entscheidung *Sachsenbau*[497] stellte der BGH fest, dass der Angeklagte seine beherrschende Stellung innerhalb der Holding-GmbH nutzte, um bestimmenden Einfluss auf die geschädigte GmbH auszuüben. Der Bewertung stehe nicht entgegen, dass es sich um einen vom Angeklagten geschaffenen faktischen GmbH-Konzern handelt. „Wirkt der Angekl. dominierend sowohl in der Sphäre des herrschenden als auch des beherrschten Unternehmens, so muss er beiden Pflichtenstellungen gerecht werden. Das ist möglich und zumutbar, weil die Konzernmutter ohnehin zu einem pfleglichen Umgang mit dem Vermögen der Konzerntochter verpflichtet ist.“[498] In Reaktion auf den Vortrag der Revision hat der 3. Strafsenat die Vermögensbetreuungspflicht des nicht förmlich zum Geschäftsführer bestellten Angeklagten in den Blick genommen.[499] Das Gericht lässt in Verschärfung der Rechtsregeln, die es für die Geschäftsführungsdelikte im engeren Sinn entwickelt hat, genügen, dass eine „faktische Dominanz“ des Handelnden vorliegt.[500] Ein solches tatsächliches Übergewicht an Einfluss sei immer dann gegeben, wenn er die tatsächliche Verfügungsmacht über ein bestimmtes Vermögen hat, sofern damit (was meist der Fall sein wird) ein schützenswertes Vertrauen in die pflichtgemäße Wahrnehmung der Vermögensinteressen verbunden ist. Bei entsprechend intensiver Einflussnahme des Handelnden kann daraus im Konzern eine doppelte strafrechtliche Pflichtenstellung auf Ebene der Konzernmutter und der Konzerntochter entstehen. Der BGH lässt die extreme Ausübung des Weisungsrechts für die Annahme einer Vermögens-

---

[497] BGH vom 10.7.1996, 3 StR 50/96, NStZ 1996, 540.

[498] BGH vom 10.7.1996, 3 StR 50/96, NStZ 1996, 540 mit Hinweis auf BGHZ 94, 330, 340; BGHZ 122, 123, 130; *Tiedemann*, NJW 1986, 1842, 1845 f.; kritisch *Saliger*, ZStW 112 (2000), 563, 566 ff.

[499] Bisher begnügte sich der BGH mit der Feststellung, der Angeklagte sei als faktischer Geschäftsführer tätig geworden, vgl. BGHSt 3, 32; 34, 379.

[500] Ablehnend *Langkeit*, WiB 1996, 1131, der bei Bestellung eines formellen Geschäftsführers ein tatsächliches Übergewicht des faktischen Geschäftsführers bei der Einflussnahme auf die Geschäftsführung verlangt, was bei einer „faktischen Dominanz“ nicht gegeben sei. So auch *Saliger*, ZStW 112 (2000), 563, 567, der von einer unnötigen Erstreckung über die Figur des faktischen Geschäftsführers hinaus spricht. Zustimmend *Geerds*, JR 1997, 340; vgl. allgemein *Dierlamm*, NStZ 1996, 153, 156.

betreuungspflicht genügen und wertet sie als eine „versteckte" Wahrnehmung von Geschäftsführung.[501]

Während die Entscheidung *Sachsenbau* die Geschäftsführungsrechte zwar weit ausdehnt, aber noch auf dem Boden der bisherigen Rechtsprechung zum faktischen Geschäftsführer bleibt, löst der 5. Strafsenat des BGH in der Entscheidung *Bremer Vulkan* die Grenzen zwischen den typisiert fremdnützigen Betreuungsverhältnissen und der rein faktischen Zugriffsmöglichkeit auf ein Vermögen auf und bejaht eine Vermögensbetreuungspflicht für die Organe der Konzernmutter als Alleingesellschafterin ihres Tochterunternehmens.[502] Bemerkenswert ist, dass das Gericht eine mittelbare Täterschaft der Gesellschafter kraft Organisationsherrschaft durch die Einrichtung eines Cash-Management-Systems annimmt.[503]

(1) Auffassungen in der Literatur

In der Literatur sind die Ansichten geteilt. *Flum* hat sich als erster intensiv mit der Frage der Vermögensbetreuungspflicht des Gesellschafters auseinandergesetzt und eine solche im Ergebnis verneint.[504] Die Mitgliedschaft in der Gesellschaft könne nicht Grundlage einer Vermögensbetreuungspflicht sein; sie sei auch unter Berücksichtigung der Beschränkungen im Hinblick auf den Kapitalerhalt kein fremdnütziges Verhältnis. Die Gesellschafter nähmen ihre Funktion im eigenen, auf Gewinnerzielung gerichteten Interesse wahr. Weiter untersucht er, ob sich aus der gesellschaftsrechtlichen Treuepflicht Vermögensbetreuungspflichten ableiten lassen. Diesen Schluss zieht er nicht, da sie nur rechtsbegrenzende, aber keine rechtserzeugende Funktion haben.[505] Allerdings sieht er ein gesteigertes Risiko für eine Gefährdung des Gesellschaftsvermögens in den Fällen, in denen der Gesellschafter Aufgaben der Geschäftsführung wahr-

---

501 *Kramer*, WM 2004, 305, 308; kritisch *Langkeit*, WiB 1996, 1131, der eine zu weitgehende strafrechtliche Bewehrung des zivilrechtlichen Rücksichtnahmegebots sieht und eine ausufernde Kriminalisierung unternehmerischer Entscheidungen befürchtet.

502 Anders noch der 2. Zivilsenat in seiner Entscheidung Bremer Vulkan (BGHZ 149, 10). Er hat die Vermögensbetreuungspflicht im Konzern noch auf die „faktische Dominanz" des herrschenden Unternehmens gestützt. Offengelassen hat der 5. Strafsenat die Frage, ob die gebotene Rücksichtnahme des beherrschenden Gesellschafters auf die Eigenbelange der abhängigen GmbH für die Erfüllung des Treuebruchtatbestands ausreicht. Zustimmend *Kutzner*, NStZ 2005, 271.

503 A. A. *Dierlamm*, NStZ 1996, 153, 157, Hintermänner können nicht über die Konstruktion der mittelbaren Täterschaft verantwortlich gemacht werden, da es mangels Pflichtenstellung an der erforderlichen Täterqualität fehlt.

504 Strafrechtlicher Schutz der GmbH, S. 231 ff.; gegen eine Vermögensbetreuungspflicht auch *Schäfer*, GmbHR 1993, 780, 797; *Arloth*, NStZ 1990, 570, 575.

505 *Flum*, Strafrechtlicher Schutz der GmbH, S. 232 f.

nimmt.[506] Die erhöhte Gefährdung des Gesellschaftsvermögens ergebe sich daraus, dass durch die Umgehung des Geschäftsführers auch dessen Kontrollfunktionen drohten umgangen zu werden. Übernehme der Gesellschafter im Einverständnis mit allen Gesellschaftern Geschäftsführungsaufgaben (auch ohne nach außen aufzutreten) und schaltet er dabei den bestellten Geschäftsführer nicht ein, dann soll dies eine Betreuungspflicht auslösen.[507] Erforderlich sei jedoch, dass der Gesellschafter im Einverständnis mit allen Gesellschaftern oder aufgrund eines förmlichen Gesellschafterbeschlusses tätig geworden ist. *Birkholz* verneint eine Vermögensbetreuungspflicht der Gesellschafter gegenüber der GmbH. Es fehle ihnen die nach der gesellschaftsrechtlichen Konzeption notwendige mit selbständiger Macht über das Gesellschaftsvermögen ausgestattete Stellung.[508]

Schünemann hingegen bejaht eine Vermögensbetreuungspflicht des aktiven Mehrheitsgesellschafters, der durch seine unmittelbar das Vermögen der GmbH schädigende Handlungen den Tatbestand des § 266 StGB als Täter erfülle.[509] Für § 266 StGB begegne es keinen Bedenken, mit der Rechtsprechung eine faktische Geschäftsführung dann zu bejahen, wenn sich der Betreffende im Einverständnis mit den Gesellschaftern mit der Geschäftsführung tatsächlich befasst und hierbei ein Übergewicht über den eingetragenen Geschäftsführer besitzt.[510] Allerdings fehle es beim Gesellschafter an dem das Untreueunrecht konstituierende Element der Schädigung von innen heraus wie auch an der Unmittelbarkeit der Schadensverursachung, wenn er sich auf das ihm nach Gesellschaftsrecht zustehende Einwirkungsmittel der Anweisung der Geschäftsführung beschränke und keine eigenen Geschäftsführungsmaßnahmen vornähme.[511] In diesem Fall wirkten sie nicht von innen sondern von außen auf die Gesellschaft ein und führten durch den bloßen Beschluss auch noch keinen Vermögensnachteil herbei. Das könne erst durch die Ausführungshandlung des Geschäftsführers geschehen, der an die Anweisung gemäß § 134 BGB nicht gebunden sei, wenn

---

[506] *Flum*, Strafrechtlicher Schutz der GmbH, S. 239 ff.; die Rechtsfigur des faktischen Geschäftsführers lehnt er wegen der Uneinheitlichkeit der Verwendung als ungeeignet zur Bestimmung einer Treuepflicht ab.
[507] *Flum*, Strafrechtlicher Schutz der GmbH, S. 243.
[508] *Birkholz*, Untreuestrafbarkeit, Zusammenfassung These Nr. 18 sowie S. 143 ff. mit wirtschaftlicher Begründung. Im Ergebnis ebenso *Schramm*, Untreue und Konsens, S. 127 mit dem Argument, dass die Gesellschafter als wirtschaftliche Eigentümer der GmbH keine fremden Interessen verfolgen.
[509] In Leipziger Kommentar, StGB, § 266 Rn. 125; *ders.*, Organuntreue, S. 16.
[510] *Schünemann*, in Leipziger Kommentar, StGB, § 266 Rn. 125; *Fuhrmann*, in FS Tröndle (1989), 139; *Gübel*, Auswirkungen der faktischen Betrachtungsweise, S. 101 ff.; zur faktischen Geschäftsführung, vgl. soeben S. 108.
[511] *Schünemann*, Organuntreue, S. 17.

sich eine Untreuerelevanz ergebe. Auch *Richter* spricht sich mit einer etwas anderen Argumentation für eine Vermögensbetreuungspflicht des Gesellschafters aus. Er setzt die gesellschaftsrechtliche Treuepflicht des Gesellschafters mit der Vermögensbetreuungspflicht bei der Untreue gleich, die soweit reichen soll, wie den Gesellschaftern die Wahrung des Stammkapitals anvertraut ist.[512] Noch weitergehender bejaht *Wodicka* auch für Gesellschaften, die nicht in einem Konzernzusammenhang stehen, eine Vermögensbetreuungspflicht des Gesellschafters, der keine Geschäftsführungsaufgaben wahrnimmt.[513] Er erkennt in der gesellschaftsrechtlichen Treuepflicht eine gesetzliche Grundlage, die den Gesellschaftern die Wahrnehmung von Vermögensinteressen der Gesellschaft zumindest beschränkt auf ein Existenzgefährdungsverbot auferlegt. Zudem beschränkt *Wodicka* die Treuepflicht auf solche Fälle, in denen der Gesellschafter aktiven Einfluss auf die Geschäftsführung nimmt, da von den Gesellschaftern keine laufende Kontrolle des Geschäftsführers verlangt werden könne. Nach *Wodicka* reicht die „Intensität dieser gesetzlichen Pflichtenbindung“[514] aus, eine Vermögensbetreuungspflicht zu bejahen. Das Gesellschafterinteresse an der Gesellschaft sei auch fremdbezogen. Das Gesellschafter*eigen*interesse könne mit dem Gesellschaftsinteresse am Gesellschaftsvermögen in Widerstreit treten, wenn das Bestandsinteresse der Gesellschaft tangiert sei. Letzteres bilde den wesentlichen Inhalt des Treueverhältnisses zur Gesellschaft, das ein Verbot der einverständlichen Existenzgefährdung umfasst. *Radtke* wendet sich gegen die vermeintlich ausschließlich eigennützige Stellung des GmbH-Gesellschafters bezüglich des Gesellschaftsvermögens.[515] Diese Sicht vernachlässige die Grundsätze der Vermögenstrennung und der Kapitalerhaltung, die die GmbH als Gesellschaftsform prägen. *Radtke* stützt Fremdnützigkeit und Selbständigkeit des Gesellschafters als prägende Elemente der Vermögensbetreuungspflicht auf das Kapitalerhaltungsverbot. Die Gesellschafter seien verpflichtet, das Stammkapital jedenfalls im Interesse der Gesellschaftsgläubiger zu erhalten. Diese gesetzliche Zweckbestimmung typisiere die Stellung der Gesellschafter als fremdnützig. Grundlage der so verstandenen Vermögensbetreuungspflicht sei die Mitgliedschaft in der GmbH als solche.[516] Die gefor-

---

[512] GmbHR 1984, 137, 144; *Gribbohm*, ZGR 1990, 1, 13 ff.; ablehnend *Arloth*, NStZ 1990, 570, 575; missverständlich *Mödl*, JuS 2003, 14, 16 f., der unter Berufung auf BGHZ 149, 10, 17 eine Treuepflicht des einzigen Gesellschafters einer GmbH annimmt, aber wohl auf der Ebene der Gesellschafterzustimmung argumentiert.

[513] Untreue zum Nachteil der GmbH, S. 305; vgl. auch *Seier*, in Achenbach/Wannenmacher, Beraterhandbuch, § 21 II Rn. 254, der ebenfalls die Täterqualifikation des innerhalb seiner Befugnisse handelnden Gesellschafters bejaht.

[514] A. a. O., S. 305.

[515] GmbHR 1998, 361, 367 f.

[516] So auch *Gribbohm*, ZGR 1990, 1, 21 f.; *ders.*, DStR 1991, 248, 250; *Hentschke*, Untreueschutz der Vor-GmbH, S. 142; *Mihm*, Strafrechtliche Konsequenzen, S. 110; *Richter*, GmbHR

derte Selbständigkeit des Vermögensbetreuungspflichtigen ergebe sich aus der grundsätzlichen Allzuständigkeit der Gesellschaftergesamtheit. *Ransiek* hält die eigentlichen Verantwortungsverhältnisse für ins Gegenteil verkehrt, wenn keine Vermögensbetreuungspflicht des beherrschenden Gesellschafters anerkannt wird.[517] Es sei nicht überzeugend, dass derjenige als Täter verantwortlich sein solle, der schon vor der relevanten Handlung Einfluss auf die Geschäftsführung genommen hat, derjenige aber nicht, der seine Einflussnahme mit einer die GmbH schädigenden Handlung beginne und erst dann die Geschäfte in die Hand nehme. Darüber hinaus sei nicht nachvollziehbar, warum der den Gesellschaftern untergeordnete Geschäftsführer vermögensbetreuungspflichtig sein soll, die übergeordneten Gesellschafter aber nicht. Wirken die Gesellschafter auf das Gesellschaftsvermögen ein, ohne dass dies durch ihre Dispositionsbefugnis gedeckt sei, dann gehe es nicht mehr um die Wahrnehmung eigener Rechte, sondern um pflichtgebundene Wahrnehmung von Fremdinteressen als Ausdruck der Verantwortung für das fremde Vermögen.[518] *Mehrheitsherrschaft* in der GmbH werde auf diese Weise mühelos in *Leitungsmacht* überführt, und diese Leitungsmacht vermittele ihrerseits die *Dispositionsmacht* über das Vermögen der GmbH.[519] Im konzernrechtlichen Zusammenhang leitet *Ewald* eine Vermögensbetreuungspflicht des herrschenden Unternehmens im faktischen Konzern aus Ingerenz ab.[520]

(2) Stellungnahme

Jedenfalls für die unverbundene Gesellschaft ist die Ausdehnung der Vermögensbetreuungspflicht auf den beherrschenden Alleingesellschafter, der im Rahmen seiner Gesellschafterbefugnisse handelt, abzulehnen.[521] Zwischen GmbH und Gesellschafter besteht kein relevantes, Vermögensbetreuungspflichten begründendes Verhältnis. Mit *Tiedemann* ist anzunehmen, dass der aktive Allein- oder Mehrheitsgesellschafter erst dadurch zum Treuepflichtigen im Sinne des § 266 StGB wird, dass er seine Rolle als Gesellschafter überschreitet

---

1984, 137, 144; *Ziemons*, Haftung der Gesellschafter, S. 200 ff.; ablehnend *Arloth*, NStZ 1990, 570, 575; *Hartung*, NJW 1996, 229, 232; Schönke/Schröder/*Lenckner/Perron*, StGB, § 266 Rn. 25, 26.

517 In FS Kohlmann (2003), 207, 220 ff.; anders *Wodicka*, Untreue zum Nachteil der GmbH, S. 294, der umgekehrt davon ausgeht, dass Konsequenz der Annahme einer Vermögensbetreuungspflicht des Gesellschafters wäre, dass die Pflicht des Geschäftsführers relativiert wird.

518 Vgl. auch NK-StGB/*Kindhäuser*, § 266 Rn. 37.

519 *Fleischer*, NJW 2004, 2867, 2868 (Hervorhebungen im Original).

520 Untreue, S. 109 ff.; ausführlich *Busch*, Konzernuntreue, S. 57 ff., der untersucht, ob sich Vermögensbetreuungspflichten aus der Stellung als Gesellschafter ableiten lassen.

521 In der Kommentarliteratur wird überwiegend eine faktische Geschäftsführung durch den Mehrheits- oder Alleingesellschafter verlangt, vgl. *Schünemann*, in Leipziger Kommentar, StGB, § 266 Rn. 125; NK-StGB/*Kindhäuser*, § 266 Rn. 87.

und nicht nur einzelne oder umfassende Weisungen erteilt, sondern zum faktischen Geschäftsführer wird.[522] Das erfordert, wie oben gesehen, zwingend ein Handeln mit Außenwirkung als notwendiges Element der Faktizität, also der Erkennbarkeit der Pflichtenstellung.[523] Dagegen kommt es nicht darauf an, ob der Gesellschafter die inneren Grenzen seines Weisungsrechts überschreitet, solange er sich keine Außenkompetenz anmaßt. *Flum* ist entgegenzuhalten, dass jede Einflussnahme auf die Geschäftsführung durch Weisung materiell die Übernahme von Geschäftsführungsaufgaben ist.

Die gesetzlichen *Pflichten zum Stammkapitalerhalt* lösen keine Vermögensbetreuungspflicht aus. Sie sind zwar zum Schutz des GmbH-Vermögens angeordnet und begrenzen in charakteristischer Weise die zivilrechtlichen Dispositionsmöglichkeiten der Gesellschafter im Interesse des Gläubigerschutzes.[524] Die Beschränkung der Befugnisse der Gesellschafter kann aber nicht mit der Wahrnehmung fremder Vermögensinteressen gleichgesetzt werden.[525] Die Gesellschafter sind oberstes Willensbildungsorgan der Gesellschaft; der von ihnen im Rahmen der Gesetze gebildete Gesellschafterwille stellt zugleich den Willen der Gesellschaft dar. Die Gesellschafter verfolgen mit der Gesellschaft zulässigerweise ausschließlich eigene Interessen, die in der Regel auf Gewinnmaximierung gerichtet sind. Der bloß mittelbare Schutz der Gläubigerinteressen, der sich im GmbH-Vermögen und in den Regeln zum Stammkapitalerhalt niederschlägt, reicht nicht aus, um ein relevantes Drittinteresse anzunehmen, aus dem eine fremdnützige Vermögensbetreuungspflicht des Gesellschafters abgeleitet werden kann. Die Gesellschafter wirken zwar über die Beachtung der Schranke des § 30 GmbHG mittelbar auf die Befriedigungsinteressen der Gläubiger ein, das genügt aber nicht, um ein untreuerelevantes Pflichtenverhältnis entstehen zu lassen.[526] Die Konstruktion einer Vermögensbetreuungspflicht wirkt wie ein Durchgriff auf die dahinter stehenden Gläubigerinteressen, der die Eigenstän-

---

[522] JZ 2005, 45, 47; *ders.*, GmbH-Strafrecht, vor § 82 Rn. 23, 25; sowie bereits in NJW 1986, 1842, 1846; zustimmend *Kohlmann*, Strafrechtliche Verantwortlichkeit, Rn. 364; ebenso Hachenburg/*Kohlmann*, GmbHG, vor § 82 Rn. 25; a. A. *Ransiek*, in FS Kohlmann (2003), 207, 220 ff.; anders jedoch *Tiedemann*, GmbH-Strafrecht, vor § 82 Rn. 17, 25 für die konzernabhängige Gesellschaft.

[523] *Dierlamm*, NStZ 1996, 153, 157; zweifelnd an der Auffassung des BGH Lackner/*Kühl*, StGB, § 266 Rn. 20; Schönke/Schröder/*Lenckner*/*Perron*, StGB, § 266 Rn. 21.

[524] *Nelles*, Untreue zum Nachteil von Gesellschaften, S. 268; ausführlich unten S. 202 ff.

[525] So aber *Beckemper*, GmbHR 2005, 592, 595.

[526] Schönke/Schröder/*Lenckner*/*Perron*, StGB, § 266 Rn. 21 b; *Kramer*, WM 2004, 305, 306; a. A. *Ziemons*, Haftung der Gesellschafter, S. 200 ff., die eine auf das Vermögen, das der Stammkapitalbindung unterliegt, beschränkte Vermögensbetreuungspflicht annimmt; vgl. aus der älteren Literatur *Müller-Erzbach*, Mitgliedschaft als Prüfstein, S. 125.

digkeit der GmbH als juristische Person vernachlässigt.[527] Es ist daher konsequent, die Regeln zum Stammkapitalerhalt weder zur Begründung der Vermögensbetreuungspflicht der Gesellschafter heranzuziehen noch ihnen Bedeutung auf der Ebene des Einverständnisses der Gesellschafter zuzumessen.[528]

Zivilrechtliche Treuepflichten der Gesellschafter zur Gesellschaft begründen bei einvernehmlichem Handeln der Gesellschafter keine Vermögensbetreuungspflicht.[529] Schon gesellschaftsrechtlich sind das Bestehen von Treuepflichten gegenüber der Gesellschaft und ihr möglicher Bezugspunkt, das Eigeninteresse der Gesellschaft, alles andere als gesichert.[530] Treuepflichten im Kapitalgesellschaftsrecht sind heute allgemein anerkannt.[531] Die Treuepflicht, so wird formuliert, sei mitgliedschaftliche Hauptpflicht und bestehe sowohl zwischen den Mitgesellschaftern untereinander als auch gegenüber der Gesellschaft.[532] Der Inhalt der Treuepflicht ist die Verpflichtung der Gesellschafter, als Mitglied der GmbH deren Interessen zu wahren, sie insbesondere nicht durch schädigendes Verhalten zu beeinträchtigen und sie gegebenenfalls aktiv zu fördern.[533] Umstritten ist jedoch die Reichweite der Treuebindung; so ist unklar, ob eine Weisung, die im Einverständnis aller Gesellschafter erfolgt, eine Treuepflichtverletzung darstellen kann.[534] Anders gewendet geht es darum, ob die Gesellschafter als „Herren der Gesellschaft“ einstimmig von der Beachtung der Treuepflichten dispensieren, also die Pflichtenbindung zurücknehmen oder ganz aufheben können.[535] Mit der gleichen Maßgabe ist zu fragen, ob der einzige Gesellschafter einer unverbundenen Gesellschaft einer Treuepflicht gegenüber seiner Gesell-

---

527 So im Ergebnis auch *Hentschke*, Untreueschutz der Vor-GmbH, S. 139, der aber die mangelnde Adressateneigenschaft des Gesellschafters bei § 30 GmbHG argumentativ in den Vordergrund stellt.

528 Anders *Flum*, Strafrechtlicher Schutz der GmbH, S. 136, der § 30 GmbHG nur als Grenze der Dispositionsbefugnis der Gesellschafter fruchtbar macht.

529 A. A. *Hentschke*, Untreueschutz der Vor-GmbH, S. 147 für den Geschäftsführungsaufgaben wahrnehmenden Gesellschafter.

530 Vgl. zu Treuepflichten im GmbH-Recht *Ulmer*, ZHR 148 (1984), 391, 419; *K. Schmidt*, Gesellschaftsrecht, § 35 I 2; *ders.*, ZIP 1986, 146, 148; *Röhricht*, in FS 50 Jahre BGH (2000), 83, 103 ff.; ausführlich unten S. 212 ff.

531 Instruktiv *Dreher*, DStR 1993, 1632, 1633; *Ziemons*, Haftung der Gesellschafter, S. 76 ff. und *Rubner*, „Solvat socius“ statt „caveat creditor“?, S. 119 ff.

532 Grundlegend *Winter*, Mitgliedschaftliche Treuebindungen, S. 95 ff. Dogmatische Grundlage ist nicht § 242 BGB, *Lutter/Hommelhoff*, GmbHG, § 14 Rn. 18 m. w. N.; zweifelnd *Hentschke*, Untreueschutz der Vor-GmbH, S. 142.

533 Baumbach/Hueck/*Hueck/Fastrich*, GmbHG, § 13 Rn. 26.

534 *Lutter/Hommelhoff*, GmbHG, § 14 Rn. 26; *Ziemons*, Haftung der Gesellschafter, S. 76.

535 Allgemein zu Treuepflichten *Hüffer*, in FS Steindorf (1990), 59, 71. *Nissing*, Eigeninteresse, S. 69 ff. und passim; für eine Respektierung der juristischen Person als Eigeninteresse *Priester*, ZGR 1993, 512, 520 ff.; *Rehbinder*, ZGR 1976, 386, 393; ablehnend *Lutter*, ZHR 162 (1998), 164, 183.

schaft unterliegt. Die Auffassungen hierzu sind uneinheitlich. Während die Rechtsprechung Treuepflichten in Bezug auf das Gesellschaftsvermögen ablehnt, werden im Schrifttum teilweise solche Treuepflichten anerkannt.[536] Wenn schon im Zivilrecht alles andere als gesichert ist, ob Treuepflichten in Bezug zur Gesellschaft unabhängig vom Willen der Gesellschafter anzuerkennen sind, dann können sie erst recht nicht als Vermögensbetreuungspflichten in das Strafrecht transformiert werden.[537] Zivilrechtliche Pflichten können strafrechtlich nur dann Mittel der Verhaltensbeeinflussung sein, wenn sie hinreichend konkretisiert und in der vorrangig berufenen Rechtsordnung als solche anerkannt sind. Für Treuepflichten gegenüber der Gesellschaft besteht ein solcher Konsens im Zivilrecht nicht. Ein weiteres kommt dazu. Selbst diejenigen, die eine absolute Schranke der Einflussnahme der Gesellschafter auf die Geschäftsführung anerkennen, tun dies nur in dem schmalen Bereich der Existenzgefährdung der Gesellschaft und nur dann, wenn die Gesellschafter durch Weisung auf die Geschäftsführung Einfluss nehmen.[538] Niemand aber hindert die Gesellschafter schlicht untätig zu bleiben. Sie sind nicht verpflichtet, das Vermögen der Gesellschaft zu mehren oder Verluste auszugleichen, sie brauchen sich um die Belange der Gesellschaft gar nicht zu kümmern. Die Treuepflichten stellen allenfalls ein Korrelat zu einer gesteigerten gesellschafterlichen Einflussnahme auf die Gesellschaft dar. *Hentschke* ist darin zuzustimmen, dass sich die herrschende Meinung in Widerspruch zu sich selbst setzt, wenn sie einerseits auf Ebene des Einverständnisses eine durch § 30 GmbHG beschränkte Dispositionsbefugnis der Gesellschafter postuliert, andererseits aber keine Vermögensbetreuungspflicht der Gesellschafter annimmt.[539] Auf beiden Prüfungsebenen kommt es im Ergebnis darauf an, ob ein vom Interesse der Gesellschafter verschiedenes Gesellschaftsinteresse anzuerkennen ist. Die Schlussfolgerung von *Hentschke*, dass die Gesellschafter wegen des zwingenden Gleichlaufs der Lösungen dann eben einer Vermögensbetreuungspflicht unterliegen, könnte aber nur beigetreten werden, wenn die Dispositionsbefugnis der Gesellschafter tatsächlich beschränkt wäre.

Die *Mitgliedschaft* in der juristischen Person begründet keine Vermögensbetreuungspflicht. Die Mitgliedschaft ist kein fremdnützig, sondern ein in erster

---

[536] Ablehnend die Rechtsprechung BGHZ 119, 257; 122, 336; 122, 333; 136, 125. An dieser Beurteilung hat auch BGHZ 149, 10 nichts geändert; im Schrifttum wird die Frage nach dem Eigeninteresse der Gesellschaft uneinheitlich beantwortet, grundlegend *Winter*, Mitgliedschaftliche Treuebindungen, S. 190 ff.; *ders.*, ZGR 1994, 570 ff.

[537] Kritisch auch *Birkholz*, Untreuestrafbarkeit, S. 144, wonach die Übernahme einer außerstrafrechtlichen Pflicht willkürlich bleibt, solange deren Anwendbarkeit nicht näher überprüft wird. Dazu unten S. 275 ff.

[538] *Winter*, Mitgliedschaftliche Treuebindungen, S. 214 f.

[539] Untreueschutz der Vor-GmbH, S. 140 ff.

Linie eigennützig geprägtes Rechtsverhältnis, das dem Gesellschafter zwar vielfältige Förderpflichten auferlegt, aber immer nur im Interesse der Mitgesellschafter bzw. der Gesellschaft und nicht zugunsten außenstehender Dritter.[540] Selbst beim „bestimmungsmächtigen"[541] Gesellschafter fehlt die Außenwirkung seiner Handlungen, wenn er sich auf die Ausübung seines Weisungsrechts beschränkt.

Eine Vermögensbetreuungspflicht aus *Ingerenz* ist ebenfalls abzulehnen.[542] Dominierender Einfluss alleine, der die Möglichkeit einer Schädigung in sich trägt, kann keine Treuepflicht auslösen.[543] Anders als die Pflichtenstellung beim Unterlassungsdelikt erwächst die untreuespezifische Herrschaftsposition nicht aus der Einflussnahme als solcher, sondern nur aus der tatsächlichen Übernahme und Ausübung einer Vermögensfürsorge.[544]

dd) „Gewöhnlicher" Gesellschafter

Eine Vermögensbetreuungspflicht des Minderheitsgesellschafters oder des Gesellschafters, der sich auf die Wahrnehmung seiner gesellschafterlichen Pflichten beschränkt, ist ebenfalls abzulehnen. Wenn schon der Gesellschafter, der aktiv Einfluss auf die Gesellschaft ausübt, keiner Vermögensbetreuungspflicht unterliegt, dann muss das umso mehr für den Gesellschafter gelten, der sich auf die Wahrnehmung der Gesellschafterrechte beschränkt. Die Argumente, die gegen eine Vermögensbetreuungspflicht des beherrschenden Gesellschafters sprechen,[545] gelten umso mehr für den gewöhnlichen Gesellschafter.

Anderer Auffassung ist *Hentschke.*[546] Er bejaht eine Vermögensbetreuungspflicht des bestimmungsmächtigen Gesellschafters und nimmt auch bei dem Gesellschafter, der keine Geschäftsführungsaufgaben wahrnimmt, eine Vermögensbetreuungspflicht an. Sie soll sich aus der zivilrechtliche Treuepflicht ergeben, die der Mitgliedschaft in der juristischen Person (§ 45 GmbHG) zugrunde liegt und den Aspekt der Fremdnützigkeit zum Ausdruck bringt. Aus der Mit-

---

540 Zur Definition von Mitgliedschaft vgl. *Lutter*, AcP 180 (1980), 84, 86 f.; siehe auch *Flum*, Strafrechtlicher Schutz der GmbH, S. 230 f., 240; aus gesellschaftsrechtlicher Sicht *Burgard*, ZIP 2002, 827, 829, 831. A. A. *Radtke*, GmbHR 1998, 361, 367 f.; *Gribbohm*, DStR 1991, 248, 250.

541 Der Begriff wurde geprägt von *Wilhelm*, Rechtsform und Haftung, S. 340.

542 Maurach/Schroeder/Maiwald/*Maiwald*, Strafrecht BT/1, § 45 Rn. 27; so schon RGSt 71, 272; HansOLG Hamburg vom 4.5.1973, 2 Ss 33/73, MDR 1973, 871.

543 *Kramer*, WM 2004, 305, 308.

544 *Schünemann*, in Leipziger Kommentar, StGB, § 266 Rn. 62; *Birkholz*, Untreuestrafbarkeit, S. 144 f.; *Kramer*, WM 2004, 305, 308.

545 Vgl. soeben unter S. 119 ff.

546 *Hentschke*, Untreueschutz der Vor-GmbH, S. 138 ff.

gliedschaft leitet er auch die Pflicht der Gesellschafter ab, das verselbständigte GmbH-Vermögen zu betreuen. Die „Wesentlichkeit" der Pflicht zur Stammkapitalerhaltung ergebe sich ebenfalls daraus, weil sie der Allzuständigkeit der Gesellschaftergesamtheit und den Essentialia der GmbH als eigenständiger juristischer Person zugehörig ist. *Hentschkes* Analyse der zivilrechtlichen Pflichten wird man nur schwerlich folgen können. Wollte man auch dem einfachen Gesellschafter eine Treuepflicht gegenüber dem Vermögen der GmbH auferlegen, liefe dies im Ergebnis auf eine Pflicht der Gesellschafter hinaus, die Belange der Gesellschaft aktiv zu fördern. Die Kapitalanlage in der Gesellschaft würde eingeengt, wenn Gesellschafter stets befürchten müssten, für unternehmerische Fehlentscheidungen mit der Argumentation in die Haftung zu geraten, sie haben ihre Betreuungspflichten verletzt. Anderenfalls würde man contra legem eine Pflicht der Gesellschafter statuieren, die Belange der Gesellschaft aktiv zu fördern. Gleichzeitig würde die Pflicht des § 30 GmbHG, die sich nur an die Geschäftsführer nicht aber an die Gesellschafter richtet, auf die Gesellschafter ausgedehnt. Für den Minderheitsgesellschafter

c) Ergebnis

Tauglicher Täter der Untreue zu Lasten der GmbH ist der Geschäftsführer, wobei es nicht darauf ankommt, ob er ordnungsgemäß bestellt ist oder für die Gesellschaft Geschäftsführungsaufgaben faktisch nach außen hin wahrnimmt. Der Gesellschafter, der sich auf die Wahrnehmung seiner Gesellschafterrechte beschränkt, unterliegt hingegen keiner Vermögensbetreuungspflicht. Dies gilt auch dann, wenn er durch die Ausübung seines Weisungsrechts die Geschicke der Gesellschaft maßgebend beeinflussen kann.

III. Inhalt der Vermögensbetreuungspflicht

Das Gesetz beschreibt die Tathandlung als „Verletzung der Pflicht, fremde Vermögensinteressen wahrzunehmen". Damit fällt grundsätzlich jede Pflichtwidrigkeit, die bei der Betreuung fremder Vermögensinteressen begangen wird, unter den Tatbestand. Eine untreuespezifische Pflichtverletzung ist dabei allerdings nur innerhalb des dem Täter übertragenen Herrschaftsbereichs denkbar.[547] Die Schwierigkeit im Umgang mit der Untreuevorschrift resultiert zu einem guten Teil daraus, dass Streit darüber besteht, welcher Pflichtenmaßstab zugrunde zu legen ist und wann eine tatbestandsmäßige Abweichung von der ex ante abstrakt zu bestimmenden Pflicht vorliegt.[548] Rechtsprechung und Lehre nehmen die (zum Teil) als notwendig erachtete Eingrenzung der Pflichten nicht

---

547 *Schünemann*, in Leipziger Kommentar, StGB, § 266 Rn. 89; *Tiedemann*, in FS Tröndle (1989), 319, 323.

548 *Schünemann*, in Leipziger Kommentar, StGB, § 266 Rn. 25; *Ransiek*, ZStW 116 (2004), 634, 645.

immer nach einheitlichen Kriterien vor. Nach der Rechtsprechung sind die einschränkenden Kriterien stets nur Indizien für die Erheblichkeit einer Pflicht. Es besteht im Grundsatz Einigkeit darüber, dass die Tatbestandsalternativen des § 266 StGB nicht sämtliche Pflichten erfassen können, die den Vermögensinteressen des Berechtigten nur irgendwie zu dienen geeignet sind. Würde jede außerstrafrechtlich begründete Verpflichtung eine strafrechtlich relevante Vermögensbetreuungspflicht begründen, bestünde die Gefahr, dass durch die uferlose Weite des Tatbestands jede ex post zu einem Schaden für das zu betreuende Vermögen führende Handlung einer untreuestrafrechtlichen Sanktion unterworfen wird.[549] Nicht abschließend geklärt ist aber, wie aber die strafrechtlich relevanten Pflichten von solchen abzugrenzen sind, die für das Strafrecht unbeachtlich sind.

Im Falle der GmbH-Untreue ist es besonders wichtig, sich die *strafrechtlichen* Pflichten des Geschäftsführers klar vor Augen zu halten. Erst wenn feststeht, dass der Geschäftsführer nach diesen Maßstäben eine Pflichtverletzung begangen hat, wird die Frage relevant, ob das Einverständnis der Gesellschafter die Pflichtwidrigkeit des Handelns beeinflussen kann. Verschleift man dagegen die Pflichtwidrigkeit des geschäftsführerischen Handelns und die Möglichkeiten der Gesellschafter, auf die GmbH Einfluss zu nehmen, zu einem Merkmal, dann begibt man sich der Gelegenheit, beides getrennt voneinander auf die sie bestimmenden Vorschriften zurückzuführen.

1. Zivilrechtliche Pflichten des Geschäftsführers

Ansatzpunkt für die Beurteilung der untreuestrafrechtlichen Pflichtwidrigkeit sind die Pflichten, die dem Täter aus dem Innenverhältnis dem Vermögensträger gegenüber obliegen.[550] Bei der Interpretation des Tatbestandsmerkmals der Vermögensbetreuungspflicht wird häufig an die zivilrechtlichen Begrifflichkeiten angeknüpft, die für die Frage der Strafbarkeit präjudiziell sind. *Schünemann* bezeichnet die Vermögensbetreuungspflicht als nicht zivilrechtsakzessorisch, sondern als im doppelten Sinn „zivilrechtsaffin“[551]. Diese Beschreibung schließt ein, dass das Strafrecht zu einer eigenständigen Normauslegung berufen ist, sich aber in den wesentlichen Wertentscheidungen an das Zivilrecht anlehnt und geprägt ist von der zivilrechtlichen Wertung, sich jedenfalls nicht zu ihr in Widerspruch setzen kann.

---

[549] Kritisch *Matt/Saliger*, in Irrwege (1999), 217, 223; vgl. auch *Sax*, JZ 1977, 663, 664 sowie *Nelles*, Untreue zum Nachteil von Gesellschaften, S. 505, die die Untreue als Blankettstraftatbestand begreift.

[550] *Gössel*, Strafrecht BT/2, § 25 Rn. 47; *Schünemann*, in Leipziger Kommentar, StGB, § 266 Rn. 94 mit Hinweisen auf die Rechtsprechung.

[551] In Leipziger Kommentar, StGB, § 266 Rn. 68.

a) Geschäftsführerpflichten begründende Regelungen

Aufgrund seiner Stellung als Organ der Gesellschaft ist der Geschäftsführer verpflichtet, die Geschäfte der Gesellschaft „in angemessenen Umfang so zweckfördernd wie möglich zu führen"[552]. Die internen Befugnisse des Geschäftsführers ergeben sich regelmäßig aus den auf die Organstellung bezogenen Vorschriften des GmbHG, dem in der Satzung festgelegten Unternehmensgegenstand, dem Anstellungsvertrag des Geschäftsführers, den von den Gesellschaftern festgelegten Grundsätzen der Geschäftspolitik, den durch Gesellschafterbeschluss erteilten rechtsverbindlichen Weisungen und den rechtswirksamen Einverständniserklärungen der Gesellschafter. Der vom Geschäftsführer bei der Ausführung seiner Pflichten anzuwendende Sorgfaltsmaßstab ist mangels anderweitiger Gestattung durch die Gesellschafter der in § 43 Abs. 1 GmbHG normierte Maßstab eines ordentlichen Geschäftsmanns.

b) Weisungen der Gesellschafter als Grundlage zivilrechtlicher Pflichten

Verlangen die Gesellschafter vom Geschäftsführer die Besicherung eines den Gesellschaftern gewährten Darlehens, die Darlehensgewährung an einen Gesellschafter oder allgemein die Verwendung von Vermögen der Gesellschaft für gesellschaftereigene Zwecke, so handeln sie auf Grundlage ihres Weisungsrechts. Das Recht der Gesellschafter, den Geschäftsführern Weisungen in Bezug auf die Geschäftsführung zu erteilen, ergibt sich aus § 37 Abs. 1 GmbHG. Die Gesellschafter können den Inhalt der Geschäftsführungsbefugnis der Geschäftsführer mittels der Weisung ausgestalten, steuern und begrenzen.[553] Die Weisung ergeht durch Weisungsbeschluss. Dies gilt auch für die Einpersonengesellschaft, in der allerdings ein besonderes Publizitätsbedürfnis besteht, wie § 48 Abs. 3 GmbHG zeigt. Rechtsfolge einer wirksamen Weisung ist eine Folgepflicht des Geschäftsführers.

Es steht den Gesellschaftern frei, zu bestimmen, ob, wann und bezogen auf welche Maßnahmen, sie eine Weisung erteilen wollen.[554] Sie entscheiden bei Weisungen an die Geschäftsführer auch über die Zweckmäßigkeit einer Maßnahme. Auch wirtschaftlich unzweckmäßige Weisungen sind zulässig und lösen eine Folgepflicht der Geschäftsführer aus. Nehmen die Gesellschafter mittels Weisung auf die Geschäftsführung Einfluss, so steht auch der Sorgfaltsmaßstab des § 43 Abs. 1 GmbHG zu ihrer Disposition.[555] Auf diese Weise wird der

[552] Baumbach/Hueck/*Zöllner/Noack*, GmbHG, § 35 Rn. 33.

[553] *Lutter/Hommelhoff*, GmbHG, § 37 Rn. 1.

[554] OLG Frankfurt vom 7.2.1997, 24 U 88/95, GmbHR 1997, 346, 348; OLG Düsseldorf vom 15.11.1984, 8 U 22/84, ZIP 1984, 1476, 1478; *Mennicke*, NZG 2000, 622.

[555] Ob der Sorgfaltsmaßstab des § 43 Abs. 1 GmbHG abdingbar ist, ist umstritten. Dafür Roth/Altmeppen/*Altmeppen*, GmbHG, § 43 Rn. 3, 84 ff.; einschränkend im Hinblick auf

dieser Norm innewohnender Gläubigerschutz mit steigender Einflussnahme der Gesellschafter auf die Geschäftsführung tendenziell aufgezehrt.

aa) Fehlerhaftigkeit von Weisungen

Grenzen des Weisungsrechts ergeben sich aus dem Gesetz und dem Gesellschaftsvertrag.[556] Fehlerhaft ist etwa eine Weisung, die zwingenden gesellschaftsrechtlichen Bestimmungen widerspricht, also etwa die Anweisung, gebundenes Vermögen entgegen § 30 GmbHG an die Gesellschafter auszuschütten. Gesellschaftsrechtlich unbedenklich sind dagegen Weisungen, Zahlungen vorzunehmen, soweit sich diese auf das freie Vermögen auswirken. Wenn die angewiesene unternehmerische Maßnahme bei objektiver Betrachtung mit hoher Wahrscheinlichkeit oder sogar mit Sicherheit Schaden verursacht oder eine verdeckte Zahlung an Gesellschafter aus freiem Vermögen zum Inhalt hat, gilt nichts anderes.[557] Eine innere Grenze des Weisungsrecht besteht aber dort, wo die angewiesene Maßnahme die Gesellschaft mit überwiegender Wahrscheinlichkeit in die Insolvenz führen und die Gesellschaftsgläubiger schädigen würde, wie das etwa bei einem vollständigen Entzug der Liquidität der Fall sein kann.[558] Diese Grundsätze finden auch in der Einpersonengesellschaft Anwendung.[559]

bb) Rechtsfolgen von Weisungen

Der Geschäftsführer ist verpflichtet, bindende Weisungsbeschlüsse auszuführen, auch wenn sie wirtschaftlich unzweckmäßig sind.[560] Keine Folgepflicht besteht bei nichtigen Weisungen.[561] Ein Weisungsbeschluss darf auch nicht ausgeführt werden, wenn die Ausführung gegen das Gesetz verstößt. Anfechtbare Beschlüsse sind nicht bindend, wenn sie angefochten sind. Das GmbHG regelt weder die Anfechtbarkeit noch die Nichtigkeit von Gesellschafterbeschlüssen und die daraus folgenden Konsequenzen. Nach allgemeiner Auffassung ist

---

Gläubigerschutz *Lutter/Hommelhoff*, GmbHG, § 43 Rn. 2; Scholz/*Uwe H. Schneider*, GmbHG, § 43 Rn. 185; Baumbach/Hueck/*Zöllner/Noack*, GmbHG, § 43 Rn. 5. Zum Diskussionsstand *van Venrooy*, GmbHR 2004, 237, 241 ff. Siehe auch Baumbach/Hueck/*Zöllner/Noack*, GmbHG, § 43 Rn. 5.

[556] Scholz/*Uwe H. Schneider*, GmbHG, § 37 Rn. 50 m. w. N.; *Ziemons*, Haftung der Gesellschafter, S. 25 ff.

[557] BGHZ 93, 146, 148; 95, 330, 340; BGH vom 12.12.1983, II ZR 14/83, NJW 1984, 1037; *Fleck*, ZGR 1990, 31, 34.

[558] Roth/Altmeppen/*Altmeppen*, GmbHG, § 37 Rn. 5; *K. Schmidt*, ZIP 1986, 146, 148; *Roth*, ZGR 1989, 421, 429; *Ulmer*, in FS Pfeiffer (1988), 853, 870; *Fleck*, ZGR 1990, 31, 37; *Gieseke*, GmbHR 1996, 486.

[559] Michalski/*Haas*, GmbHG, § 43 Rn. 180 f.; offengelassen in BGHZ 95, 330, 340, 345 und 122, 333; a. A. *Adams*, AG 1989, 337.

[560] OLG Frankfurt vom 7.2.1997, 24 U 88/95, GmbHR 1997, 346.

[561] *Eisenhardt*, in FS Pfeiffer (1988), 839, 848.

hierfür auf die entsprechenden Vorschriften des Aktiengesetzes zurückzugreifen. So sind z. B. Weisungen analog § 241 Nr. 3 AktG nichtig, die gegen wesentliche Vorschriften des Gläubigerschutzes verstoßen.

Enthält ein Beschluss der Gesellschafterversammlung eine bestimmte Weisung an die Geschäftsführer, so entfaltet die Weisung im Falle ihrer Durchführung Entlastungswirkung für den Geschäftsführer. Der BGH hat auch schon die Selbstentlastung eines an der Geschäftsführung beteiligten Gesellschafters angenommen.[562] Dagegen geht *Wilhelm* davon aus, dass bei einer Doppelfunktion der handelnden Personen als Gesellschafter und Geschäftsführer keine haftungsausschließende Wirkung angenommen werden kann. Es könne keine im Handeln eines Alleingesellschafters implizit enthaltene „Selbstentlastung" geben.[563] Die Auffassung von *Wilhelm* überzeugt nicht. Zumindest jenseits der Beachtung gläubigerschützender Vorschriften gibt es kein eigenständiges Gesellschaftsinteresse. Da der Wille des Alleingesellschafters in diesem Bereich dem der GmbH entspricht, haftet der Einmann-Gesellschafter-Geschäftsführer nur wie ein Gesellschafter und ist eine Entlastung in dem Bereich möglich.[564] Eine Haftungsentlastung kommt aber nur in Betracht, wenn eine Folgepflicht für den Geschäftsführer besteht, also dann, wenn der Weisungsbeschluss bindend ist. Erst wenn der den Gesellschaftern eröffnete, weite gesellschaftsrechtliche Handlungsspielraum überschritten ist, bewirkt ihre Weisung keinen Haftungsausschluss mehr. Ebenfalls nicht von der Entlastungswirkung umfasst sind Ansprüche wegen Verletzung der Vermögensbindung, soweit der Ersatz zur Befriedigung der Gesellschaftsgläubiger erforderlich ist, § 43 Abs. 3 Sätze 1–3 GmbHG.[565]
Umgekehrt kommt in den Fällen, in denen die Gesellschafter die Grenzen des Weisungsrechts überschreiten, eine Haftung der Gesellschafter wegen Erteilung einer fehlerhaften Weisung in Betracht.

---

[562] BGH vom 31.1.2000, II ZR 189/99, NJW 2000, 1571.

[563] NJW 2003, 179 Fn. 55. so auch *ders.*, Kapitalgesellschaftsrecht, Rn. 511; *Altmeppen* möchte nur die Grenze des § 93 Abs. 5 Satz 2 AktG (Vorbehalt eines gröblichen Verschuldens) angewandt wissen, in Roth/Altmeppen, GmbHG, § 43 Rn. 97 ff.; *ders.*, ZIP 2001, 1837; *ders.*, ZIP 2002, 961, 966 f.; *ders.*, NJW 2002, 321, 323. Im Ergebnis führt die Auffassung von *Altmeppen* zur Bejahung einer Haftung wegen negotiorum gestio nur bei gröblichem Verschulden.

[564] BGHZ 119, 257, 262; BGH vom 31.1.2000, II ZR 189/99, NJW 2000, 1571.

[565] Entlastung durch stillschweigendes Einverständnis nimmt OLG Stuttgart vom 30.5.2000, 2 W 1/2000, GmbHR 2000, 1048 an. Haftungsbefreiung durch „Generalbereinigung" bei BGH vom 7.4.2003, II ZR 193/02, GmbHR 2003, 712.

c) Schranken der Handlungsbefugnis der Geschäftsführer

Die *Schranken der Handlungsbefugnis* der Geschäftsführer liegen im geschriebenen GmbH-Recht vor allem im Verbot der Rückgewähr des Stammkapitals sowie in dem in der neueren Rechtsprechung des BGH anerkannten Existenzgefährdungsschutz.

aa) Das Verbot der Rückgewähr des Stammkapitals (§§ 30, 31 GmbHG)

Nach einer viel zitierten Entscheidung des BGH stellen die Regeln über die Kapitalaufbringung und über die Kapitalerhaltung „das Kernstück des GmbH-Rechts" dar.[566] *Karsten Schmidt* bezeichnet §§ 19 und 30 GmbHG als „das Kernstück der Finanzverfassung" im GmbH-Recht.[567]

(1) Aufgabe der Kapitalschutzvorschriften

Beschränkte sich das Gesetz alleine auf die Pflicht zur erstmaligen Bereitstellung der versprochenen Stammkapitalsumme, könnte der mit der Kapitalaufbringung verbundene Gläubigerschutz leicht unterlaufen werden. Die Aufgabe des Auszahlungsverbots in § 30 GmbHG ist es zu verhindern, das einmal in den Haftungsfonds der Gesellschaft eingelegte Kapital wieder an die Gesellschafter zurückfließen zu lassen. Es verbietet Aktivvermögen an die Gesellschafter auszukehren, wenn und soweit dadurch eine Unterdeckung oder eine Überschuldung herbeigeführt oder vertieft wird.[568] Eine Unterdeckung liegt vor, wenn die Stammkapitalziffer durch das vorhandene Vermögen nicht gedeckt ist, also das Gesellschaftsvermögen zwischen Null und der Stammkapitalziffer beträgt.[569] Die §§ 30, 31 GmbHG gelten aber auch bei einer Überschuldung, also dann, wenn das Vermögen der Gesellschaft vollständig aufgebraucht ist. Zweifeln könnte man allenfalls, ob die genannten Vorschriften unmittelbar anwendbar sind, da der Sinn der Vorschrift doch in der Erhaltung eines Vermögens in Höhe der Stammkapitalziffer besteht. Die herrschende Auffassung geht mittlerweile von einer direkten Geltung der Vorschriften zum Stammkapitalerhalt aus.[570] Zeitpunkt der Beurteilung ist der Zeitpunkt der Auszahlung oder der

---

[566] BGHZ 28, 77, 78; ähnlich *Brodmann*, GmbHG, 1930, § 30 Anm. 1 („Grundpfeiler" des Kapitalerhaltungsrechts); vgl. auch RGZ 168, 292, 297 f.; *Joost*, GmbHR 1983, 285; *Limmer*, Haftungsverfassung, S. 41.

[567] Gesellschaftsrecht, § 37 I 2.

[568] *Goette*, DStR 1997, 1495, 1496; Baumbach/Hueck/*Hueck/Fastrich*, GmbHG, § 30 Rn. 9 ff.; *Lutter/Hommelhoff*, GmbHG, § 30 Rn. 2; *Wilhelm*, Kapitalgesellschaftsrecht, Rn. 348; *Kleffner*, Erhaltung des Stammkapitals, S. 26 ff.

[569] Erläuterung der Begriffe bei *Lutter/Wahlers*, AG 1989, 1 Fn. 204 m. w. N.

[570] Für unmittelbare Geltung: BGH vom 5.2.1990, II ZR 114/89, NJW 1990, 1730, 1732; Baumbach/Hueck/*Hueck/Fastrich*, GmbHG, § 30 Rn. 13; Ulmer/*Habersack*, GmbHG, § 30 Rn. 42; Rowedder/Schmidt-Leithoff/*Pentz*, GmbHG, § 30 Rn. 13; *Geerds, D.*, in FS Geerds (1995), 689 Fn. 49; *Joost*, GmbHR 1983, 285, 287; *Schmidt*, BB 1985, 154, 156; Scholz/*H. P.*

sonstigen Leistung, also der Erfüllung der Verbindlichkeit. In formaler Hinsicht ist bei Einverständnis aller Gesellschafter nicht erforderlich, dass ein Gewinnverwendungsbeschluss vorliegt. Das Stammkapital soll nicht die Vermögensinteressen der Gesellschafter schützen, sie werden lediglich als Reflex mitgeschützt, weil die Kapitalerhaltungsregeln zumindest nachrangig auch die Bestandsinteressen der Gesellschaft berühren.[571] Somit sind Auszahlungen, die gegen andere Regeln aus dem Innenverhältnis der GmbH (Treuepflichten, Kompetenzverteilung) verstoßen, nicht mit den Regeln der Kapitalerhaltung in den Griff zu bekommen.[572]

(2) Adressat

Das Auszahlungsverbot des § 30 GmbHG richtet sich (alleine) an den Geschäftsführer, der kraft seiner Überwachungspflicht auch dafür zu sorgen hat, dass solche Zahlungen nicht durch Mitgeschäftsführer getätigt werden.[573] Auch der faktische Geschäftsführer darf nicht entgegen § 30 GmbHG Auszahlungen vornehmen. Eine zusätzliche Sicherung hält § 43 Abs. 3 GmbHG bereit, der bestimmt, dass der Geschäftsführer der Gesellschaft bei verbotenen Auszahlungen an die Gesellschafter auf Schadenersatz haftet. Die Pflicht ist nicht abdingbar und der einmal entstandene Anspruch kann nicht im Wege des Verzichts oder Vergleichs beseitigt werden.

(3) Begriff der Auszahlung

Auszahlungen im Sinne des § 30 GmbHG sind nicht nur Geldleistungen, sondern weitergehend Leistungen aller Art, denen keine gleichwertige Gegenleistung gegenübersteht und die wirtschaftlich das zur Erhaltung des Stammkapitals erforderliche Gesellschaftsvermögen verringern.[574] Die relevante Kapitalgröße ist durch einen Vergleich zwischen dem Nettovermögen der Gesellschaft und

---

Westermann, GmbHG, § 30 Rn. 18; für entsprechende Anwendung: BGHZ 60, 324; Meyer-Landrut/Miller/Niehus/*Meyer-Landrut*, GmbHG, § 30 Rn. 3; *Raiser/Veil*, Recht der Kapitalgesellschaften, § 37 Rn. 12. Frühere Bedenken gegen die direkte Anwendung im Hinblick auf die unbegrenzte Haftung der Mitgesellschafter sind durch die neuere Rechtsprechung des BGH (BGHZ 150, 61, 65), die eine Begrenzung der Haftung der Gesellschafter auf die Stammkapitalziffer anerkennt, obsolet.

571 *Kleffner*, Erhaltung des Stammkapitals, S. 25 Fn. 37; a. A. *Lutter/Hommelhoff*, GmbHG, § 30 Rn. 1.

572 *Ulmer*, in FS 100 Jahre GmbHG (1992), 363, 366 f.

573 *Lutter/Hommelhoff*, GmbHG, § 30 Rn. 2 a; *Wodicka*, Untreue zum Nachteil der GmbH, S. 266, 275; *Ulmer*, ZGR 1985, 598, 600; die a. A. (auch die Gesellschafter oder Dritte) Baumbach/Hueck/*Hueck/Fastrich*, GmbHG, § 30 Rn. 29 und *Litschen*, Die juristische Person, S. 200 überzeugt nicht, da der Geschäftsführer für die Vertretung der Gesellschaft ausschließlich zuständig ist.

574 Baumbach/Hueck/*Hueck/Fastrich*, GmbHG, § 30 Rn. 12; *Lutter/Hommelhoff*, GmbHG, § 30 Rn. 8.

ihrem Stammkapital – ausschließlich Rücklagen und Nachschusskapital – zu ermitteln.[575] Die rein bilanzielle Betrachtungsweise wird von der Rechtsprechung aber nicht ausnahmslos durchgehalten. Der BGH hat in einer viel beachteten Entscheidung im Jahr 2003 die Frage, ob die Gewährung eines Darlehens an einen Gesellschafter im Hinblick auf Kapitalerhaltungsregeln zulässig ist, wenn eine angemessene Verzinsung vereinbart und der Rückzahlungsanspruch vollwertig ist, verneint und entschieden, dass auch bei Vollwertigkeit des Rückzahlungsanspruchs das gebundene Gesellschaftsvermögen nicht an die Gesellschafter zurückfließen darf.[576] In der gesellschaftsrechtlichen Praxis ist diese Erweiterung des Anwendungsbereichs der Kapitalschutzvorschriften überwiegend auf Kritik gestoßen,[577] in der Wissenschaft hat der BGH aber auch vereinzelt Zustimmung erfahren.[578] Bislang war in der Gewährung von Darlehen aus Mitteln, die zur Erhaltung des Stammkapitals erforderlich sind, allenfalls dann einen Verstoß gegen § 30 GmbHG gesehen worden, wenn die Rückzahlung von vornherein gefährdet oder ausgeschlossen ist.[579] Für die Praxis der Konzerninnenfinanzierung bedeutet das, dass die Teilnahme an einem Cash-Pool zu unterbleiben hat bzw. unverzüglich zu beenden ist, wenn Guthabenforderungen der Konzerntochter an den Pool deshalb in Gefahr geraten, weil sich die Muttergesellschaft in einer schwierigen finanziellen Situation befindet. Eine Ausnahme von diesem Grundsatz hat der BGH in der genannten Entscheidung für den Fall erwogen, dass „die Darlehensvergabe im Interesse der Gesellschaft liegt, die Darlehensbedingungen dem Drittvergleich standhalten und die Kreditwürdigkeit des Gesellschafters selbst bei Anlegung strengster Maßstäbe außerhalb eines vernünftigen Zweifels steht oder die Rückzahlung durch werthaltige Sicherhei-

---

[575] *Lutter/Hommelhoff*, GmbHG, § 30 Rn. 14; zu weitgehend *Hartmann*, GmbHR 1999, 1061, 1067 f., der das garantierte Kapital auf die wertmäßigen und gegenständlichen Existenzgrundlagen der Gesellschaft erstrecken möchte, sofern die Zuwendung im Zeitpunkt ihrer Vornahme mit hoher Wahrscheinlichkeit zur Vernichtung der wirtschaftlichen Existenz der Gesellschaft führt.

[576] BGHZ 157, 72 im Anschluss an *Stimpel*, in FS 100 Jahre GmbHG (1992), 335, 351 ff.; vgl. auch *Schön*, ZHR 159 (1995), 351, 361. Eine analoge Anwendbarkeit des § 43 a GmbHG auf Gesellschafter hat der BGH in Übereinstimmung mit der herrschenden Auffassung abgelehnt und der anderen Auffassung (angeführt von *Uwe H. Schneider*, ZGR 1985, 279, 293 f. und *ders.*, in FS Döllerer (1988), 537, 540) eine Absage erteilt. Zustimmung von *Goette*, Kapitalaufbringung und Kapitalschutz in der GmbH, S. 74; so schon *ders.*, DStR 1997, 1495, 1498.

[577] *Bähr/Hoos*, GmbHR 2004, 304; *Cahn*, Der Konzern 2004, 235, 238 ff.; *Fuhrmann*, NZG 2004, 552, 553; *Habersack/Schürnbrand*, NZG 2004, 689; *Heidenhain*, LMK 2004, 68; *Helmreich*, GmbHR 2004, 457; *Vetter*, BB 2004, 1509; *Wessels*, ZIP 2004, 793.

[578] *Servatius*, DStR 2004, 1176; *Saenger/Koch*, NZG 2004, 271.

[579] Baumbach/Hueck/*Hueck/Fastrich*, GmbHG, § 30 Rn. 16; Roth/Altmeppen/*Altmeppen*, GmbHG, § 30 Rn. 93; Scholz/*H. P. Westermann*, GmbHG, § 30 Rn. 25; differenzierend *Kleffner*, Erhaltung des Stammkapitals, S. 63 ff.

ten voll gewährleistet ist." Auch sonstige Kreditgewährungen aus dem Vermögen der Gesellschaft unterliegen der Schranke des § 30 GmbHG.

Nach allgemeiner Auffassung unterfällt auch die *Bestellung von Sicherheiten* der GmbH zugunsten eines Gesellschaftsgläubigers dem Anwendungsbereich des § 30 GmbHG, da die Gesellschaft bei wirtschaftlicher Betrachtung eine Leistung aus ihrem Vermögen an die Gesellschafter erbringt.[580] Bislang war man davon ausgegangen, dass die von der GmbH vorgenommene Besicherung bilanzneutral und erst die Inanspruchnahme der Sicherheit zu einem tatsächlichen Vermögensverlust führt.[581] Mit der Entscheidung des BGH vom 24.11.2003 steht fest, dass die Weggabe von GmbH-Vermögen ohne Zufluss einer gleichwertigen Gegenleistung nur außerhalb des § 30 GmbHG zulässig ist. In Konzernsachverhalten hat der BGH die Unzulässigkeit der Einstellung von Forderungen in einen Cash-Pool mit der Entscheidung vom 16.1.2006 bestätigt.[582] Es folgt daraus, dass auch die Sicherheitenbestellung durch die Zielgesellschaft beim Management-Buy-Out oder Leveraged-Buy-Out an der Schranke des § 30 GmbHG zu messen ist. Vor der Entscheidung des BGH aus dem Jahr 2003 war umstritten, von welchem Leistungsgegenstand und welchem Leistungszeitpunkt auszugehen ist. Die überwiegend vertretene Auffassung hielt die von der GmbH vorgenommene Besicherung für bilanzneutral, da die Verpflichtung des Gesellschafters auf der Passivseite anzusetzen und zu bewerten ist. Erst die Inanspruchnahme der Sicherheit führt demnach zu einem tatsächlichen Vermögensverlust.[583] Nach neuerer Auffassung, der sich der BGH angeschlossen hat, darf das Insolvenzrisiko auch bei der Bestellung von Sicherheiten nicht auf die Gesellschaft abgewälzt werden. Das führt dazu, dass die Gesellschaft Sicherheiten nur aus dem freien Vermögen oberhalb der Grenze des § 30 GmbHG einräumen darf. Es bedeutet aber auch, dass der Rückgriffsanspruch gegen den Gesellschafter im Falle der Verwertung der Sicherheit außer Ansatz zu bleiben hat.[584]

---

[580] *Lutter/Hommelhoff*, GmbHG, § 30 Rn. 8; Baumbach/Hueck/*Hueck/Fastrich*, GmbHG, § 30 Rn. 21; *Bayer/Lieder*, ZGR 2005, 133, 144 ff.; *Kleffner*, Erhaltung des Stammkapitals, S. 58 ff.

[581] OLG München vom 19.6.1998, 21 U 6130/97, ZIP 1998, 1438; *K. Schmidt*, Gesellschaftsrecht, § 37 III 1 c; *Wittkowski*, GmbHR 1990, 544, 550.

[582] II ZR 76/04, ZIP 2006, 665. Vgl. dazu *Raiser/Veil*, Recht der Kapitalgesellschaften, § 37 Rn. 18.

[583] OLG München vom 19.6.1998, 21 U 6130/97, ZIP 1998, 1438; *Lutter/Hommelhoff*, GmbHG, § 30 Rn. 30.

[584] *Mülbert*, ZGR 1995, 578, 593 f.; *Schön*, ZHR 159 (1995), 351, 357 ff.; *Bayer*, in FS Lutter (2000), 1011, 1024.

Zahlungen an die Gesellschafter außerhalb des Anwendungsbereichs des § 30 GmbHG oder der weiteren kapitalschützenden Vorschriften des GmbH-Gesetzes die nicht zur Existenzgefährdung der Gesellschaft führen, sind ohne weiteres zulässig.[585] Anders als bei der AG, bei der vor der Auflösung der Gesellschaft gemäß § 57 Abs. 3 AktG nur der Bilanzgewinn an die Aktionäre ausgezahlt werden darf, kann das freie Vermögen der Gesellschaft jederzeit an die Gesellschafter zurückgeführt werden. Eine Pflicht zur Erhaltung des Stammkapitals unabhängig von der Verpflichtung zur Beachtung der Vorschriften des Stammkapitalerhalts gibt es nicht. Fehlt es an einer Auszahlung im Sinne von § 30 GmbHG, dann liegt ein Haftung auslösender Verstoß gegen § 43 GmbHG nicht vor.[586]

bb) Verbot existenzvernichtender Eingriffe

Dem Geschäftsführer ist es in Erweiterung der Kapitalerhaltungsvorschriften verboten, Gesellschaftsvermögen an die Gesellschafter wegzugeben, wenn dadurch die Gesellschaft mit hoher Wahrscheinlichkeit wirtschaftlich vernichtet wird. Die Rechtsprechung zieht mit der Anerkennung des Existenzschutzes der Gesellschaft einen zusätzlichen gegenständlichen „Schutzring" um § 30 GmbHG.[587] Sie hat mit der Entscheidung *Bremer Vulkan*[588] (und zwei diese bestätigende und erweiternde Entscheidungen)[589] die analog zu §§ 291 ff. AktG begründete Haftung wegen qualifiziert faktischen Konzerns[590] durch eine Existenzvernichtungshaftung ersetzt, die nicht im Konzernhaftungsrecht, sondern im allgemeinen GmbH-Recht fußt.[591]

---

585 Das sind vor allem die Vorschriften über eigenkapitalersetzende Darlehen und Finanzplankredite (§§ 32 a, b GmbHG, Rechtsprechungsregeln), Erwerb eigener Geschäftsanteile durch die Gesellschaft (§ 33 GmbHG) oder das Verbot der Kreditgewährung an Geschäftsführer, § 43 a GmbHG. Der Gesetzgeber plant eine weitgehende Reform des Eigenkapitalrechts, vgl. Referentenentwurf des Gesetzes zur Modernisierung des GmbH-Rechts und zur Bekämpfung von Missbräuchen (MoMiG) vom 29. Mai 2006.

586 *Schäfer*, GmbHR 1993, 780, 797 zu Risikogeschäften; vgl. auch *Fleck*, ZGR 1990, 31, 42; *Wodicka*, Untreue zum Nachteil der GmbH, S. 262 f.

587 Im Anschluss an *Röhricht*, in FS 50 Jahre BGH (2000), 83 ff. Grundlegend *Winter*, Mitgliedschaftliche Treuebindungen, S. 190 ff., 220 ff. und passim sowie *ders.*, ZGR 1994, 570 ff.

588 BGHZ 149, 10. Vgl. hierzu statt vieler nur *Altmeppen*, ZIP 2001, 1837; *ders.*, ZIP 2002, 1553; *Bitter*, WM 2001, 2133; *Emmerich*, AG 2004, 423; *Goette*, DStR 2001, 1857.

589 BGHZ 151, 181 (KBV); BGHZ 150, 61 (L. Kosmetik).

590 Die Rechtsprechung hatte diese Rechtsfigur ab Mitte der 80er Jahre des vorigen Jahrhunderts entwickelt, um angeblich vorhandene Schutzlücken im (GmbH-)Konzernrecht zu schließen. Zum Begriff des qualifiziert faktischen Konzerns vgl. BGHZ 95, 330 (Autokran); BGHZ 107, 7 (Tiefbau).

591 Ausführlich zur Existenzvernichtungshaftung unten S. 218 ff.

Ein existenzgefährdender Eingriff in das Vermögen der Gesellschaft liegt vor, wenn die Zugriffe auf das Gesellschaftsvermögen die gebotene Rücksichtnahme auf die Erhaltung der Fähigkeit der GmbH zur Bedienung ihrer Verbindlichkeiten in einem ins Gewicht fallenden Maße vermissen lässt. Mit der Haftung nach § 30 GmbHG hat er gemein, dass die Vermögensminderung in der Gesellschaft nicht auf einem bloßen Managementfehler beruht, sondern einen (zumindest mittelbaren) Vorteil für einen Gesellschafter erbringt.[592] Durch den Eingriff muss ein Vermögensentzug in der Gesellschaft bewirkt werden, wobei als solcher alle denkbaren Maßnahmen in Betracht kommen, auch der Entzug von Marktschancen oder wettbewerbsrelevante Maßnahmen.[593] Der Vermögensabzug muss einen Nachteil bei der GmbH verursachen, der die Gesellschaft in die Insolvenz führt. Schließlich darf der eingetretene Nachteil für die Gesellschaft nicht im Wege des Einzelausgleichs beseitigt werden können.

2. Übernahme der zivilrechtlichen Pflichten in das Strafrecht oder eigenständiger strafrechtlicher Pflichtenmaßstab?

Überschreitet der Geschäftsführer den aufgezeigten gesellschaftsrechtlichen Handlungsspielraum, dann könnte dieses Verhalten auch *strafrechtlich* relevant sein. Doch das Verhältnis von Zivilrecht und Strafrecht ist keineswegs geklärt. So hat es das Landgericht Düsseldorf in seiner Entscheidung in Sachen *Mannesmann* einer Bemerkung für wert befunden, dass „etwas, das zivilrechtlich erlaubt ist, keine Pflichtverletzung im Sinne des Untreuetatbestandes darstellen kann".[594] Andererseits, so das Gericht weiter, begründe nicht jede zivilrechtliche Pflichtverletzung eine strafbewehrte Pflichtwidrigkeit im Sinne des § 266 StGB. Strafrechtliches Unrecht sei gesteigertes zivilrechtliches Unrecht.[595]

Die möglichen Folgen der apostrophierten „Abhängigkeit des Strafrechts vom Zivilrecht" zeigt ein aktuelles Beispiel aus der Rechtsprechung. So verneint *Kohlmann* und mit ihm die herrschende Auffassung im Strafrecht im Anschluss an die bislang vertretene zivilrechtliche Auffassung eine Strafbarkeit des Geschäftsführers wegen Untreue, wenn er eine Darlehensauszahlung aus dem gebundenen Vermögen an Gesellschafter vornimmt.[596] Zur Begründung führt er an, dass ein Verstoß gegen die Kapitalerhaltungsvorschriften nicht erkennbar

---

[592] *Wackerbarth*, ZIP 2005, 877, 879.

[593] *Wiedemann* spricht insofern von „bewertbaren Rechtslagen", die entzogen werden, ZGR 2003, 283, 293.

[594] LG Düsseldorf vom 22.7.2004, XIV 5/03, NJW 2004, 3275, 3276; die Revision führte zur Aufhebung des Urteils und Zurückverweisung, BGH vom 21.12.2005, 3 StR 470/04, ZIP 2006, 72.

[595] Vgl. auch *Dierlamm*, StraFo 2005, 397.

[596] *Kohlmann*, Strafrechtliche Verantwortlichkeit, Rn. 204 mit Hinweis auf BGH vom 17.10.1956, 2 StR 434/56, GA 1958, 46.

sei, da ein bloßer Aktivtausch vorliege. In Anbetracht der nur auf den Geschäftsführer beschränkten Regelung des § 43 a GmbHG müsse davon ausgegangen werden, dass der Gesetzgeber hinsichtlich Gesellschafterdarlehen keine Regelung treffen wollte. Zöge man § 43 a GmbHG zur Begründung eventueller Pflichtwidrigkeiten im Bereich der Gesellschafterdarlehen heran,[597] würde das auf eine im Strafrecht verbotene Analogie hinauslaufen. Neuerdings erachtet der II. Zivilsenat des BGH Darlehensauszahlungen an Gesellschafter in weitem Umfang als nicht kapitalschutzkonform.[598] Bislang strafrechtlich als unproblematisch geltende Gestaltungen, etwa im Zusammenhang mit Cash-Pool-Systemen, sind nunmehr unter Umständen als pflichtwidrig einzustufen.

a) Verhältnis des Strafrechts zu anderen Teilrechtsordnungen

Die Frage lässt sich allgemeiner dahin fassen, wie sich das Verhältnis von Zivilrecht und Strafrecht darstellt, und genauer, welcher Disziplin die „Deutungshoheit" über relevante Tatsachen und rechtliche Wertungen zukommt. Die These von der Akzessorietät des Strafrechts oder in neuerer Terminologie vom sekundären Charakter des Strafrechts[599] geht ursprünglich auf Erwägungen von *Binding* zurück, der im Rahmen der Begründung seiner Normentheorie Strafrechtssätze grundsätzlich als einen „akzessorischen Rechtsteil" begriffen hat und lehrte, dass das Strafrecht zu einer vorgegebenen Rechtsordnung nur verbietend hinzutrete.[600] Dem Strafrecht komme keine Definitionsmacht hinsichtlich der Statuierung und Auslegung der von ihr vorgefundenen Normen zu. Seine Aufgabe erschöpfe sich in der Sanktionierung eines außerstrafrechtlich durch die dort vorzufindenden Verhaltensnormen errichteten Verbots. Die Strafrechtsnorm regle nicht mehr als die Voraussetzungen für die Entstehung und den Inhalt des konkreten Strafrechtsverhältnisses zwischen dem strafberechtigten Staat und Verbrecher.[601]

Das Verhältnis zwischen Strafrecht und Zivilrecht wird heute differenzierter gesehen. So spricht *Zipf* davon, dass sich die Elemente der Abhängigkeit und Selbständigkeit des Strafrechts in vielfacher Weise vermischen, dass hinsicht-

---

597 So aber *Uwe H. Schneider*, ZGR 1985, 279, 293 f.; einschränkend auf Gesellschafter, die aufgrund ihrer tatsächlichen Einflussnahme auf die Gesellschaft als faktische Geschäftsführer zu qualifizieren sind, Scholz/*ders.*, GmbHG, § 43 a Rn. 29.

598 Vgl. soeben. S. 134 ff.

599 Zuerst *Bierling*, Prinzipienlehre I, S. 133 ff.; so auch *Freund*, Erfolgsdelikt, S. 28 ff.; *Günther*, Strafrechtswidrigkeit, S. 154 ff. *Maurach/Zipf*, Strafrecht AT/1, § 2 Rn. 11 f. mit dem Begriff der „Sekundarität" des Strafrechts.

600 *Binding*, Handbuch des Strafrechts, S. 9 f.; *Maiwald*, in FS Maurach (1972), 9 ff. spricht im Anschluss an Binding vom „fragmentarischen Charakter" des Strafrechts.

601 *Binding*, Normen und Übertretung, Bd. 1, S. 20 f. Ausführlich auch *Heghmanns*, Straftatbestände zum Schutz von Verwaltungsrecht, S. 35 ff.

lich der Folgen grundsätzliche Unabhängigkeit, hinsichtlich der Voraussetzungen eine bedingte Abhängigkeit bestehe.[602] *Von Hippel* hebt hervor, dass das „Strafrecht als grundlegend wichtiger, selbständiger Teil der Rechtsordnung gleichberechtigt neben den großen anderen Rechtsgebieten" stehe.[603] Nach *Jescheck* kann die „Abhängigkeit des Strafrechts von anderen Rechtsgebieten und deren Begriffsbildung" nicht als Regel gelten, es komme vielmehr auf die Umstände an.[604] Die strafrechtlichen Begriffe werden selbständig nach dem „Schutzzweck des betreffenden Strafrechtssatzes" ausgelegt.[605] Norm- und Wertungswidersprüche zwischen außerstrafrechtlicher Verhaltensnorm und Strafrechtsnorm müssen nicht zwangsläufig durch ein Zurücktreten der Strafrechtsnorm aufgelöst werden. Reine Wertungskonkurrenzen, die entstehen, wenn nur eine Rechtsordnung eine positive Handlungsanweisung enthält, sich die andere Ordnung einer Wertung enthält oder hinter Verhaltensanforderungen zurückbleibt, sind unter dem Blickwinkel der Einheit der Rechtsordnung hinzunehmen.[606] Nur ausnahmsweise kann – etwa wegen des im Strafrecht geltenden Koinzidenzprinzips – auch ein Verhalten bestraft werden, das im Zivilrecht (wegen der dort eingreifenden Rückwirkungsgebote) nicht als verboten eingestuft wird.[607] Das Postulat der Widerspruchsfreiheit der Rechtsordnung, auf das sich das Axiom der Einheit der Rechtsordnung[608] in diesen Fallgestaltungen verdichtet, ist nur dann tangiert, wenn sich die jeweiligen Folgen der Teilrechtsordnungen wegen eines Normwiderspruchs nicht miteinander vereinbaren las-

---

[602] *Maurach/Zipf*, Strafrecht AT/1, § 2 Rn. 17; *Jescheck/Weigend*, Strafrecht AT, § 7 II spricht von „akzessorischem" bzw. „fragmentarischem" Charakter des Strafrechts, um die Abhängigkeit des Strafrechts von den Begriffen und Instituten anderer Rechtsgebiete zu bezeichnen; SK-StGB/*Rudolphi*, vor § 1 Rn. 14 „Grundsatz der Subsidiarität des Strafrechts". Ausführlich zum Meinungsstand *Maurach/Zipf*, Strafrecht AT/1, § 2 Rn. 8 ff. *Cramer*, Vermögensbegriff, S. 78, spricht davon, dass die „sogenannte Akzessorietät des Strafrechts im vermögensrechtlichen Bereich" nichts anderes sei als ein „rechtstechnisches Mittel zur Vermeidung von Normwidersprüchen". *Beling*, Die Lehre vom Verbrechen, S. 146, beschreibt Strafrecht und Zivilrecht als zwei ineinander liegende Kreise.

[603] Deutsches Strafrecht Bd. 1, S. 31 f.

[604] *Jescheck/Weigend*, Strafrecht AT, § 7 II 2.

[605] Zur sog. wirtschaftlichen Betrachtungsweise im Strafrecht vgl. oben S. 73 ff.

[606] *Felix*, Einheit der Rechtsordnung, S. 306; *Günther*, Strafrechtswidrigkeit, S. 96 f.; *Sendler*, NJW 1998, 2875, 2876.

[607] Weiterer Hinweis von *Auer*, Gläubigerschutz durch § 266 StGB, S. 148, der darlegt, dass strafrechtlicher Schutz ausnahmsweise über den zivilrechtlichen Schutz hinaus anzuerkennen ist, etwa beim Betrug außerhalb der Fristen des § 124 BGB.

[608] Kritisch zu der Argumentationsfigur der „ Einheit der Rechtsordnung" *Günther*, Strafrechtswidrigkeit, S. 89, der sie als „Allzweckwaffe in juristischer Begründungsnot" bezeichnet.

sen.[609] Ein logischer Widerspruch liegt vor, wenn dasselbe Verhalten als zivilrechtlich rechtmäßig eingestuft aber trotzdem bestraft wird. Die Konkurrenzlage, die sich ergibt, wenn eine Teilrechtsordnung eine Handlung notwendig fordert und die andere sie notwendig verbietet, erfolgt durch Rücknahme des Geltungsanspruchs einer Teilrechtsordnung.[610] Die Lösung derartiger Normkonkurrenzen hat nach neuerem Verständnis bei einem Rückgriff auf die Rollenverteilung der Rechtsordnungen untereinander anzusetzen. Aufgabe des Strafrechts ist es, den Schutz von Rechtsgütern zur Sicherung der elementaren Grundwerte des Gemeinschaftslebens, die Gewährleistung der Erhaltung des Rechtsfriedens im Rahmen der sozialen Ordnung und die Durchsetzung des Rechts gegenüber dem Unrecht im Konfliktfall zu gewährleisten.[611] Als *ultima ratio* staatlicher Verhaltenslenkung knüpft das Strafrecht an das durch andere Teilrechtsordnungen vermittelte Verbotensein eines Verhaltens an und verstärkt den durch diese bewirkten Rechtsgüterschutz durch die Androhung und ggf. den Einsatz strafrechtlicher Konsequenzen.[612] Anders als den anderen Teilrechtsordnungen obliegt es dem Strafrecht nicht originär, die Güterwelt selbständig zu ordnen.[613] Das Strafrecht erschöpft sich im Rechtsgüterschutz, ohne die Beziehungen der Rechtsunterworfenen untereinander zu regeln. Es hat mit seinem Geltungsanspruch zurücktreten, wenn dadurch eine Normdiskrepanz hervorgerufen wird und strafrechtlich für verboten erklärt würde, was zivilrechtlich geboten ist.[614] Folglich endet auch die Eigenständigkeit der strafrechtlichen Begriffsbildung dort, wo Wertungswidersprüche zu anderen Rechtsgebieten auftreten.[615]

Im Spannungsfeld zwischen Abhängigkeit und Selbständigkeit des Strafrechts, zwischen eigenständiger Normauslegung, Tatbestimmtheit und Ultima-Ratio-Gedanke kann der Anspruch des Strafrechts hinsichtlich der Bestimmung der relevanten Pflichten unterschiedlich weit gezogen werden. Demgemäß reicht

---

609 Einen derartigen Normwiderspruch konstatiert *Nelles*, Untreue zum Nachteil von Gesellschaften, S. 267 und passim, für den zivilrechtlich an die Weisungen der Gesellschafter gebundenen Geschäftsführer; allgemein *Felix*, Einheit der Rechtsordnung, S. 308.

610 Anders *Canaris*, Systemdenken, S. 124, der Normwidersprüche dadurch auflöst, dass er die Ungültigkeit beider Normen postuliert. Alles andere sei als willkürlich abzulehnen.

611 BVerfGE 51, 324, 343; MünchKommStGB/*Radtke*, vor § 38 Rn. 2 ff.; Baumann/Weber/Mitsch/*Weber*, Strafrecht AT, § 3 Rn. 10 ff.; *Jakobs*, Strafrecht AT, 2/1 ff.; *Maurach/Zipf*, Strafrecht AT/1, § 19 Rn. 4.

612 *Felix*, Einheit der Rechtsordnung, S. 327. So auch *Achenbach*, in GS Schlüter (2002), 257, 273 für eine eigenständige und nicht von vornherein zivilrechtsakzessorische Auslegung der insolvenzrechtlichen Krisenmerkmale; *Lüderssen*, in FS Lampe (2003), 727, 728; *Tiedemann*, in FS Weber (2004), 319, 323; *ders.*; Wirtschaftsstrafrecht, S. 67.

613 *Günther*, Strafrechtswidrigkeit, S. 154 ff.

614 *Felix*, Einheit der Rechtsordnung, S. 310; vgl. auch *Tiedemann*, JZ 2005, 45; *Busch*, Konzernuntreue, S. 32 ff. prägt hierfür den Begriff der „negativen Zivilrechtsakzessorietät".

615 *Engisch*, Einheit der Rechtsordnung, S. 55 ff.; *Larenz*, Methodenlehre, S. 323 ff.

das Meinungsspektrum im Schrifttum von einer vollen Vorgreiflichkeit zivilrechtlicher Pflichtenstandards über eine gelockerte Pflichtenbindung bis hin zur von zivilrechtlichen Pflichten losgelösten strafrechtlichen Pflichtenidentifikation. Alle eigenständigen Definitionsbemühungen des Strafrechts sind – soweit sie nicht aus anderen Gründen abzulehnen sind – an der soeben aufgezeigten Schranke der Normdiskrepanz zu messen.

b) Strenge zivilrechtliche Pflichtenakzessorietät

Roxin sieht den Strafgrund des Treuebruchtatbestands darin, dass der Täter eine dem Tatbestand vorgelagerte „außerstrafrechtliche Sonderpflicht" verletzt.[616] Die von *Roxin* entwickelte Lehre von den Pflichtdelikten begründet die Täterschaft allein durch die Verletzung einer außerstrafrechtlichen Sonderpflicht.[617] Die zivilrechtlichen Treueverpflichtungen stellen Pflichten dar, die anderen Rechtsgebieten entspringen und der Strafrechtsnorm logisch vorgelagert sind. Danach besteht eine enge Anbindung des Strafrechts an die außerstrafrechtlichen Wertungen, die keinen Raum für eine eigenständige strafrechtliche Ausgestaltung der Tatbestandsmerkmale lässt. Die Frage einer Normdiskrepanz stellt sich naturgemäß nicht. In Ermangelung feststellbarer genereller oder spezieller Anweisungen durch den Geschäftsherrn greift *Schünemann* auf die zivilrechtliche Regelung des Betreuungsverhältnisses zurück.[618] Allgemeinere Maßstäbe für die Pflichtgemäßheit der Geschäftsführung können demnach § 43 Abs. 1 GmbHG entnommen werden.[619] Auch *Kohlmann* fordert, dass der gesellschaftsrechtlich ermittelte Pflichtenstandard in das Strafrecht übertragen wird.[620] Ebenso geht *Beckemper* im Zusammenhang mit der Strafbarkeit von Unternehmensspenden davon aus, dass die Grenzen des Missbrauchstatbestands, über fremdes Vermögen zu verfügen, vom Gesellschaftsrecht gezogen werden.[621] Ein Verstoß gegen die zivilrechtsakzessorische Auslegung der Geschäftsführungsbe-

---

[616] In Leipziger Kommentar, StGB, § 25 Rn. 37 ff. (ursprünglich als Begründung für die Ablehnung der Tatherrschaftslehre in den Fällen, in denen die Abgrenzung von Täterschaft und Teilnahme durch die vom Gesetz verlangte Pflichtenstellung erfolgen kann); *Blauth*, Handeln für einen anderen, S. 77 f.

[617] *Roxin*, Täterschaft, S. 352 ff.

[618] In Leipziger Kommentar, StGB, § 266 Rn. 94. Auf die Rechtsbeziehung im Innenverhältnis stellen auch SK-StGB/*Samson/Günther*, § 266 Rn. 17 und *Lackner/Kühl*, StGB, § 266 Rn. 6 ab.

[619] *Schünemann*, a. a. O. hält die strenge zivilrechtsakzessorische Anknüpfung allerdings nicht ausnahmslos durch. Zu den weiteren, von *Schünemann* anerkannten Möglichkeiten der eingeschränkten Zivilrechtsakzessorietät und der eigenständigen strafrechtsspezifischen Bestimmung der relevanten Pflichten sogleich.

[620] In FS Werner (1984), 387, 396 f.; teilweise anders *ders.*, Strafrechtliche Verantwortlichkeit, Rn. 202, 226, mit dem allgemeinen Gebot, die Gesellschaft nicht durch *strafbare* Handlungen zu schädigen.

[621] NStZ 2002, 324, 325.

fugnis ergebe sich dann, wenn nach Gesellschaftsrecht eine Überschreitung der Geschäftsführungsbefugnis, nicht aber ein Missbrauch der Vermögensverfügungsbefugnis vorliegt. Der materiell vermögensschützende Charakter des § 266 StGB gebiete es, so *Kaufmann*, seine tatbestandlichen Voraussetzungen grundsätzlich an den Vorgaben des Gesellschaftsrechts zu orientieren, um einen Gleichlauf strafrechtlicher und gesellschaftsrechtlicher Wertungen zu erreichen.[622] Neue, gesellschaftsrechtliche Rechtsfortbildungen könnten demnach zu einer strafrechtlich relevanten stärkeren Betonung der Vermögensbindung führen und damit die Strafbarkeit erweitern. *Brammsen* erachtet es als „befremdlich", den Gesellschaftern strafrechtlich die Befugnis zu einem zivilrechtswidrigen Zugriff auf das Gesellschaftervermögen zuzubilligen und will im Interesse eines einheitlichen Vermögensschutzes Wertungswidersprüche vermeiden.[623]

Bindet man die strafrechtliche Wertung so eng an das Zivilrecht, dann ist ein Verstoß des Geschäftsführers gegen die Kapitalbindungsregeln oder das Existenzvernichtungsverbot ohne weitere Prüfungsschritte auch strafrechtlich als Pflichtverletzung zu qualifizieren. Das mag nicht zu beanstanden sein, wenn die zivilrechtlichen Pflichten sich aus streng reglementierten Rechtsbereichen ergeben oder der Geschäftsherr dem Treueverpflichteten strenge Vorgaben auferlegt hat. Für die GmbH-rechtliche Untreue wird man aber einen differenzierten Ansatz zu verfolgen haben.

c) Eingeschränkte zivilrechtliche Pflichtenakzessorietät

Dem strikten zivilrechtsakzessorischen Ansatz wird entgegengehalten, dass sich das Strafrecht einer im nicht-strafrechtlichen Bereich statuierten Verhaltenspflicht nicht ohne weiteres anschließen, sondern eine zusätzliche, die besondere Steigerung des Unrechts aussprechende Bewertung vornehmen oder eine besondere materielle Qualität der Pflichtverletzung fordern müsse.[624] Ersteres gebiete das Ultima-Ratio-Prinzip, letzteres der auf Vermögensnachteile begrenzte Schutzzweck der Untreue.

Lüderssen spricht von einem „asymmetrischen Akzessorietätsprinzip", wonach das nicht-strafrechtliche Verbot die notwendige, aber nicht hinreichende Vor-

---

[622] Organuntreue, S. 21, 26 f. Im Grundsatz erkennt *Kaufmann* die Eigenständigkeit des Strafrechts durchaus an, S. 25, setzt sich aber mit den Konsequenzen, die sich daraus für die Bestimmung der strafrechtlichen Pflichten ergeben, nicht weiter auseinander.

[623] DB 1989, 1609, 1610.

[624] Die Diskussion steht erst am Anfang. Welche Kriterien dabei Anwendung finden und welche Spielräume und Interpretationszuständigkeiten es gibt, muss im Einzelnen erst ausgelotet werden. Vorarbeiten bei *Demko*, Relativität der Rechtsbegriffe, S. 157 und passim.

aussetzung für ein strafrechtliches Verbot sei.[625] Der außerstrafrechtlich, etwa im Gesellschaftsrecht niedergelegte Pflichtenstandard müsse auf einer zweiten Ebene strafrechtlich gewürdigt werden und solche Pflichtwidrigkeiten, die kein strafrechtsrelevantes Maß erreichen als strafrechtlich unerheblich zurückgewiesen werden.[626] Ist die Auslegung eines Tatbestandsmerkmals im Zivilrecht streitig, dann ist das Strafrecht jedenfalls nicht an die Auslegung gebunden, die am ehesten in die strafrechtliche Haftung führt.[627] Im Zusammenhang mit der Verantwortlichkeit von Aufsichtsratsmitgliedern bei der Bewilligung von kompensationslosen Anerkennungsprämien an Vorstandsmitglieder vertritt auch *Schünemann* eine die Akzessorietät einschränkende Position.[628] Das Strafrecht poenalisiere nicht die zivilrechtliche Pflichtverletzung, es müsse daher nicht notwendig zivilrechtsakzessorisch sein. Die Aufgabe der Subsumption bestehe nicht ausschließlich darin, die zivilrechtliche Rechtslage nachzuvollziehen.[629] Gleichwohl verlaufe die zivilrechtliche Pflicht in den meisten Fällen zu der strafrechtlichen parallel, was aber ein bloßes „Epi-Phänomen" darstelle. Es gehe im Grunde um die gleiche Materialisierung der strafrechtlichen Zurechnungskriterien wie bei der heute unstreitigen Ersetzung der formalen Kategorie des Vertrages durch die Übernahme einer Schutzfunktion bei den unechten Unterlassungsdelikten. Entscheidend sei die dem Zivilrecht wie dem Strafrecht gleichermaßen zugrunde liegende soziale Struktur, nicht die dafür im Zivilrecht gefundene Einkleidung.[630]

aa) Eingrenzung am Merkmal der Schwere des Pflichtverstoßes?

Der 1. Strafsenat des BGH ist in jüngster Zeit in Anlehnung an die Auffassung von *Tiedemann*[631] dazu übergegangen, im Bereich der Bankuntreue und der Spenden-untreue die Pflichtwidrigkeit am Merkmal der *Schwere des Pflichten-*

---

625 In FS Lampe (2003), 727, 729; *ders.*, in FS Eser (2005), 163, 170; im Anschluss daran *Dierlamm*, StraFo 2005, 397.

626 *Kubiciel*, NStZ 2005, 353, 356. Vgl. zum Konzept der Strafrechtswidrigkeit *Günther*, Strafrechtswidrigkeit, der mit dem einheitlichen Begriff der Rechtswidrigkeit bricht.

627 *Lüderssen*, in FS Eser (2005), 163, 170.

628 Organuntreue, S. 21; *ders.*, NStZ 2005, 473.

629 *Kramer*, WM 2004, 305, 307, der nicht jede Vertragspflichtverletzung als Treuepflichtverletzung im Sinne von § 266 StGB ansieht.

630 *Schünemann*, a. a. O. legt Wert darauf festzuhalten, dass das nicht die von *Bruns* propagierte Befreiung des Strafrechts in neuem Gewand sei. Der „Sündenfall in der Monographie von Bruns" liege in der Preisgabe des Rechtsgüterschutzprinzips.

631 In FS Dünnebier (1982), 519, 526; *ders.*, in FS Lackner (1987), 737, 747. *Tiedemann* begrenzt aber anders als der 1. Strafsenat die strafrechtlich relevanten Pflichten auf einen Kernbereich außerstrafrechtlich bestehender Pflichten. Auf die Schwere des Verstoßes kommt es hingegen nicht an.

verstoßes einzugrenzen.[632] Bemerkenswert an den Entscheidungen ist, dass es der BGH damit erstmals unternimmt, nach der zivilrechtlichen Überprüfung eine zweite – strafrechtliche – Ebene einzuziehen. Die Prüfung der strafrechtlichen Relevanz einer gegen das KWG verstoßende Kreditvergabe oder eine freiwillige Zuwendung aus dem Gesellschaftsvermögen vollzieht sich demnach in zwei Schritten. Zunächst ist darüber zu entscheiden, ob gesellschaftsrechtliche Pflichten verletzt sind. Liegt ein solcher Verstoß gegen zivilrechtliche Regeln vor, so muss in einem zweiten Schritt über dessen strafrechtliche Relevanz entschieden werden. Neu an dem Ansatz ist, dass nicht jede zivilrechtliche Pflichtwidrigkeit strafrechtliche Bedeutung hat, sondern die verletzte Pflicht eine besondere Qualität aufweisen muss, um auch strafrechtlich relevant zu sein. Teilweise wird diese Rechtsprechung auch bei Fallgestaltungen im Sinne der Entscheidung *Bremer Vulkan* für anwendbar gehalten.[633]

(1) Neuere Rechtsprechung zu Bankuntreue und Sponsoring

In einer Entscheidung, die sich mit der Frage strafbarer Untreue durch die Vergabe von Krediten befasst, stellt der 1. Strafsenat fest, dass die Annahme, die Entscheidungsträger hätten bei der Gewährung eines später notleidend gewordenen Kredits ihrer Vermögensbetreuungspflicht gegenüber dem Kreditinstitut verletzt, nicht darauf gestützt werden kann, dass einzelne der banküblichen Informations- und Prüfungspflichten nicht eingehalten worden seien.[634] Für die Pflichtverletzung sei vielmehr eine *gravierende* Verletzung der Informations- und Prüfungspflichten notwendig. In ähnlicher Weise hat der 1. Strafsenat im Zusammenhang mit Unternehmensspenden das Vorliegen einer *erheblichen* Pflichtverletzung verlangt.[635] Das Gericht gesteht dem Vorstand einer Aktiengesellschaft einen breiten Ermessensspielraum bei der Entscheidung über die Verwendung von Gesellschaftsmitteln zur Förderung sozialer oder kultureller Zwecke zu. Erst wenn dieser Ermessensspielraum überschritten ist, verstößt die Zuwendung gegen Unternehmensinteressen. Strafrechtlich relevant ist der Verstoß nur, wenn er gravierend ist. Eine gravierende Pflichtverletzung liegt bei einem besonders schwerwiegenden Verstoß gegen eine Verhaltenspflicht vor;

---

[632] BGHSt 46, 30; BGHSt 47, 148 (Sparkasse Mannheim) und BGHSt 47, 187 (SSV Reutlingen). Vgl. auch die Kinowelt-Entscheidung, BGH vom 22.11.2005, 1 StR 571/04, ZIP 2005, 2317. Den Einschränkungsbemühungen des BGH im subjektiven Tatbestand zustimmend *Beulke*, JR 2005, 37, 40 f.

[633] *Salditt*, NStZ 2005, 270.

[634] BGHSt 47, 148. Vgl. auch BGHSt 46, 30 sowie die Anmerkung von *Dierlamm/Links*, NStZ 2000, 656 und den Beitrag von *Knauer*, NStZ 2002, 399. Kritisch zu dem fallgruppenbezogenen Ansatz *Vogel/Hocke*, JZ 2006, 568, 570. Kritisch zur Verwässerung des subjektiven Tatbestands durch Annahme einer „schadensgleichen Vermögensgefährdung" bei Risikogeschäften *Beulke*, JZ 2005, 37, 40 f.

[635] BGHSt 47, 187.

unerheblich ist dagegen, ob die verletzte Pflicht eine besonders wichtige Verhaltenspflicht darstellt.[636]

Die Eingrenzungsbemühungen des BGH wurden von der Praxis überwiegend positiv bewertet und für ihre die Rechtssicherheit fördernde Bedeutung gelobt.[637] Angemahnt wurde lediglich, das Gericht möge handhabbare Kriterien entwickeln, an denen sich die gesteigerte strafrechtliche Pflichtwidrigkeit festmachen lasse, gleichzeitig wurden eigene Abgrenzungsmaßstäbe vorgestellt. So schlägt *Dierlamm* vor, die Prüfung, ob eine gravierende Pflichtverletzung vorliegt, anhand von vier Leitkriterien vorzunehmen.[638] Zu große Euphorie ist jedoch nicht angebracht. Zu unsicher ist, ob mit der Einschränkung auf gravierende Pflichtverstöße ein valider Abgrenzungsmaßstab gefunden ist. Schon der Ruf nach praxistauglichen Kriterien spricht dafür, dass sich der 1. Strafsenat zuvorderst an Einzelfallgerechtigkeit orientiert hat, und bereit war, dafür die Systematik hintanzustellen. Abgesehen von der praktischen Handhabbarkeit ist zweifelhaft, ob mit dem Merkmal der gravierenden Pflichtverletzung ein Abgrenzungstopos gefunden ist, der den Tatbestand der Untreue im gesellschaftsrechtlichen Kontext sinnvoll eingrenzen kann.

(2) Anwendbarkeit der Kriterien bei der Entscheidung Mannesmann

Das Landgericht Düsseldorf hat sich der Rechtsprechung des 1. Strafsenats angeschlossen und in der Entscheidung *Mannesmann* ebenfalls eine Einschränkung auf gravierende Pflichtverletzungen vorgenommen.[639] *Rönnau/Hohn* stimmen dem grundsätzlich zu. Die Privilegierung sei gerechtfertigt, da die unternehmerische Entscheidung unter Unsicherheit getroffen werden müsse.[640] Schon das Bestimmtheitsgebot gebiete eine Einschränkung des strafrechtlich relevanten Verhaltens auf eindeutig unvertretbare Vergütungsentscheidungen. Der 3. Strafsenat des BGH hat nunmehr klargestellt, dass die Einschränkung auf

---

[636] Auf diese Weise grenzt *Tiedemann*, in FS Dünnebier (1982), 519, 532 f. die strafrechtlich relevanten Verhaltenspflichten von strafrechtlich unbedeutenden Pflichten ab.

[637] Zustimmend *Salditt*, NStZ 2005, 270; *Dierlamm*, StraFo 2005, 397; *Dierlamm/Links*, NStZ 2000, 656; *Braums*, KritV 2004, 67; *Wollburg*, ZIP 2004, 646; *Sauer*, wistra 2002, 465; *Knauer*, NStZ 2002, 399; im Grundsatz zustimmend auch *Fleischer*, DB 2006, 542, 545. Kritisch *Beckemper*, NStZ 2002, 324; *Schünemann*, NStZ 2005, 473 (wegen unzulässiger Privilegierung des Untreuetäters); *ders.*, Organuntreue, S. 29; HWSt/*Seier*, V 2 Rn. 244.

[638] StraFo 2005, 397, 403 (Unangemessenheit im Hinblick auf die Ertrags- und Vermögenslage; Verletzung von Informations- und Mitteilungspflichten; Vorliegen sachwidriger Motive; Überschreiten von Entscheidungsbefugnissen); *Braums*, KritV 2004, 67, 77 („grob sachfremd"); *Kubiciel*, NStZ 2005, 353, 355 (Primär billigkeitsorientierte Restriktion begegnet Bedenken; der Sinnbezug zwischen außerstrafrechtlicher Pflichtwidrigkeit und Untreuestrafbarkeit müsse nach strafrechtlichen Maximen hergestellt werden.).

[639] Entscheidung vom 22.7.2004, XIV 5/03, NJW 2004, 3275.

[640] NStZ 2004, 113, 118.

gravierende Pflichtverstöße bei den in Rede stehenden Vergütungsentscheidungen des Aufsichtsrats nicht in Betracht kommt. Eine solche Einschränkung sei nur gerechtfertigt, wenn dem Entscheider ein weiter Beurteilungs- und Ermessensspielraum bei risikobehafteten unternehmerischen Prognoseentscheidungen zustehe. Die Zuerkennung der Prämien im Fall *Mannesmann* habe dagegen ausschließlich nachteilige Wirkung für das zu betreuende Vermögen, da ein Vorteil für das Unternehmen ersichtlich nicht eintreten konnte.[641] Trifft der Aufsichtsrat eine zivilrechtlich unvernünftige Vergütungsentscheidung, die unter keinen Umständen der Gesellschaft einen Vorteil bringen kann, dann kommt eine Einschränkung des Pflichtenmaßstabs auf gravierende Verstöße nicht in Betracht.

(3) Tauglichkeit als Abgrenzungskriterium bei den Fällen der einvernehmlichen GmbH-Untreue?

Seit der 3. Strafsenat das Kriterium der gravierenden Pflichtverletzung im Fall *Mannesmann* auf Entscheidungen unter Risiko eingeschränkt hat, ist die These erschüttert, dass damit ein allgemeingültiges Abgrenzungskriterium zwischen straflosem und strafwürdigem Verhalten gefunden ist. Zuvor bereits hatte *Kindhäuser* die Entscheidungen des 1. Strafsenats ausschließlich auf das Sponsoring bei der AG bezogen und ihr allgemeine Aussagen zur Reichweite der Vermögensbetreuungspflicht abgesprochen.[642] *Schünemann* hat erwogen, dass es sich bei dem Kriterium um eines der – bislang vernachlässigten – objektiven Zurechnung handeln könnte.[643] Es gehe um eine Einschränkung aus dem Schutzzweck der Norm, die nur dort einschlägig sein könne, wo die Pflichtverletzung nicht aus der Schädigung rückgeschlossen werden kann.[644] *Ransiek* favorisiert eine Risikobewertung mit dem Ziel zu bestimmen, ob der Treunehmer das

---

[641] BGH vom 21.12.2005, 3 StR 470/04, ZIP 2006, 72, 76; zustimmend *Ransiek*, NJW 2006, 814, wonach es nur Sinn mache, die Bedeutung von Verfahrensregeln zu betonen, wenn die inhaltliche Bewertung eines Verhaltens nicht feststehe. Zustimmung auch von *Vogel/Hocke*, JZ 2006, 568, 570. Kritisch *Peltzer*, ZIP 2006, 205, der eine Aufweichung des § 266 StGB durch den BGH sowie eine Pflichtenkollision für Mitglieder des Personalausschusses befürchtet, die sowohl der Gesellschaft als auch dem einzelnen Vorstandsmitglied treueverpflichtet seien. Soweit an den Entscheider Treuepflichten widersprechende Handlungsanweisungen herangetragen werden, darf er die eine Pflicht verletzen, sofern er sich für die höherwertige oder eine gleichwertige Pflicht entscheidet. Entgegen *Peltzer* muss aber bezweifelt werden, dass der Personalausschuss gegenüber dem Vorstand eine relevante Vermögensbetreuungspflicht innehat.

[642] In NK-StGB, § 266 Rn. 116.

[643] NStZ 2005, 473, 476.

[644] Zur Tauglichkeit des Konzeptes eines implizit eingreifenden strafrechtlichen Schädigungsverbot sogleich. Zum Verhältnis Vermögensschaden und Vermögensbetreuungspflicht auch *Samson*, in Non Profit Law Yearbook (2005), 233, 240.

Risiko einer fehlerhaften zukünftigen Entwicklung auf die Gesellschaft überwälzen darf.

Der Einschränkung des Kriteriums auf Entscheidungen unter Risiko ist zuzustimmen, sofern nicht die mangelnde Tauglichkeit des Kriteriums ohnehin feststeht. Bei Risikoentscheidungen wird dem Entscheidungsträger gesellschaftsrechtlich ein weiten Ermessens- und Einschätzungsspielraum zugestanden, so dass es schwer fällt, die Anforderungen an die strafrechtliche Verantwortlichkeit nochmals vorhersehbar durch ein *gesteigertes qualitatives Element* einzuschränken, ohne die Grenzen der Strafbarkeit vollends verschwimmen zu lassen.

Das Merkmal der gravierenden Pflichtverletzung wäre bei der GmbH-Untreue entbehrlich, wenn ein Verstoß gegen § 30 GmbHG oder das Existenzschädigungsverbot stets als gravierend im Sinne der BGH-Rechtsprechung eingestuft werden könnte. Man könnte überlegen, ob nicht jeder Verstoß gegen die genannten Regelungen so schwer wiegt, dass er als qualifiziert anzusehen ist. § 30 GmbHG stellt eine theoretisch eindeutig bestimmbare Grenze der Ausschüttungsbefugnis des Geschäftsführers dar,[645] die dadurch gekennzeichnet ist, dass es keinen zivilrechtlichen Entscheidungsspielraum gibt. Wo die Grenze zwischen strafrechtlicher und zivilrechtlicher Zulässigkeit einer Maßnahme zu ziehen ist, steht (von tatsächlichen Bewertungsschwierigkeiten abgesehen) klar fest. Bei einer Existenzvernichtung beeinträchtigen die Gesellschafter durch den Entzug von Vermögenswerten in schwerwiegender Weise die Interessen der Gesellschaft. Eine zusätzliche strafrechtliche Wertung des Vermögensentzugs als gravierend (im Sinne eines Steigerungsbegriffs) ist daher nicht veranlasst. Eine Einschränkung auf gravierende Pflichtverstöße ist daher bei der einvernehmlichen Schädigung der GmbH nicht veranlasst. Allerdings möchte der BGH nicht einen Kernbestand an so wichtigen Pflichten festlegen, bei deren Verstoß in jedem Fall eine Pflichtverletzung vorliegt. Vielmehr muss der Verstoß so gravierend sein, dass er auch in strafrechtlicher Hinsicht geahndet werden muss. Es widerspräche daher der Intention des BGH, wenn man die Pflichten des § 30 GmbHG und der Existenzgefährdung als so wesentlich einstufen würde, dass jeder Verstoß als untreuerelevant angesehen werden kann.

---

[645] Praktische Schwierigkeiten bei der *konkreten Ermittlung* der ausschüttungsrelevanten Daten bleiben unberücksichtigt.

bb) Eingrenzung am Merkmal der Schutzrichtung der verletzten Pflicht

Die Ablehnung der Einschränkung auf gravierende Pflichtverletzungen bedeutet aber nicht, dass die objektive Zurechnung bei der Untreue keine Rolle spielt.[646] Aus dem Anwendungsbereich der Untreue scheiden Pflichten aus, denen kein Vermögensbezug zu Eigen ist.[647] Eine sinnvolle Eingrenzung des Tatbestands ergibt sich daraus, dass Schutzgut der Untreue das Vermögen ist. Eine Schädigung, die anlässlich der Verletzung nichtvermögensbezogener Fürsorgepflichten eintritt, ist nicht pflichtwidrig im Sinne des Untreuetatbestands.[648] Auch bei vermögenssorgerischem Grundcharakter des Rechtsverhältnisses bleibt im Einzelfall zu untersuchen, ob die verletzte Pflicht eine Vermögensbetreuungspflicht ist.[649]

Rönnau/Hohn verlangen zu Recht, dass die untreuerelevante Pflichtverletzung in einem funktionalen Zusammenhang mit dem Aufgabenkreis der Wahrnehmung fremder Vermögensinteressen steht.[650] Ein solcher Zusammenhang liege vor, wenn die verletzte Einzelpflicht dem Schutz des betreuten Vermögens dient und die Pflicht typischerweise nur durch den Treunehmer verletzt werden kann. Handele es sich dagegen um eine einfache schuldrechtliche Verpflichtung, die ebenso von einem Schuldner verletzt werden kann, der keine fremden Vermögensinteressen zu besorgen hat, scheide die Verletzung einer Vermögensbetreuungspflicht aus. Alleine, letztere Einschränkung begegnet Zweifeln. Es erscheint plausibler zu unterscheiden, ob der Täter *aufgrund seiner Stellung in der Gesellschaft* vermögensbetreuungspflichtig ist. Hat der Täter eine herausgehobene Pflichtenstellung gegenüber dem betreuten Vermögen inne, die sich als Vermögensbetreuungspflicht charakterisieren lässt, stellt jede Verletzung einer vermögensbezogenen Grundpflicht eine untreuerelevante Pflichtverletzung dar. Ob die verletzte Pflicht für sich genommen eine Vermögensbetreuungspflicht auslösen könnte oder ob es sich bei der verletzten Pflicht um eine „einfache" Schuldner-

---

[646] Für die Spendenuntreue und Bankuntreue wird auch eine Eingrenzung am Merkmal der Kausalität diskutiert. So sollen Formalverstöße als untreuerelevant ausscheiden, weil die Pflichtverletzung nicht für den Erfolg kausal sein kann, ausführlich *Laskos*, Untreue bei der Kreditvergabe, S. 85 ff.

[647] Vgl. BGH vom 3.5.1991, 2 StR 613/90, NJW 1992, 250, 251. Ebenso *Ayasse*, Untreue im Bankenbereich, S. 16; *Gribbohm*, ZGR 1990, 1, 15; *Hillenkamp*, NStZ 1981, 161, 166.

[648] Schönke/Schröder/*Lenckner/Perron*, StGB, § 266 Rn. 23; *Schünemann*, in Leipziger Kommentar, StGB, § 266 Rn. 98, bei dem sich die Tatbestandseinschränkung aber im Ergebnis nicht auswirkt, da er subsidiär ein materielles Schädigungsverbot anerkennt, dem die Pflichtwidrigkeit bei Verstoß gegen eine nicht-vermögensschützende Pflicht zu entnehmen sei. Vgl. auch *Knauer*, NStZ 2002, 399.

[649] Hierzu auch *Kubiciel*, NStZ 2005, 353, 355; *Saliger*, ZStW 112 (2000), 563, 573; *Thomas*, in FS Rieß (2002), 795, 805.

[650] NStZ 2004, 113, 114. Einen funktionalen Zusammenhang fordern auch Schönke/Schröder/*Lenckner/Perron*, StGB, § 266 Rn. 23.

pflicht handelt, ist unerheblich.[651] Der Täter steht sich nicht besser, wenn die von ihm verletzte vermögensbezogene Pflicht auch dem Zugriff anderer offen steht. Bemerkt etwa der Geschäftsführer einer GmbH, dass ihm die Kassiererin des von der GmbH betriebenen Supermarktes beim privaten Einkauf versehentlich zuviel Wechselgeld herausgegeben hat, so kann dem Geschäftsführer – anders als dem einfachen Kunden – angesonnen werden, sie wegen seiner herausgehobenen Pflichtenstellung auf diesen Fehler aufmerksam zu machen. Tut er das nicht, verletzt er eine vermögensbezogene Grundpflicht. Missachtet der vermögensbetreuungspflichtige Täter andere, nichtvermögensbezogene Pflichten, etwa Verfahrensregeln, dann liegt keine untreuerelevante Pflichtverletzung vor.[652] Das pflichtenbegründende Treueverhältnis kann auch einzelne Pflichten enthalten, die nicht untreuebewehrt sind.

Die Pflicht, nicht entgegen § 30 GmbHG oder dem Existenzvernichtungsverbot Vermögen der Gesellschaft an die Gesellschafter auszukehren, dient dem Schutz des Vermögens der GmbH und ist als Vermögensbetreuungspflicht anzuerkennen. Die Kapitalerhaltung bei der juristischen Person dient auch dem Schutz der Gläubiger. Dieser Schutzaspekt hat aber bei der Bestimmung der relevanten Schutzpflicht außer Betracht zu bleiben, da der Drittschutz der Gläubiger nur indirekt, über den Schutz des Vermögens der GmbH, gewährleistet wird. Nur das Gesellschaftsvermögen ist primäres Schutzobjekt, so dass die Vorschriften der Kapitalerhaltung als vermögensbezogene Schutzpflichten qualifizieren. Die Schutzpflichteigenschaft würde nur entfallen, wenn das Vermögen der Gläubiger unmittelbar geschützt würde.[653]

cc) Verfahrensregeln statt materieller Vorgaben?

Bei Entscheidungen unter Risiko ist die Rechtsprechung gelegentlich dazu übergegangen, nur die Einhaltung von Verfahrensregeln zu überprüfen anstatt das Ergebnis der unternehmerischen Entscheidung materiell zu beurteilen. Ausschlaggebend für die Beurteilung der Strafbarkeit sei nicht, ob die Risikoentscheidung als solche nachvollziehbar ist, sondern ob die Entscheidung verfahrensmäßig korrekt zustande gekommen ist.[654] So verneint der BGH eine Strafbarkeit des für eine Darlehensvergabe Verantwortlichen, wenn die forma-

---

[651] Subsidiär kann auf das allgemeine Schädigungsverbot zurückgegriffen werden.

[652] BGH vom 20.12.1994, 1 StR 593/94, wistra 1995, 144; vom 22.1.1988, 2 StR 133/87, NStZ 1988, 217.

[653] Vgl. zu dem parallelen Problem der Höchstkreditgrenzen im KWG, *Ransiek*, ZStW 116 (2004), 634, 672. Durch die Höchstkreditgrenzen wird primär das Vermögen der Bank und mittelbar das der Gläubiger geschützt. Ein Verstoß gegen diese Vorschriften ist daher nach herrschender Auffassung untreuerelevant.

[654] BGHSt, 46, 30, 34; 47, 187, 192 f.; ausführlich *Ransiek*, ZStW 116 (2004), 634, 674.

len Vorschriften bei der Kreditentscheidung eingehalten worden sind.[655] Der BGH strebt damit eine Entlastung der Untreue von inhaltlichen Fragen an, die dann zu akzeptieren sei, wenn die für die Entscheidung aufgestellten Verfahrensregeln beachtet werden.[656]

Für das Gesellschaftsrecht ist eine Eingrenzung der Untreuestrafbarkeit mit Hilfe von Verfahrensregeln häufig nicht zielführend, da kein hinreichender Interessengegensatz zwischen Eigentümern und Geschäftsführern besteht.[657] Verfahrensregeln laufen dann leer, wenn deren Einhaltung nicht kritisch ist, weil alle handelnden Personen mit der zu treffenden Entscheidung einverstanden sind. Bei der GmbH-Untreue ist es aber wesensbestimmend, dass die Gesellschafter übereinstimmend den Geschäftsführer zu einem schädigenden Handeln anweisen.

dd) Eingrenzung am Merkmal der Tatbestimmtheit

Tiedemann nimmt ebenfalls eine Eingrenzung der strafrechtlich relevanten Pflichten am Merkmal der Schwere des Pflichtverstoßes vor. Anders als der 1. Strafsenat in seiner jüngsten Rechtsprechung lässt er aber nur solche außerstrafrechtlichen Normen als untreuerelevant gelten, die besonders grobe Verstöße gegen Gemeinschaftsregeln sanktionieren. Bei offen formulierten Tatbeständen komme die Verletzung der Vermögensbetreuungspflicht nur in Betracht, wenn ein „ Verstoß gegen einen engen, unzweifelhaften Kernbereich“ in Rede stehe.[658] Das strafrechtliche Bestimmtheitsgebot gebiete, dass die Strafbarkeit auf eindeutige Fallkonstellationen begrenzt wird und ungesicherte Rechtsentwicklungen und vorläufige Übergangszonen des Zivil- und Wirtschaftsrechts als (noch) nicht strafbewehrt zu behandeln sind.[659]

Mit der Argumentation von *Tiedemann* ließe sich allenfalls überlegen, ob die Existenzgefährdungshaftung tatsächlich schon als Kernbestand GmbH-rechtlicher Rechtsstandards gelten darf oder ob sie nicht eine relativ neue Entwicklung darstellt, deren Voraussetzungen und Rechtsfolgen noch als offen zu bewerten sind. In letzterem Fall käme nach *Tiedemann* eine strafrechtliche

---

655 BGHSt 46, 30, 34. Eine Pflichtverletzung liegt nach dieser Entscheidung nicht vor, wenn die Abwägung sorgfältig getroffen worden ist, auch wenn das Kreditengagement später notleidend wird. Anhaltspunkte für eine nicht sorgfältige Abwägung sollen u. a. die Verletzung der Informationspflichten, die fehlende Entscheidungsbefugnis und die Überschreitung der Höchstkreditgrenzen sein. Zustimmend *Beulke*, JZ 2005, 37, 40 f.

656 Kritisch zur Entscheidung BGHSt 47, 187: *Samson*, in Non Profit Law Yearbook (2005), 233, 238.

657 *Kubiciel*, NStZ 2005, 353, 356; im Ergebnis auch *Rönnau/Hohn*, NStZ 2004, 113, 115.

658 In FS Dünnebier (1982), 519, 532 f.; *ders.*, Tatbestandsfunktion, S. 200.

659 *Tiedemann*, in FS Tröndle (1989), 319, 326.

Sanktionierung nicht in Betracht. Mit der Entscheidung *Bremer Vulkan* und den Folgeentscheidungen, mit denen der II. Zivilsenat die Abkehr von der Haftung im qualifiziert faktischen Konzern vollzogen und die Existenzvernichtungshaftung vorgestellt hat, ist die Existenzvernichtungshaftung im gesellschaftsrechtlichen Pflichtenkanon fest verankert. Die Literatur hat das neue Haftungskonzept des BGH fast einmütig begrüßt.[660] Die Existenzvernichtungshaftung kann mittlerweile schon deshalb zum gesicherten Bestand des Kapitalschutzrechts gezählt werden, weil die Entwicklung einer allgemeinen Schutzpflicht nicht ohne Vorläufer ist, sondern bereits mit der Haftung im qualifiziert faktischen Konzern ähnliches Fehlverhalten sanktioniert werden sollte.

d) Anerkennung eines eigenständigen strafrechtlichen Schädigungsverbots?

Die radikalste Abkehr von der Maßgeblichkeit des zivilrechtlichen Pflichtenstandards für die strafrechtliche Beurteilung ist die Statuierung eines eigenständigen materiellen Schädigungsverbots. Der sich an explizit normierten zivilrechtlichen Verboten orientierende Pflichtenstandard trägt der Tatsache Rechnung, dass weite Bereiche des Wirtschaftsrechts stark formalisiert und Pflichtenstandards leicht zu identifizieren sind. Ein an zivilrechtlichen Pflichten anknüpfender Maßstab bietet sich vor allem für Konstellationen an, bei denen natürliche Interessengegensätze zwischen Treugeber und Treuepflichtigem eine Interessenbalance herstellen.[661] Das gilt in gleicher Weise für Strukturen, bei denen gesetzliche Vorgaben den Pflichtenumfang stark reglementieren, wie etwa bei der Vergabe von Großkrediten durch Kreditinstitute oder im Bereich der öffentlichen Haushalte. Dort hat der Rückgriff auf außerstrafrechtlich normierte Pflichtenstandards eine die Strafbarkeit begrenzende und die Rechtssicherheit fördernde Wirkung.

Trotz der Identifizierung zivilrechtlicher Maßstäbe könnte für die Untreue – jedenfalls subsidiär – eine *eigenständige strafrechtliche Treuepflicht* zur Wahrung der Vermögensinteressen des Geschäftsherrn anzuerkennen sein.[662] Mit der Heranziehung eines allgemeinen Schädigungsverbots könnten alle dem Gesellschaftsvermögen durch die Handlungen des Geschäftsführers drohenden Gefah-

---

[660] Kritisch aber *Dauner-Lieb*, DStR 2006, 2034.

[661] Vgl. zu einem spezifisch strafrechtlichen Abwägungsansatz für die Untreue bei der Kreditvergabe BGHSt 46, 30, zustimmend *Beulke*, JZ 2005, 37, 41; *Dierlamm/Links*, NStZ 2000, 656; *Knauer*, NStZ 2002, 399, 400; *Laskos*, Untreue bei der Kreditvergabe, S. 87.

[662] Vgl. *Kohlmann*, Strafrechtliche Verantwortlichkeit, Rn. 202; *Schünemann*, in Leipziger Kommentar, StGB, § 266 Rn. 94; *Tiedemann*, in FS Tröndle (1989), 319, 322 f.; so auch *Gribbohm*, ZGR 1990, 1, 15. *Vogel/Hocke*, JZ 2006, 568, 569 begreifen das allgemeine Schädigungsverbot als dem Strafrecht vorgelagert, wenngleich als Kern des Untreuestrafrechts. Eine „Entgrenzung“ des Tatbestands sei nicht zu befürchten, wenn nach dem Urteil aller Sachverständiger eine Pflichtwidrigkeit zu bejahen sei.

ren vermieden werden. Wollte man ein allgemeines Schädigungsverbot anerkennen, so gehörte zu den vom Geschäftsführer zu beachtenden Pflichten auch das allgemeine materielle strafrechtliche Gebot, den Gesellschaftszweck möglichst effektiv zu verfolgen, die GmbH nicht durch strafbare oder sonst verbotene Rechtsgeschäfte zu schädigen und ganz allgemein Schaden von der Gesellschaft abzuwenden,[663] jedenfalls, soweit die Geschäftspolitik im Einzelfall nicht genügend spezifiziert ist, Anweisungen der Gesellschafter fehlen oder die Grenze der Freistellungsbefugnis durch die Gesellschafter überschritten ist. Das Verbot der Schädigung des zu betreuenden Vermögens liegt nach dieser Auffassung implizit jeder Geschäftsführerbestellung zugrunde.[664] Wird das Gesellschaftsvermögen durch eine Maßnahme des Geschäftsführers beeinträchtigt, so steht die Verletzung der Vermögensbetreuungspflicht in der Regel bereits fest.[665]

Erkennt man den Verstoß gegen das strafrechtliche Schädigungsverbot als untreuerelevant an, so begibt man sich einer weiteren Schwierigkeit. Es bedarf die Frage keiner Entscheidung, ob die verletzte zivilrechtliche Pflicht eine besondere materielle Qualität aufzuweisen hat, um als strafrechtliche Treuepflicht zu gelten.[666] Begreift man nicht ohnehin jede gesetzliche oder vertragliche Pflicht des Geschäftsführers als tatbestandsmäßig,[667] so muss bei den zivilrechtlich normierten Pflichten jeweils überlegt werden, welche Anforderungen an die Pflicht zu stellen sind, um strafrechtlich als Vermögensbetreuungspflicht zu gelten. Die Auseinandersetzung mit diesen Fragen ist nur entbehrlich, wenn man den zivilrechtlichen Pflichtenkreis identitätswahrend in das Strafrecht übernimmt und Verstöße gegen Vorschriften, die nicht dem Vermögensschutz dienen, oder Verstöße gegen formelle Pflichten untreuerelevant sein lässt.[668] Das widerspräche aber nach dem oben Gesagten dem Schutzzweck der Untreue, der alleine den Schutz des betreuten Vermögens bezweckt.[669]

---

[663] Baumbach/Hueck/*Zöllner/Noack*, GmbHG, § 43 Rn. 17; *Kohlmann*, Strafrechtliche Verantwortlichkeit, Rn. 202; *Schünemann*, in Leipziger Kommentar, StGB, § 266 Rn. 94; *Arzt*, in FS Bruns (1978), 365, 375; *Samson*, in Non Profit Law Yearbook (2005), 233, 240. Wer das allgemeine Schädigungsverbot bereits als zivilrechtliche Pflicht anerkennt, braucht eine Entscheidung darüber, ob ein eigener strafrechtlicher Pflichtenmaßstab anzuerkennen ist, nicht zu treffen.

[664] *Kohlmann*, Strafrechtliche Verantwortlichkeit, Rn. 202; *Schünemann*, in Leipziger Kommentar, StGB, § 266 Rn. 94; *Tiedemann*, in FS Tröndle (1989), 319, 322 f.

[665] *Samson*, in Non Profit Law Yearbook (2005), 233, 240.

[666] Vgl. zur Bankuntreue *Ayasse*, Untreue im Bankenbereich, S. 16.

[667] *Kohlmann*, Strafrechtliche Verantwortlichkeit, Rn. 202; *Fleck*, ZGR 1990, 31, 32. Vgl. auch oben S. 142 ff.

[668] So wohl *Schreiber/Beulke*, JuS 1977, 656, 658 zum „Verlierprämien"-Skandal in der Bundesliga; dazu auch *Bringewat*, JZ 1977, 667, 670.

[669] Vgl. auch Schönke/Schröder/*Lenckner/Perron*, StGB, § 266 Rn. 1; *Hübner*, in Leipziger

Saliger hält der Anerkennung eines spezifischen strafrechtlichen Schädigungsverbots entgegen, dass es keine abstrakt zu beurteilende Pflichtwidrigkeit gebe, sondern sich der Umfang der im Einzelnen zu beobachtenden Pflichten stets aus dem zivilrechtlich zu beurteilenden Innenverhältnis ergebe. Der Rückgriff auf eine originäre materielle strafrechtliche Pflicht höhle die Pflichtenbestimmtheit des an sich bereits unterbestimmten Straftatbestands aus. Der Verlust an Tatbestandsbestimmtheit, die mit der Ablösung von der Pflichtenakzessorietät zum Zivilrecht einhergeht, führe zu einer Ausweitung der Strafbarkeit.[670] Ex ante unverdächtige Handlungen gerieten bei Vorliegen eines Vermögensnachteils unter das Verdikt der Pflichtverletzung.[671] Eine Auswirkung auf die Bestimmtheit des Tatbestandes ist entgegen *Saliger* schon deshalb abzulehnen, weil sich diese aus der strafrechtlichen Norm selbst ergeben muss.[672] Zudem steht die Bestimmtheit des Missbrauchstatbestands weitgehend außer Streit.[673]

Dierlamm erkennt in dem allgemeinen Schädigungsverbot keine spezifische, einem qualifizierten Pflichtenkreis immanente Pflicht, sondern eine allgemeine Nebenpflicht, die in Schuldverhältnissen jedweder Art besteht, und lehnt damit eine Untreuerelevanz der Verletzung des allgemeinen Schädigungsverbots ab.[674] Für die GmbH-rechtliche Untreue hat der Einwand *Dierlamms* aber insofern kein Gewicht, als der Stellung des Geschäftsführers immanent ist, der Gesellschaft keinen Schaden zuzufügen und ihr Vermögen zu mehren.

Fehlt eine konkrete Weisung der Gesellschaftergesamtheit, so kann eine Pflichtverletzung des Betreuungspflichtigen vorliegen, wenn ein Schaden für die Gesellschaft nachweisbar entstanden ist, also gegen das allgemeine Schädigungsverbot verstoßen worden ist. Die Funktion des Strafrechts in Bezug auf andere Rechtsgebiete und die Struktur des Untreuetatbestands steht nicht entgegen, da kein striktes Primat des Zivilrechts in diesem Bereich besteht.[675] Darüber hinaus ist der Missbrauchstatbestand keine Blankettvorschrift, die nur das Verhalten unter Strafe stellt, das außerhalb des Straftatbestands einem eigenständigen

---

Kommentar, StGB, 10. Aufl., § 266 Rn. 19; differenzierend *Wessels/Hillenkamp*, Strafrecht BT/2, Rn. 747.

[670] *Saliger*, ZStW 112 (2000), 563, 569 f.; *Matt/Saliger*, in Irrwege (1999), 217, 223.

[671] Zu Recht anders *Schünemann*, in Leipziger Kommentar, StGB, § 266 Rn. 94, der den Rückschluss von dem Schaden auf die Pflichtwidrigkeit als legitimes Auslegungsmittel des Untreuetatbestands anerkennt; ebenso *Laskos*, Untreue bei der Kreditvergabe, S. 87.

[672] Missverständlich daher BGHSt 46, 30 zu § 18 Satz 1 KWG.

[673] *Tröndle/Fischer*, StGB, § 266 Rn. 5; *Schünemann*, in Leipziger Kommentar, StGB, § 266 Rn. 31; *Saliger*, ZStW 112 (2000), 563, 569; *Ransiek*, ZStW 116 (2004), 634, 643.

[674] In MünchKommStGB, § 266 Rn. 166.

[675] So auch *Gribbohm*, ZGR 1990, 1, 15; a. A. *Fleck*, ZGR 1990, 31, 32, der eine strikte Bindung an den zivilrechtlichen Pflichtenkreis vertritt; ebenso *Kaufmann*, Organuntreue, S. 26.

Verbot unterliegt. § 266 StGB verweist auch nicht auf die Verbotsvorschriften des GmbH-Gesetzes, so dass die strafrechtlichen Pflichten losgelöst von dem zivilrechtlichen Pflichtenkreis bestimmt werden können.[676] Erstere liegen in dem allgemeinen materiellen strafrechtlichen Verbot, das Vermögen des Treugebers nicht zu schädigen.[677] Der BGH hat die inkriminierte Handlung des Geschäftsführers plastisch als „willkürliche Vermögensverschiebung" bezeichnet.[678] Unbenannte Pflichtverstöße, seien sie materieller oder formeller Natur, lassen sich in der Regel auf das Schädigungsverbot zurückführen. Allerdings dürfte es ziemlich lebensfremd sein anzunehmen, dass der Geschäftsführer vorwerfbar der Gesellschaft ein Schaden verursacht hat, ohne dass eine Pflichtverletzung des Geschäftsführers identifiziert werden kann.

Auch bei Anerkennung eines strafrechtlichen Schädigungsverbots wird ein Rückgriff auf zivilrechtlich normierte Pflichten nicht insgesamt entbehrlich. Die Identifizierung einer Schädigung für das betreute Vermögen entbindet nicht davon, im Einzelfall festzustellen, ob eine zivilrechtliche Pflicht verletzt ist, ob es sich bei der verletzten zivilrechtlichen Pflicht um eine vermögensrelevante Pflicht handelt oder ob ein Schutzzweckzusammenhang zwischen zivilrechtlicher Pflichtverletzung und Schadenseintritt besteht.[679] Bei einem Schaden für das betreute Vermögen hat der Verstoß gegen zivilrechtlich normierte Pflichten allerdings „Indizwirkung" für ein strafrechtlich relevantes Verhalten.

Nicht ganz von der Hand zu weisen ist der Einwand *Saligers*, ein strafrechtliches Schädigungsverbot berge die Gefahr, § 266 StGB in einen allgemeinen Vermögensschädigungstatbestand zu verwandeln. Daher ist im Einzelfall sorgfältig zu untersuchen, ob aus dem Eintritt eines Schadens für das betreute Vermögen auf die Verletzung der Vermögensbetreuungspflicht schließen lässt.[680]

---

[676] Anders, und die strafrechtliche Pflicht als reine Auffangpflicht begreifend *Gribbohm*, ZGR 1990, 1, 15.

[677] *Schünemann*, in Leipziger Kommentar, StGB, § 266 Rn. 94; *Laskos*, Untreue bei der Kreditvergabe, S. 87; kritisch *Saliger*, ZStW 112 (2000), 563, 569; ebenso *Matt/Saliger*, in Irrwege (1999), 217, 223.

[678] BGHSt 28, 371, 372; 34, 379, 389; BGH vom 13.2.1979, 5 StR 814/78.

[679] *Schünemann*, in Leipziger Kommentar, StGB, § 266 Rn. 94, der die strafrechtliche Pflicht nur als Minimalstandard und subsidiär zur zivilrechtlichen Pflichtenbindung begreift; so auch *Gribbohm*, ZGR 1990, 1, 15; ausschließlich der strafrechtlichen Pflicht zuneigend *Laskos*, Untreue bei der Kreditvergabe, S. 87.

[680] *Beulke*, JR 2005, 37, 40 mahnt zu einer präzisen Bestimmung des Tatbestandsmerkmals der Pflichtwidrigkeit und des Schädigungsvorsatzes bei Risikogeschäften, da ansonsten die Gefahr einer unzulässigen Ausdehnung der Strafbarkeit bestehe.

Für den Bereich der Unternehmensspenden verneint *Samson* trotz Vermögensnachteil für die Gesellschaft eine Pflichtverletzung, wenn der Vorstand einen Imagegewinn, der den Aufwand rechtfertigt, aus der Spende ernsthaft für möglich halten darf.[681] Die Verletzung des allgemeinen Schädigungsverbots scheidet aus, wenn die Gesellschaft zurechenbar mit dem Vermögensentzug einverstanden ist. Das strafrechtliche Schädigungsverbot in der GmbH reicht so weit, wie die Gesellschafter die Schädigung verboten haben. Haben sie bestimmte Maßnahmen in dem Bewusstsein erlaubt, dass sie zu einem sicheren Vermögensentzug für die Gesellschaft führen, dann handelt der Geschäftsführer trotz der Schädigung der Gesellschaft wegen des Einverständnisses der Gesellschafter nicht pflichtwidrig. Bei den Einwilligungsfällen liegt die Betonung auf den Grenzen der Dispositionsbefugnis. Dies entbindet zwar nicht von einer vorgängigen Identifikation der Tathandlung, aber es kann sich doch häufig damit begnügt werden, einen Verstoß gegen das Schädigungsverbot festzustellen. Der Schwerpunkt der Prüfung liegt in diesen Fällen bei der Frage, ob und in welchem Umfang den Gesellschaftern (und mit ihrem Einverständnis dem Geschäftsführer) die Schädigung der Gesellschaft erlaubt ist. Hierbei kommt es auf Reichweite und Wirksamkeit des Einverständnisses der Gesellschafter an, die nicht auf der Ebene der Pflichtverletzung zu untersuchen ist.

e) Ergebnis

Gesellschaftsrechtliche Pflichten können nicht unbesehen als Treuepflichten in das Strafrecht übernommen werden. Der strafrechtlich relevante Pflichteninhalt ist im Hinblick auf die Aufgaben des Strafrechts objektiv und mit den Mitteln des Strafrechts aus den gesellschaftsrechtlichen Pflichten heraus zu bestimmen. Verstöße gegen Formalvorschriften und andere nicht vermögensschützende zivilrechtliche Verbote lösen regelmäßig keine Strafbarkeit wegen Untreue aus, da der Schutzzweck der Untreuevorschrift bei einem Verstoß gegen solche Vorschriften nicht tangiert ist. Subsidiär, das heißt wenn keine explizite zivilrechtliche Pflicht besteht oder verletzt ist, kann im Einzelfall ein Verstoß gegen das strafrechtliche Schädigungsverbot zur Strafbarkeit führen. Ein solcher Verstoß liegt immer dann vor, wenn der Geschäftsführer vorhersehbar der Gesellschaft durch eine Handlung Schaden zufügt und er – ex ante – vernünftigerweise nicht annehmen durfte, dass die Gesellschaft die Handlung ohne Rücksicht auf den Schadenseintritt akzeptieren werde.

D. Pflichtverletzung

Als tatbestandsmäßige Handlung wird bei der Untreue vom Gesetz nicht ein tatsächlicher Vorgang beschrieben, sondern normativ eine Abweichung von

---

[681] In Non Profit Law Yearbook (2005), 233, 241 und zur weiteren Schranke des Vorsatzes.

einer Verpflichtung.[682] Die Tathandlung bei der Untreue besteht in der Verletzung der dem Täter auferlegten Betreuungspflicht. Sie lässt sich dadurch beschreiben, dass der Täter nicht das tut, was er verpflichtet ist zu tun.

I. Maßgebliche Tatbestandsalternative

§ 266 StGB umfasst zwei Tatbestände, den Missbrauchs- und den Treuebruchtatbestand. Während eine Mindermeinung beide als selbständig und begrifflich verschieden erachtet, sieht die herrschende Meinung im Missbrauchstatbestand einen enger und präziser gefassten, speziell geregelten Anwendungsfall des Treuetatbestandes.[683] Die Abgrenzung der Tatbestandsalternativen hat allerdings an Bedeutung verloren, seit die überwiegende Meinung für beide Tatbestände eine inhaltlich identische Vermögensbetreuungspflicht verlangt.[684] Unabhängig von der dogmatischen Einordnung der beiden Tatbestandsalternativen, der hier nicht weiter nachgegangen werden soll, stellt sich die Frage, ob pflichtwidriges Handeln des Geschäftsführers dem Missbrauchs- oder dem Treuebruchtatbestand unterfällt.

1. Voraussetzungen des Missbrauchstatbestands

Der Missbrauchstatbestand setzt voraus, dass der Täter seine durch Gesetz, behördlichen Auftrag oder Rechtsgeschäft eingeräumte Befugnis, über fremdes Vermögen zu verfügen, missbraucht, d. h. sie im Rahmen der ihm eingeräumten Verfügungsmacht überschreitet.[685] Missbräuchlich handelt der Geschäftsführer, wenn er sich bei der Ausübung der ihm eingeräumten Vertretungsmacht über die ihm im Innenverhältnis gezogenen Schranken hinwegsetzt.[686] Abweichend von § 81 a GmbHG a. F. (und anders als der Treuebruchtatbestand) setzt der Missbrauchstatbestand ein für die GmbH *rechtswirksames Verhalten* des Geschäftsführers voraus.[687] Eine „nicht existente Rechtsmacht kann nicht gebraucht und daher auch nicht missbraucht werden“.[688] Ist das Verhalten zivilrechtlich nicht wirksam, dann soll der Missbrauchstatbestand ausscheiden. Anderer Auffassung ist *Arzt* und neuerdings auch *Schünemann*, die beide einwenden, dass

---

[682] Maurach/Schroeder/Maiwald/*Maiwald*, Strafrecht BT/1, § 45 Rn. 21.

[683] Ausführlich zum Streitstand Schönke/Schröder/*Lenckner/Perron*, StGB, § 266 Rn. 2.

[684] Ebenso *Schünemann*, Organuntreue, S. 12 f., der die Unterscheidung zwischen Treupflichten und schlichten Schuldnerpflichten für entscheidend hält.

[685] BGHSt 5, 61, 62 f.; *Tröndle/Fischer*, StGB, § 266 Rn. 2; *Tiedemann*, GmbH-Strafrecht, vor § 82 Rn. 14.

[686] *Kohlmann*, Strafrechtliche Verantwortlichkeit, Rn. 202; *Lackner/Kühl*, StGB, § 266 Rn. 6 b; *Schmid*, in Müller-Gugenberger/Bieneck, Wirtschaftsstrafrecht, § 31 Rn. 46; SK-StGB/*Samson/Günther*, § 266 Rn. 17.

[687] Gegen eine starre Zivilrechtsakzessorietät *Schünemann*, in Leipziger Kommentar, StGB, § 266 Rn. 32, soweit dadurch eine qua Rechtsgeschäft wirksame Ausübung der eingeräumten Rechtsmacht verlangt wird.

[688] *Hübner*, in Leipziger Kommentar, StGB, 10. Aufl., § 266 Rn. 63.

bei strenger zivilrechtsakzessorischer Betrachtung die schwerwiegenden Formen des Vollmachtsmissbrauchs, bei denen das Zivilrecht dem vom Vertreter vorgenommenen Rechtsgeschäft die Wirksamkeit im Außenverhältnis versagt (z. B. bei kollusivem Zusammenwirken des Täters mit dem Begünstigten), nicht vom Missbrauchstatbestand erfasst und Strafbarkeitslücken provoziert würden, da der Treuebruchtatbestand als Auffangtatbestand nicht in allen Fällen in Betracht komme.[689] Die Gegenauffassung transportiere ein formales und mit dem wirtschaftlichen Vermögensbegriff nicht in Einklang zu bringendes Verständnis einer „buchstäblichen Zivilrechtsakzessorietät des Vermögensstrafrechts, vor dem man sich auch auf weiteren Problemfeldern der Organuntreue hüten muss."[690] Mit der herrschenden Auffassung ist die strafrechtsautonome Bestimmung der Reichweite des Missbrauchstatbestands abzulehnen. *Schramm* weist zutreffend darauf hin, dass der Ansatz von *Arzt* im Ergebnis dazu führt, dass jede Treuepflichtverletzung unter beide Alternativen des Untreuetatbestands subsumiert werden kann, wenn man die Ausübung von Rechtsmacht als eine unmittelbar oder mittelbar Rechtswirkungen erzeugende Handlung definiert.[691]

Der Missbrauchstatbestand setzt weiter ein *rechtsgeschäftliches* Handeln voraus; auch hierin unterscheidet er sich vom Treuebruchtatbestand, für dessen Verwirklichung auch ein rein tatsächliches Verhalten ausreicht.[692] Der Treuebruchtatbestand ist also in zweifacher Hinsicht weiter als der Missbrauchstatbestand. Im Gegensatz zum Missbrauchstatbestand kommen dort auch rechtsunwirksam zum Geschäftsführer bestellte Personen bzw. Personen, die rein faktisch als Geschäftsführer handeln, als taugliche Täter in Betracht.[693] Die Tathandlung des Treuebruchtatbestands braucht vice versa nicht aus einem rechtsgeschäftlichen Handeln bestehen; es genügt ein rein tatsächliches Verhalten.

---

[689] *Arzt*, in FS Bruns (1978), 365 und *Schünemann*, in Leipziger Kommentar, StGB, § 266 Rn. 32 f.; *ders.*, Organuntreue, S. 13 f.

[690] *Schünemann*, Organuntreue, S. 14 f.

[691] Untreue und Konsens, S. 32 ff. Zum Streitstand vgl. auch *Rönnau*, in FS Kohlmann (2003), 239, 246 f.

[692] *Lackner/Kühl*, StGB, § 266 Rn. 6; Schönke/Schröder/*Lenckner/Perron*, StGB, § 266 Rn. 15; *Wessels/Hillenkamp*, Strafrecht BT/2, Rn. 753.

[693] Rechtswirksames Handeln für die Gesellschaft setzen voraus BGHSt 5, 61, 63; *Kohlmann*, Strafrechtliche Verantwortlichkeit, Rn. 177; Schönke/Schröder/*Lenckner/Perron*, StGB, § 266 Rn. 17; a. A. und auch die Tätereigenschaft des faktischen Geschäftsführers hinsichtlich des Missbrauchstatbestand bejahend *Schünemann*, in Leipziger Kommentar, StGB, § 266 Rn. 25, der Missbrauchstatbestand als speziell zu dem Treuebruchtatbestand ansieht. Vgl. zur strafrechtlichen Verantwortlichkeit faktischer Geschäftsführer jüngst *Büning*, Strafrechtliche Verantwortung, S. 27; ausführlich *Kindhäuser*, in FS Lampe (2003), 709, 718.

2. Abgrenzung bei der GmbH-rechtlichen Untreue

Soweit eine Abgrenzung der Tatbestandsalternativen für erforderlich gehalten wird – der BGH ist gelegentlich dazu übergegangen, es offen zu lassen, welche Tatbestandsalternative einschlägig ist –[694] wird für den Bereich der GmbH-Untreue überwiegend angenommen, dass die pflichtwidrige rechtsgeschäftliche Verlagerung von Vermögen aus der GmbH durch den ordnungsgemäß bestellten Geschäftsführer dem Missbrauchstatbestand unterfällt.[695] Anderer Auffassung ist neuerdings *Hentschke*, der sämtliche relevanten Vermögensverlagerungen dem Treuebruchtatbestand zuweisen will.[696] Er begründet das in Anlehnung an *Hellmann*[697] damit, dass auch Vermögensverlagerungen durch rechtsgeschäftliches Handeln wegen der Zustimmung der Gesellschafter im Innenverhältnis nicht rechtswidrig, sondern von der Geschäftsführungsbefugnis umfasst seien, da dem Geschäftsführer durch die Zustimmung die Befugnis zur Vermögensauskehr eingeräumt wird. Auch *Brammsen* nimmt in den Fällen der einvernehmlichen Vermögensminderung stets Treuebruch an, allerdings mit zu *Hentschke* gegenläufiger Argumentation. Er erachtet wirtschaftliche Vermögensverschiebungen unter Missachtung der §§ 29 f. GmbHG nach §§ 134, 138 BGB wegen *Kollusion* als rechtsunwirksam und nimmt sie demzufolge in Übereinstimmung mit der herrschenden Auffassung mangels Rechtsverbindlichkeit aus dem Missbrauchstatbestand aus.[698] Kollusives Zusammenwirken und damit Handeln außerhalb der dem Geschäftsführer eingeräumten Vertretungsbefugnis soll nach *Brammsen* auch vorliegen, wenn die missbräuchliche Auszahlung eine Existenzgefährdung der Gesellschaft hervorruft, die er in Anlehnung an *Ulmer*[699] dem Regime des § 30 GmbHG unterstellt.

Die Beantwortung der Frage, welche Tatbestandsalternative vorliegt, rührt – wie im Bereich der GmbH-Untreue so oft – an dem Verhältnis zwischen autonomem Gesellschafterwillen und ihn einschränkenden gesetzlichen Vorgaben. Erkennt-

---

[694] BGH vom 27.2.1975, 4 StR 571/74, NJW 1975, 1234 (Bundesliga-Skandal); BGHSt 34, 379, 389; BGH vom 21.12.2005, 3 StR 470/04, ZIP 2006, 72 (Mannesmann).

[695] Hachenburg/*Kohlmann*, GmbHG, vor § 82 Rn. 95; *Kohlmann*, Strafrechtliche Verantwortlichkeit, Rn. 203, Schönke/Schröder/*Lenckner/Perron*, StGB, § 266 Rn. 21; *Mihm*, Strafrechtliche Konsequenzen, S. 109; *Flum*, Strafrechtlicher Schutz der GmbH, S. 25.

[696] Untreueschutz der Vor-GmbH, S. 93; ebenso *Hellmann/Beckemper*, Wirtschaftsstrafrecht, Rn. 349 deren Hinweis darauf, dass BGHSt 34, 379, 389 die Entscheidung der Frage, ob der Missbrauchs- oder Treuebruchtatbestands einschlägig ist, offen lässt, ist zwar richtig, jedoch kann der Missbrauchstatbestand schon deshalb nicht eingreifen, da ein faktischer Geschäftsführer handelt.

[697] Wistra 1989, 214, 215.

[698] *Brammsen*, DB 1989, 1609, 1611 f.; ebenso *Hübner*, in Leipziger Kommentar, StGB, 10. Aufl., § 266 Rn. 60 f.; *Schmid*, in Müller-Gugenberger/Bieneck, Wirtschaftsstrafrecht, § 31 Rn. 68; Schönke/Schröder/*Lenckner/Perron*, StGB, § 266 Rn. 17.

[699] In FS Pfeiffer (1988), 853.

nisziel ist jeweils, welche Wirkung der Zustimmung der Gesellschafter zu Verfügungen des Geschäftsführers entgegen der Kapitalerhaltungsregeln oder sonstiger gesellschaftsrechtlicher Regularien zukommt. Da stets die gleiche Frage – in anderem Gewand – zu betrachten ist, überzeugt eine Ansicht nur, wenn sie die Frage nach der strafrechtlichen Wirkung der Gesellschafterzustimmung an jeder Stelle im Prüfungsaufbau gleich behandelt. Wenn *Hentschke* bei der Frage der tatbestandsmäßigen Handlung annimmt, dass der Geschäftsführer aufgrund der Zustimmung der Gesellschafter im Innenverhältnis handeln darf, dürfte er in Konsequenz dem Einverständnis der Gesellschafter bei der Frage der Dispositionsbefugnis nicht gar keine oder eine nur eingeschränkte strafbarkeitsrelevante Wirkung beilegen.[700] Der Missbrauchstatbestand erfasst das ungetreue Verhalten durch rechtswidrigen Gebrauch einer rechtsgeschäftlichen Machtstellung über fremdes Vermögen.[701] Das für die Untreue charakteristische Handlungsunrecht liegt nach herrschender Auffassung im Fehlgebrauch eingeräumter Entscheidungsmacht über fremdes Vermögen.[702] Geschützt ist die Rechtsbeziehung, die einem Beteiligten ein rechtliches Können gewährt, das über das rechtliche Dürfen hinausgeht. Tathandlung ist daher ein rechtswirksames, aber sein rechtliches Dürfen verletzendes Rechtsgeschäft über das fremde Vermögen.[703] Der Täter nutzt die ihm zum Handeln im Interesse des Vermögensinhabers eingeräumte Bewegungsfreiheit zu einer diesen Interessen zuwiderlaufenden Nachteilszufügung aus. Da der Täter der Form nach in die organisatorische Sphäre des betroffenen Vermögens eingebunden ist, kann die Untreue als Schädigung von innen heraus bzw. als intern vereitelte Zweckerreichung bezeichnet werden.[704] Das Vermögen findet, wie *Binding* formuliert „seinen Feind grade in der Person, der es von Rechts wegen unterstellt ist, und gegen diesen bedarf sein Inhaber energischen Schutzes“.[705]

Die herrschende Meinung verlangt in formaler Zivilrechtsakzessorietät zu Recht eine wirksame Ausübung der dem Täter eingeräumten Rechtsmacht.[706] Es ist daher zu untersuchen, ob ein Rechtsgeschäft, das gegen § 30 GmbHG oder sonstige im Gläubigerinteresse angeordnete Beschränkungen der Verfügungsbefugnis über das Gesellschaftsvermögen verstößt, *im Außenverhältnis* zivilrechtlich wirksam ist und *im Innenverhältnis* die eingeräumten Befugnisse über-

---

[700] Anders aber *Hentschke*, Untreueschutz der Vor-GmbH, S. 93 für die Tatbestandsalternaive einerseits und S. 128 für die Dispositionsbefugnis der Gesellschafter andererseits.

[701] *Schünemann*, in Leipziger Kommentar, StGB, § 266 Rn. 32.

[702] NK-StGB/*Kindhäuser*, § 266 Rn. 3.

[703] *Tröndle/Fischer*, StGB, § 266 Rn. 21.

[704] NK-StGB/*Kindhäuser*, § 266 Rn. 3.

[705] Lehrbuch des Strafrechts, Besonderer Teil Bd. I, S. 397.

[706] LG Berlin vom 28.9.1994, (522) 56 Js F 41/91 Ns (30/94), wistra 1996, 72; HWSt/*Seier*, V Rn. 98; Schönke/Schröder/*Lenckner/Perron*, StGB, § 266 Rn. 17.

schreitet. Nur wenn beide Voraussetzungen zusammentreffen, liegt ein Missbrauch der Verfügungsbefugnis vor.

a) Zivilrechtliche Wirksamkeit des Rechtsgeschäfts

Ein Beschluss der Gesellschafterversammlung, der gegen Vorschriften verstößt, die wie die Kapitalaufbringungs- oder Kapitalerhaltungsvorschriften für den Gläubigerschutz wesentlich sind, ist analog § 241 Nr. 3 AktG nichtig.[707] Ferner sind Gesellschafterbeschlüsse nichtig, wenn sie mit dem Wesen der GmbH unvereinbar sind, d. h., wenn sie den Kernbereich zwingender Vorschriften, durch den die GmbH in ihrem Bestand erhalten wird – wie die eigene Rechtspersönlichkeit und die Vorschriften in Hinblick auf deren Aufhebung –, verletzen, oder wenn der Beschluss als solches gegen Normen, die für ein weit verstandenes öffentliches Interesse wesentlich sind, verstößt. Zur letztgenannten Gruppe gehören v. a. Normen, die dem Schutz der Gläubiger bzw. zukünftiger Gesellschafter dienen und, soweit sie gegenwärtige Gesellschafter schützen, unverzichtbar sind; so ist etwa die Anweisung, den Jahresabschluss nicht zu publizieren, oder Beschlüsse, die sich auf eine Strafbarkeit beziehen, nichtig.[708] Trotz der Nichtigkeit eines solchen Beschlusses sind Rechtsgeschäfte, die in seiner Ausführung ergehen und gegen Kapitalerhaltungsregeln oder Existenzschutzregeln verstoßen, wirksam. Während früher teilweise Nichtigkeit (jedenfalls) des Verfügungsgeschäfts angenommen wurde,[709] entspricht es heute der Rechtsprechung und herrschenden Meinung, dass Kausal- und Verfügungsgeschäft grundsätzlich gültig sind.[710] Die These, dass der Pflichtverstoß des Geschäftsführers bei verdeckten Gewinnausschüttungen auf die Vertretungsmacht durchschlägt, wird heute nicht mehr vertreten.[711] Es liegt kein Fall des § 134

---

[707] MünchKommAktG/*Hüffer*, § 241 Rn. 54; GroßkommAktG/*K. Schmidt*, § 241 Rn. 60; Ulmer/*Raiser*, GmbHG; Anh. § 47 Rn. 52; Rowedder/Schmidt-Leithoff/*Koppensteiner*, GmbHG, § 47 Rn. 109; Scholz/*K. Schmidt*, GmbHG, § 45 Rn. 74; *Meilicke*, BB 1988, 1261; *Schäfer*, GmbHR 1993, 780, 790. A. A. *Kleffner*, Erhaltung des Stammkapitals, S. 113. *Kaufmann*, Organuntreue, S. 47 m. w. N., geht im Regelfall von einer „schwebenden Unwirksamkeit" des Beschlusses aus und nimmt Nichtigkeit nur bei einem bewussten Verstoß gegen § 30 GmbHG an. So auch *Geerds, D.*, in FS Geerds (1995), 689, 702, wonach Beschluss in der Regel nicht vollziehbar, bei bewusstem Verstoß nach § 241 Nr. 3 AktG analog nichtig ist.

[708] Vgl. MünchKommAktG/*Hüffer*, § 241 Rn. 46; *Lutter/Hommelhoff*, GmbHG, Anh. § 47 Rn. 16.

[709] Ulmer/*Habersack*, GmbHG, § 30 Rn. 96 f.; *Canaris*, in FS Fischer (1979), 31, 56 m. w. N.

[710] Roth/Altmeppen/*Altmeppen*, GmbHG, § 30 Rn. 79; *Lutter/Hommelhoff*, GmbHG, § 30 Rn. 38 ff.

[711] So noch *Schulze-Osterloh*, in FS Stimpel (1985), 487, 492 ff. Vgl. aus der älteren Literatur auch *Ulmer*, in FS Pfeiffer (1988), 853 Fn. 12. *Kleffner*, Erhaltung des Stammkapitals, S. 106; *Tries*, Verdeckte Gewinnausschüttungen, S. 89.

BGB vor, der zur Nichtigkeit des Rechtsgeschäfts führt.[712] Das gilt nach neuerer Rechtsprechung auch bei bewusster Zuwiderhandlung gegen § 30 GmbHG.[713] Danach ist auch keine Ausnahme für den Fall zu machen, dass ein weitergehender Schutz der Gesellschaft aufgrund der Unwirksamkeit der Geschäfte aus einem anderen Rechtsgrund gegeben wäre, etwa bei Überschreiten der Vertretungsmacht oder bei Kollusion, wenn die Beteiligten bewusst zum Schaden der Gesellschaft zusammenwirken.[714] Im Verhältnis zu Dritten ergibt sich dies daraus, dass die Vertretungsmacht des Geschäftsführers grundsätzlich unbeschränkt und unbeschränkbar ist, arg. ex § 37 GmbHG, und den Dritten aus der Zuwiderhandlung gegen das Kapitalerhaltungsverbot kein Nachteil treffen soll. Auch die gegenüber einem Gesellschafter eingegangene Verpflichtung ist entstanden, aber gehemmt, solange und soweit die Erfüllung der Verpflichtung in die Unterbilanz führen würde.[715]

b) Überschreitung der Befugnisse des Geschäftsführers im Innenverhältnis

Verstößt der Geschäftsführer mit einem Geschäft gegen Kapitalerhaltungsvorschriften oder das Existenzinteresse der Gesellschaft, so überschreitet er im Innenverhältnis zur Gesellschaft seine Befugnisse. Auch das Einverständnis der Gesellschafter vermag daran nichts zu ändern, da § 30 GmbHG ein gesetzliches Verbot ist, das auch für die Gesellschafter gilt und über das sich sie nicht hinwegsetzen können.[716]

c) Besonderheiten bei der Einpersonen-Gesellschaft?

Krekeler/Werner weisen darauf hin, dass die Missbrauchsalternative bei der Einpersonen-Gesellschaft nie einschlägig sein kann, da stets ein schwebend unwirksames Geschäft im Sinne des § 181 BGB vorliege.[717] Aufgrund der ge-

---

[712] BGHZ 136, 125, 129; BGH vom 13.11.1995, II ZR 113/94, NJW 1996, 589, 590; BGHZ 136, 125; *Lutter/Hommelhoff*, GmbHG, § 30 Rn. 38; *Wagner/Hermann*, BB 1999, 608; ausführlich *Kleffner*, Erhaltung des Stammkapitals, S. 108 ff.

[713] BGHZ 136, 125, 129; Baumbach/Hueck/*Hueck/Fastrich*, GmbHG, § 30 Rn. 32; Michalski/*Heidinger*, GmbHG, § 30 Rn. 87, 89; *Kort*, ZGR 2001, 615, 623; kritisch *Wilhelm*, Kapitalgesellschaftsrecht, Rn. 360 mit Fn. 451; ausführlich *Bitter*, ZHR 168 (2004), 302, 344; a. A. noch *Müller*, ZIP 1996, 941, 944 („generell nichtig").

[714] So aber *Brammsen*, DB 1989, 1609, 1611, der die Geschäfte deswegen als nichtig ansieht; vgl. auch *Altmeppen*, JZ 1997, 967 in seiner Anmerkung zu BGHZ 136, 125; Roth/Altmeppen/*Altmeppen*, GmbHG, § 30 Rn. 82.

[715] A. A. *Geerds, D.*, in FS Geerds (1995), 689, 702, der annimmt, dass auch die Außenkompetenz des Geschäftsführers überschritten ist. Wie hier *Kohlmann*, Strafrechtliche Verantwortlichkeit, Rn. 203.

[716] So auch *Gehrlein*, NJW 2000, 1089 f.; *Müller-Christmann/Schnauder*, JuS 1998, 1080, 1084; *Geerds*, JR 1997, 340. Vgl. auch *Kubiciel*, NStZ 2005, 353, 358; *Krekeler/Werner*, StraFo 2003, 374, 376.

[717] StraFo 2003, 374, 378.

setzlichen Anordnung in § 35 Abs. 4 GmbHG findet zwar § 181 BGB auf die Einpersonen-Gesellschaft Anwendung. Allerdings kann der Gesellschafter – was regelmäßig gemacht wird – von dem darin enthaltenen Selbstkontrahierungsverbot Dispens durch oder aufgrund Gesellschaftsvertrags erteilen. § 181 BGB und die darin angeordnete schwebende Unwirksamkeit des Geschäfts kommt auch nicht zum Tragen, wenn das gegen § 30 GmbHG verstoßende Geschäft nicht mit dem Einmann-Gesellschafter, sondern mit einer dritten Person geschlossen wird, auf die der Schutz des § 30 GmbHG nach seiner Ratio anzuwenden ist.[718] Kommt eine Erweiterung des Schutzzwecks des § 30 GmbHG auf andere Personen nicht in Betracht, so übt der Alleingesellschafter-Geschäftsführer seine Vertretungsmacht nicht wirksam aus, so dass der Treuebruchtatbestand mangels rechtswirksamen Handelns im Außenverhältnis einschlägig ist. Das ist aber keine Besonderheit der Einpersonen-Gesellschaft, sondern jedem Handeln eines Geschäftsführers immanent, sofern er nicht von § 181 BGB befreit ist.

II. Zusammenfassung

Der *Treuebruchtatbestand* kommt beim Handeln eines faktischen Geschäftsführers oder bei Schädigung der Gesellschaft durch ein nicht rechtsgeschäftliches Handelns zum Tragen. Auch ein zivilrechtlich nicht oder nicht wirksam zum Geschäftsführer Bestellter kann tauglicher Täter des Treuebruchtatbestandes sein, da letzterer kein rechtswirksames Handeln für die GmbH voraussetzt. In allen anderen Fällen ist der *Missbrauchstatbestand* einschlägig. Diese Grundsätze gelten auch in der Einpersonen-Gesellschaft.

E. Zustimmung der Gesellschafter

Nach den allgemeinen Regeln des Strafrechts ist eine Handlung, die mit der Billigung des Rechtsgutsinhabers vorgenommen wird, nicht strafbar. Die Vermögensbetreuungspflicht des § 266 StGB ist folglich nicht verletzt, wenn der Vermögensinhaber sein Einverständnis mit der Vermögensschädigung erklärt. Für den Bereich der Organuntreue soll das jedoch nicht uneingeschränkt gelten. Die Zustimmung der Gesellschafterversammlung wirkt nach herrschender, aber umstrittener Auffassung nur dann strafbarkeitsausschließend, wenn weder die zwingenden Vorschriften des GmbH-Rechts noch die Fähigkeit der Gesellschaft, ihre Verbindlichkeiten zu erfüllen, verletzt sind. Nach der Einordnung des zustimmenden Willens in strafrechtliche Kategorien und der Darstellung des Streitstandes wird zu zeigen sein, dass die Beschränkung der Verfügungsbefug-

---

[718] Zu Drittfällen vgl. BGHZ 118, 107, 110; Baumbach/Hueck/*Hueck/Fastrich*, GmbHG, § 30 Rn. 19; *Lutter/Hommelhoff*, GmbHG, § 31 Rn. 5; Scholz/*H. P. Westermann*, GmbHG, § 30 Rn. 40 f.

nis der Gesellschafter über das Gesellschaftsvermögen, wie sie von der herrschenden Meinung vertreten wird, revidiert werden muss.

I. Einordnung des zustimmenden Willens in strafrechtliche Kategorien

Von dem großen römischen Rechtsgelehrten *Ulpian* ist der Satz „Nulla iniuria est, quae in volentem fiat"[719] überliefert. In Anlehnung an diesen Rechtssatz misst man der Einwilligung gewohnheitsrechtlich unrechtsausschließenden Charakter zu, wenn der Träger eines Rechtsguts eine gegen dieses Gut gerichtete und an sich strafbare Handlung gestattet hat. Hintergrund ist, dass ein Strafgesetz nicht angewendet werden darf, wenn der Träger des Rechtsguts nicht in seinem Interesse verletzt ist.

1. Abgrenzung von Einverständnis und Einwilligung

Im Anschluss an *Geerds*[720] unterscheidet die Strafrechtswissenschaft zwischen dem Einverständnis und der Einwilligung.[721] Beide Rechtsinstitute weisen nach *Geerds* „rein tatsächlich an sich die gleichen Merkmale"[722] auf, sind sie doch beide durch eine billigende, innere Anteilnahme des Betroffenen an den beeinträchtigenden Handlungen des Täters gekennzeichnet.

a) Dualistische Zustimmungstheorie

Trotz ihrer so verstandenen inneren Identität bestehen zwischen beiden Formen der Zustimmung des Rechtsgutsinhabers nach wohl (noch) überwiegender Auffassung Unterschiede in ihrer rechtlichen Bedeutung und Auswirkung, die eine grundlegende Abgrenzung und Unterscheidung notwendig machen.[723] Die Befürworter der dualistischen Zustimmungstheorie sprechen von einem Einverständnis, wenn die tatbestandliche Handlungsbeschreibung ein Handeln oder Unterlassen gegen oder ohne den Willen des Betroffenen (sog. invito laesio) erfordert.[724] So setzt etwa das Eindringen in § 123 StGB ausdrücklich ein Handeln gegen den Willen des Rechtsgutsinhabers voraus, das Fehlen einer billigenden Zustimmung ist schon im Tatbestand angelegt. Demgegenüber ist die

---

[719] Ulpian (um 170–228 n. Chr.), im 47. Buch der Digesten (D.47.10.1.5.). Der Umfang seiner Anwendung war bereits im römischen Recht zweifelhaft, vgl. *Roxin*, Strafrecht AT/1, § 13 Rn. 1.

[720] Einwilligung und Einverständnis, S. 111 ff.; *ders.*, GA 1954, 262 ff.

[721] BGHSt 23, 3; *Tröndle/Fischer*, StGB, vor § 32 Rn. 3 ff.; *Lackner/Kühl*, StGB, vor § 32 Rn. 10 ff.; *Lenckner*, ZStW 72 (1960), 446, 448 f.; *Wessels/Beulke*, Strafrecht AT, Rn. 359 ff.

[722] GA 1954, 262, 263.

[723] *Jescheck/Weigend*, Strafrecht AT, § 34 I 2; neuestens auch *Schramm*, Untreue und Konsens, S. 51; a. A. mit beachtlichen Argumenten *Kientzy*, Der Mangel am Straftatbestand, S. 65, der von einem einheitlichen Rechtsinstitut ausgeht.

[724] Schönke/Schröder/*Lenckner*, StGB, vor § 32 Rn. 31; *Tröndle/Fischer*, StGB, vor § 32 Rn. 3 a; *Wessels/Beulke*, Strafrecht AT, Rn. 362. Zum Streitstand *Rönnau*, Willensmängel bei der Einwilligung, S. 12 ff., 141 ff.

Einwilligung dadurch begründbar, dass für die Rechtsordnung kein Anlass besteht, Güter zu schützen, die ihr Inhaber bewusst dem Zugriff Dritter preisgibt. Mit der Einwilligung macht der Rechtsgutinhaber von seiner Freiheit Gebrauch, sein Rechtsgut nach freien Stücken preiszugeben. Die Unterscheidung in Einwilligung und Einverständnis hat nach dieser Auffassung die Aufgabe, die Tatbestände auszuscheiden, bei denen ein Handeln gegen den Willen des Rechtsgutinhabers bereits im Tatbestand angelegt ist, ohne dass ihr weitergehende Bedeutung zukommt. Die Unterscheidung in die Kategorien Einverständnis und Einwilligung darf insbesondere nicht dahin missverstanden werden, dass es ein einheitliches Rechtsinstitut „Einverständnis" mit einheitlichen Voraussetzungen gibt, die für alle Tatbestände passen. Es ist vielmehr je nach Tatbestand individuell anhand der Auslegung der Tatbestandsmerkmale zu prüfen, welche „Wirksamkeitsvoraussetzungen" des Einverständnisses vorliegen müssen.

b) Monistische Zustimmungstheorie

Nach anderer, monistischer Auffassung findet die traditionelle Unterscheidung in Einverständnis und Einwilligung schon im Wortlaut des Gesetzes keine hinreichende Stütze.[725] So lasse sich bei den meisten Handlungsmerkmalen nicht eindeutig entnehmen, ob sie ein Handeln ohne Zustimmung des Betroffenen voraussetzen oder nicht. Zur Illustration sei das Beispiel von *Roxin* angeführt, der darauf hinweist, dass der Gesetzgeber bei § 123 StGB statt von „widerrechtlichem Eindringen" sachlich gleichbedeutend von „widerrechtlichem Betreten" hätte sprechen und dadurch die Zustimmung des Hausrechtsinhabers auf die Einwilligungsebene hätte verlagern können.[726] Die Ergebnisse der herrschenden Meinung seien daher nicht zuletzt von der sprachlichen Befähigung des Gesetzgebers abhängig und damit zufällig. Das entscheidende Argument der monistischen Auffassung liegt aber in der liberalen, auf das Individuum bezogenen Rechtsgutlehre, wonach jedes Rechtsgut zugleich eine Autonomiekomponente aufweist. Wenn Rechtsgüter der freien Entfaltung des Einzelnen dienen, dann kann keine Rechtsgutverletzung vorliegen, wenn eine Handlung auf einer Disposition des Rechtsgutträgers beruht, die seine freie Entfaltung nicht beeinträchtigt, sondern deren Ausdruck ist.[727] Willigt der Eigentümer aus freien Stücken in die Beschädigung seiner Sache ein, dann liegt darin keine Verletzung der Eigentümerposition, sondern eine Mitwirkung bei ihrer frei verantworteten Ausübung. Um eine Einwilligung soll es sich handeln, wenn die Zustimmung nicht das

---

[725] *Schmidhäuser*, in FS Geerds (1995), 593 aufgrund seiner Sonderauffassung zum Unrechtstatbestand; *Schlehofer*, Einwilligung und Einverständnis, S. 1 m. w. N; MünchKomm-StGB/*Schlehofer*, vor § 32 Rn. 104; *Roxin*, Strafrecht AT/1, § 13 Rn. 2; *Rönnau*, Willensmängel bei der Einwilligung, S. 85 ff., 124.

[726] Offene Tatbestände, S. 130.

[727] *Roxin*, Strafrecht AT/1, § 13 Rn. 12; ähnlich *Weigend*, ZStW 98 (1986), 44, 61. MünchKommStGB/*Schlehofer*, vor § 32 Rn. 106.

tatbestandliche Verhalten ausschließt, sondern ein schutzwürdiges Interesse an der Erhaltung des Rechtsguts entfallen lässt.[728] Dagegen ist einzuwenden, dass Gegenstand des strafrechtlichen Schutzes bei Tatbeständen, die Rechtsgüter des einzelnen betreffen, auch die Unversehrtheit des Angriffsobjekts ist, das durch die tatbestandsmäßige Handlung beeinträchtigt wird, und nicht bloß die Verfügungsbefugnis des Berechtigten. Wenn der Berechtigte seine Güter dem Zugriff Dritter preisgibt, so kann der Vorgang trotz der Einwilligung strafrechtlich bedeutsam sein. Würde man die Selbstbestimmung in jedem Fall als Bestandteil des Rechtsguts sehen, so würde der materiellen Werteinbuße, die mit der Verletzung von Individualrechtsgütern einhergeht, nicht ausreichend gewürdigt werden.[729]

c) Straftatsystematischer Standort

Unabhängig von der Frage der Abgrenzung zwischen Einverständnis und Einwilligung und den sachlichen Anforderungen an die Wirksamkeit der Einwilligung ist der straftatsystematische Standort der Einwilligung zu betrachten. Während nach traditioneller Auffassung die wirksam erklärte Einwilligung rechtfertigend wirkt,[730] geht die neuere monistische Auffassung davon aus, dass die Einwilligung bereits die Rechtsgutsverletzung und damit den Tatbestand ausschließt.[731] Da die Schutzgüter der individualschützenden Strafnormen neben dem Realgut auch die Autonomie des Rechtsgutsinhabers sind, werde das geschützte Realgut beim Gebrauch dieses Selbstbestimmungsrecht schon gar nicht berührt.[732] Das maßgebliche Rechtsgut ist damit nicht abstrakt, sondern nur in dem konkret gewillkürten Umfange durch die Strafvorschriften zu bestimmen. Eigentum und Vermögen sind nicht um ihres Bestandes, sondern um ihrer Disponibilität wegen geschützt. Diese Argumentation verfängt nicht, da wie soeben dargestellt auch die Preisgabe des Rechtsguts durch den Rechtsgutinhaber nichts daran zu ändern vermag, dass die gesetzlich vorgegebenen Tatbestandsmerkmale (z. B. „Beschädigen" bei der Sachbeschädigung) bei einem von der Einwilli-

---

728 MünchKommStGB/*Schlehofer*, vor § 32 Rn. 102.

729 *Hirsch*, in Leipziger Kommentar, StGB, vor § 32 Rn. 98; *Jescheck/Weigend*, Strafrecht AT, § 34 I 2 b; *Wessels/Beulke*, Strafrecht AT, Rn. 363.

730 Schönke/Schröder/*Lenckner*, StGB, vor § 32 Rn. 33 mit dem Hinweis auf den Wortlaut von § 228 StGB („nicht rechtswidrig, wenn [...] einwilligt); *Tröndle/Fischer*, StGB, vor § 32 Rn. 9.

731 *Jakobs*, Strafrecht AT, 7/110; *Kientzy*, Der Mangel am Straftatbestand, S. 32, 66; *Kühne*, JZ 1979, 241, 242; *Roxin*, Strafrecht AT/1, § 13 Rn. 12 ff.; *Zipf*, Einwilligung und Risikoübernahme, S. 28 f.; SK-StGB/*Günther*, vor § 32 Rn. 51 zur Einwilligung als Strafunrechtsausschließungsgrund; im Bereich der Untreue *Waßmer*, Untreue bei Risikogeschäften, S. 35; für das österreichische Recht differenzierend *Hinterhofer*, Einwilligung im Strafrecht, S. 14 (Tatbestandsausschluss bei unbeschränkt disponiblen Gütern; Rechtfertigungsgrund sonst).

732 *Maurach/Zipf*, Strafrecht AT/1, § 17 Rn. 30 ff.; *Schmidhäuser*, Strafrecht AT, 5/106 ff.; *Zipf*, Einwilligung und Risikoübernahme, S. 28; *Roxin*, in GS Noll (1984), 275, 277.

gung gedeckten Verhalten des Täters vorliegen.[733] Für die vorliegende Untersuchung braucht der Frage, auf welcher Ebene des Straftatbestands die Einwilligung zu verorten ist, nicht weiter nachgegangen werden, da die systematische Einordnung der Einwilligung auf Ebene des Tatbestandes oder der Rechtswidrigkeit – worauf *Sternberg-Lieben* hingewiesen hat –,[734] ohnehin nur begrenzte Aussagekraft besitzt. Der Tatbestand ist keine eigene strafrechtliche Bewertungsstufe, da nur die rechtswidrige Tat Rechtsfolgen auslöst.

d) Ergebnis: Einverständnis als Subsumtionsproblem tatbestandlicher Auslegung

Der herrschenden Auffassung ist der Vorzug zu geben und das Einverständnis als ein „Subsumtionsproblem tatbestandlicher Auslegung"[735] zu verstehen. Es handelt sich nicht bloß um eine stilistische Zufälligkeit, sondern um eine bewusste Entscheidung des Gesetzgebers, wenn er das Handeln wider den Willen des Opfers bei den Körperverletzungs- oder Sachbeschädigungstatbeständen unmittelbar im Tatbestand anlegt (Beschädigen, Misshandeln) und damit das tatbestandliche Unrecht zutreffend qualifiziert.

Mit *Einverständnis* ist somit der zustimmende Wille des Rechtsgutinhabers zu bezeichnen, wenn ein Tatbestandsmerkmal bereits begrifflich ein Handeln gegen oder ohne den Willen des Rechtsgutinhabers verlangt. Erteilt der Rechtsgutsinhaber irrtums- und zwangsfrei sein Einverständnis, so entfällt die Verwirklichung des im Tatbestand vertypten Unrechts, weil das von der Erlaubnis gedeckte Täterhandeln nicht unter einen Straftatbestand subsumierbar ist. In welchen Fällen ein Einverständnis und nicht eine Einwilligung vorliegt, ergibt sich aus der Formulierung des Gesetzes[736], aus der besonderen Natur des Tatbestands[737] oder dem Schutzbereich des betroffenen Rechtsguts[738]. Das Einverständnis kommt bei denjenigen Tatbeständen zum Tragen, die ihren deliktischen Charakter dadurch erhalten, dass sie gegen den Willen des Betroffenen erfol-

---

[733] Baumann/Weber/Mitsch/*Mitsch*, Strafrecht AT, § 17 Rn. 95; *Sternberg-Lieben*, Die objektiven Schranken der Einwilligung, S. 63.

[734] Die objektiven Schranken der Einwilligung, S. 66 ff.; *Hinterhofer*, Einwilligung im Strafrecht, S. 15.

[735] *Sternberg-Lieben*, Die objektiven Schranken der Einwilligung, S. 201.

[736] Vgl. die Nachweise bei *Arzt*, Strafrechtlicher Schutz der Intimsphäre, S. 184 und S. 265 zum Wortlautargument und Beispielen zu Tatbestandsmerkmalen, bei denen der Gesetzgeber den zustimmenden Wille des Rechtsgutsinhabers straftatsystematisch uneinheitlich verortet.

[737] So für Tatbestände, bei denen sich es sich nicht schon aus der Gesetzesformulierung ergibt Schönke/Schröder/*Lenckner*, vor § 32 Rn. 31; wieder anders *Hinterhofer*, Einwilligung im Strafrecht, S. 4, der Tatbestandsausschluss bei frei disponiblen Gütern und sonst Rechtfertigung annimmt.

[738] *Lenckner*, ZStW 72 (1960), 446, 448.

gen.[739] Der zustimmende Wille schließt das vom Gesetz (ausdrücklich oder seiner Natur nach) geforderte Tatbestandsmerkmal des entgegenstehenden Willens logisch aus, verhindert so rein tatsächlich die volle Verwirklichung des objektiven Tatbestandes[740] und schafft eine Situation, bei der es an einem für die Verwirklichung der strafbaren Handlung erforderlichen Merkmals fehlt.[741] Das Einverständnis ist damit ein Problem der tatsächlichen Umstände der verwirklichten Tathandlung. Konsequenterweise wird daher vertreten, dass nicht der Inhaber des Schutzguts, sondern der Verletzte des Handlungsobjekts zustimmen muss.[742] Als zu weitgehend abzulehnen ist hingegen die überkommene Auffassung, das Einverständnis sei „rein tatsächlicher Natur". Diese Auffassung legte allgemein und nicht anhand der einzelnen Tatbestände fest, ob dem Einverständnis tatbestandsausschließende Wirkung zukommt.[743] Richtigerweise sind die Wirksamkeitsvoraussetzungen des Einverständnisses aber nach dem Sinn und Zweck des verwirklichten Tatbestandes und des Wesens des dort geschützten Rechtsgutes zu bestimmen.[744]

Die *Einwilligung* ist dagegen eine ungeschriebene allgemeine Regel, die zur Aufhebung von tatbestandlich verwirklichtem Unrecht führt. Die Einwilligung bezieht sich entgegen der h. M. nicht auf die Handlung, da die Bewertung einer Handlung als rechtmäßig oder rechtswidrig stets eine Frage der gesamten Rechtsordnung ist, sondern auf den tatbestandsmäßig verwirklichten Erfolg,[745] den die Einwilligung als solchen unberührt lässt.[746] So verwirklicht die Zufügung eines Messerstichs auch dann die Tatbestandsmerkmale des § 223 StGB, wenn der Verletzte wirksam einwilligt. Für die Bestimmung des Einwilligungsgegenstandes ist der Erfolgsbegriff enger zu fassen und mit der strafrechtsrelevanten Unrechtsverwirklichung gleichzusetzen. Die Einwilligung schließt allei-

---

[739] *Geerds*, Einwilligung und Einverständnis, S. 142; *ders.*, GA 1954, 262, 264 f.; Schönke/Schröder/*Lenckner*, StGB, vor § 32 Rn. 31; *Wessels/Beulke*, Strafrecht AT, Rn. 366.

[740] *Geerds*, Einwilligung und Einverständnis, S. 99; *Zipf*, Einwilligung und Risikoübernahme, S. 20; *Maurach/Zipf*, Strafrecht AT/1, § 17 Rn. 41.

[741] *Tröndle/Fischer*, StGB, vor § 32 Rn. 3 a; *Schmidhäuser*, Strafrecht AT, 5/110.

[742] *Geerds*, Einwilligung und Einverständnis, S. 143.

[743] *Geerds*, GA 1954, 262, 265; *Bockelmann/Volk*, Strafrecht AT, § 15 C. I. 1. b) bb).

[744] *Schlehofer*, Einwilligung und Einverständnis, S. 1.

[745] Für Erfolgsbezogenheit der Einwilligung *Zipf*, Einwilligung und Risikoübernahme, S. 20; anders die h. M., die die Einwilligung auf Handlung und Erfolg bezieht, vgl. nur *Geerds*, Einwilligung und Einverständnis, S. 56; Schönke/Schröder/*Lenckner*, StGB, vor § 32 Rn. 34; *Jescheck/Weigend*, Strafrecht AT, § 34 IV 3; *Maurach/Zipf*, Strafrecht AT/1, § 17 Rn. 53 differenziert zwischen faktischer Begrenzung und rechtlicher Relevanz der Handlungsbezogenheit; zum Meinungsstand in Österreich *Hinterhofer*, Einwilligung im Strafrecht, S. 51, der selbst einen differenzierten Ansatz verfolgt (S. 53).

[746] A. A. *Kientzy*, Der Mangel am Straftatbestand, S. 82, der den Tatbestand als Wertungsstufe einordnet und damit bereits die Tatbestandsmäßigkeit der Handlung verneint.

ne letzteres aus, so dass richtigerweise als Einwilligungsgegenstand das jeweils in der einzelnen Strafnorm geschützte Rechtsgut zu bezeichnen ist. Willigt der Rechtsgutinhaber in die Preisgabe seiner Rechtsgüter ein, so entfällt hinsichtlich dieses Rechts eine strafrechtsrelevante Verletzungsmöglichkeit.[747] Die strafbarkeitsausschließende *Wirkung der Einwilligung* beruht auf dem dogmatischen Prinzip des mangelnden Interesses, bei dem der Rechtsgutinhaber auf den rechtlichen Schutz verzichtet.[748] Durch die Einwilligung macht der durch die Strafvorschriften Geschützte von seinem Recht auf Selbstbestimmung Gebrauch, was zur Aufhebung des tatbestandlich vertypten Unrechts führt. Er kann eine zu seinen Gunsten statuierte Schutznorm außer Kraft setzen, wenn er an der Unversehrtheit des geschützten Rechtsguts kein Interesse hat.[749] Andere verankern die Wirkung der Einwilligung in den Grundrechten. So entnimmt *Zipf* die Wirkung der Einwilligung aus Art. 2 Abs. 1 GG, der die allgemeine Handlungsfreiheit und damit auch die Freiheit, auf Rechtsgüter zu verzichten, garantiert.[750] Der Schutz durch das Strafrecht dient der Bewahrung der grundrechtlich gesicherten Güter des Grundrechtsträgers. Durch dessen Einwilligung in die tatbestandliche Verletzung seiner Rechtsgüter entfällt die Legitimation für den staatlichen Eingriff in die Freiheit des Opfers und damit auch in die des Täters.[751]

2. Schlussfolgerungen für die GmbH-rechtliche Untreue

Von der Differenzierung zwischen Einverständnis und Einwilligung ausgehend, lässt sich der zustimmende Wille bei der GmbH-rechtliche Untreue in diese Kategorien einordnen. Die Grundsätze der Einwilligung sind nicht bereits deshalb unanwendbar, weil keine Individualrechtsgüter einer natürlichen Person, sondern Rechtsgüter einer juristischen Person in Rede stehen.[752] Das ergibt sich mittelbar aus Art. 19 Abs. 3 GG, wonach die Grundrechte auch für inländische juristische Personen gelten, soweit sie ihrem Wesen nach auf diese anwendbar

---

[747] *Geerds*, GA 1954, 262, 263; *Kientzy*, Der Mangel am Straftatbestand, S. 15; *Zipf*, Einwilligung und Risikoübernahme, S. 31.

[748] *Lackner/Kühl*, StGB, vor § 32 Rn. 10; Schönke/Schröder/*Lenckner*, StGB, vor § 32 Rn. 33; *Tröndle/Fischer*, StGB, vor § 32 Rn. 3 b; *Wessels/Beulke*, Strafrecht AT, Rn. 370.

[749] *Amelung/Eymann*, JuS 2001, 937, 938.

[750] *Maurach/Zipf*, Strafrecht AT/1, § 17 Rn. 36; anders *Amelung*, Einwilligung in die Beeinträchtigung eines Grundrechtsguts, S. 33, der die Zustimmung als Ausfluss des durch den Straftatbestand geschützten Rechtsguts begreift und die Schranken der Zulässigkeit einer Einwilligung in Grundrechtsgüter aus dem einschlägigen Spezialgrundrecht entnimmt; ihm folgend *Kohlmann*, in FS Werner (1984), 387, 402. Wiederum anders *Noll*, Übergesetzliche Rechtfertigungsgründe, S. 74, der eine Güterabwägung zwischen Selbstbestimmungsrecht und Strafrechtsgut vornimmt.

[751] *Sternberg-Lieben*, Die objektiven Schranken der Einwilligung, S. 526; vgl. auch den abweichenden Ansatz eines relativen Rechtsgutsbegriffs bei *Sowada*, Notwendige Teilnahme, S. 84.

[752] Vgl. *Kohlmann*, in FS Werner (1984), 387, 403 m. w. N.

sind. Hinsichtlich des hier einschlägigen Art. 14 GG[753] wird dies allgemein bejaht.[754]

Neben Einverständnis und Einwilligung gibt es keine dritte Kategorie, in die der zustimmende Wille des Rechtsgutinhabers eingeordnet werden kann. Teilweise wird dies anders gesehen und die *(An-)Weisung* als eigenständiger Begriff der Einwilligung (bzw. des Einverständnisses) gebraucht, wenn der Rechtsgutinhaber den ausdrücklichen Auftrag erteilt hat, in einer bestimmten Art und Weise zu handeln.[755] Im GmbH-Recht bezeichnet die Weisung wie gesehen eine bindende Handlungsanweisung der Gesellschafter an die Geschäftsführer. Im Einzelfall mögen zwar terminologische Unterschiede zwischen einer Weisung und einem Einverständnis bestehen. So weist *Schramm* richtigerweise darauf hin, dass dem Begriff der Weisung ein Über-/Unterordnungsverhältnis innewohnt.[756] Die weitere von ihm vorgenommene sprachliche Unterscheidung ist dagegen nicht überzeugend. So kann eine Weisung zwar sprachlich noch als eine abstrakte, vom Geschäftsherrn allgemein und nicht in Bezug auf einen bestimmten Einzelfall aufgestellte und dem Geschäftsführer vorgegebene Handlungsmaxime verstanden werden, dem Begriff des Einverständnisses aber eine passive, den die gesetzten Grenzen im Einzelfall billigende Einstellung des Geschäftsherrn unterzulegen, scheint nicht im Wortsinn angelegt. Es liegt auch sprachlich näher, den Begriff des Einverständnisses als von Fragen der Veranlassung frei und einen die Weisung einschließender Oberbegriff der Zustimmung des Rechtsgutinhabers zu sehen. Eine Unterscheidung erübrigt sich auch deshalb, weil sie ohne Auswirkung bleibt, da auch die Weisung den Voraussetzungen zu unterstellen ist, die für das Einverständnis gelten.[757]

a) Zustimmender Wille der Gesellschafter als Einverständnis

Labsch und *Brammsen* verzichten für den Tatbestand der Untreue auf eine Unterscheidung zwischen Einverständnis und Einwilligung, da das Einverständnis dort ausnahmsweise den gleichen Voraussetzungen wie die Einwilligung unterliege.[758] Dem liegt die Vorstellung zugrunde, dass Einverständnis und

---

[753] *Kohlmann*, in FS Werner (1984), 387, 403 für Art. 14 GG. Vgl. auch *Amelung*, Einwilligung in die Beeinträchtigung eines Grundrechtsgutes, S. 29 für Art. 2 Abs. 1 GG.

[754] BVerfGE 35, 348, 360; *Dreier*, in Dreier, GG, Art. 19 Rn. 24; *Huber*, in v. Mangoldt/Klein/Starck, GG, Art. 19 Rn. 324; *Papier*, in Maunz/Dürig, GG, Art. 14 Rn. 206 ff.

[755] *Flum*, Strafrechtlicher Schutz der GmbH, S. 68, 76; *Wessels/Hillenkamp*, Strafrecht BT/2, Rn. 762; ebenso Schönke/Schröder/*Lenckner/Perron*, StGB, § 266 Rn. 20.

[756] Untreue und Konsens, S. 61.

[757] So auch *Waßmer*, Untreue bei Risikogeschäften, S. 36; *Wessels/Hillenkamp*, Strafrecht BT/2, Rn. 762.

[758] *Labsch*, JuS 1985, 602, 604; *Brammsen*, DB 1989, 1609, 1614. Wechselnde Terminologie bei HWSt/*Seier*, V 2 Rn. 271, 274. Zustimmend *Auer*, Gläubigerschutz durch § 266 StGB,

Einwilligung verschiedene Spielarten eines einheitlichen Instituts sind, das darauf gründet, dass der Interesseninhaber seinen Rechtsgüterschutz privatautonom preisgibt. Wegen des normativen Charakters der Tathandlung ist bei der Untreue die Frage, ob ein Täterverhalten eine Pflichtverletzung darstellt, aber nach anderen Voraussetzungen zu bestimmen, als bei Delikten, deren Tathandlung faktischer Natur ist. Dabei mögen im Einzelfall auch Kriterien Beachtung finden, die auch bei der Einwilligung zum Tragen kommen. Eine Gleichsetzung mit dem Rechtsinstitut der Einwilligung ist dennoch abzulehnen und die Voraussetzungen und Rechtsfolgen der Einwilligung (als ungeschriebenes allgemeines strafrechtliches Rechtsinstitut) unabhängig von den Voraussetzungen des Einverständnisses (als einer Frage der Auslegung des Tatbestands) zu bestimmen.[759] Weitergehende Erkenntnisse für die Frage, ob der zustimmende Wille des Geschäftsherrn bei der Untreue als Einverständnis oder Einwilligung zu qualifizieren ist, lassen sich nicht im Wege des Rückschlusses aus den einschlägigen Wirksamkeitsvoraussetzungen von Einverständnis oder Einwilligung gewinnen. Für die Abgrenzungsfrage hat insbesondere außer Ansatz zu bleiben, dass für die Billigung des Rechtsgutsinhabers im Bereich der GmbH-Untreue entgegen sonstiger Dogmatik möglicherweise Beschränkungen individueller Verfügungsbefugnis bestehen.[760] Dieses Ergebnis bestätigt auch der Blick auf die Rechtsprechung des BGH, der unter dem Regime des § 81 a GmbHG a. F. die Zustimmung der Gesellschafter entsprechend dem anders lautenden Gesetzeswortlaut in der Regel als Einwilligung aufgefasst hat,[761] nun im Rahmen des § 266 StGB von einem Einverständnis ausgeht,[762] aber inhaltlich die zu § 81 a GmbHG entwickelten Kriterien übernommen hat.[763]

S. 183 Fn. 485 allerdings mit fehlerhaften Verweis auf *Kohlmann*. Im Ergebnis ebenso *Tröndle/Fischer*, StGB, § 266 Rn. 51 und *Wessels/Beulke*, Strafrecht AT, Rn. 365.

759 *Maurach/Zipf*, Strafrecht AT/1, § 17 Rn. 39 für Notwendigkeit der Abgrenzung, da bei dem Einverständnis ein Tatbestandsmerkmal entfällt, bei der Einwilligung die deliktische Gesamthandlung.

760 Für Dispositionsschranken bei dem Einverständnis im Rahmen des § 266 StGB *Geerds, D.*, in FS Geerds (1995), 689, 706; anders *Flum*, Strafrechtlicher Schutz der GmbH, S. 74, der die internen Beschränkungen der Gesellschafter als Problem der Rechtsträgerschaft begreift.

761 Unter dem Regime des § 81 a GmbHG a. F. hat der BGH aufgrund des abweichenden Wortlauts die Zustimmung der Gesellschafter strafrechtssystematisch meist als Einwilligung eingeordnet, vgl. nur BGHSt 3, 32; 9, 203, 216; unrichtig daher die gelegentlich in der Literatur vertretene Ansicht, der BGH ordne die Zustimmung bei § 266 StGB als Einverständnis ein (etwa *Tröndle/Fischer*, StGB, § 266 Rn. 24; *Lackner/Kühl*, StGB, § 266 Rn. 20; *Birkholz*, Untreuestrafbarkeit, S. 35).

762 BGH vom 24.10.1990, 3 StR 16/90, wistra 1991, 107, 109; BGHSt 34, 379, 385; 35, 333, 336.

763 Ausführlich zu den divergierenden Wirksamkeitsvoraussetzungen *Wodicka*, Untreue zum Nachteil der GmbH, S. 326 ff. Kritisch zur Notwendigkeit der Abgrenzung *Jordan*, JR 2000, 133, 137.

Eine erste Annäherung an die Abgrenzung zwischen Einwilligung und Einverständnis könnte bei der Untreue durch die Unterscheidung erfolgen, ob die Zustimmung des Geschäftsherrn rein faktischen Charakter hat (dann Einverständnis) oder ob ihr ein normatives Element innewohnt (dann Einwilligung).[764] Bei Delikten, die einen Angriff auf die Willens- und Entscheidungsfreiheit poenalisieren, also etwa die Nötigungsdelikte, kommt dem zustimmenden Willen des Betroffenen rein faktischer Charakter zu. Ein Handeln gegen oder ohne den Willen des Opfers ist schon im Tatbestand angelegt, so dass nach dieser Abgrenzung weitgehend unstreitig die Zustimmung des Rechtsgutsträgers als Einverständnis anzusehen ist.[765] Anders verhält es sich bei der Untreue. Dort bezieht die Pflichtverletzung als Tathandlung mit der herrschenden Meinung ihren Unrechtsgehalt daraus, dass der Täter gegen die internen Bindungen aus dem zugrunde liegenden Rechtsverhältnis verstößt. Um die Pflichtwidrigkeit auszuschließen, genügt nicht ein bloß unreflektiertes Billigen der erweiterten Handlungsmöglichkeit durch den Rechtsgutsträger. Notwendig ist vielmehr ein intellektuelles Erfassen der Reichweite des Gestaltungsspielraums durch den Treugeber in Bezug auf sein Vermögen, der auch die Eintrittswahrscheinlichkeit eines Nachteils für das zu betreuende Vermögen einschließt. Der Zustimmung wohnt somit im Bereich der Untreue ein normatives Element inne, da sie eine verstandesmäßige Auseinandersetzung des Rechtsgutsinhabers mit der in Aussicht genommenen Vermögensverwendung des Treueverpflichteten voraussetzt.[766] Dabei gehört § 266 StGB zu der Gruppe von Delikten, bei denen der entgegenstehende Wille des Rechtsgutsträgers zwar kein eigenes Merkmal des gesetzlichen Tatbestandes ist, der Täter aber den Willen des Schutzgutinhabers überwinden muss.[767] Die Anwendung des obigen Abgrenzungskriteriums würde dazu führen, dass die Zustimmung im Rahmen der Untreue als Einwilligung zu werten ist. Die ausnahmslose Charakterisierung einer normativ wertenden Zustimmung als Einwilligung ist aber abzulehnen, da außer Betracht bleibt, dass Tatbestandsmerkmale auch normative Vorgaben beinhalten können. Es würde allein die Einordnung des auszulegenden Tatbestandsmerkmals als deskriptiv oder normativ darüber entscheiden, ob eine Einwilligung oder ein Einverständnis vorliegt. Vernachlässigt wird dabei, dass der Wille des Treugebers sehr wohl in einem Tatbestand angelegt sein kann, auch wenn er sich nicht in einem Tat-

---

[764] *Wessels/Hillenkamp*, Strafrecht BT/2, Rn. 758; gegen die Existenz allgemeiner Regeln beim Einverständnis *Maurach/Zipf*, Strafrecht AT/1, § 17 Rn. 40; *Jescheck/Weigend*, Strafrecht AT, § 34 I 2.

[765] Statt vieler *Wessels/Beulke*, Strafrecht AT, Rn. 362. *Geerds*, Einwilligung und Einverständnis, S. 120 ff. begrenzte ursprünglich den Anwendungsbereich des Einverständnisses auf diese sog. formalen Willensbruchsdelikte (z. B. §§ 123 Abs. 1 Var. 1, 177, 240, 242 StGB).

[766] *Wessels/Hillenkamp*, Strafrecht BT/2, Rn. 758.

[767] Sog. materielles Willensbruchsdelikt. Weitere Beispiele: §§ 142, 201 202 StGB. Vgl. auch *Otto*, in FS Geerds (1995), 603, 606 ff.

bestandsmerkmal manifestiert. Ein weiteres kommt noch dazu. Bei der Untreue bezieht sich die Zustimmung des Rechtsgutinhabers nur auf das Tatbestandsmerkmal der Pflichtwidrigkeit und betrifft nicht den gesamten Tatbestand und das geschützte Rechtsgut selbst.[768] Letzteres würde bedeuten, dass der zustimmende Wille des Treugebers nicht die ex ante und abstrakt vorgegebene Pflichtenstellung reduziert. Er ließe sie vielmehr unberührt, so dass ein tatbestandsmäßiger Angriff auf das Vermögen des Treugebers vorliegt. Erst in einem weiteren gedanklich zu trennenden Schritt käme die Zustimmung ins Spiel, die den tatbestandlich verwirklichten Strafanspruch rückwirkend beseitigt. Das geschähe nun nicht durch eine Reduktion des Tatbestandsmerkmals Pflichtwidrigkeit, sondern auf Ebene des gesamten Tatbestandes und ließe den Angriff auf das Rechtsgut Vermögen insgesamt entfallen, soweit der Vermögensinhaber von seinem Selbstbestimmungsrecht Gebrauch macht.[769] Der Bezug zum Gesamttatbestand entbehrt aber der Überzeugungskraft, weil die Zustimmung in der Regel tatsächlich eine Reduktion des Pflichtenumfangs des Verpflichteten zum Gegenstand hat, die übrigen Tatbestandsmerkmale aber typischerweise unberührt lässt, weil der Vermögensinhaber zwar die Reduktion des Pflichtenstandards, nicht aber (ohne weiteres) den Vermögensschaden billigen wird.[770] Das schließt nicht aus, dass die Gesellschafter in manchen Konstellationen, z. B. bei der Risikoeinwilligung, einen Vermögensnachteil für die Gesellschaft ausdrücklich billigen. Daher ist mit der Rechtsprechung und herrschenden Meinung davon auszugehen, dass die Billigung des Überschreitens der dem Betreuungspflichtigen gesetzten inneren Grenzen einen konkludenten Dispens des Geschäftsherrn von der rechtsgeschäftlich begründeten Pflicht darstellt und die Pflicht als solche reduziert.[771] Der Wille des Vermögensinhabers konkretisiert somit die Pflichtenstellung des Treueverpflichteten, die nichts anderes als eine Form des Umgangs des Vermögensinhabers mit seinem Vermögen ist, nämlich die perso-

---

[768] Vgl. das Beispiel bei *Zipf*, Einwilligung und Risikoübernahme, S. 21; auch *Gribbohm*, ZGR 1990, 1, 19; *Ziemons*, Haftung der Gesellschafter, S. 190 geht von tatbestandsausschließender Einwilligung aus, aber ohne die dogmatischen Grundlagen offen zu legen; differenzierend SK-StGB/*Samson/Günther*, § 266 Rn. 46, Zustimmung zur Vermögensschädigung (Einverständnis) – übrige Fälle (Einwilligung).

[769] Dem eher zuneigend *Waßmer*, Untreue bei Risikogeschäften, S. 34; vgl. auch *Schwinge/Siebert*, Untreue, S. 38 f.

[770] Teilweise a. A. und (auch) für die Verortung beim Vermögensnachteil *Tiedemann*, Wirtschaftsstrafrecht Bd. 1, Rn. 212; BGHSt 35, 333 geht vom Entfallen eines „rechtswidrigen Vermögensnachteils“ aus.

[771] *Arloth*, NStZ 1990, 570, 571; *Flum*, Strafrechtlicher Schutz der GmbH, S. 72; *Kohlmann*, in FS Werner (1984), 387, 402; *Otto*, JZ 1985, 69, 74; *Wodicka*, Untreue zum Nachteil der GmbH, S. 330. Vgl. auch *Schramm*, Untreue und Konsens, S. 52 ff., der in einer ausführlichen Untersuchung zwischen den einzelnen Tatbestandsalternativen unterscheidet und im Ergebnis bei allen Tatvarianten ein tatbestandsausschließendes Einverständnis bejaht.

nale Entfaltung im vermögensrechtlichen Bereich, die durch den Rechtsgüterschutz in § 266 StGB gerade gewährleistet werden soll.[772]

Als Ergebnis ist festzuhalten, dass die Zustimmung des Geschäftsherrn bei der Untreue als *Einverständnis* zu werten ist,[773] das straftatsystematisch die Verwirklichung des Tatbestandsmerkmals der Pflichtwidrigkeit einer Vermögensverfügung entfallen lässt.[774]

b) „Wirksamkeitsvoraussetzungen" des Einverständnisses bei der GmbH-Untreue

Das Einverständnis ist kein strafrechtliches Rechtsinstitut mit eigenständig zu bestimmenden Regeln, sondern eine Frage der Auslegung des jeweils verwirklichten Tatbestandes, der alleine Aufschluss darüber gibt, welche Kriterien im Einzelnen Anwendung finden.[775] Soweit daher von „Wirksamkeitsvoraussetzungen" gesprochen werden kann, ergeben sich diese aus der Funktion der jeweiligen Norm und dem Wesen des geschützten Rechtsguts.[776] Sie sind entgegen *Geerds* nicht für alle Strafvorschriften nach einheitlichen Maßstäben zu bemessen.[777] Vielmehr müssen sie, wie *Lenckner* gezeigt hat, relativ, also anhand des besonderen Unrechtsgehalts der Vorschrift und der Schutzwürdigkeit des Kreises der Opfer bestimmt werden.[778] Wegen des normativen Charakters des Einverständnisses bei der Untreue setzt *Fischer* die Voraussetzungen des Einverständnisses in diesem Fall mit denen der Einwilligung gleich.[779] Aus oben genannten Gründen vorzugswürdig und aus dem Blickwinkel von Art. 103 Abs. 2

---

[772] OLG Hamm vom 21.6.1985, 4 Ws 163/85, NStZ 1986, 119; Schönke/Schröder/*Lenckner/Perron*, StGB, § 266 Rn. 21, 38; präzise auch *Nelles*, Untreue zum Nachteil von Gesellschaften, S. 523.

[773] Die Zustimmung als Einverständnis qualifizieren auch *Arzt/Weber*, Strafrecht BT, § 22 Rn. 70; *Lackner/Kühl*, StGB, § 266 Rn. 20; Schönke/Schröder/*Lenckner/Perron*, StGB, § 266 Rn. 21 b, 38; NK-StGB/Kindhäuser, § 266 Rn. 97; SK-StGB/*Samson/Günther*, § 266 Rn. 46 mit der Einschränkung auf eine rechtsgeschäftlich begründete Pflicht; *Tröndle/Fischer*, StGB, § 266 Rn. 24; a. A. (Einwilligung) soweit ersichtlich nur *Gribbohm*, ZGR 1990, 1, 19; *ders.*, DStR 1991, 248, 250; *Schwinge/Siebert*, Untreue, S. 38 f.; *Eser*, Strafrecht IV, Nr. 17 A 71; wieder anders *Waßmer*, Untreue bei Risikogeschäften, S. 34, der von einem einheitlichen Rechtsinstitut der (tatbestandsausschließenden) Einwilligung ausgeht; wohl ebenso *Ziemons*, Haftung der Gesellschafter, S. 190.

[774] BGHSt 35, 333 Verortung beim Nachteil.

[775] *Lenckner*, ZStW 72 (1960), 446, 448; *Stratenwerth*, Strafrecht AT/1, § 9 Rn. 21; *Jescheck/Weigend*, Strafrecht AT, § 34 I 2.

[776] Schönke/Schröder/*Lenckner*, StGB, vor § 32 Rn. 32; *Kientzy*, Der Mangel am Straftatbestand, S. 23; *Labsch*, JuS 1985, 602, 604; *Geerds*, ZStW 72 (1960), 42, 72 Fn. 127; *Jescheck/Weigend*, Strafrecht AT, § 34 I 2 a; *Maurach/Zipf*, Strafrecht AT/1, § 17 Rn. 41.

[777] GA 1954, 262, 266.

[778] ZStW 72 (1960), 446, 448.

[779] *Tröndle/Fischer*, StGB, § 266 Rn. 51.

GG unabdingbar ist es jedoch, die wesentlichen Kriterien aus der Struktur der Tathandlung selbst abzuleiten und die Voraussetzungen unabhängig von denen zu bestimmen, die der Einwilligung zugrunde liegen.[780] So ist etwa die Beachtlichkeit von Willensmängeln sowie die „Einverständnisfähigkeit" je nach Tatbestand differenziert zu beantworten.[781] Allgemein anerkannt ist auch, dass der Zustimmende Träger des geschützten Rechtsguts sein muss.[782] Jedenfalls für die Fälle der GmbH-rechtlichen Untreue ist zusätzlich zu fordern, dass der Rechtsgutsträger als solcher dispositionsbefugt sein muss.[783]

aa) Disponibles Rechtsgut

Das wirksam erteilte Einverständnis lässt in der Regel ein Tatbestandsmerkmal und damit bereits den objektiven Tatbestand entfallen. Die Einwilligung wirkt hingegen nur dann strafunrechtsausschließend, wenn sein Vorliegen zum Wegfall eines strafrechtlich schutzwürdigen Interesses führt. Dazu muss sie sich auf ein Rechtsgut beziehen, über das der Einzelne disponieren darf.[784] Eine Einwilligung scheidet demnach bei Tatbeständen aus, die Rechtsgüter der Allgemeinheit schützen.[785] Die Untreue schützt das Individualrechtsgut Vermögen, so dass die wirksame Zustimmung des Rechtsgutsinhabers zu einem Wegfall des strafrechtlich relevanten Verhaltens führt.

---

[780] So auch Schönke/Schröder/*Lenckner*, StGB, vor § 32 Rn. 32; a. A. *Hinterhofer*, Einwilligung im Strafrecht, S. 60, der identische Voraussetzungen der tatbestandsausschließenden und rechtfertigenden Einwilligung mit Ausnahme der Willensmängel bejaht und allein letztere als von dem verwirklichten Tatbestand abhängig betrachtet.

[781] Schönke/Schröder/*Lenckner*, StGB, vor § 32 Rn. 32; *Hirsch*, in Leipziger Kommentar, StGB, vor § 32 Rn. 100 ff.; *Roxin*, Strafrecht AT/1, § 13 Rn. 30.

[782] A. A. *Renner*, Einwilligung, S. 45, der für unerheblich erachtet, ob die angegriffene Person Träger des betreffenden Schutzobjekts sei, maßgebend sei nur die tatsächliche Willenshaltung; ähnlich *Geerds*, Einwilligung und Einverständnis, S. 143, der betont, dass sich beim Einverständnis der Verletzte nach dem Handlungsobjekt, bei der Einwilligung nach dem Schutzobjekt bestimmt.

[783] So die überwiegende Auffassung in der Literatur, vgl. nur *Brammsen*, DB 1989, 1609, 1614; *Kohlmann*, Strafrechtliche Verantwortlichkeit, Rn. 179; *Waßmer*, Untreue bei Risikogeschäften, S. 39, allerdings von seinem anderen dogmatischen Standpunkt aus; a. A. *Flum*, Strafrechtlicher Schutz der GmbH, S. 75.

[784] MünchKommStGB/*Schlehofer*, vor § 32 Rn. 113; vgl. auch *Arzt/Weber*, Strafrecht BT, § 22 Rn. 70, die bei gesetzlich oder behördlich angeordneten Betreuungsverhältnissen eine Einwilligung nicht oder nur in engen Grenzen anerkennen.

[785] Bei Tatbeständen, die wie § 315 c StGB neben einem Individualrechtsgut auch ein Rechtsgut der Allgemeinheit schützen, bleibt es einer Analyse der betroffenen Rechtsgüter und deren Verhältnis zueinander vorbehalten, zu entscheiden, ob der Einwilligung des Verletzten rechtfertigende Wirkung zukommt, vgl. *Tröndle/Fischer*, StGB, § 315 c Rn. 17.

bb) Einverständnisgeber

Beim Einverständnis wird vertreten, dass die Einverständnisfähigkeit nicht von Seiten des Rechtsgutsinhabers, sondern von Seiten des Rechtsguts betrachtet wird.[786] Nach *Renner* ist es im Rahmen des Einverständnisses unerheblich, ob die angegriffene Person Träger des betreffenden Schutzobjekts ist, maßgebend sei nur ihre tatsächliche Willenshaltung.[787] Aus ähnlichen Überlegungen hat schon *Geerds* betont, dass sich bei der Einwilligung der Verletzte nach dem Schutzobjekt bestimme, beim Einverständnis dagegen nach dem Handlungsobjekt.[788] Bei der GmbH fallen Schutzobjekt und Handlungsobjekt im Vermögen der juristischen Person zusammen, so dass ein näheres Eingehen auf die unterschiedlichen Positionen entbehrlich ist.

Strafunrechtsausschließend wirkt nur die Zustimmung einer Person, die das schutzwürdige Interesse an der Unversehrtheit des Gutes entfallen lässt. Das ist in der Regel der Rechtsgutsträger selbst, der sein Interesse jederzeit im Wege der Zustimmung wirksam preisgeben kann.[789]

(1) Stellvertretungsfähigkeit des Einverständnisses

Der Rechtsgutinhaber muss aber nicht in jedem Fall selbst handeln; es ist mittlerweile anerkannt, dass das Einverständnis einer Stellvertretung zugänglich ist.[790] Die frühe Lehre vom Einverständnis hat dagegen die Stellvertretung zumeist mit der Begründung abgelehnt, der Vertreter würde nur über tatsächliche Positionen verfügen, die keinen eigenen Zuordnungsgehalt aufweisen und die demzufolge keinen Bezug zu einem Rechtsgut besitzen.[791] Richtig daran ist, dass rein tatsächliche Positionen, wie etwa der Gewahrsam bei § 242 StGB,

---

[786] So die Nachweise bei *Kientzy*, Der Mangel am Straftatbestand, S. 24.

[787] Die Einwilligung als Tatbestandsmangel und als Rechtfertigungsgrund, 1962, S. 45 (zitiert nach *Kientzy*, Der Mangel am Straftatbestand, S. 24).

[788] *Geerds*, Einwilligung und Einverständnis, S. 17.

[789] MünchKommStGB/*Schlehofer*, vor § 32 Rn. 118.

[790] *Geerds*, Einwilligung und Einverständnis, S. 143, hatte dies noch wegen des rein tatsächlichen Charakters des Einverständnisses abgelehnt. So auch *Holer*, Die Einwilligung des Verletzten, 1906, S. 106 (zitiert nach *Kientzy*, Der Mangel am Straftatbestand, S. 25) der eine Stellvertretung etwa bei einer Gewaltanwendung gegen den Vertretenen nicht für möglich hält. Jeweils für die Einwilligung BGHSt 12, 379, 382; *Hirsch*, in Leipziger Kommentar, StGB, vor § 32 Rn. 117; *Jescheck/Weigend*, Strafrecht AT, § 34 IV 4 für den gesetzlichen Vertreter. Vgl. auch *Roxin*, Strafrecht AT/1, § 13 Rn. 92 ff.

[791] Eine Stellvertretung generell verneinend *Geerds*, Einwilligung und Einverständnis, S. 135; differenzierend *Lenckner*, ZStW 72 (1960), 446, 452, der nur in den Fällen, in denen das Einverständnis selbst rechtsgeschäftlichen Charakter hat, wozu er das Einverständnis bei § 266 StGB zählt, eine Stellvertretung anerkennt, bei dem Einverständnis als rein tatsächlichem Vorgang eine Stellvertretung „wegen der rein tatsächlichen Bedeutung des Vorgangs“ aber – in Widerspruch zu seiner Auffassung zu § 242 StGB (S. 453) – für ausgeschlossen hält.

nicht vertretungsfähig sind. Es fehlt bei der Preisgabe an einem eigenen rechtsgeschäftlichen Willen, so dass insoweit eine Stellvertretungsfähigkeit tatsächlich abzulehnen ist. Eine gesetzliche Vertretung soll aber auch dann ausscheiden, wenn ein Handeln gegen den natürlichen Willen des Betroffenen Voraussetzung ist.[792] Der gesetzliche Vertreter könne in diesen Fällen nur aufgrund seiner Sorge- und Betreuungspflicht und entsprechender Rechte zu Maßnahmen gegen den Willen des Betroffenen – im Sinne eines Rechtfertigungsgrundes – befugt sein (z. B. § 239 StGB bei Heimunterbringung).[793] Diese Einschränkung der Stellvertretungsfähigkeit ist aber richtigerweise darauf zurückzuführen, dass über rein tatsächliche Positionen verfügt wird, die einer Stellvertretung schon nach allgemeinen Grundsätzen nicht zugänglich ist. Eine allgemeine Regel, dass die Stellvertretung beim Einverständnis nicht anzuerkennen ist, lässt sich den Fallgruppen nicht entnehmen.

Bei der Untreue ist wie bei allen Delikten, bei denen der Zustimmung rechtsgeschäftlicher Charakter zukommt, eine Stellvertretung im Willen anzuerkennen. In Anlehnung an eine bei der Einwilligung vertretene Auffassung unterscheidet die Literatur zumeist zwischen gesetzlicher und gewillkürter Stellvertretung, wobei die gesetzliche Stellvertretung in weiterem Umfang als die gewillkürte anzuerkennen sein soll.[794] Diese Differenzierung kommt z. B. zum Tragen, wenn dem Träger des Rechtsguts die erforderliche Einsichtsfähigkeit fehlt und daher der gesetzliche Vertreter an seiner Stelle die Zustimmung erteilt. Ein Ausschluss der Stellvertretung wird beim Handeln eines gesetzlichen Vertreters nur noch in den Fällen angenommen, in denen es um unvertretbare Entscheidungen existenzieller Art geht, wie etwa bei einer Organspende im Bereich der Körperverletzungsdelikte.[795] Bei der gewillkürten Stellvertretung werden die Grenzen der Vertretungsmacht hingegen enger gezogen. Dies geschieht aus der Überlegung heraus, dass die Abgrenzung der Befugnisse, die dem Vertreter übertragen werden, von solchen, die bei dem Rechtsgutinhaber verbleiben sollen, schwierig zu treffen ist.[796] Eine gewillkürte Stellvertretung wird hauptsäch-

---

[792] *Lenckner*, ZStW 72 (1960), 446, 452 für die Delikte gegen die Freiheit der Person.
[793] Schönke/Schröder/*Lenckner*, StGB, vor § 32 Rn. 32.
[794] Vgl. *Roxin*, Strafrecht AT/1, § 13 Rn. 63 ff.; a. A. *Kientzy*, Der Mangel am Straftatbestand, S. 114, der beide Fallgruppen den gleichen Regeln unterstellt.
[795] *Roxin*, Strafrecht AT/1, § 13 Rn. 93. Enger *Lenckner*, ZStW 72 (1960), 446, 463; Schönke/Schröder/*ders.*, StGB, vor § 32 Rn. 32, der eine gesetzliche Vertretung ablehnt, wenn ein Handeln gegen den natürlichen Willen des Minderjährigen Voraussetzung ist.
[796] *Kientzy*, Der Mangel am Straftatbestand, S. 113; vgl. aber *Roxin*, Strafrecht AT/1, § 13 Rn. 95, der nur Eingriffe, die den Persönlichkeitskern so nahe berühren, dass ihre Gestattung als eine unvertretbare Entscheidung erscheint, von der Stellvertretung ausnehmen möchte. *Noll*, Übergesetzliche Rechtfertigungsgründe, S. 124 ff.; *Zipf*, Einwilligung und Risikoübernahme, S. 43; *Hinterhofer*, Einwilligung im Strafrecht, S. 71 ff.

lich im Hinblick auf Vermögenswerte zugelassen. Beim Eingriff in Persönlichkeitsrechte wird danach unterschieden, ob das preisgegebene Interesse dem Kernbereich des Persönlichkeitsrechts so nahe kommt, dass ihre Gestattung als unvertretbar erscheint.[797] Dies ist anhand der Umstände des Einzelfalls zu bestimmen, wird aber z. B. bei Körperverletzungen anzunehmen sein, wenn kein Heileingriff in Rede steht. Das zögernde Anerkennen gewillkürter Stellvertretung vor allem bei den höchstpersönlichen Rechtsgütern entspricht der Erkenntnis, dass die Einschaltung eines Vertreters zu Interessenkonflikten führen kann, da die Zustimmung des Rechtsgutträgers in vielen Fällen höchstpersönliche Züge aufweist. Als Problem der Stellvertretungsfähigkeit der Einwilligung und des Einverständnisses wurde jedenfalls in der älteren Literatur auch die Frage verstanden, wie Interessenkonflikte und Einschätzungsunterschiede zwischen Vertreter und Vertretenem zu lösen sind. Mittlerweile ist die Frage als nachgelagertes Problem der zweckmäßigen Bestimmung der Reichweite der Vertretungsmacht anerkannt.[798]

(2) Zuständiges Organ bei der GmbH

Die GmbH bedarf zum rechtsgeschäftlichen Handeln der organschaftlichen Vertreter. Die Organe handeln aufgrund einer Vertretungsmacht, die mit der Existenz der GmbH notwendig verbunden ist und ihrem Wesen nach zwischen einer rechtsgeschäftlich begründeten und einer gesetzlichen Vertretung steht. Wegen der soeben dargestellten Anerkennung der Stellvertretungsfähigkeit des Einverständnisses bedarf es auch keines näheren Eingehens auf die im Zivilrecht immer noch diskutierte Frage, welche Qualität das Organhandeln für die Gesellschaft hat.[799] Zustimmender ist die GmbH selbst, die durch die dazu bestimmten Organe handelt.

---

[797] So *Roxin*, Strafrecht AT/1, § 13 Rn. 92 ff.; *Hirsch*, in Leipziger Kommentar, StGB, vor § 32 Rn. 117; Baumann/Weber/Mitsch/*Mitsch*, Strafrecht AT, § 17 Rn. 102.

[798] MünchKommStGB/*Schlehofer*, vor § 32 Rn. 118, der bei Uneinigkeit zwischen Vertreter und Vertretenem wie folgt unterscheidet: Bei einer wirksamen Zustimmung des Vertretenen fehlt es auch dann an einem schutzwürdigen Interesse an der Erhaltung des Gutes, wenn der Vertreter nicht zustimmt; denn geschützt ist nicht das Interesse des Vertreters, sondern das des Vertretenen. Stimmt der Vertreter zu, nicht aber der Vertretene, wird diesem die Zustimmung des Vertreters zugerechnet, sofern dessen Vertretungsmacht auch Entscheidungen gegen den Willen des Vertretenen deckt. Vgl. auch *Amelung/Eymann*, JuS 2001, 937, 940; Schönke/Schröder/*Lenckner*, StGB, vor § 32 Rn. 41 f.; *Jescheck/Weigend*, Strafrecht AT, § 34 Fn. 51; *Roxin*, Strafrecht AT/1, § 13 Rn. 92 ff.

[799] *Flume*, Allgemeiner Teil des Bürgerlichen Rechts I/2, § 11 I (Handeln der Organe wird der juristischen Person nur „angerechnet"). Für Eigenhandeln der Gesellschaft *Beuthien*, NJW 1999, 1142, 1144; *ders.*, in FS Zöllner Bd. 1 (1998), 87 ff.; *Wiedemann*, Gesellschaftsrecht Bd. 1, S. 217.

Wer innerhalb des Vermögensinhabers für das Einverständnis zuständig ist, bestimmt sich durch einen Rückgriff auf die zivilrechtliche Kompetenzordnung.[800] Infolgedessen weist *Mitsch* bei Rechtsgütern von juristischen Personen die Einwilligungsbefugnis dem Organ zu, zu dessen Geschäftsführungsbefugnissen die Verfügung über das Rechtsgut gehört.[801] Die GmbH hat zwei notwendige Organe, die Gesellschafterversammlung und den Geschäftsführer. Während der Geschäftsführer in erster Linie ausführendes Organ ist, bestimmen die Gesellschafter als oberstes internes Willensbildungsorgan die Leitlinien der Geschäftspolitik und geben dem Geschäftsführer Weisungen bis in das Tagesgeschäft hinein.[802] Sie sind die eigentlichen „Herren der Gesellschaft". Mit *Kohlmann* ist aus der überragenden Stellung der Gesellschafter zu folgern, dass die Dispositionsbefugnis über das Vermögen der Gesellschaft der Gesellschaftergesamtheit zusteht.[803] Etwas anderes ergibt sich auch nicht daraus, dass der Geschäftsführer die Außenkompetenz innehat und die Beschlüsse der Gesellschafter, mit denen sie eine Rückführung von Kapital der Gesellschaft beschließen, umsetzen. Die Vertretungsmacht betrifft alleine die Rechtsmacht wirksam gegenüber Dritten zu handeln. Einen anderen Erklärungsansatz verfolgt *Tiedemann*, der die Gesellschafter als wirtschaftliche Inhaber des Gesellschaftsvermögens ansieht und ihnen daraus die Dispositionsbefugnis über das GmbH-Vermögen zuweist.[804]

(3) Bei Kollektivorgan: Mehrheitsentscheidung ausreichend?

In der Entscheidung *Mannesmann* hat der BGH das Einverständnis der Geschäftsleitung von Vodafone plc, die zum Zeitpunkt der Prämienauszahlung 98,66 % der Anteile an der Mannesmann AG hielt, für nicht ausreichend gehalten, um eine treuwidrige Schädigung des Gesellschaftsvermögens auszuschließen.[805] Allerdings darf daraus nicht der Schluss gezogen werden, dass der BGH die Zustimmung der Mehrheit der Gesellschafter generell für unbeachtlich hält. Die Zustimmung der Mehrheitsaktionärin war im Fall Mannesmann deshalb unbeachtlich, weil die gesellschaftsrechtlichen Vorgaben für ein wirksames Einverständnis nicht erfüllt waren. Es fehlte nämlich an der Befassung der

---

[800] Kritisch *Hartmann*, GmbHR 1999, 1061, 1063, der davor warnt, das Zivilrecht unbesehen in das Strafrecht zu übernehmen. Anders auch, wenn man mit *Kioupis*, Notwehr und Einwilligung, S. 124 annimmt, dass das Vermögen der juristischen Person ein kollektives Rechtsgut ist, das nur der Disposition aller Gesellschafter zugänglich ist.

[801] In Baumann/Weber/Mitsch, Strafrecht AT, § 17 Rn. 102.

[802] Ausführlich zu der Kompetenzverteilung in der GmbH oben S. 116 ff.

[803] *Kohlmann*, in FS Werner (1984), 387, 403; *Labsch*, Jura 1987, 411, 415; vgl. auch *Schäfer*, GmbHR 1993, 780, 791. Ebenso *Thöni*, GmbHR 1989, 187; *Ziemons*, Haftung der Gesellschafter, S. 190.

[804] Wirtschaftsstrafrecht Bd. 1, Rn. 212.

[805] BGH vom 21.12.2005, 3 StR 470/04, ZIP 2006, 72.

Hauptversammlung mit der Angelegenheit. Wie zu entscheiden gewesen wäre, wenn die Prämienzahlung auf die Tagesordnung einer ordnungsgemäß einberufenen Hauptversammlung gesetzt worden wäre und die Minderheitsaktionäre dort nicht zugestimmt hätten, ist offen. Eine höchstrichterliche Entscheidung zu der Frage liegt noch nicht vor.[806] Der BGH hat in der Entscheidung *Mannesmann* aber auch angedeutet, dass er die Zustimmung der Gesellschaftermehrheit für ausreichend erachten würde, wenn die Teilhaberechte aller Gesellschafter berücksichtigt sind.[807] Übertragen auf die GmbH müsste es ausreichen, den Minderheitsgesellschaftern die Möglichkeit zu geben, durch die Teilnahme an der beschlussfassenden Gesellschafterversammlung ihre abweichende Meinung zu vertreten und so Einfluss auf das Abstimmungsergebnis zu nehmen. Das würde zumindest voraussetzen, dass ihnen die Ladung zur Hauptversammlung form- und fristgerecht zugeht und sie an der Hauptversammlung teilnehmen können.

Die Gesellschafter fassen Beschlüsse in der Regel mit einfacher Mehrheit der abgegebenen Stimmen,[808] soweit nicht Gesetz oder der Gesellschaftsvertrag etwas anderes bestimmen.[809] Grundsätzlich können also auch Beschlüsse, die die Ausschüttung von Gesellschaftsvermögen an Gesellschafter vorsehen, mit einfacher Mehrheit gefasst werden.[810] Die strafrechtliche Dispositionsbefugnis der Gesellschafter über das Gesellschaftsvermögen stellt sich bei einer Mehrheitsentscheidung in gleicher Weise wie bei der Zustimmung aller Gesellschafter.[811] Insbesondere sind nicht alle Gesellschafter in der Weise gemeinsam für das Gut zuständig, dass nur eine gemeinsame Zustimmung in die Vermögens-

---

[806] Abzulehnen ist Auffassung von *Salditt*, NStZ 2005, 270 der in diesen Fällen die Quote des divergierenden Gesellschafters an der Gesellschaft als maßgebend erachtet und dies mit dem Unternehmensinteresse begründet.

[807] Es ist die Zustimmung „aller Anteilseigner oder der diese repräsentierenden Hauptversammlung" erforderlich, BGH vom 21.12.2005, 3 StR 470/04, ZIP 2006, 72.

[808] Die Mehrheit bestimmt sich dabei nicht nach Köpfen, sondern nach der Nominalgröße der Geschäftsanteile. Alle Verfahrensregeln sind einzuhalten.

[809] Statt vieler *Lutter/Hommelhoff*, GmbHG, § 47 Rn. 3.

[810] Vgl. *Flum*, Strafrechtlicher Schutz der GmbH, S. 172, der im Ergebnis eine weitergehende Treuepflicht des Mehrheitsgesellschafters im Vergleich zur Gesellschaftergesamtheit ablehnt. Zu eng *Bittmann/Richter*, wistra 2005, 51, 52, die davon ausgehen, dass stets die Zustimmung *aller* Gesellschafter erforderlich ist. Auch *Hartmann*, GmbHR 1999, 1061, 1063, der eine 3/4-Mehrheit für erforderlich hält, da es sich um eine Satzungsänderung handele. Vgl. auch Schönke/Schröder/*Lenckner/Perron*, StGB, § 266 Rn. 21 a; *Nelles*, Untreue zum Nachteil von Gesellschaften, S. 547.

[811] Höchstrichterlich noch nicht geklärt. Ausführlich *Flum*, Strafrechtlicher Schutz der GmbH, S. 172 ff. *Tiedemann*, GmbH-Strafrecht, vor § 82 Rn. 15 hält eine Mehrheitsentscheidung für denkbar, wenn der Beschluss in einer Gesellschafterversammlung gefasst wird. Vgl. auch MünchKommStGB/*Dierlamm*, § 266 Rn. 136.

verfügung denkbar ist.[812] Die Gesellschafter sind nämlich – weder in ihrer Gesamtheit noch als einzelner – Vermögensinhaber oder aus eigenem Recht dispositionsbefugt. Der Mehrheitsgesellschafter unterliegt aber möglicherweise einer weitergehenden Einschränkung seiner Dispositionsbefugnis über das Gesellschaftsvermögen als die Gesamtheit der Gesellschafter. Eine solche Einschränkung könnte sich aus Rücksichtnahmepflichten auf die Belange der Mitgesellschafter ergeben. In Rechtsprechung und Literatur ist seit der ITT-Entscheidung des BGH anerkannt, dass Treuepflichten nicht nur zwischen den Gesellschaftern und der Gesellschaft bestehen, sondern auch das Verhältnis der Gesellschafter untereinander prägen.[813] Die Treuepflichten bestehen nicht nur aus aktiven Förderpflichten der Belange der Gesellschaft, sondern verpflichten die Gesellschafter auch zu Unterlassungs- und Loyalitätspflichten. So ist es einem Gesellschafter im Interesse der Mitgesellschafter untersagt, die Gesellschaft zu seinem Nutzen zu schädigen.[814] Während die Existenz von Treuepflichten zwischen Gesellschaftern mittlerweile einhellig anerkannt ist, ist deren Reichweite nach wie vor umstritten. *Vonnemann* geht im Zusammenhang mit der GmbH-Untreue etwa davon aus, dass die gesellschaftsbezogenen Interessen der Minderheitsgesellschafter durch jede für die Gesellschaft nachteilige Maßnahme verletzt werden,[815] wohingegen *Wilhelm* darauf hinweist, dass es in vielen Fällen der allgemeinen Berufung auf eine unbestimmte Treuepflicht um konkrete Sorgfaltspflichten geht, die aus dem Gesetz und allgemein aus dem Mitgliedschaftsverhältnis zu entwickeln sind.[816]

---

[812] Für eine gemeinsame Einwilligung bei Zuständigkeit mehrerer Personen für ein Gut, *Jakobs*, Strafrecht AT, 7/114.

[813] BGHZ 65, 15; 129, 136; *Lutter/Hommelhoff*, GmbHG, § 14 Rn. 18 ff.; Baumbach/Hueck/*Hueck/Fastrich*, GmbHG, § 13 Rn. 21; Roth/Altmeppen/*Altmeppen*, GmbHG, § 13 Rn. 28 ff.; grundlegend *Winter*, Mitgliedschaftliche Treuebindungen, S. 16 ff. Zu weitgehend aber *Vonnemann*, GmbHR 1988, 329, 333, der verlangt, dass ein Mehrheitsbeschluss über die Ausschüttung von Vermögen den Grundsätzen eines ordentlichen Kaufmanns genügen muss, § 43 Abs. 1 GmbHG. Das würde die Gesellschafter dem Haftungsmaßstab des Geschäftsführers unterwerfen. Vgl. auch BGHZ 95, 330; *Immenga*, Die personalistische Kapitalgesellschaft, S. 283; *Rehbinder*, ZGR 1976, 378, 393; Ulmer/*Hüffer*, GmbHG, § 47 Rn. 196 ff.; Ulmer/*Paefgen*, GmbHG, § 43 Rn. 13; differenzierend Rowedder/Schmidt-Leithoff/*Koppensteiner*, GmbHG, § 43 Rn. 43 ff; a. A. Hachenburg/*Mertens*, GmbHG, 8. Aufl., § 43 Rn. 13; *Stein*, Das faktische Organ, S. 172, 184; *Ulmer*, ZHR 148 (1984), 391, 412.

[814] BGHZ 65, 15, 18.

[815] GmbHR 1988, 329, 333 m. w. N., wobei die Schädlichkeit für die Gesellschaft an den Grundsätzen eines ordentlichen Kaufmanns gemäß § 43 Abs. 1 GmbHG beurteilt werden müsse.

[816] *Wilhelm*, Kapitalgesellschaftsrecht, Rn. 920. Soweit ein Gesellschaftsinteresse anerkannt wird, so soll dies nur mit Zustimmung aller Gesellschafter abgeändert werden können, BGHZ 119, 257, 259 f.

Es würde den Rahmen dieser Untersuchung sprengen, den Inhalt und die Reichweite der Treuepflichten der Gesellschafter untereinander genauer auszuloten. Es soll daher bei dem allgemeinen Hinweis verbleiben, ohne die der Mehrheitsmacht impliziten Schranken näher zu untersuchen.

(4) Die Zustimmung des „wirtschaftlichen" Gesellschafters

Die Rechtsprechung greift zweimal an hervorgehobener Stelle auf den „wirtschaftlichen Vermögensinhaber" bzw. den „wirtschaftlichen Alleingesellschafter" zurück.[817] Es handelt sich um eine Argumentationsfigur, die der faktischen Auslegung ein weiteres Anwendungsfeld eröffnet, ohne dass die Rechtsprechung ihre Voraussetzungen und Rechtsfolgen auch nur im Ansatz festlegt.[818]

Die Sachverhaltsschilderung zu BGHSt 34, 379 legt nahe, dass der erkennende Strafsenat im faktischen Gesellschafter einen gesellschaftsfremden Dritten sieht, der tatsächlich Gesellschafterrechte ausübt, dessen Handlungen der tatsächliche Gesellschafter (dort die Ehefrau) unbesehen mitträgt und sie soweit erforderlich gesellschaftsrechtlich legitimiert.[819] Fehlt es an der Zustimmung des tatsächlichen Gesellschafters zur Vermögensauskehr, dann müsste konsequenterweise ein Dispens des „faktischen Gesellschafters" für die Straflosigkeit des so angewiesenen Geschäftsführers genügen. Wegen der engen wirtschaftlichen Verbundenheit zwischen tatsächlichem und faktischem Gesellschafter in den von der Rechtsprechung entschiedenen Fällen, die deckungsgleiche Interessen nahe legt, ist die explizite Verweigerung der Zustimmung durch den tatsächlichen Gesellschafter zu gesellschaftsschädigenden Eingriffen in den Vermögensstock bis jetzt noch nicht praktisch geworden.[820] Gleichzeitig unterliegt die Zustimmungsbefugnis des faktischen Gesellschafters den gleichen Beschränkungen wie die des tatsächlichen Gesellschafters. Nach alledem kann die unter Bezugnahme auf wirtschaftliche Kriterien vorgenommene Einbeziehung des gesellschaftsfremden Dritten in den Gesellschafterkreis eigentlich nur den Zweck haben, den Anwendungsbereich des § 30 GmbHG auch für den faktisch Zustimmenden zu eröffnen und das dort statuierte Auszahlungsverbot auch auf ihn

---

[817] Auch die zivilrechtliche Rechtsprechung behandelt den wirtschaftlicher Alleingesellschafter in der Diskussion um ein Eigeninteresse der GmbH wie einen Alleingesellschafter. Dies gilt jedenfalls dann, wenn die als Treuhänder fungierenden Gesellschafter sich ohne Einschränkung den Weisungen des Treugebers unterworfen haben, vgl. *Winter*, ZGR 1994, 570, 582 mit Hinweis auf BGHZ 119, 257; zustimmend *Roth*, LM § 678 BGB 3/1993, 416.

[818] BGHSt 34, 379; BGH vom 10.7.1996, 3 StR 50/96, NStZ 1996, 540. Kritisch dazu *Birkholz*, Untreuestrafbarkeit, S. 32 („Novum in der strafrechtlichen Rechtsprechung").

[819] BGHSt 34, 379, 384.

[820] In den entschiedenen Fällen lag die Zustimmung des tatsächlichen Gesellschafters jeweils vor.

anzuwenden.[821] Damit bricht die Rechtsprechung mit den von ihr aufgestellten Grundsätzen. Bei der Prüfung der Dispositionsbefugnis vermeidet sie in der Regel die Kriterien des § 30 GmbHG explizit anzuwenden, um zu einer Strafbarkeit zu gelangen.[822] Den gesellschaftsfremden Dritten in den Anwendungsbereich des § 30 GmbHG einzubeziehen heißt aber nichts anderes als unter dem Deckmantel der faktischen Betrachtungsweise § 30 GmbHG erweiternd und über die Wortlautgrenze auf dem Gesellschafter nahe stehende Personen anzuwenden, und zwar in so wie es im Zivilrecht unter den Vorzeichen der Analogie geschieht.[823] Zweckmäßigkeitsaspekte auf der Ebene der Pflichtwidrigkeit stehen nicht dafür, da es aufwendiger ist, eine Strafbarkeit über die Annahme einer verdeckten Gewinnausschüttung, der § 30 GmbHG entgegensteht, zu begründen, als den direkten Weg über eine Vermögensauskehr zu wählen, dem ein möglicher Gewinnanspruch des Quasi-Gesellschafters als Regulativ nicht entgegensteht. Nur wenn der BGH eine sonstige Vermögensauszahlung in jedem Fall für unzulässig hielte, wäre der Rückgriff auf die Figur eines faktischen Gesellschafters nachzuvollziehen.[824]

cc) Einsichtsfähigkeit

Ob ein beschränkt Geschäftsfähiger in eine Vermögenseinbuße wirksam einwilligen kann, ist umstritten. Während eine von *Lenckner* begründete Auffassung bei Vermögensdelikten volle Geschäftsfähigkeit fordert,[825] erachten es andere als ausreichend, dass der Zustimmende in einem Maße einsichts-, verständnis- und urteilsfähig ist, dass er die Auswirkungen des seine Interessen berührenden

---

[821] BGH vom 10.7.1996, 3 StR 50/96, NStZ 1996, 540 nimmt eine verdeckte Gewinnausschüttung an den faktischen Gesellschafter an, jedoch ohne dass der materielle Bereich des § 30 GmbHG tangiert ist. Anders allerdings in BGHSt 34, 379, 388. Dort vermerkt der Senat ausdrücklich, dass mangels Gesellschafterstellung des Begünstigten keine verdeckte Gewinnausschüttung stattgefunden hat. Im Übrigen ist der Schutzbereich des § 30 GmbHG nach den Feststellungen des Gerichts nicht tangiert. Ob die Zustimmung des faktischen Gesellschafters der Gesellschaft zugerechnet wird, blieb offen und musste wegen der Zustimmung des tatsächlichen Gesellschafters auch nicht entschieden werden.

[822] Vgl. hierzu auch die Auswertung der Rechtsprechung unten S. 236.

[823] Ausführlich in gesellschaftsrechtlicher Hinsicht *Kahlert*, Verdeckte Gewinnausschüttungen; allgemein zur Gefahr einer unzulässigen Analogie im Zusammenhang mit der faktischen Betrachtungsweise *Blauth*, Handeln für einen anderen, S. 40.

[824] Letzte Klarheit in dieser Frage lässt sich nicht erzielen, da der BGH in der Entscheidung im 34. Band der Entscheidungssammlung einen „faktischen" Gewinnanspruch, der einen Nachteil kompensieren könnte, abgelehnt hat und in der weiteren Entscheidung BGH vom 10.7.1996, 3 StR 50/96, NStZ 1996, 540 (im Ergebnis zu Recht) angenommen hat.

[825] ZStW 72 (1960), 446, 456; Schönke/Schröder/*Lenckner*, StGB, vor § 32 Rn. 32, 39; SK-StGB/*Günther*, vor § 32 Rn. 41; *Tröndle/Fischer*, StGB, vor § 32 Rn. 3 i. V. m. § 266 Rn. 51 (bis 50. Aufl.).

Eingriffs voll erfassen kann.[826] Auf den ersten Blick wird man bei der Untreue Geschäftsfähigkeit fordern können, da die wirksame Ausgestaltung des Pflichtenkreises eine rechtsgeschäftliche Handlung verlangt.[827] So hat *Jakobs* darauf hingewiesen, dass es missverständlich sei, das faktische Vorliegen des Willens auch bei den Tatbeständen ausreichen zu lassen „bei denen nur ein Wille des nach zivilrechtlichen Grundsätzen Verfügungsbefugten den Tatbestand ausschließt".[828] Nicht ausreichen kann jedenfalls natürliche Willensfähigkeit, wie sie auch Kinder und psychisch Kranke besitzen, da die Untreue nicht auf die Verletzung einer natürlichen Willensfreiheit abstellt.[829] Die Kontroverse soll nicht weiter vertieft werden, da sie für die hier vorliegende Konstellation kaum praktisch werden wird.[830] Beteiligen sich minderjährige Gesellschafter an der Beschlussfassung, so wird ihr Stimmrecht aufgrund der gesellschaftsrechtlichen Regelungen durch den gesetzlichen Vertreter ausgeübt,[831] der den Minderjährigen in der Regel auch bei eigener Beteiligung an der Gesellschaft vertritt.[832]

dd) Beachtlichkeit von Willensmängeln

§ 266 StGB macht den Untreuevorwurf nicht positiv von der Verletzung eines entgegenstehenden Willens abhängig, so dass der Unrechtsgehalt nicht in erster Linie aus dem fehlenden Einverständnis entspringt, sondern aus einer Pflichtverletzung des Treuepflichtigen. Daraus ergibt sich, dass das Einverständnis rechtlich wirksam sein muss; ein „natürliches" Einverständnis reicht nicht aus.[833]

---

[826] *Blei*, Strafrecht AT, S. 91; *Hirsch*, in Leipziger Kommentar, StGB, vor § 32 Rn. 118; *Jescheck/Weigend*, Strafrecht AT, § 34 IV; *Wessels/Hillenkamp*, Strafrecht BT/2, Rn. 758. *Tröndle/Fischer*, StGB, vor § 32 Rn. 3 i. V. m. § 266 Rn. 51; *Labsch*, Jura 1987, 411, 415.

[827] So auch *Amelung*, ZStW 104 (1992), 525, 528; Schönke/Schröder/*Lenckner*, StGB, vor § 32 Rn. 32; *ders.*, ZStW 72 (1960), 446, 451; a. A. *Labsch*, Jura 1987, 411, 415.

[828] Strafrecht AT, 7/106 anhand des § 142 StGB. Vgl. auch *Waßmer*, Untreue bei Risikogeschäften, S. 40, der ebenfalls bei der Untreue für Geschäftsfähigkeit plädiert, da die Einwilligung die Pflichtwidrigkeit ausschließe.

[829] So Schönke/Schröder/*Lenckner*, StGB, vor § 32 Rn. 32 für nötigen in § 240 StGB oder die Wegnahme in § 242 StGB.

[830] Die juristische Person als maßgeblicher Rechtsträger erfüllt als solche keine der Voraussetzungen, da stets Organe für sie handeln.

[831] Roth/Altmeppen/*Roth*, GmbHG, § 47 Rn. 25.

[832] Die Bestellung eines Ergänzungspfleger ist trotz § 181 BGB nicht erforderlich, Roth/ Altmeppen/*Roth*, GmbHG, § 47 Rn. 35; enger die nunmehr h. A., die die Anwendung des § 181 BGB auf satzungsändernde und diesen verwandte Beschlüsse beschränken möchte, vgl. BGH vom 6.6.1988, II ZR 318/87, GmbHR 1988, 337; Baumbach/Hueck/*Zöllner*, GmbHG, § 47 Rn. 41. Eine familien- bzw. vormundschaftsgerichtliche Genehmigung ist für die Beteiligung des gesetzlichen Vertreters an Beschlüssen in der Gesellschaft mangels eines gesetzlichen Tatbestandes nicht erforderlich. Die ursprünglich nach § 1822 Nr. 3 BGB erteilte Genehmigung deckt die Folgebeschlüsse ab, die in der Gesellschaft zu fassen sind.

[833] BGHSt 9, 203, 216; NK-StGB/*Kindhäuser*, § 266 Rn. 98; *Hentschke*, Untreueschutz der Vor-GmbH, S. 104.

Insbesondere muss die Einverständniserklärung frei von Willensmängeln sein.[834] *Zwang und Drohung* schließen ein autonomes Einverständnis dann aus, wenn dadurch die Entscheidungsfreiheit des Zustimmenden maßgeblich beeinträchtigt ist.[835] Ein Einverständnis, das auf *falschen tatsächlichen Vorstellungen* des Geschäftsherrn basiert, hat in der Regel keinen Einfluss auf die Tatbestandsmäßigkeit der Handlung des Geschäftsführers. Verursacht der Treunehmer durch *Täuschung* einen Irrtum des Geschäftsherrn, dann ist das Einverständnis nicht wirksam, wenn sich der Getäuschte infolge der Täuschung nicht darüber im Klaren ist, dass er sein Rechtsgut preisgibt oder die Täuschung zur Unkenntnis über Bedeutung, Tragweite und Auswirkungen des Rechtsgutsverzichts führen. Täuscht beispielsweise der Geschäftsführer einer GmbH die Gesellschafter über die wahren wirtschaftlichen Verhältnisse der Gesellschaft, dann kann er sich später nicht darauf berufen, dass die Gesellschafter der Vermögensauskehr zugestimmt haben. Schwieriger zu entscheiden sind die Fälle, in denen dem Opfer der vermögensschädigende Charakter seiner Verfügung bekannt ist, er aber über Begleitumstände der Tat getäuscht wird. Man könnte überlegen, die Kausalität der Täuschung für die Vermögenseinbuße ausreichend sein zu lassen, oder zusätzlich zu fordern, dass die Täuschung zu einem rechtsgutbezogenen Irrtum führt.[836] Im Ergebnis wird man bei der Untreue man nicht jeden *Irrtum* des Geschäftsherrn als beachtlich ansehen können. Zu plausiblen Ergebnissen führt dort eine Differenzierung je nach Art des Irrtums. Rechtsgutsbezogene Willensmängel, etwa über Art und Ausmaß der Rechtsgutspreisgabe, hindern ein Einverständnis, während ein Irrtum über Begleitumstände unbeachtlich ist und das tatsächliche Vorliegen eines Einverständnisses nicht berührt.[837] Irrt der Geschäftsherr z. B. über die Modalitäten der Auszahlung (bar oder Bankkonto), so hat das keinen Einfluss auf den im Übrigen korrekt gebildeten Willen, dass

---

[834] Bei dem Einverständnis halten hingegen Rechtsprechung und Teile der Literatur Willensmängel generell für unbeachtlich, vgl. BGHSt 16, 309, 310; *Hirsch*, in Leipziger Kommentar, StGB, vor § 32 Rn. 102; *Geerds*, GA 1954, 262, 268 f. Argumentiert wird damit, dass es unerheblich sei, ob der Wille des Berechtigten durch Täuschung oder Zwang beeinflusst wurde, solange der Betroffene dem Eingriff nur zustimmt, also keinen tatsächlich entgegenstehenden Willen bildet, vgl. *Rönnau*, Willensmängel bei der Einwilligung, S. 181 m. w. N. Diese Auffassung perpetuiert die überkommene Einstufung des Einverständnisses als rein tatsächliches Element und ist daher abzulehnen. Für Beachtlichkeit hingegen *Wessels/Hillenkamp*, Strafrecht BT/2, Rn. 758. *Wessels/Beulke*, Strafrecht AT, Rn. 367 hält Willensmängel beim Einverständnis generell für unbeachtlich, anderes gelte aber für die Untreue (Rn. 365), bei der das Einverständnis nach normativen Kriterien zu bestimmen ist und Willensmängel im Schutzbereich der Untreue Bedeutung zugemessen wird.

[835] *Waßmer*, Untreue bei Risikogeschäften, S. 46.

[836] Meinungsstand bei *Rönnau*, Willensmängel bei der Einwilligung, S. 430 ff.

[837] Grundlegend *Arzt*, Willensmängel, S. 15; ebenso Schönke/Schröder/*Lenckner*, StGB, vor § 32 Rn. 32; *Tröndle/Fischer*, StGB, § 228 Rn. 7; *Waßmer*, Untreue bei Risikogeschäften, S. 43.

eine Auszahlung stattfinden soll. Ist er aber über den Zweck der Auszahlung selbst im Irrtum, weil ihm z. B. verborgen bleibt, dass der Auszahlungsbetrag ohne Gegenleistung an einen Mitgesellschafter zurückfließen soll, dann ist das Einverständnis nicht wirksam erteilt. Bei Risikogeschäften muss der Geschäftsherr auch das Risiko richtig einschätzen.[838] Die Gegenprobe bestätigt das gefundene Ergebnis. Ließe man rechtsgutsbezogene Willensmängel des Treugebers bei der Tatbestandsmäßigkeit der Pflichtverletzung außer Betracht, dann müsste das auf falschen tatsächlichen Vorstellungen basierende Einverständnis für den Pflichtenumfang des Betreuungspflichtigen solange als strafrechtlich relevante Vorgabe akzeptiert werden, bis eine Korrektur durch den Treugeber erfolgt.[839] Das ist bedenklich, weil der Betreuungspflichtige bei der Untreue aufgrund seiner tatsächlichen Nähe zu dem Vermögen des Treugebers Risiken besser erkennen und einschätzen kann. Besitzt der Betreuungspflichtige überlegenes Wissen oder kann es sich verschaffen, dann befürwortet *Kohlmann* zu Recht eine *Aufklärungspflicht* des Treunehmers.[840]

ee) Kundgabe des Einverständnisses?

Das Einverständnis muss bloß tatsächlich vorliegen,[841] es braucht dem Treueverpflichteten weder zugehen[842] noch sonst durch den Treugeber kundgegeben werden.[843] Das lässt sich aus dem Wesen des tatbestandsausschließenden Einverständnisses ableiten, bei dessen Vorliegen der Tatbestand objektiv gar nicht verwirklicht ist.[844] Andere stellen den rechtsgeschäftlichen Charakter des Einverständnisses bei der Untreue in den Mittelpunkt der Überlegungen und nehmen an, dass das Einverständnis aus diesem Grund nach außen hin kundge-

---

838 BGH vom 29.11.1996, 2 StR 491/96, NStZ 1997, 124, 125; *Waßmer*, Untreue bei Risikogeschäften, S. 44 ff.; *Eisele*, Jura 2002, 59, 60.

839 *Jordan*, JR 2000, 133, 138, der allerdings mit einem tatsächlichen Treueverhältnis aus der Übernahme der Vermögensbetreuungspflicht und einem daraus entspringendem Schädigungsverbot argumentiert. Nach hier vertretener Ansicht ist bereits dem originären Treueverhältnis diese Verpflichtung als Begrenzung immanent.

840 Strafrechtliche Verantwortlichkeit, Rn. 335. NK-StGB/*Kindhäuser*, § 266 Rn. 98 m. w. N.

841 *Waßmer*, Untreue bei Risikogeschäften, S. 42.

842 Grundlegend zu der heute nicht mehr vertretenen Auffassung, die auf den Zugang beim Treueverpflichteten abstellt, *Zitelmann*, AcP 99 (1906), 1, 51 ff.

843 *Geerds*, GA 1954, 262, 266; *Wessels/Beulke*, Strafrecht AT, Rn. 368. Differenzierend Schönke/Schröder/*Lenckner*, StGB, vor § 32 Rn. 32; *Hirsch*, in Leipziger Kommentar, StGB, vor § 32 Rn. 109 (bei § 266 StGB Kundgabe erforderlich). A. A. *Roxin*, Strafrecht AT/1, § 13 Rn. 76, der mit beachtlichen Gründen vor Tatbestandsirrtümern warnt, die die Gegenauffassung heraufbeschwört. Anders auch die h. M. für die Einwilligung, vgl. nur Schönke/Schröder/*Lenckner*, StGB, vor § 32 Rn. 43; *Jescheck/Weigend*, Strafrecht AT, § 34 IV; *Lackner/Kühl*, StGB, § 228 Rn. 5.

844 So *Wodicka*, Untreue zum Nachteil der GmbH, S. 333, im Anschluss an *Jakobs*, Strafrecht AT, 7/110.

tan werden müsse.[845] Diese Ansicht überzeugt nicht, da es auf Ebene des Tatbestandes nur auf das objektive Vorliegen eines Merkmals ankommt. Im Gegensatz zu der Frage der Beachtlichkeit von Willensmängeln ist auch ohne Belang, dass dem Einverständnis bei der Untreue rechtsgeschäftlicher Charakter zukommt. Während Willensmängel Einfluss auf das tatsächliche wirksame Vorliegen des Einverständnisses haben, stellt die Kundgabe nur an die Kenntnis des Treugebers Anforderungen.[846]

Da es auf eine Kundgabe des Einverständnisses nicht ankommt, ist das Einverständnis *formlos* möglich.[847] Die Handlungsformen des Gesellschaftsrechts brauchen nicht eingehalten werden, wenn und soweit alle Gesellschafter an der Willensbildung beteiligt und mit der Auskehr des Vermögens einverstanden sind.[848] Die Zustimmung muss zum Zeitpunkt der Tat vorliegen, eine nachträgliche Genehmigung entfaltet strafrechtlich keine Wirkung.[849]

II. Dispositionsschranken der Gesellschafter bei der Verfügung über das Gesellschaftsvermögen

Der Ausschluss der Straftatverwirklichung beim Vorliegen einer *Einwilligung* des Verletzten beruht darauf, dass die Rechtsordnung die subjektive Wertung des Verletzten im Bereich seiner Rechtsgüter grundsätzlich anerkennt und zwar um der individuellen Freiheit des Rechtsgutinhabers willen auch dann, wenn die Rechtsgutpreisgabe im Einzelfall unvernünftig ist. Der Vermögensinhaber ist grundsätzlich frei, mit seinem Vermögen nach Belieben zu verfahren.[850] Dieser Grundsatz erfährt aber eine wichtige Einschränkung. Die Zustimmung des Rechtsgutinhabers entfaltet strafrechtlich keine Wirkung, wenn für sie *objektive Dispositionsschranken* anzuerkennen sind. Von der Rechtsträgerschaft als ein Element der „Einwilligungsbefugnis" ist die mit dieser nicht notwendigerweise deckungsgleiche Verfügungsbefugnis über das Schutzobjekt zu unterscheiden.

---

[845] *Hirsch*, in Leipziger Kommentar, StGB, vor § 32 Rn. 102; Schönke/Schröder/*Lenckner*, StGB, vor § 32 Rn. 32.

[846] Wie hier *Waßmer*, Untreue bei Risikogeschäften, S. 41. Im Ergebnis ebenso *Hentschke*, Untreueschutz der Vor-GmbH, S. 104.

[847] *Vonnemann*, GmbHR 1988, 329, 330.

[848] *Waßmer*, Untreue bei Risikogeschäften, S. 36, will alles strafrechtlich relevante Handeln der Gesellschafter gleich behandeln. So auch *Schäfer*, GmbHR 1993, 780, 791; *Ziemons*, Haftung der Gesellschafter, S. 199. A. A. *Flum*, Strafrechtlicher Schutz der GmbH, S. 104, der als Form der Willensbildung nur den Beschluss zulassen will.

[849] *Wessels/Beulke*, Strafrecht AT, Rn. 368; Schönke/Schröder/*Lenckner*, StGB, vor § 32 Rn. 32; *Geerds, D.*, in FS Geerds (1995), 689, 704; *Maurach/Zipf*, Strafrecht AT/1, § 17 Rn. 57. Vgl. zum Problem auch *Schramm*, Untreue und Konsens, S. 189 ff.

[850] *Noll*, Übergesetzliche Rechtfertigungsgründe, S. 75; *Roxin*, Strafrecht AT/1, § 13 Rn. 12.

Aus strafrechtlicher Sicht dispositionsbefugt ist nur der Träger des durch den Straftatbestand „rechtlich geschützten Interesses".[851]

Erteilen die Gesellschafter für die Gesellschaft unter Einhaltung der oben angeführten Wirksamkeitsvoraussetzungen die Zustimmung zur Vermögensauskehr, können ihrer Wirksamkeit weitere Schranken entgegenstehen, die nicht in der Person des Zustimmenden liegen. Bei Vermögensdelikten und somit auch bei der Untreue steht zwar weitgehend außer Streit, dass der Berechtigte über das Individualrechtsgut Vermögen verfügungsbefugt ist.[852] Allerdings kann auch bei diesen Delikten der Schutz der Interessen Dritter bzw. der Allgemeinheit oder ein Schutz des Rechtsgutsinhabers „zu seinem eigenen Besten" die Wirksamkeit einer ansonsten fehlerfrei erteilten Zustimmung hindern.[853] Ein solcher Interessenschutz gegen den erklärten Willen des Einwilligenden lässt den eigenen Willen des Rechtsgutsinhabers nicht maßgebend sein, sondern behandelt ein objektives Interesse als Schutzobjekt.[854]

Die Rechtsordnung enthält einige Beispiele dafür, dass das Gesetz zuweilen das Interesse des Einzelnen gegen dessen eigenen Willen wahrnimmt. So schützen Zivil- und Strafrecht Jugendliche oder wirtschaftlich Schwache durch zwingende Gesetzesbestimmungen. Das Gesetz sieht bei besonders schutzbedürftigen Personen den Willen des Rechtsgutsinhabers als unvernünftig an und erkennt seine subjektive Wertung nicht an. Schon *Noll* hat darauf hingewiesen, dass „die ganze Problematik der Einwilligung des Verletzten im Verhältnis der subjektiven Wertung des Verletzten zur objektiven Wertung des Gesetzes liegt".[855]

1. Anerkennung von Dispositionsschranken bei der GmbH-rechtlichen Untreue?

Die Zustimmung der Gesellschafter zur Vermögensauskehr durch den Geschäftsführer muss nach verbreiteter Auffassung *wirksam* erteilt sein, um strafunrechtsausschließende Wirkung zu haben. Diese Auffassung führt dazu, dass

---

[851] Das erkennt auch *Labsch*, JuS 1985, 602, 604 an; zum Schutzobjekt der Untreue ausführlich *Nelles*, Untreue zum Nachteil von Gesellschaften, S. 290.

[852] *Gribbohm*, ZGR 1990, 1, 20.

[853] Vgl. zu den objektiven Schranken der Einwilligung *Sternberg-Lieben*, Die objektiven Schranken der Einwilligung, S. 9 ff. und passim. Vgl. auch *Noll*, Übergesetzliche Rechtfertigungsgründe, S. 64 zu Delikten, bei denen die Einwilligung die Erfüllung des Tatbestands ausschließt.

[854] So *Noll*, Übergesetzliche Rechtfertigungsgründe, S. 66; anders *Keßler*, Die Einwilligung des Verletzten in ihrer strafrechtlichen Bedeutung, S. 52 („Widerspruch in sich selbst").

[855] Übergesetzliche Rechtfertigungsgründe, S. 60 unter Hinweis auf *Sauer*, Gerichtssaal 1939, 114, wonach der Angegriffene bestimmt, worin er seine Interessen und Werte erblickt; die Rechtsordnung und die Rechtspflege aber bestimmen, ob sie berechtigt sind.

die Gesellschafter einer GmbH Einschränkungen der individuellen Verfügungsfreiheit aufgrund der Rechte der Allgemeinheit oder Dritter hinnehmen müssen. Die Wirksamkeit des Einverständnisses der Gesellschafter bei der GmbH-Untreue scheitert nach herrschender Auffassung, wenn es selbst gesetzwidrig ist bzw. eine Pflichtverletzung im Sinne des § 266 StGB darstellt.[856] Woraus die Einschränkung der Dispositionsbefugnis *materiell* hergeleitet wird, bleibt aber unbeantwortet.

a) Keine Dispositionsschranken beim Einverständnis

Beim Einverständnis ist schon zweifelhaft, ob die individuelle Verfügungsbefugnis zum Schutz der Güter Dritter überhaupt eingeschränkt werden kann. Das Einverständnis ist, wie oben dargestellt, als ein Problem tatbestandlicher Subsumption von der Einwilligung als Preisgabe des Schutzguts einer Norm zu unterscheiden. Dieser Differenzierung wohnen zugegebenermaßen Zufälligkeiten inne[857] und sie ist von der bei den einzelnen Normen umstrittenen gesetzesdogmatischen Einordnung abhängig.[858] Da beide Rechtsinstitute unterschiedlichen Regeln unterworfen sind und unterschiedliche Rechtsfolgen nicht ausgeschlossen werden können, ist die Differenzierung notwendig und erfolgt im Ergebnis zu Recht.[859] Die Unterschiede kommen auch bei der Begründung von Dispositionsschranken zum Tragen.

Detlev Geerds geht davon aus, dass das Einverständnis bei § 266 StGB die Dispositionsbefugnis des Geschäftsherrn über das Vermögen als Angriffsobjekt voraussetzt und zivilrechtliche Beschränkungen, die eine Verfügung als solche verbieten und sie nicht nur von der Einhaltung eines bestimmten Verfahrens oder bestimmter Formvorschriften abhängig machten, durch das Strafrecht zu

[856] *Schünemann*, in Leipziger Kommentar, StGB, § 266 Rn. 100; *Tröndle/Fischer*, StGB, § 266 Rn. 51 ff.; *Schramm*, Untreue und Konsens, S. 91 ff.; *Waßmer*, Untreue bei Risikogeschäften, S. 51 ff.; *Zieschang*, in FS Kohlmann (2003), 351.

[857] Vgl. auch *Hinterhofer*, Einwilligung im Strafrecht, S. 15, der nicht die „großteils zufällige Wortwahl" des Gesetzgebers über die strafrechtssystematische Einordnung entscheiden lassen möchte.

[858] Plastisch *Roxin*, Strafrecht AT/1, § 13 Rn. 24 mit Hinweis auf die unterschiedlichen Ansichten zu Beleidigung (§ 185 StGB), Freiheitsberaubung (§ 239 StGB), u. a.; vgl. zur Einordnung der Zustimmung des Geheimnisherrn im Rahmen des § 203 StGB: Schönke/Schröder/*Lenckner*, StGB, § 203 Rn. 21 (Einverständnis); *Tröndle/Fischer*, StGB, § 203 Rn. 32 (Einwilligung).

[859] *Jescheck/Weigend*, Strafrecht AT, § 34 I; a. A. *Kientzy*, Der Mangel am Straftatbestand, S. 65; vgl. auch wegen der Anwendbarkeit des Art. 103 Abs. 2 GG, mit denen Rechtfertigungsgründe jedenfalls nicht ganz erfasst werden können. So Schönke/Schröder/*Eser*, StGB, § 1 Rn. 14.

beachten sind.[860] Demgegenüber nimmt *Zipf* an, dass Beschränkungen individueller Verfügungsfreiheit beim Einverständnis aus systematischen Erwägungen nicht anzuerkennen sind.[861] Während die Frage des Schutzes von Drittinteressen auf Einwilligungsebene eine umfassende Betrachtung der durch die einzelne Strafvorschrift geschützten Rechtsgüter verlange, ließe sich das Ergebnis beim Einverständnis aus der Gesetzlichkeitsgarantie des Art. 103 Abs. 2 GG herleiten, die es grundsätzlich verbietet, Drittinteressen im Wege der den Strafbarkeitsbereich ausweitenden und den Gesetzeswortlaut überschreitenden Interpretation der jeweils konsentierten Tathandlung zu berücksichtigen. Ebenso hält *Friedrich Geerds* objektive Schranken des Einverständnisses wie die Sittenwidrigkeit nicht für anwendbar, weil diese für die Frage, ob der Täter „mit Gewalt und gegen den Willen des Opfers handelt, völlig unerheblich [sind]."[862] Eine nach der Gesetzesfassung den Tatbestand ausschließende Zustimmung kann nicht für unwirksam erachtet werden. Durch Art. 103 Abs. 2 GG wird einer den Gesetzeswortlaut sprengenden teleologischen Reduktion zu Lasten des Täters der Boden entzogen.[863] Der Auffassung von *Zipf* ist zuzustimmen. Zur Verdeutlichung soll auf die Rechtslage bei verwaltungsaktsakzessorischen Strafvorschriften hingewiesen werden. Hat der Täter eine Fahrerlaubnis, so ist er auch dann nicht nach § 21 StVG strafbar, wenn diese erschlichen ist, da das Tatbestandsmerkmal „Fahren ohne Fahrerlaubnis" nicht verwirklicht ist und kein Straftatbestand existiert, der „Fahren mit erschlichener Fahrerlaubnis" unter Strafe stellt.[864] Auf den Bereich des Einverständnisses übertragen bedeutet das, dass nur der Verstoß des Täters gegen die gesetzlich geforderte Verhaltensanforderung strafbar ist. Anders als der auf Statussicherung beschränkte zivilrechtliche Kapitalschutz lehnt sich der wertungsabhängige strafrechtliche Rechtsgutsbegriff notwendig an sein Bezugsobjekt, den Rechtsgutsinhaber, an.[865] Das Rechtsgut ist selbst dann für seinen Inhaber disponibel und bleibt ihm zum

---

860 In FS Geerds (1995), 689, 706; so auch *Brammsen*, DB 1989, 1609, 1614; *Kohlmann*, Strafrechtliche Verantwortlichkeit, Rn. 179; *Otto*, JZ 1985, 69, 74; *Radtke*, GmbHR 1998, 361, 364 („Vermögensdispositionsbefugnis" der Gesellschafter); *Ziemons*, Haftung der Gesellschafter, S. 190; wohl auch *Schäfer*, GmbHR 1993, 780, 790. Dispositionsschranken im Drittinteresse generell ablehnend Schönke/Schröder/*Lenckner*, StGB, vor § 32 Rn. 32. Wieder anders *Flum*, Strafrechtlicher Schutz der GmbH, S. 76, der keine Verfügungsschranken des Rechtsinhabers (in concreto § 226 a a. F. StGB) anerkennt, die GmbH-rechtliche Problematik aber auf der Ebene des Rechtsinhabers lokalisiert; wiederum anders *Labsch*, JuS 1985, 602, 604, der keinerlei Verfügungsschranken anerkennt.

861 Einwilligung und Risikoübernahme, S. 17.

862 *Geerds*, GA 1954, 262, 268; vgl. auch *ders.*, Einwilligung und Einverständnis, S. 199; insoweit zustimmend *Zipf*, Einwilligung und Risikoübernahme, S. 35.

863 *Sternberg-Lieben*, Die objektiven Schranken der Einwilligung, S. 202.

864 *Jescheck/Weigend*, Strafrecht AT, § 33 VI 3; Schönke/Schröder/*Lenckner*, StGB, vor § 32 Rn. 63.

865 *Kutzner*, NStZ 2005, 271 f.

(wirtschaftlichen) Umgang zugewiesen, wenn er das Rechtsgut beeinträchtigen möchte.[866] *Sternberg-Lieben* weist zu Recht darauf hin, dass im Einzelfall schutzwürdige Interessen Dritter einer wirksamen Rechtsgutspreisgabe entgegenstehen mögen, sie aber bei der Interpretation der Tathandlung keine Berücksichtigung finden können.[867] Betritt z. B. der vom Hausrechtsinhaber hereingelassene Täter das Haus bewusst nur zur Verübung strafbarer Handlungen an Dritten (Attentat auf eine vorbeifahrende Fahrzeugkolonne), so beeinträchtigt er durch die Tat die Interessen des Opfers. Die Zustimmung des Hausrechtsinhabers zum Betreten seiner Räume wird aber nicht dadurch unwirksam, dass sie die für den Dritten schädigende Handlung erst ermöglicht.[868]

b) Irrelevanz der Anerkennung von Dispositionsschranken bei der Einwilligung

Die von der herrschenden Auffassung bejahte Existenz von Dispositionsschranken bei der Untreue könnte über eine Anwendung der Grundsätze zur Einwilligung zu erklären sein. Wegen des normativen Charakters des Einverständnisses bei der Untreue finden, wie oben dargelegt, auch hinsichtlich anderer Wirksamkeitsvoraussetzungen Maßstäbe Anwendung, die aus dem Bereich der Einwilligung entlehnt sind.

Die Einwilligung des Geschädigten in die Verletzung eines Strafrechtsguts ist ein spezifisch strafrechtliches Institut mit eigenständig zu beurteilenden Wirksamkeitsvoraussetzungen.[869] Eine notwendige, nicht aber hinreichende Voraussetzung für eine wirksame Einwilligung ist die Rechtsträgerschaft des Verletzten. Daneben setzt die Einwilligung unstreitig die Dispositionsbefugnis des Rechtsgutsinhabers voraus.[870] Die Dispositionsbefugnis ist die Befugnis, ein Rechtsgut in strafrechtlich relevanter Weise aus dem Schutzbereich einer Strafnorm herauszunehmen.[871] Dabei präjudiziert das mangelnde Anerkenntnis von Dispositionsschranken bei dem Einverständnis nicht die Betrachtung bei der Einwilligung.[872] Durch die Ausübung der Handlungsfreiheit – auf eigene Kosten auf strafrechtlichen Schutz zu verzichten – entfällt das strafrechtlich verwirk-

---

866 *Stratenwerth*, in FS Lenckner (1998), 377, 384 f.

867 Die objektiven Schranken der Einwilligung, S. 202 ff.

868 Beispiel von *Sternberg-Lieben*, Die objektiven Schranken der Einwilligung, S. 201.

869 *Geerds*, Einwilligung und Einverständnis, S. 43; *Hirsch*, in Leipziger Kommentar, StGB, vor § 32 Rn. 118; *Jescheck/Weigend*, Strafrecht AT, § 34 IV 1; *Maurach/Zipf*, Strafrecht AT/1, § 17 Rn. 57.

870 Statt vieler *Geerds*, Einwilligung und Einverständnis, S. 12; *Hirsch*, in Leipziger Kommentar, StGB, vor § 32 Rn. 114.

871 *Zipf*, Einwilligung und Risikoübernahme, S. 32.

872 Die Frage stellt sich nicht, wenn man mit einem Teil der Rechtslehre die Unterscheidung zwischen Einwilligung und Einverständnis ablehnt. Soweit die Kontroverse nur um den gesetzessystematischen Standort der Einwilligung geführt wird, kann sie unberücksichtigt bleiben.

lichte Unrecht.[873] Die Dispositionsbefugnis ist somit das Kernstück der Einwilligungslehre, aus der sich auch der verfassungsrechtliche Bezug der Einwilligung herleiten lässt.

Eine erste Arbeitshypothese geht dahin, dass wegen der grundrechtlichen Verankerung der Einwilligung Schranken derselben grundsätzlich nicht anzuerkennen sind. Die durch die Grundrechte garantierte Freiheitsausübung im Bereich der Individualrechtsgüter ist einer Person grundsätzlich exklusiv zugeordnet und steht in ihrem freien, selbst gesetzten Belieben. Sie dient dem Schutz des einzelnen, so dass der alleinige Rechtsgutsträger auf diesen Schutz verzichten und seine geschützte Freiheit auch durch die Erteilung einer Einwilligung ausüben kann.[874] Diesem ersten unreflektierten Befund steht die Existenz der §§ 216 und 228 StGB entgegen. Das sind Normen, die als strafrechtliche Beschränkung der Einwilligung zu qualifizieren sind. *Waßmer* weist darauf hin, dass bei Vermögensdelikten eine Beschränkung der Dispositionsbefugnis aus Art. 14 Abs. 1 Satz 2 GG folgt, da es dem Gesetzgeber es im Rahmen der Inhalts- und Schrankenbestimmung freistehe, Dispositionsgrenzen festzulegen und eine Einwilligung dann ausscheide, wenn der Gesetzgeber bestimmte Geschäfte verbietet.[875] Der Gesetzgeber muss also aufgrund des Parlamentsvorbehalts festlegen, ob ein Rechtsgut generell oder unter bestimmten Voraussetzungen strafrechtlichen Schutz erhalten soll. Die grundrechtliche Verankerung eines Schutzobjektes allein reicht nicht aus. Stellt das Strafrecht mit §§ 216 und 228 StGB Schranken der Einwilligung auf, so ist nicht unplausibel, dass sich aufgrund der Einheit der Rechtsordnung die Verletzung von außerstrafrechtlichen Verhaltenspflichten ebenfalls auf das Strafrecht auswirken können. Es folgt daraus, dass im Sinne eines Einwilligungsrechts ausschließlich Individualrechtsgüter disponibel sind, wobei der Rechtsgutinhaber nicht bei allen ihm zustehenden Rechtsgütern in einen Verzicht einwilligen kann bzw. die Einwilligungsbefugnis nicht schrankenlos besteht.

Letzten Endes kann aber dahingestellt bleiben, wie bei Vorliegen einer Einwilligung zu entscheiden wäre. Die Zustimmung des Rechtsgutinhabers bei der Untreue ist mit allen Konsequenzen als Einverständnis zu qualifizieren. Ein Rückgriff auf Grundsätze, die zur Einwilligung aufgestellt werden, ist nicht zulässig, da die systematischen Unterschiede zwischen Einwilligung und Einverständnis eine Übertragung der zur Einwilligung gefundenen Grundsätze auf das Einverständnis nicht zulassen. Bei der Frage, ob die Dispositionsbefugnis der Gesellschafter durch das Einverständnis ausgeschlossen ist, geht es um

---

[873] *Roxin*, Strafrecht AT/1, § 13 Rn. 14.

[874] *Sternberg-Lieben*, Die objektiven Schranken der Einwilligung, S. 103.

[875] Untreue bei Risikogeschäften, S. 50.

Subsumptionsarbeit an einem Tatbestandsmerkmal, die nur tatbestandsbezogen erfolgen kann, während bei der Einwilligung zu klären ist, ob ihr aus Gründen die Beachtlichkeit versagt werden kann, die nicht in der Person des Einwilligenden angelegt sind und seine individuelle Verfügungsbefugnis über das Rechtsgut begrenzen. *Sternberg-Lieben*, der sich dem Thema der objektiven Schranken der Einwilligung ausführlich gewidmet hat, konzediert, dass es zunächst befremdlich erscheint, dem zustimmenden Rechtsträger Schranken bei der Verfügung über seine Rechtsgütersphäre je nach ausdrücklicher Verortung seiner Zustimmung im Straftataufbau zumessen zu wollen.[876] Dennoch müssen die beiden Erscheinungsformen der Willenszustimmung des Rechtsgutinhabers im Hinblick auf Art. 103 Abs. 2 GG auseinander gehalten werden.

Als *Zwischenergebnis* kann festgehalten werden, dass Dispositionsschranken beim Einverständnis im Rahmen des § 266 StGB nicht anzuerkennen sind.

c) Dispositionsschranken aus dem Handeln als Organ

Die soeben hergeleitete schrankenlose Anerkennung der Einverständnisbefugnis liefert aber kein überzeugendes Ergebnis, wenn sich die Befugnis des Vermögensinhabers nicht aus eigenem Recht ableitet, sondern der Einverständnisgeber die ihm zustehenden Rechte durch Vollmacht oder auf Grund Gesetzes zugeteilt bekommt. Die bisher untersuchten Wirkgründe für eine eingeschränkte Verfügungsmacht des Rechtsgutträgers befassen sich mit dieser Konstellation nicht. Es erscheint überlegenswert, ob nicht für die Fälle, bei denen der Rechtsgutinhaber nicht selbst handelt, sondern ein Vertreter oder ein Organ an seiner Stelle das Einverständnis abgibt, andere Grundsätze eingreifen, die im Ergebnis eine beschränkte Dispositionsbefugnis des fiduziarisch Handelnden bedeuten.

Bei der GmbH-rechtlichen Untreue fallen der Rechtsgutinhaber und derjenige, der das Einverständnis erteilt, notwendig auseinander, da die juristische Person als solche nur durch ihre Organe handlungsfähig ist. Die Gesellschafter handeln bei der Zustimmung zur Vermögensauskehr nicht aus eigenem Recht sondern aus ihrer Stellung als Organ.[877] Ihre Handlungsmacht über das Vermögen der GmbH könnte aber von vorneherein durch die Rechte des einwilligungsunfähigen Rechtsgutinhabers, für den sie treuhänderisch zu handeln haben, begrenzt sein.[878] Eine beschränkte Dispositionsbefugnis des zuständigen Organs ergibt sich also nicht aus der strafrechtsdogmatischen Begrenzung der Dispositionsbefugnis des Rechtsgutsträgers selbst, sondern möglicherweise daraus, dass die

---

[876] Die objektiven Schranken der Einwilligung, S. 202.

[877] BGHSt 9, 203; *Reiß*, wistra 1989, 81, 83.

[878] So *Sternberg-Lieben*, Die objektiven Schranken der Einwilligung, S. 84, für die gesetzliche Vertretung.

juristische Person durch ein Organ sein Einverständnis erteilt. Der dazu in der Hierarchie des Rechtsgutträgers berufene Gesellschafter könnte Schranken unterliegen, da er nicht aus eigenem Recht, sondern aus dem Recht eines Dritten (der GmbH) tätig wird. Sofern strafrechtliche Einwilligungsschranken anzuerkennen sind, so dienen sie dem Schutz des Rechtsgutsinhabers vor den Entscheidungen der Gesellschafter, die die GmbH in ihrem Vermögen betreffen, und nicht dem Schutz des Vermögensinhabers (der GmbH) vor sich selbst. Diese beschränkte Schutzrichtung ist bei der Anerkennung von Dispositionsgrenzen der Gesellschafter im Blick zu behalten. Näher zu untersuchen ist, ob die von der Rechtsprechung und herrschenden Meinung anerkannten Dispositionsschranken diesem Verhältnis entspringen, da sie nur dann als taugliche Verfügungsgrenze der Gesellschafter gelten können. Die Einschränkungen, denen die Gesellschafter strafrechtlich zu unterwerfen sind, müssen im Verhältnis der Gesellschafter zu ihrer Gesellschaft angelegt sein. Ein sonstiger Drittbezug, beispielsweise ein Gläubigerbezug, kann nur dann als ausreichend erachtet werden, wenn ein vom Gesellschafterinteresse autonomes Gesellschaftsinteresse auf Wahrung ihres Kapitals anerkannt werden kann.

Ein weiteres kommt dazu. Während bei der natürlichen Person ein Schutz des Vermögens nicht erforderlich ist, da sie die Folgen ihres Handelns selbst betreffen, können die Gesellschafter einer GmbH wegen der Haftungsbegrenzung auf das Gesellschaftsvermögen Risiken, die mit der unternehmerischen Tätigkeit verbunden sind, zu einem Teil auf Gesellschaftsfremde verlagern. Andererseits haben die Gesellschafter die Möglichkeit, die Geschicke der Gesellschaft weitgehend nach ihrem Gutdünken zu bestimmen.[879] Das Auseinanderfallen von Herrschaft und Verantwortung in der Gesellschaft erfordert aus Wertungsgesichtspunkten möglicherweise auch strafrechtlich Schutzmechanismen, die bei natürlichen Personen nicht notwendig sind. Auch diese Schutzrichtung schränkt den Kreis der relevanten Dispositionsschranken ein.

d) Zusammenfassung

Da die Zustimmung der Gesellschafter zu Verfügungen aus dem Haftungsfonds der GmbH als Einverständnis zu qualifizieren ist und Dispositionsschranken beim Einverständnis nicht anzuerkennen sind, kommt eine Einschränkung der Dispositionsbefugnis der Gesellschafter wegen der strafrechtssystematischen Einordnung nicht in Betracht. Dispositionsschranken der Gesellschafter können sich aber aus der Überlegung ergeben, dass die Gesellschafter nicht aus eigenem Recht tätig werden, sondern in ihrer Eigenschaft als Organ für die Gesellschaft handeln. Die ihnen dadurch möglicherweise auferlegten Beschränkungen können ebenfalls als Dispositionsschranken aufgefasst werden. Ob sich aus ihrer

[879] Zur ökonomischen Betrachtung vgl. *Birkholz*, Untreuestrafbarkeit, S. 279 ff.

besonderen Struktur weitere Einschränkungen ergeben, soll erst erörtert werden, wenn feststeht, dass Dispositionsschranken überhaupt anzuerkennen sind. Neben originär strafrechtlichen Dispositionsschranken kommen solche aus dem Gesellschaftsrecht in Betracht. Nachfolgend ist die Reichweite der Vertretungsbefugnis der Gesellschafter zu bestimmen und zu fragen, ob Grenzen der Dispositionsbefugnis bestehen, die sie von Gesetzes wegen verpflichten, zum objektiven Wohl der Gesellschaft oder im Interesse der Gläubiger der Gesellschaft zu handeln.

2. Keine Dispositionsschranken aus dem Strafrecht

Die Dispositionsbefugnis steht dem Verfügungsberechtigten jedenfalls in den Fällen nicht uneingeschränkt zu, in denen eine ausdrückliche (absolute oder relative) Beschränkung der Dispositionsbefugnis durch das Strafrecht angeordnet ist.[880] Verfügungsberechtigt ist der Rechtsgutinhaber, bzw. der, der für ihn die Verfügungsbefugnis verantwortlich ausübt, bei der GmbH-Untreue also die Gesellschafter. Der Erhalt des dem einzelnen zugeordneten Rechtsgutes wird vom Strafrecht in bestimmten Fällen als so elementar angesehen, dass eine vollständige bzw. teilweise Entäußerung durch den Verfügungsbefugten nicht toleriert wird.[881] So ist das Rechtsgut Leben einer Disposition des Berechtigten beinahe vollständig entzogen (§ 216 StGB).[882] Als Beispiel für eine beschränkte Dispositionsbefugnis ist die in § 228 StGB normierte Schranke der Sittenwidrigkeit für die Preisgabe der Körperintegrität zu nennen.

Die Rechtsordnung sieht für das Rechtsgut Leben in § 216 StGB eine absolute Verfügungsschranke vor, die die freie Verfügung über das eigene Leben ausschließt und eine vom Willen des Einzelnen unabhängige Bestandsgarantie beinhaltet. Für die körperliche Integrität ordnet § 228 StGB eine relative strafrechtliche Verfügungsschranke an, die der Einwilligung in eine Körperverletzung dann ihre strafrechtliche Wirkung versagt, wenn die Tat trotz der Einwilligung gegen die guten Sitten verstößt. Eine solche Einschränkung der Verfügungsbefugnis ist verfassungsrechtlich geboten, weil die allgemeine Handlungsfreiheit nach Art. 2 Abs. 1 GG die Einwilligungsmöglichkeit nur bis zur Grenze der Rechte anderer, der verfassungsmäßigen Ordnung und des Sittengesetzes

---

[880] Daneben werden Fälle der notwendigen Mitwirkung des Opfers diskutiert, etwa §§ 174–176 StGB; vgl. dazu *Roxin*, Strafrecht AT/1, § 13 Rn. 36.

[881] *Hinterhofer*, Einwilligung im Strafrecht, S. 23, der zwischen genereller Disponibilität des Rechtsguts und der Verfügungsbefugnis über das Handlungsobjekt unterscheidet; Schönke/Schröder/*Lenckner*, StGB, vor § 32 Rn. 37; so auch *Hirsch*, in Leipziger Kommentar, StGB, vor § 32 Rn. 114.

[882] A. A. *Kientzy*, Der Mangel am Straftatbestand, S. 94, der § 216 und § 228 StGB nicht als Dispositionsschranken begreift, da sie ausschließlich aus Gesichtspunkten eingreifen, die der Tat selbst anhaften.

garantiert.[883] Die Existenz der beiden Normen, die die Beachtlichkeit einer Einwilligung des Rechtsgutsinhabers ausschließen, belegt, dass der Rechtsgutinhaber nicht in allen Fällen frei ist, über seine Rechtsgüter zu disponieren, sondern die Rechtsordnung in bestimmten Fällen Schranken der Einwilligungsbefugnis anordnet. Da das Strafrecht beim Leben und der körperlichen Unversehrtheit Schranken der Dispositionsbefugnis anordnet, die der zustimmende Wille des Rechtsgutinhabers nicht beseitigen kann, so ist plausibel, dass auch die Einwilligung in die Verletzung anderer Rechtsgüter Schranken unterliegen kann.

a) § 228 StGB

Gemäß § 228 StGB beseitigt die Einwilligung nur dann den Unrechtgehalt der Tat, wenn sie trotz der Einwilligung gegen die guten Sitten verstößt. Nach herrschender Meinung ist bezüglich der Sittenwidrigkeit allein auf die Tat abzustellen,[884] während eine andere Auffassung davon ausgeht, dass auch die Einwilligung selbst sittenwidrig und daher unbeachtlich sein kann.[885] Dem Wortlaut nach findet § 228 StGB nur auf Körperverletzungsdelikte Anwendung, so dass eine direkte Anwendung auf die Untreue ausscheidet.

b) Schranke der guten Sitten

§ 228 StGB könnte Ausdruck eines allgemeinen Rechtsgedankens mit der Folge sein, dass sich die Schranke der guten Sitten auf andere Tatbestände übertragen lässt und somit über den Bereich der Körperverletzungsdelikte hinaus Bedeutung hat. Vermögensschädigungen, die mit Zustimmung des Vermögensinhabers begangen werden, stünden somit immer unter dem Vorbehalt, dass die Tat nicht gegen die guten Sitten verstößt.[886] Ein Sittenverstoß könnte darin begründet liegen, dass den Gläubigern der Gesellschaft Haftungsmasse entzogen und sie dadurch in ihrem Befriedigungsinteresse beeinträchtigt werden.

aa) Analogie zu § 228 StGB

Die Vorstellung, dass § 228 StGB Ausdruck eines allgemeinen Rechtsgedankens ist, besteht heute nur noch vereinzelt, während früher durchaus die Auffassung vorherrschte, dass es sich bei der in § 228 StGB normierten Schranke um

---

[883] Zur grundgesetzlichen Verankerung der Einwilligungsfreiheit grundlegend *Amelung*, Einwilligung in die Beeinträchtigung eines Grundrechtsgutes.

[884] BGHSt 4, 88, 91; BGH vom 12.10.1999, 1 StR 417/99, NStZ 2000, 87 f.; *Roxin*, Strafrecht AT/1, § 13 Rn. 38; *Tröndle/Fischer*, StGB, § 228 Rn. 8.

[885] *Amelung*, Einwilligung in die Beeinträchtigung eines Grundrechtsguts, S. 56 f.; Baumann/Weber/Mitsch/*Mitsch*, Strafrecht AT, 10. Aufl., § 17 Rn. 112 (anders in der 11. Aufl.); *Geerds*, GA 1954, 262, 268.

[886] *Jakobs*, Strafrecht AT, 7/124, auch bereits mit der Einschränkung, dass das Gut bei der tatbestandsausschließenden Einwilligung stets zur vollen Disposition des Inhabers steht.

einen allgemeinen Rechtsgrundsatz handelt, der über den Bereich der Körperverletzungsdelikte hinaus zu beachten ist.[887] *Schlehofer* argumentiert damit, dass die Schranke der guten Sitten als Prinzip des Strafunrechtsausschlusses bei allen strafunrechtsausschließenden Zustimmungen gelten müsse.[888] Auch *Geerds* lässt der Schranke der Sittenwidrigkeit die Bedeutung einer gesetzlichen Verfügungsbeschränkung zukommen und gibt ihr damit die Bedeutung eines allgemeinen Dispositionsvorbehalts.[889]

Sofern § 228 StGB nicht ohnehin für verfassungswidrig gehalten wird,[890] führen die Gegner einer Ausdehnung der Vorschrift ins Feld, dass sich für eine Einschränkung der Einwilligungsmöglichkeit bei anderen Individualrechtsgütern keine Anhaltspunkte aus dem Gesetz ergeben, so dass eine Strafbarkeitsausdehnung gegen Art. 103 Abs. 2 GG verstoßen würde. Gegen eine erweiterte Anwendung des § 228 StGB spreche auch, dass Eingriffe in andere Individualrechtsgüter als Leben und körperliche Unversehrtheit kaum vergleichbar schwer und irreversibel sind.[891] Seine Aufgabe beschränke sich heutzutage auf die Prophylaxe von Handlungen, die „dem Anstandsgefühl aller billig und gerecht Denkenden zuwiderlaufen“, ein Ziel, das im Übrigen alle Straftatbestände unabhängig von der Anwendung des § 228 StGB besäßen.[892] Entgegen *Geerds*[893] ist die Sittenwidrigkeit der Einwilligung als ein Verstoß gegen das Anstandsgefühl

---

[887] *Baumann/Weber*, Strafrecht AT, bis zur 9. Aufl., § 21 II 4 c; *Geerds*, GA 1954, 262, 268; *Roxin*, Offene Tatbestände, S. 120; jetzt aber anders *ders.*, Strafrecht AT/1, § 13 Rn. 70; MünchKommStGB/*Schlehofer*, vor § 32 Rn. 116; wohl auch *Jakobs*, Strafrecht AT, 14/9; *Schmidhäuser*, Strafrecht AT, 5/120, will den Gedanken des § 228 StGB auf die Freiheitsberaubung erstrecken; *Göbel*, Einwilligung im Strafrecht, S. 62 auf längere Freiheitsentziehungen und besonders gravierende Ehrverletzungen; gegen eine Ausdehnung *Noll*, Übergesetzliche Rechtfertigungsgründe, S. 73.

[888] MünchKommStGB/*Schlehofer*, vor § 32 Rn. 116; anders aber *ders.*, Einverständnis und Einwilligung, S. 80 (keine allgemeine Verbindlichkeit für die Einwilligung).

[889] *Geerds*, GA 1954, 262, 268.

[890] *Sternberg-Lieben*, Die objektiven Schranken der Einwilligung, S. 136 ff.; im Anschluss daran ebenso *Rönnau*, Willensmängel bei der Einwilligung, S. 173; so auch schon *Hanack*, JZ 1964, 393, 396.

[891] *Stratenwerth*, Strafrecht AT/1, § 9 Rn. 21. Vgl. auch *Zipf*, Einwilligung und Risikoübernahme, S. 33 ff. Gegen eine Ausdehnung auf andere Tatbestände auch *Hirsch*, in Leipziger Kommentar, StGB, vor § 32 Rn. 124; Schönke/Schröder/*Lenckner*, StGB, vor § 32 Rn. 37; *Jescheck/Weigend*, Strafrecht AT, § 34 III 4.

[892] *Kientzy*, Der Mangel am Straftatbestand, S. 96. Anders bei der Einführung des (damals) § 226 a StGB durch die Novelle vom 26.5.1933, mit der die Grenzen freiwilliger Sterilisation und Kastration abgesteckt werden sollten.

[893] *Geerds*, Einwilligung und Einverständnis, S. 172, mit dem Argument, „das Recht würde sich selbst widersprechen, wenn es das sittenwidrige Handeln des Verletzten im Unrechtsausschluss anerkennt und dem Täter zugute halten würde“; vgl. auch *Amelung*, Einwilligung in die Beeinträchtigung eines Grundrechtsgutes, S. 57.

aller billig und gerecht Denkenden nicht als selbständige Einwilligungsschranke anzuerkennen.[894] *Zipf* weist in diesem Zusammenhang richtigerweise darauf hin, dass die Generalklausel der Sittenwidrigkeit keine klaren Regeln über Grenzen und Umfang der Dispositionsbefugnis liefern kann.[895] Dieser Auffassung ist zuzustimmen, da es in der pluralistischen Wertordnung unserer Gesellschaft keinen einheitlichen Sittenwidrigkeitsmaßstab mehr gibt und sich somit die Sittenwidrigkeit der Tat nicht mehr vernünftig verifizieren lässt, sondern eine Versubjektivierung des Sittenwidrigkeitsurteils droht.

bb) Rechtsgedanke des § 138 BGB

Während bei einer Analogie zu § 228 StGB das Sittenwidrigkeitsurteil nach herrschender Auffassung der Tat selbst anhaften muss, könnte der Rechtsgedanke aus § 138 BGB die Wirksamkeit der Einwilligung hindern, sofern diese als sittenwidrig einzustufen ist. So sieht *Fleck* in seiner Anmerkung zum Urteil des BGH vom 29.5.1987[896] in den guten Sitten eine weitere Schranke für die Dispositionsbefugnis der Gesellschafter über das Gesellschaftsvermögen.[897] Es handele sich bei der Sittenwidrigkeit um einen anerkannten Nichtigkeitsgrund von Gesellschafterbeschlüssen, mit der Folge, dass der Geschäftsführer einen nichtigen Gesellschafterbeschluss nicht auszuführen brauche.

Die Anwendung des § 138 BGB ist aus mehreren Gründen abzulehnen.[898] Unterstellte man den zustimmenden Willen des Rechtsgutinhabers der Schranke der Sittenwidrigkeit so würde nicht das Integritätsinteresse des Zustimmenden, sondern die Rechtsordnung als solche geschützt. Formal lässt sich damit argumentieren, dass der Sittenverstoß des Einwilligenden statt des Einwilligenden den Täter belasten würde, da er ihn um den Tatbestandsausschluss bzw. um den Rechtfertigungsgrund brächte, auch wenn dieses Argument bei der GmbH-Untreue nicht weit trägt.[899] Schließlich handeln in der Regel Gesellschafter und Geschäftsführer gemeinsam zum Schaden der GmbH zusammen, so dass ein Tatbestandsausschluss materiell gar nicht gerechtfertigt wäre. Schwerer wiegt der Einwand von *Flum*, dass die unterschiedslose Anwendung des Sittenwidrigkeitsmaßstabs die Schutzrichtung des § 266 StGB außer Acht lässt und auch solche Gesichtspunkte im Rahmen des § 266 StGB berücksichtigt, die mit dem

---

[894] So die herrschende Ansicht *Lackner/Kühl*, StGB, vor § 32 Rn. 18; *Maurach/Zipf*, Strafrecht AT/1, § 17 Rn. 65; *Roxin*, Strafrecht AT/1, § 13 Rn. 70; *Jescheck/Weigend*, Strafrecht AT, § 34 III 4.

[895] *Zipf*, Einwilligung und Risikoübernahme, S. 35.

[896] BGHSt 34, 379.

[897] EWiR § 29 GmbHG 2/87, 987, 988.

[898] Ebenso MünchKommStGB/*Schlehofer*, vor § 32 Rn. 115 („diffuser Maßstab").

[899] *Schlehofer*, Einwilligung und Einverständnis, S. 81 mit Hinweisen auf *Berz*, GA 1969, 146; *Roxin*, JuS 1964, 379; *Kühne*, JZ 1979, 241, 242.

Schutz des GmbH-Vermögens nichts zu tun haben.[900] Ein Rückgriff auf die zivilrechtliche Norm des § 138 Abs. 1 BGB verbietet sich bereits aufgrund der unterschiedlichen Aufgaben von Zivilrecht und Strafrecht.[901] Während die eine Rechtsordnung den in die Zukunft gerichteten Schutz des Vertragspartners bezweckt, ahndet letztere vergangenheitsorientiert strafrechtsrelevantes Unrecht.[902] Die strafrechtliche Berücksichtigung der Sittenwidrigkeitsschranke würde die Zwecksetzung des § 138 BGB außer Acht lassen, der eine in die Zukunft reichende rechtsgeschäftliche Bindung verhindern will. Da die Sittenwidrigkeit nicht als Einwilligungsschranke anzuerkennen ist, braucht an dieser Stelle nicht entschieden werden, ob die Verletzung der Befriedigungsinteressen der Gläubiger die Wirksamkeit der Einwilligung hindern, da die Transformation in das Strafrecht jedenfalls nicht über das Sittenwidrigkeitsverdikt vorgenommen werden kann.

c) Schranke des wohlverstandenen, objektiven Gesellschaftsinteresses

Die Frage nach einem eigenständigen Gesellschaftsinteresse wird im Gesellschaftsrecht seit mittlerweile mehr als achtzig Jahren geführt.[903] Bislang allerdings mit zweifelhaftem Erfolg, da noch nicht einmal die Begrifflichkeiten als geklärt gelten können.[904] Es muss daher der Versuch scheitern, angelehnt an die zivilrechtliche Diskussion ein spezifisch strafrechtliches Eigeninteresse der GmbH zu begründen.[905] Strafrechtlich steht allein das Interesse der Gesellschaft in Frage. Die Diskussion um ein zivilrechtliches Eigeninteresse der GmbH zeigt, dass der Begriff nicht eindeutig besetzt und seine Existenz im Zivilrecht keineswegs geklärt ist. Sollte ein Eigeninteresse der GmbH anzuerkennen sein, dann kann es sich nur aus der sie regelnden Materie, nämlich dem Zivilrecht ergeben. Eine eigenständige strafrechtliche Begriffsbildung in diesem Bereich

---

[900] *Flum*, Strafrechtlicher Schutz der GmbH, S. 129.

[901] So aber bis zur 9. Auflage *Baumann/Weber*, Strafrecht AT, § 21 II 4 c.

[902] *Sternberg-Lieben*, Die objektiven Schranken der Einwilligung, S. 134; Schönke/Schröder/*Lenckner*, StGB, vor § 32 Rn. 38.

[903] Die Diskussion wird soweit ersichtlich von *Rathenau*, Aktienwesen, S. 38 ff. am Beispiel der sog. Großunternehmung eingeleitet. Der Erhalt dieser Unternehmen sei, so *Rathenau*, aus übergeordneten Interessen der Allgemeinheit auch gegen den ausdrücklichen Auflösungsbeschluss der Gesellschafter geboten.

[904] Vgl. die Vorstellung vom „Unternehmen an sich" (*Schilling*, ZHR 144 [1980], 136, 143; *Zöllner*, Schranken mitgliedschaftlicher Stimmrechtsmacht, S. 72); „Bestandsinteresse der Gesellschaft" (*Ulmer*, ZHR 148 [1984], 391, 418; *Schulze-Osterloh*, ZGR 1983, 123, 157 f.) und „Unternehmensinteresse" (*Kübler/Assmann*, Gesellschaftsrecht, S. 178; *Schilling*, in FS Gessler [1970], 159, 165; *Otto*, in FS Kohlmann [2003], 187, 191 ff. zur Untreue durch Spendenvergabe). Gegen eine eigenständige Bedeutung des Unternehmensinteresses *Fleischer*, AG 2001, 171, 177; *Mülbert*, ZGR 1997, 129, 142 ff. Zur mangelnden Anerkennung eines gesellschaftsrechtlichen Eigeninteresses vgl. unten S. 213 ff.

[905] *Radtke*, GmbHR 1998, 361, 362 ff.

ist auch nicht erforderlich. Sie liefe Gefahr, sich ohne Not vom zivilrechtlichen Ausgangspunkt zu entfernen und reine Billigkeitserwägungen in den Vordergrund zu stellen. Zweifelhaft ist, ob das Eigeninteresse der Gesellschaft schon so gesicherter Bestand der Dogmatik ist, dass die Diskussionsansätze in das Strafrecht übertragen werden können.[906] Extensive Interpretationsversuche sind schon wegen Art. 103 Abs. 2 GG abzulehnen. Es kann auch nicht der Auffassung von *Tiedemann* gefolgt werden, der vertritt, dass das Interesse der Gesellschaft die Anwendung der Sorgfalt eines ordentlichen Geschäftsmanns (§ 43 Abs. 1 GmbHG) und ordnungsgemäßes Wirtschaften (§ 283 Abs. 1 Nr. 1, 2, 3, 8 StGB) erfordern und daher ein Geschäftsführerverhalten, das nach §§ 283 ff. StGB strafwürdig wäre, auch im Rahmen des § 266 StGB nicht einwilligungsfähig sei.[907] Es kann aber nicht darum gehen, die Treuepflicht des Geschäftsführers gegenüber der GmbH auf die (Gegen-)Interessen der Gesellschaftsgläubiger auszudehnen.[908]

d) Zwischenergebnis

Als *Zwischenergebnis* lässt sich festhalten, dass Schranken aus dem Strafrecht bei Verfügungen der Gesellschafter über das Gesellschaftsvermögen nicht anzuerkennen sind.

3. Dispositionsschranken aus dem Zivilrecht?

Wählt man als Ausgangspunkt die Prämisse, dass es nicht bereits systematische Erwägungen sind, die es verhindern, dass ein Verhalten, das gegen ein zwingendes gesellschaftsrechtliches Verbot verstößt, auch für die strafrechtliche Beurteilung maßgebend ist, so erlaubt dieses Vorgehen, sich der herrschenden Auffassung im Strafrecht anzunähern. Diese vertritt, dass der Geschäftsführer, der Vermögen entgegen der GmbH-rechtlichen Vorschriften an die Gesellschafter auskehrt, nicht dadurch straffrei wird, dass die Gesellschafter mit diesem Vorgehen einverstanden sind bzw. ihn zu diesem Tun anweisen. Ein Verstoß des Geschäftsführers gegen die zivilrechtlichen Regeln des Stammkapitalerhalts bestimmt somit das strafrechtliche Ergebnis vorher, da mit anderen Worten „das Zivilrecht (...) bestimmt, was strafbar ist“[909]. Jedenfalls die materiellen Vorschriften des zivilrechtlichen Kapitalschutzes bilden nach herrschender Auffassung auch strafrechtlich eine Grenze, die der Geschäftsführer auch im Einverständnis mit den Gesellschaftern nicht überschreiten darf.

---

[906] *Wodicka*, Untreue zum Nachteil der GmbH, S. 185. Vgl. auch *Birkholz*, Untreuestrafbarkeit, S. 112.

[907] ZStW 111 (1999), 693.

[908] So auch *Tiedemann*, GmbH-Strafrecht, vor § 82 Rn. 15.

[909] So in Abwandlung eines Zitates von *Fleck*, ZGR 1990, 31, 32.

a) Schutz der Gesellschaft vor ihren Gesellschaftern im Zivilrecht

Den Gläubigern einer ordnungsgemäß eingetragenen GmbH haftet gemäß § 13 Abs. 2 GmbHG nur das Gesellschaftsvermögen der GmbH, nicht aber das Privatvermögen der Gesellschafter. Die Beschränkung der Haftung auf das Gesellschaftsvermögen der Gesellschaft lässt sich aus Gläubigerschutzgesichtspunkten nur rechtfertigen, wenn im Gegenzug sichergestellt ist, dass die Gesellschaft mit Kapital ausgestattet wird und ihr das Kapital durch die Gesellschafter nicht wieder entzogen werden darf. Die Kapitalausstattung gibt der Verpflichtung der Gesellschaft durch Vertrag oder Delikt und ihrer Haftung eine realistische Grundlage. Würde das Gesetz keine Regeln für den Umgang der Gesellschafter mit ihrer Gesellschaft aufstellen, könnten sie das der Gesellschaft überlassene Kapital wieder entziehen und ihrem Privatvermögen eingliedern, ohne dass ihnen daraus haftungsmäßige Konsequenzen erwachsen. Im äußersten Fall könnten die Gesellschafter die – in ihrer Existenz der privatautonomen Entscheidung überlassene – GmbH jederzeit und folgenlos ihren Verpflichtungen zur Erfüllung von Verbindlichkeiten durch bloße Liquidation entziehen.[910]

Sinn und Zweck der Kapitalerhaltungsvorschriften ist es, bestimmte Mindestanforderungen an die Eigenkapitalausstattung der GmbH zu stellen.[911] Doch die Kapitalerhaltungsvorschriften bieten den Gläubigern nur begrenzten Schutz, denn sie decken nicht das gesamte Spektrum der Eingriffe ab, mit denen die Gesellschafter ihre Gesellschaft finanziell schädigen und die Befriedigungschancen der Gesellschafter vermindern können.[912] Entziehen die Gesellschafter der Gesellschaft Produktionsmittel, die für die Aufrechterhaltung des Betriebs dringend benötigt werden, so kann der der Gesellschaft durch den Entzug entstehende Schaden viel größer sein als über die Rückzahlungspflichten der §§ 30, 31 GmbHG auszugleichen wäre. Wegen der Beschränkung auf bilanzielle Auswirkungen bleibt auch der Entzug von Geschäftschancen einer Sanktionierung nach §§ 30, 31 GmbHG unzugänglich. Die Rechtsprechung hat daher nach langjährigen Vorarbeiten in der Literatur eine über §§ 30, 31 GmbHG hinausgehende Gesellschafterhaftung gegenüber der GmbH wegen *existenzbedrohender Eingriffe* anerkannt. Diese Haftung gründet sich darauf, dass ein gesetzliches System gläubigerschützender Regeln existiert, die notwendig die Existenz einer von ihren Gesellschaftern verschiedenen und zur Erfüllung ihrer Verbindlichkei-

[910] *Winter*, Mitgliedschaftliche Treuebindungen, S. 206 f.; im Anschluss daran *Nissing*, Eigeninteresse, S. 94 ff.; *Sernetz/Haas*, Kapitalaufbringung, Rn. 5.

[911] *Hirte*, Kapitalgesellschaftsrecht, Rn. 5.17 ff.

[912] Neben den §§ 30, 31 GmbHG stehen die gesetzlichen und richterlichen Regeln zu den eigenkapitalersetzenden Leistungen sowie insolvenzrechtliche Vorschriften, die beide ebenfalls den Schutz der Gesellschaft vor Eingriffen ihrer Gesellschafter bezwecken. Auf diese Vorschriften soll im Folgenden nicht eingegangen werden. Vgl. hierzu *Hölzle*, ZIP 2003, 1376.

ten befähigten Gesellschaft voraussetzen. Das schließt den Anspruch der Gesellschaft gegenüber dem Alleingesellschafter bzw. der Gesellschaftergesamtheit auf Existenzerhaltung ein, solange diese(r) nicht die Auflösung der Gesellschaft in einem ordentlichen Verfahren beschließt.

aa) Umfang und Grenzen der zivilrechtlichen Kapitalerhaltung

Die Regeln über Kapitalaufbringung und -erhalt rechtfertigen die Haftungsbeschränkung der Gründer. Sie sind wegen der Verbindung zwischen Kapitalschutz und Haftungsbeschränkung, die sie herstellen, von *Wiedemann* als „Kulturleistung ersten Ranges“[913] gewürdigt worden. Zugleich dienen die Kapitalerhaltungsregeln dem Gläubigerschutz, weil das Mindestvermögen nur in den seltensten Fällen den Gesamtverpflichtungen der Gesellschafter gerecht wird. Die effektive Kapitalausstattung einer juristischen Person mit beschränkter Haftung ist notwendiges Korrelat der Haftungsbeschränkung[914] und dem Rechts- und Gesellschaftsverkehr immanent, der eine Kapitalausstattung verlangt.[915] Hinter den Regeln steht der Gedanke, dass der Gesetzgeber, wenn er eine juristische Person im Rechtsverkehr zulässt, nicht nur dafür sorgen muss, dass das Gebilde vermögensfähig ist, sondern auch darauf achten muss, dass es mit Vermögen ausgestattet ist, das die Verpflichtbarkeit und die Haftung realistisch macht. Im Gegensatz zur juristischen Person braucht die natürliche Person nicht mit einem Mindestvermögen ausgestattet sein, um am Rechtsverkehr teilzunehmen. Sie kann sich ihren Verpflichtungen und ihrer Haftung prinzipiell außer durch Erfüllung ein Leben lang nicht entziehen.[916] Anders die juristische Person, die jederzeit und ohne Folgen liquidiert werden kann. Die Vermögensfähigkeit, die Ausstattung mit einem Mindestvermögen und Vermögensbindung sind darum unabdingbare Voraussetzungen der Eigenständigkeit juristischer Personen.[917]

Allerdings schwindet die Überzeugung von der Notwendigkeit eines Mindestkapitals vor dem Hintergrund der Freizügigkeit anderer europäischer Rechtsformen, die ohne ein solches auskommen.[918] Die Wahlfreiheit der Gründer, für ihre wirtschaftliche Betätigung eine ausländische Rechtsform zu verwenden, hat Anlass dazu gegeben, über die Konkurrenzfähigkeit der GmbH im internationa-

---

[913] Gesellschaftsrecht Bd. 1, S. 556.

[914] Grundlegend *Lutter*, Kapital, S. 42, 51.

[915] *Sernetz/Haas*, Kapitalaufbringung, Rn. 5.

[916] Die insolvenzrechtliche Entschuldung bleibt außer Betracht.

[917] *Wilhelm*, in FS Flume II (1978), 337, 368 ff.; *Sernetz/Haas*, Kapitalaufbringung, Rn. 4.

[918] Die in der deutschen Rechtslehre bislang einmütig vertretene Überzeugung von der Notwendigkeit des Mindestkapitals bricht in letzter Zeit vor dem Hintergrund der Freizügigkeit ausländischer Kapitalgesellschaften in Europa auf; vgl. *Mülbert*, Der Konzern 2004, 151, 157 f.; *Schön*, Der Konzern 2004, 162, 165 f. Am Mindestkapital hält fest *Lutter*, AG 1998, 375.

len Vergleich nachzudenken.[919] Dabei hat man Regelungen, die die deutsche GmbH als vergleichsweise unattraktiv erscheinen lassen und ihr vermeintlich einen Wettbewerbsnachteil einbringen, hauptsächlich im System der Kapitalaufbringung und -erhaltung ausgemacht. Aus dem Bundesministerium der Justiz gab es dem Vernehmen nach im Jahr 2005 bereits Überlegungen zu der Abschaffung oder Herabsetzung der Erfordernisse eines Mindestkapitals, die aber derzeit wohl nicht weiterverfolgt werden.[920] Unabhängig von der Frage der sachgerechten Bestimmung der Höhe des Stammkapitals hat die Diskussion um die ausländischen Gesellschaften den Blick dafür geschärft, ob es sachgerecht ist, die Aufbringung und die Erhaltung eines bestimmten Mindestkapitals in der bewährten Weise zu sichern, wenn der Schutz im Krisenfall ins Leere läuft und die Gläubiger trotz der strengen Kapitalaufbringungs- und -erhaltungshaftung der Gesellschafter häufig leer ausgehen. Ein Alternativkonzept könnte in der Vorverlagerung der Insolvenzantragspflicht und des Übergangs in das Insolvenzverfahren bestehen.[921]

(1) Grundsatz: Dispositionsfreiheit der Gesellschaftergesamtheit im Rahmen der Kapitalerhaltungsvorschriften

Im Gegensatz zum Aktienrecht ist den Gesellschaftern einer GmbH eine weitgehende Satzungsautonomie eingeräumt.[922] Die Gesellschafter können Vermögen der Gesellschaft jederzeit an sich zurückführen, ohne dass es eines förmlichen Gewinnverteilungsbeschluss bedarf.[923] Auszahlungen können im Vorgriff auf einen zu erwartenden Gewinn, aber auch in Jahren vorgenommen werden, in denen kein Gewinn aus der Geschäftstätigkeit zu erwarten ist. Grenze der Vermögensdisposition ist nur § 30 GmbHG, wobei eine angemessene Kapitalaus-

---

[919] Die Rechtsprechung des EuGH zur Niederlassungsfreiheit der im europäischen Raum gegründeten Gesellschaften in den anderen Mitgliedsstaaten hat die Möglichkeit eröffnet, dass europäische Auslandsgesellschaften in Deutschland tätig werden. Vgl. dazu *H. P. Westermann*, GmbHR 2005, 4, 9; *Paefgen*, ZIP 2004, 2253.

[920] Der Referentenentwurf des Gesetzes zur Modernisierung des GmbH-Rechts und zur Bekämpfung von Missbräuchen (MoMiG) vom 29. Mai 2006 sieht eine Absenkung des Mindeststammkapitals von 25.000 € auf 10.000 € vor. Der 66. Deutsche Juristentag hat sich für eine Beibehaltung des Mindestkapitals als zwingende Voraussetzung der Haftungsbeschränkung der Gesellschafter ausgesprochen (Abteilung E Beschluss I. 2).

[921] *Röhricht*, ZIP 2005, 505; *H. P. Westermann*, ZIP 2005, 1849, 1853; *Fischer*, ZIP 2004, 1477, 1478.

[922] Scholz/*H. P. Westermann*, GmbHG, § 30 Rn. 5 ff.; *K. Schmidt*, Gesellschaftsrecht, § 37 III; teilweise a. A. *Wilhelm*, in FS Flume II (1978), 337; vgl. auch *Fleck*, in FS 100 Jahre GmbHG (1992), 391; im Zusammenhang mit der GmbH-Untreue *Kohlmann*, in FS Werner (1984), 387, 396.

[923] Allg. Auffassung, vgl. Roth/Altmeppen/*Roth*, GmbHG, § 29 Rn. 60; *Lutter/Hommelhoff*, GmbHG, § 30 Rn. 3.

stattung weder verlangt noch zu Gunsten der Gläubiger geschützt wird.[924] Unabhängig von der Verpflichtung zur Beachtung der Vorschriften des Stammkapitalerhalts gibt es keine Pflicht zur Erhaltung des Stammkapitals.[925]

(2) Das Verbot der Rückgewähr des Stammkapitals (§§ 30, 31 GmbHG)

§ 30 GmbHG verbietet Auszahlungen des zur Erhaltung des Stammkapitals erforderlichen Vermögens der Gesellschaft an die Gesellschafter. Einem Gesellschafter wird demnach eine unzulässige Leistung gewährt, wenn durch sie eine Unterbilanz herbeigeführt bzw. vertieft wird oder eine Überschuldung entsteht oder erhöht wird.[926] Geschützt ist aber nicht der Erhalt einer bestimmten tatsächlichen Zusammensetzung des Vermögens in der GmbH, sondern nur ein bilanziell festzustellender Aktivbestand an Vermögen in Höhe des Stammkapitals. Die Regelung bezweckt nicht die Erhaltung eines darüber hinaus reichenden Gesellschaftervermögens. *Adressat* der Vorschrift ist (alleine) der Geschäftsführer, dem untersagt wird, Vermögen aus dem Haftungsfonds an die Gesellschafter auszuzahlen. Die Rechtsfolgen, nämlich die Rückzahlungspflicht aus § 31 GmbHG, treffen alle Gesellschafter. Auch Geschäfte, an denen ein Gesellschafter nicht unmittelbar beteiligt ist, können zu Gunsten eines Gesellschafters das Stammkapital angreifen, wenn der Dritte in einem „Näheverhältnis“ zu dem Gesellschafter steht.[927] Der Begriff der *Auszahlung* ist weit zu fassen, er erfasst alle bilanzrelevanten Leistungen im Verhältnis zwischen Gesellschaft und Gesellschafter, auch wenn es sich nicht um einen Geldtransfer handelt.[928] Darunter fallen Geldauszahlungen an Gesellschafter oder die Rückgewähr von sonstigen Vermögensgegenständen der GmbH.[929] Die Auskehrung eines *Darlehens* an den Gesellschafter und die *Besicherung* einer Privatverbindlichkeit des Gesellschafters sind nach herrschender Auffassung ebenfalls als Auszahlungen im Sinne von § 30 GmbHG zu behandeln.[930]

---

[924] Rowedder/Schmidt-Leithoff/*Pentz*, GmbHG, § 13 Rn. 136; Scholz/*Emmerich*, GmbHG, § 13 Rn. 84; Ulmer/*Raiser*, GmbHG, § 13 Rn. 157; *Kohlmann*, in FS Werner (1984), 387, 397.

[925] Scholz/*H. P. Westermann*, GmbHG, § 30 Rn. 5; *Schäfer*, GmbHR 1993, 780, 796; a. A. *Hartmann*, GmbHR 1999, 1061, 1067.

[926] Zum Begriff der Unterbilanz bzw. Überschuldung vgl. Baumbach/Hueck/*Hueck/Fastrich*, GmbHG, § 30 Rn. 12; Roth/Altmeppen/*Altmeppen*, GmbHG, § 30 Rn. 8 ff.; *Kleffner*, Erhaltung des Stammkapitals, S. 89.

[927] Scholz/*H. P. Westermann*, GmbHG; § 30 Rn. 40 f.

[928] Baumbach/Hueck/*Hueck/Fastrich*, GmbHG, § 30 Rn. 19; Roth/Altmeppen/*Altmeppen*, GmbHG, § 30 Rn. 91, 95.

[929] Eine solche Vermögensverlagerung lag den Entscheidungen BGHSt 34, 379 und BGHSt 35, 333 zugrunde.

[930] Zur neueren Rechtsprechung des BGH vgl. oben S. 134.

(3) Relevante Schutzrichtung des § 30 GmbHG

Ob gegen § 30 GmbHG verstoßende Handlungen auch strafrechtlich relevant sind, kann letztlich nur vor dem Hintergrund des Zwecks der Kapitalerhaltungsvorschriften entschieden werden.

(a) Stammkapital als Haftungsmasse zugunsten der Gläubiger

Der Zweck der Kapitalerhaltungsvorschriften besteht darin, in der Gesellschaft eine Haftungsmasse zugunsten der Gläubiger zu sichern und damit die Befriedigungsaussichten der Gläubiger im Falle einer Insolvenz der Gesellschaft zu verbessern.[931] Zeichnung und Aufbringung des Stammkapitals sind der „Preis", „den die Gesellschafter aufwenden müssen, um das mit der Rechtsform der GmbH verbundene Haftungsprivileg zu erlangen"[932]. Das Mindestkapital schützt indirekt, da es vor einem insolventen Gläubiger und vor einem Ausfall der Verbindlichkeiten schützt;[933] d. h. der Schutz ist ein vorsorglicher *vor der Insolvenz*, nicht ein nachträglicher *in der Insolvenz*.[934] Die Regeln zum Mindestkapital bieten einen Ausgleich für die Beschränkung der Gesellschafterhaftung. Sie können die Gesellschafter dazu anhalten, ein seriöses Geschäftsgebaren an den Tag zu legen, das die Interessen der Gläubiger berücksichtigt. Solange das Mindestkapital noch zur Verfügung steht, ist es der Einsatz, den die Gesellschafter in die wirtschaftliche Unternehmung einzulegen haben.[935] Als Ausgleich der beschränkten Haftung der Gesellschafter soll das Stammkapital den Gesellschaftsgläubigern eine „gewisse Mindestaussicht auf Befriedigung ihrer Forderungen" bieten und gleichzeitig eine jedem Gesellschafter auferlegte, individuelle Risikobeteiligung darstellen. Die Funktion des Stammkapitals definiert *Ulmer* als „Aussagen über das im Gründungszeitpunkt vorhandene Gesellschaftsvermögen zu machen und durch die Registerpublizität außenste-

---

[931] *Wiedemann*, Gesellschaftsrecht Bd. 1, S. 518; *Nissing*, Eigeninteresse, S. 70 ff.; *Fleck*, ZGR 1990, 31, 33. Das Stammkapital dient grundsätzlich auch den Mitgesellschaftern, die dagegen geschützt sind, dass sich ein Gesellschafter am Mindestkapital bereichert. *Reiß*, wistra 1989, 81, 83 geht davon aus, dass die Vermögensbindung auch zugunsten der Interessen der Gläubiger, der Arbeitnehmer und der Allgemeinheit besteht, wenn zivilrechtlich ein eigenständiges Vermögensinteresse der GmbH anzuerkennen ist

[932] Ulmer/*Ulmer*, GmbHG, § 5 Rn. 9; *Wilhelmi*, Grundsatz der Kapitalerhaltung, S. 95, 98; *Engert*, BB 2005, 1951; *Haas*, DStR 2006, 993, 995.

[933] *Wilhelmi*, GmbHR 2006, 13.

[934] *Wilhelmi*, GmbHR 2006, 13, 14; anders der Ansatz im Referentenentwurf MindestKapG, abrufbar im Internet unter www.gmbhr.de, S. 6; ebenso *Bauer*, Gläubigerschutz durch eine Nennkapitalziffer, S. 312; *Roth*, ZGR 2005, 348, 357.

[935] *Schäfer*, GmbHR 1993, 780, 790; a. A. *Brammsen*, DB 1989, 1609, 1610, der aus der Existenz eines Stammkapitals ein Eigeninteresse der Gesellschaft auf Kapitalerhalt ableiten möchte. Auch § 29 GmbHG nivelliere nicht die Grenzen zwischen dem GmbH-Vermögen und dem Vermögen der Gesellschaftergesamtheit, sondern gestatte nur den Zugriff auf fremdes Vermögen und setzt dessen reale eigene Existenz gerade voraus.

hende Dritte über den finanziellen Status der neu errichteten Gesellschaft zu informieren“[936]. Das Stammkapital stellt den Beitrag der Gesellschafter dar, den sie aufbringen, um in den Genuss der Haftungsbeschränkung zu kommen. Demgemäß wird in der gesellschaftsrechtlichen Literatur vornehmlich die *gläubigersichernde* Funktion des Stammkapitals betont,[937] wobei es einen Gegensatz zwischen Vermögensschutz der GmbH und (mittelbarer) Sicherung der Gläubigerinteressen nicht geben soll.[938] Die Gesellschaftsgläubiger sind – ohne Schutzadressat – zu sein, „reflexartig“ geschützt. Der Gläubigerschutz durch Kapitalerhaltung besteht darin, die Wahrscheinlichkeit einer Insolvenz zu verringern. Ist die Gesellschaft mit einem höheren Eigenkapital ausgestattet, so wird sie Umsatzeinbrüche oder sonstige Faktoren, die sich negativ auf das Betriebsergebnis auswirken, besser auffangen können und die Wahrscheinlichkeit einer Insolvenz wird abnehmen. Gleichzeitig verhindert das Stammkapital in seiner Funktion als „Kapitaleinsatz“ der Gesellschafter, dass sie zu riskanten Geschäften verleitet werden, mit denen sie ihr Eigenkapital mit vorhersehbar verlieren werden. Auch *Birkholz* hebt hervor, dass der Schutz des Stammkapitals aus gesellschaftsrechtlicher Sicht eine Funktion des Auseinanderfallens von Herrschaft und Verantwortung ist.[939] Den Gesellschaftern soll ein bestimmter Anteil des Risikos ihres ökonomischen Scheiterns selbst auferlegt werden. Ohne dieses Auseinanderfallen verliert der Schutz des Gesellschaftsvermögens vor den Gesellschaftern seine Berechtigung. *Ransiek* schließlich sieht den Grund für den Erhalt des Stammkapitals ebenfalls im Gläubigerschutz, zum Erreichen dieses Ziels sei das Stammkapital selbst geschützt.[940] Entscheidend sei, dass das Vermögen der GmbH zugeordnet ist und dem beliebigen Einfluss der Gesellschafter entzogen ist, und nicht, *warum* das so ist.

(b) Stammkapital als Betriebsfonds

Daneben ist das Stammkapital aber auch Betriebskapital, mit dem die Gesellschaft wirtschaften kann.[941] *Lutter* spricht insoweit von einer Doppelfunktion des Stammkapitals als werbendes Sondervermögen und als Garantieeinrichtung

---

[936] Ulmer/*Ulmer*, GmbHG, § 5 Rn. 9.

[937] Baumbach/Hueck/*Hueck/Fastrich*, GmbHG, § 30 Rn. 1; *Winter*, Mitgliedschaftliche Treuebindungen, S. 102; *Ulmer*, in FS 100 Jahre GmbHG (1992), 363; *Wodicka*, Untreue zum Nachteil der GmbH, S. 114; vgl. auch *Radtke*, GmbHR 1998, 361, 364, der eine Vermögensbindung nur materiell zum Schutz der Gläubiger anerkennt.

[938] *Ulmer*, in FS Pfeiffer (1988), 853, 860.

[939] Untreuestrafbarkeit, S. 301; vgl. auch *Kahlert*, Verdeckte Gewinnausschüttungen, S. 51.

[940] ZStW 116 (2004), 634, 672 f.; *Kutzner*, NStZ 2005, 271.

[941] *Nelles*, Untreue zum Nachteil von Gesellschaften, S. 268, betont den Aspekt des Haftungsfonds des Stammkapitals.

für die Gläubiger.[942] *Röhricht* betont, dass das von den Gesellschaftern aufzubringende Festkapital der Gesellschaft als Betriebsfonds und ihren Gläubigern als Haftungsfonds dienen soll.[943]

Versteht man das Stammkapital auch als Betriebskapital, so kann man die Kapitalaufbringungs- und -erhaltungsvorschriften als Ausdruck eines Rechtsgedankens sehen, dass der Gesellschaft das zum Betrieb ihres Unternehmens notwendige Kapital belassen werden muss.[944] § 30 GmbHG könnte mit anderen Worten Ausdruck eines von den Interessen der Gesellschaftergesamtheit zu unterscheidenden eigenständigen *Bestandsinteresse* sein. Unterstützt wird diese Auffassung durch die Existenz von Regelungen zum Eigenkapitalschutz, die vorsehen, dass der Gesellschafter der Gesellschaft in der Krise kein Vermögen entziehen darf und zwar auch dann nicht, wenn es sich um Kapital handelt, das nicht der Bindung nach § 30 GmbHG unterliegt. Aus diesen Regelungen könnte zu schließen sein, dass die Kapitalbindung nicht nur auf Gläubigergesichtspunkten beruht, sondern auch dem Schutz der Gesellschaft dient.[945] Demgemäß wird die Kapitalsicherung als Beleg dafür herangezogen, dass ein *gesetzlich normiertes Bestandsinteresse* der GmbH besteht.[946] *M. Winter*[947], *Ulmer*[948] und *Priester*[949] haben herausgearbeitet, dass die Gesamtheit der kapitalschützenden Vorschriften die Sicherung der Existenz einer von ihren Gesellschaftern verschiedenen juristischen Person voraussetzt, und die Anerkennung eines im *Gläubigerinteresse* bestehenden auf Existenzsicherung gerichteten Eigeninteresses der Gesellschaft fordert. Sie haben damit den Grund gelegt für die das GmbH-Recht bis in die jüngste Zeit beherrschende Diskussion, ob jenseits der durch die Kapitalerhaltungsvorschriften geschützten Interessen der GmbH ein Eigeninteresse der GmbH anerkannt werden kann. Die von der Vermögensbindung den Gesellschaftern auferlegte Beschränkung der Verfügung über das Gesellschaftsvermögen stellt nach dieser Auffassung ein eigenständiges Vermögensinteresse oder Eigeninteresse der GmbH dar. *Otto* betont, dass der Gläubigerschutz der Grund

---

[942] Kapital, S. 51. Vgl. für die GmbH-Untreue auch *Wodicka*, Untreue zum Nachteil der GmbH, S. 266, 273, 305.
[943] ZIP 2005, 505; vgl. *ders.*, in FS 50 Jahre BGH (2000), 83, 97 ff.
[944] *Ziemons*, Haftung der Gesellschafter, S. 121 f.; *Kaufmann*, Organuntreue, S. 79.
[945] Ähnlich *Kleffner*, Erhaltung des Stammkapitals, S. 24, der durch § 30 GmbHG „in erster Linie" die Gläubigerinteressen, darüber hinaus aber auch die Bestandsinteressen der Gesellschaft gesichert sieht. So auch *Wilhelm*, in FS Flume II (1978), 337, 389, der in den Kapitalerhaltungsvorschriften zugleich Vermögensschutz für die juristische Person und Gläubigerschutzaspekte sieht.
[946] *Kaufmann*, Organuntreue, S. 78 f.; *Nissing*, Eigeninteresse, S. 94.
[947] Mitgliedschaftliche Treuebindungen.
[948] In FS Pfeiffer (1988), 853 und ZHR 148 (1984), 391.
[949] ZGR 1993, 512.

für die Verselbständigung der juristischen Person ist.[950] Die Kapitalerhaltungsvorschriften bestimmten daher das Vermögensverwendungsinteresse der juristischen Person. Strafrechtlich könnte das Eigeninteresse als fremdes Vermögensinteresse zu deuten sein, das die Geschäftsführer aufgrund ihrer Vermögensbetreuungspflicht auch gegen den Willen der Gesellschafter zu wahren haben.[951] Die Kapitalerhaltungsvorschriften werden häufig als Mindestumfang des Eigeninteresses der GmbH angesehen.[952]

Die zivilrechtliche Rechtsprechung und die herrschende Auffassung in der Literatur lehnen bislang ein (über die Kapitalerhaltungsvorschriften hinausgehendes) eigenständiges Bestandsinteresse der Gesellschaft – außer in Konzernrechtsverhältnissen – ab.[953] Der Rechtsprechung ist insoweit zuzustimmen, als ein Bestandsinteresse der Gesellschaft nicht Eigenzweck zum Schutz der Gesellschaft sein kann. Dass die Gesellschaft nicht um ihrer selbst willen geschützt ist, ergibt sich schon daraus, dass das Stammkapital nicht komplett der Satzungsautonomie der Gesellschafter entzogen ist. Sie können z. B. jederzeit die Herabsetzung des Stammkapitals beschließen, § 58 GmbHG.[954] Auch die Existenz der Liquidationsvorschriften belegt, dass die Gesellschafter jederzeit die Desinvestition des eingebrachten und erwirtschafteten Kapitals beschließen und ihre geschäftlichen Aktivitäten in der Gesellschaft beenden können. Ein durch die Kapitalerhaltungsvorschriften vermitteltes Eigeninteresse der Gesellschaft kann allenfalls im Hinblick auf die durch sie geschützten Gläubigerinteressen angenommen werden.

bb) Schranken gesellschafterlicher Einflussnahme außerhalb der Kapitalerhaltungsvorschriften

Schon früh haben Rechtsprechung und Literatur erkannt, dass im gesetzlichen System des Gläubigerschutzes Defizite bestehen, wenn dieser allein auf die Pflicht zur Aufbringung und Erhaltung des Stammkapitals beschränkt wird.[955] Während im Aktienrecht ein einheitlicher und umfassender Bestandsschutz der Gesellschaft existiert, ist der gesetzliche Schutz der GmbH, beim Fehlen von Minderheitsgesellschaftern oder Einverständnis aller Gesellschafter, defizitär.

---

[950] ZStW 111 (1999), 692.

[951] *Kaufmann*, Organuntreue, S. 69.

[952] *Versteegen*, DB 1993, 1225, 1227; *Ziegler*, WM 1989, 1041, 1043; *Ziemons*, Haftung der Gesellschafter, S. 94.

[953] BGHZ 119, 257, 262; 122, 333, 336; BGHZ 142, 92; *Lutter*, ZIP 1985, 1425, 1428; *Winter*, ZGR 1994, 570, 593; differenzierend *Ulmer*, ZHR 148 (1984), 391, 418.

[954] Hinweis von *Kaufmann*, Organuntreue, S. 79.

[955] Grundlegend *Serick*, Rechtsform und Realität. Vgl. *Mülbert*, DStR 2001, 1937, 1942; *Röhricht*, in FS 50 Jahre BGH (2000), 83; *Ulmer*, in FS Pfeiffer (1988), 853; *Winter*, Mitgliedschaftliche Treuebindungen; *Ziemons*, Haftung der Gesellschafter.

An der aktuellen Haftungsverfassung der GmbH wird kritisiert, dass der von den Kapitalerhaltungsvorschriften ausgehende Gläubigerschutz nicht als ausreichend erachtet wird. Die §§ 30, 31 GmbHG schützen den Gläubiger nicht vor risikoreichen Projekten, die erst im Fall der Realisierung des Risikos zu einem Verlust des Stammkapitals der Gesellschaft und einer darüber hinaus gehenden Verschuldung führen.[956]

Bislang hatte der BGH versucht, dem Problem im Konzern mit einem bereichsspezifischen Ansatz, nämlich dem Haftungskonzept des „qualifiziert faktischen Konzerns" Herr zu werden.[957] In einer Art doppelter Analogie zu den Vorschriften zum aktienrechtlichen Vertragskonzern gelangte er zu einer Verlustausgleichspflicht des herrschenden Gesellschafters.[958] Obwohl die Kritik an der Haftungsfigur des „qualifiziert faktischen Konzerns" nicht verstummte[959] und das Schrifttum alternative Haftungskonzepte vorstellte, blieb die herrschende Auffassung bis zur Entscheidung *Bremer Vulkan* der Haftungsfigur treu. Mit dieser Entscheidung hat der BGH den konzernspezifischen Sonderweg aufgegeben und die Haftung für ungerechtfertigte Eingriffe in das Vermögen der GmbH auf eine allgemeine GmbH-rechtliche Grundlage zurückgeführt. Das Gericht erkennt dort eine Pflicht des Alleingesellschafters zur Respektierung der „Eigenbelange" einer abhängigen GmbH an,[960] die er in der Folge fortentwickelt und auf eine neue Grundlage gestellt hat.[961]

Trotz der großen Zustimmung, die die neue Haftungsfigur der Existenzvernichtungshaftung in der Literatur gefunden hat, ist die Diskussion um ein tragfähiges Haftungsregime noch nicht beendet.[962] Es sollen daher – ausgehend von dem neuen Existenzvernichtungskonzept des BGH – die im Vor- und Umfeld der *Bremer Vulkan*-Entscheidung in der Literatur geäußerten Überlegungen, wie die Zugriffsmöglichkeiten der Gesellschafter auf das Vermögen der Gesellschaft sinnvoll begrenzt werden können, kurz vorgestellt werden, damit festgestellt

---

956 *Bitter*, WM 2001, 2133, 2136.

957 BGHZ 95, 330 (Autokran); 115, 187 (Video); 122, 123 (TBB).

958 Charakterisierung von *Rubner*, „Solvat socius" statt „caveat creditor"?, S. 97. Siehe auch *Emmerich/Habersack*, Aktien- und GmbH-Konzernrecht. Zur Entwicklung der Rechtsprechung *Büscher*, Die qualifizierte faktische Konzernierung; *Limmer*, Haftungsverfassung; *Versteegen*, Konzernverantwortlichkeit und Haftungsprivileg; *Drygala*, GmbHR 2003, 729; *Hommelhoff*, ZGR 1994, 395.

959 *Altmeppen*, Abschied vom „qualifiziert faktischen Konzern"; *Bitter*, Durchgriffshaftung, S. 490 ff.; *Versteegen*, DB 1993, 1225; *Wilhelm*, DB 1986, 2113.

960 BGHZ 149, 10.

961 BGHZ 150, 61 und BGHZ 151, 181.

962 *H. P. Westermann*, ZIP 2005, 1849, 1857 macht eine verstärkte Skepsis in Bezug auf das Konzept des BGH aus.

werden kann, ob die jeweilige Haftungsfigur eine strafrechtliche Relevanz für § 266 StGB haben kann.

(1) Binnenhaftung der Gesellschafter gegenüber ihrer GmbH

Der II. Zivilsenat des BGH geht in der Entscheidung *Bremer Vulkan* noch erkennbar von einer Binnenhaftung wegen bestandsvernichtenden Eingriffs aus.[963] Erst in der Folgeentscheidung *KBV* hat er die Haftung als eine im Außenverhältnis begründet.[964] Auch in der Literatur knüpfen die frühesten Versuche, eine erweiterte Haftung der Gesellschafter zu begründen, an Binnenhaftungsmodelle an. Ihre Befürworter lassen sich grob zwei Untergruppen einteilen. Eine Ansicht will den Anwendungsbereich der Kapitalerhaltungsvorschriften zugunsten der GmbH-Gläubiger erweitern, während sich die Vertreter der anderen Untergruppe auf eine Sonderverbindung zwischen Gesellschaft bzw. Gesellschafter berufen bzw. eine Treuepflicht zwischen Gesellschaft und Gesellschaftern anerkennen, die mittelbar auch zugunsten der Gläubiger wirken soll.

(a) Erweiterung des Anwendungsbereichs von § 30 GmbHG

Mit dem geltenden System nur schwer vereinbar dürften Versuche sein, die aufgezeigten Schutzlücken durch eine modifizierende oder eine analoge Anwendung von § 30 GmbHG zu lösen. Diesen Ansichten ist gemeinsam, dass sie den starren Schutz des nominellen Stammkapitals als unangemessen ansehen.[965]

(aa) Gläubigerschutz durch modifizierte Liquidationswertbilanz

Ulmer hat vorgeschlagen, die Maßgeblichkeit der Bilanz nach fortgeführten Buchwerten durch eine Form der Bilanzierung zu ersetzen, die auch die durch eine Ausschüttung an die Gesellschafter für die Zukunft entstehenden Risiken berücksichtigt.[966] Eine solche Bilanz wäre etwa in der Mitte zwischen der Erfolgsbilanz nach fortgeführten Buchwerten und einer Überschuldungsbilanz anzusiedeln sein. Ein anderer Vorschlag kommt von *Sonnenhol/Stützle*, die für die Feststellung eines Verstoßes gegen das Auszahlungsverbot eine Bilanzierung unter Aufdeckung der stillen Reserven verlangen,[967] der allerdings hier nicht weiterverfolgt werden soll, da er zu einer Zurücknahme des durch § 30 GmbHG gewährten Schutzes führt.[968]

---

[963] BGHZ 149, 10, 16 f.

[964] BGHZ 151, 181.

[965] *Flum*, Strafrechtlicher Schutz der GmbH, S. 170; *Meister*, WM 1980, 390, 394; *Sonnenhol/Stützle*, DB 1979, 925, 927; *Stimpel*, in FS 100 Jahre GmbHG (1992), 335; *Ulmer*, in FS Pfeiffer (1988), 853, 869.

[966] In FS Pfeiffer (1988), 853, 868 f.

[967] DB 1979, 925, 927; vgl. auch *Meister*, WM 1980, 390, 394.

[968] Das ergibt sich daraus, dass sie keine Vorkehrungen durch Rückstellungen verlangen, näher *Kaufmann*, Organuntreue, S. 85.

Gegen den Vorschlag von *Ulmer* wird eingewandt, dass eine solche Bilanz dem geltenden Recht fremd sei.[969] Der Weg über die modifizierte Liquidationsbilanz sei nur dann gangbar, wenn man von dem Gesellschafter fordern könnte, jederzeit ein dem Geschäftsumfang und dem Liquidationsbedarf der Gesellschaft angemessenes Stammkapital vorzuhalten.[970] Das Gesetz geht aber einen anderen Weg, wenn es die Höhe des Stammkapitals oberhalb des Mindestkapitals von 25.000 € in das freie Ermessen der Gesellschafter stellt und dessen Erhalt bis zum Eintritt der Insolvenz der Gesellschaft lediglich an Hand der fortgeführten Einbringungs- oder Anschaffungswerte misst. Haftungsgrund im System von *Ulmer* ist auch weniger der Eingriff selbst, als vielmehr die nach dem Eingriff entstehende materielle Unterkapitalisierung.[971]

(bb) Analoge Anwendung von §§ 30, 31 GmbHG auf nicht zur Unterbilanz führende Auszahlungen

Einen dem Vorschlag von *Ulmer* ähnlichen Ansatz verfolgt *Mülbert*.[972] Er argumentiert mit der §§ 30 f. GmbHG zugrunde liegenden gesetzgeberischen Vermutung, wonach bei Unversehrtheit des zur Deckung des Stammkapitals erforderlichen Vermögens ein Gesellschaftereingriff nicht dazu führe, dass sich die Wahrscheinlichkeit einer Insolvenz signifikant erhöhe. Erweise sich diese Vermutung wie bei bestandsgefährdenden Eingriffen als unzutreffend, so müsse eine Korrektur des Gesetzeswortlauts im Sinne einer über den Schutz des Stammkapitals hinausreichenden Haftung erfolgen. Jede – auch im Einvernehmen der Gesellschafter erfolgende – nachteilige Einwirkung auf die GmbH verstoße demnach gegen Sinn und Zweck der Kapitalerhaltungsvorschriften, soweit damit die Insolvenzwahrscheinlichkeit der Gesellschaft signifikant erhöht wird.

Auch dieser Ansatz begegnet Bedenken. Es wurde kritisiert, dass schon seine Grundannahme nicht zu halten sei.[973] Es sei nicht dargetan, dass eine signifikante Erhöhung des Insolvenzrisikos erst im Falle der Unterbilanz eintrete. Das widerspreche der Intention des Gesetzgebers, Kapitalschutz nur eingreifen zu lassen, wenn die Voraussetzungen des § 30 GmbHG erfüllt sind. Der Kritik ist zuzustimmen, weil der Maßstab der Erhöhung der Insolvenzwahrscheinlichkeit zu unbestimmt und nicht geeignet ist, die Schranken des Gesellschafterzugriffs auf das Gesellschaftervermögen sachgerecht zu bestimmen.

---

[969] Meyer-Landrut/Miller/Niehus/*Meyer-Landrut*, GmbHG, § 30 Rn. 1; *Röhricht*, in FS 50 Jahre BGH (2000), 83, 95.
[970] *Bruns*, WM 2003, 815, 817; *Röhricht*, in FS 50 Jahre BGH (2000), 83, 95.
[971] Modifizierend jetzt auch *Ulmer*, ZIP 2001, 2021, 2026; *ders.*, JZ 2002, 1049.
[972] DStR 2001, 1937, 1942.
[973] *Rubner*, „Solvat socius" statt „caveat creditor"?, S. 122.

(b) Sonderrechtsverbindung zwischen Gesellschafter und GmbH

Ein anderer auf Innenhaftung ausgerichteter Denkansatz erkennt eine zwischen dem Gesellschafter und der Gesellschaft bestehende Treuepflicht bzw. eine Sonderrechtsverbindung an, aus deren Verletzung sich Schadenersatzpflichten ableiten.[974] Mit unterschiedlichen Begründungsansätzen wird ein an die Gesellschafter gerichtetes Verbot befürwortet, ihre Gesellschaft nicht zu schädigen, wobei teilweise an die Existenzgefährdung der Gesellschaft angeknüpft wird und teilweise davon unabhängig eine Verpflichtung der Gesellschafter zum sorgfältigen Umgang mit der Gesellschaft anerkannt wird.

(aa) Organhaftungslehren von Wilhelm und Altmeppen

Der Ausgangspunkt der Organhaftungslehre von *Wilhelm* ist die Selbständigkeit der GmbH als eigene Rechtspersönlichkeit und die Trennung zwischen der Gesellschaft und ihren Gesellschaftern.[975] Die Unterscheidung zwischen Gesellschaft und Gesellschafter ist strikt durchzuhalten. Träger des Gesellschaftsvermögens ist die GmbH. Die Gesellschafter, die die Geschicke der Gesellschaft bestimmen, werden nur als Verwalter fremden Vermögens tätig. Fremdbezogene Tätigkeit ist aber stets pflichtgebunden, so dass die Gesellschafter bei der Leitung der Gesellschaft zur Wahrung des in § 43 GmbHG niedergelegten Sorgfaltsmaßstabs verpflichtet seien. Fügen die Gesellschafter ihrer Gesellschaft unter Verletzung dieser Sorgfalt Schaden zu, so führt dies zu einem Schadenersatzanspruch der Gesellschaft. Mittlerweile stützt *Wilhelm* seinen Ansatz auf die gesetzliche Grundlage der §§ 280, 311 Abs. 2 Nr. 3, 241 Abs. 2 BGB.[976]

Der Organhaftungslehre von *Wilhelm* ist entgegengehalten worden, sie lasse sich mit der Konzeption des GmbHG nicht in Einklang bringen.[977] Beschränken sich die Gesellschafter auf ihre Gesellschafterrolle, so üben sie keine fremdbezogene Macht aus, sondern handeln nach ihrer gesetzlich vorgesehenen Befugnis als oberstes Willensbildungsorgan der Gesellschaft. Die Gesellschafter seien bei Verfügungen über das Gesellschaftsvermögen grundsätzlich nicht an den Sorgfaltsmaßstab eines ordentlichen Geschäftsmannes gebunden.[978] Als weiteres Argument gegen die Auffassung von *Wilhelm* wird auf die Entlastungswirkung

---

[974] *K. Schmidt*, Gesellschaftsrecht, § 20 IV; *ders.*, ZIP 1986, 146, 148 f.; *ders.*, ZIP 1988, 1497, 1505; *ders.*, ZIP 1989, 545, 546 f.; ähnlich Scholz/*Emmerich*, GmbHG, § 13 Rn. 93; *Roth*, ZGR 1989, 421, 428; ähnlich *ders.*, GmbHR 1985, 137, 140. Mit weiteren Nachweisen *Falkenstein*, Entnahmerechte der Gesellschafter, S. 153.

[975] Rechtsform und Haftung, S. 330 ff.; *ders.*, in FS Flume II (1978), 391 sowie in DB 1986, 2114.

[976] NJW 2003, 175, 179.

[977] *Flum*, Strafrechtlicher Schutz der GmbH, S. 123; *Ulmer*, ZHR 148 (1984), 391, 415 f.; *Winter*, Mitgliedschaftliche Treuebindungen, S. 197.

[978] *Ulmer*, ZIP 2001, 2021 („schwer begreifbarer Umweg“).

von Weisungsbeschlüssen hingewiesen.[979] Weder für den Gesellschafter, der sich auf seine Gesellschafterrolle beschränkt noch für den aktiven Gesellschafter, der Leitungsmacht ausübt, sei eine analoge Anwendung der für den Geschäftsführer geltenden Haftungsgrundsätze gerechtfertigt.[980] Anders sei dies unter dem Gesichtspunkt der Geschäftsführerverantwortlichkeit nur für den Gesellschafter zu sehen, der sich als „faktischer Geschäftsführer“ geriert.[981]

Altmeppen greift das Konzept von *Wilhelm* auf und führt es fort.[982] Er grenzt die Haftung der Gesellschafter wegen der grundsätzlichen Disponibilität der Geschäftsführerhaftung soweit ein, dass sie nur gröblich die Mindeststandards ordnungsgemäßen unternehmerischen Handelns verletzendes Verhalten umfasst, und stützt die Haftung auf eine Analogie zu § 93 Abs. 5 Sätze 2 und 3 AktG. Gegen den Ansatz von *Altmeppen* spricht, dass er den Gesellschafter als Quasi-Geschäftsführer in die Pflicht nehmen will, wo es um eine reine Gesellschafterhaftung geht.[983]

(bb) Anerkennung von Treuepflichten im Gläubigerinteresse

Vor der Entscheidung *KBV* wurde neben der Möglichkeit des Rechtsmissbrauchs mit der Folge des Haftungsdurchgriffs insbesondere die Möglichkeit einer Verletzung der Treuepflicht der Gesellschafter als Rechtsgrundlage der Haftung aufgrund existenzvernichtenden Eingriffs diskutiert.[984] Die Existenz von Treuepflichten der Gesellschafter ist heute im Kapitalgesellschaftsrecht weithin anerkannt.[985] Die mitgliedschaftlichen Treuepflichten sind ein Oberbegriff für Loyalitäts- und Förderpflichten der Gesellschafter, denen aufgegeben ist, die Interessen der Gesellschaft zu wahren und sie nicht durch schädigendes Verhalten zu beeinträchtigen. Die Treuepflicht dient damit im Grunde als allgemeine Verhaltensregel für die Beziehung zwischen Gesellschaft und Gesellschaftern sowie der Gesellschafter untereinander.[986] Einigkeit besteht im Grund-

---

[979] *Ulmer*, GmbHR 1984, 256, 263.

[980] Siehe insbesondere *Ulmer*, ZHR 1984, 391, 414; *ders.*, ZIP 2001, 2021, 2025; *Schanze*, AG 1982, 42, 43; zuletzt *Grigoleit*, Gesellschafterhaftung, S. 275.

[981] Scholz/*Uwe H. Schneider*, GmbHG, § 43 Rn. 18 ff

[982] Roth/Altmeppen/*Altmeppen*, GmbHG, § 13 Rn. 105; *ders.*, ZIP 2001, 1837, 1847.

[983] Zur Kritik vgl. auch *K. Schmidt*, NJW 2001, 3577, 3579 f.; *Ulmer*, ZIP 2001, 2021, 2025; *ders.*, JZ 2002, 1049; *Wilhelmi*, DZWIR 2003, 45, 51.

[984] *Burgard*, ZIP 2002, 827, 831 f.; *Mülbert*, DStR 2001, 1937, 1946 f.; *Nissing*, Eigeninteresse, S. 88 ff.; *Ziemons*, Haftung der Gesellschafter, S. 81 ff.; grundlegend *Winter*, Mitgliedschaftliche Treuebindungen; im untreuerechtlichen Kontext *Kaufmann*, Organuntreue, S. 114 ff.

[985] Baumbach/Hueck/*Hueck/Fastrich*, GmbHG, § 13 Rn. 26 ff.; Scholz/*Winter*, GmbHG, § 14 Rn. 50 ff.; Ulmer/*Raiser*, GmbHG, § 14 Rn. 67 ff.

[986] Rowedder/Schmidt-Leithoff/*Pentz*, GmbHG, § 13 Rn. 38; *K. Schmidt*, Gesellschaftsrecht, § 35 I 2 d.

satz auch darüber, dass die Verletzung von Treuepflichten zu Schadenersatzansprüchen führen kann.[987]

Umstritten ist aber, ob der Allein- oder Mehrheitsgesellschafter einer GmbH verpflichtet ist, das Eigeninteresse der Gesellschaft zu beachten, wenn er auf ihre Belange einwirkt. Soweit solche Treuepflichten im Gesellschaftsinteresse anerkannt werden, wird als ihr Bezugspunkt ein jenseits der Mitgliederinteressen bestehendes Bestandsschutzinteresse der Gesellschaft angesehen.[988] *Karsten Schmidt* geht wie *Wilhelm* von der Eigenständigkeit der GmbH als Rechtsträger aus. Als Grundlage der Verpflichtung der Gesellschafter die Gesellschaft zu respektieren sieht *Karsten Schmidt* aber nicht ihre Stellung als Organ, sondern die zwischen der GmbH und jedem einzelnen Gesellschafter kraft der Mitgliedschaft bestehende Sonderbeziehung.[989] Die Gesellschafter, die durch positives Tun in vorsätzlicher oder sorgfaltswidriger Weise zu einer Schädigung der Gesellschaft beitragen, können dieser zum Schadenersatz verpflichtet sein. *Ziemons* erkennt im Grundsatz das Bestehen einer Treuepflicht auch des Alleingesellschafters gegenüber „seiner" GmbH an.[990] Die Pflicht ist bis zur Grenze der Existenzgefährdung disponibel bzw. von vornherein beschränkt auf Bestandserhaltung.[991] Im Vorfeld der *Bremer Vulkan* Entscheidung hat sich *Wiedemann* in ähnlicher Weise dahin geäußert, dass das Bestandsschutzinteresse der GmbH als ein „Bündel berechtigter Haftungserwartungen des Rechts- und Geschäftsverkehrs" zu verstehen sei, die „naturgemäß auch der Alleingesellschafter mit Gründung und Betrieb der Kapitalgesellschaft" hervorrufe und denen er Rechnung tragen müsse.[992] *Burgard* erkennt eine gegenüber der Gesellschaft und den Mitgesellschaftern bestehende Treuepflicht an, die sich aus § 242 BGB ergebe und ein Eigeninteresse der Gesellschaft voraussetze.[993] Auch *Röhricht* spricht sich für ein auf „Bestandserhalt gerichtetes Eigeninteresse der Gesellschaft" aus.[994] Die Vorstellung einer Sonderverbindung zwischen Gesell-

---

[987] Allg. Auffassung, vgl. nur Ulmer/*Raiser*, GmbHG, § 14 Rn. 91.

[988] In der Literatur wird das Eigeninteresse der Gesellschaft in unterschiedlichem Umfang als geschützt angesehen. *Priester*, ZGR 1993, 512, 518 erkennt ein Eigeninteresse der Gesellschaft an ihrer Existenz an; *Ziemons*, Haftung der Gesellschafter, S. 97 ff. und 135 ff. am wirtschaftlichen Wohlergehen. Geringfügig anderer Akzent bei *Falkenstein*, Entnahmerechte der Gesellschafter, S. 239, der ein Verbot solvenzgefährdender Eingriffe annimmt.

[989] Gesellschaftsrecht, § 20 IV, § 35 I; *ders.*, ZIP 1989, 545, 546 f.; *ders.*, NJW 2001, 3577, 3580.

[990] Haftung der Gesellschafter, S. 130 ff.

[991] *Hartmann*, GmbHR 1999, 1061; *Ulmer*, ZHR 148 (1984), 391, 420.

[992] *Wiedemann/Hirte*, in FS 50 Jahre BGH (2000), 337, 353.

[993] ZIP 2002, 827, 834 ff.

[994] In FS 50 Jahre BGH (2000), 83, 103 f. Vgl. auch Baumbach/Hueck/*Hueck/Fastrich*, GmbHG, § 13 Rn. 26, die einen Interessengleichlauf der Gesellschaft und der Gesellschafter bis zur Grenze der Kapitalerhaltung und Existenzvernichtung annehmen.

schafter und GmbH beherrscht auch die Entscheidung *Bremer Vulkan*. Bereits der erste Leitsatz betont die schützenswerten Eigenbelange der GmbH, auf die der Gesellschafter angemessen Rücksicht zu nehmen habe.[995] Nach der Auffassung von *Winter* trägt das gesetzlich vorgeschriebene Liquidationsverfahren materielle Züge.[996] Ein Aushebeln der Liquidationsvorschriften durch ein Auszehren der GmbH im Wege des Stammkapitalverzehrs kann daher nicht als bloßer Verfahrensverstoß qualifiziert werden. Insbesondere durch § 73 GmbHG werde auch in der Liquidation eine Wahrung der Gläubigerinteressen sichergestellt, die die Bedeutung des Stammkapitalerhalts als zentrales Strukturprinzip des Gläubigerschutzes in der Phase der Beendigung der juristischen Person sicherstellt und umsetzt.[997] *Grigoleit* sieht eine Gesellschafterhaftung für schädigende Einflussnahme durch das Prinzip der dezentralen Gewinnverfolgung legitimiert, wobei dezentrales Gewinnziel die Gewinnverfolgung zu Gunsten des Gesellschaftsvermögens zum Ziel hat.[998] Dogmatisch verankert er die Haftung der Gesellschafter in der gesellschaftsvertraglichen Zweckförderungspflicht. Soweit sie eingreife, wirke sie sich grundsätzlich auch zu Gunsten der Gläubiger aus. Die Anbindung an das dezentrale Gewinnziel finde seine Rechtfertigung etwa in den gesetzlich vorgeschriebenen Publizitätsvorschriften.

Mehrheitlich wird aber eine Treuepflicht bei einer Einpersonen-GmbH bzw. bei einer einvernehmlich handelnden Gesellschaftergesamtheit abgelehnt.[999] Es wird argumentiert, dass neben den Interessen der Gläubiger und der Gesellschafter kein eigenständiges Interesse der Gesellschaft an ihrer Bestandserhaltung bestehe. Auch die Gläubiger hätten kein schutzwürdiges Interesse an dem Fortbestand der Unternehmung als solcher, sondern allein an der Befriedigung ihrer Forderungen.[1000] *Altmeppen* lehnt eine Treuepflicht des Alleingesellschafters zur Respektierung eines Eigeninteresses ab, weil die Bestandsschutzhaftung nur darauf abziele, die Fähigkeit der GmbH zur Gläubigergefährdung wegen existenzvernichtender Eingriffe zu gewährleisten. Er macht in der Argumentation eine „zirkuläre Tendenz“ aus, da die Treuepflicht mit dem Gläubigerinteresse

---

995 BGHZ 149, 10.

996 *Winter*, Mitgliedschaftliche Treuebindungen, S. 190 ff. A. A. *Nelles*, Untreue zum Nachteil von Gesellschaften, S. 541, die dem Stammkapitalverstoß keine mit der Liquidation vergleichbare Qualität zuweist. Er sei nicht auf Beendigung der Gesellschaft gerichtet, sondern erschöpfe sich im Zugriff auf das durch § 30 GmbHG geschützte Kapital.

997 *Lutter/Hommelhoff*, GmbHG, § 73 Rn. 1; *Kaufmann*, Organuntreue, S. 52.

998 Gesellschafterhaftung, S. 317 ff. und passim.

999 BGHZ 119, 256, 262; 142, 92, 96; *Lutter/Hommelhoff*, GmbHG, § 14 Rn. 24; *Altmeppen*, NJW 2002, 321, 322; *Bitter*, WM 2001, 2133, 2136.

1000 *Bitter*, WM 2001, 2133, 2136; *Römermann/Schneider*, GmbHR 2001, 1015, 1019; *Roth*, NZG 2003, 1081.

begründet werde, um daraus Gläubigerschutzansprüche abzuleiten.[1001] Es ist wenig überzeugend aus der Existenz von Kapitalerhaltungsvorschriften auf die Existenz eines über jenen Normenbestands hinausgehenden, generalklauselartigen Eigeninteresses der GmbH zu schließen. Eine solche Verhaltenspflicht ginge nämlich weit über dasjenige hinaus, was zum Schutz der Gläubiger erforderlich ist. Fügt ein (Allein-)Gesellschafter „seiner" Gesellschaft Schaden zu, so werden die Interessen der Gläubiger erst dann berührt, wenn sich die Gesellschaft in einer wirtschaftlichen Schieflage befindet. Der Gedanke des insoweit eingeschränkten Gläubigerschutzes kommt in den §§ 43 Abs. 3 Satz 2, 9 b GmbHG zum Ausdruck. Ist die GmbH aber trotz des Eingriffs der Gesellschafter wirtschaftlich in der Lage ihre Verbindlichkeiten zu erfüllen, so besteht für eine so weitreichende Verhaltenspflicht der Gesellschafter kein Bedürfnis. *Haas* weist auf einen weiteren Aspekt hin: Die so begründete Treuepflicht des (Allein-)Gesellschafters steht in einem Zielkonflikt mit den gesetzlichen Vorgaben, wonach der Gesellschafter jederzeit frei über den Gesellschaftszweck verfügen darf und die Gesellschaft auflösen und abwickeln kann.[1002] Reduziere man den Anwendungsbereich der Treuepflicht auf den im Hinblick auf den Gläubigerschutz sinnvollen Bereich, so erscheine die Konstruktion „arg gekünstelt", da sie keinen eigenen Anwendungsbereich, sondern lediglich eine lückenfüllende Funktion im Verhältnis zu den bestehenden Gläubigerschutzsystemen habe.

(cc) Zwischenergebnis

Die in der Literatur vorgeschlagenen Innenhaftungskonzepte können nicht überzeugen. Die gegenüber den Mitgesellschaftern und der Gesellschaft bestehenden Treuepflichten können im Hinblick auf Gläubigerschutzaspekte ebenso wenig fruchtbar gemacht werden wie eine analoge Anwendung des für den Geschäftsführer geltenden Sorgfalts- und Haftungsmaßstabs. Die Annahme eines vom Willen der Gesellschafter unabhängigen Eigeninteresses der GmbH findet im Gesetz keine Stütze.

(2) Durchgriffshaftung im Außenverhältnis zu den Gesellschaftsgläubigern

In der Entscheidung *KBV* hat der BGH die Grundlage der Existenzvernichtungshaftung dahin präzisiert, dass stillschweigende Voraussetzung der Haftungsbeschränkung nach § 13 Abs. 2 GmbHG eine Pflicht zur Rücksichtnahme auf die Vermögensinteressen der GmbH sei.[1003] Der BGH ordnet die Existenzvernichtungshaftung folglich als Durchgriffshaftung ein und zwar unter dem

---

[1001] ZIP 2001, 1837, 1842.
[1002] In Verhandlungen des 66. Deutschen Juristentags, Band I, S. E 103.
[1003] BGHZ 151, 181, 183.

Gesichtspunkt des Missbrauchs der juristischen Person.[1004] Er hat sich keinem der in der Literatur zuvor vertretenen Innenhaftungskonzepte angeschlossen und vermeidet damit den Umweg über ein Eigeninteresse der Gesellschaft, sondern setzt unmittelbar am Schutz der Gesellschaftsgläubiger an. Die dogmatische Grundlage der Durchgriffshaftung sieht der BGH in der teleologischen Reduktion des § 13 Abs. 2 GmbHG. Den Zugriff auf Privatvermögen der Gesellschafter begründet er über eine sittenwidrige Schädigung der Gesellschaft bzw. ihrer Gläubiger nach § 826 BGB, über Sorgfaltspflichten der Gesellschafter gegenüber der Gesellschaft oder über einen allgemeinen, aus § 242 BGB und §§ 128 ff. HGB zu entnehmenden Grundsatz der persönlichen Haftung begründet.[1005]

(a) Grundlagen der Durchgriffshaftung

Mit dem Durchgriff als Durchbrechung des „Schleiers"[1006] der juristischen Person wird systematisch ein Unterfall des allgemeinen Phänomens der Durchbrechung des Trennungsprinzips bei juristischen Personen bezeichnet.[1007] Die Trennung des Vermögens der Gesellschaft und des Eigenvermögens der Gesellschafter ist der grundlegende Ordnungsgedanke der personalistischen und vermögensrechtlichen Verschiedenheit und Selbständigkeit der juristischen Person gegenüber ihren Mitgliedern.[1008] Die Durchgriffshaftung beseitigt diese Vermögenstrennung und eröffnet den Gläubigern den Zugriff auf das Eigenvermögen der Gesellschafter.

Der eindeutige Wortlaut des § 13 Abs. 2 GmbHG legt die Anerkennung einer Durchgriffshaftung im deutschen Recht zunächst nicht nahe. Grundsätzlich ist

---

[1004] *Lutter/Hommelhoff*, GmbHG, § 30 Rn. 20; *Altmeppen*, ZIP 2002, 1553, 1555; *Bruns*, WM 2003, 815; *Drygala*, GmbHR 2003, 729, 731; *Lutter/Banerjea*, ZGR 2003, 402, 413; *Wiedemann*, ZGR 2003, 283, 288. *Röhricht*, in FS 50 Jahre BGH (2000), 83, 103 ff. hatte noch einen Treuepflichtansatz vorgeschlagen. Davon weicht der Ansatz des BGH nicht unwesentlich ab, hierauf hat schon *Ulmer*, JZ 2002, 1049, 1050 hingewiesen.

[1005] Vgl. nur *Lutter/Hommelhoff*, GmbHG, § 13 Rn. 5 ff.; Roth/Altmeppen/*Altmeppen*, GmbHG, § 13 Rn. 72 ff.; *Grunewald*, Gesellschaftsrecht, Rn. 2; ausführlich zur Entwicklung von Rechtsprechung und Literatur *Bitter*, Durchgriffshaftung, S. 83 ff.

[1006] Zur US-amerikanischen Doktrin des „piercing of the corporate veil", vgl. *Hamilton*, The Law of Corporations, S. 81 ff.

[1007] *Bitter*, Durchgriffshaftung, S. 90 ff., 100 ff.; *ders.*, WM 2001, 2133, 2139 mit einer kurzen dogmatischen Begründung der Durchgriffshaftung. Explizit gegen eine Durchgriffshaftung *Ehricke*, AcP 199 (1999), 257. *Altmeppen*, ZIP 2001, 1837, 1842 argumentiert gegen die Durchgriffshaftung und gegen die Metapher der Liquidation auf kaltem Weg. Sie gebe den Stand der Dogmatik der Mitte des letzten Jahrhunderts wieder. Mittlerweile sei das Argumentationsniveau viel differenzierter geworden.

[1008] KölnKommAktG/*Kraft*, § 1 Rn. 38; *Kübler/Assmann*, Gesellschaftsrecht, S. 360; *Ehricke*, AcP 199 (1999), 257, 258.

dem GmbH-Recht eine unbeschränkte persönliche Gesellschafterhaftung wesensfremd. Ein Durchgriff kommt nur in Betracht, wenn die Voraussetzungen für die vermögensmäßige Selbständigkeit nicht erfüllt sind oder die Haftungsbeschränkung zweckwidrig missbraucht wird.[1009] Es haben sich in der Diskussion vier Fallgruppen herausgebildet, in denen ein Durchgriff zugunsten der Gesellschaftsgläubiger angenommen wird.[1010] Neben der Vermögensvermischung, der Sphärenvermischung wird ein Durchgriff bei der Unterkapitalisierung und beim Institutsmissbrauch diskutiert. Eine *Sphärenvermischung* kann vorliegen, wenn die geschäftliche und private Sphäre nicht genügend getrennt sind, was bei ungenügender Buchhaltung oder Organisationsdefiziten der Fall sein kann, oder gesellschaftsrechtliche Formalien nicht hinreichend beachtet werden. Eine *Vermögensvermischung* findet statt, wenn für die Gesellschaft keine von den Privatkonten der Gesellschafter getrennten Konten geführt werden oder die Art der Buchhaltung die Zuordnung eines Geschäftsvorfalls als privat oder geschäftlich nicht zulässt. Statten die Gesellschafter die GmbH nicht mit einem dem Geschäftszweck und dem Geschäftsumfang entsprechenden Eigenkapital aus, dann soll eine Haftung wegen *Unterkapitalisierung* in Betracht kommen können. Gegen das Erfordernis angemessener Kapitalausstattung wird geltend gemacht, dass das Gesetz nicht vorsehe, dass die Gesellschaft mit einem bestimmten das Mindestkapital übersteigenden Kapital ausgestattet werden muss. Zudem lasse sich ökonomisch nicht bestimmen, welches Kapital im Einzelnen als geschäftsangemessen zu gelten hat. Die letzte Fallgruppe, in der eine Durchgriffshaftung diskutiert wird, ist der *Institutsmissbrauch*. Der Vorwurf des Institutsmissbrauchs setzt voraus, dass gesetzliche Gestaltungsmöglichkeiten zwar formal korrekt, also unter Beachtung der gesetzlichen Voraussetzungen und Ziele ausübt, mit der Verwendung aber rechtswidrige Zwecke verfolgt oder andere Personen treuwidrig schädigt.[1011]

(b) Der Durchgriff wegen Existenzvernichtung

In der Entscheidung *KBV* unternimmt es der BGH zum ersten Mal die Voraussetzungen und Rechtsfolgen eines bestandsgefährdenden bzw. bestandsvernich-

---

[1009] *Wiedemann*, Gesellschaftsrecht Bd. 1, S. 221; *ders.*, ZGR 2003, 284, 288 ff. *Hirte*, Kapitalgesellschaftsrecht, Rn. 5.163 ff.

[1010] Ein einheitliches Rechtsinstitut des Durchgriffs gibt es nach allgemeiner Auffassung nicht. Seit den 50er Jahren werden zwei Durchgriffstheorien diskutiert, nämlich die Institutsmissbrauchs- und die Normzwecktheorie, wobei für die Zwecke dieser Untersuchung auf die genaue dogmatische Einordnung verzichtet werden soll. In neuerer Zeit setzt sich im Anschluss an *Wiedemann*, Gesellschaftsrecht Bd. 1, S. 224, die Unterscheidung zwischen Zurechnungs- und Haftungsdurchgriff durch.

[1011] *Wiedemann*, Gesellschaftsrecht Bd. 1, S. 227.

tenden Eingriffs zu benennen.[1012] Der BGH argumentiert mit grundsätzlichen Erwägungen zur Haftungsverfassung der GmbH. Das System der auf das Gesellschaftervermögen beschränkten Haftung beruhe auf der „unausgesprochenen, für das Recht der Kapitalgesellschaften jedoch grundlegenden Voraussetzung“[1013], dass das Gesellschaftsvermögen grundsätzlich der Gläubigerbefriedigung zu dienen habe. Es verlangt zum Schutz der Gesellschaftsgläubiger von den Gesellschaftern, im Rahmen ihrer Möglichkeiten dafür zu sorgen, dass das Gesellschaftsvermögen zur Befriedigung der Gläubiger ausreicht.[1014] Lassen die Gesellschafter die angemessene Rücksichtnahme auf die Eigenbelange der Gesellschaft vermissen, dann entfällt die innere Rechtfertigung für die Beschränkung der Haftung auf das Gesellschaftsvermögen. Die Respektierung der Zweckbindung des Gesellschaftsvermögens zur vorrangigen Befriedigung der Gesellschaftsgläubiger während der Lebensdauer der GmbH ist demnach unabdingbare Voraussetzung für die Inanspruchnahme des Haftungsprivilegs des § 13 Abs. 2 GmbHG.[1015] Den Gesellschaftern stehe innerhalb und außerhalb der Liquidation nur der Zugriff auf den zur Erfüllung der Gesellschaftsverbindlichkeiten nicht benötigten Überschuss zu. Nur das Zusammenspiel von Vermögenstrennung und Vermögensbindung könne das Haftungsprivileg des § 13 Abs. 2 GmbHG rechtfertigen.[1016] Der Missbrauch des Haftungsprivilegs führe zu seinem Verlust mit der Folge einer unmittelbaren, persönlichen Haftung der betroffenen Gesellschafter analog § 128 HGB und nicht lediglich zu einer Verlustausgleichspflicht im Innenverhältnis. Nach dem 2. Leitsatz der *KBV*-Entscheidung sind die Gläubiger der Gesellschaft außerhalb des Insolvenzverfahrens grundsätzlich berechtigt, ihre Forderungen unmittelbar gegen die an den Eingriffen in das Gesellschaftsvermögen mitwirkenden Gesellschafter geltend zu machen, soweit sie von der Gesellschaft keine Befriedigung erlangen können. Während der BGH in der Entscheidung *Bremer Vulkan* noch mit den „Eigenbelangen“ der Gesellschaft argumentiert hat, ordnet er die Ansprüche der Gläubiger nunmehr als originäre Gläubigeransprüche ein, die unmittelbar gegenüber

[1012] BGHZ 151, 181. Im Folgenden werden die Begriffen Existenzvernichtung und Existenzgefährdung synonym gebraucht, weil nicht erkennbar ist, dass mit beiden Begriffen unterschiedliche Konzepte angesprochen sind. Zu den Begriffen und möglichen Bedeutungsunterschieden *Grigoleit*, Gesellschafterhaftung, S. 282.
[1013] BGHZ 151, 181, 185.
[1014] *Bitter*, WM 2001, 2133, 2139; *Wiedemann*, ZGR 2003, 283, 285; *Lutter/Banerjea*, ZGR 2003, 402, 410; *Raiser*, in FS Ulmer (2003), 493, 504; so dann auch der BGH in BGHZ 151, 181, 187.
[1015] So der erste Leitsatz des KBV-Urteils.
[1016] Ulmer/*Raiser*, GmbHG, § 13 Rn. 136, wonach der Gesellschafterschutz des § 13 Abs. 2 GmbHG einschränkend dahin zu interpretieren ist, dass die Verantwortlichen die Rechtsfolgen ihres Handelns selbst treffen, wenn sie die Voraussetzungen erfolgsorientierter Unternehmensführung nicht einhalten.

den an dem Eingriff mitwirkenden Gesellschaftern entstehen. Die Regeln gelten unabhängig davon, ob eine Ein- oder Mehrpersonengesellschaft betroffen ist. Sie gelten auch unabhängig davon, ob der Gesellschafter ein Unternehmen im konzernrechtlichen Sinn darstellt.[1017] Die neuen Haftungsregeln dienen ausschließlich dem *Gläubigerschutz* und verwirklichen den Schutz der Mitgesellschafter „allenfalls reflexartig“[1018].

(c) Voraussetzungen des Haftungsdurchgriffs wegen Existenzvernichtung

Die Voraussetzungen des Haftungsdurchgriffs wegen Existenzvernichtung sind trotz der Konkretisierung des Ansatzes durch den BGH in den Entscheidungen *L. Kosmetik* und *KBV* noch nicht vollständig geklärt. *Raiser* geht von vier Tatbestandsmerkmalen aus.[1019] Erforderlich sei, (1) dass die Gesellschaft zahlungsunfähig ist und ihre Gläubiger nicht befriedigen kann.[1020] Die Insolvenz muss (2) durch Zugriffe des Alleingesellschafters oder im Zusammenwirken mehrerer Gesellschafter auf das Vermögen der Gesellschaft verursacht worden sein. Als Zugriff kommen direkte Entnahmen aus dem Gesellschaftsvermögen genauso in Betracht wie andere Maßnahmen, bei denen Leistung der Gesellschaft und Gegenleistung der Gesellschafter nicht identisch ist. Hierzu gehört die Einbeziehung der Gesellschaft in ein zentrales Cash-Management System ebenso wie alle anderen Fälle, die die Gesellschaft wirtschaftlich vernichten und den Gläubigern schaden.[1021] Unterfallen solche Zugriffe den §§ 30 ff. GmbHG, so geht die Haftung nach Kapitalerhaltungsgesichtspunkten vor.[1022] Eine Durchgriffshaftung kommt erst bei einem Versagen der Kapitalerhaltungsregeln zum Tragen. (3) Der Zugriff muss die Insolvenz verursacht haben, das heißt der Zugriff muss „unmittelbar nachvollziehbar“[1023] zu der Insolvenz führen. (4) Schließlich ist erforderlich, dass die Gesellschafter keine angemessene Rücksicht auf die Eigenbelange der Gesellschaft genommen haben, wobei sich die Eigenbelange der

---

[1017] Allg. Auffassung, vgl. nur Ulmer/*Raiser*, GmbHG, § 13 Rn. 144; *Hoffmann*, NZG 2002, 68, 70; *Raiser*, in FS Ulmer (2003), 493, 500.
[1018] *Lutter/Banerjea*, ZGR 2003, 402, 414.
[1019] Ulmer/*Raiser*, GmbHG, § 13 Rn. 142 ff.; *ders./Veil*, Recht der Kapitalgesellschaften, § 29 Rn. 33.
[1020] Auch eine Insolvenzvertiefung reicht für eine Haftung aus, so *Lutter/Hommelhoff*, GmbHG, § 13 Rn. 18.
[1021] Falsche Geschäftsführung und Managementfehler genügen dagegen nicht, BGH vom 13.12.2004, II ZR 256/02, NZG 2005, 214.
[1022] BGHZ 151, 181, 185. Vgl. auch BGH vom 13.12.2004, II ZR 256/02, NZG 2005, 214, dort grenzt der BGH die unbegrenzte Haftung auf den nicht nach § 30 GmbHG ausgleichbaren Nachteil ein, der im Vergleich zu der Vermögenslage bei redlichem Verhalten entstanden ist.
[1023] Ulmer/*Raiser*, GmbHG, § 13 Rn. 148.

Gesellschaft auf die Fähigkeit der Gesellschaft beziehen, ihren Verbindlichkeiten nachzukommen.[1024]

(d) Relevante Schutzrichtung der Existenzvernichtungshaftung

Die Existenzvernichtungshaftung dient ausschließlich Gläubigerschutzgesichtspunkten. Das bei der aktiven Gesellschaft zum Schutze der Gesellschafter gebundene Vermögen darf bei einer Liquidation der Gesellschaft erst dann an die Gesellschafter zurückgezahlt werden, wenn die Forderungen der Gläubiger erfüllt sind. Gläubigerschutzaspekte sind nicht nur während der aktiven Zeit der Gesellschaft zu berücksichtigen, sondern auch bei Beendigung und Abwicklung. Im Insolvenzverfahren wird dieser Schutzaspekt etwa durch die Ausgestaltung der Insolvenzauslösetatbestände, den Sicherungsmaßnahmen im Insolvenzeröffnungsverfahren, den Anfechtungstatbeständen und den Pflichten der Organmitglieder in der Insolvenzkrise verwirklicht. Beschließen die Gesellschafter, worin sie frei sind, die Gesellschaft aufzulösen und zu liquidieren, so hat das Gesellschaftsvermögen seine Betriebsmittelfunktion verloren. Es dient aber weiterhin dem Befriedigungsinteresse der Gläubiger, wie dies in § 73 Abs. 1 GmbHG zum Ausdruck kommt, der nach herrschender Auffassung unmittelbar dem Gläubigerschutz dient.[1025] Der im GmbH-Gesetz vorgesehene Gläubigerschutz bei der Liquidation einer Gesellschaft wird ausgehebelt, wenn die Gesellschafter die Gesellschaft durch ihre Eingriffe in die Substanz der Gesellschaft in die Insolvenz treiben. Wenn die Gesellschafter – ohne förmlich die Auflösung der Gesellschaft zu beschließen – die Gesellschaft tatsächlich abwickeln, indem sie durch existenzvernichtende Maßnahmen das Gesellschaftsvermögen abziehen und dadurch der Gesellschaft die Fähigkeit nehmen, ihre Verbindlichkeiten zu erfüllen, missachten sie die berechtigten Gläubigerinteressen nach einer ordnungsgemäßen Beendigung der geschäftlichen Aktivität.[1026]

cc) Zusammenfassung

Die Regeln des Stammkapitalerhalts dienen genauso wie die neue Existenzvernichtungshaftung in der Rechtsprechung des Bundesgerichtshofes ausschließlich

---

[1024] *Lutter/Hommelhoff*, GmbHG, § 13 Rn. 17 verlangt, dass das Insolvenzrisiko des Eingriffs für die Gesellschafter ex ante objektiv erkennbar ist.

[1025] Vgl. nur Baumbach/Hueck/*Schulze-Osterloh/Noack*, GmbHG, § 73 Rn. 1; *Lutter/Hommelhoff*, GmbHG, § 73 Rn. 1.

[1026] Nach BGH vom 13.12.2004, II ZR 256/02, NZG 2005, 214 ist ein Gesellschafter nicht verpflichtet, das Unternehmen der Gesellschaft fortzuführen. Wenn er jedoch die Unternehmenstätigkeit einstellen möchte, muss er sich das dafür im Gesetz vorgesehenen Liquidationsverfahrens bedienen. Übertrage er Vermögenswerte der Gesellschaft auf sich selber oder eine andere Gesellschaft ohne marktgerechte Gegenleistung, so verhalte er sich unredlich und müsse mit dem Verlust des Privilegs der Haftungsbeschränkung rechnen. Vgl. auch *Haas*, WM 2003, 1929, 1934; *Röhricht*, in FS 50 Jahre BGH (2000), 83, 101.

Gläubigerinteressen. Soweit der BGH Eigenbelange der Gesellschaft anerkennt, so sind sie im Gläubigerinteresse auf die Erfüllung der Verbindlichkeiten der Gesellschaft im Gläubigerinteresse gerichtet.

b) Bedeutung der zivilrechtlichen Haftungsverfassung für die Untreuestrafbarkeit in Rechtsprechung und Literatur

Rechtsprechung und Literatur schlagen bei der Beurteilung der Frage, ob die Zustimmung der Gesellschafter zu einer das GmbH-Vermögen schädigenden Maßnahme beachtlich ist, in der Regel den Weg ins Zivilrecht ein und transformieren die dort vorgefundene Haftungssituation in das Strafrecht.

Die Entwicklung in der Rechtsprechung ist nicht geradlinig verlaufen,[1027] sondern hat sich im Laufe der Zeit von unterschiedlichen Kriterien leiten lassen, ohne immer hinreichend deutlich zu machen, von welchen dogmatischen Erwägungen sie ausgeht und ob Maßstäbe aus früheren Entscheidungen aufgegeben oder aufrechterhalten werden sollen. Ihren vorläufigen Abschluss hat die Entwicklung der Rechtsprechung mit den beiden Entscheidungen *Bremer Vulkan* gefunden.[1028] Die strafrechtliche Literatur hat die Rechtsprechung stets kritisch begleitet, wobei das Meinungsbild im Schrifttum schon wegen der Fülle an Stellungnahmen als unübersichtlich bezeichnet werden kann. Keine andere Konstellation im Bereich des § 266 StGB hat eine so große Anzahl von Aufsätzen und Monographien hervorgebracht.

aa) Ausgewählte Rechtsprechung

Es liegen zahlreiche ausführliche Rechtsprechungsanalysen vor, die ein bemerkenswert differenziertes Bild bieten, sowohl was die Beurteilung der Entwicklungstendenzen der Rechtsprechung anlangt, als auch hinsichtlich der für maßgeblich gehaltenen inhaltlichen Kriterien für die Grenzen der Dispositionsbefugnis der Gesellschafter.[1029] So geht etwa *Ulmer* ebenso wie der BGH selbst von der Existenz einer ständigen Rechtsprechung aus, die ihren Ursprung in den frühen Reichsgerichtsentscheidungen hat, wobei *Ulmer* meint, dass die Strafbarkeit allmählich eingegrenzt wird.[1030] *Reiß* sieht im Gegensatz zu *Ulmer* eine

---

[1027] So aber *Müller-Christmann/Schnauder*, JuS 1998, 1080, 1084; *Mohr*, Bankrottdelikte, S. 48; *Flum*, Strafrechtlicher Schutz der GmbH, S. 61.

[1028] BGHZ 149, 10; BGHSt 49, 147.

[1029] Vgl. nur die umfassenden Arbeiten von *Kohlmann*, in FS Werner (1984) 387, 388 ff.; *Ulmer*, in FS Pfeiffer (1988), 853, 856 ff.; *Flum*, Strafrechtlicher Schutz der GmbH, S. 45 ff.; *Wodicka*, Untreue zum Nachteil der GmbH, S. 63 ff.

[1030] *Ulmer*, in FS Pfeiffer (1988), 853, 856; im Ansatz ähnlich *Becker*, Wettbewerbsverbot in der Einmann-GmbH, S. 68, der die Grenzen des Einverständnisses aller Gesellschafter durch die strafrechtliche Rechtsprechung bei § 30 GmbHG und den Grundsätzen eines ordentlichen Kaufmanns gezogen sieht; grundsätzlich anders *Schäfer*, GmbHR 1993, 780, 792, der davon einheitliche Entwicklungslinie, die sich von der Entscheidung RGSt 42, 278 bis hin zu BGHSt 34, 378 nahtlos fortsetze und die dadurch gekennzeichnet sei, dass ein Einverständnis der Gesellschafter stets unbeachtlich ist.[1031] *Vonnemann* erkennt ebenfalls eine einheitliche Linie in der Rechtsprechung. Der BGH stelle mit einer Ausnahme auf § 30 GmbHG als Grenze der Dispositionsbefugnis der Gesellschafter ab.[1032] *Kohlmann* geht dagegen davon aus, dass die Rechtsprechung ein heterogenes Bild bietet, bei dem sich Extrempositionen zur Grenze der Strafbarkeit bzw. der Straflosigkeit abwechseln mit vermittelnden Entscheidungen, ohne dass eine einheitliche Linie oder eine Entwicklung zu erkennen sei. Die Entscheidungen widersprächen sich teilweise, eine verbindliche Grenze der Dispositionsbefugnis werde nicht herausgearbeitet. [1033] *Rubner* stellt fest, dass der Vermögensentzug aus der GmbH auch dann nach der Rechtsprechung den Tatbestand der Untreue erfüllen kann, wenn alle Gesellschafter zugestimmt haben und nicht mal ein Verstoß gegen § 30 GmbHG vorliegt. Bemerkenswert sei darüber hinaus, dass sich die Strafrichter seit jeher keine großen Gedanken um die zivilrechtlichen Vorgaben des Untreuetatbestands machen würden.[1034] Es bleibe ein „unangenehmer Beigeschmack“ wenn man bedenke, dass nicht dass Zivilrecht strafrechtlichen Vorgaben zu folgen hat, sondern umgekehrt das Strafrecht dem Zivilrecht. Dieser Einwand wiegt besonders schwer, wenn es sich erweisen sollte, dass ein Verbot existenzgefährdender Maßnahmen nicht anzuerkennen ist.

(1) BGHSt 34, 379

Eine dankenswerte Klarstellung brachte die viel gescholtene Entscheidung vom 29.5.1987, deren Aussage wegen des außergewöhnlichen Sachverhalts in ihrer Verallgemeinerungsfähigkeit häufig überbewertet wurde.[1035] Das Urteil, in dem

---

ausgeht, dass der BGH in den frühen Entscheidungen maßgebend auf den Verstoß gegen Kapitalerhaltungsvorschriften abstellt, sich später von dieser zivilrechtsakzessorischen Betrachtungsweise löst bis hin zu dem Kriterium der „Grundsätze eines ordentlichen Kaufmanns“ in BGHSt 34, 379, das dann in BGHSt 35, 333 wieder zurückgenommen worden sei.

[1031] Wistra 1989, 81, 82; ebenso *Labsch*, wistra 1985, 1, 7; *ders*., JuS 1985, 602, 603.

[1032] *Vonnemann*, GmbHR 1988, 329, 332 bezieht sich auf die Entscheidung vom 29.1.1964, 2 StR 485/63; dort werden die „Grundsätze eines ordentlichen Kaufmanns“ als Schranke der Dispositionsbefugnis genannt; a. A. *Wodicka*, Untreue zum Nachteil der GmbH, S. 102, der die maßgebende Dispositionsgrenze in der Rechtsprechung in kaufmännisch sorgfältigen Verhalten sieht; ebenso *Becker*, Wettbewerbsverbot in der Einmann-GmbH, S. 68, der aber zusätzlich noch auf den Verstoß gegen § 30 GmbHG abstellt. Richtig gesehen dagegen von *Ulmer*, in FS Pfeiffer (1988), 853, 857.

[1033] *Kohlmann*, in FS Werner (1984), 387, 388; so auch *Kaufmann*, Organuntreue, S. 28.

[1034] „Solvat socius“ statt „caveat creditor“?, S. 93.

[1035] Die Entscheidung hat ein umfangreiches, vornehmlich kritisches literarisches Echo hervorgerufen. Kritik etwa von *Brammsen*, DB 1989, 1609; *Fleck*, EWiR § 29 GmbHG 2/87, 987; *Kohlmann*, Strafrechtliche Verantwortlichkeit, Rn. 190 „widersprüchlich“; *Lipps*, NJW der Problematik der einvernehmlichen Schädigung einer GmbH erstmals seit der Entscheidung BGHSt 9, 203 breiterer Raum gewidmet wird, lenkte mit großer Schärfe den Blick der literarischen Öffentlichkeit auf die als zur gesellschaftsrechtlichen Dogmatik in Widerspruch stehend empfundene strafrechtliche Rechtsprechung und löste zusammen mit der als Einschränkung begrüßten und wohlwollender aufgenommenen Folgeentscheidung BGHSt 35, 333 eine intensive Diskussion im Strafrecht und im Gesellschaftsrecht aus, als deren Endpunkt die mittlerweile erreichte einheitliche verbale Linie der maßgeblichen Straf- und Gesellschaftsrechtsenate anzusehen ist.

(a) Sachverhalt und wesentliche Entscheidungsgründe

Der sich als faktischer Geschäftsführer und wirtschaftlicher Alleingesellschafter einer GmbH gerierende Angeklagte hatte private Ausgaben über die Konten der GmbH abgerechnet.[1036] So hat er Restforderungen aus einem privaten Bauvorhaben von der GmbH begleichen lassen, indem er fingierte Rechnungen an die Gesellschaft ausstellen ließ. Ebenfalls mit Hilfe fingierter Rechnungen erwarb er aus Mitteln der Gesellschaft Pflanzgut für eine ihm gehörige Firma, er ließ private Mitarbeiter von der GmbH entlohnen, ebenso verbuchte er private Anschaffungen und Restaurantbesuche als Betriebsausgaben. Das Gesamtvolumen der privaten, über die Gesellschaft abgewickelten Geschäftsvorfälle betrug mehr als 700.000 DM.[1037]

Das Landgericht hat als wahr unterstellt, dass die Entnahmen weder das Stammkapital beeinträchtigt noch die GmbH in die Gefahr des Konkurses gebracht haben.[1038] Über das Vermögen der Gesellschaft wurde zwar kurz nach den Ent-

---

1989, 502; *Meilicke*, BB 1988, 1261 „Verstoß gegen das Analogieverbot"; *Vonnemann*, GmbHR 1988, 329 „eklatanter Widerspruch zu der gesetzlich normierten Kompetenzordnung"; ablehnend auch aus zivilrechtlicher Hinsicht *Otto*, DB 1989, 1389, 1392; *Wittkowski*, GmbHR 1990, 544, 548; zustimmende Äußerungen soweit ersichtlich nur von *Gössel*, Strafrecht BT/2, § 25 Rn. 39 und *Hartung*, Insolvente Mandanten, Rn. 153; wohl auch *Martin*, Bankuntreue, S. 120.

1036 Formal war die Ehefrau des Angeklagten Alleingesellschafterin der GmbH. Der Angeklagte hielt sich wegen eines anderweitigen Konkurses im Hintergrund, was aber nichts daran änderte, dass er wie ein Alleininhaber über die GmbH verfügen konnte und die Ehefrau mit allen die GmbH betreffenden Handlungen von vorneherein einverstanden war. Es stellt ein Novum in der strafrechtlichen Rechtsprechung dar, dass eine Person, die keine Geschäftsanteile hält, als ihr Alleingesellschafter angesehen wird. Näher zum faktischen Alleingesellschafter oben S. 108 ff. Zum faktischen Geschäftsführer vgl. *Achenbach*, NStZ 1989, 497; ausführlich bei Geschäftsführungsdelikten im engeren Sinn *Stein*, Das faktische Organ; *Wiesener*, Die strafrechtliche Verantwortlichkeit.

1037 BGHSt 34, 379, 382.

1038 Die Wahrunterstellung lässt die Entscheidung in einem besonders grellen Licht erscheinen. Sie führte auch bei den Autoren zu einer tendenziell unfreundlichen Aufnahme, die der nahmen das Konkursverfahren eröffnet, dies stand aber nach den bindenden Feststellungen des Vorgerichts nicht in unmittelbaren Zusammenhang mit den inkriminierten Handlungen. Die entnommenen Beträge hätten zum Zeitpunkt der Entnahme an die Alleingesellschafterin, die Ehefrau des Angeklagten, als Gewinn ausgeschüttet werden können. Zur Zustimmung von Gesellschaftsorganen führt der Senat aus: „Zwar ist im allgemeinen das Verhalten eines Betreuungspflichtigen nicht missbräuchlich oder pflichtwidrig, wenn der Geschäftsherr vorher sein Einverständnis erteilt hat. Strafrechtlich ohne Bedeutung und wirkungslos ist indes jedenfalls die *gesetzwidrige* oder *selbst ungetreue* [Hervorhebungen nicht im Original] Zustimmung von Organen des Geschäftsherrn, und zwar auch dann, wenn es sich um den geschäftsführenden Alleingesellschafter einer GmbH handelt."[1039] Einige Seiten später konkretisiert das Gericht seine Auffassung dahin, dass „für den Missbrauch der eingeräumten Befugnis oder für die Pflichtwidrigkeit eines Verhaltens des Geschäftsführers zum Nachteil der eigenen Rechtspersönlichkeit GmbH trotz Einverständnis der Gesellschafter entscheidend [ist], ob die Zustimmung der Gesellschafter – gegebenenfalls des Alleingesellschafters einer GmbH – gesetzwidrig ist, also das Stammkapital aushöhlt, oder unter Verstoß gegen die Grundsätze eines ordentlichen Kaufmanns die Gesellschafterstellung missbraucht".[1040]

(b) Stellungnahme

Das Gericht argumentiert anders als in vielen vorausgegangenen Entscheidungen nicht nur mit der Feststellung, dass die GmbH als eigene Rechtspersönlichkeit Trägerin der geschützten Vermögensinteressen des § 266 StGB ist.[1041] Es folgert aus dem Sinn und Zweck der Haftungsbeschränkung in einer von *Wilhelm* aufgegriffenen Sentenz, dass „der alleinige Gesellschafter sich nicht auf die Vorteile der Vermögenstrennung durch die GmbH berufen [kann], wenn es um seine Haftung geht, andererseits aber Vermögenseinheit geltend machen, wenn er der GmbH willkürlich wirtschaftliche Werte zum eigenen Vorteil entzieht"[1042]. Den Gläubigerschutz erklärt das Gericht ausdrücklich für nicht maß-

---

Rechtsprechung zur GmbH-rechtlichen Untreue wohlwollend gegenüberstehen. Vgl. die Einschätzung von *Wodicka*, Untreue zum Nachteil der GmbH, S. 80. Bei den früher entschiedenen Fällen fiel die Gesellschaft im Zusammenhang mit den strafwürdigen Handlungen in Insolvenz; Auswertung des „Fallmaterials" bei *Radtke*, GmbHR 1998, 311, 313 und *Reiß*, wistra 1989, 81, 82.

1039 BGHSt 34, 379, 385 m. w. N. zur Rechtsprechung.

1040 BGHSt 34, 379, 386.

1041 RGSt 42, 278; 71, 353; BGHSt 3, 23; 3, 32; BGH vom 23.11.1982, 5 StR 176/82, wistra 1983, 71.

1042 In FS Flume II (1978), 337, 390.

gebend.[1043] Im ersten der Entscheidung vorangestellten Leitsatz kommt sein Standpunkt zur Pflichtwidrigkeit des Handelns des Geschäftsführers zum Ausdruck. Dort formuliert das Gericht, dass „tatsächliche oder rechtsgeschäftliche Handlungen des Geschäftsführers einer GmbH, durch die er eigennützig oder im Interesse Dritter willkürlich Vermögen der Gesellschaft verschiebt, trotz Zustimmung der Gesellschafter in der Regel missbräuchlich oder pflichtwidrig i. S. von § 266 StGB [sind], wenn die Vermögensverschiebung bei der GmbH unter Missachtung der Pflicht nach § 41 GmbHG durch Falsch- oder Nichtbuchen verschleiert und die Zustimmung unter Missbrauch der Gesellschafterstellung erteilt wird. Dies gilt auch, wenn das nach § 30 GmbHG geschützte Stammkapital der GmbH unmittelbar noch nicht angegriffen wird."[1044]

Näheren Aufschluss über die Grundsätze, die das Gericht hinsichtlich der Pflichtwidrigkeit für maßgebend hält, gibt auch eine Textpassage der Urteilsgründe, in der ausführt wird, dass „in der auch dem Wesen der GmbH zuwiderlaufenden willkürlichen Verschiebung von Werten aus dem Vermögen der GmbH in das des Alleingesellschafters unter Nichtverbuchen oder Falschverbuchen dieser Vermögensverschiebungen ein grober, die Gesellschafterstellung missbrauchender Verstoß gegen die Grundsätze eines ordentlichen Kaufmanns und damit auch (...) ein missbräuchliches oder pflichtwidriges Verhalten im Sinne des Untreuetatbestands [liegt]."[1045] So klar wie selten zuvor unterscheidet der Senat zwischen der Pflichtwidrigkeit des Verhaltens des Geschäftsführers und der Einwilligung des Gesellschafters hierzu.[1046] Er arbeitet die Maßstäbe deutlich heraus, an denen sich das Geschäftsgebaren der Geschäftsführer und Gesellschafter messen lassen muss, um keine strafrechtlichen Konsequenzen hervorzurufen. Diese verdienstreiche Klarstellung geht in den Stellungnahmen zu der Entscheidung leider vollständig in der (berechtigten) Kritik unter, dass die Grenzen der Strafbarkeit entgegen dem Gesellschaftsrecht zu Lasten der geschäftsführenden Organe überdehnt worden seien.

Die Maßstäbe, die das Gericht an die Pflichtwidrigkeit und die Zustimmung der Gesellschafter anlegt, sind im Grundsatz deckungsgleich, auch wenn sich das Gericht alle Mühe gibt, dies hinter beredter Kriterienvielfalt zu verbergen.[1047] Diese Einschätzung führt wieder zum Ausgangspunkt der Rechtsprechung in

---

1043 BGHSt 34, 379, 386. Entgegen dem Wortlaut der Entscheidungsgründe misst *Gribbohm*, ZGR 1990, 1, 2 dem Gläubigerschutz eine gewisse Bedeutung für die Entscheidung bei.
1044 BGHSt 34, 379 LS.
1045 BGHSt 34, 379, 389.
1046 Vgl. auch die Argumentation in BGHSt 9, 203.
1047 Kritisch zu den „verschwommenen Formeln" der Rechtsprechung *Schünemann*, Organuntreue, S. 32 f. („gefährlich, weil sie den Schutzbereich wieder in unkontrollierbarer Weise ausdehnen").

RGSt 42, 278 zurück, wonach die Zustimmung der Gesellschafter schlicht unbeachtlich ist. Pflichtwidrig soll eine Handlung dann sein, wenn sie „willkürlich“ gegen die „Grundsätze eines ordentlichen Kaufmanns“ verstößt. Zu letzteren zählt der Senat erstmals auch die in § 41 GmbHG verankerte Pflicht zu ordnungsgemäßer Buchführung.[1048] Das Einverständnis des Geschäftsherrn soll grundsätzlich beachtlich, und nur dann unbeachtlich sein, wenn es selbst „gesetzwidrig“ oder „sonst ungetreu“ ist. „Gesetzwidrig“ wird mit einem Verstoß gegen die Kapitalerhaltungsvorschriften gleichgesetzt, „sonst ungetreu“ mit „Verstoß gegen die Grundsätze eines ordentlichen Kaufmanns“ näher konkretisiert, wenn man die Parallelität der beiden in Bezug genommenen oben zitierten Urteilspassagen anerkennt. Unklar bleibt, wo der eigenständige Anwendungsbereich einer gesetzwidrigen Zustimmung zu finden sein soll, da jede bewusst gegen die Kapitalerhaltungsvorschriften verstoßende Zustimmung auch einen Verstoß gegen die kaufmännische Sorgfalt beinhaltet.

Während bei der Entscheidung des BGH vom 29.1.1964, 2 StR 485/63, GA 1965, 291, noch offen war, ob die Grundsätze der kaufmännischen Sorgfalt als Kriterien für die Gesellschafterzustimmung gesehen werden, kann dies nun als bestätigt angesehen werden.[1049] Man braucht die Grundsätze der zivilrechtlichen Vermögensbindung nicht in den Blick zu nehmen,[1050] um zu erkennen, dass der Senat ein tatbestandsausschließendes Einverständnis nicht anerkennt.[1051] Voraussetzung für eine Strafbarkeit nach § 266 StGB ist der Missbrauch einer durch den Geschäftsherrn eingeräumten Befugnis. Ein solcher Befugnismissbrauch liegt vor, wenn die Geschäfte entgegen ordentlicher kaufmännischer Sorgfalt geführt werden. Ein Einverständnis des Geschäftsherrn beseitigt i. d. R. die Pflichtwidrigkeit bzw. die Missbräuchlichkeit und damit die Tatbestandsmäßigkeit. Unbeachtlich soll nach BGHSt 34, 379 ein Einverständnis dann sein, wenn es gegen den kaufmännischen Sorgfaltsmaßstab verstößt. Dass dies keinen Raum für ein Einverständnis des Alleingesellschafter-Geschäftsführers belässt,

---

[1048] Kritisch *Saliger*, ZStW 112 (2000), 563, 570. Vgl. auch *Ziemons*, Haftung der Gesellschafter, S. 195, die Art. 103 Abs. 2 GG die Garantiefunktion des Strafrechts entnimmt und die Grenze der Auslegung überschritten sieht, wenn der Gesellschafterversammlung die Pflicht auferlegt wird, wie ein ordentlicher Kaufmann zu handeln, da auf Grundsätze des Gesellschaftsrechts zurückgegriffen werde, die im GmbHG keinen Niederschlag gefunden haben.

[1049] A. A. *Kohlmann*, Strafrechtliche Verantwortlichkeit, Rn. 190, der die Einschränkung der Dispositionsbefugnis durch den kaufmännischen Sorgfaltsmaßstab schon vor BGHSt 34, 379 als überwunden geglaubt hat.

[1050] Instruktiv zu der Frage, ob die Entscheidung von der zivilrechtlichen Haftungsverfassung abweicht *Fleck*, EWiR § 29 GmbHG 2/87, 987; *Meilicke*, BB 1988, 1261; *Reiß*, wistra 1989, 81.

[1051] Kritisch zur Reichweite des § 266 StGB *Hellmann*, wistra 1989, 214, der die Untreue in der Rechtsprechung des Senats als ein „abstraktes (Konkurs-)Gefährdungsdelikt“ sieht.

tritt offen zu Tage, da nicht ersichtlich ist, wie die beiden Pflichtanforderungen in einer Person voneinander abweichen können.

Mit der Entscheidung wird ein umfassender Schutz der GmbH vor schädigendem Handeln seiner Organe erreicht, da jeder Verstoß gegen die kaufmännische Sorgfalt – bei Vorliegen der übrigen Tatbestandsmerkmale –[1052] in die Strafbarkeit führt. Wie *Lipps* richtig anmerkt, nimmt der BGH das Tatbestandsmerkmal des Nachteils an keiner Stelle in den Blick.[1053] Das war nicht erforderlich, da der Abzug sonstiger Vermögenswerte nach Ansicht des Senats ohne weiteres einen Schaden für die GmbH darstellt.[1054] Eine – verdeckte – Gewinnausschüttung, die eine Kompensation mit dem Forderungsrecht des Gesellschafters möglich gemacht hätte, stand nicht in Rede, da der Angeklagte nicht Gesellschafter war.[1055] Das hat auch der entscheidende Senat so gesehen, wenn er ausführt, dass es „auf die Frage, ob die entzogenen Beträge zur Tatzeit ohne Beeinträchtigung der Liquidität *hätten* (Hervorhebung im Original) als (scil. auch verdeckter) Gewinn ausgeschüttet werden können, kommt es nicht an. Denn dies ist eben nicht geschehen."[1056]

(2) BGHSt 35, 333

Das Gericht hat schnell auf die Kritik reagiert, die ihm aufgrund der vorangegangenen Entscheidung entgegengeschlagen ist, und mit der Entscheidung vom 24.8.1988 Schadensbegrenzung betrieben.[1057]

[1052] Der einfachen Gleichung von *Meilicke*, BB 1988, 1261, 1264, „Verstoß gegen die kaufmännische Sorgfalt = Untreue" kann nur unter dieser Einschränkung zugestimmt werden.

[1053] NJW 1989, 502, 503. *Wodicka*, Untreue zum Nachteil der GmbH, S. 84, vermisst Ausführungen zum Nachteil, weil die fehlende Verbuchung nur die Pflichtwidrigkeit begründet.

[1054] Zur Unterscheidung hinsichtlich eines Schadens zwischen Ausschüttung von Gewinnen oder Entnahme von Gewinnvorschüssen und Auszahlungen aus sonstigem Vermögen, *Gribbohm*, ZGR 1990, 1, 8.

[1055] Eine andere Frage ist, ob nicht das Handeln des wirtschaftlichen Alleingesellschafters auch bei der Gewinnausschüttung dem des tatsächlichen Gesellschafters hätte gleichgestellt werden müssen. Vgl. BGH vom 10.7.1996, 3 StR 50/96, NStZ 1996, 540, dort stellt der 3. Senat eine solche faktische Betrachtungsweise an, im Gegensatz zum hier vorliegenden Sachverhalt war der Angeklagte dort aber (mittelbar) beherrschender Gesellschafter.

[1056] BGHSt 34, 379, 388; insoweit richtig gesehen von *Arloth*, NStZ 1990, 570, 572; diesen Ansatzpunkt verkennt *Meilicke*, BB 1988, 1261, 1264, der annimmt, der BGH wolle jede verdeckte Gewinnausschüttung als Untreue werten. Eine verdeckte Gewinnausschüttung lag nach der Auffassung des Gerichts aber gerade nicht vor.

[1057] Vgl. nur Maurach/Schroeder/Maiwald/*Maiwald*, Strafrecht BT/1, § 45 Rn. 43 („Kehrtwendung"); *Fleck*, EWiR § 29 GmbHG 2/89, 367, der in der Entscheidung eine „begrüßenswerte Klarstellung" sieht; ebenso *Lipps*, NJW 1989, 502, der eine Rückkehr „in dankenswerter Eile" zur alten Rechtslage ausmacht; *Brammsen*, DB 1989, 1609 spricht von „begrüßenswerter – völliger Kehrtwendung", *Flum*, Strafrechtlicher Schutz der GmbH, S. 58 von „Kurskorrektur"; ebenso *Kaufmann*, Organuntreue, S. 30. *Reiß*, wistra 1989, 81, 82 erkennt das

(a) Sachverhalt und wesentliche Entscheidungsgründe

Die Entscheidung betrifft eine GmbH, die sich mit dem Bau und der Veräußerung von Eigenheimen und Eigentumswohnungen befasste. Der Angeklagte war alleiniger Geschäftsführer und Mitgesellschafter neben seiner Ehefrau und seinem Bruder. Zu einem Zeitpunkt als die GmbH hohe Gewinne erwirtschaftete, entschloss sich der Angeklagte einen Teil dieser Gewinne einer ordnungsgemäßen Besteuerung bei der GmbH zu entziehen, indem er von den von der GmbH eingesetzten Bauunternehmen überhöhte oder fiktive Rechnungen erstellen ließ, denen keine Leistungen zugrunde lagen. Diese Beträge flossen in private Bauvorhaben. Die Mitgesellschafter waren unterrichtet und von vorneherein mit sämtlichen Vorgängen einverstanden. Bindend festgestellt durch das Vorgericht war außerdem, dass die Entnahmen weder die Liquidität noch das Stammkapital gefährdeten und sämtlich aus bereits erzielten Gewinnen stammten. Mit dem als Fortführung zu BGHSt 34, 379 bezeichneten Urteil nimmt der Senat das Merkmal des Vermögensschadens genauer in den Blick, ohne an den Kriterien der Pflichtwidrigkeit und des Einverständnisses, wie sie in BGHSt 34, 379 aufgestellt wurden, zu rütteln.[1058]

Zum Vermögensnachteil führt der Senat aus, dass in den Entnahmen bereits erzielter Gewinne durch den geschäftsführenden Gesellschafter in der Regel kein „rechtswidriger Nachteil" für die GmbH liege. Insbesondere könne ein solcher nicht durch die bloße Verletzung von Buchführungsvorschriften hervorgerufen werden. Auch das Fehlen eines ordnungsgemäßen Gewinnverteilungsbeschlusses sei in strafrechtlicher Hinsicht irrelevant. Ausnahmsweise könne aber doch ein Nachteil für das betreute Vermögen der GmbH vorliegen. Das sei dann der Fall, wenn die „an sich zulässige Gewinnentnahme schädliche Folgen hat, die über die durch die Entnahme bewirkte Vermögensminderung hinausreichen".[1059] Mit der auch einvernehmlichen Herbeiführung solcher Folgen, die insbesondere in einer *Existenzgefährdung* der GmbH liege, missbrauchten die

---

Bestreben des BGH, die Widersprüche seiner Rechtsprechung zu der handelsrechtlichen Beurteilung verdeckter Gewinnausschüttungen auszuräumen; *Tries*, Verdeckte Gewinnausschüttungen, S. 209 („Rücknahme"); a. A. *Wodicka*, Untreue zum Nachteil der GmbH, S. 90, der von einer Beibehaltung der tragenden Grundsätze ausgeht; ihm folgend *Waßmer*, Untreue bei Risikogeschäften, S. 85.

[1058] A. A. *Langkeit*, WiB 1994, 64, 65, der in BGHSt 35, 333 eine Abkehr von der „eher formalen Sichtweise" in BGHSt 34, 379 und eine Zuwendung zu einer materiellen Betrachtungsweise sieht. Anders jetzt auch der 1. Senat in Entscheidung vom 20.7.1999, 1 StR 668/98, NJW 2000, 154, der in BGHSt 35, 333 eine Einschränkung der Gesellschafterzustimmung auf Fälle der Existenzgefährdung sieht, und von einer Aufgabe der Rechtsprechung in BGHSt 34, 379 ausgeht. Zurückhaltender der 2. Zivilsenat in der Entscheidung vom 21.6.1999 (BGHZ 142, 92), der von einer „Modifizierung der Sache nach" spricht.

[1059] BGHSt 35, 333, 337.

Gesellschafter ihre Stellung; ihr dennoch erteiltes Einverständnis sei unbeachtlich.[1060]

(b) Stellungnahme

Damit bleibt das Gericht bei der Frage der Pflichtwidrigkeit und der Beachtlichkeit der Gesellschafterzustimmung auf der Linie seiner bisherigen Rechtsprechung. Mit der Entscheidung sollen die zu BGHSt 34, 379 entstandenen Missverständnisse und Fehlinterpretationen ausgeräumt werden.[1061] Der Senat stellt dies dadurch klar, dass er den von ihm angelegten Maßstab nur für gesellschaftsrechtlich zulässige (verdeckte) Gewinnausschüttungen i. e. S.[1062] gelten lassen will.[1063] Das Gericht weist damit sogleich auf den aus seiner Sicht entscheidungserheblichen Unterschied zu BGHSt 34, 379 hin.[1064] Nur bei der (verdeckten) Gewinnausschüttung lohnt es, das Merkmal des Nachteils einer näheren Prüfung zu unterziehen, in den übrigen Fällen – auch dem der Entscheidung im 34. Bande der amtlichen Entscheidungssammlung zugrunde lie-

---

[1060] BGHSt 35, 333, 337 mit Verweisen auf BGH 2 StR 485/63 und 2 StR 434/56.

[1061] A. A. *Birkholz*, Untreuestrafbarkeit, S. 47, der einen Wechsel der Rechtsprechung konstatiert; ebenso *Brammsen*, DB 1989, 1609; *Fleck*, EWiR § 29 GmbHG 2/89, 367; *Lipps*, NJW 1989, 502, 503; *Müller-Christmann/Schnauder*, JuS 1998, 1080, 1083; *Reiß*, wistra 1989, 81; *Schäfer*, GmbHR 1993, 780, 792; zurückhaltender *Hellmann*, wistra 1989, 214.

[1062] Das sind Gewinnausschüttungen, die von den Gesellschaftern einvernehmlich beschlossen wurden und nicht gegen Kapitalerhaltungsvorschriften verstoßen. Zur Untauglichkeit des Begriffs, vgl. S. 28. Mangels Entscheidungserheblichkeit trifft das Urteil keine Aussage zu sonstigen, nicht gewinnabhängigen Entnahmen und sonstigen Vermögensausschüttungen im Kleide eines Umsatzgeschäfts. Kritisch *Fleck*, EWiR § 29 GmbHG 2/89, 367 („unbefriedigend"). Für eine Erstreckung auch auf Zahlungen aus dem sonstigen Vermögen *Kohlmann*, Strafrechtliche Verantwortlichkeit, Rn. 191; bedenklich weit dagegen *Lipps*, NJW 1989, 502, 504, der die sachliche Eingrenzung des BGH für unbeachtlich hält.

[1063] So auch *Kohlmann*, Strafrechtliche Verantwortlichkeit, Rn. 191; a. A. *Wodicka*, Untreue zum Nachteil der GmbH, S. 94, der davon ausgeht, dass im Gegensatz zu BGHSt 34, 379 nur Ausschüttungen aus bereits erzielten Gewinnen, nicht aber sonstige verdeckte Gewinn-(vorab-)Ausschüttungen betrachtet werden. Die Differenzierung ist nicht tragfähig, da auch bei BGHSt 34, 379 festgestellt war, dass eine Ausschüttung der Beträge als Gewinn möglich gewesen wäre, BGHSt 34, 379, 384. Die von *Wodicka* vorgenommene Differenzierung ist auch nicht in den vom BGH zur Stützung seiner Auffassung zitierten Entscheidungen BGHZ 31, 258, 278; 93, 146, 148; 95, 330, 340 zu finden.

[1064] Dort lag nach Ansicht des Senats keine Gewinnausschüttung auch keine verdeckte vor. Sachverhaltsunterschiede verneinen *Birkholz*, Untreuestrafbarkeit, S. 48 und *Lipps*, NJW 1989, 502, 503, dem nicht darin zuzustimmen ist, der BGH differenziere unzulässigerweise zwischen bereits erzielten Gewinnen und Ausschüttungen aus anderem freien Vermögen – zu letzterem hat der BGH aber nicht entschieden. *Hellmann*, wistra 1989, 214, 215 vermutet, dass der BGH den entscheidungserheblichen Unterschied in den Sachverhalten darin sieht, dass die Entnahme im 2. Fall in Zeiten wirtschaftlicher Prosperität vorgenommen worden ist, ohne zum finanziellen Zusammenbruch zu führen. Das kann aber aufgrund der Wahrunterstellung bei BGHSt 34, 379 kein entscheidungsrelevanter Sachverhaltsunterschied sein.

genden – besteht der Nachteil ohne weiteres im Entzug von Vermögenswerten. Bei der Entscheidung BGHSt 34, 379 hat noch Verwirrung gestiftet, ob das Gericht alleine in einer lückenhaften oder falschen Buchführung einen für § 266 StGB relevanten Vermögensnachteil sieht.[1065] Selbstverständlich, so das Gericht, müsse eine reale Vermögenseinbuße hinzukommen.[1066] Wenn in vorangegangenen Entscheidungen in unordentlicher oder falscher Buchführung eine Untreuehandlung gesehen wurde,[1067] so wurde dies nur unter der einschränkenden Voraussetzung bejaht, dass dem betreuten Vermögen durch die inkriminierte Handlung ein Nachteil entstanden ist. Der kann etwa darin bestehen, dass berechtigte Forderungen nicht beigetrieben wurden, da wegen der ungenügenden Buchführung Unklarheit über die Höhe oder das Bestehen dieser Forderungen herrschte.

Bei der einvernehmlichen Gewinnausschüttung liegt ein Reinvermögensnachteil aber nicht ohne weiteres vor, und war daher erörterungsbedürftig.[1068] Der Vermögensabfluss wird in der Regel dadurch kompensiert, dass sich das gegen die Gesellschaft gerichtete Gewinnbezugsrecht in Höhe des ausgezahlten Betrags verringert.[1069] Schon mangels Nachteil scheidet daher bei der einvernehmlichen Gewinnausschüttung Untreue aus. Anders soll es nur dann sein, wenn durch die Ausschüttung die Existenz der GmbH gefährdet wird.[1070] Damit hat das Gericht

---

[1065] Vgl. nur *Birkholz*, Untreuestrafbarkeit, S. 49; *Brammsen*, DB 1989, 1609, 1612; *Meilicke*, BB 1988, 1261, 1263; *Mihm*, Strafrechtliche Konsequenzen, S. 107; wohl auch *Langkeit*, WiB 1994, 64, 65; ebenso *Hartung*, Insolvente Mandanten, Rn. 153, der allerdings die vermeintlich untreustrafrechtliche Relevanz einer falschen Buchführung ausdrücklich begrüßt. Nach hier vertretener Auffassung hat der BGH schon unabhängig von dem Verstoß gegen die Buchführungsvorschriften den Vermögensnachteil bejaht.

[1066] BGHSt 35, 333, 336; a. A. *Hartung*, Insolvente Mandanten, Rn. 156, der einen Nachteil für die GmbH schon in etwaigen durch die Falschbuchung entstandenen steuerlichen Ansprüchen des Staates oder künftigen (Rückforderungs-)Ansprüchen gegen die Gesellschafter sieht.

[1067] BGH vom 31.8.1955, 2 StR 110/55, GA 1956, 121; BGHSt 20, 304. Anders und für Beachtlichkeit *Hartung*, Insolvente Mandanten, Rn.156.

[1068] A. A. *Arloth*, NStZ 1990, 570, 572, der mit dieser Gleichsetzung die Kriterien des Schadens mit der Frage der Wirksamkeit des Einverständnisses vermengt sieht. Der Nachteil bestünde bereits in der Pflichtwidrigkeit der Entnahmen.

[1069] Der Senat hat klargestellt, dass die Nichteinhaltung der gesellschaftsrechtlichen Norm des § 46 Nr. 1 GmbHG strafrechtlich irrelevant ist; zweifelnd, ob das allgemeine Gewinnbezugsrecht bzw. der wiederkehrende zukünftige Gewinnauszahlungsanspruch als kompensationsfähiges Gegenrecht ausreicht *Schäfer*, GmbHR 1993, 780, 794, der vertritt, dass der Gewinnauszahlungsanspruch erst mit dem Gewinnverwendungsbeschluss entsteht.

[1070] Fälle des Stammkapitalbezugs hatte das Gericht von vorneherein aus der Betrachtung ausgenommen, BGHSt 35, 333, 336.

die Frage der Existenzgefährdung – und das ist neu –[1071] bei dem Nachteilsbegriff verortet,[1072] nachdem er auch schon bei der Pflichtwidrigkeit des Geschäftsführers eine Rolle gespielt hat.[1073] Zusätzlich, und das ist jetzt immerhin klargestellt, liege in einer Ausschüttung trotz Existenzgefährdung auch ein Missbrauch der Gesellschafterstellung, was dazu führen soll, dass ein Einverständnis unbeachtlich ist.[1074]

Das Merkmal der Existenzgefährdung musste (auch) in den Nachteilsbegriff integriert werden, um zu einer Strafbarkeit von existenzgefährdenden Ausschüttungen zu gelangen.[1075] Daneben begrenzt es die Zustimmungsmöglichkeiten der Gesellschafter und konkretisiert die Pflichtenstellung des Geschäftsführers. Wie *Saliger* richtig anmerkt, birgt dieses Vorgehen die Gefahr, dass die Tatbestandskonturen des ohnehin strukturarmen Untreuetatbestandes aufgeweicht werden, da im Ergebnis Tathandlung und Taterfolg von demselben Merkmal abhängen.[1076] Darüber hinaus steht nicht fest, dass die Existenzgefährdung als Haftungskriterium tauglich ist.[1077] Das Merkmal ist wertungsabhängig und es kann erst im Falle der Insolvenz kann festgestellt werden, ob eine bestimmte Maßnahme die Existenz der Gesellschaft gefährdet hat.

Keine Stütze in den Entscheidungsgründen findet demgegenüber die Ansicht von *Reiß*, das Gericht habe die „Grundsätze der kaufmännischen Sorgfalt" als Maßstab der Pflichtwidrigkeit und der Unbeachtlichkeit des Einverständnisses der Gesellschafter aufgegeben.[1078] Dafür spricht schon die vom BGH gebrauchte

---

[1071] Anders noch bei BGH vom 17.10.1956, 2 StR 434/56, GA 1958, 46 hinsichtlich einer Liquiditätsgefährdung und Gefährdung sonstiger Interessen der Gesellschaft, die beide nur auf die Pflichtwidrigkeit bezogen waren.

[1072] Kritisch hierzu *Schäfer*, GmbHR 1993, 780, 793, der darin die Gefahr der konturlosen Aufweichung des Nachteilsbegriffes sieht.

[1073] Ebenfalls bei BGH vom 17.10.1956, 2 StR 434/56, GA 1958, 46 hinsichtlich einer Liquiditätsgefährdung.

[1074] BGHSt 35, 333, 337.

[1075] Vgl. hierzu *Schäfer*, GmbHR 1993, 780, 793; kritisch auch *Saliger*, ZStW 112 (2000), 563, 568.

[1076] *Saliger*, ZStW 112 (2000), 563, 568; *Matt/Saliger*, in Irrwege (1999), 217, 223.

[1077] *Kohlmann*, Strafrechtliche Verantwortlichkeit, Rn. 191, sieht den „Besonderheiten der zivilrechtlichen Vermögensbindung" Rechnung getragen, *Tiedemann*, JZ 2005, 45 die Kontroverse mit der Zivilrechtsprechung zu *Entnahmen* aus dem GmbH-Vermögen beigelegt.

[1078] Wistra 1989, 81, 82. *Reiß* nimmt an, dass der BGH nur noch § 30 GmbHG als Einschränkung der Dispositionsbefugnis anerkennt; so auch *Weber*, ZHR 151 (1991), 120, 123 aus zivilrechtlicher Sicht; vgl. *Birkholz*, Untreuestrafbarkeit, S. 50, der vertritt, dass die Grundsätze eines ordentlichen Kaufmanns vollständig vom Gesichtspunkt der Existenzgefährdung als Dispositionsschranke abgelöst wurden. A. A. *Wodicka*, Untreue zum Nachteil der GmbH, S. 90 ff., der keine Rücknahme der Grundsätze zur Pflichtwidrigkeit und zur Zustimmungsbefugnis anerkennt, sondern allein eine Einschränkung im Merkmal des Nachteils auf die Exist-

Formulierung, „wenn sie mit den Grundsätzen eines ordentlichen Kaufmanns unvereinbar ist“[1079] ebenso wie die Bezugnahme auf BGH 2 StR 485/63,[1080] wo die Existenzgefährdung als Anwendungsfall des Verstoßes gegen die Pflichten eines ordentlichen Kaufmanns angesehen wurde. Auch *Gribbohm*, der als Bundesrichter an beiden Entscheidungen beteiligt war, hält die Grundsätze weiterhin für entscheidend, allerdings modifiziert er sie leicht, da er lediglich die Verletzung einer Pflicht *zur Vermögensfürsorge gegenüber der GmbH* [Hervorhebung im Original] als haftungsbegründend anerkennt.[1081]

Ruft man sich die Entscheidung im 34. Bande vor Augen und vergleicht sie mit der vorliegenden, dann wird deutlich, dass der BGH um eine Einschränkung der „Grundsätze eines ordentlichen Kaufmanns“ nicht umhin kam oder das Schadenskriterium von Problemen der einvernehmlichen GmbH-rechtlichen Untreue lösen musste. Hätte der BGH die Existenzgefährdung etwa durch Entzug der Produktionsanlagen, der Liquidität, oder besondere entgegenstehende Interessen der GmbH weiterhin als Unterfall der „Grundsätze eines ordentlichen Kaufmanns“ anerkannt,[1082] dann müsste auch ein Verstoß gegen die Buchführungsvorschriften, die nach der Entscheidung im 34. Bande ebenfalls zu den Sorgfaltsvorschriften gehören, einen Vermögensnachteil begründen können. Der BGH konnte dieses Ergebnis, an dem ihm für bereits erzielte Gewinne nicht gelegen sein konnte, dadurch vermeiden, dass das er Merkmal der Existenzgefährdung sachlich aus den Grundsätzen eines ordentlichen Kaufmanns gelöst und zum eigenständigen Kriterium aufgewertet hat. Daneben konnte er den kaufmännischen Sorgfaltsverstoß als Kriterium beibehalten, aber – wie *Gribbohm* das vorschlägt –[1083] reduziert auf einen vermögensrelevanten Kernbestand. Inkonsequent wäre demgegenüber die Handhabung, nur für den Sonderfall der Entnahme bereits erzielter Gewinne eine Neuausrichtung des Merkmals der Existenzgefährdung auf der Ebene des Nachteils vorzunehmen, wobei einiges dafür spricht, dass der BGH genau das getan hat.[1084]

---

enzgefährdung für Fälle der Entnahme bereits erzielter Gewinne konstatiert; zweifelnd auch *Schäfer*, GmbHR 1993, 780, 793.

1079 BGHSt 35, 333, 336.

1080 BGHSt 35, 333, 337.

1081 *Gribbohm*, ZGR 1990, 1, 14; vgl. zu diesem Argument auch *Wodicka*, Untreue zum Nachteil der GmbH, S. 95.

1082 So BGH vom 29.1.1964, 2 StR 485/63, GA 1965, 291.

1083 *Gribbohm*, ZGR 1990, 1, 14.

1084 In diese Richtung *Wodicka*, Untreue zum Nachteil der GmbH, S. 94 ff.

Die Forderung des BGH nach einem „rechtswidrigen" Nachteil hat neue Fragen aufgeworfen.[1085] Da die Untreue als Vermögensdelikt nur die Herbeiführung eines schlichten Nachteils in Form einer realen Vermögenseinbuße erfordert,[1086] kann das nur als die sinnverkürzende Zusammenziehung des Merkmals der Pflichtwidrigkeit mit dem des Nachteils verstanden werden. Nicht unerwähnt bleiben soll, dass der BGH dem Tatrichter für die Beurteilung einer Existenz- oder Liquiditätsgefährdung nicht stets die Einholung eines Sachverständigengutachten aufgibt, um sich Gewissheit über die Vermögenslage der GmbH zu verschaffen. Die Annahme einer solchen Gefährdungslage, „insbesondere eine ‚Aushöhlung' der GmbH durch vorweggenommene Gewinnausschüttungen mag nahe liegen, wenn es sich um relativ große Entnahmen handelt und die Gesellschaft in absehbarem zeitlichem Zusammenhang damit in Konkurs gerät."[1087] Nicht selten werde festzustellen sein, dass auf der Grundlage einer nach Zerschlagungswerten aufgestellten Bilanz das nach § 30 GmbHG geschützte Stammkapital bereits angegriffen sei.[1088]

(3) BGHSt 49, 149

Die vorläufig letzte Entscheidung des BGH, die sich mit den Grenzen der Dispositionsbefugnis der Gesellschafter beschäftigt, datiert vom 13.5.2004.[1089] Der 5. Strafsenat arbeitet den Zusammenbruch des Bremer Vulkan Werftenverbunds in der Entscheidung in strafrechtlicher Hinsicht auf, nachdem der II. Zivilsenat

---

[1085] Vgl. nur *Hellmann*, wistra 1989, 214, 215, der aus der Formulierung schließt, dass die Ausführungen des BGH eigentlich die Pflichtwidrigkeit betreffen; auch *Birkholz*, Untreuestrafbarkeit, S. 49 („Begriffsunklarheit"); ebenso *Geerds, D.*, in FS Geerds (1995), 689, 708, („Ungenauigkeit", da bei der Entnahme von Gewinnen unter Verletzung von Buchführungsvorschriften schon keine Pflichtwidrigkeit vorläge).

[1086] Allg. Auffassung, vgl. nur Maurach/Schroeder/Maiwald/*Maiwald*, Strafrecht BT/1, § 45 Rn. 40 ff.; Schönke/Schröder/*Lenckner*/*Perron*, StGB, § 266 Rn. 40 ff.

[1087] BGHSt 35, 333, 338 m. w. N.; für eine Abhängigkeit der Strafbarkeit von „Art, Anlass und (relativer) Größenordnung" für Entnahmen, die die Existenz und Lebensfähigkeit der GmbH nicht bedrohen, *Gribbohm*, ZGR 1990, 1, 17. *Muhler*, wistra 1994, 283, 287 sieht einen engen sachlichen Zusammenhang zwischen Existenzgefährdung und Stammkapitalverstoß, so dass bei einem Stammkapitalverstoß stets eine Existenzgefährdung vorliegt. Vom Wortlaut der Entscheidungsgründe ist das nicht gedeckt.

[1088] BGHSt 35, 333, 338. Ein anderer Vorschlag zur abweichenden Bilanzierung kommt von *Ulmer*, in FS Pfeiffer (1988), 853, 868 ff. Zutreffend weist *Kaufmann*, Organuntreue, S. 90 darauf hin, dass *Ulmer* anders als der BGH eine modifizierte Zerschlagungsbilanz vorschlägt. Nach *Kohlmann*, Strafrechtliche Verantwortlichkeit, Rn. 193, folgt aus der Entscheidung, dass Zahlungen aus dem Vermögen einer unterkapitalisierten GmbH nur dann erfolgen dürfen, wenn die Aufrechterhaltung des Geschäftsbetriebs sowie die Zahlungsfähigkeit der GmbH gewährleistet bleiben (sog. positive Fortbestehensprognose); noch strenger *Haas*, NZG 2000, 545, 546, der annimmt, der BGH gehe von einer Existenzgefährdung bereits dann aus, wenn ein Nachteil im Zeitpunkt der formellen Unterkapitalisierung zugefügt werde.

[1089] BGHSt 49, 147.

im Jahre 2001 den Fall zum Anlass genommen hat, seine Spruchpraxis zum GmbH-Konzernrecht mit der dort entwickelten Existenzvernichtungshaftung auf eine neue Grundlage zu stellen und den Gleichlauf mit der strafrechtlichen Beurteilung herzustellen.[1090] Dem von großem Medieninteresse begleiteten Prozess liegt der Fall des Bremer Vulkan Konzerns zugrunde, der von der Treuhandanstalt zwei ostdeutsche Werften erworben und für sie zweckgebundene Investitionsbeihilfen erhalten hat. Die beiden als GmbH-Töchter organisierten Ostwerften verfügten durch die Staatsbeihilfen über erhebliche Liquiditätsreserven, die auf Veranlassung des Konzernvorstands seit 1994 in ein konzernweites Cash-Management-System einbezogen bzw. als Festgeld der Konzernmutter zur Verfügung gestellt wurden. Anfang des Jahres 1996 verschärfte sich die wirtschaftliche Situation des Werftenverbunds dramatisch. Konsolidierungsversuche scheiterten, so dass das Konkursverfahren eingeleitet werden musste. Die Anstrengungen der (aus der Treuhandanstalt hervorgegangenen) Bundesanstalt für vereinigungsbedingte Sonderaufgaben, Festgelder zurückzuerhalten oder die Einlagen im Cash-Management-System nachträglich zu besichern, scheiterten; die Ansprüche der Osttöchter wurden zur Konkurstabelle anerkannt.

Der BGH hat das landgerichtliche Urteil auf Sachrügen der Angeklagten aufgehoben, weil die getroffenen Feststellungen die Verurteilungen wegen Untreue nicht tragen. Insbesondere könne eine Vermögensbetreuungspflicht im Sinne des § 266 Abs. 1 StGB nicht aus der zweckwidrigen Verwendung der Subventionsleistungen abgeleitet werden, wie dies die Vorinstanz angenommen hatte.[1091] In Anlehnung an die Grundsätze, die der II. Zivilsenat in dem parallelen Zivilverfahren entwickelt hat, hält das Gericht aber eine Untreue unter dem Gesichtspunkt des existenzgefährdenden Eingriffs für gegeben. Eine *Vermögensbetreuungspflicht* der Organe der Obergesellschaft ergebe sich aus der Pflicht des Alleingesellschafters, dem beherrschten Unternehmen nicht Vermögenswerte in einem Umfang zu entziehen, der die Existenzfähigkeit des Unternehmens gefährdet. Das *Einverständnis des Alleingesellschafters* mit dem Eingriff ist nur dann beachtlich, wenn die „Interessen anderer oder öffentliche Interessen" nicht berührt sind. Dies sei dann der Fall, wenn die Vermögensverfügung gegenüber der Gesellschaft „als treuwidrig und wirkungslos" anzusehen ist, weil die Verfügung „geeignet ist, das Stammkapital der Gesellschaft zu beeinträchtigen" oder „durch die Vermögensverfügung eine konkrete und unmittelbare Existenzgefährdung einträte, weil der GmbH ihre Produktionsgrundlagen entzogen

---

[1090] BGHZ 149, 10; kritisch *Schünemann*, LM Nr. 1 zu § 309 AktG 1965, 5/2002, 901, 902, der Rückgriff auf § 266 StGB anstelle Analogie zum aktienrechtlichen Vertragskonzern sei eine „Rechtsrückbildung", da das Strafrecht „nach Art eines Renvoi bei der Pflichtwidrigkeit wieder auf das Gesellschaftsrecht zurückverweist". Ebenso *ders.*, Organuntreue, S. 16 f.
[1091] Zustimmend *Tiedemann*, JZ 2005, 45, 46 mit Hinweis auf § 264 Abs. 1 Nr. 2 StGB.

würden oder ihre Liquidität gefährdet wäre". Die strafrechtliche Pflicht, die Gesellschaft nicht existenzbedrohend zu beeinträchtigen,[1092] trifft neben den Geschäftsführer auch den beherrschenden Alleingesellschafter. Um dem Einwand zu begegnen, ein einziges täterliches Verhalten – nämlich der Entzug der Vermögenswerte bei der Tochter und deren Einbringung in ein Cash-Management-System (in der Diktion des Gerichts: die gebotene Rücksichtnahme des Alleingesellschafters auf das Eigeninteresse der GmbH) – begründe zum einen die Vermögensbetreuungspflicht des Alleingesellschafters und beschränke zugleich dessen Dispositionsbefugnis, hebt das Gericht hervor, dass sich die Vermögensbetreuungspflicht im vorliegenden Fall schon aus der Pflicht ergebe, die Rückzahlung der in das Cash-Management-System eingebrachten Gelder zu gewährleisten.

Das Gericht hat damit die Zirkularität der Argumentation selbst erkannt. Ein und dasselbe Verhalten kann nicht gleichzeitig die Vermögensbetreuungspflicht und die Pflichtverletzung begründen und Dispositionsschranke der Gesellschafter über das Vermögen der Gesellschaft sein. Das bewirkt im Ergebnis, dass die Tatbestandsmerkmale der Untreue auf ein einziges Merkmal, nämlich den Nachteil, reduziert werden. Stellt sich ex post heraus, dass eine gewisse Handlung zu einem Schaden der Gesellschaft geführt hat, der so schwerwiegend ist, dass die werbende Tätigkeit der Gesellschaft nicht mehr fortgesetzt werden kann, so kann dies bereits strafrechtliche Konsequenzen für die handelnden Geschäftsleiter haben.

Berechtigt ist auch die Kritik von *Kutzner*, der dem Gericht statischen Bestandsschutz vorwirft, da es keine Dispositionsbefugnis der Gesellschafter über das Gesellschaftsvermögen anerkennt.[1093] Die Tatbestandsmerkmale der Untreue, die ohnehin unterbestimmt sind, können nicht dadurch weiter ausgehöhlt werden, dass ein einziges Verhalten sowohl Tatbestandsmerkmale erfüllt und ein tatbestandsausschließendes Einverständnis der Gesellschafter hindert. Damit bleibt die Entscheidung argumentativ auf dem Stand von BGHSt 35, 333.

(4) Zusammenfassung

Der BGH macht es dem Rechtsanwender nicht leicht, die von ihm für maßgeblich gehaltenen Rechtsgrundsätze aus den jeweiligen Entscheidungsgründen zu entnehmen. Diese Einschätzung teilen auch diejenigen Autoren, die der Rechtsprechung der Strafsenate zur einvernehmlichen Untreue des GmbH-

---

[1092] Anders als in der zivilrechtlichen Entscheidungspraxis verwendet der 5. Strafsenat den Begriff des „existenzgefährdenden" Eingriffs, da – so die Begründung – für den strafrechtlichen Nachteils- oder Schadensbegriffs eine schadensgleiche Gefährdung ausreiche.

[1093] NStZ 2005, 271 f.

Geschäftsführers wohlwollend und im Grundsatz zustimmend begegnen.[1094] Die Unsicherheit über den Rechtsstandpunkt des BGH, belegt durch die kontroversen Stellungnahmen in der Literatur, beruht zu einem guten Teil darauf, dass das Gericht lange Zeit eine grundsätzliche Auseinandersetzung mit den gesellschaftsrechtlichen Vorgaben hat vermissen lassen und den Bezug zu diesen Fragestellungen nur halbherzig hergestellt hat.[1095]

(a) Blick auf die zugrunde liegenden Sachverhalte

Viele der in der Rechtsprechung entschiedenen Fälle sind im Rahmen eines Insolvenzverfahrens zur Kenntnis der Rechtsverfolgungsbehörden gelangt.[1096] Häufig werden die inkriminierten Handlungen erst im Zeitpunkt der insolvenzstrafrechtlichen Krise, also nach § 283 Abs. 1 Satz 1 StGB der Überschuldung und/oder der drohenden oder eingetretenen Zahlungsfähigkeit, und unter dem Eindruck derselben in dem (verständlichen) Bestreben vorgenommen, Teile des eingesetzten Vermögens dem drohenden Zugriff der Gläubiger zu entziehen. Das führt dazu, dass oftmals die Abgrenzung zwischen Bankrott und Untreue im Mittelpunkt der strafrichterlichen Entscheidung steht.[1097] Wenn sich die betroffene GmbH bereits in wirtschaftlicher Schieflage befindet, dann dürfte häufig ein Angriff auf das durch § 30 GmbHG geschützte Vermögen zu besorgen sein.[1098] Von den Gerichten werden die Voraussetzungen jedoch regelmäßig nicht geprüft,[1099] auch wenn ein Verstoß nahe liegt.[1100] Die Rechtsprechung hat es in der Regel vermieden die Strafbarkeit auf einen Verstoß gegen § 30

[1094] *Kohlmann*, in FS Werner (1984), 387, 393; *Lipps*, NJW 1989, 502, 504, der dem BGH eine „noch deutlichere und klare Sprache" anempfiehlt; *Müller-Christmann/Schnauder*, JuS 1998, 1080, 1083.

[1095] So bereits *Zöllner*, Schranken mitgliedschaftlicher Stimmrechtsmacht, S. 22 Fn. 14; ihm folgend *Flum*, Strafrechtlicher Schutz der GmbH, S. 61.

[1096] Darauf weist *Hartung*, Insolvente Mandanten, Rn. 159 hin.

[1097] Verfügungen im Zeitpunkt der Krise betreffen die Entscheidungen RGSt 42, 278; BGHSt 3, 23; 3, 32; BGHZ 28, 371; 30, 127; BGH vom 16.5.1962, 2 StR 76/62, GA 1963, 307; vom 3.5.1979, 1 StR 609/78, MDR 1979, 806; vom 7.11.1978, 5 StR 314/78, GA 1979, 311; vom 24.3.1982, 3 StR 68/82, wistra 1982, 148; vom 6.5.1986, 4 StR 207/86, wistra 1986, 262; vom 30.6.1982, 2 StR 297/82, NStZ 1982, 465; vom 17.3.1987, 5 StR 272/86, NStZ 1987, 279; vom 20.7.1999, 1 StR 668/98, NJW 2000, 154.

[1098] Anders bei BGH vom 2.2.1968, 2 StR 630/67 und BGH vom 22.6.1954, 1 StR 451/53, bei denen das Vorliegen einer Überschuldung und/oder Zahlungsunfähigkeit bzw. ein nahe liegender Verstoß gegen § 30 GmbHG nicht aus den Entscheidungsgründen entnommen werden kann. Bei BGHSt 34, 379, 35, 333 wurde zwar ein Insolvenzverfahren über das Vermögen der jeweiligen Gesellschaften eingeleitet, dieses stand aber nicht im Zusammenhang mit den schädigenden Entnahmen.

[1099] Vgl. die in BGHSt 34, 379 aufgestellten Beweisanforderungen oben S. 223.

[1100] Vgl. die unter Fn. 1097 zitierte Rechtsprechung. Thematisiert auch von *Ulmer*, in FS Pfeiffer (1988), 853, 858 f.; *Wodicka*, Untreue zum Nachteil der GmbH, S. 103; siehe auch *Reiß*, wistra 1989, 81, 82 mit Verweis auf *Kohlmann*, in FS Werner (1984), 387, 404.

GmbHG zu stützen, sondern hat eigene Kriterien herangezogen und bestimmt die Strafbarkeit unabhängig von einem Verstoß gegen § 30 GmbHG bestimmt.[1101]

Ein zweiter Aspekt, der bei Betrachtung der entschiedenen Sachverhalte auffällt, ist, dass Gegenstand aller bisher entschiedenen Fälle geldwerte Entnahmen zum Vorteil der Gesellschafter aus dem Gesellschaftsvermögen sind. Sonstige schädigende Maßnahmen, die nicht zu einem korrespondierenden Vorteil auf Gesellschafterseite führen sollten, sind von Strafgerichten höchstrichterlich noch nicht entschieden.[1102] Einer Übertragung obiger Grundsätze auf diese Fälle stehen keine Bedenken entgegen. Ausgehend von der allgemeinen Überlegung, dass die Untreue Fremdschädigungsdelikt ist, lässt sich dem bewusst offen gehaltenen materiellen Gehalt der Kriterien, mit denen gerade nicht entscheidend auf den Verstoß gegen § 30 GmbHG abstellt wird, eine Beschränkung auf Verfügungen, die sich direkt in einer korrespondierenden Vermögenssteigerung für die Gesellschafter auswirken, nicht entnehmen.[1103]

(b) Methodischer Ansatz der Rechtsprechung

Die aus der scheinbar inflationären Vielfalt der Kriterien entspringende grundsätzliche Unsicherheit darüber, welche Handlungen des Geschäftsführers auch nicht durch eine allgemeine Zustimmung der Gesellschafter gedeckt sind, darf aber nicht darüber hinwegtäuschen, dass der BGH dem Grunde nach den methodischen Ansatz des Reichsgerichts übernommen und ihn seither ohne ins Gewicht fallende Modifikationen beibehalten hat. Die dogmatische Grundlage seiner Rechtsprechung sieht der BGH in der formalen Trennung der Vermögensmassen zwischen Gesellschaft und Gesellschafter.[1104] Der BGH erteilt jeder Art von wirtschaftlicher Betrachtungsweise eine Absage, indem er klarstellt, dass auch der Alleingesellschafter nicht beliebig mit dem Gesellschaftsvermö-

[1101] Zu weitgehend aber *Reiß*, wistra 1989, 81, 82, der annimmt, dass die Rechtsprechung Kriterien aus dem Bankrottstrafbarkeit zur Beurteilung der Untreue heranzieht.

[1102] Die Entscheidung BGH vom 29.1.1964, 2 StR 485/63, GA 1965, 291 betrifft eine Sondervergütung an einen Geschäftsführer und Mitgesellschafter und BGH vom 20.7.1999, 1 StR 668/98, NJW 2000, 154 den Fall der Schädigung einer konzernabhängigen Gesellschaft, die sich unmittelbar vermögenssteigernd für den wirtschaftlichen Alleingesellschafter auswirkt. Gleiches gilt für die Entscheidung Bremer Vulkan, BGHSt 149, 10.

[1103] Zweifelnd *Waßmer*, Untreue bei Risikogeschäften, S. 85; ohne Einschränkung auf Geschäfte mit direkt korrespondierendem Gesellschaftervorteil *Wodicka*, Untreue zum Nachteil der GmbH, S. 102.

[1104] Kritisch Schönke/Schröder/*Lenckner/Perron*, StGB, § 266 Rn. 21; daran anschließend *Laskos*, Untreue bei der Kreditvergabe, S. 173 („rein formalistisch"). *Kohlmann*, Strafrechtliche Verantwortlichkeit, Rn. 173 rezipiert die Rechtsprechung des BGH so, dass „neben den Gesellschaftern" die GmbH als Rechtsperson geschützt ist.

gen verfahren darf.[1105] Der Gesichtspunkt, dass der Alleingesellschafter, wirtschaftlich betrachtet, letztendlich sein eigenes Vermögen aufs Spiel setzt, findet in der Argumentation des BGH keinen Rückhalt.[1106]

Auch im Hinblick auf die allenfalls eingeschränkt anerkannte Zustimmungsbefugnis zu schädigenden Verfügungen ist argumentative Grundlage und materielle Rechtfertigung die eigene Rechtspersönlichkeit der GmbH.[1107] Sie ist Grenze und Maßstab der Gesellschafterzustimmung zugleich.[1108] Indem der BGH einen zustimmungsfesten Eigenbereich der Gesellschaft anerkennt, statuiert er der Sache nach ein strafrechtliches Eigeninteresse,[1109] nämlich einen strafrechtlich geschützten Eigenbereich der GmbH.[1110] Er umfasst jedenfalls die gesetzlich im Interesse der Gläubiger angeordneten Schutzbereiche, bleibt jedoch nicht notwendigerweise darauf beschränkt. Das Gericht verweist stets darauf, dass geschützter Rechtsträger alleine die Gesellschaft sei. Den Gläubigern kommt der Schutz nur mittelbar, quasi als Rechtsreflex zu.[1111] Der Hinweis auf die Gläubiger so zu verstehen, dass die Kapitalerhaltungsvorschriften das Vermögen der GmbH auch im Interesse der Gläubiger erhalten. Ob das Eigeninteresse der

---

[1105] BGHSt 34, 379, 385.

[1106] Vereinzelt geblieben ist denn auch der Hinweis des BGH im Urteil vom 30.6.1982, 2 StR 297/82, NStZ 1982, 464.

[1107] Davon zu trennen ist die Frage, ob eine Zurechnung einer nachteiligen Zustimmung auf die Gesellschaft überhaupt stattfinden kann. Häufig gehen die Gerichte mit dem Argument der eigenen Rechtspersönlichkeit der Gesellschaft von einem generellen Zurechnungsausschluss schädigender Zustimmungserklärungen aus.

[1108] BGHZ 89, 48, 57; OLG Düsseldorf vom 15.11.1984, 8 U 22/84, ZIP 1984, 1476, 1478. Kritisch *Tries*, Verdeckte Gewinnausschüttungen, S. 209 m. w. N., der auf das Bestimmungsrecht der Gesellschaftergesamtheit über die Vermögensinteressen der Gesellschaft hinweist. So auch *Zöllner*, Schranken mitgliedschaftlicher Stimmrechtsmacht, S. 22 Fn. 14; *Flume*, Allgemeiner Teil des Bürgerlichen Rechts I/2, § 2 VII 3; Roth/Altmeppen/*Altmeppen*, GmbHG, § 13 Rn. 74; *Ulmer*, GmbHR 1984, 256, 262 f.; zum Weisungsrecht gegenüber Geschäftsführern *Scholz/Uwe H. Schneider*, GmbHG, § 37 Rn. 38; Vermögensverteilungen sind bis zur Grenze des § 30 zulässig, Scholz/*Emmerich*, GmbHG, § 29 Rn. 1; Baumbach/Hueck/*Hueck/Fastrich*, GmbHG, § 29 Rn. 4 und BGH, NJW 1984, 1037. Beim Alleingesellschafter genügt ein Entschluss, der jederzeit getroffen werden kann, Baumbach/Hueck/*Zöllner*, GmbHG, § 48 Rn. 46; Scholz/*K. Schmidt*, GmbHG, § 48 Rn. 75.

[1109] So im Ergebnis auch *Nelles*, Untreue zum Nachteil von Gesellschaften, S. 266; vgl. zur zivilrechtlichen Diskussion oben S. 137 ff. und S. 208 ff.

[1110] Dezidiert in BGH vom 17.10.1956 2 StR 434/56, GA 1958, 46 „besondere Interessen der Gesellschaft", auch BGH vom 10.7.1996, 3 StR 50/96, NStZ 1996, 540, beschränkt auf die „gesetzlich gewährleisteten Eigeninteressen"; die fehlende dogmatische Grundlage des BGH moniert *Wodicka*, Untreue zum Nachteil der GmbH, S. 265.

[1111] Auch die Urteile des 3. Strafsenats vom 18.3.1954, 3 StR 934/52, GmbHR 1954, 75 sowie des 5. Strafsenats vom 23.11.1982, 5 StR 176/82, wistra 1983, 71 bilden keine Ausnahmen. A. A. *Ayasse*, Untreue im Bankenbereich, S. 57.

GmbH, mit dem der BGH argumentiert, zwingend nur durch den Schutz von Gläubigerinteressen begründet werden kann oder ob es ein eigenes originäres Eigeninteresse der juristischen Person geben kann.

Die besondere Schutzbedürftigkeit der Gesellschaft leitet der BGH aus der Haftungsbeschränkung der Gesellschafter auf das Gesellschaftsvermögen ab.[1112] Die Gesellschafter können die Wohltat der Haftungsbeschränkung auf das Gesellschaftsvermögen nur in Anspruch nehmen, wenn sie das Bestandsinteresse der Gesellschaft nicht willkürlich preisgeben, indem sie ihren eigenen außergesellschaftlichen Interessen pflichtwidrigerweise den Vorrang vor den wohlverstandenen Interessen der Gesellschaft geben. Damit steht auch nicht im Widerspruch, dass zur Erhaltung und Steigerung der gesamtwirtschaftlich wünschenswerten Akzeptanz der GmbH die Gesellschaft als eigene Rechtspersönlichkeit geschützt wird, um die mit ihrer Zulassung zum Rechtsverkehr verbundenen Gefahren für ihre Gläubiger in Grenzen halten.

(c) Schranken des Einverständnisses in der Rechtsprechung

Bis in die jüngste Zeit war die Rechtsprechung dadurch geprägt, dass sie einen untreuefreien Bereich der gesellschafterlichen Einflussnahme nicht anerkannte.[1113] Dieses Ergebnis wurde konstruktiv entweder über einen generellen Zurechnungsausschluss oder über einen Gleichlauf der Kriterien für die Pflichtwidrigkeit und den Ausschluss der Zustimmung erreicht.[1114] Erst in neuerer Zeit erkennen die Gerichte einen strafrechtlichen Freiraum der Gesellschafter für Maßnahmen an, die der Gesellschaft Vermögen außerhalb der gesellschaftsrechtlich vorgesehenen Regulatorien entziehen.[1115] Die nicht strafrechtsrelevanten Zugriffsbefugnisse der Gesellschafter auf das Vermögen der Gesellschaft wurden damit sukzessive erweitert, was zu einer nicht unerheblichen Eingrenzung der Strafbarkeit der mit Zustimmung oder auf Weisung der Gesellschafter handelnden Geschäftsführer führt. Der BGH stellt zudem die zivilrechtliche Anbindung des Strafrechts stärker akzentuiert heraus.

[1112] BGH, wistra 1987, 334, 336; anders *Tiedemann*, GmbH-Strafrecht, vor § 82 ff. Rn. 15, der die Gläubigerinteressen in den Vordergrund stellt.

[1113] Diese Einschätzung teilen *Labsch*, JuS 1985, 602, 603; *Nelles*, Untreue zum Nachteil von Gesellschaften, S. 7; differenzierend *Flum*, Strafrechtlicher Schutz der GmbH, S. 61.

[1114] Die Diktion schwankt. Genereller Zurechnungsausschluss klingt an bei BGHSt 3, 32; BGH vom 17.10.1956, 2 StR 434/56, GA 1958, 46; vom 3.5.1979, 1 StR 609/78, MDR 1979, 806 unter Bezugnahme auf das Urteil vom 24.2.1976, 1 StR 602/75. BGH vom 24.10.1990, 3 StR 16/90, wistra 1991, 107; ebenso OLG Stuttgart vom 32.3.1978, 1 Ss (6) 173/78, MDR 1978, 593. Gleichlauf der Kriterien von Pflichtwidrigkeit und Zustimmung bei BGHSt 34, 379; 35, 333; BGH vom 20.12.1994, 1 StR 593/94, wistra 1995, 144.

[1115] Erstmals bei BGHSt 9, 203; deutlich in der Entscheidung des BGH vom 10.7.1996, 3 StR 50/96, NStZ 1996, 540; vgl. auch BGH vom 20.7.1999, 1 StR 668/98, NZG 2000, 307.

Der Gesellschaft jedenfalls nicht zugerechnet werden kann ein Einverständnis,[1116] das dem „Wesen der Gesellschaft“[1117] widerspricht, das „selbst ungetreu“[1118] oder „rechtsmissbräuchlich“[1119] ist oder „Interessen anderer oder öffentliche Interessen berührt“[1120]. Innerhalb des so abgesteckten Rahmens erlangen verschiedene Kriterien Bedeutung. Der unklar besetzte Begriff der „Grundsätze eines ordentlichen Kaufmanns“ wurde für den Bereich der Gesellschafterzustimmung ersetzt durch das weniger restriktive Kriterium der „Gefährdung des Stammkapitals“[1121] bzw. durch das der „konkreten Existenzgefährdung“[1122]. Letzteres ist damit endgültig aus dem Kontext des Verstoßes gegen die kaufmännische Sorgfalt herausgelöst und als eigenständiges Kriterium etabliert worden. Der BGH hat damit ein strafrechtliches Verbot existenzgefährdender Eingriffe statuiert, noch ehe eine solche zivilrechtliche Verpflichtung der Gesellschafter anerkannt worden ist.[1123] Ob daneben auch die Liquiditätsgefährdung als eigenes Merkmal oder nur im Rahmen der konkreten Existenzgefährdung aufrechterhalten werden soll, bleibt offen.

Der Verstoß gegen § 30 GmbHG als Unwirksamkeitsgrund der Gesellschafterzustimmung wird in vielen Entscheidungen als ein weiteres „argumentatives Standbein“ herangezogen,[1124] ohne dass jedoch eine Verurteilung je entscheidend auf die Verletzung dieser Vorschrift gestützt worden wäre,[1125] ja ohne dass das Vorliegen der Voraussetzungen dieser Norm eingehender untersucht worden wäre.[1126] In der Entscheidung des BGH vom 20.7.1999 wird die Norm herangezogen, um das aus der Sicht des BGH maßgebliche Kriterium der Existenzge-

---

1116 *Schünemann*, Organuntreue, S. 33, der die Formeln der Rechtsprechung für „dogmatisch wertlos“ hält.

1117 So in BGHSt 9, 203.

1118 BGHSt 34, 379; BGH vom 20.7.1999, 1 StR 668/98, NZG 2000, 307.

1119 BGH vom 10.7.1996, 3 StR 50/96, NStZ 1996, 540.

1120 BGHSt 49, 147, 154.

1121 Insoweit in BGH vom 10.7.1996, 3 StR 50/96, NStZ 1996, 540.

1122 BGH vom 20.7.1999, 1 StR 668/98, NZG 2000, 307.

1123 Zur Untauglichkeit eines spezifischen strafrechtlichen Ansatzes vgl. auch *Grigoleit*, Gesellschafterhaftung, S. 215 ff.

1124 Anders BGHSt 9, 203 und BGHSt 34, 379, wo der gesetzwidrigen (scil. der gegen § 30 GmbHG verstoßenden) Zustimmung ein eigener Anwendungsbereich eröffnet wird.

1125 BGHSt 3, 32; auch nicht in BGHSt 34, 379. *Schäfer*, GmbHR 1992, 509, 511 stellt fest, dass der BGH die Strafbarkeit aus pragmatischen Gründen *unabhängig* (Hervorhebung im Original) von § 30 GmbHG bestimmt; diese Einschätzung teilt *Wodicka*, Untreue zum Nachteil der GmbH, S. 103; ebenso *Ulmer*, in FS Pfeiffer (1988), 853, 859.

1126 Auch *Gribbohm*, ZGR 1990, 1, 2; anders *Reiß*, wistra 1989, 81, 82, der unter Bezugnahme auf *Kohlmann*, in FS Werner (1984), 387, 404 davon ausgeht, dass der BGH das Vorliegen des Stammkapitalverstoßes stillschweigend voraussetzt.

fährdung mit justiziablem Gehalt zu füllen,[1127] nachdem in einer vorangegangenen Entscheidung[1128] der Begriff der „Gefährdung des Stammkapitals" Eingang in die höchstrichterliche Rechtsprechung gefunden hat. Dieses Vorgehen hat unbestreitbare Vorteile, schon deswegen, weil die handelsrechtlichen Bilanzierungsunsicherheiten nicht in das Strafrecht hineingetragen werden.[1129] All jenen Stimmen in der Literatur ist damit zu widersprechen, die in § 30 GmbHG den entscheidenden Unwirksamkeitsgrund in der Rechtsprechung des BGH sehen.[1130] Das Kriterium der *Willkür* spielt lediglich im Rahmen der Pflichtwidrigkeit, nicht jedoch zur Bestimmung der Unbeachtlichkeit der Zustimmung der Gesellschafter eine Rolle. Trotz der in jüngerer Zeit vollzogenen Anbindung der Strafgerichte an die zivilrechtlichen Einflussgrenzen der Gesellschafter auf das Gesellschaftsvermögen, hat noch keine Auseinandersetzung mit der Existenzgefährdungshaftung der Zivilsenate stattgefunden. Wie oben dargelegt, hat der BGH in Zivilsachen die Haftung als *Durchgriffshaftung* im Außenverhältnis verankert und ist dem in der Literatur mehrheitlich vertretenen Treuepflichtansatz nicht gefolgt. Die Strafgerichte haben bislang noch nicht erkennen lassen, ob sie wegen dieses neuen gesellschaftsrechtlichen Ansatzes die Grundlage für die Schranken der Gesellschafterzustimmung dogmatisch neu ausrichten werden. Dies erscheint insbesondere deshalb notwendig, weil der personale Schutzbereich des § 266 StGB nur eine Innenhaftung und keine Außenhaftung gegenüber den Gläubigern rechtfertigen kann.

bb) Literatur

Trotz eines gemeinsamen Ausgangspunktes ist das Meinungsspektrum in der Literatur weit gespannt und reicht von einer generellen Unbeachtlichkeit des Beschlusses der Gesellschafter über eine eingeschränkte Beachtlichkeit, die von gewissen strafrechtlichen oder außerstrafrechtlichen Normen abhängig ist, bis hin zu einer generellen Beachtlichkeit.[1131]

[1127] BGH vom 20.7.1999, 1 StR 668/98, NZG 2000, 307.

[1128] BGH vom 10.7.1996, 3 StR 50/96, NStZ 1996, 540.

[1129] *Radtke*, GmbHR 1998, 361, 366.

[1130] So etwa *Vonnemann*, GmbHR 1988, 329, 332; *Reiß*, wistra 1989, 81, 82 zu BGHSt 35, 333; aus zivilrechtlicher Sicht *Weber*, ZHR 155 (1991), 120, 123; zu weitgehend auch Roth/Altmeppen/*Altmeppen*, GmbHG, § 43 Rn. 70, der davon ausgeht, dass der BGH „in erster Linie" auf § 30 GmbHG abstellt.

[1131] Die Meinungsvielfalt gab Anlass zu vielfältigen Systematisierungsversuchen. Vgl. nur *Birkholz*, Untreuestrafbarkeit, S. 56 (Dreiteilung in: Billigung der Rechtsprechung des BGH – Zustimmung unbeachtlich bei Verstoß gegen gesellschaftsrechtliche Normen – stets Beachtlichkeit der Zustimmung); *Flum*, Strafrechtlicher Schutz der GmbH, S. 62 (Zweiteilung in Einwilligung stets beachtlich – Einschränkung der Dispositionsbefugnis); ähnlich *Geerds, D.*, in FS Geerds (1995), 689, 704; *Waßmer*, Untreue bei Risikogeschäften, S. 82; *Kaufmann*, Organuntreue, S. 41 (Dreiteilung in: generelle Relevanz der Zustimmung – generelle Irrelevanz der Zustimmung – differenzierende Ansichten); *Radtke*, GmbHR 1998, 311, 315

(1) Kein Strafbarkeitsausschluss bei Zustimmung der Gesellschafter

Flum geht davon aus, dass die „vielfach zu Unrecht als Rechtsprechungsmeinung bezeichnete Extremposition, die Einwilligung der Gesellschafter sei stets unbeachtlich, auch in der Literatur nicht vertreten wird".[1132] In völligem Gegensatz dazu meint *Labsch*, dass Rechtsprechung und Lehre pauschal eine Wirksamkeit der Einwilligung ablehnen.[1133] Das folge aus der Anerkennung der eigenen Rechtspersönlichkeit der juristischen Person durch die Rechtsprechung, welche es den Gesellschaftern verbiete, willkürlich auf das Gesellschaftsvermögen zuzugreifen. Beiden Einschätzungen ist in dieser Allgemeinheit nicht zuzustimmen. Es gibt nur vereinzelt Literaturstimmen, die die Zustimmung der Gesellschafter zu einer schädigenden Maßnahme für grundsätzlich unbeachtlich halten. Die Rechtsprechung hat dagegen, wie oben gesehen, erst relativ spät zur Anerkennung von Schranken der Gesellschafterzustimmung gefunden.

Die Zustimmung der Gesellschafter ist für die Strafbarkeit des Geschäftsführers irrelevant, wenn sie dessen Strafbarkeit in keiner Weise beeinflussen und die strafrechtliche Pflichtenbindung des Geschäftsführers in keiner Weise modifizieren kann.[1134] Schranken für die Gesellschafterzustimmung kann es bei dieser Betrachtung nicht geben. Als Gebot der Logik ist vorrangig der abstrakte Umfang der strafrechtlichen Pflichtenbindung des Geschäftsführers festzulegen, damit über Zulässigkeit und Umfang der Modifikation durch die Gesellschafterzustimmung entschieden werden kann.[1135] Auf welcher strafrechtlichen Ebene der Einfluss der Gesellschafterzustimmung wirksam wird, ist dagegen zweitrangig. Dem trägt die Kommentarliteratur nicht hinreichend Rechnung, wenn sie die (ältere) Rechtsprechung des BGH in Strafsachen so rezipiert, dass das Einverständnis des Gesellschafters grundsätzlich unbeachtlich sei.[1136] Sie übersieht

---

(Zweiteilung in zivilrechtsakzessorische und originär strafrechtliche Betrachtungsweise). Die Differenzierung von *Schünemann*, in Leipziger Kommentar, StGB, § 266 Rn. 25 (Vierteilung in strenge bzw. eingeschränkte Körperschaftstheorie und strenge bzw. eingeschränkte Gesellschaftertheorie) wird häufig verwendet.

[1132] *Flum*, Strafrechtlicher Schutz der GmbH, S. 62; a. A. *Ulmer*, in FS Pfeiffer (1988), 853, 858; *Kaufmann*, Organuntreue, S. 51.

[1133] JuS 1985, 602, 603; *ders.*, wistra 1985, 1, 7; ebenso die Einschätzung von *Kohlmann*, in FS Werner (1984), 387.

[1134] So auch *Gribbohm*, ZGR 1990, 1, 20, der eine strafrechtsrelevante Einwilligung nicht anerkennt. Er bezieht den Ausschluss der Einwilligung auf einen stark modifizierten und alleine Vermögensinteressen der Gesellschaft existenziell beeinträchtigenden Pflichtenkanon des Geschäftsführers, so dass er trotz gleicher dogmatischer Konstruktion zu den differenzierenden Ansichten zu zählen ist.

[1135] Das wird kaum beachtet. Anders *Gribbohm*, ZGR 1990, 1, 14; vgl. auch *Richter*, GmbHR 1984, 137, 145 mit Verweis auf *Tiedemann*, in FS Schaffstein (1975), 195 ff. und w. N.

[1136] So *Lackner*, StGB, 17. Aufl., § 266 Rn. 7; *Tröndle/Fischer*, StGB (bis 49. Aufl.), § 266 Rn. 26; *Hübner*, in Leipziger Kommentar, StGB, 10. Aufl., § 266 Rn. 87; SK-StGB/

dabei, dass sich die Aussage des BGH auf einen im Zeitablauf gewandelten Pflichtenkanon des Geschäftsführerhandelns bezieht. Dem gleichen Missverständnis unterliegt das OLG Stuttgart. Es hat in einer vereinzelt gebliebenen Entscheidung den Freispruch des angeklagten Geschäftsführers vom Vorwurf der Untreue, der Lieferantenforderungen nach einer Forderungspfändung durch die Zollbehörden beglichen hat, mit der Begründung aufgehoben, dass sein Vorgehen bei Verletzung der kaufmännischen Sorgfalt auch eine Einwilligung der Gesellschaftergesamtheit nicht rechtfertigen könne.[1137] Das ergebe sich aus der eigenen Rechtspersönlichkeit der Gesellschaft. Als Beleg wird die Rechtsprechung des BGH angeführt, wobei sich das OLG Stuttgart mit der Entscheidung BGHSt 9, 203 nicht zutreffend auseinandersetzt, weil sie die dort anerkannte beschränkte Zurechenbarkeit der Zustimmung der Gesellschafter nicht nachvollzieht.[1138]

In der strafrechtlichen Literatur gibt es nur vereinzelt Stimmen, die den gesellschaftsrechtlichen Pflichtenmaßstab des § 43 Abs. 1 GmbHG auch für die Strafbarkeit nach § 266 StGB für maßgeblich halten und eine derart strikte Bindung der Geschäftsführer ohne Dispensmöglichkeit durch die Gesellschafter anerkennen.[1139] *Schäfer* argumentiert, dass auch der Einmann-Gesellschafter-Geschäftsführer an das „Eigenleben" der juristischen Person GmbH gebunden ist. Er erkennt ein Eigeninteresse der GmbH sowie eine „eigene, für die Gläubiger wichtige Haftungsmasse" an, auf die auch der Einmanngesellschafter nicht nach seinem Gutdünken, sondern nur in dem standardisierten Verfahren der Liquidation zugreifen kann.[1140] Auch *Richter* scheint eine Modifikation des zivilrechtlichen Pflichtenkanons durch eine Weisung des Gesellschafters bzw. im Falle des Einmanns nicht anzuerkennen.[1141] Hinsichtlich des Umfangs der Sorgfaltspflich-

---

Samson/Günther, § 266 Rn. 47; Scholz/*Tiedemann*, GmbHG, 6. Aufl. 1981, vor § 82 Rn. 17; Hachenburg/*Klug*, GmbHG, 1984, vor § 82 Rn. 26; *Becker*, Wettbewerbsverbot in der Einmann-GmbH, S. 69 gibt auch die BGH-Rechtsprechung in diesem Sinne wieder.

1137 Urteil vom 31.3.1978, 1 Ss (6) 173/78, MDR 1978, 593.

1138 OLG Stuttgart vom 31.3.1978, 1 Ss (6) 173/78, MDR 1978, 593 mit Verweis auf BGHSt 3, 23; 3, 32; 9, 203. Wobei der Hinweis auf BGHSt 9, 203 nicht zutreffend ist, da dort nur eine begrenzte Zurechenbarkeit der Einwilligung der Gesellschafter anerkannt wird.

1139 Soweit ersichtlich sind dies *Hartung*, Insolvente Mandanten, Rn. 149 ff.; *Richter*, GmbHR 1984, 137, 145; *Schäfer*, NJW 1983, 2850, 2852; nach *Tiedemann*, GmbH-Strafrecht, vor § 82 ff. Rn. 15 bietet § 43 GmbHG Kriterien für nicht einwilligungsfähiges Verhalten. Anders zu § 81 a GmbHG a. F. Vgl. hierzu *Baumbach/Hueck*, GmbHG, 10 Aufl., § 81 a Anm. 2 A.

1140 *Schäfer*, NJW 1983, 2850, 2852.

1141 *Richter*, GmbHR 1984, 137, 144 f. Übersehen von *Kaufmann*, Organuntreue, S. 42 Fn. 169.

ten erwägt er in Anlehnung an *Tiedemann*[1142] eine Einschränkung auf einen Kernbestand, ohne diesen jedoch näher zu konkretisieren. *Hartung* schließlich erkennt eine wirksame Einwilligung der Gesellschafter ebenso wie des Alleingesellschafters dann nicht an, wenn sie „Handlungen betrifft, die gerade den Interessen der GmbH zuwiderlaufen, der Geschäftsführer z.B. gerade die Pflicht nach § 43 GmbHG verletzt und er der GmbH willkürlich wirtschaftliche Werte zum eigenen Vorteil entzieht."[1143] Durch jede die als juristische Person selbständige GmbH schädigende Handlung wird ohne Rücksicht auf eine Krise oder einen Angriff auf das Stammkapital der Tatbestand der Untreue verwirklicht. Auf eine zusätzliche Schädigung der Gläubiger kommt es nicht an, da der Gläubigerschutz nicht primärer Schutzzweck des § 266 StGB sei. Eine an sich zulässige Entnahme von Gewinnen sei nur bei Einhaltung des gesellschaftsrechtlich gebotenen Verfahrens nicht strafrechtlich relevant.[1144]

Ebenfalls für die strafrechtliche Unbeachtlichkeit eines von der Beachtung des § 43 Abs. 1 GmbHG dispensierenden Gesellschafterbeschlusses tritt *Wilhelm* ein.[1145] Aus der Erwägung heraus, dass die juristische Person als Zuordnungssubjekt von Vermögen ernst zu nehmen ist, folgert *Wilhelm*, dass das bei der GmbH gebundene Vermögen auch in einem materialen Sinne der juristischen Person zuzuordnen und damit den Gesellschaftern vollends entfremdet ist. Die juristische Person wird nicht mit ihren Mitgliedern identifiziert, diese stehen der juristischen Person vielmehr als Gegner von Rechtsbeziehungen gegenüber.[1146] Die Gesellschafter übten bei der Einflussnahme auf die Geschäftsführung nur fremdbezogene Macht aus, die notwendigerweise pflichtgebunden sei.[1147] Jedenfalls für den bestimmungsmächtigen Gesellschafter ergibt sich, dass bei leitender oder bestimmender Einflussnahme dieser Personen auf die Geschäftsführung der Sorgfaltsmaßstab des § 43 Abs. 1 GmbHG Anwendung findet und sie für Verletzungen dieser Sorgfalt einzustehen haben.[1148] Auch strafrechtlich ist der Alleingesellschafter-Geschäftsführer an den Pflichtenmaßstab des § 43 Abs. 1 GmbHG gebunden, ohne dass er sich durch eigene Weisung davon dispensieren könne.[1149] Das gilt nach *Wilhelm* jedenfalls im Bereich der verdeckten Gewinn-

---

[1142] In FS Schaffstein (1975), 195; *ders.*, NJW 1980, 1557, 1559 sowie in NJW 1981, 945, 946 und in ZIP 1983, 513.
[1143] Insolvente Mandanten, Rn. 151; vgl. auch *Tiedemann*, GmbH-Strafrecht, vor § 82 Rn. 15.
[1144] *Hartung*, Insolvente Mandanten, Rn. 153 ff.
[1145] In FS Flume II (1978), 337, 389 ff.; *ders.*, Kapitalgesellschaftsrecht, Rn. 366.
[1146] *Wilhelm*, Rechtsform und Haftung, S. 337.
[1147] *Wilhelm*, in FS Flume II (1978), 337, 390; *ders.*, Rechtsform und Haftung, S. 330 ff.
[1148] *Wilhelm*, Rechtsform und Haftung, S. 335, 338.
[1149] Dagegen *Kaufmann*, Organuntreue, S. 54, der die gesellschaftsrechtlich anerkannte Dispositionsfreiheit der Gesellschafter jenseits von § 30 GmbHG ablehnt; ebenso *Tiedemann*,

ausschüttung für den Fall, dass der Gesellschafter-Geschäftsführer die Ausschüttung nicht ordnungsgemäß als Entnahme in den Büchern ausweist.[1150] Auf die gesellschaftsrechtlichen Schranken des § 30 ff. GmbHG komme es hierbei (noch) nicht an.[1151] Auch Einvernehmlichkeit einer Maßnahme bei der Mehrpersonen-GmbH schließe die Strafbarkeit des Geschäftsführers nur dann aus, wenn die Entnahme ordnungsgemäß als solche verbucht wird.[1152]

Eine Dispensmöglichkeit des Gesellschafters ist anzuerkennen. Entgegen der Auffassung von *Wilhelm* unterliegen die Gesellschafter bei der Beschlussfassung in Gesellschaftsangelegenheiten nicht dem Sorgfaltsmaßstab des § 43 Abs. 1 GmbHG. Sofern sie einer Maßnahme zustimmen oder sie anregen und dabei die verkehrsübliche Sorgfalt außer Acht lassen, so darf ihre Verantwortlichkeit nicht weiter reichen als die des ordnungsgemäß bestellten Geschäftsführers. § 43 Abs. 3 GmbHG legt aber für letztere gerade fest, dass sie der Gesellschaft gegenüber nicht zur Verantwortung gezogen werden können, wenn sie bei der Vermögensauskehr einen Beschluss der Gesellschafter befolgen, der sich im Rahmen der gesetzlichen Vorgaben hält.[1153]

(2) Eingeschränkter Strafbarkeitsausschluss bei Zustimmung der Gesellschafter

Die zahlenmäßig wohl größte Gruppe in der Literatur erkennt in grundsätzlicher Übereinstimmung mit der Auffassung des BGH in Strafsachen Dispositionsschranken der Gesellschaftergesamtheit an. Die Reichweite der Gesellschafterzustimmung wird innerhalb dieser Gruppe unterschiedlich weit gezogen, je nachdem ob auf die Verletzung von Vorschriften des GmbH-Gesetzes und/oder auf ungeschriebene Unwirksamkeitsgründe abgestellt wird.

GmbH-Strafrecht, vor § 82 Rn. 22; der Auffassung von *Wilhelm* aus gesellschaftsrechtlicher Sicht folgt *Altmeppen*, NJW 2002, 321, 323.

[1150] Nicht nachzuvollziehen ist der Einwand von *Ulmer*, in FS Pfeiffer (1988), 853, 864, der von einer gewissen Diskrepanz der strafrechtlichen Bewertung *Wilhelms* zu der von ihm postulierten Möglichkeit verdeckter Gewinnausschüttungen für den Fall des einvernehmlichen Handelns aller Gesellschafter ausgeht. Dabei übersieht *Ulmer* jedoch, dass die Einvernehmlichkeit nach *Wilhelm* nur von dem Erfordernis eines Gewinnausschüttungsbeschlusses, nicht aber von dem Erfordernis ordnungsgemäßer Verbuchung der Entnahme dispensiert. *Ulmer* ohne Begründung folgend *Flum*, Strafrechtlicher Schutz der GmbH, S. 118 Fn. 89; *Kaufmann*, Organuntreue, S. 54.

[1151] *Wilhelm*, in FS Flume II (1978), 337, 390.

[1152] Dagegen *Ulmer*, in FS Pfeiffer (1988), 853, 864, der die mangelnde Offenlegung als mit dem Schutzzweck von § 266 StGB nicht vereinbar ansieht.

[1153] Kritik an der Organhaftungslehre von *Wilhelm* unter diesem Gesichtspunkt schon von *Winter*, Mitgliedschaftliche Treuebindungen, S. 197.

Als Dispositionsschranken erlangen alleine Vorschriften und Rechtsgrundsätze Bedeutung, die den Schutz des GmbH-Vermögens auch vor Zugriffen der Gesellschafter bezwecken. Diese sind in der Regel materieller Natur. Von der Betrachtung formeller Teilhaberechte der Gesellschafter entbindet jedenfalls die Eingrenzung des Untersuchungsgegenstands auf Untreuehandlungen unter Zustimmung aller Gesellschafter.[1154] Verstöße gegen solche Verfahrensvorschriften sind auch strafrechtlich unter der Voraussetzung unbeachtlich, dass alle Gesellschafter an der Beschlussfassung beteiligt und hiermit einverstanden sind.[1155] Die Gesellschafter können von der Einhaltung der zu ihrem Schutz installierten Vorschriften, die eine ordnungsgemäße Teilhabe an der Willensbildung sichern sollen, jederzeit auch mit strafrechtlicher Relevanz entbinden.[1156]

(a) Vorschriften zum Erhalt des Stammkapitals als Dispositionsschranke

Eine Reihe von Autoren richtet die Tatbestandsmerkmale des § 266 StGB streng akzessorisch an den gesellschaftsrechtlichen Vorgaben des § 30 GmbHG aus, ohne spezifisch strafrechtliche Unwirksamkeitsgründe anzuerkennen.[1157] So argumentiert etwa *Geerds* damit, dass unter Zugrundelegung des gesellschaftsrechtlichen Trennungsprinzips das Gesellschaftsvermögen in den durch das Gesellschaftsrecht gesteckten Grenzen auch gegen den Willen der Gesellschafter zu erhalten ist.[1158] § 30 GmbHG als absolute Verfügungssperre markiert den Rahmen, den die Rechtsordnung der Betätigung des Einzelnen im vermögens-

---

[1154] Vgl. zur Untreue bei Zustimmung der Gesellschaftermehrheit ausführlich *Flum*, Strafrechtlicher Schutz der GmbH, S. 104 ff.; *Mihm*, Strafrechtliche Konsequenzen, S. 103 Fn. 13 m. w. N.; auch *Schäfer*, GmbHR 1993, 780, 791; *Wilhelm*, in FS Flume II (1978), 337, 371; zu der Frage, ob ein Verstoß gegen formelle Vorschriften den Untreuevorwurf begründen kann, sowie zu dem Problem des Schutzzwecks.

[1155] So *Nelles*, Untreue zum Nachteil von Gesellschaften, S. 547, die auf die ordnungsgemäße Teilhabe aller Gesellschafter abstellt. Das übersieht *Wittkowski*, GmbHR 1990, 544, 548, der unter dem fehlsamen Verweis auf *Wilhelm*, in FS Flume II (1978), 337, 374 einen Ausschüttungsbeschluss auch bei Mitwirkung aller Gesellschafter verlangt.

[1156] Weitergehend *Geerds, D.*, in FS Geerds (1995), 689, 708, der nur jene Beschränkungen als strafrechtlich beachtlich ansieht, die eine Verfügung als solche verbieten.

[1157] Vgl. nur MünchKommStGB/*Dierlamm*, § 266 Rn. 136; *Radtke*, GmbHR 1998, 361, 366; *Schäfer*, GmbHR 1993, 780, 795; *Ulmer*, in FS Pfeiffer (1988), 853, 868; so auch *Weber*, ZHR 151 (1991), 120, 123, der zu optimistisch die Schranke des § 30 GmbHG als allgemeinen Konsens in Literatur und Rechtsprechung bezeichnet; zustimmend *Martin*, Bankuntreue, S. 119.

[1158] *Geerds, D.*, in FS Geerds (1995), 689, 708; *Radtke*, GmbHR 1998, 361, 366; wohl auch *Schäfer*, GmbHR 1992, 509, 511 f.; so im Ergebnis auch *Kohlmann*, in FS Werner (1984), 387, 404; anders freilich *ders.*, Strafrechtliche Verantwortlichkeit, Rn. 193, der dort unter dem Eindruck der Entscheidung BGHSt 35, 333 Existenz- und Liquiditätsgefährdungen anerkennt; wie dort Hachenburg/*ders.*, GmbHG, vor § 82 Rn. 200.

rechtlichen Bereich setzt.[1159] Während der Dauer ihrer Existenz ist die GmbH in der Freiheit über ihr Vermögen zu verfügen, beschränkt. Unerheblich ist, dass die Gesellschafter jederzeit die Beendigung der Gesellschaft beschließen können. Ebenso wenig kommt es darauf an, dass der Kapitalerhalt auch im Interesse der Gläubiger besteht. Nach *Vonnemann* korrespondiert die zivilrechtliche Nichtigkeit der gegen § 30 GmbHG verstoßenden Beschlüsse mit einer strafrechtlichen Unbeachtlichkeit.[1160] *Fischer* weist grundsätzlich darauf hin, dass für eine das Innenrechtsverhältnis erweiternde Einwilligung überhaupt nur bei *rechtsgeschäftlich* eingeräumten Befugnissen denkbar erscheint.[1161] Die gesetzlich angeordnete Grenze des Stammkapitalerhalts kann folglich auch nicht bei Zustimmung der Gesellschafter überschritten werden. *Kaufmann* nimmt ein mit der Kapitalerhaltungsregel des § 30 GmbHG deckungsgleiches strafrechtliches Eigeninteresse an. Dieses stellt ein fremdes Vermögensinteresse dar, das die Geschäftsführer aufgrund ihrer Vermögensbetreuungspflicht auch gegen den erklärten Willen der Gesellschaftergesamtheit zu wahren verpflichtet sind.[1162] *Ziemons* rekurriert auf das strafrechtliche Bestimmtheitsgebot, das eine strafrechtliche Umsetzung des von ihr anerkannten weitergehenden zivilrechtlichen Bestandsschutzes hindert.[1163] Sie dehnt § 30 GmbHG im Wege der Auslegung über den Wortlaut hinaus zu einem allgemeinen Verbot aus, Auszahlungen zu Lasten des Stammkapitals aus eigenen Interessen des Gesellschafters zu veran-

---

1159 *Geerds, D.*, in FS Geerds (1995), 689, 709, der „darüber hinaus“ „allenfalls“ Existenzgefährdungen anerkennen möchte; *Flum*, Strafrechtlicher Schutz der GmbH, S. 103 ff., 134 und passim; *Hellmann*, wistra 1989, 214, 216.

1160 *Vonnemann*, GmbHR 1988, 329, 330; so auch *Brammsen*, DB 1989, 1609, 1614; *Flum*, Strafrechtlicher Schutz der GmbH, S. 108; *Waßmer*, Untreue bei Risikogeschäften, S. 96; gegen strafrechtliche Relevanz zivilrechtlicher Beschlussnichtigkeit *Schäfer*, GmbHR 1993, 780, 790; Irrelevanz für das Strafrecht: *Radtke*, GmbHR 1998, 361, 366 Fn. 123. Zur Frage der zivilrechtlichen Beschlussnichtigkeit siehe *Kleffner*, Erhaltung des Stammkapitals, S. 113 (ablehnend); die heute h. M. im Gesellschaftsrecht geht von der Nichtigkeit eines gegen § 30 GmbHG verstoßenden Beschlusses aus, vgl. Scholz/*K. Schmidt*, GmbHG, § 45 Rn. 74; *Lutter/Hommelhoff*, GmbHG, Anh. § 47 Rn. 18.

1161 *Tröndle/Fischer*, StGB, § 266 Rn. 24, vgl. aber Rn. 49 ff., wo ein Schutz des GmbH-Vermögens bei einverständlicher Schmälerung durch die Gesellschaftergesamtheit abgelehnt wird.

1162 *Kaufmann*, Organuntreue, S. 69; *Brammsen*, DB 1989, 1609, 1610 akzeptiert „eigenes Interesse [der GmbH] an seinem Fortbestand, an der Erhaltung der Mindestbedingungen seiner eigenen realen Existenz“; Haftungsbegrenzung und Sicherung eines Mindesthaftungsfonds als „Wesensbestandteil der GmbH“ anerkennt *Schäfer*, GmbHR 1993, 780, 789; ihm folgend *Ziemons*, Haftung der Gesellschafter, S. 197.

1163 *Ziemons*, Haftung der Gesellschafter, S. 195 f.

lassen.[1164] Erfasst ist damit jegliche Minderung des Gesellschaftsvermögens, die durch die Gesellschafter veranlasst ist.

Die starre Grenze des § 30 GmbHG führt, so wendet *Wodicka* ein, zu Ungerechtigkeiten, da die Gesellschafter privilegiert würden, die ihre Gesellschaft mit (zu) niedrigem, nicht geschäftsangemessenem Stammkapital ausstatten, da sie im Vergleich zu ordnungsgemäß kapitalisierenden Gesellschaftern erst später in die Strafbarkeit gerieten.[1165] Konsequent zu Ende gedacht, wird hier die Pflicht zu angemessener Kapitalausstattung über die Hintertür des Strafrechts eingeführt.[1166] *Seier* hält es für kaum konsequent, das Kapital der Gesellschaft in ein Gläubigergarantiekapital und ein Kapital, das der Gewinnausschüttung offen steht, „aufzusplitten", wie es die h. M. mit der eingeschränkten Dispositionsbefugnis tut.[1167] Er argumentiert a maiore a minus damit, dass es um ein einheitliches Vermögen der Gesellschaft gehe, dass für alle Vermögensgruppen gelten müsse. Der Verfügungsmacht der Gesellschafter Grenzen zu setzen, hieße § 228 StGB „durch die Hintertür" wieder einzuführen. *Nelles* lehnt § 30 GmbHG als strafrechtliche Schranke der Dispositionsbefugnis aus dem Grund ab, weil die Verletzung des Stammkapitals zivilrechtlich mit einer bloßen Rückzahlungspflicht aus § 31 GmbHG sanktioniert ist.[1168] Dem ist nicht zu folgen, da nichts dagegen steht, zivilrechtlich eine andere Sanktion anzuordnen als strafrechtlich.

(aa) Herkömmliche Bilanzierungsregeln

Einige Vertreter dieser Auffassung knüpfen explizit an gesellschaftsrechtliche Wertungen an und erkennen Vorschriften zum Erhalt des Stammkapitals als alleine maßgebende Einwilligungsschranke an, wobei zur Ermittlung des Verstoßes nach hergebrachten gesellschaftsrechtlichen Grundsätzen die fortgeschriebenen Wertansätze der letzten Jahresbilanz maßgebend sein sollen.[1169]

[1164] Unter Hinweis auf Hachenburg/*Goerdeler/Müller*, GmbHG, § 30 Rn. 52; enger die h. M., vgl. nur Scholz/*H. P. Westermann*, GmbHG, § 30 Rn. 5; *Kleffner*, Erhaltung des Stammkapitals, S. 80 ff.

[1165] *Wodicka*, Untreue zum Nachteil der GmbH, S. 255; anders die h. A. für das Zivilrecht, da eine bestimmte Kapitalausstattung der GmbH über das Mindeststammkapital hinaus gerade nicht verlangt werden kann. Rowedder/Schmidt-Leithoff/*Pentz*, GmbHG, § 13 Rn. 136; Ulmer/*Raiser*, GmbHG, § 13 Rn. 157. Es ist aber versucht worden, Fälle herauszuarbeiten, bei denen die Kapitalausstattung so offenkundig in einem Missverhältnis zum erforderlichen Eigenkapital steht, dass die persönliche Haftung der Gesellschafter unumgänglich ist (qualifizierte Unterkapitalisierung), vgl. Ulmer/*Raiser*, GmbHG, § 13 Rn. 153 ff.

[1166] Wie hier *Kaufmann*, Organuntreue, S. 119; *Ziemons*, Haftung der Gesellschafter, S. 196.

[1167] In HWSt, V 2 Rn. 274.

[1168] Untreue zum Nachteil von Gesellschaften, S. 495; wie hier *Radtke*, GmbHR 1998, 361, 364.

[1169] Vgl. nur *Kaufmann*, Organuntreue, S. 125 und passim; *Meilicke*, BB 1988, 1261, 1263; *Radtke*, GmbHR 1998, 361, 366; *Vonnemann*, GmbHR 1988, 329, 330; *Ziemons*, Haftung der

Darüber hinaus gehende Dispositionsgrenzen werden in Abkehr von der als zu weit empfundenen strafrechtlichen Rechtsprechung nicht anerkannt.[1170] Die über den gesellschaftsrechtlichen Schutz des Gesellschaftsvermögens hinausgehende strafrechtliche Rechtsprechung soll zur Vermeidung von interdisziplinären Widersprüchen und divergierenden Normbefehlen an den Geschäftsführer mit den restriktiveren gesellschaftsrechtlichen Wertungen harmonisiert werden. Den Vertretern dieser Ansicht ist zuzugeben, dass es ihnen bislang am ehesten gelungen ist, das Strafrecht mit den zivilrechtlichen Wertungen zu harmonisieren. Seit dem Urteil des BGH vom 24.6.2002, in dem er die Existenzgefährdungshaftung als Außenhaftung anerkannt hat, gilt dies nicht mehr ohne weiteres.[1171] Das Gericht hat zivilrechtlichen „Treuepflichten" der Gesellschafter gegenüber ihrer Gesellschaft hat eine Absage erteilt und über § 30 GmbHG hinaus einen Haftungszugriff der Gesellschaftsgläubiger auf das Gesellschaftervermögen zugelassen, wenn diese die der Haftungsbegrenzung zugrundeliegenden Eigeninteressen der Gesellschaft nicht respektieren.

(bb) Modifizierte Bilanzierungsregeln

Auch *Ulmer* rekurriert formal auf das Kapitalerhaltungsgebot als maßgebende Eingriffsschranke. Gleichwohl kommt er im Ergebnis zu einer belangreichen Ausdehnung des Schutzbereichs des § 30 GmbHG mittels einer Einbeziehung existenzgefährdender Ausschüttungen.[1172] Er bewerkstelligt das, wie oben dargestellt, über einen Bilanzansatz nach Zerschlagungswerten bei einer ex ante zu beobachtenden negativen Fortbestehensprognose.[1173] Abweichend von dem herkömmlichen Going-concern-Ansatz sind den besonderen, der GmbH aus der bestandsgefährdenden Maßnahme drohenden Risiken durch „entsprechende Wertberichtigungen auf der Aktivseite sowie durch die Bildung von Rückstellungen zur Abdeckung der mit einem Zusammenbruch der GmbH verbundenen

---

Gesellschafter, S. 199; wohl auch *Otto*, JZ 1985, 69, 74; *Wittkowski*, GmbHR 1990, 544, 548, der offen lässt, ob der *Ulmer*'schen modifizierenden Bilanzierungsregel zu folgen ist; *Lipps*, NJW 1989, 502, der Existenzgefährdungen „bei vernünftiger Betrachtung" unter § 30 GmbHG subsumieren will.

[1170] Die opponierte Rechtsprechung ist teilweise überholt. Vgl. Rechtsprechungsübersicht oben S. 222 ff.

[1171] II ZR 300/00 = BGHZ 151, 181. Vgl. aber bereits die konzernrechtlichen Vorarbeiten von TBB über Bremer Vulkan.

[1172] *Ulmer*, in FS Pfeiffer (1988), 853, 868 ff., in Anlehnung an die von *K. Schmidt*, AG 1978, 334 ff. entwickelte „modifizierte zweistufige Prüfungsmethode" im Rahmen der Überschuldungsprüfung im Zusammenhang mit § 63 GmbHG.

[1173] *Ulmer* folgt *Schünemann*, in Leipziger Kommentar, StGB, § 266 Rn. 25. Ebenso *Brammsen*, DB 1989, 1609, 1612 ff.; *Schäfer*, GmbHR 1993, 780, 795; *Weber*, ZHR 151 (1991), 120, 124 unter Aufdeckung der stillen Reserven in nicht betriebsnotwendigen, sofort veräußerbaren Aktiva; aus zivilrechtlicher Sicht *Kleffner*, Erhaltung des Stammkapitals, S. 32 ff., der ähnliche Ergebnisse mit einer Anwendung des § 252 Abs. 1 Nr. 2 HGB erzielt.

Zusatzbelastungen (Sozialplan u. a.) Rechnung zu tragen".[1174] Diese Grundsätze führen in Bezug auf verdeckte Gewinnausschüttungen unter Gefährdung der Existenz der Gesellschaft zum regelmäßigen Eingreifen der Schranke des § 30 GmbHG und somit des Untreuetatbestandes.

Auf praktische Schwierigkeiten in der Handhabung der an den Zukunftsaussichten der Gesellschaft orientierten Vermögensrechnung weist *Fleck* hin.[1175] Eine sichere Grundlage für den Vorwurf der Untreue ließe sich mit einer ex post Bewertung des Vermögens für einen in der Vergangenheit liegenden Zeitpunkt nicht finden.[1176] Zweifel an der Tauglichkeit der Fortbestehensprognose zur Abschichtung strafbaren von straflosem Verhalten im Rahmen der Untreue äußert auch *Flum.*[1177] In ausführlicher Analyse belegt er die grundsätzliche Unübertragbarkeit der Regeln zu §§ 63, 64 GmbHG wegen der Verschiedenheit der damit jeweils verfolgten Zwecke. Unter anderem wegen des Verstoßes gegen den Grundsatz *in dubio pro reo* geht er zugunsten des Geschäftsführers in der Regel von Fortbestehenswerten aus; von Liquidationswerten[1178] nur dann, wenn eine eindeutige negative Fortbestehensprognose gestellt werden kann, nicht jedoch im Fall einer bloßen Existenzgefährdung.[1179]

Wodicka weist auf die mangelnde Wertbezogenheit des Existenzgefährdungskriteriums und die daraus für ihn resultierende Untauglichkeit für den Nachweis der Schuldfrage hin.[1180] Die Unvereinbarkeit der Bilanzierungsregeln von *Ulmer*

[1174] Umgekehrt für Überschreitung des Buchwertansatzes nach oben durch Einbeziehung stiller Reserven bei der Berechnung der Vermögensdeckung, *Sonnenhol/Stützle*, DB 1979, 925, 927 ff.; *Meister*, WM 1980, 390, 394.

[1175] *Fleck*, ZGR 1990, 31, 41; gegen jede Kapitalbindung über die Stammkapitalziffer hinaus aus zivilrechtlicher Sicht: *Schneider*, in FS Döllerer (1988), 537, 544; a. A. *Röhricht*, in FS 50 Jahre BGH (2000), 83, 95; *Stimpel*, in FS 100 Jahre GmbHG (1992), 335, 341; kritisch *Falkenstein*, Entnahmerechte der Gesellschafter, S. 68 ff.

[1176] *Fleck*, ZGR 1990, 31, 41 im Anschluss an *Gribbohm*, ZGR 1990, 1, 27, der auf Defizite in der Ermittlung der Schuldfrage und Beweisschwierigkeiten hinweist; dagegen *Schäfer*, GmbHR 1993, 780, 795 Fn. 245.

[1177] *Flum*, Strafrechtlicher Schutz der GmbH, S. 157 ff.; unter Hinweis auf den Bestimmtheitsgrundsatz auch *Ziemons*, Haftung der Gesellschafter, S. 199.

[1178] Hierbei handelt es sich nach *Flum*, Strafrechtlicher Schutz der GmbH, S. 166, um Veräußerungswerte, wobei die Anschaffungs- und Herstellungskosten nicht überschritten werden dürfen.

[1179] So im Ergebnis auch *Radtke*, GmbHR 1998, 361, 366, der den prozessualen Nachweis der ex ante sicheren Nichtfortführung indiziell auf den tatsächlichen Verlauf (Insolvenz) und die auf „Aushöhlung" gerichtete Gesamtstrategie der Gesellschaftsorgane stützen möchte. Schwierigkeiten hierbei, ex post Betrachtung soll auf Nichtfortführung schließen lassen und Subjektivierung der Tatbestandsmerkmals.

[1180] *Wodicka*, Untreue zum Nachteil der GmbH, S. 272; missverständlich jedoch der Hinweis auf S. 270, wonach bei positiver Fortbestehensprognose nach *Ulmer* ein Eingreifen des § 30 mit dem gesetzlichen Modell der Kapitalaufbringung und des Kapitalerhalts rügt *Kaufmann*.[1181] Über die nominelle Stammkapitalziffer hinaus wird contra legem Eigenkapital gebunden. Darüber hinaus tritt *Kaufmann* für eine strikte Trennung der Gläubigerschutzinteressen und der Eigeninteressen der GmbH im Rahmen des § 30 GmbHG ein. Die so propagierte Abspaltung des Schutzreflexes zugunsten der Gläubiger von dem Eigeninteresse der GmbH erscheint künstlich und nicht handhabbar.

(b) Kumulativ: § 30 GmbHG und Existenzgefährdung als Dispositionsschranken

Andere Literaturvertreter befürworten Beschränkungen des Zugriffs der Gesellschafter bei Existenzgefährdung über den gegenständlich begrenzten Bereich des § 30 GmbHG hinaus, ohne dabei immer ausdrücklich auf ein Eigeninteresse der Gesellschaft zu rekurrieren.[1182] Aus gesellschaftsrechtlicher und strafrechtlicher Sicht wird eine Harmonisierung der Schutzbereiche angestrebt.[1183] *Fleck*, der sich erstmalig umfassend mit der strafrechtlichen Relevanz eines Existenzgefährdungsverbots befasst, leitet ein Verbot existenzvernichtender Ausschüttungen oberhalb der Stammkapitalgrenze aus dem Zweck und dem Zusammenhang der Kapitalerhaltungsgrundsätze ab.[1184] Da das Zivilrecht abschließend bestimme, was strafbar ist,[1185] flankiert er eine solche erweiternde Auffassung des Kapitalerhalts argumentativ mit einer Gesamtschau aus dem „Verbot der kalten Liquidation“[1186], den Durchgriffslehren bei materieller Unterkapitalisierung, den Eigenkapitalersatzregeln sowie der im Konzernrecht geführten Dis-

---

GmbHG nicht in Betracht kommt; richtigerweise ist hier das Vorliegen des § 30 GmbHG mit Fortführungswerten festzustellen.

1181 *Kaufmann*, Organuntreue, S. 88 ff., sowie Gefahr der Rechtsunsicherheit wegen der ex post Bewertung.

1182 *Tröndle/Fischer*, StGB, § 266 Rn. 14 a; anders noch in der 49. Aufl., § 266 Rn. 26; vgl. aber Rn. 20 im Sinne der Rechtsprechung; *Lackner/Kühl*, StGB, § 266 Rn. 20; *Schünemann*, in Leipziger Kommentar, StGB, § 266 Rn. 25; *Kohlmann*, Strafrechtliche Verantwortlichkeit, Rn. 193 ff.; Hachenburg/*ders.*, GmbHG, vor § 82 Rn. 194 ff.; anders noch *ders.*, in FS Werner (1984), 387, 392; zurückhaltender *Tries*, Verdeckte Gewinnausschüttungen, S. 210.

1183 *Fleck*, ZGR 1990, 31 in Erwiderung auf *Gribbohm*, ZGR 1990, 1; *Müller-Christmann/Schnauder*, JuS 1998, 1080, 1084.

1184 *Fleck*, ZGR 1990, 31, 42; *ders.*, in FS 100 Jahre GmbHG (1992), 391, 398 f.; zustimmend *Lutter/Hommelhoff*, GmbHG, § 30 Rn. 5; *Gribbohm*, ZGR 1990, 1, 28. Im Sinne eines unbeschränkten Weisungsrechts des Einmann-Gesellschafters oberhalb des § 30 GmbHG allerdings noch *Fleck*, ZHR 149 (1985), 387, 408; für Bestandsschutz S. 394.

1185 *Fleck*, ZGR 1990, 31, 32; kritisch hierzu in der Erwiderung auf *Fleck*: *Gribbohm*, ZGR 1990, 1, 29, der nicht von einer zwingenden Zivilrechtsakzessorietät ausgeht und *Fleck* wegen der Anerkennung des Existenzgefährdungsverbots Inkonsequenz vorwirft.

1186 So aus zivilrechtlicher Sicht *Winter*, Mitgliedschaftliche Treuebindungen, S. 204 f.; *ders.*; ZGR 1994, 570, 586; vgl. auch *Priester*, ZGR 1993, 512, 520 f.; *Nissing*, Eigeninteresse, S. 88.

kussion. Sonstige nicht auszahlungswirksame Geschäfte bezieht er in diesen § 30 GmbHG vorgelagerten Schutzring nicht mit ein. Die Beschränkung auf auszahlungsgleiche Maßnahmen ergibt sich aus dem dogmatischen Rückgriff auf Stammkapitalerhaltungsvorschriften, ein darüber hinaus gehendes Verbot würde nach der Einschätzung *Flecks* auch wertungsmäßig auf eine unzulässige Einflussnahme auf geschäftliche Entscheidungen hinauslaufen.[1187] Ein Interesse der Gesellschaft selbst an der Erhaltung des notwendigen Betriebskapitals erkennt *Fleck* bei der Einmann-GmbH oder bei Zustimmung aller Gesellschafter nicht an, da in diesem Fall eine tatsächliche Identität der Interessen bestehe.[1188] In maßvollem Rahmen können jedoch die Befriedigungsinteressen der Gläubiger über den Schutzbereich des § 30 GmbHG hinaus ausgedehnt werden, wenn die wirtschaftliche Vernichtung der Gesellschaft in naher Zukunft zu erwarten ist.[1189]

Gribbohm, ehemals Vorsitzender Richter am 1. Strafsenat des BGH, sieht als Haftungsgrund eine tatsächlich begründete strafrechtliche Treuepflicht der Gesellschafter zu ihrer Gesellschaft,[1190] die dann tangiert ist, wenn die Zustimmung zu der Geschäftsführungsmaßnahme gesetzwidrig oder selbst ungetreu ist. Letzteres kommt bei einem existenzgefährdenden Eingriff[1191] in Betracht. Ein derart qualifiziertes Verfügungsverbot der Gesellschafter auch schon vor Liquidation leitet er aus den Liquidationsvorschriften und insbesondere aus den Vorschriften der Vermögensverteilung bei Liquidation ab.[1192] Der Bezugspunkt der Treuepflicht bleibt offen, so dass spekuliert werden darf, ob *Gribbohm* ein Eigeninteresse der Gesellschaft über den gegenständlichen Bereich des § 30 GmbHG hinaus anerkennt.[1193] Die Abgrenzung strafwürdiger Fälle von unbedenklichen möchte er von Fall zu Fall angehen, in dem er die Zuträglichkeit der Maßnahme für die Belange der GmbH untersucht. Indiz sind u. a. Anlass, Art,

---

[1187] *Fleck*, ZGR 1990, 31, 42; im Ergebnis ebenso *Waßmer*, Untreue bei Risikogeschäften, S. 102.

[1188] *Fleck*, in FS 100 Jahre GmbHG (1992), 391, 398; *ders.*, EWiR § 29 GmbHG 2/89, 367; zurückhaltender auf „Bestandsschutz mindestens in den Grenzen des Stammkapitals" abstellend *ders.*, EWiR § 29 GmbHG 2/87, 987, 988.

[1189] Ablehnend *Kleffner*, Erhaltung des Stammkapitals, S. 96.

[1190] *Gribbohm*, ZGR 1990, 1, 22, der den strafrechtlichen Pflichtenkanon des Geschäftsführers auf „Pflichten *zur Vermögensfürsorge gegenüber der GmbH*" (Hervorhebung im Original, S. 14) eingrenzt.

[1191] *Gribbohm*, ZGR 1990, 1 unterscheidet zwischen offenen und verdeckten Gewinnausschüttungen und Auskehrungen anderer Vermögenswerte. Nicht auszahlungsrelevante Konstellationen werden nicht untersucht.

[1192] *Gribbohm*, DStR 1991, 248, 250.

[1193] Gegen ein über § 30 GmbHG und Existenzgefährdung hinausgehendes Eigeninteresse der Gesellschaft, *Salditt*, NStZ 2005, 270 f., der jedoch anzunehmen scheint, das ein solches Eigeninteresse vielfach anerkannt wird.

und (relative) Größenordnung der Entnahme.[1194] Die von ihm getroffene Unterscheidung zwischen Auszahlungen in einer Krise und solchen außerhalb einer Krise,[1195] die an Kriterien des Bankrottstrafrechts erinnert, dürfte zurückzuführen sein auf Auszahlungen, die nach Art und Ausmaß existenzgefährdenden Charakter haben und solchen, die dies nicht haben. In jüngerer Zeit weist *Zieschang* darauf hin, dass die Zustimmung der Gesellschafter wegen eines Verstoßes gegen die Treuepflicht gegenüber der Gesellschaft unwirksam sein kann.[1196] Der Geschäftsführer kann sich bei Auszahlungen aus dem Gesellschaftsvermögen nicht auf einen haftungsentlastenden Beschluss der Gesellschafter berufen, wenn diesem ein treuwidriges Verhalten der Gesellschafter gegenüber der Gesellschaft zugrunde liegt. Das ist dann der Fall, wenn der Beschluss die Grenzen des § 30 GmbHG nicht beachtet oder die Existenz der Gesellschaft angreift. Ebenso befürwortet *Gehrlein* einen dem gegenständlichen Schutzbereich des § 30 GmbHG vorgelagerten Schutz und setzt eine drohende Existenzgefährdung, die zu einer Gefährdung des Stammkapitals führt, mit einem Verlust des Stammkapitals gleich.[1197] Argumentativ greift auch *Gehrlein* auf die Liquidationsvorschriften des GmbHG zurück. Aus der Tatsache, dass das Gesetz ein Verfahren zur ordnungsgemäßen Liquidation der Gesellschaft zur Verfügung stelle, folgt eine strafrechtliche Relevanz von gesellschafterlichen Maßnahmen, die die Durchführung dieses standardisierten Verfahrens verhindern, weil der Gesellschaft vorgängig das zur Gläubigerbefriedigung nötige Kapital entzogen worden ist. Eine Existenzgefährdung ist nach *Krekeler/Werner* schon dann anzunehmen, wenn der Gesellschaft ein „relativ hoher" Betrag entzogen wird und die Gesellschaft in einem „absehbaren zeitlichen Zusammenhang" zu der Leistung in die Insolvenz gerät.[1198]

(c) Existenzgefährdung als Dispositionsschranke

Andere Autoren lösen sich vollständig von den Vorgaben des Stammkapitalerhalts und streben eine Lösung alleine über eine Poenalisierung der Existenzgefährdung an. Untreuerelevanz besitzen unabhängig von einem Stammkapitalein-

---

1194 *Gribbohm*, ZGR 1990, 1, 17.

1195 *Gribbohm*, DStR 1991, 248; ebenso *Mihm*, Strafrechtliche Konsequenzen, S. 105 ff.; *Wabnitz/Jankovsky*, Wirtschafts- und Steuerstrafrecht, S. 154 f.

1196 *Zieschang*, in FS Kohlmann (2003), 351, 360 ff.

1197 *Gehrlein*, NJW 2000, 1089, 1090; ähnlich *Lipps*, NJW 1989, 502, 504 mit Gleichsetzung von Stammkapitalverstoß und Existenzgefährdung; zweifelnd, ob eine treuwidrige und damit unwirksame Einwilligung möglich ist, *Kutzner*, NStZ 2005, 271.

1198 *Krekeler/Werner*, StraFo 2003, 374, 377.

griff alleine existenzgefährdende Eingriffe bzw. eine „Aushöhlung[1199] der Gesellschaft“[1200].

Prominentester Vertreter dieser Auffassung ist *Wodicka,* der auf zivilrechtliche Vorarbeiten namentlich von *Winter*[1201] zurückgreifend, ein vom Gesellschafterwillen unabhängiges Interesse der Gesellschaft an dem Erhalt des für ihre fortdauernde Existenz notwendigen Vermögens postuliert und ausschließlich den Entzug dieses existenznotwendigen Vermögens strafrechtlich sanktioniert.[1202] Auch *Wodicka* betont grundsätzlich die Akzessorietät des Strafrechts zu zivilrechtlichen Vorgaben.[1203] Eine von ihm konstatierte beginnende zivilrechtliche Akzeptanz legitimiert das von ihm propagierte Verbot der Existenzgefährdung hinreichend für eine Übernahme in das Strafrecht.[1204] Das behauptete „originäre“ Eigeninteresse der GmbH, das nicht aus Dritt- namentlich Gläubigerinteressen abgeleitet ist, definiert sich als Bestandsinteresse der Gesellschaft in Form der Sicherung eines Betriebsfonds zur Erhaltung der Existenzfähigkeit als werbendes Unternehmen.[1205] Abgeleitet wird das Eigeninteresse der GmbH e contrario aus den Liquidationsvorschriften des GmbHG.[1206] Deren Existenz belege, dass die Gesellschafter nicht in beliebiger Weise den Untergang der Gesellschaft herbeiführen können, sondern nur unter Einhaltung des formalisierten Liquidationsverfahrens die Desinvestition des in der GmbH verselbständigten Vermögens betreiben können. Dem so begründeten Existenzgefährdungsverbot unterfallen alle Maßnahmen, die im Hinblick auf das Bestandsinteresse der Gesellschaft jeglicher Rechtfertigung entbehren, also nur „Extremfälle unternehmerischen Fehlverhaltens“.[1207]

Die fehlende Untreuerelevanz des § 30 GmbHG ergibt sich für *Wodicka* im Rückschluss aus der mangelnden tatbestandlichen Identität mit der allein maßgebenden Existenzgefährdung. So gäbe es Bereiche von § 30 GmbHG, die obwohl tangiert, das unveräußerliche eigenständige Interesse der Gesellschaft an der Erhaltung eines zu ihrem Bestand erforderlichen Betriebsfonds nicht verlet-

---

1199 Begriff soweit ersichtlich geprägt von *Lampe*, GA 1987, 241.
1200 So *Gribbohm*, DStR 1991, 248, 251 bei besonders rücksichtslosen Maßnahmen, stets Untreue darstellen sollen.
1201 Mitgliedschaftliche Treuebindungen, S. 204 ff.; *ders*., ZGR 1994, 570, 585 ff.
1202 *Wodicka*, Untreue zum Nachteil der GmbH.
1203 *Wodicka*, Untreue zum Nachteil der GmbH, S. 191; zur Zivilrechtsakzessorietät auch *Auer*, Gläubigerschutz durch § 266 StGB, S. 232.
1204 *Wodicka*, Untreue zum Nachteil der GmbH, S. 179; kritisch hierzu *Kaufmann*, Organuntreue, S. 125, der eine gesicherte gesellschaftsrechtliche Meinung fordert.
1205 *Wodicka*, Untreue zum Nachteil der GmbH, S. 249 ff.; 288.
1206 A. a. O., S. 252 ff.
1207 A. a. O., S. 266.

zen, sondern alleine dem Gläubigerschutz dienen.[1208] Diese Bereiche des § 30 GmbHG dürften nicht durch die Untreuevorschriften sanktioniert werden, da dies hieße, Gläubigerschutz mit dem hierfür nicht vorgesehenen § 266 StGB zu betreiben.[1209] Gegen eine strafrechtliche Sanktionierung der Verletzung des § 30 GmbHG spricht weiter, dass sich mit diesem Kriterium kein Gleichlauf mit der Strafbarkeit im GmbH-Konzern erzielen lässt. Das führe zu einem systemwidrigen Wertungswiderspruch, da trotz der besonderen Schutzbedürftigkeit der vertraglich konzernierten GmbH der strafrechtliche Schutz hinter der unverbundenen Gesellschaft zurückbleibe.[1210]

Auch *Auer* stellt als Grenze der Bestimmungsmacht der Gesellschafter auf ein Eigeninteresse der Gesellschaft ab. Der strafrechtliche Schutz des Eigeninteresses der Gesellschaft setzt dann ein, wenn die übereinstimmende Willensäußerung der Gesellschafter gegen „den Kernbereich dessen verstößt, was man als das Wesen der GmbH als juristischer Person" bezeichnen kann.[1211] In Übereinstimmung mit dem primär maßgebenden Zivilrecht, ist die bloße Substanzbeeinträchtigung strafrechtlich unbedenklich. Der Kernbereich ist dann tangiert, wenn die Möglichkeit des Fortbestands der Gesellschaft an sich betroffen ist. Dies ist dann der Fall, wenn eine Unterbilanz oder Zahlungsunfähigkeit herbeigeführt oder vergrößert wird. Hingegen ist die Ausstattung der Gesellschaft mit einem ihrem Geschäftsumfang angemessenen Kapitals strafrechtlich nicht geschützt, solange nicht ihre Zahlungsunfähigkeit herbeigeführt wird.[1212]

Bedenken gegen ein strafrechtlich abgesichertes Verbot der Existenzgefährdung können sich aus dem strafrechtlichen Bestimmtheitserfordernis ergeben.[1213] Die Auslegung einer Norm hat an den im Gesetz selbst festgelegten Grenzen zu halten. Fordert man die Maßgeblichkeit des Zivilrechts für den Umfang der Strafbarkeit, so stößt man mit dem Existenzgefährdungsverbot an die Grenze

---

[1208] A. a. O., S. 267, mit dem Beispiel der den Eigenkapitalbedarf übersteigenden Stammkapitalausstattung. Daneben fällt die insolvenzreife GmbH (Überschuldungsvertiefungen) aus dem strafrechtlichen Schutz mit dem Argument, dass das Bestandsinteresse der Gesellschaft nicht tangiert sein kann, da der Betriebsfonds aufgebraucht und das Gesetz die Liquidation der Gesellschaft anordne. Dagegen *Kaufmann*, Organuntreue, S. 93.

[1209] *Wodicka*, Untreue zum Nachteil der GmbH, S. 268 f.

[1210] *Wodicka*, Untreue zum Nachteil der GmbH, S. 259; kritisch *Schäfer*, GmbHR 1993, 780, 795 Fn. 245 b, der den Rückschluss von der Situation im Konzern auf die GmbH nicht zulassen möchte auch im Hinblick darauf, dass die Anwendung des § 302 AktG auf das Stammkapital begrenzt wird, m. w. N.

[1211] *Auer*, Gläubigerschutz durch § 266 StGB, S. 191 ff.

[1212] *Auer*, Gläubigerschutz durch § 266 StGB, S. 231.

[1213] So *Ziemons*, Haftung der Gesellschafter, S. 195 f., die das von ihr anerkannte zivilrechtliche Eigeninteresse der Gesellschaft nicht auf das Strafrecht ausdehnen möchte.

dessen, was an zivilrechtlicher Fundierung akzeptabel ist.[1214] Soweit der Gleichlauf mit der Strafbarkeit in der vertraglich konzernierten GmbH für ein Existenzgefährdungsverbot ins Feld geführt wird, ist zu bedenken, dass die Nichtgeltung des § 30 GmbHG im GmbH-Konzern zivilrechtlich nicht unumstritten ist.[1215] Bedenken gegen den Modellcharakter des Konzernrechts im hier interessierenden Kontext meldet auch *Schäfer* an.[1216] Schwerer wiegt der Einwand *Radtkes*, dass das Kriterium der Existenzgefährdung auch in der Ausgestaltung *Flecks*, in hohem Maße unbestimmt ist, da sichere Kriterien fehlen, wann eine Maßnahme dem Bestandsinteresse so sehr entgegensteht, dass eine Existenzgefährdung vorliegt.[1217] Der Rückschluss der Unangemessenheit einer geschäftlichen Maßnahme aus der später eingetretenen Insolvenz führt zu der Gefahr der nachträglichen umfänglichen Angemessenheitskontrolle geschäftlicher Entscheidungen, mit der bei Vornahme unbedenkliche Handlungen nachträglich zur strafbaren Handlung mutieren.[1218]

(d) Verstoß gegen die guten Sitten und weitere Dispositionsschranken

Singulär ist hingegen die Entscheidung des LG Bonn vom 15.1.1980.[1219] Das Gericht begründet die Unwirksamkeit der Gesellschafterzustimmung mit einem Verstoß gegen die guten Sitten in Verbindung mit § 138 BGB.[1220] Als solchen Sittenverstoß wertet es den Entzug von Haftungskapital und Liquidität, die Gläubigergefährdung und den Verstoß gegen die Grundsätze eines ordentlichen Kaufmanns.[1221]

Vereinzelt wird als weitere untreuerelevante Schranke der Gesellschafterzustimmung in der Lehre der *Verstoß gegen die guten Sitten* oder ein gesetzliches Verbot außerhalb des GmbH-Rechts anerkannt.[1222] Die Einbeziehung eines Sittenverstoßes über § 228 StGB scheitert daran, dass § 228 StGB keinen verallgemeinerungsfähigen Rechtsgedanken enthält und daher nicht über die unmit-

---

[1214] Ähnlich aus zivilrechtlicher Sicht *Ulmer*, in FS Pfeiffer (1988), 853, 861 ff.
[1215] *Kaufmann*, Organuntreue, S. 133 ff.; ebenso *Wellkamp*, NStZ 2001, 113, 115.
[1216] *Schäfer*, GmbHR 1993, 780, 795 Fn. 245 b.
[1217] *Radtke*, GmbHR 1998, 361, 365; *Geerds, D.*, in FS Geerds (1995), 689, 695.
[1218] *Radtke*, GmbHR 1998, 361, 365; *Saliger*, ZStW 112 (2000), 563, 569.
[1219] 13 R 4/78 IX, NJW 1981, 469.
[1220] Ebenso *Fleck*, EWiR § 29 GmbHG 2/87, 987, 988 und *Hartmann*, GmbHR 1999, 1061, 1065, die die guten Sitten als Grenze der Gesellschafterzustimmung anerkennen. Ablehnend *Labsch*, JuS 1985, 602, 606, der Sittenverstöße über § 226 a a. F. (jetzt § 228) StGB in die Betrachtung einbringt, eine Anwendbarkeit des § 226 a a. F. StGB außerhalb des Bereichs der Körperverletzungsdelikte aber letztlich mit der ganz h. M. ablehnt.
[1221] LG Bonn vom 15.1.1980, 13 R 4/78, NJW 1981, 469.
[1222] So *Fleck*, ZGR 1990, 31, 42; *ders.*, EWiR § 29 GmbHG 2/87, 987, 988; *Tries*, Verdeckte Gewinnausschüttungen, S. 210 sieht die akute Gläubigergefährdung des § 826 BGB als Einwilligungsschranke.

telbar geregelten Fälle der Verletzung der körperlichen Integrität hinaus anwendbar ist.[1223] Die Ausdehnung des § 228 StGB über den Wortlaut würde zu einer zu Beeinträchtigung der Willensfreiheit des Einzelnen führen und in staatlicher Bevormundung kumulieren.[1224] *Fleck* begründet die strafrechtliche Unbeachtlichkeit eines gegen die guten Sitten oder gegen andere zwingende außergesellschaftsrechtliche Normen etwa des Steuer- oder des Sozialversicherungsrechtes verstoßenden Gesellschafterbeschlusses mit dessen gesellschaftsrechtlicher Nichtigkeit.[1225]

cc) Zwischenergebnis

Die Versuche der herrschenden Auffassung, die Dispositionsbefugnis der Gesellschafter einzuschränken, können nicht überzeugen. Es wird nicht plausibel dargelegt, warum das Einverständnis der Gesellschafter auf die Höhe des Stammkapitals begrenzt sein soll. Dann aber muss es bei der Regel verbleiben, dass der Vermögensinhaber unbeschränkt über sein Vermögen disponieren kann.[1226] Kernstück der Beweisführung wird die These sein, dass die Gesellschafter als oberstes Willensbildungsorgan der Gesellschaft frei und schrankenlos über die Vermögensinteressen der GmbH auch für den Fall der Unterdeckung disponieren können.

4. Unbeschränkte Dispositionsbefugnis der Gesellschafter

Für die Vertreter der herrschenden Auffassung ergibt sich aus dem Gedanken der *Einheit der Rechtsordnung*, dass Schranken der Einwilligungsbefugnis zum Schutz von Drittinteressen auch dem nichtstrafrechtlichen Teil der Rechtsordnung entstammen können. So können Verhaltensregeln aus dem Zivil- und genauer aus dem Gesellschaftsrecht den strafrechtlichen Zugriff der Gesellschafter auf das Gesellschaftsvermögen begrenzen. Warum aber sollte die Zustimmung des Gesellschafters zu einer Vermögensauskehr, die gegen ein zivil-

---

[1223] *Blei*, Strafrecht AT, S. 93; *Jescheck/Weigend*, Strafrecht AT, § 34 III 1; *Lackner/Kühl*, StGB, vor § 32 Rn. 14; *Hirsch*, in Leipziger Kommentar, StGB, vor § 32 Rn. 124; *Roxin*, Strafrecht AT/1, § 13 Rn. 70; *Wessels/Beulke*, Strafrecht AT, Rn. 377; für die GmbH-Untreue *Flum*, Strafrechtlicher Schutz der GmbH, S. 75 f.; *Labsch*, JuS 1985, 602, 606; *Wehleit*, Abgrenzung von Bankrott und Untreue, S. 20; *Wodicka*, Untreue zum Nachteil der GmbH, S. 282.

[1224] Plastisch *Jescheck/Weigend*, Strafrecht AT, § 34 III 1.

[1225] *Fleck*, ZGR 1990, 31, 42; *ders.*, EWiR § 29 GmbHG 2/87, 987, 988; dem Grunde nach ebenso *Gribbohm*, ZGR 1990, 1, 20; anders freilich auf S. 24. Im Ergebnis ebenso LG Bonn, NJW 1981, 469; grundsätzlich ablehnend *Vonnemann*, GmbHR 1988, 329, 331; auch *Wodicka*, Untreue zum Nachteil der GmbH, S. 284 f., der den Maßstab der guten Sitten als zu weit ansieht, wenn nicht Vermögensinteressen der GmbH tangiert sind.

[1226] Ebenso *Arloth*, NStZ 1990, 570, 573; *Fischer*, WiB 1997, 1030; *Schramm*, Untreue und Konsens, S. 123 ff.: dieser Einschätzung ebenfalls zuneigend *Tröndle/Fischer*, StGB, § 266 Rn. 53.

rechtliches Verbot verstößt und daher die Zivilrechtswidrigkeit nicht beseitigen kann, in strafrechtlicher Hinsicht Wirkung entfalten? Oder anders gewendet, kann der Verletzte Verhalten in strafrechtlich relevanter Weise nur dann billigen, wenn die Zivilrechtsordnung derartigem Verhalten nicht entgegensteht?

Näher aufzuklären ist, ob die zivilrechtliche Norm stets das Verhalten begrenzt oder ob es bestimmte Voraussetzungen erfüllt sein müssen, damit sie als strafrechtliche Dispositionsschranke herangezogen werden kann. Im Falle der Gesellschafterzustimmung zu einer stammkapitalrelevanten Geschäftsführerhandlung, bei der das Zivilrecht Beschränkungen der Geschäftsführertätigkeit anordnet, könnte man argumentieren, dass zwar die Handlung nicht „erlaubt" im Sinne des GmbH-Gesetzes ist, die Zustimmung aber den strafrechtlichen Erfolg entfallen lässt. Konziser gefasst ist zu untersuchen, ob zivilrechtliche Beschränkungen des Gesellschafterzugriffs auf die GmbH strafrechtlich zu Dispositionsschranken werden. So könnte eine gegen zivilrechtliche Regelungen verstoßendes Einverständnis des Berechtigten dann nicht rechtfertigend wirken, wenn er hinsichtlich jener außerstrafrechtlichen Verbote nicht Rechtsgutträger ist. Während die herrschende Auffassung davon ausgeht, dass zivilrechtliche Schranken in das Strafrecht übernommen werden können, hat *Zipf* bereits 1970 mit einem instruktiven Beispiel auf das Problem aufmerksam gemacht.[1227] Ein Mandant erlaubt danach seinem Rechtsanwalt ein hochspekulatives Geschäft, dessen Vornahme jedoch gegen Standesrecht (§ 43 BRAO) verstößt. Die Frage, ob die Zuwiderhandlung gegen zivilrechtliche Bestimmungen eine rechtswidrigkeitsausschließende Einwilligung des Mandanten in Bezug auf § 266 StGB hindert, beantwortet *Zipf* dahin, dass die Einwilligung dem Täter nur eine Verletzungsbefugnis, aber keine Handlungsbefugnis gibt, wobei er die Zustimmung bei § 266 StGB als Einwilligung wertet und die Einwilligung auf den Erfolg und nicht auf die Handlung bezieht.[1228] Während die Bewertung einer Handlung als rechtswidrig oder rechtmäßig immer eine Frage der gesamten Rechtsordnung sei, könne der einzelne immer nur auf die Erfolgsbezogenheit einer Handlung Einfluss nehmen. Die Einwilligung habe dagegen immer nur zur Folge, dass ein Rechtsgut aus dem Schutzkreis einer Strafnorm herausgenommen werde.

Sternberg-Lieben verneint ebenfalls mit überzeugenden Gründen Dispositionsschranken aus dem nichtstrafrechtlichen Teil der Rechtsordnung.[1229] In Anleh-

---

[1227] Einwilligung und Risikoübernahme, S. 21 f.

[1228] A. a. O., S. 35. A. A. Schönke/Schröder/*Lenckner*, StGB, vor § 32 Rn. 34; *Roxin*, Strafrecht AT/1, § 13 Rn. 78 (Handlung und Erfolg als Gegenstand der Einwilligung).

[1229] *Sternberg-Lieben*, Die objektiven Schranken der Einwilligung, S. 512 ff.; 562 ff. und passim; zustimmend rezipiert von Schönke/Schröder/*Lenckner*, StGB, vor § 32 Rn. 37.

nung an *Günther* und dessen Lehre von der Strafrechtswidrigkeit[1230] lehnt er eine für alle Rechtsgebiete einheitlich zu betrachtende Rechtswidrigkeit ab[1231] und befürwortet eine Trennung zwischen dem Rechtswidrigkeitsurteil der Allgemeinen Rechtslehre und der Rechtswidrigkeit als Straftatmerkmal.[1232] Unstreitig entfällt das in einer Individualinteressen schützenden Strafvorschrift vertypte Unrecht, wenn der Rechtsgutinhaber einwilligt. Die Statuierung von außerstrafrechtlichen Einwilligungsschranken widerspräche nach *Sternberg-Lieben* dem Parlamentsvorbehalt, da sich der Schutzgrund der Strafnorm lediglich auf den Schutzgegenstand bezieht. Die Strafbewehrung von Individualrechtsgütern erfolge nur zur Sicherung der Individualautonomie des einzelnen und gerade nicht zum Schutze von Drittinteressen, deren strafrechtlicher Schutz nicht in der das Individualgut schützenden Strafvorschrift bzw. überhaupt in einer Strafvorschrift Anklang findet.[1233] Anderes gilt nur dann, wenn die Drittinteressen auch strafrechtlich geschützt sind. Das ist einmal dann der Fall, wenn sie ausdrücklich in den tatbestandlichen Schutzbereich der einschlägigen Strafvorschrift aufgenommen worden sind oder wenn zugleich mit dem konsentierten Individualdelikt notwendig gleichzeitig ein drittschädigendes Delikt verwirklicht wird, das die Drittinteressen schützt. Nur in diesen Fällen hat der Strafgesetzgeber die Dispositionsfreiheit über ein Individualrechtsgut zum Schutze von Drittinteressen angeordnet. In allen anderen Fällen, in denen sich der Schutz der Drittinteressen nur aus außerstrafrechtlichen Normen ergibt, würde die Berücksichtigung von Drittinteressen zu einer unzulässigen Rechtsgutvertauschung auf Ebene des Strafrechts führen.[1234] Der Täter begeht nämlich dann keine Rechtsgutsverletzung, wenn die Handlung für den Rechtsgutsträger aufgrund der wirksamen Einwilligung keine Verletzung darstellt. Aus Gründen des Schutzes Dritter kann von obigen Ausnahmen abgesehen eine Einwilligung nicht unwirksam sein.[1235] Es wird hierauf zurückzukommen sein.

[1230] *Günther*, Strafrechtswidrigkeit; *ders.*, in FS Lange (1992), 877; *ders.*, in FS Spendel (1992), 189.

[1231] Anders die h. M., vgl. *Engisch*, Einheit der Rechtsordnung, S. 55 ff.; *Hirsch*, in Leipziger Kommentar, StGB, vor § 32 Rn. 34, da ein Widerspruch zu einer Verhaltensnorm immer ein solcher gegen die Gesamtrechtsordnung sei. Einschränkend *Roxin*, Strafrecht AT/1, § 14 Rn. 31 ff., der zivil- oder öffentlich-rechtliches Verbotensein nicht unter allen Umständen als strafrechtliches Unrecht werten möchte.

[1232] *Sternberg-Lieben*, Die objektiven Schranken der Einwilligung, S. 184 („durchaus starke Sympathie [...] im Grundsatz").

[1233] *Sternberg-Lieben*, Die objektiven Schranken der Einwilligung, S. 526.

[1234] Ausführlich *Sternberg-Lieben*, Die objektiven Schranken der Einwilligung, S. 512 ff.

[1235] Anders *Sowada*, Notwendige Teilnahme, S. 85, der im Anschluss an *Lüderssen*, Strafgrund der Teilnahme, S. 131 ff., von einem relativen Rechtsgutsbegriff ausgeht. Danach ist im Verhältnis Täter und Staat durchaus eine Rechtsgutsverletzung denkbar, auch wenn im Verhältnis von Staat zu Einwilligendem keine Verletzung vorliegt. Überzeugend dagegen *Sternberg-Lieben*, Die objektiven Schranken der Einwilligung, S. 528 ff.

Allerdings wird man die Überlegungen von *Zipf* und von *Sternberg-Lieben* nicht unbesehen auf die hier vorliegende Konstellation übertragen können, da nicht Schranken des Einverständnisses des Rechtsgutträgers in Rede stehen, sondern sich die Schranken des Einverständnisses aus der Stellung als Organ und dessen fiduziarischer Stellung ergeben.

a) Begründungsansätze in der Literatur

Ein zahlenmäßig nicht unerheblicher Teil der Literatur misst der Zustimmung der Gesellschafter strafbarkeitsausschließende Wirkung für schädigendes Verhalten des Geschäftsführers zu, wobei unterschiedliche Erklärungsansätze verfolgt werden.

aa) Gesellschafter als Vermögensträger „revisited"

Die Vertreter der wirtschaftlichen Betrachtungsweise ordnen das Gesellschaftsvermögen unter Abkehr von der zivilrechtlichen Vermögenstrennung den Gesellschaftern in ihrer Gesamtheit zu.[1236] Selbst wenn man diese Prämisse akzeptiert, ist damit die Frage der Beachtlichkeit der Gesellschafterzustimmung in der Mehrpersonengesellschaft nicht abschließend geklärt, sondern nur strukturell auf eine andere Ebene verlagert.[1237] Während bei traditioneller Vermögenszuordnung zu klären ist, welchen Schranken die Zurechnung einer Organzustimmung auf die juristische Person unterliegt, so ist bei angenommener Vermögensträgerschaft der Gesellschafter die Frage zu stellen, welchen Schranken der Dispositionsbefugnis Vermögensinhaber unterliegen. Auch die abweichende Vermögenszuordnung führt in der Mehrpersonengesellschaft nur unter der zusätzlichen Voraussetzung der uneingeschränkten Dispositionsbefugnis zur Straflosigkeit des Geschäftsführers.[1238] Die Vertreter der wirtschaftlichen Betrachtungsweise lehnen zwingende Grenzen der Einwilligungsbefugnis mit dem Argument ab, der Berechtigte könne sein Vermögen ohne jede Vernunft schmälern.[1239] Die Argumentation deckt sich mit der jener Autoren, die ohne eine Vermögensverlagerung auf die Gesellschafter anzuerkennen, eine uneingeschränkte Dispositionsbefugnis der Gesellschafter anerkennen.[1240] Auch das zeigt, dass die Vermögenszuordnung auf die Gesellschafter im Mehrpersonen-

---

[1236] Vgl. hierzu bereits oben S. 73 ff.; missverständlich *Wodicka*, Untreue zum Nachteil der GmbH, S. 221, der davon ausgeht, dass die Vertreter der wirtschaftlichen Betrachtungsweise in der Mehrpersonengesellschaft Einzelverfügungsbefugnis der Gesellschafter annehmen.

[1237] Diesen Aspekt übersieht *Kaufmann*, Organuntreue, S. 51. Vgl. auch das Parallelproblem bei *Nelles*, Untreue zum Nachteil von Gesellschaften, S. 547.

[1238] So *Brammsen*, DB 1989, 1609, 1614, der allerdings zu kurz greift, wenn er den Vertretern der wirtschaftlichen Betrachtungsweise eine Verquickung von Vermögensinhaberschaft und Dispositionsbefugnis vorwirft; vgl. hierzu *Labsch*, JuS 1985, 602, 605.

[1239] *Labsch*, JuS 1985, 602, 606; SK-StGB/*Samson/Günther*, § 266 Rn. 46.

[1240] Vgl. auch bei *Nelles*, Untreue zum Nachteil von Gesellschaften, S. 547.

fall nur zur Verlagerung der Problematik auf eine andere Ebene führt, ohne zur Lösung der Sachfrage beizutragen.

Stimmen nur *einzelne Gesellschafter* einem Vermögenstransfer zu, so soll nach *Kaufmann* eine Untreue zu Lasten der nicht Zustimmenden und deren quotalem Anteil am Vermögen der GmbH anzunehmen sein.[1241] Ein solches Vorgehen führt in der Sache dazu, dass das Vermögen der Gesellschaft den einzelnen Gesellschaftern zugeordnet wird. Eine derart weitgehende Abkoppelung von der zivilrechtlichen Vermögensträgerschaft wird auch von den Vertretern der wirtschaftlichen Betrachtungsweise nicht vorgenommen, es wird konzediert, dass das Gesellschaftsvermögen nur allen Gesellschaftern in ihrer Gesamtheit zusteht, ohne dass Anteile abgesondert werden können.[1242]

Ergänzend findet sich der Hinweis auf die *Liquidationsbefugnis* der Gesellschafter.[1243] Diese seien frei, über den Bestand der GmbH zu disponieren. Daraus folgt, dass sie die Existenz der Gesellschaft auch rein faktisch, etwa durch Entzug notwendiger Liquidität gefährden dürfen. Rein verfahrensrechtliche Verstöße seien nicht vom Schutzbereich der Untreue erfasst, so dass es strafrechtlich unbedenklich sei, wenn die Gesellschafter ohne Einhaltung des formalen Liquidationsverfahrens über das Vermögen der GmbH verfügen. Der Hinweis auf die rein verfahrensrechtliche Natur der Liquidationsvorschriften geht fehl, da durch die Einhaltung des Liquidationsverfahren Interessen der Gesellschafter und Gläubiger an einer dem Gesetz entsprechenden Verteilung des bisherigen Gesellschaftsvermögens gewahrt werden, die weit über einen verfahrensmäßigen Charakter hinausreichen. Die Liquidationsbefugnis enthält keine mittelbare Vermögenszuordnung auf die Gesellschafter. Die Vermögenstrennung ist bis zur ihrer verfahrensgemäßen Aufhebung absolut.

Wer die Einwilligung der Gesellschafter zu stammkapitalwidrigen Auszahlungen für unwirksam hält, trägt nach der Auffassung von *Labsch* eine unzulässige *strafbegründende Analogie zu Lasten des Täters* in das Strafrecht hinein.[1244] Die Anordnung der Strafbarkeit beruhe darauf, dass im GmbH-Recht Beschlüsse, die bewusst gegen das Auszahlungsverbot des § 30 GmbHG verstoßen, in ana-

---

[1241] Organuntreue, S. 52. Vgl. auch die Entscheidungen des BGH vom 22.5.2003, 5 StR 520/02, wistra 2003, 344 und vom 18.6.2003, 5 StR 489/02, wistra 2003, 385; ablehnende Besprechung von *Bittmann/Richter*, wistra 2005, 51 ff.

[1242] Vgl. *Nelles*, Untreue zum Nachteil von Gesellschaften, S. 547.

[1243] *Reiß*, wistra 1989, 81, 84 f.; *Zöllner*, Schranken mitgliedschaftlicher Stimmrechtsmacht, S. 22 Fn. 14; *Wodicka*, Untreue zum Nachteil der GmbH, S. 233.

[1244] *Labsch*, JuS 1985, 602, 605; ebenso *Waßmer*, Untreue bei Risikogeschäften, S. 96.

loger Anwendung des § 241 Abs. 3 AktG als nichtig eingestuft werden.[1245]

Akzeptiert man die Zivilrechtsakzessorietät des Strafrechts in diesem Bereich, so könnte eine vorgreifliche zivilrechtliche Analogie bereits deshalb nicht zu beanstanden sein, weil das Strafrecht nur einen vorgegebenen außerstrafrechtlichen Bedeutungsinhalt einer Norm übernimmt, ohne selbst eine analoge Betrachtung vorzunehmen.[1246] Unabhängig davon kommt es für die strafrechtliche Betrachtung auf die Nichtigkeit des Beschlusses im Zivilrecht nicht entscheidend an.[1247] Durch die Untreuevorschriften wird nicht sanktioniert, dass der Beschluss nichtig ist und keine Rechtswirkungen zu entfalten vermag, sondern dass das Bestandsinteresse der Gesellschaft verletzt oder gegen Kapitalerhaltungsvorschriften verstoßen wurde.

bb) Auffassung von Nelles „revisited"

In Auseinandersetzung mit den Vermögenstheorien erkennt *Nelles* in der Zwecksetzungsbefugnis, als die von der Rechtsordnung geschützte Herrschaftsmacht, das entscheidende Kriterium für die Begründung einer Vermögensbeziehung zwischen einem Vermögensgegenstand und einer Person.[1248] Dispositionsmacht ist die reale Einflussmöglichkeit auf den Zweck des Einsatzes bestimmter Güter. Eine strafrechtlich relevante Vermögensbeziehung entsteht jedoch nur zu solchen der Dispositionsmacht unterliegenden Gütern, die von der Rechtsordnung gebilligt und auch in einem rechtlichen Sinne der Zwecksetzung dieser Person unterliegen.[1249] Erkennt das Recht (notabene das Zivilrecht) etwa aus Schutzaspekten, wie bei dem beschränkt Geschäftsfähigen,

---

[1245] LG Kassel vom 11.9.2001, 12 O 4104/00, ZInsO 2001, 1068, 1069; Baumbach/Hueck/*Zöllner*, GmbHG, Anh. § 47 Rn. 51; *Lutter/Hommelhoff*, GmbHG, Anh. § 47 Rn. 18; *Mülbert*, DStR 2001, 1937, 1943; einschränkend *Kort*, ZGR 2001, 615, 634, der nur von Beschlussnichtigkeit ausgeht, wenn der Beschluss bewusst auf eine verbotswidrige Auszahlung gerichtet war; ebenso *Henze*, GmbHR 2000, 1069, 1074; *Sernetz/Haas*, Kapitalaufbringung, Rn. 477. Schwebend unwirksam für den Fall, dass die Gesellschafter bei Unterdeckung davon ausgehen, dass im Auszahlungszeitpunkt genügend Deckung vorhanden ist. *Flume*, ZHR 144 (1980), 18, 23.

[1246] Schönke/Schröder/*Eser*, StGB, § 1 Rn. 33; SK-StGB/*Rudolphi*, § 1 Rn. 25 a; *K. Schmidt*, in FS Rebmann (1989), 419, 437; anders für den Bereich der Verwaltungsrechtsakzessorietät *Heghmanns*, Straftatbestände zum Schutz von Verwaltungsrecht, S. 132; a. A. auch *Tiedemann*, Auslegungs- und Methodenprobleme, S. 37, (vgl. auch *ders.*, Tatbestandsfunktion, S. 56 f.; sowie *ders.*, Wirtschaftsstrafrecht, S. 175; *ders.*, NJW 1977, 777, 779), der die Inbezugnahme des außerstrafrechtlichen Begriffsinhalt lediglich im Rahmen des direkten Anwendungsbereich der Norm anerkennt und bei außerstrafrechtlicher Analogie für eine Normambivalenz eintritt. So auch *Montag*, Strafvorschriften des GmbH-Rechts, S. 70.

[1247] Allenfalls für die Wahl des Missbrauchs- oder Treuebruchtatbestands. Wie hier *Schäfer*, GmbHR 1993, 780, 782.

[1248] *Nelles*, Untreue zum Nachteil von Gesellschaften, S. 456.

[1249] *Nelles*, a. a. O., S. 453.

eine autonome rechtliche Dispositionsbefugnis nicht an, dann tritt nach *Nelles* an dessen Stelle die Dispositionsbefugnis durch das Gesetz. Für die Frage, wann einer Person die rechtliche Befugnis zusteht, Vermögenseinsätze autonom zu disponieren, argumentiert *Nelles* auf dem Boden des Zivilrechts, indem sie das Recht, Macht im Verhältnis zu einem anderen auszuüben, als Grundlage der Verfügungsbefugnis in ihrem theoretischen Ansatzes anerkennt.[1250]

In einigen wenigen Sätzen überprüft *Nelles* die so verstandene Zwecksetzungsbefugnis auf ihre Stimmigkeit hinsichtlich möglicher rechtlicher Einschränkungen. Materiell satzungswidrige Beschlüsse scheiden schon deshalb als Einschränkung der Zwecksetzungsbefugnis aus, weil der Gesellschafterversammlung die Kompetenz zur Satzungsänderung zusteht. Jede Nichtbeachtung der Statuten stellt eine konkludente Neufassung derselben dar.[1251] Eine Einschränkung ergibt sich für *Nelles* lediglich daraus, dass die Beschlussfassung als solche formell ordnungsgemäß zustande gekommen sein muss, also unter „Wahrung der satzungsmäßigen Rechte *aller* [Hervorhebung im Original] Mitglieder".[1252] Auch ein Verstoß gegen „Bestandsinteressen" kann eine Strafbarkeit der Geschäftsführer nicht begründen. Dies wäre nur dann der Fall, wenn die die Bestandsinteressen schützenden Vorschriften, also insbesondere §§ 30, 31 GmbHG, eine durch das Gesetz festgelegte Zwecksetzung für die juristische Person enthielten, ähnlich der rechtlichen Konstruktion für unmündige Personen Verbote im Interesse der juristischen Person normieren würden. Dies sei aber nicht der Fall, da die Gesellschafter in ihrer Gesamtheit über den Bestand der juristischen Person jederzeit über die Liquidation disponieren können. Ein Interesse an Bestandserhaltung der juristischen Person sei aus diesem Grund nicht anzuerkennen. Der Verstoß gegen bestandserhaltende Vorschriften sei lediglich formaler Natur, da er das geordnete Liquidationsverfahren hindere. Ein Formverstoß muss jedoch im Rahmen des § 266 StGB wegen seiner vermögensbezogenen Schutzrichtung unbeachtlich bleiben.[1253] Soweit die bestandsschützenden Normen gläubigerschützende Funktion haben, kommt eine Einschränkung der Zwecksetzungsbefugnis schon gar nicht in Betracht. Dies würde eine nicht konstruierbare Beziehung zwischen Geschäftsführung und Gläubiger voraussetzen, die sich als Vermögensbetreuungspflicht beschreiben ließe. Im Stammkapitalverzehr liegt keine Geschäftsbesorgung für die Gläubiger.[1254]

[1250] *Nelles*, Untreue zum Nachteil von Gesellschaften, S. 456.
[1251] A. a. O., S. 547.
[1252] A. a. O., S. 547.
[1253] A. a. O., S. 547.
[1254] A. a. O., S. 549.

Erkennt man mit *Nelles* die Zwecksetzungsbefugnis als das entscheidende Kriterium der Zuordnung von Vermögen an, so ist auch bei Geltung dieser Prämisse die Zuweisung an die Gesellschafter in ihrer satzungsmäßigen Verbundenheit nicht zwingend.[1255] Dass § 30 GmbHG nicht die Qualität einer gesetzlichen Beschränkung der Zieldefinitionsmacht zukommt und sie die Zuordnung des Vermögens auf die Gesellschaftergesamtheit hindert, wird nicht schlüssig dargelegt. Den Unterschied in der Beurteilung zu unmündigen Personen rechtfertigt insbesondere nicht, dass das Verbot des § 30 GmbHG möglicherweise nicht im Interesse der juristischen Person angeordnet ist.[1256] Der Zieldefinitionsmacht nach *Nelles* ist wesensimmanent, dass sie im Verhältnis zu Dritten in rechtlich zulässiger Weise ausgeübt werden darf. Einer weiteren Einschränkung dahingehend, dass die gesetzlichen Zielvorgaben im Interesse des Vermögensinhabers formuliert zu sein haben, vermag im Hinblick auf das Beispiel des beschränkt Geschäftsfähigen eine gewisse tatsächliche Überzeugungskraft innezuwohnen, kann aber in systemkonformer Weise wohl kaum zu einem allgemeinen Prinzip erhoben werden.[1257]

Schließlich bleibt *Nelles* einen Nachweis dafür schuldig, dass mit der Zwecksetzungsbefugnis das entscheidende Kriterium der Vermögenszuordnung gefunden ist. Es hätte schon deshalb mehr an praktischer Überzeugungsarbeit bedurft, weil sie sich weit außerhalb des bisher vertretenen Meinungsspektrums positioniert.[1258] So fördert der Vergleich mit den Fällen „defekter Autonomie", bei denen die Autorin die Vermögensinhaberschaft dem Geschäftsunfähigen zuweist, keinen entscheidungserheblichen Unterschied von solchem Gewicht zutage, als dass eine unterschiedliche Behandlung als zwingend erachtet werden müsste. Beide Fälle kennzeichnet, dass das Vermögen jeweils nicht zu völlig autonomen Zwecken eingesetzt werden kann, vielmehr Zweckbindungen durch Gesetz bestehen. Die zweifellos vorhandenen Unterschiede im Maß der Zweckbindung sind gradueller Natur und rechtfertigen keine abweichende Beurteilung

---

[1255] Untreue zum Nachteil von Gesellschaften, S. 488 (Alternative: die Gesellschaft selbst – keine autonome Zwecksetzung bei der GmbH). Kritisch *Schäfer*, GmbHR 1992, 509, 512 der es für missverständlich hält, wer bei fehlender rechtlicher Dispositionsbefugnis Zuordnungssubjekt sein soll. Seiner Vermutung, dass das Zuordnungssubjekt das Gesetz selbst sei, wird man nicht folgen können, da es nur den fehlenden rechtlichen Zuordnungsrahmen ersetzt. *Birkholz*, Untreuestrafbarkeit, S. 117 hält im System von *Nelles* ebenfalls eine Zuordnung an das Gesetz für denkbar.

[1256] So aber *Nelles*, Untreue zum Nachteil von Gesellschaften, S. 495 ohne dies ausführlicher zu diskutieren. Kritisch *Radtke*, GmbHR 1998, 361, 362; *Birkholz*, Untreuestrafbarkeit, S. 117.

[1257] *Nelles*, Untreue zum Nachteil von Gesellschaften, S. 459 allgemein; anders auf S. 548.

[1258] Vgl. zur Kritik auch *Schäfer*, GmbHR 1992, 509, 510.

der ansonsten vergleichbaren Sachverhalte.[1259] Auch beim Geschäftsunfähigen werden die Zwecke durch das Gesetz nicht so eng vorformuliert, als dass dem gesetzlichen Vertreter eine rein ausführende Position ohne Gestaltungsspielraum verbliebe. Plausibler ließe sich die Funktion des gesetzlichen Vertreters dahingehend erklären, dass sich innerhalb des gesetzlichen Rahmens, dem jedes rechtswirksame Handeln ohnehin verpflichtet ist, ein zweiter – sachlich engerer – Ring um die Dispositionszwecke legt, so dass es keinen Widerspruch bedeuten muss, dass das Gesetz einen Rahmen vorgibt, innerhalb dessen Zwecke festlegt werden können und die eigentliche Zwecksetzungsbefugnis innerhalb des so gesteckten gesetzlichen Rahmens dennoch bei der Gesellschafterversammlung angesiedelt ist.[1260] Diese Konzeption müsste auch nicht ohne weiteres bedeuten, dass die Zwecksetzungsbefugnis innerhalb des gesetzlich gesteckten Rahmen bei dem gesetzlichen Vertreter und nicht bei dem Minderjährigen angesiedelt ist, wenn man sich die weitere Einschränkung von *Nelles* vor Augen führt, dass im Verhältnis zwischen zwei Personen, demjenigen die Zwecksetzungsbefugnis zukommt, der das bessere Recht hat. In den Minderjährigenfällen müsste die formale Eigentumsposition hierfür ausreichen, da nicht ersichtlich ist, welches bessere Recht dem Vertreter zukommen könnte.

Unabhängig von der Frage der Vermögenszuordnung könnten die Vorschriften des Stammkapitalerhalts auch auf einer anderen Ebene im System von *Nelles* stimmig integriert werden. Hierzu würde es genügen anzunehmen, dass die Gesellschafter jedenfalls in der Ausübung der Zwecksetzungsbefugnis durch die Vorschrift des § 30 GmbHG beschränkt sind, auch wenn die Norm nicht die Kraft hat, den Gesellschaftern die Funktion des Vermögensinhabers zu nehmen. Die Anerkennung einer von vornherein unbeschränkbaren Zwecksetzungsbefugnis verstellt diesen Lösungsweg.[1261] Der Hinweis auf die Eigenschaft der Gesellschaftergesamtheit als Vermögensinhaber, die nicht gleichzeitig treuverpflichtet sein können,[1262] bleibt thesenhaft. Zudem hätte man sich nähere Ausführungen zu der rechtlichen Qualität der Vermögenszuordnung auf die Gesellschaftergesamtheit ebenso gewünscht, wie eine Aussage dazu, warum das Vermögen, das einer Personenmehrheit zugeordnet ist, für das einzelne Mitglied

---

[1259] So auch *Birkholz*, Untreuestrafbarkeit, S. 116, mit dem Hinweis auf den Verbotscharakter der Norm.

[1260] Anders *Nelles*, Untreue zum Nachteil von Gesellschaften, S. 488, die bei Zuordnung des Vermögens zu der juristischen Person keine autonome Zwecksetzungsbefugnis der Gesellschafter mehr annimmt.

[1261] Diese Einschätzung hindert auch nicht, dass *Nelles*, Untreue zum Nachteil von Gesellschaften, S. 456 ff.; 492; 548 rechtliche Einschränkungen der Verfügungsbefugnis andenkt.

[1262] *Nelles*, Untreue zum Nachteil von Gesellschaften, S. 546.

nicht fremd ist, wo doch eine Einschränkung der Zwecksetzungsbefugnis zumindest durch die Rechte der Mitgesellschafter bestehen müsste.[1263]

cc) Ökonomische Analyse des Strafrechts – Der Ansatz von Birkholz

In seiner Arbeit „Untreuestrafbarkeit als strafrechtlicher „Preis“ der beschränkten Haftung“ aus dem Jahr 1998 nähert sich *Birkholz* der Frage der Untreue des GmbH-Geschäftsführers mit Hilfe der ökonomischen Analyse des Rechts und des „property rights“ Ansatzes.

(1) Ökonomische Analyse des Rechts und beschränkte Gesellschafterhaftung

Mit den Schlagwörtern „ökonomische Analyse des Rechts“ und „property rights approach“[1264] wird eine wissenschaftliche Schule bezeichnet, deren Ursprung in der Rechts- und Wirtschaftstheorie der Chicagoer Schule der sechziger Jahre des vergangenen Jahrhunderts liegt,[1265] und die gespeist wird durch ihre kritische Distanz zur Wohlfahrtstheorie von *Arthur C. Pigou.*[1266] Der auch hierzulande mit gewisser zeitlicher Verzögerung rezipierte[1267] und fortan kontrovers diskutierte Ansatz[1268] analysiert in tendenziell ganzheitlicher Manier mit Hilfe des

---

1263 *Ziemons*, Haftung der Gesellschafter, S. 189 Fn. 19 konstatiert ein Scheitern der *Nelles'*schen Vermögenszuordnung bei der Einpersonengesellschaft, da es dort kein vom Vermögen des Gesellschafters unterscheidbares Gesamthandsvermögen gebe.

1264 Im Deutschen unscharf mit Eigentumsrecht, Vermögensrecht, Besitzrecht, Verfügungsrecht, Handlungsrecht oder auch Dispositionsrecht bezeichnet. Keiner dieser Begriffe kann gänzlich überzeugen, so dass es bei der Terminologie property rights sein Bewenden haben soll.

1265 Als Väter der Economic Analysis of Law gelten *Ronald H. Coase* mit seinem Beitrag „The Problem of Social Costs“, (Journal of Law and Economics 3 [1960], 1 ff.) und *Guido Calabresi* mit der Schrift "Some Thoughts on Risk Distribution and the Law of Torts", (Yale Law Journal 70 [1961], 499 ff.), der eine rationalere Interpretation der Delikthaftungsregeln des Common Law anstrebt. Zu prominenten amerikanischen Vertretern dieses Forschungsfeldes zählen auch *Richard A. Posner*, *Eirik G. Furubotn* und *Svetozar Pejovich.*

1266 *Pigou,* The Economics of Welfare, 1932, dessen Grundannahme widerlegt werden soll, dass Staatsinterventionen per se eine günstigere Ressourcenallokation ermöglichen.

1267 *Roth*, ZGR 2005, 348; *Eidenmüller/Engert*, GmbHR 2005, 433. Vgl. aus der älteren Literatur die Arbeit von *Lehmann*, ZGR 1986, 345 auf dem Gebiet des GmbH-Rechts und des Rechts der beschränkten Haftung; dazu die Kritik von *Roth*, ZGR 1986, 371 sowie die Stellungnahme von *Lehmann*, ZGR 1986, 382; zur Gefährdungs- und Verschuldenshaftung die Arbeit von *Adams*, Ökonomische Analyse der Gefährdungs- und Verschuldenshaftung; zum Ehe- und Scheidungsrecht etwa *Fuchs*, Die Behandlung von Ehe und Scheidung in der ökonomischen Analyse des Rechts, FamRZ 1979, 553. Gesamtdarstellungen bei *Lehmann*, Bürgerliches Recht und Handelsrecht – eine juristische und ökonomische Analyse und *Schäfer/Ott*, Lehrbuch der ökonomischen Analyse des Zivilrechts.

1268 Systematische Kritik übt etwa *Fezer*, JZ 1986, 817; hierzu die Entgegnung von *Ott/Schäfer*, JZ 1988, 213, sowie die Erwiderung von *Fezer*, JZ 1988, 223. Vgl. auch *Hirte*, Kapitalgesellschaftsrecht, Rn. 1.21 b ff.

wirtschaftswissenschaftlichen Instrumentariums die Wirkung von Rechtsnormen und ihrer Implementation. Gemeinsames Anliegen der ansonsten durchaus heterogenen Arbeiten auf dem Gebiet der economic analysis of law ist es, das ökonomische Kalkül als analytische Methode in die Rechtslehre und ihre Teilgebiete einzuführen. Beeinflusst durch entsprechende Vorarbeiten im US-amerikanischen Rechtskreis findet man in letzter Zeit zahlreiche Untersuchungen, die die Haftungsbeschränkung und den Stammkapitalvorbehalt im GmbH-Recht ökonomisch zu widerlegen bzw. deren Tauglichkeit im Hinblick auf einen wirksamen Schutz der Gläubiger in bzw. vor einer Insolvenz zu hinterfragen suchen.[1269]

In einer sog. positiven oder deskriptiven Variante macht die ökonomische Analyse des Rechts das volkswirtschaftliche Standardmodell, das das Individuum als rationalen Nutzenmaximierer unter der Nebenbedingung der Knappheit der Mittel vorstellt, für Zwecke des Rechts nutzbar, indem postuliert wird, dass auch Rechtsregeln in die individuelle Kosten-Nutzen-Funktion des Entscheiders eingehen.[1270] In ihrer normativen Ausprägung geht die ökonomische Analyse des Rechts über die statische Modellbetrachtung hinaus und bezieht allokative Aspekte unter dem Gesichtspunkt der gesamtgesellschaftlichen Nutzenmaximierung als strategische Verhaltensmaximen ein.[1271] Rechtsregeln haben sich den Effizienzkriterien[1272] zu stellen, um den bestmöglichen Einsatz der natürlichen Ressourcen zu ermöglichen und den gesamtgesellschaftlichen Nutzen zu optimieren.[1273]

Auf die strafrechtliche Ebene transformiert bedeutet das, dass Strafe bei deskriptiver Betrachtungsweise als Auferlegung zusätzlicher Kosten bei Verstößen

---

1269 *Wiedemann*, ZGR 2003, 283; *Eidenmüller*, JZ 2001, 1041; *Fleischer*, ZGR 2001, 1.

1270 Vgl. nur *Ott/Schäfer*, JZ 1988, 213, 216 ff.; *Schäfer/Ott*, Lehrbuch, S. 15; so auch *Birkholz*, Untreuestrafbarkeit, S. 153.

1271 Besonders deutlich unterscheidet *Posner*, Economic Analysis of Law, S. 17 zwischen normativer und deskriptiver Komponente; vgl. auch *Schäfer/Ott*, Lehrbuch, S. 10.

1272 Einfachste Effizienzregel ist die sog. Pareto-Optimalität (nach *Vilfredo Pareto*), die in ihrer schwachen Variante eine Situation dann als gesamtwirtschaftlich optimal darstellt, wenn kein Individuum besser gestellt werden kann, ohne dass ein anderes schlechter gestellt wird. Das Kaldor-Hicks-Kriterium (nach *Nicholas Kaldor* und *John Richard Hicks*) als andere Effizienzregel verlangt hingegen nur, dass die Gewinner einer Aktivität wirtschaftlich in der Lage sein müssen, die Verlierer zu entschädigen, ohne dass eine solche Kompensation tatsächlich stattfinden muss.

1273 Diesen Ansatz verfolgt *Coase* mit dem sog. Coase-Theorem. Es besagt in seiner starken Variante, dass unter den Modellbedingungen des vollständigen Marktes u. a. sich das Recht nicht auf die Allokation der Güter auswirkt. Erst mit der Einführung positiver Transaktionskosten begründet *Coase* die Aufgabe des Rechts, durch unterschiedliche institutionelle Strukturen auf allokative Effizienz hinzuwirken.

gegen den freiwilligen Güteraustausch begriffen werden kann.[1274] Die Straftat wird als externer Effekt,[1275] die Strafe als Mittel der Spürbarmachung, als „Preis“, verstanden.[1276] In die individuelle Kostenfunktion eines Straftäters geht auch die Strafe als Produkt aus Strafhöhe und Verurteilungswahrscheinlichkeit ein. Ein potentieller Täter wird von der Begehung einer Straftat absehen, wenn sein individueller Nutzen aus der Straftat geringer ist als seine Kosten. Aufgabe des Staates ist es, die Strafe so zu bemessen, dass der gesamtgesellschaftliche Nutzen – als Aggregation aller individueller Nutzenfunktionen – aus der Straftat maximiert bzw. die gesamtgesellschaftlichen Kosten aus den Straftaten minimiert werden, so dass sozial unerwünschte Straftaten abgeschreckt werden.

Die ökonomische Analyse des Rechts hat sich auch das GmbH-Recht und dort insbesondere die Frage der Angemessenheit der Haftungsbeschränkung auf das Gesellschaftsvermögen erschlossen.[1277] *Lehmann*, der als erster deutscher Autor die Prämissen des neuen Theorieansatzes in das GmbH-Recht einführt,[1278] setzt an der beschränkten Haftung mit der Grundthese an, dass dieses Instrument wegen der damit verbundenen Förderung des freien Unternehmertums und dem Aufbau eines effizienten Kapitalmarktes volkswirtschaftlich sinnvoll sei.[1279] Allerdings könne der Ausschluss der persönlichen Haftung nur so lange hingenommen werden, als nicht *free rider*-Situationen[1280] überhand nähmen. Dies sei dann der Fall, wenn es dem Gesellschafter mit Hilfe der beschränkten Haftung gelänge, das Risiko einer Insolvenz einseitig den Gläubigern der Gesellschaft aufzuerlegen. Den gesellschaftsrechtlichen Durchgriff fasst *Lehmann* als einen rechtsdogmatischer Ansatz zur Internalisierung dieser negativen externen Effekten auf. Er sei ökonomisch effektiv, weil die Maßnahme am Gesellschafter als *cheapest risk avoider* angreift, also bei der Person, die am volkswirtschaftlich billigsten bestimmte Risikobereiche zu beherrschen vermag. Dies gelte schon

---

[1274] Grundlegend *Becker*, Journal of Political Economy 76 (1968), 169.

[1275] Als negativer externer Effekt wird Marktversagen bezeichnet, dessen Kennzeichen es ist, dass der Entscheider nicht alle Kosten einer Aktivität berücksichtigt. In der klassischen Definition sind dies Auswirkungen einer Aktivität auf Dritte, die der Verursacher bei rein marktlicher Ordnung nicht voll zu spüren bekommt, weder direkt noch über den Preis.

[1276] Klassisches Mittel der Spürbarmachung externer Effekte ist die Einführung einer staatlichen Abgabe, der sog. *Pigou*-Abgabe.

[1277] *Posner*, Economic Analysis of Law, S. 289; *Assmann/Kirchner/Schanze*, Ökonomische Analyse des Rechts, S. 241 ff.; vgl. auch *Manne* „Our Two Corporation Systems: Law and Economics“, Virginia Law Review 53 (1967), 259; *Easterbrook/Fischel*, Chicago Law Review 52 (1985), 89; *Hansmann/Kraakman*, Yale Law Journal 110 (2000), 387.

[1278] *Lehmann*, ZGR 1986, 345.

[1279] So auch *Kübler*, in FS Heinsius (1991); 397 ff.

[1280] Als *free rider* (Trittbrettfahrer) verhält sich eine Person, die Nutzen aus Gütern, Handlungen oder Einrichtungen zieht, ohne sich an den zu ihrer Bereitstellung entstehenden Kosten zu beteiligen.

deshalb, weil der Gesellschafter in der Regel als einziger rechtzeitig über alle für die Insolvenz relevanten Daten verfügt.

Birkholz, der diese Überlegungen aufgreift, versteht beschränkte Haftung im Regelfall als Mittel der Externalisierung von Kosten.[1281] Das Risiko des Scheiterns einer wirtschaftlichen Aktivität wird nicht vollständig von denen getragen, die das Risiko setzen, sondern zum Teil auf die Gläubiger der Gesellschaft als Externe verlagert. Das Recht stelle jedoch Mechanismen zur Verfügung, diese Kosten den Gesellschaftern wieder aufzuerlegen. Dabei nimmt er das GmbH-Recht, in concreto den Stammkapitalerhalt, die Stammkapitalaufbringung sowie die Durchgriffshaftung in den Blick. Erstere Regeln erscheinen *Birkholz* als nicht geeignet, das Auseinanderfallen von Herrschaft und Verantwortung in der GmbH zu verhindern.[1282] Die Mindestkapitalausstattung sei zu gering, als dass sie einen wirkungsvollen Kapitalschutz gewährleisten kann, und die Vorschriften der §§ 30 ff. GmbHG schützten nur vor singulären, zielgerichteten Verminderungen des haftenden Kapitals. Der Durchgriff auf die Gesellschafter als *piercing of the corporate veil*[1283] wird von *Birkholz* hingegen in den Fällen akzeptiert, in denen die beschränkte Haftung zur Externalisierung von Risiken führt. Das sei bei Deliktsgläubigern[1284] sowie dann anzuerkennen, wenn die positiven Argumente für die Zulassung der beschränkten Haftung, die nach *Birkholz* in der Kapitalsammelfunktion sowie der Minimierung der *agency costs*[1285] liegen, nicht greifen. Konkret betreffe dies kapitalmäßig kleinere Gesellschaften oder solche mit nur wenigen Mitgesellschaftern.[1286]

[1281] *Birkholz*, Untreuestrafbarkeit, S. 260 ff. mit der im Ergebnis als „utopisch" verworfenen *Posner*'schen Einschränkung, dass sich freiwillige Transaktionsgläubiger unter den Bedingungen der vollständigen Information und hinreichender Marktmacht, ihr erhöhtes Ausfallrisiko mit einer Risikoprämie vergüten lassen bzw. vergüten lassen können. Vgl. zum Problem des Gläubigerschutzes auch *Schäfer/Ott*, Lehrbuch, S. 605.

[1282] *Birkholz*, Untreuestrafbarkeit, S. 266.

[1283] So die Doktrin im amerikanischen Recht; vgl. nur *Hamilton*, The Law of Corporations, S. 81 ff.

[1284] Anders *Posner*, Economic Analysis of Law, S. 289, 294, der den Durchgriff auch bei Deliktsopfern nicht unbesehen anerkennen möchte, weil dies eine Risikoerhöhung und damit einen realer Kostenfaktor für die Anteilseigner darstellt.

[1285] *Agency costs* sind Kosten, die für die Überwachung der Tätigkeit der Geschäftsführer anfallen. Das Prinzip der beschränkten Haftung hält diese Kosten im Vergleich zu anderen Gesellschaftsformen gering, da das eingesetzte Kapital und somit die Höhe des Verlustes auf die Stammeinlage beschränkt ist.

[1286] Nach *Birkholz*, Untreuestrafbarkeit, S. 271 spricht hier einiges dafür, dass die Wahl der Rechtsform vom Gedanken der Risikoverlagerung getragen war und nicht auf Kapitalaufbringung bzw. der Minimierung der Überwachungskosten gerichtet ist.

Nach einer knappen konzernrechtlichen Stimmigkeitskontrolle leitet *Birkholz* zur strafrechtlichen Betrachtung über.[1287] Eine Ahndung mit Mitteln des Strafrechts sei von vorneherein nur in den Fällen geboten, in denen nicht bereits das Gesellschaftsrecht als „vorgeschalteter" Internalisierungsmechanismus das Auseinanderfallen von Herrschaft und Verantwortung durch die Aufgabe des Trennungsprinzips verhindere.[1288] Anders als im Gesellschaftsrecht kommt es im Strafrecht jedoch nicht zu einer Diskongruenz zwischen beidem, so dass es eines Schutzes des Gesellschaftsvermögens im Strafrecht etwa über eine Strafbarkeit nach § 266 StGB nicht bedarf. Das gewährleistet das Prinzip der Organhaftung (§ 14 StGB), wonach jedenfalls die Gesellschafter, die zumindest als faktische Geschäftsführer die Gesellschaft beherrschen,[1289] strafrechtlich zur Verantwortung gezogen werden und sie damit für die Folgen ihres Handelns unmittelbar und ohne die Möglichkeit der Abwälzung auf Dritte einstehen müssen. In Deliktskategorien gedacht bedeutet das für *Birkholz* eine Strafbarkeit nach den Kriterien des Bankrotts. Die Interessentheorie der Rechtsprechung lehnt er mit den Argumenten *Wieseners*[1290] ab.

(2) Die ökonomische Analyse des Rechts als „potentiell mangelhaftes Produkt"

Inwieweit die ökonomische Analyse des Rechts zur wissenschaftlichen Bewältigung von Rechtsproblemen beitragen kann, wird kontrovers beurteilt. Kritische Stimmen tragen vor, der Theorieansatz bilde wegen seiner Monokausalität und Modellhaftigkeit die Rechtswirklichkeit nur unzureichend ab; notwendig defizitär müssten daher auch die aus ihm abgeleiteten Anforderungen an eine angestrebte Rechtsentwicklung sein. *A. Mitchell Polinsky* bezeichnet sie in seiner Erstbesprechung von *Posners* Economic Analysis of Law als „potentiell mangelhaftes Produkt"[1291]. Angezweifelt wird die Übertragbarkeit ökonomischer Modelle auf die Rechtsordnung. Die Technik der Wirtschaftswissenschaften, relevante Daten durch eine ceteris paribus Betrachtung in den Datenkranz zu verweisen, und die damit einhergehende Ausblendung der mit diesen Daten verbundenen Problemen, dürfe nicht dazu verleiten, die Wirklichkeit an diesen utopistischen Modellen auszurichten. Das Recht wird in die Rolle einer Reparaturinstanz bei Marktversagen verwiesen, dessen Aufgabe es ist, die als effizient erkannten Marktmechanismen zu imitieren.[1292] Darüber hinaus stoßen die

[1287] *Birkholz*, Untreuestrafbarkeit, S. 271 ff., der den gesellschaftsrechtlichen Durchgriff als Spielart der Konzernverantwortlichkeit begreift.

[1288] Vgl. *Birkholz*, Untreuestrafbarkeit, S. 279 ff.; *Lehmann*, GmbHR 1992, 200 ff. (Begründung des Durchgriffs).

[1289] *Birkholz*, Untreuestrafbarkeit, S. 286 f.

[1290] Die strafrechtliche Verantwortlichkeit, S. 166.

[1291] Harvard Law Review 87 (1974), 1655.

[1292] Kritisch hierzu *Fezer*, JZ 1986, 817, 823.

Grundannahmen der Economic Analysis of Law auf Skepsis und Ablehnung; so werde etwa deren Menschenbild des REMM (resourceful, evaluative, maximizing man) dem universalen Menschenbild des Grundgesetzes, das auf sittlicher Autonomie gründet, nicht gerecht.[1293]

Sofern im deutschen Strafrecht überhaupt eine Auseinandersetzung mit den Thesen des property rights approach stattfindet, stehen deren generalpräventives Verständnis von Strafe im Mittelpunkt der Kritik.[1294] Mit klassischen Vorstellungen nur schwer zu vereinbaren ist, dass Strafe als Preis, als Gebühr für abweichendes Verhalten aufgefasst wird. Die Grenze zwischen Straftat und Gebührentatbestand wird aufgehoben, wenn derjenige handeln darf, der die Strafe von vorneherein in sein Kalkül einbezieht. Der Terminus „sozial erwünschte Straftat“ ist eine Contradictio in eo ipso, da Wesensmerkmal der Straftat ihre Sozialschädlichkeit und soziale Unerwünschtheit ist.

Praktische Anwendung soll die ökonomische Analyse des Rechts aber auch als Mittel der Folgenberücksichtigung im Rahmen der Auslegung finden. Hierbei soll sie der Ermittlung der ratio legis dienen, indem sie Aussagen über die Wirkungsweise einer Norm trifft und eine Folgenprognose einer bestimmten Auslegungsalternative zulässt.[1295] Vor dem Hintergrund der Zweckgerichtetheit des Strafrechts ordne sich die ökonomische Analyse des Rechts zwanglos in den von der teleologischen Auslegung vorgegebenen Rahmen ein. Dieser Ansatz lässt aber außer Acht, dass eine bloße Angemessenheitsberücksichtigung, also die bloße Bestimmung bestimmter Folgen als erwünscht oder unerwünscht, für eine Strafbarkeit nicht genügen kann. Die Einbeziehung der Rechtsfolgen ist nur dann überzeugend, wenn es gelingt, sie als vom Gesetzgeber erwünscht oder ihren Eintritt als vor dem Hintergrund des gesetzlichen Regelungsprogramms als angemessen darzustellen. Die der richterlichen Entscheidung zugrunde liegende Auslegung darf sich nur als Normkonkretisierung verstehen, da sich die Sanktion aus einer gesetzgeberischen Entscheidung ableiten lassen muss. Jede Betonung von Angemessenheitsgesichtspunkten läuft Gefahr, die Gleichbehandlung wirtschaftlicher Vorgänge mit der „Ablösung der Strafbarkeit von

---

[1293] Der häufig vorgetragene Einwand, dass die ökonomische Analyse des Rechts ein egoistisches Menschenbild anlege, beruht allerdings auf einem Missverständnis. Vielmehr basiert die wohlfahrtsökonomische Wertbasis auf normativem Individualismus und Non-Paternalismus, so dass es alleine auf die subjektiven Präferenzen ankommt, die auch in Altruismus bestehen können.

[1294] Vgl. nur *Werner*, KritV 1992, 433; hierzu auch kritisch *Birkholz*, Untreuestrafbarkeit, S. 178 ff.

[1295] *Birkholz*, Untreuestrafbarkeit, S. 220.

der Straftatbestandlichkeit" zu erkaufen, wie *Tiedemann* im Hinblick auf die wirtschaftliche Betrachtungsweise kritisiert.[1296]

Das ist nicht der Ort, diese allgemeine Kritik in aller Ausführlichkeit aufzugreifen und fortzuführen.[1297] Die Thesen von *Birkholz* fordern jedoch eine wenn auch auf das Wesentliche beschränkte Erwiderung heraus. Der von *Birkholz* vertretene GmbH-rechtliche Ansatz vernachlässigt den auch empirisch zu beobachtenden Effekt,[1298] dass sich der Markt das Zugestehen einer Haftungsbeschränkung mit einem bestimmten Risikoaufschlag vergüten lässt.[1299] Empirische Untersuchungen, die zwischen den einzelnen Gläubigergruppen (Banken, Arbeitnehmern, u. a.) differenzieren, widerlegen den Einwand, dem Transaktionsgläubiger fehle regelmäßig die Marktmacht, einen individuellen Risikozuschlag für das Kontrahieren mit einer potentiell unsicheren Gesellschaft auszuhandeln.[1300] Das führt dazu, dass jedenfalls bei Transaktionsgläubigern eine Externalisierung von Kosten nicht in dem Maße stattfindet, in dem *Birkholz* sie für möglich erachtet. In das durch den Preis im Vorfeld ausgehandelte Gleichgewicht darf das Recht nicht ex-post durch die Gewährung eines Ausgleichs in Form des Durchgriffs eingreifen, da dieses Vorgehen so genannte *windfall profits*[1301] generieren würde.[1302]

Lässt man das aufgezeigte empirische Material beiseite und akzeptiert mit *Birkholz* die modellhafte Möglichkeit einer Externalisierung von Kosten durch die Haftungsbeschränkung, so müsste der gesellschaftsrechtliche Durchgriff als das alleinige Mittel anerkannt werden, die Gesamtkosten einer Aktivität für die Gesellschafter hinreichend spürbar zu machen. *Birkholz* selbst erachtet dieses Internalisierungsvehikel für zulässig, soweit die beschränkte Haftung die Möglichkeit der Externalisierung von Risiken schafft.[1303] Nach dieser Prämisse ist nicht unmittelbar einsichtig, warum er nicht alle relevanten Fälle über den

---

1296 Tatbestandsfunktion, S. 54 ff.

1297 Zur Kritik an der ökonomischen Analyse des Rechts *Fezer*, JZ 1986, 817, 822 ff. und am strafrechtlichen Ansatz bei *Werner*, KritV 1992, 433.

1298 Hierzu *Kübler*, in FS Heinsius (1991) 397, 407 f.

1299 So bereits *Posner*, Economic Analysis of Law, S. 289. Dagegen *Roth*, ZGR 1986, 371 ff. mit dem Argument der fehlenden Marktmacht der Transaktionsgläubiger.

1300 Neben dem thematisierten Risikozuschlag ist empirisch auch zu beobachten, dass marktmächtige Gläubiger wie Kreditinstitute die Haftungsbeschränkung der GmbH dadurch obsolet werden lassen, dass sie eine zusätzliche Sicherstellung durch die Gesellschafter verlangen, vgl. hierzu das empirische Material bei *Meyer/Hermes*, GmbHR 2005, 807, 812.

1301 *Windfall profits* sind Gewinne, die auf zufällige günstige Umstände und nicht auf besondere unternehmerische Leistungen zurückführen sind.

1302 So auch *Roth*, ZGR 1986, 371, 374, der die Durchsetzbarkeit von Risikoprämien bezweifelt.

1303 *Birkholz*, Untreuestrafbarkeit, S. 270 f.

Durchgriff löst, sondern diesen nur bei Deliktsgläubigern, stammkapitalmäßig gering ausgestatteten Gesellschaften und Gesellschaften mit kleinem Gesellschafterkreis anerkennen möchte. Für eine strafrechtliche Sanktion bliebe nach *Birkholz* regelmäßig kein Raum, da er in Anlehnung an *Posner*[1304] eine solche Sanktion nur dann für gerechtfertigt erachtet, wenn die zivilrechtlichen Maßnahmen eine vollständige Internalisierung nicht bewerkstelligen können.[1305]

Wie oben dargestellt ist der Durchgriff auf das Gesellschaftervermögen eines der umstrittensten Probleme des Gesellschaftsrechts, dessen praktische Relevanz – mit Ausnahme der Existenzvernichtungshaftung –[1306] umgekehrt proportional zur vorhandenen Literatur ist, da es bis heute nicht gelungen ist, handhabbare Kriterien zu formulieren, nach denen eine derart einschneidende Maßnahme statthaft sein soll.[1307] In diese Diskussion greift *Birkholz* ein und verringert die materiellen Anforderungen an die Eingriffskriterien in einem kaum erträglichen Maß.[1308] So soll allein die absolute Höhe des Stammkapitals oder die bloße Anzahl der Gesellschafter über die Möglichkeit einer direkten Gesellschafterhaftung entscheiden. Dem unbestreitbaren Vorteil der einfachen Judizierbarkeit steht eine unspezifische Tatbestandsweite gegenüber, die im Ergebnis dazu führt, dass die Gesellschaftsform der GmbH in weiten Zügen entwertet wird. Für einen von vornherein festgelegten Kreis von Gesellschaften innerhalb der GmbH wird die Haftungsbeschränkung durch die Gewährung des Durchgriffs faktisch aufgehoben und damit ein Wesensmerkmal der GmbH beseitigt.[1309] Neben dem einzelnen Unternehmer hat auch der Rechtsverkehr ein legitimes Interesse an der Existenz von juristischen Personen zu dem Zweck, eine Haftungsbeschränkung der Gesellschafter auf das Gesellschaftsvermögen herbeizuführen, solange die Haftungsbeschränkung nicht missbräuchlich verwendet wird. Die Gesellschafter können durch die Beschränkung der Haftung auf das Gesellschaftsvermögen ihren Beitrag, den sie für die wirtschaftliche Unternehmung maximal aufzuwenden haben, leicht kalkulieren, da er identisch mit dem von ihnen aufgebrachten Kapital ist. Riskante wirtschaftliche Unternehmungen können erst durch die gesamtgesellschaftliche Gestattung der Haftungsbeschränkung realisiert werden, da das Risiko für die Initiatoren überschaubar bleibt.

[1304] Columbia Law Review 85 (1985), 1193, 1195.

[1305] Untreuestrafbarkeit, S. 271.

[1306] BGHZ 149, 10.

[1307] Ablehnend zur Fallgruppe der materiellen Unterkapitalisierung *Vonnemann*, Haftung der GmbH-Gesellschafter; mit beachtlichen Argumenten gegen die Anerkennung einer Durchgriffshaftung *Ehricke*, AcP 199 (1999), 257.

[1308] *Birkholz*, Untreuestrafbarkeit, S. 271.

[1309] Das ist nach BGHZ 61, 380 und BGH vom 13.7.1977, I ZR 102/75, MDR 1978, 383 nicht zulässig.

Birkholz lässt die zentrale Frage unbeantwortet, warum aus Sicht der ökonomischen Analyse des Rechts der Entzug von Mitteln einer GmbH unter Zustimmung aller Gesellschafter eine Bankrottstraftat nach sich ziehen kann. In der Diktion *Posners* ist das Verbrechen eine Umgehung des Marktes, in dem sich der Täter etwas eigenmächtig aneignet, was er auch über eine marktkonforme Transaktion hätte erhalten können.[1310] Das strafbare Verhalten verursacht externe Effekte, die es über die Strafbarkeit zu verhindern gilt, da der Markt als einzig effizientes Allokationsmittel erkannt wird. In der Weiterentwicklung dieser Ansicht sieht *Klevorick* die Straftat als einen Verstoß gegen die gesellschaftlich akzeptierte Transaktionsstruktur an.[1311] Für Vermögensdelikte mögen diese Ansätze richtige Einsichten in den Strafgrund vermitteln. Was sie nicht leisten können, ist eine trennscharfe Abgrenzung zwischen Strafbarkeit und Straflosigkeit. Wenn nur eine als „marktwidrig“ erkannte Handlung in die Strafbarkeit führen soll, müssen die Kriterien für die „Marktwidrigkeit“ bestimmt werden. Ein handhabbares Kriterium, das in jedem Einzelfall belastbare Ergebnisse zulässt, ist damit nicht gefunden. Eine Stellungnahme zu der Frage, ob es eine strafrechtlich relevante Grenze gibt, an der das Einverständnis der Gesellschafter dem Vermögensinhaber GmbH nicht mehr zuzurechnen ist, kann von *Birkholz* nicht erwartet werden, da sich diese Frage aus seiner Sicht nicht stellt. Er begnügt sich mit dem Hinweis, dass eine Internalisierung mit Mitteln des Strafrechts nicht nötig ist, soweit ein Strafgrund nicht vorliegt, weil die notwendige Internalisierung der Risiken vom Gesellschaftsrecht geleistet wird.[1312] Dieser Gedanke lässt sich allerdings nicht verallgemeinern. Wäre er richtig, so könnte die strafrechtliche Sanktion niemals neben zivilrechtlichem Schadenersatz stehen, wenn letzterer bereits vollständig für eine Spürbarmachung der Folgen gesorgt hat.

dd) Zwischenergebnis

Die bislang dargestellten Ansichten, die eine unbeschränkte Dispositionsbefugnis der Gesellschafter anerkennen, vermögen nicht zu überzeugen. Sie sind dadurch gekennzeichnet, dass sie im weitesten Umfang wirtschaftliche Erwägungen heranziehen.

b) Gesellschaftsorientierter Ansatz

Der im Folgenden vorzustellende gesellschaftsorientierte Begründungsansatz fußt auf der Tatsache, dass die Gesellschafter ihr Einverständnis mit der Vermögensauskehr nicht als Vermögensinhaber sondern als Organ abgeben. Während der Vermögensinhaber auch in gesellschaftsrechtlichen Sachverhalten stets frei

---

[1310] Columbia Law Review 85 (1985), 1193, 1202.
[1311] Columbia Law Review 85 (1985), 905.
[1312] Untreuestrafbarkeit, S. 279.

ist, eine vermögensschädigende Handlung zu billigen, muss bei der Zustimmung durch ein Organ dessen Handlungsspielraum eingehender begründet werden. Der gesellschaftsorientierte Ansatz konzentriert sich auf das Spannungsfeld zwischen handlungsunfähigem Vermögensinhaber und für ihn handelndes Organ, das bislang nicht immer hinreichend berücksichtigt worden ist. Auf der Ebene des Einverständnisses betrifft dies den Handlungsumfang der Gesellschafter, der vom Zivilrecht vorgeprägt ist und in dem sich die zivilrechtlichen Bindungen der Gesellschafter spiegeln. Schließlich wird das Ergebnis einer Stimmigkeitskontrolle unterzogen.

aa) Einverständnis und Handeln als Organ

Die unbeschränkte Dispositionsbefugnis natürlicher Personen über die ihnen uneingeschränkt zugewiesenen Vermögenspositionen im Strafrecht kann auf eine unbeschränkte Dispositionsbefugnis der Gesellschafter einer juristischen Person übertragen werden, wenn Unterschiede zwischen natürlichen und juristischen Personen nicht entgegenstehen.[1313]

Da die GmbH als juristische Person keinen natürlichen Willen bilden kann, kann auf einen im natürlichen Sinn *eigenen Willen* der Gesellschaft nicht abgestellt werden. Daher wird der Wille der hinter der Gesellschaft stehenden Gesellschafter in Form der Beschlüsse der Gesellschafterversammlung der GmbH als Organwille zugerechnet, wobei die Gesellschafter als Organ ihre Einwilligung erteilen.[1314] Nach heute herrschender Auffassung ist die Organtätigkeit Eigenhandeln der GmbH. Die Organtätigkeit tritt als selbständige Handlungsform neben die bürgerlich-rechtliche Stellvertretung. Das organschaftliche Selbsthandeln der Gesellschaft unterliegt eigenen Regeln, die sich aus der zugrunde liegenden Gesellschaftsform ableiten. Soweit sich aus der Gesellschaftsform keine Regeln ableiten lassen, werden auf das organschaftliche Selbsthandeln die Vorschriften des Stellvertretungsrechts angewandt.[1315]

Dem Stellvertreter steht die Verfügungsbefugnis regelmäßig nicht voraussetzungs- und schrankenlos zu, sondern ist durch die Bindungen im Innenverhältnis beschränkt. Das Innenverhältnis wiederum kann der Berechtigte (im Rahmen der zwingenden gesetzlichen Vorschriften) grundsätzlich nach seinem Belieben ausgestalten und den Handlungsspielraum des Vertreters einschränken oder

---

[1313] Dagegen *Birkholz*, Untreuestrafbarkeit, S. 280, allerdings mit dem Externalisierungsargument.

[1314] MünchKommBGB/*Reuter*, § 26 Rn. 11; *K. Schmidt*, Gesellschaftsrecht, § 10 I 2; *Kaufmann*, Organuntreue, S. 51.

[1315] *Beuthien*, NJW 1999, 1142, 1144 weist auf die Widersprüchlichkeit der herrschenden Organtheorie hin, wonach die juristische Person durch ihre Organe selbst handeln, dieses Organhandeln aber gleichzeitig Stellvertretung seitens der Organe sein soll.

erweitern. Die Gestaltungsfreiheit des Berechtigten ist aber nicht schrankenlos. Ihre Grenzen ergeben sich regelmäßig aus den Vorschriften, die den Schutz des Angriffsobjekts oder des Angriffssubjekts gegen derartige Angriffe zwingend vorschreiben. An die Stelle des freien Beliebens des Vermögensinhabers tritt die auch strafrechtlich relevante Pflichtenbindung des Organs aus dem Innenverhältnis zur Gesellschaft.[1316]

Der zustimmende Wille der Gesellschafter kann der Gesellschaft *zivilrechtlich* nur im Rahmen der gesellschaftsrechtlichen Vorgaben zugerechnet werden. Missachten die Gesellschafter zwingende Vorschriften des Gläubigerschutzes, wie die Schutzvorschriften der §§ 30 ff. GmbHG, so entfaltet ein solches Handeln keine Wirkung für die Gesellschaft. Bei der gesellschaftsrechtlichen Eingrenzung der Vertretungsbefugnis der Gesellschafter aus Gründen des Gläubigerschutzes handelt es sich um eine objektive Schranke, die ihre Befugnisse nicht zum Schutz der Gesellschaft sondern ihrer Gläubiger einschränkt. Auch die strafrechtliche Befugnis der Gesellschafter über das Vermögen der Gesellschaft zu verfügen, ergibt sich nicht aus einem eigenen Recht der Gesellschafter, sondern aus ihrer Stellung als Organ. Es ist daher plausibel, auch für das Strafrecht anzunehmen, dass die Handlungsmacht der Gesellschafter über das Vermögen der GmbH durch die Rechte des einwilligungsunfähigen Rechtsgutsinhabers begrenzt wird, für den sie treuhänderisch zu handeln haben.

(1) Erteilung des Einverständnisses durch einen gesetzlichen Vertreter

Handelt ein Vertreter aufgrund einer zivilrechtlich erheblichen Vollmacht und erteilt er aufgrund der Vollmacht die Zustimmung zu einer strafrechtlich relevanten Handlung, so berechtigt die Vollmacht dennoch nicht bis zu den zivilrechtlichen Grenzen der Vollmacht zu handeln, wenn er dadurch in willkürlicher Weise den Interessen des Vertretenen zuwider handelt. Gleiches gilt, wenn die Vollmacht einen gesetzlich vorgeschriebenen Umfang hat. Die Zustimmung eines Vertreters kann nur strafausschließende Kraft entfalten, wenn der Rechtsverkehr darauf vertrauen kann, dass der Vertreter „in concreto nicht in offensichtlicher Weise das Vertrauen des Vertretenen missbraucht."[1317] Soweit die Zustimmung des gesetzlichen Vertreters zu Eingriffen in Rechtsgüter des Vertretenen anerkannt wird, darf sie nur erteilt werden, wenn sie im Interesse des Vertretenen geboten ist. Es handelt es sich weder um ein Handeln in eigenem Recht,[1318] noch um ein Handeln aus dem übertragenem Recht des Vertretenen. Ausschlaggebend für die Reichweite der Vertretungsmacht sind vielmehr die

[1316] So auch im Grundsatz, jedoch mit anderer Schlussfolgerung *Sternberg-Lieben*, Die objektiven Schranken der Einwilligung, S. 84.
[1317] *Kientzy*, Der Mangel am Straftatbestand, S. 114.
[1318] So aber *Kientzy*, Der Mangel am Straftatbestand, S. 116.

Bindungen aus dem Innenverhältnis zwischen Vertreter und Vertretenem. Schranken der Zustimmungsbefugnis sind mit *Sternberg-Lieben* nur anzuerkennen, soweit sie zu dem Schutz des vertretenden Einwilligenden vor „sich selbst" dienen und zwar nicht vor den Folgen unverantworteter eigener Entscheidung, sondern vor ihn betreffenden Entscheidungen der Gesellschafter und die Reichweite der Vertretungsbefugnis zum Wohle des Vertretenen zu bestimmen ist.[1319]

Zum Vergleich kann hierzu die Parallele zum Recht der gesetzlichen Stellvertretung Minderjähriger gezogen werden. Erteilt der gesetzliche Vertreter zu einem tatbestandsmäßigen Zugriff auf die Rechtsgüter des Kindes wirksam seine Zustimmung, so beseitigt er nicht nur die zivilrechtlichen Folgen der Widerrechtlichkeit, sondern die Widerrechtlichkeit insgesamt sowie ihre strafrechtlichen Folgen.[1320] Begrenzt ist die strafrechtliche Einwilligungsbefugnis der Eltern bei Verfügungen über das von diesen Personen zu verwaltende Vermögen durch zwingende zivilrechtliche Schutznormen.[1321] Von solchen Schutzvorschriften zugunsten des Minderjährigen kann sich der Vertreter nicht dispensieren, da die gesetzliche Regelung eine typisierte Interessenbewertung darstellt, die bindend ist.[1322] Sie sind im Interesse des Minderjährigen und der Erhaltung seines Vermögens angeordnet. Die Beschränkung der elterlichen Vertretungsmacht nach §§ 1629 Abs. 2 Satz 1, 1795 BGB dient dem Schutz vor einer Gefährdung der Interessen des Minderjährigen durch einen Missbrauch der Vertretungsmacht. Auch der Minderjährige selbst könnte den Handlungsrahmen des gesetzlichen Vertreters durch sein eigenes Einverständnis nicht erweitern, wenn den Eltern rechtliche Verfügungsgrenzen gesetzt sind.[1323] Das ist sachgerecht, da der Vermögensschutz unabhängig vom Willen des Minderjährigen zu seinem

---

[1319] Die objektiven Schranken der Einwilligung, S. 84.

[1320] *Noll*, Übergesetzliche Rechtfertigungsgründe, S. 129. Hiervon ist die Einwilligung des Minderjährigen selbst zu unterscheiden. Hinsichtlich seiner Wirksamkeit werden im Wesentlichen zwei Ansichten vertreten. Die einen erachten die Einwilligung eines Minderjährigen strafrechtlich dann als wirksam, wenn er nach seiner Einsichts- und Urteilsfähigkeit Wesen, Tragweite und Auswirkung des Eingriffs voll erfasst. Eine bürgerlich-rechtliche Geschäftsfähigkeit sei nicht erforderlich (so RGSt 41, 392, 394; BGHSt 4, 88, 90; 5, 362; 12, 379; *Amelung*, ZStW 104 (1992), 525, 528). Die Gegenansicht fordert dagegen Geschäftsfähigkeit (so MünchKommStGB/*Schlehofer*, vor § 32 Rn. 122). Schönke/Schröder/*Lenckner*, StGB, vor § 32 Rn. 32 lässt bei Minderjährigen natürliche Einsichts- oder Urteilsfähigkeit bzw. Geschäftsfähigkeit notwendig sein, wenn der Rahmen des rechtlichen Dürfens erweitert werden soll, vgl. auch *Roxin*, Strafrecht AT/1, § 13 Rn. 80 ff., der in den Fällen, in denen die Einwilligung schon den Tatbestand ausschließt, nur durch die Auslegung des konkreten Merkmals die Anforderungen an die Einsichtsfähigkeit bestimmen möchte; i. E. auch *Lenckner*, ZStW 72 (1960), 446, 460 f.; anders *Labsch* Jura 1987, 415.

[1321] *Wodicka*, Untreue zum Nachteil der GmbH, S. 195.

[1322] Ebenso *Martin*, Bankuntreue, S. 119.

[1323] Vgl. *Sternberg-Lieben*, Die objektiven Schranken der Einwilligung, S. 2 Fn. 9.

Besten angeordnet ist. Welchen Maßstab der gesetzliche Vertreter an eine Einwilligung an der Stelle des Einwilligungsunfähigen abgesehen von der Beachtung gesetzlicher Schutzvorschriften anlegen muss, wird kontrovers diskutiert. *Noll* nimmt an, dass ihm bei der Verletzung von Vermögensrechten, anders als bei der Verletzung von Persönlichkeitsrechten, hinsichtlich der Einwilligungsbefugnis keine Schranken gezogen sind. Dagegen vertritt *Kientzy*, dass der gesetzliche Vertreter nur wirksam eine Einwilligung erteilen kann, wenn er sie im Interesse des Minderjährigen abgibt, da er durch die Rechte des Minderjährigen, für den er treuhänderisch handelt, in seiner Einwilligungsbefugnis beschränkt ist.[1324]

Auch bei der GmbH bestimmen zwingende Schutzvorschriften, die im Interesse des Geschäftsherrn angeordnet sind, das Einverständnis des zustimmenden Organs. Darüber hinaus ist eine Zustimmung zumindest im vermögensrelevanten Bereich mit Rücksicht auf die Interessen des Vertretenen abzugeben. So darf eine einverständnisbegrenzende Vorschrift nur angewandt werden, wenn sie dem Schutz des Vermögens des Vertretenen dient. Für die GmbH könnte man allenfalls überlegen, ob die gesetzlich angeordneten Kapitalschutzvorschriften oder ein wie auch immer geartetes „Eigeninteresse“ der Gesellschaft den Dispositionsrahmen der Gesellschafter begrenzen.

(2) Keine Anwendung der Grundsätze der mutmaßlichen Einwilligung

Kientzy bestimmt nach Vorarbeiten von *Noll* den Umfang der gesetzlichen oder gewillkürten Vertretungsmacht nach den Rechtsgrundsätzen, die für die mutmaßliche Einwilligung gelten.[1325] Bei der mutmaßlichen Einwilligung handelt es sich um ein Rechtsinstitut, das zwischen Einwilligung und rechtfertigendem Notstand steht. Dessen Kennzeichen ist, dass eine Einwilligung des Verletzten tatsächlich nicht erteilt ist, eine solche nach der Sachlage aber mit großer Wahrscheinlichkeit zu erwarten wäre, wenn der Verletzte dazu im Stande wäre. Der Rechtfertigungsgrund greift ein, wenn die Handlung im Interesse des Betroffenen vorgenommen wird und dieser vermutlich einwilligen würde, aber nicht rechtzeitig einwilligen kann.[1326] Dabei sind zwei Fälle zu unterscheiden. Im einen Fall geschieht der Eingriff in die fremde Rechtsphäre im Interesse des Betroffenen, etwa bei der Operation eines bewusstlosen Unfallopfers. Eine

---

[1324] Der Mangel am Straftatbestand, S. 116. Vgl. auch *Sternberg-Lieben*, Die objektiven Schranken der Einwilligung, S. 84; *Lenckner*, ZStW 72 (1960), 446. So auch *Noll*, Übergesetzliche Rechtfertigungsgründe, S. 126 f. bei Delikten gegen Persönlichkeitsrechte.

[1325] *Kientzy*, Der Mangel am Straftatbestand, S. 116; *Noll*, Übergesetzliche Rechtfertigungsgründe, S. 125 f.

[1326] Vgl. nur *Tröndle/Fischer*, StGB, vor § 32 Rn. 4. Ausführlich *Roxin*, Strafrecht AT/1, § 18 Rn. 3 ff. und *Wessels/Beulke*, Strafrecht AT, Rn. 380 ff.

andere Fallgruppe betrifft den Eingriff im Interesse des Handelnden selbst.[1327] Beiden Konstellationen ist gemein, dass der Täter selbst nach gewissen näher zu bestimmenden Kriterien über das verletzte Rechtsgut für den Rechtsgutinhaber disponiert. Die Rechtfertigung durch die mutmaßliche Einwilligung beruht nicht auf einer objektiven Interessenabwägung, sondern auf dem hypothetischen Willen des Rechtsgutsträgers.[1328] Es geht in beiden Fällen um ein Wahrscheinlichkeitsurteil dahin, dass der Betroffene, wenn er volle Kenntnis der Sachlage besessen hätte, von seinem persönlichen Standpunkt aus in die Handlung eingewilligt hätte. Nicht entscheidend ist dagegen, was dem wahren Wohl des Betroffenen entspricht, sondern was er vermutlich gewollt hätte, wenn er rechtzeitig zu seinen Wünschen befragt hätte werden können, mag sein Wunsch auch unvernünftig sein.[1329] Etwas anders wird die Wertabwägung von denjenigen gesehen, die die mutmaßliche Einwilligung in den Fällen, in denen im Interesse eines anderen gehandelt wird, als Unterfall des übergesetzlichen Notstandes ansehen.[1330] Der primär rechtfertigende Grund sei in diesen Fällen nicht die generelle Preisgabe des Interesses durch den Verletzten, sondern das positive Handeln in seinem Interesse. Die Handlungsbefugnis zum Eingreifen richte sich alleine nach der objektiven Wertabwägung, ein entgegenstehender Wille des Rechtsgutsträgers sei in diesen Fällen unbeachtlich.[1331]

Wie zu entscheiden ist, kann offen bleiben, da die Grundsätze der mutmaßlichen Einwilligung keinen tauglichen Erklärungsansatz für das Handeln der Gesellschafter bilden, die eine Vermögensauskehr durch den Geschäftsführer billigen. Da die Gesellschaft rechtserheblichen Willen nur durch die Gesellschafter bilden kann, führt die Unterscheidung zwischen tatsächlichen und mutmaßlichen Willen der Gesellschaft nicht weiter. Der durch die Auszahlung zum Ausdruck gekommene Wille der Gesellschaftergesamtheit stimmt gerade mit dem mutmaßlichen Willen der GmbH überein. Auf den *objektiv vernünftigen Willen* kommt es nach keiner Ansicht an, so dass ein mögliches Eigeninteresse der

[1327] Von *Wessels/Beulke*, Strafrecht AT, Rn. 384 als *Prinzip mangelnden Interesses* mit dem Beispiel vorgestellt, dass ein Bote bei der Post nicht den ihm übergebenen neuen Geldschein, den er behalten möchte, einbezahlt, sondern einen verschmutzten Geldschein aus seinem eigenen Bestand dafür verwendet.

[1328] H. M. Vgl. *Jescheck/Weigend*, Strafrecht AT, § 34 VII 2; *Hirsch*, in Leipziger Kommentar, StGB, vor § 32 Rn. 137; Schönke/Schröder/*Lenckner*, StGB, vor § 32 Rn. 56 f.

[1329] *Roxin*, Strafrecht AT/1, § 18 Rn. 5 m. w. N.; *Bockelmann/Volk*, Strafrecht AT, § 15 C II 2; anders diejenigen Autoren, die die mutmaßliche Einwilligung als Erscheinungsform des übergesetzlichen Notstands sehen wie *Noll*, Übergesetzliche Rechtfertigungsgründe, S. 137 f.; wiederum anders *Schmidhäuser*, Strafrecht AT, 5/116, der die mutmaßliche Einwilligung völlig ablehnt; ebenso *Zipf*, Einwilligung und Risikoübernahme, S. 56.

[1330] Vgl. Fn. 1329.

[1331] So *Zipf*, Einwilligung und Risikoübernahme, S. 53.

Gesellschaft unberücksichtigt zu bleiben hätte. Das entscheidende Merkmal der Zustimmung ist der Wille des Zustimmenden und nicht sein „objektives, vernünftiges“ Interesse.[1332] Eine „Verobjektivierung des Gesellschafterwillens“ ist bei der GmbH-rechtlichen Untreue nicht angezeigt.

bb) Wertungsgesichtspunkte: Keine Berücksichtigung von Gläubigerinteressen

Erkennt man als Schranke der Gesellschafterzustimmung die Interessen der Gesellschaft an, so bleibt zu entscheiden, welche Interessen der Gesellschaft das Einverständnis der Gesellschafter inhaltlich ausgestalten können. Schließlich ist darzustellen, ob Interessen Dritter als Dispositionsschranken gelten können.

(1) Dispositionsschranken beim Schutz von Drittinteressen

Es ist grundsätzlich möglich, bei der Anordnung von Dispositionsschranken Drittinteressen zu berücksichtigen. Es bietet sich an, diesen Grundsatz an einem Beispiel aus dem Einwilligungsbereich zu überprüfen. Im Bereich der Tötungs- und Körperverletzungsdelikte statuieren § 216 und § 228 StGB jeweils Einwilligungsschranken des Rechtsgutsinhabers. Die Berechtigung des strafrechtlichen Verbots einverständlicher Tötung und sittenwidriger Körperverletzung ist aber nicht aus den Interessen des Einwilligenden selbst herzuleiten.[1333] Das widerspräche dem durch die Grundrechte eröffneten Freiheitsraum des Einzelnen zum beliebigen Freiheitsgebrauch, der auch die Beendigung des eigenen Lebens bzw. die Verletzung des eigenen Körpers einschließt.[1334] Ergibt sich die Berechtigung des strafrechtlichen Verbots aber nicht aus den Interessen des Einwilligenden, so verbleiben schutzwürdige Interessen Dritter, die eine Einschränkung der Dispositionsbefugnis rechtfertigen.[1335] Diese Drittinteressen könnten im Hinblick auf § 216 StGB darin bestehen, dass zum Wohle der Allgemeinheit der einzelne nicht über das Fremdtötungsverbot verfügen darf.[1336] Über diesen Schutz Dritter vor ungewollter Lebensbeendigung kann der einwilligende

---

[1332] *Kioupis*, Notwehr und Einwilligung, S. 90.

[1333] Zu dem Spannungsfeld zwischen Leben als Individualrechtsgut und dem Interesse der Allgemeinheit an der Erhaltung von Leben *Weigend*, ZStW 98 (1986), 44, 62; *Schroeder*, ZStW 106 (1994), 565, 574 betont die aus Art. 2 Abs. 2 GG abgeleitete Unveräußerlichkeit des Lebens; Schönke/Schröder/*Lenckner*, StGB, vor § 32 Rn. 37 und Schönke/Schröder/*Eser*, StGB, § 216 Rn. 1; *Roxin*, Strafrecht AT/1, § 13 Rn. 36 mit dem Argument des Schutzes des Opfers vor sich selbst.

[1334] *Amelung*, Einwilligung in die Beeinträchtigung eines Grundrechtsgutes, S. 26.

[1335] *Amelung*, Einwilligung in die Beeinträchtigung eines Grundrechtsgutes, S. 31; *Sternberg-Lieben*, Die objektiven Schranken der Einwilligung, S. 114, 122; *Hirsch*, in Leipziger Kommentar, StGB, vor § 32 Rn. 114, der das Leben und die körperliche Unversehrtheit als Rechtsgüter begreift, die zwar dem einzelnen zugeordnet sind, bei denen aber daneben Schutzinteressen der Allgemeinheit bestehen („Universalrechtsgüter“).

[1336] *Hirsch*, in Leipziger Kommentar, StGB, vor § 32 Rn. 124.

Rechtsgutinhaber nicht hinweggehen.[1337] Gleiches gilt bei der Körperverletzung für § 228 StGB. Auch diese Schranke ist im Drittinteresse angeordnet, wobei es darum geht, hinsichtlich des Kernbereichs der Körperintegrität einen Schutz gegen Fremdschädigungen zu konstituieren.[1338] Soweit strafrechtliche Dispositionsschranken bei der Selbsttötung oder der Einwilligung zu einer Körperverletzung anzuerkennen sind, sind diese nicht im Eigeninteresse des Rechtsgutsinhabers sondern im Drittinteresse angeordnet.

(2) Gläubigerinteresse keine untreuestrafrechtlich zu beachtende Schranke der Gesellschafterzustimmung

Überträgt man diesen Grundsatz auf die GmbH-rechtliche Untreue, so könnten grundsätzlich auch Drittinteressen als Schranken der Gesellschafterzustimmung in Betracht kommen.

Das Strafrecht ist aber nur berechtigt, die nach den Vorschriften des GmbHG erfolgte Verselbständigung eines Teils des Privatvermögens der Gesellschafter nachzuvollziehen und die Einhaltung der gesellschaftsrechtlichen Verfügungsregeln zu sanktionieren, wenn dies mittels einer Norm geschieht, die auch dem Schutz dieser Vermögensinteressen dient. Zivilrechtlich wird das Vermögen der GmbH im Gläubigerinteresse gegen Zugriffe der Gesellschafter geschützt. Der Verstoß gegen diese zivilrechtlichen Verhaltenspflichten kann aber nicht mittels der Untreue sanktioniert werden, da sich der Schutzzweck der Kapitalerhaltungsvorschriften auf den Schutz der Gläubigerinteressen reduzieren lässt, wenn die Gesellschafter mit der Vermögensauskehr einverstanden sind. Ein Vermögensschutz für die Gesellschaft führt mittelbar zu einem Schutz der Gläubigerinteressen, da ihre Befriedigungsaussichten von dem Kapitalstand in der Gesellschaft abhängig sind. Auch die Erhaltung eines Mindesthaftungsfonds kommt mittelbar den Gläubigern der Gesellschaft zugute, wobei sich die Schutzwirkung auf diesen Personenkreis beschränkt, wenn die Gesellschafter mit der Vermögensauskehr einverstanden sind. Ein strafrechtlicher Schutz des Vermögensträgers ist aber nicht angezeigt, wenn von diesem Schutz ausschließlich Rechtsgüter und Interessen profitieren, die nicht im Schutzbereich der Norm liegen.[1339]

[1337] *Sternberg-Lieben*, Die objektiven Schranken der Einwilligung, S. 120.

[1338] *Hirsch*, ZStW 83 (1971), 141, 168; *ders.*, in Leipziger Kommentar, StGB, § 226 a Rn. 7; für einen Schutz sozialen Friedens als Legitimation des § 228 StGB *Göbel*, Einwilligung im Strafrecht, S. 54 f.; weitergehend anknüpfend an Schutz sozialethischer Wertvorstellungen *Tröndle/Fischer*, StGB, § 228 Rn. 2; Schönke/Schröder/*Stree*, StGB, § 228 Rn. 5; a. A. *Sternberg-Lieben*, Die objektiven Schranken der Einwilligung, S. 127 ff., der Verstoß gegen Art. 103 Abs. 2 GG wegen fehlender Bestimmtheit annimmt.

[1339] A. A. *Ziemons*, Haftung der Gesellschafter, S. 194 Fn. 54.

Es handelt sich um einen bloß reflexartigen Schutz der Gläubiger, der keinen Einfluss auf die Schutzrichtung der Untreue hat.[1340]

Dem steht auch nicht entgegen, dass der Kapitalerhalt der Gesellschaft selbst zugute kommt, weil er in Form eines Mindestbetriebskapitals für den Geschäftsbetrieb zur Verfügung steht. Dieser Schutzzweck ist für die GmbH-rechtliche Untreue unbeachtlich, wenn die Gesellschafter eine andere Verwendung des Kapitals beschließen. Für die strafrechtliche Beurteilung ist nur auf das Interesse der Gesellschafter abzustellen. Dass dem Gesellschaftsvermögen der Schutz gegenüber Zugriffen der Gesellschafter versagt ist, ist eine Frage des Innenverhältnisses der übereinstimmend handelnden Gesellschafter zu ihrer Gesellschaft. Ihr Pflichtenverhältnis untereinander und in Bezug auf die Gesellschaft ist strafrechtlich unbeachtlich, da außer der Gesellschaft keine weiteren Rechtsgutträger betroffen sind. Wer dies anders sieht, sperrt das Vermögensinteresse der juristischen Person hermetisch gegen den Einfluss der Gesellschafter und schafft eine strafrechtliche Bindung an die hypertrophen „Interessen" der Gesellschaft.[1341] *Kutzner* formuliert zu Recht, dass die Übertragung des zivilrechtlichen Gedankens nicht ohne Brüche im Normverständnis möglich sei.[1342] Der Bestandsschutzgedanke der GmbH lasse sich kaum in das vorherrschende personelle Verständnis des Rechtsgutsbegriffs einpassen. Die Verletzung der Kapitalerhaltungsvorschriften führe nach der Rechtsprechung des BGH zu einer Ausfallhaftung gegen den Schädiger. Damit sei dem Interesse der Gesellschaft und ihrer Gläubiger, den durch die Existenzgefährdung entstandenen Schaden auszugleichen, hinreichend Genüge getan. Die Statusverletzung der Gesellschaft wird zivilrechtlich mit einer Haftung sanktioniert, weil im Interesse der Gläubiger die Abwicklung der Geschäftstätigkeit der GmbH in einem geordneten Verfahren hätte erfolgen müssen.[1343]

Zwingende materielle Vorschriften des GmbH-Gesetzes, die der Erhaltung des Gesellschaftsvermögens dienen, kommen als Einwilligungsschranke nicht in Betracht, da diese ausschließlich dem Gläubigerschutz oder dem Schutz der Allgemeinheit dienen. Diese Schutzrichtung muss im Rahmen der ausschließlich vermögensbezogenen Untreue außer Betracht bleiben.[1344] *Arloth* bezeichnet

---

1340 Anders *Radtke*, GmbHR 1998, 361, 363; *Kaufmann*, Organuntreue, S. 49.

1341 So plastisch *Nelles*, Untreue zum Nachteil von Gesellschaften, S. 267.

1342 NStZ 2005, 271, 272.

1343 Vgl. auch *Birkholz*, Untreuestrafbarkeit, S. 301, der den Schutz des Stammkapitals aus gesellschaftsrechtlicher Sicht als eine Funktion des Auseinanderfallens von Herrschaft und Verantwortung begreift. Ohne Auseinanderfallen verliere der Schutz des Gesellschaftsvermögens vor den Gesellschaftern seine Berechtigung.

1344 Vgl. Roth/Altmeppen/*Altmeppen*, GmbHG, § 43 Rn. 130; Schönke/Schröder/*Lenckner/Perron*, StGB, § 266 Rn. 21; SK-StGB/*Samson/Günther*, § 266 Rn. 48; in aktueller Auflage die Verlagerung des Schutzobjekts eingängig als „Disfunktionalität des Rechtsgüterschutzes".[1345] Die Dispositionsbefugnis der zuständigen Entscheidungsträger kann nicht dadurch eingeschränkt werden, dass die Befriedigungsinteressen der Gläubiger geschützt werden.[1346] Der Schutz eines eigenständigen Gesellschaftsinteresses ist nicht anzuerkennen, da er nur mit Gläubigerschutzgesichtspunkten aufgrund der Vermögenstrennung und der Beschränkung der Haftung auf das Gesellschaftsvermögen zu begründen ist.[1347] Die herrschende Meinung gestaltet den Schutz der Gesellschaft zum Schutz ihrer aktuellen und potentiellen Gläubiger aus, denen zur Befriedigung ihrer Forderungen eine Vermögensmasse erhalten wird. § 266 StGB wird durch die Einbeziehung von Gläubigerinteressen in den Schutzgegenstand zum „vorweggenommenen Insolvenzdelikt".[1348]

Ein weiteres Argument für einen strafrechtlichen Schutz des GmbH-Vermögens lässt sich aus dem geschützten Rechtsgut gewinnen. Da geschütztes Rechtsgut alleine das Vermögen der Gesellschaft ist und die Dispositionsbefugnis der Gesellschafter nicht zusätzlich geschützt ist, kann es keine Einwilligungsschranken geben. Unerheblich ist, dass die Gesellschafter zivilrechtlich auf das Vermögen der Gesellschaft nur bis zur Grenze der Existenzgefährdung bzw. des § 30 GmbHG zugreifen können. Der Schutz des Gesellschaftsvermögens ist nicht im Interesse der Gesellschaft sondern der Gesellschaftsgläubiger angeordnet. Der gesetzlich angeordnete Schutzumfang tritt zurück, wenn alle Gesellschafter mit einer Vermögensauskehr einverstanden sind. Ein Eigeninteresse der Gesellschaft, das über den übereinstimmenden Willen der Gesellschafter hinausgeht, ist somit nicht anzuerkennen.[1349] Die im GmbH-Recht zwingend angeordneten Schranken der Vermögensauskehr (§§ 30 ff. GmbHG) finden auf das Einverständnis keine Anwendung, da sie nicht zum Schutz des Vermögens-

---

dezidiert gegen die h. M. auch *Tröndle/Fischer*, StGB, § 266 Rn. 53; ebenso *Labsch*, wistra 1985, 1, 8; *ders.*, JuS 1985, 602, 604; *Mohr*, Bankrottdelikte, S. 47 ff.; *Muhler*, wistra 1994, 283, 287; *Wehleit*, Abgrenzung von Bankrott und Untreue, S. 17 ff.; hilfsweise so *Ayasse*, Untreue im Bankenbereich, S. 57; *Winkelbauer*, wistra 1986, 17; *Reiß*, wistra 1989, 81, 84; so auch *Sternberg-Lieben*, Die objektiven Schranken der Einwilligung, S. 84 Fn. 19. *Otto*, JZ 1985, 69, 74 Fn. 164 neigt ebenfalls dieser Ansicht zu.

[1345] *Arloth*, NStZ 1990, 570, 574; *Sternberg-Lieben*, Die objektiven Schranken der Einwilligung, S. 565 f.

[1346] Vgl. *Laskos*, Untreue bei der Kreditvergabe, S. 54, der sich gegen einen Gläubigerschutz mittelbar durch den Schutz der GmbH wendet.

[1347] *Reiß*, wistra 1989, 81, 84; *ders.*, StuW 1992, 241; zustimmend *Laskos*, Untreue bei der Kreditvergabe, S. 174.

[1348] Maurach/Schroeder/Maiwald/*Maiwald*, Strafrecht BT/1, § 45 Rn. 42, der dennoch der h. M. folgt, da die zivilrechtliche Konstruktion der GmbH diese den Gesellschafterinteressen nicht völlig verfügbar mache, wie die Existenz des § 30 GmbHG zeige.

[1349] Vgl. oben S. 213 ff.

inhabers sondern fremder Dritter angeordnet sind. Ebenso wenig sind die Zustimmung zur Vermögensauskehr begrenzende Eigeninteressen der Gesellschaft anzuerkennen.

Der allgemeine Treuepflichtgedanke als Strukturprinzip des Gesellschaftsrechts kann nicht auf die Untreue übertragen werden. Ein solches Unterfangen scheitert bereits an den hergebrachten Prinzipien der Einwilligungs- bzw. Einverständnisdogmatik. Eine Dispositionsschranke aus Gläubigerinteressen ist nicht anzuerkennen, da es nicht um die Schranke der freien Entfaltung des Vermögens der GmbH, sondern um die sachgerechte Eingrenzung der Vertretungsbefugnis der Gesellschafter geht. Die in der Verletzung der Kapitalerhaltungsvorschrift des § 30 Abs. 1 GmbHG liegende Treuwidrigkeit führt nicht zur Unwirksamkeit der Einwilligung der pflichtwidrigen Handlung.[1350] Wer anders argumentiert, unterliegt einem Zirkelschluss, den *Sternberg-Lieben* plastisch mit dem Begriff der Rechtsgutvertauschung belegt.[1351]

(3) Durchgriffshaftung als Argument?

Die Anerkennung strafrechtlicher Treuepflichten der Gesellschafter gegenüber ihrer Gesellschaft wurde nicht zuletzt beeinflusst durch die Treuepflichtdiskussion im GmbH-Recht. Mittlerweile wird der Treuepflichtenansatz zur Begründung von Pflichten der einvernehmlich handelnden Gesellschafter gegenüber der Gesellschaft im Gesellschaftsrecht nicht mehr weiterverfolgt. Der BGH hat sich stattdessen einer Durchgriffshaftung zugewandt, mit der die Fälle der missbräuchlichen Verwendung der GmbH gelöst werden sollen.[1352] Mit dem Wegfall der zivilrechtlichen Basis für den Treuepflichtansatz wird auch die Anerkennung von strafrechtlichen Treuepflichten neu zu überdenken sein. Wenn auch mit anderen Vorzeichen so plädiert auch *Birkholz* gegen einen Gleichlauf der zivilrechtlichen und strafrechtlichen Situation.[1353] Wenn zivilrechtlich ein Durchgriff auf das Vermögen der Gesellschafter möglich ist, muss das zugrunde liegende Verhalten strafrechtlich nicht mehr sanktioniert werden, weil der Grund für die Sanktion das Auseinanderfallen von Verantwortung und Risiko sei, das durch die zivilrechtliche Sanktion beseitigt worden sei.

[1350] So auch *Kutzner*, NStZ 2005, 271 f. Vgl. *Achenbach*, in FS 50 Jahre BGH (2000), 593, 596 f., der es keineswegs für unerheblich hält, dass das GmbHG das Gesellschaftsvermögen als Haftungsmasse für die Gläubiger erhalten will. Die Rechtsprechung verdient in seinen Augen nur Zustimmung, wenn man den Schutz der Gläubigerinteressen als legitime Aufgabe des § 266 StGB verstehen darf.

[1351] Die objektiven Schranken der Einwilligung, S. 512 ff.

[1352] Vgl. oben S. 216.

[1353] Untreuestrafbarkeit, S. 280.

(4) Ergebnis

Die Untreuevorschrift dient dem Schutz des Vermögens des Treugebers. Nicht geschützt sind die Interessen der Gläubiger an der Aufrechterhaltung oder Sicherung einer Vermögenslage des Schuldners, die ihn in die Lage versetzt, die derzeitigen und zukünftigen Ansprüche bei Fälligkeit zu erfüllen.

c) Kein Wertungswiderspruch zur Behandlung der Vor-GmbH und der Personengesellschaft

Bei der Vor-GmbH sind ebenso wie bei der Personengesellschaft die Gesellschafter die Träger der in der Gesellschaft entstehenden Rechte und Pflichten.[1354] Ihr Einverständnis mit einem Vermögensabzug lässt daher die von der Untreue vorausgesetzte Pflichtwidrigkeit des Verhaltens des Geschäftsführers entfallen, wobei auch die bloße Herbeiführung eines Nachteils für die Gläubiger keine Strafbarkeit des Geschäftsführers wegen Untreue begründet. Solange die GmbH noch nicht im Handelsregister eingetragen ist, unterliegt das Einverständnis der Gesellschafter keinen Beschränkungen; allein maßgeblich ist der übereinstimmende Wille aller Gründungsgesellschafter.[1355] Auch der Einzelkaufmann kann sein Vermögen, auch sein betrieblich genutztes, ohne jede Vernunft unter Zuhilfenahme Dritter schmälern.[1356] Eine Untreue zu Lasten einer Gesamthandsgesellschaft liegt nicht bereits bei Schädigung des Gesamthandsvermögens vor, sondern erst, wenn zusätzlich das Vermögen der Gesellschafter beeinträchtigt ist.[1357] Die Einwilligung in die Schädigung des Gesamthandsvermögens durch die Gesellschafter beseitigt die Strafbarkeit des Geschäftsführers. Bei Zustimmung nur einzelner Gesellschafter soll eine Untreue nur zum Nachteil der nicht zustimmenden Gesellschafter in Betracht kommen.[1358] Begründet wird diese Ansicht mit dem Fehlen einer eigenen Rechtspersönlichkeit der Gesamthandsgesellschaften. Die Gesellschafter in ihrer gesamthänderischen Verbundenheit sind Adressaten der Treuepflicht, der der Geschäftsführer verpflichtet ist. Als solche können sie beliebig über ihren Schutz disponieren.[1359]

[1354] Ausführlich und entgegen der h. M. *Hentschke*, Untreueschutz der Vor-GmbH.

[1355] NK-StGB/*Kindhäuser*, § 266 Rn. 107.

[1356] Roth/Altmeppen/*Altmeppen*, GmbHG, § 43 Rn. 130; *Reiß*, wistra 1989, 81, 84, der auf die Wirksamkeit eines gläubigerschädigenden, sittenwidrigen Einverständnisses bei natürlichen Personen hinweist.

[1357] BGHSt 3, 23, 25; 34, 221, 222 f.; BGH vom 29.11.1983, 5 StR 616/83, wistra 1984, 71; vom 7.8.1984, 5 StR 312/84, wistra 1984, 226; vom 12.5.1989, 3 StR 55/89, wistra 1989, 264; vom 22.2.1991, 3 StR 348/90, wistra 1991, 183; vom 20.1.2000, 4 StR 342/99, wistra 2000, 178; vom 17.3.1987, 5 StR 272/86, NStZ 1987, 279.

[1358] Kritisch hierzu *Reiß*, wistra 1989, 81, 86.

[1359] BGHSt 3, 23, 25; so auch noch BGH, vom 20.1.2000, 4 StR 342/99, wistra 2000, 178. Gegen diese Auffassung regt sich Widerstand, der gespeist wird durch die Anerkennung der

Man könnte argumentieren, dass die zivilrechtlichen Unterschiede zwischen Gesamthandsgesellschaften und juristischen Personen in der Haftungsverfassung und Kapitalerhaltung auf die strafrechtliche Wertung durchschlagen und unterschiedliche Lösungen vorzeichnen. Die abweichende Behandlung der Kapitalgesellschaften und der Personengesellschaften könnte wegen der Vorschriften, die den Gesellschaftsgläubigern eine Haftungsmasse in der Gesellschaft aufrechterhalten, angezeigt sind. Solche Vorschriften existieren im Bereich der Personengesellschaften nicht. Zudem ist das in der Personengesellschaft organisierte Vermögen verselbständigtes Privatvermögen, das den gleichen Regeln zu unterwerfen ist, wie sonstiges Privatvermögen. Dagegen ist einzuwenden, dass alleine die Existenz von Kapitalerhaltungsvorschriften eine unterschiedliche Behandlung von Kapital- und Personengesellschaften aber noch nicht geboten erscheinen lässt. Ein Wertungswiderspruch ergäbe sich nur, wenn die Straflosigkeit des Geschäftsführers bei der GmbH im Verhältnis zur strafrechtlichen Konsequenz für die Gesellschafter einer Personengesellschaft schlechthin unerträglich wäre.

Wer ein indisponibles Bestandsinteresse der GmbH im Bereich des § 30 GmbHG und bei einer Existenzvernichtung anerkennt, setzt sich einem Widerspruch aus, wenn er gleichzeitig für den Vermögensschutz der Personenhandelsgesellschaften und der Vor-GmbH eine Zustimmung der Gesellschafter ausreichen lässt. Dies gilt jedenfalls dann, wenn der strafrechtliche Schutz von Gläubigerinteressen rechtsformneutral zu sein hätte und nicht davon abhängig, ob eine Kapitalgesellschaft oder eine Personengesellschaft betroffen ist. Vermeiden lässt sich dieser Widerspruch durch die Anerkennung einer unbeschränkten Dispositionsbefugnis der Gesellschafter der GmbH.

d) Keine Strafbarkeitslücken wegen der Strafbarkeit als Bankrott

Als Argument gegen eine unbeschränkte Dispositionsbefugnis der Gesellschafter wird vorgebracht, dass damit Strafbarkeitslücken heraufbeschworen werden. Strafbares Verhalten des Geschäftsführers ließe sich nur durch eine Anwendung der Untreuevorschriften in den Griff bekommen. Das Gegenteil ist richtig. Die Rechtsprechung muss die Untreuevorschriften heranziehen, da sie sich den Weg ins Bankrottstrafrecht versperrt hat. Würde sie ihr fehlerhaftes Verständnis des Vertretungsbezugs bei den Bankrottdelikten korrigieren, dann könnte strafwürdiges Verhalten der Geschäftsführer mittels der Insolvenzdelikte bestraft wer-

---

eigenen Rechtssubjektivität der GbR durch den BGH (Urteil vom 29.1.2001, II ZR 331/2000); vgl. nur *Grunst*, BB 2001, 1537; so schon *Schäfer*, GmbHR 1993, 717, 720 (zur Vor-GmbH); *Schäfer*, NJW 1983, 2850, 2851 (zur GmbH & Co. KG). So auch *Kohlmann*, Strafrechtliche Verantwortlichkeit, Rn. 195; *ders.*, in FS Geerds (1995), 675, 680.

den.[1360] Wer den Geschäftsführer bei einer stammkapitalwidrigen oder existenzgefährdenden Auszahlung hingegen wegen Untreue bestraft, verschiebt die Deliktsgrenzen und weitet § 266 StGB entgegen der gesetzgeberischen Intention zu Lasten der originär gläubigerschützenden Bankrottvorschriften aus.[1361] Verhalten des Geschäftsführers, das außerhalb einer Unternehmenskrise straflos sein müsste, wird so unter Außerachtlassung der gesetzlich normierten tatbestandlichen Voraussetzungen durch systemwidrige Ausweitung der Untreue bestraft.

aa) Ausdehnung des Anwendungsbereichs der Bankrotttatbestände

Die Rechtsprechung hat sich den Weg ins Insolvenzrecht mit seiner restriktiven Auslegung des § 14 Abs. 1 Nr. 1 StGB verstellt.[1362] Die Kritik zielt gegen die Interessenformel des BGH, die zu einer zu weitgehenden Einschränkung der Bankrottstrafbarkeit und zu einer Überdehnung des Anwendungsbereichs der Untreuevorschriften führt.

(1) Interessentheorie der Rechtsprechung

§ 14 Abs. 1 Nr. 1 StGB bestimmt, dass ein Gesetz, nach dem besondere persönliche Eigenschaften, Verhältnisse oder Umstände (besondere persönliche Merkmale) die Strafbarkeit begründen, auch bei dem anzuwenden ist, der als vertretungsberechtigtes Organ einer juristischen Person oder als Mitglied eines solchen Organs handelt. „Als" Organ handelt nur, wer in Wahrnehmung eines Aufgabenkreises für den Vertretenen tätig wird. Darüber hinaus verlangt die

---

[1360] Zu weitgehend aber *Arloth*, NStZ 1990, 570, 573, für den die Strafbarkeit wegen Untreue eine Ausdehnung des Strafrechtsschutzes bedeutet, *weil* die Strafbarkeit wegen Untreue bereits eintreten kann, wenn die Voraussetzungen für eine Strafe nach §§ 283 ff. StGB noch nicht vorliegen. Dass ein Verhalten nicht wegen Bankrott strafbar ist, ist kein Argument gegen eine Strafbarkeit wegen Untreue. Weder stellt das Strafrecht ein lückenloses System darstellt, in dem die Tatbestände, die vergleichbares Verhalten unter Strafe stellen, aneinander anschließen. Der Gesetzgeber ist bei der Schaffung straftatbestandlich vertypten Unrechts frei.

[1361] *Mohr*, Bankrottdelikte, S. 75; *Muhler*, wistra 1994, 283, 287.

[1362] Nicht vergessen werden sollte, dass die restriktive Handhabung der Bankrottdelikte durch die Rechtsprechung für den Beschuldigten häufig günstig ist. Anders als eine Verurteilung wegen Bankrotts zieht die Bestrafung wegen Untreue keine Amtsunfähigkeit nach sich (§§ 6 Abs. 2 GmbHG; vgl. aber Art. 11 des Entwurfs eines Gesetzes zur Sicherung von Werkunternehmeransprüchen und zur verbesserten Durchsetzung von Forderungen [Forderungssicherungsgesetz] vom 2.2.2006 zur Erweiterung des Negativkatalogs. Kritisch dazu *Drygala*, ZIP 2005, 423.). Bei der Untreue ist Versuch und fahrlässiges Verhalten nicht strafbar und die Strafverfolgungsverjährung beginnt bereits mit Eintritt des Schadens zu laufen, während dies beim Bankrott erst mit Eintritt der objektiven Strafbarkeitsbedingung der Fall ist; vgl. auch *Pelz*, Strafrecht in Krise und Insolvenz, Rn. 297.

Rechtsprechung für eine Wahrnehmung „als" Organ, dass die Person (wenigstens auch) *im Interesse des Vertretenen* tätig wird.[1363]

Die Interessentheorie nimmt ihren Ausgangspunkt in der Rechtsprechung des Reichsgerichts in RGSt 42, 278 zu § 83 GmbHG a. F. Wer unter Ausnutzung seiner Stellung im eigenen Interesse handelt, begeht die Tat nicht „als" Organ, so dass § 14 StGB auf ihn keine Anwendung findet. Wann ein ausschließliches Eigeninteresse des Vertreters oder wenigstens auch ein Fremdinteresse zugunsten des Vertretenen vorliegt, wird innerhalb der Interessentheorie unterschiedlich beurteilt. Der BGH stellt auf offenbar objektiv verstandene „wirtschaftliche Gesichtspunkte" ab.[1364] In der Literatur wurde demgegenüber vorgeschlagen, das Interesse subjektiv aus der Perspektive des Organs zu bestimmen.[1365] Handelt der Geschäftsführer ausschließlich im Eigeninteresse, so kommt nach der Rechtsprechung des BGH eine Strafbarkeit nach § 266 StGB in Betracht, ist das Handeln sowohl von Eigen- als auch von Fremdinteresse getragen, stehen Bankrottdelikt und Untreue in Idealkonkurrenz nebeneinander.[1366] Da sich kaum jemals ein Handeln im Eigeninteresse des Geschäftsführers ergeben wird, sind die Bankrottdelikte im Bereich der GmbH praktisch ohne Anwendungsbereich.[1367]

(2) Ersatz der Interessentheorie durch eine funktionale Betrachtung oder ein Zurechnungsmodell

Die Interessentheorie ist in der Literatur auf erhebliche Bedenken gestoßen. Bereits der unterschiedliche Schutzzweck der Untreue und der Bankrottdelikte sollte Anlass sein, die Strafbarkeitsbedingungen beider Delikte unabhängig voneinander zu bestimmen.

Lenckner hat die sogenannte *Funktionstheorie* begründet.[1368] Danach genügt es, wenn das Handeln „seiner Art nach als Wahrnehmung der Angelegenheiten des Vertretenen" erscheint. Im Falle rechtsgeschäftlichen Handelns liege ein objektiver Vertretungsbezug bei Handeln im Namen des Vertretenen vor. Bei fakti-

---

1363 Ständige Rechtsprechung. Vgl. BGHSt 28, 371; 30, 127; 34, 221. Dazu auch *Schünemann*, in Leipziger Kommentar, StGB, § 14 Rn. 50.

1364 BGH vom 21.5.1969, 4 StR 27/69, NJW 1969, 1494; BGHSt 30, 127, 128 f.; vgl. auch MünchKommStGB/*Radtke*, § 14 Rn. 59.

1365 *Blauth*, Handeln für einen anderen S. 140 f.; *Schünemann*, in Leipziger Kommentar, StGB, § 14 Rn. 51 möchte dagegen das Interesse nach wirtschaftlichen Gesichtspunkten bestimmen.

1366 BGHSt 28, 371, 372; BGHSt 30, 127.

1367 *Tiedemann*, in Leipziger Kommentar, StGB, vor § 283 Rn. 80; MünchKommStGB/*Radtke*, vor § 283 Rn. 55; NK-StGB/*Kindhäuser*, vor § 283 Rn. 53.

1368 In Schönke/Schröder, StGB, § 14 Rn. 26.

schem Verhalten erfordere der Vertretungsbezug dagegen, dass die Tätigkeit ihrer Art nach als Wahrnehmung der Angelegenheiten des Vertretenen erscheint.[1369] Verändert der Geschäftsführer einer GmbH die Handelsbücher so, dass sie keine Übersicht des Vermögenszustands gewähren, so ist er nach *Lenckner* auch nach § 283 Abs. 1 Nr. 5 StGB strafbar, wenn er dies nicht im Interesse der Gesellschaft, sondern deswegen getan hat, um von eigenen Unregelmäßigkeiten abzulenken.[1370] *Schünemann* lehnt die Funktionstheorie von *Lenckner* ab, weil eine solche Handlung nicht dem Schuldner dient, so dass der Vertreter nicht an der Stelle des strafrechtlich Verantwortlichen steht. Es darf ihn deshalb nicht die für den Schuldner bestimmte Haftung treffen. *Schünemann* hat eine *Garantentheorie* entwickelt, nach der ein Vertreter auch wegen Exzesstaten haftet, bei denen es um Handeln ausschließlich im eigenen Interesse geht.[1371] Einen weiteren Ansatz verfolgt *Radtke* mit einem Zurechnungsmodell, wonach sich der in § 14 Abs. 1 und Abs. 2 StGB verlangte Vertretungsbezug wesentlich als eine Frage der Zurechenbarkeit des Vertreterverhaltens zum Vertretenen darstellt.[1372] Von einem Handeln „als" Vertreter kann nur ausgegangen werden, wenn das Vertreterhandeln im Zusammenhang mit der übernommenen Pflicht steht. Das Verhalten des Vertreters muss sich in einem normativen Sinn als ein Verhalten des Vertretenen selbst darstellen. Eine notwendige Voraussetzung dafür ist, dass das Handeln sich im Geschäftskreis des Vertretenen abspielt. Dazu können im Einzelfall weitere Voraussetzungen treten. *Radtke* erkennt bei rechtsgeschäftlichem Verhalten einen Vertretungsbezug dann an, wenn entweder im Namen des Vertretenen gehandelt wird oder die Rechtswirkungen des Geschäfts den Vertretenen treffen, etwa im Fall der Genehmigung. *Reiß* erinnert weiter daran, dass sich die strafbarkeitsausschließende Zurechnung (zivil-)rechtswidrigen Organverhaltens auch im Strafrecht nicht verbietet.[1373] Ein Versagen der Zurechnung führe vielmehr dazu, dass das schädigende Organverhalten sowohl im Rahmen der Untreue als auch bei der Bankrottstrafbarkeit zu Lasten des Geschäftsführers berücksichtigt werden müsse. *Radtke* hält die Diskussion zu stark auf den Vertretungsbezug fokussiert und verlagert die Abgren-

---

[1369] Schönke/Schröder/*Lenckner/Perron*, StGB, § 266 Rn. 26. Teilweise abweichend stellt *Labsch*, wistra 1985, 59, 60 darauf ab, ob der Vertreter die tatsächlichen oder rechtlichen Handlungsmöglichkeiten ausnutzt, die ihm seine Organstellung bietet. Vgl. auch *Tiedemann*, NJW 1986, 1842, 1844. Zur Kritik MünchKommStGB/*Radtke*, § 14 Rn. 60.

[1370] Vgl. aber auch BGH vom 18.1.1995, 2 StR 693/94, wistra 1995, 146, 147, wo das Gericht einer Verurteilung wegen § 283 Abs. 1 Nr. 5 StGB nicht entgegenstehen hat lassen, dass die Buchführungsmanipulationen zur Verdeckung finanzieller Unregelmäßigkeiten zu eigenen Zwecken vorgenommen worden sind.

[1371] Unternehmenskriminalität, S. 153, 229.

[1372] In MünchKommStGB, § 14 Rn. 62; ansatzweise *ders.*, GmbHR 1998, 361, 368 f. Vgl. auch *Reiß*, wistra 1989, 81, 84.

[1373] *Reiß*, wistra 1989, 81, 84.

zung zwischen Untreue und Bankrott auf eine andere Ebene. Weder die Interessentheorie noch die funktionale Betrachtung seien als allgemeine und alleinige Kriterien des Vertretungsbezugs geeignet.[1374] Ein Vertreter handelt nach seiner Auffassung „als" Vertreter, wenn das Vertreterhandeln sich in einem normativen Sinn als ein Verhalten des Vertretenen selbst darstellt.

Die Bankrottvorschriften schützen die Gläubigerinteressen nicht vor beliebigen Beeinträchtigungen, sondern nur, wenn der Schuldner seinen Vermögensbestand unerlaubt riskant reduziert.[1375] Sperrwirkung für die Anwendung der Untreuevorschriften entfalten sie nur, wenn der Gesetzgeber ersichtlich andere Verhaltensweisen nicht unter Strafe stellen wollte. Das Ziel einer lückenlosen und überschneidungsfreien Erfassung allen potentiell strafbaren Verhaltens im Grenzbereich zwischen Bankrott und Untreue lässt sich nur durch eine Abstimmung der Strafbarkeitskriterien beider Tatbestände im Sinne einer Spiegelbildlichkeit erzielen.[1376] Als maßgebendes Kriterium ist auf das Einverständnis selbst abzustellen, wobei Maßnahmen des Geschäftsführers ohne Zustimmung der Gesellschafter der Untreue unterfallen, während solche mit Zustimmung unter den Voraussetzungen der §§ 283 ff. StGB als Bankrott zu bestrafen sind.[1377] Fällt ein Verhalten des Geschäftsführers nicht unter die Bankrottvorschriften, so bleibt es straflos.

bb) Ergebnis

Strafrechtlich relevante Grenzen der Gesellschafterzustimmung sind nicht anzuerkennen, sofern die Gesellschafter einvernehmlich über die Vermögensinteressen der GmbH disponieren. Die Gesellschafter sind frei, über das Vermögen der Gesellschaft zu verfügen. Wertungswidersprüche zur Behandlung der Personengesellschaften ergeben sich nicht. Bei einer sachgerechten Identifikation des Täterkreises bei den Bankrottdelikten können Strafbarkeitslücken vermieden werden.

[1374] In MünchKommStGB, § 14 Rn. 61.

[1375] NK-StGB/*Kindhäuser*, vor § 283 Rn. 56.

[1376] *Arloth*, NStZ 1990, 570, 571; *Flum*, Strafrechtlicher Schutz der GmbH, S. 28 ff.; *Muhler*, wistra 1994, 283, 286; *Reiß*, wistra 1989, 81, 83; *Wehleit*, Abgrenzung von Bankrott und Untreue, S. 68; *Winkelbauer*, wistra 1986, 17.; zustimmend auch *Ziemons*, Haftung der Gesellschafter, S. 196 Fn. 68.

[1377] *Arloth*, NStZ 1990, 570, 574; *Muhler*, wistra 1994, 283, 287; *Reiß*, wistra 1989, 81, 82, der konsequenterweise die Krise als Schranke der Einwilligung andenkt. *Reiß*, StuW 1992, 241.

Zusammenfassung der wesentlichen Ergebnisse

A. Rechtshistorische Entwicklung der GmbH-rechtlichen Untreue

1. Das Reichsgericht hat unter der Geltung des § 266 StGB a. F. keine Schranken der Dispositionsbefugnis der Gesellschafter über das Vermögen der Gesellschaft festgelegt.

2. Die Rechtsprechung zu den Schranken des Einverständnisses der Gesellschafter unter der Geltung des § 81 a GmbHG a. F. war uneinheitlich. Das Reichsgericht hat nicht und der BGH erst relativ spät zu Dispositionsschranken der Gesellschafter Stellung genommen und definierte Grenzen der Einflussnahme erst in BGHSt 9, 203 genannt.

3. Der BGH hat Grenzen der Einflussnahme der Gesellschafter aus dem „Wesen der Gesellschaft" abgeleitet und jedenfalls die Kapitalerhaltungsvorschriften darunter subsumiert.

B. Die GmbH-rechtliche Untreue bei § 266 StGB

I. Rechtsgut bei der GmbH-rechtlichen Untreue

4. Geschütztes Rechtsgut der Untreue ist das Vermögen.

5. Die Gläubigerinteressen sind nicht Schutzobjekt der Untreue. Sie sind allenfalls reflexartig geschützt.

II. Vermögenszuordnung bei der GmbH

6. Die GmbH ist auch strafrechtlich Zurechnungssubjekt von Rechten und Pflichten. Die zivilrechtliche Vermögenszuordnung auf die juristische Person selbst ist in das Strafrecht zu übernehmen.

III. Vermögensbetreuungspflicht

7. Tauglicher Täter der Untreue zu Lasten der GmbH ist ihr Geschäftsführer. Dies gilt sowohl für den ordnungsgemäß bestellten Geschäftsführer und für den Gesellschafter, der Geschäftsführungsaufgaben faktisch nach außen hin wahrnimmt.

8. Beschränkt sich ein Gesellschafter auf die Wahrnehmung seiner Gesellschafterrechte, dann unterliegt er keiner Vermögensbetreuungspflicht. Dies gilt auch dann, wenn er durch die Ausübung seines Weisungsrechts die Geschicke der Gesellschaft maßgebend beeinflussen kann.

9. Gesellschaftsrechtliche Pflichten kommen nur als untreuespezifische Pflichten in Betracht, wenn sie einen Vermögensbezug aufweisen. Die Verletzung von

Ordnungsvorschriften oder nicht vermögensrelevanten Pflichten ist strafrechtlich bedeutungslos.

10. Der strafrechtlich relevante Pflichteninhalt ist im Hinblick auf die Aufgaben des Strafrechts objektiv und mit den Mitteln des Strafrechts aus den gesellschaftsrechtlichen Pflichten heraus zu bestimmen.

11. Der Schutzzweck der Untreue bedingt, dass nur vermögensrelevante Pflichtverletzungen strafbegründend sein können.

12. Wenn keine zivilrechtliche Pflicht besteht oder verletzt ist, kann im Einzelfall ein Verstoß gegen das strafrechtliche Schädigungsverbot zur Strafbarkeit führen.

IV. Pflichtverletzung

13. Der Treuebruchtatbestand ist bei Handeln eines faktischen Geschäftsführers oder bei Schädigung der Gesellschaft durch ein nicht rechtsgeschäftliches Handelns einschlägig. In allen anderen Fällen kommt der Missbrauchstatbestand zum Tragen.

14. Diese Grundsätze gelten auch in der Einpersonen-Gesellschaft.

V. Zustimmung der Gesellschafter

Einordnung des zustimmenden Willens in strafrechtliche Kategorien

15. Die Zustimmung des Geschäftsherrn ist bei der Untreue als Einverständnis zu werten, das straftatsystematisch die Verwirklichung des Tatbestandsmerkmals der Pflichtwidrigkeit einer Vermögensverfügung entfallen lässt.

16. Das Einverständnis ist einer Stellvertretung zugänglich.

17. Das Einverständnis kann bei einem Kollektivorgan auch durch Mehrheitsentscheidung erteilt werden. Die Frage der strafrechtlichen Dispositionsbefugnis der Gesellschafter über das Gesellschaftsvermögen stellt sich bei einer Mehrheitsentscheidung in gleicher Weise wie bei der Zustimmung aller Gesellschafter.

Anerkennung von Dispositionsschranken bei Verfügung der Gesellschafter über das Vermögen der GmbH

18. Beim Einverständnis als „Subsumptionsproblem tatbestandlicher Auslegung“ sind Dispositionsschranken des Berechtigten nicht anzuerkennen.

19. Bei der GmbH-rechtlichen Untreue können sich Dispositionsschranken der Gesellschafter daraus ergeben, dass sie nicht aus eigenem Recht tätig werden, sondern in ihrer Eigenschaft als Organ für die Gesellschaft handeln.

20. Die Gesellschafter als oberstes Willensbildungsorgan der GmbH können über deren Vermögensinteressen frei und schrankenlos disponieren. Das gilt auch bei einer Unterdeckung oder einer Existenzgefährdung.

21. Der allgemeine Treuepflichtgedanke als Strukturprinzip des Gesellschaftsrechts kann auf die vermögensbezogene Untreue nur übertragen werden, wenn Vermögensinteressen der Gesellschafter berührt sind.

22. Die in der Verletzung der Kapitalerhaltungsvorschrift des § 30 Abs. 1 GmbHG liegende Treuwidrigkeit führt nicht zur Unwirksamkeit der Einwilligung der pflichtwidrigen Handlung, wenn alle Gesellschafter mit der Maßnahme einverstanden sind.

23. Die Verneinung von Dispositionsschranken der Gesellschafter bei der Verfügung über das Gesellschaftsvermögen führt nicht zu einem Wertungswiderspruch mit der Behandlung der Vor-GmbH und den Personenhandelsgesellschaften.

24. Bestraft man den Geschäftsführer bei einer stammkapitalwidrigen oder existenzgefährdenden Auszahlung wegen Untreue, so kommt es zu einer Verschiebung der Deliktsgrenzen und zu einer unzulässigen Ausweitung des § 266 StGB zu Lasten der originär gläubigerschützenden Bankrottvorschriften.

Literaturverzeichnis

Achenbach, Hans: Aus der 1987/88 veröffentlichten Rechtsprechung zum Wirtschaftsstrafrecht, NStZ 1989, 497

ders.: Diskrepanzen im Recht der ahndenden Sanktionen gegen Unternehmen, in FS Stree und Wessels (1993), 545

ders.: Schwerpunkte der BGH-Rechtsprechung zum Wirtschaftsstrafrecht, in FS 50 Jahre BGH (2000), 593

ders.: Zivilrechtsakzessorietät der insolvenzrechtlichen Krisenmerkmale?, in GS Schlüter (2002), 257

Achenbach, Hans; Ransiek, Andreas: Handbuch Wirtschaftsstrafrecht (HWSt), Heidelberg, 2004

Achenbach, Hans; Wannemacher, Wolfgang J.: Beraterhandbuch zum Steuer- und Wirtschaftsstrafrecht, Herne, 1997

Adams, Michael: Ökonomische Analyse der Gefährdungs- und Verschuldenshaftung, Heidelberg, 1985

ders.: Der Markt für Unternehmenskontrolle und sein Missbrauch, AG 1989, 333

Altmeppen, Holger: Abschied vom „qualifiziert faktischen" Konzern – Verflechtungen im faktischen Unternehmensverbund und ihre Auswirkungen, Heidelberg, 1991

ders.: Anmerkung zu BGH vom 23.06.1997 – II ZR 220/95, JZ 1997, 967

ders.: Grundlegend Neues zum „qualifiziert faktischen" Konzern und zum Gläubigerschutz in der Einmann-GmbH – Zugleich Besprechung von BGH vom 17.9.2001 – II ZR 178/99, ZIP 2001, 1837

ders.: Ausfall- und Verhaltenshaftung des Mitgesellschafters in der GmbH, Zugleich Besprechung von BGH vom 25.2.2002 – II ZR 196/00, ZIP 2002, 961

ders.: Gesellschafterhaftung und „Konzernhaftung" bei der GmbH, NJW 2002, 321

ders.: Zur Entwicklung eines neuen Gläubigerschutzkonzeptes in der GmbH, Zugleich Besprechung von BGH vom 24.6.2002 – II ZR 300/00, ZIP 2002, 1553

Amelung, Knut: Die Einwilligung in die Beeinträchtigung eines Grundrechtsgutes – Eine Untersuchung im Grenzbereich von Grundrechts- und Strafrechtsdogmatik, Berlin, 1981

ders.: Über die Einwilligungsfähigkeit (Teil I), ZStW 104 (1992), 525

Amelung, Knut; Eymann, Frieder: Die Einwilligung des Verletzten im Strafrecht, JuS 2001, 937

Arloth, Frank: Zur Abgrenzung von Untreue und Bankrott bei der GmbH, NStZ 1990, 570

Arzt, Gunther: Willensmängel bei der Einwilligung, Frankfurt am Main, 1970

ders.: Strafrechtlicher Schutz der Intimsphäre – Vom zivilrechtlichen Persönlichkeitsschutz her betrachtet, Tübingen, 1976

ders.: Zur Untreue durch befugtes Handeln, in FS Bruns (1978), 365

Arzt, Gunther; Weber, Ulrich: Strafrecht, Besonderer Teil, Bielefeld, 2000

Assmann, Heinz-Dieter; Kirchner, Christian; Schanze, Erich: Ökonomische Analyse des Rechts, Kronberg, 1978

Auer, Martin: Gläubigerschutz durch § 266 StGB bei der einverständlichen Schädigung einer Gesellschaft mit beschränkter Haftung, Berlin, 1991

Ayasse, Horst: Untreue im Bankenbereich bei der Kreditvergabe, Tübingen, 1990

Bähr, Biner; Hoos, Jan-Philipp: Anmerkung zu BGH vom 24.11.2003 – II ZR 171/01, GmbHR 2004, 304

Ballerstedt, Kurt: Kapital, Gewinn und Ausschüttung bei Kapitalgesellschaften, Eine gesellschaftsrechtliche Betrachtung, Tübingen, 1949

Barta, Sebastian: Das Kapitalschutzsystem von GmbH und AG – Inhalt und Zweck der Regelungen über Stamm- bzw. Grundkapital, Zugleich Anmerkung zum Referentenentwurf eines „Gesetzes zur Neuregelung des Mindestkapitals der GmbH (MindestkapG)“, GmbHR 2005, 657

Bauer, Markus: Gläubigerschutz durch eine formelle Nennkapitalziffer, Kapitalgesellschaftsrechtliche Notwendigkeit oder überholtes Konzept, 1995

Baumann, Jürgen: Pönalisierung von Kaufverträgen durch Eigentumsvorbehalt, ZStW 68 (1956), 522

Baumann, Jürgen; Weber, Ulrich; Mitsch, Wolfgang: Strafrecht Allgemeiner Teil, Lehrbuch, Bielefeld, 11. Aufl. 2003

Baumbach, Adolf; Hueck, Alfred: GmbH-Gesetz, München, 18. Aufl. 2006

Bayer, Walter: Zentrale Konzernfinanzierung, Cash Management und Kapitalerhaltung, in FS Lutter (2000), 1011

Bayer, Walter; Lieder, Jan: Darlehen der GmbH an Gesellschafter und Sicherheiten aus dem GmbH-Vermögen für Gesellschafterverbindlichkeiten – Besprechung der Entscheidung BGHZ 157, 72, ZGR 2005, 133

Beckemper, Katharina: Anmerkung zu BGH vom 6.12.2001 – 1 StR 215/01, NStZ 2002, 324

dies.: Untreuestrafbarkeit des GmbH-Gesellschafters bei einverständlicher Vermögensverschiebung, GmbHR 2005, 592

Becker, Gary S.: Crime and Punishment: An Economic Approach, The Journal of Political Economy 76 (1968), 169

Becker, Jörn: Das gesellschaftsrechtliche Wettbewerbsverbot in der Einmann-GmbH – Zugleich ein Beitrag zu Begründung und Umfang der Treuepflicht, Frankfurt am Main, 1997

Beling, Ernst von: Die Lehre vom Verbrechen, Aalen, 1964

Beulke, Werner: Anmerkung zu BGHSt 48, 331, JR 2005, 37

Beuthien, Volker: Zur Theorie der Stellvertretung im Gesellschaftsrecht, in FS Zöllner I (1998), 87

ders.: Gibt es eine organschaftliche Stellvertretung?, NJW 1999, 1142

Bierling, Ernst Rudolf: Juristische Prinzipienlehre. Erster Band, Aalen, 1961

Binding, Karl: Handbuch des Strafrechts, Leipzig, 1885

ders.: Lehrbuch des Gemeinen Deutschen Strafrechts, Besonderer Teil, 1. Band, Leipzig, 2. Aufl. 1902

ders.: Die Normen und ihre Übertretung, Band 1: Normen und Strafgesetze, Eine Untersuchung über d. rechtmäßige Handlung u. d. Arten d. Delikts, Aalen, 1965

Birkholz, Matthias: Untreuestrafbarkeit als strafrechtlicher „Preis" der beschränkten Haftung, Berlin, 1998

Birnbaum, J. M. F.: Über das Erfordernis einer Rechtsverletzung zum Begriff des Verbrechens mit besonderer Rücksicht auf den Begriff der Ehrenkränkung, Neues Archiv des Criminalrechts 15 (1834), 149

Bitter, Georg: Konzernrechtliche Durchgriffshaftung bei Personengesellschaften, Köln, 2000

ders.: Der Anfang vom Ende des „qualifiziert faktischen GmbH-Konzerns" – Ansätze einer allgemeinen Missbrauchshaftung in der Rechtsprechung des BGH, WM 2001, 2133

ders.: Rechtsperson und Kapitalerhaltung, ZHR 168 (2004), 302

Bittmann, Folker; Pikarski, Stefan: Strafbarkeit der Verantwortlichen der Vor-GmbH, wistra 1995, 91

Bittmann, Folker; Richter, Susann: Zum Geschädigten bei der GmbH- und KG-Untreue, wistra 2005, 51

Blauth, Peter: „Handeln für einen anderen" nach geltendem und kommendem Strafrecht, Heidelberg, 1968

Blei, Hermann: Strafrecht II Besonderer Teil, München, 12. Aufl. 1983

ders.: Strafrecht Allgemeiner Teil, München, 12. Aufl. 1996

Bockelmann, Paul: Literaturbericht – Besprechung von Baumann, Der strafrechtliche Schutz bei den Sicherungsrechten des modernen Wirtschaftsverkehrs, ZStW 69 (1957), 267

Bockelmann, Paul; Volk, Klaus: Strafrecht Allgemeiner Teil, München, 4. Aufl. 1987

Bormann, Michael: Kapitalerhaltung bei Aktiengesellschaft und GmbH nach dem Referentenentwurf zum MoMiG, DB 2006, 2616

Brammsen, Jörg: Strafbare Untreue des Geschäftsführers bei einverständlicher Schmälerung des GmbH-Vermögens?, DB 1989, 1609

Braums, Stefan: Zur Strafbarkeit des „goldenen Handschlags" wegen Untreue (§ 266 StGB) – rechtliche Überlegungen zum Fall Mannesmann, KritV 2004, 67

Bringewat, Peter: Scheckkartenmissbrauch und nullum crimen sine lege, GA 1973, 353

ders.: Finanzmanipulation im Ligafußball – ein Risikogeschäft?, JZ 1977, 667

Brodmann, Erich: Gesetz betreffend die Gesellschaften mit beschränkter Haftung, Kommentar, Berlin, 2. Aufl. 1930

Bruns, Hans-Jürgen: Die Befreiung des Strafrechts vom zivilistischen Denken – Beiträge zu einer selbständigen, spezifisch strafrechtlichen Auslegungs- und Begriffsbildungsmethodik, Berlin, 1938

ders.: Gilt die Strafrechtsordnung auch für und gegen Verbrecher untereinander?, in FS Mezger (1954), 335

ders.: Grundprobleme der strafrechtlichen Organ- und Vertreterhaftung (§ 14 StGB, § 9 OWiG) – Zum gegenwärtigen Stand von Lehre und Rechtsprechung, GA 1982, 1

ders.: Die sogenannte „tatsächliche" Betrachtungsweise im Strafrecht – Ihre methodische Bedeutung und ihr praktischer Anwendungsbereich, JR 1984, 133

Bruns, Patrick: Existenz- und Gläubigerschutz in der GmbH – das Vulkan-Konzept, WM 2003, 815

Büning, Marc: Die strafrechtliche Verantwortung faktischer Geschäftsführer einer GmbH, Münster, 2004

Burgard, Ulrich: Die Förder- und Treupflicht des Alleingesellschafters einer GmbH – Überlegungen zu einer gläubigerschützenden Corporate Governance bei der GmbH, ZIP 2002, 827

Busch, Dirk: Konzernuntreue – Eine Untersuchung spezifischer Untreuestrafbarkeit innerhalb von Konzernverbindungen mit Aktiengesellschaften und Gesellschaften mit beschränkter Haftung, Frankfurt am Main, 2004

Büscher, Dirk: Die qualifizierte faktische Konzernierung – eine gelungene Fortbildung des Rechts der GmbH?, Frankfurt am Main, 1999

Cadus, Joachim M.: Die faktische Betrachtungsweise – Ein Beitrag zur Auslegung im Strafrecht, Berlin, 1984

Cahn, Andreas: Kapitalerhaltung im Konzern, Köln, 1998

ders.: Das richterrechtliche Verbot der Kreditvergabe an Gesellschafter und seine Folgen, Der Konzern 2004, 235

Calabresi, Guido: Some toughts on Risk Distribution and the Law of Torts, Yale Law Journal 70 (1961), 499

Canaris, Claus-Wilhelm: Die Rückgewähr von Gesellschaftereinlagen durch Zuwendungen an Dritte, in FS Fischer (1979), 31

ders.: Systemdenken und Systembegriff in der Jurisprudenz, Berlin 2. Aufl. 1983

Coase, Ronald H.: The Problem of Social Cost, Journal of Law and Economics 3 (1960), 1

Cramer, Peter: Vermögensbegriff und Vermögensschaden im Strafrecht, Bad Homburg, 1968

Dalberg: 20 Jahre G. m. b. H., DJZ 1912, 611

Dallinger, Wilhelm: Aus der Rechtsprechung des Bundesgerichtshofs in Strafsachen, MDR 1967, 173

Dauner-Lieb, Barbara: Die Existenzvernichtungshaftung – Schluss der Debatte?, DStR 2006, 2034

Demko, Daniela: Zur „Relativität der Rechtsbegriffe" in den strafrechtlichen Tatbeständen, Berlin, 2002

Demuth, Hennrich; Schneider, Tilmann: Die besondere Bedeutung des Gesetzes über Ordnungswidrigkeiten für Betrieb und Unternehmen, BB 1970, 642

Deutscher, Jörg; Körner, Peter: Strafrechtlicher Gläubigerschutz in der Vor-GmbH – Zur strafrechtlichen Verantwortlichkeit des Geschäftsführers in einer Vor-GmbH – zugleich eine Erwiderung zu Bittmann/Pikarski, wistra 1995, 91, wistra 1996, 8

Dierlamm, Alfred: Der faktische Geschäftsführer im Strafrecht – ein Phantom?, NStZ 1996, 153

ders.: Untreue – ein Auffangtatbestand?, NStZ 1997, 534

ders.: Neue Entwicklungen bei der Untreue – Loslösung des Tatbestands von zivilrechtlichen Kategorien?, StrafFo 2005, 397

Dierlamm, Alfred; Links, Martin: Anmerkung zu BGH vom 6.4.2000 – 1 StR 280/99, NStZ 2000, 656

Dreher, Meinrad: Die gesellschaftsrechtliche Treuepflicht bei der GmbH, DStR 1993, 1632

Dreier, Horst: Grundgesetz Kommentar Band I, Tübingen, 1996

Drygala, Tim: Abschied vom qualifizierten faktischen Konzern – oder Konzernrecht für alle?, GmbHR 2003, 729

ders.: Zur Neuregelung der Tätigkeitsverbote für Geschäftsleiter von Kapitalgesellschaften, ZIP 2005, 423

Dunkel, Wolfgang: Erfordernis und Ausgestaltung des Merkmals „Vermögensbetreuungspflicht" im Rahmen des Missbrauchstatbestandes der Untreue (§ 266 Abs. 1 Alt. 1 StGB), Bochum, 1976

ders.: Nochmals: Der Scheckkartenmissbrauch in strafrechtlicher Sicht, GA 1977, 334

Easterbrook, Frank H.; Fischel, Daniel R.: Limited Liability and the Corporation, Chicago Law Review 52 (1985), 89

Ebermayer, Ludwig; Lobe, Adolf; Rosenberg, Werner: Reichsstrafgesetzbuch mit besonderer Berücksichtigung der Rechtsprechung des Reichsgerichts, Berlin, 4. Aufl. 1929

Ehricke, Ulrich: Zur Begründbarkeit der Durchgriffshaftung in der GmbH, insbesondere aus methodischer Sicht, AcP 109 (1999), 257

Eidenmüller, Horst: Kapitalgesellschaftsrecht im Spiegel der ökonomischen Theorie, JZ 2001, 1041

Eidenmüller, Horst; Engert, Andreas: Rechtsökonomik des Mindestkapitals im GmbH-Recht, GmbHR 2005, 433

dies.: Die angemessene Höhe des Grundkapitals der Aktiengesellschaft, AG 2005, 97

Eisele, Jörg: Examensklausur: Der untreue Neffe, Jura 2002, 59

Eisenhardt, Ulrich: Zum Weisungsrecht der Gesellschafter in der nicht mitbestimmten GmbH, in FS Pfeiffer (1988), 839

Emmerich, Volker: Anmerkungen zur Vulkan-Doktrin, AG 2004, 423

Emmerich, Volker; Habersack, Mathias: Aktien- und GmbH-Konzernrecht, München, 3. Aufl. 2003

Engert, Andreas: Kreditgewährung an GmbH-Gesellschafter und bilanzorientierter Kapitalschutz – Ökonomische Begründbarkeit der BGH-Rechtsprechung und Zukunft des Cash Pooling, BB 2005, 1951

Engisch, Karl: Die Einheit der Rechtsordnung, Darmstadt, 1987

ders.: Einführung in das juristische Denken, 10. Aufl. 2005

Enriques, Luca; Macey, Jonathan R.: Creditors versus Capital Formation: The Case against the European Legal Capital Rules, Cornell Law Review 86 (2001), 1165

Erman, Walter; Westermann, Harm Peter (Hrsg.): Bürgerliches Gesetzbuch, Kommentar, Münster, 11. Aufl. 2004

Eser, Albin: Strafrecht IV, Schwerpunkt Vermögensdelikte, München, 4. Aufl. 1983

Ewald, Rolf: Untreue zwischen „verbundenen Unternehmen“ – Eine Untersuchung zu Notwendigkeit und Umfang des durch § 266 StGB gewährten Vermögensschutzes im Konzernrecht des Aktiengesetzes, Bochum, 1980

Falkenstein, Norbert: Grenzen für die Entnahmerechte der GmbH-Gesellschafter, Frankfurt am Main, 1992

Felix, Dagmar: Einheit der Rechtsordnung – Zur verfassungsrechtlichen Relevanz einer juristischen Argumentationsfigur, Tübingen, 1998

Fezer, Karl-Heinz: Aspekte einer Rechtskritik an der economic analysis of law und am property rights approach, JZ 1986, 817

ders.: Nochmals: Kritik an der ökonomischen Analyse des Rechts, JZ 1988, 223

Fikentscher, Wolfgang: Methoden des Rechts in vergleichender Darstellung, Band IV, Tübingen, 1977

Fischer, Michael: Die Verlagerung des Gläubigerschutzes vom Gesellschafts- in das Insolvenzrecht nach „Inspire Art“, ZIP 2004, 1477

Fischer, Thomas: Anmerkung zu BGH vom 12.12.1996 – 4 StR 489/96, WIB 1997, 1030

Fleck, Hans-Joachim: Die Drittanstellung des GmbH-Geschäftsführers ZHR 149 (1985), 387 *ders.*: Kurzkommentar zum Urteil des BGH vom 29.5.1987 – 3 StR 242/86, EWiR § 29 GmbHG 2/87, 987

ders.: Anmerkung zu BGH vom 24.8.1988 – 3 StR 232/88, EWiR 1989, § 29 GmbHG 2/89, 367

ders.: Missbrauch der Vertretungsmacht oder Treubruch des mit Einverständnis aller Gesellschafter handelnden GmbH-Geschäftsführers aus zivilrechtlicher Sicht, ZGR 1990, 31

ders.: Der Grundsatz der Kapitalerhaltung – seine Ausweitung und seine Grenzen, in FS 100 Jahre GmbH-Gesetz (1992), 391

Fleischer, Holger: Grundfragen der ökonomischen Theorie im Gesellschafts- und Kapitalmarktrecht, ZGR 2001, 1

ders.: Unternehmensspenden und Leitungsermessen des Vorstands im Aktienrecht, AG 2001, 171

ders.: Konzernuntreue zwischen Straf- und Gesellschaftsrecht: Das Bremer Vulkan Urteil, NJW 2004, 2867

ders.: Das Mannesmann-Urteil des Bundesgerichtshofs: Eine aktienrechtliche Nachlese – Anmerkung zu BGH vom 21.12.2005 – 3 StR 470/04, DB 2006, 542

Flum, Joachim: Der strafrechtliche Schutz der GmbH gegen Schädigungen mit Zustimmung der Gesellschafter, Konstanz, 1991

Flume, Werner: Allgemeiner Teil des Bürgerlichen Rechts, 1. Band 1. Teil, Die Personengesellschaft, Berlin, 1977

ders.: Der Gesellschafter und das Vermögen der Kapitalgesellschaft und die Problematik der verdeckten Gewinnausschüttung, ZHR (144) 1980, 18

ders.: Allgemeiner Teil des Bürgerlichen Rechts, 1. Band 2. Teil, Die juristische Person, Berlin, 1983

Fränkel, Franz: Die Gesellschaft mit beschränkter Haftung – Eine volkswirtschaftliche Studie, Tübingen, 1915

Frassati, M.: Die Strafbestimmungen der drei Gesellschaftsgesetze vom 18. Juli 1884, vom 1. Mai 1889 und vom 20. April 1892, ZStW 15 (1895), 409

Freund, Georg: Erfolgsdelikt und Unterlassen – Zu den Legitimationsbedingungen von Schuldspruch und Strafe, Köln, 1992

Fuchs, Maximilian: Die Behandlung von Ehe und Scheidung in der „Ökonomischen Analyse des Rechts“, FamRZ 1979, 553

Fuhrmann, Hans: Die Bedeutung des „faktischen Organs“ in der strafrechtlichen Rechtsprechung des Bundesgerichtshofs, in FS Tröndle (1989), 139

Fuhrmann, Lambertus: Kreditgewährung an Gesellschafter: Ende des konzernweiten Cash-Managements? Zugleich Anmerkung zu BGH, NZG 2004, 233, NZG 2004, 552

Gallas, Wilhelm: Der Betrug als Vermögensdelikt, in FS Schmidt (1961), 401

Geerds, Detlev: Die Rückzahlung kapitalersetzender Darlehen durch den Allein-Gesellschaftergeschäftsführer in der Krise der GmbH, in FS Geerds (1995), 689

ders.: Anmerkung zu BGH vom 10.7.1996 – 3 StR 50/96, JR 1997, 340

Geerds, Friedrich: Einwilligung und Einverständnis des Verletzten, Kiel, 1953

ders.: Einwilligung und Einverständnis des Verletzten im Strafrecht, GA 1954, 262

ders.: Einwilligung und Einverständnis des Verletzten im Strafgesetzentwurf, ZStW 72 (1960), 42

Gehrlein, Markus: Einverständliche verdeckte Gewinnentnahmen der Gesellschafter als Untreue zu Lasten der GmbH, NJW 2000, 1089

Geilen, Gerd: Aktienstrafrecht, Erläuterungen zu den §§ 399–405, 408 AktG, Sonderausgabe aus Kölner Kommentar zum Aktiengesetz, Berlin, 1984

Gierke, Otto von: Deutsches Privatrecht I, Leipzig, 1895

Gieseke, Horst: Interessenkonflikte der GmbH-Geschäftsführer bei Pflichtenkollisionen, GmbHR 1996, 486

Göbel, Alfred: Die Einwilligung im Strafrecht als Ausprägung des Selbstbestimmungsrechts, Frankfurt, 1992

Goette, Wulf: Die GmbH nach der BGH-Rechtsprechung, München, 1997

ders.: Der Stand der höchstrichterlichen Rechtsprechung zur Kapitalerhaltung und zum Rückgewährverbot im GmbH-Recht, DStR 1997, 1495

ders.: Anmerkung zu BGH vom 17.9.2001, DStR 2001, 1857

ders.: Haftung im qualifiziert faktischen GmbH-Konzern – Rechtsprechungsbericht, in Ulmer (Hrsg.) Haftung im qualifiziert faktischen GmbH-Konzern – Verbleibende Relevanz nach dem TBB-Urteil? (2002), 11

ders.: Aktuelle GmbH-Rechtsprechung: Kapitalaufbringung und Kapitalschutz in der GmbH, München, 2004

Gössel, Karl Heinz: Strafrecht Besonderer Teil Band 2, Heidelberg, 1996

Gribbohm, Günter: Untreue zum Nachteil der GmbH – Zur Harmonisierung zivil- und strafrechtlicher Pflichten des GmbH-Geschäftsführers und –Gesellschafters, ZGR 1990, 1

ders.: *Strafrechtliche Untreue zum Nachteil der GmbH durch den GmbH-Geschäftsführer und die zivilrechtlichen Folgen, DStR 1991, 248*

ders.: Rezension von Ursula Nelles, Untreue zum Nachteil von Gesellschaften, ZHR 156 (1992), 372

Grigoleit, Hans Christoph: Gesellschafterhaftung für interne Einflussnahme im Recht der GmbH; Dezentrale Gewinnverfolgung als Leitprinzip des dynamischen Gläubigerschutzes, München, 2006

Grunewald, Barbara: Gesellschaftsrecht, Tübingen, 5. Aufl. 2002

Grunewald, Barbara; Noack, Ulrich: Zur Zukunft des Kapitalsystems der GmbH – Die Ein-Euro-GmbH in Deutschland, GmbHR 2005, 189

Grunst, Bettina: Untreue zum Nachteil von Gesamthandsgesellschaften – Auswirkungen der BGH-Entscheidung zur Rechtsfähigkeit der GbR auf den strafrechtlichen Vermögensschutz, BB 2001, 1537

Gübel, Nils: Die Auswirkungen der faktischen Betrachtungsweise auf die strafrechtliche Haftung faktischer GmbH-Geschäftsführer, Baden-Baden, 1994

Günther, Hans-Ludwig: Strafrechtswidrigkeit und Strafunrechtsausschluss, Köln, 1983

ders.: Die Auswirkungen familienrechtlicher Verbote auf das Strafrecht – Erläutert am Beispiel der neuen Diskussion um ein elterliches Züchtigungsrecht durch § 1631 Abs. 2 BGB, in FS Lange (1992), 877

ders.: Klassifikation der Rechtfertigungsgründe im Strafrecht, in FS Spendel (1992), 189

Haas, Günter: Die Untreue (§ 266 StGB) – Vorschläge de lege ferenda und geltendes Recht, Berlin, 1997

Haas, Ulrich: Geschäftsführerhaftung und Gläubigerschutz – Unternehmerische Verhaltenspflichten des GmbH-Geschäftsführers zum Schutz Dritter, München, 1997

ders.: Anmerkung zu BGH vom 31.1.2000 – II ZR 189/99, NZG 2000, 545

ders.: Die Gesellschafterhaftung wegen „Existenzvernichtung“, WM 2003, 1929

ders.: Mindestkapital und Gläubigerschutz in der GmbH, DStR 2006, 993

Habersack, Mathias; Schürnbrand, Jan: Cash Management und Sicherheitenbestellung bei AG und GmbH im Lichte des richterrechtlichen Verbots der Kreditabgabe an Gesellschafter – Zugleich Anmerkung zu BGH vom 24.11.2003, NZG 2004, 689

Hachenburg, Max: Juristische Rundschau, DJZ 1933, 822

Haft, Fritjof: Strafrecht Besonderer Teil I, München, 8. Aufl. 2004

Hamilton, Robert W.: The Law of Corporations, In a nutshell, West Publications, 5. Aufl. 2000

Hanack, Ernst-Walter: Die Sterilisation aus sozialer Indikation, JZ 1964, 393

Hansen, Herbert: Der gestiegene wirtschaftliche Stellenwert der GmbH, GmbHR 2004, 39

Hansmann, Henry; Kraakmann, Reinier: The Essential Role of Organizational Law, Yale Law Journal 110 (2000), 387

Hartmann, Christian: Der Schutz der GmbH vor ihren Gesellschaftern – Zu den Grenzen gesellschafterlicher Disposition über die Treuepflicht gegenüber der Gesellschaft, GmbHR 1999, 1061

Hartung, Wolfgang: Insolvenzbedrohte und insolvente Mandanten, Bonn, 1990

ders.: Der Rangrücktritt eines GmbH-Gläubigers – eine Chance für Wirtschaftskriminelle?, NJW 1995, 1186

ders.: Kapitalersetzende Darlehen – eine Chance für Wirtschaftskriminelle?, NJW 1996, 229

Hassemer, Winfried: Theorie und Soziologie des Verbrechens, Frankfurt am Main, 1973

Heghmanns, Michael: Grundzüge einer Dogmatik der Straftatbestände zum Schutz von Verwaltungshandeln, Berlin, 2000

Heidenhain, Martin: Anmerkung zu BGH vom 10.5.1993 – II ZR 74/92, LM, Nr. 29 zu § 31 GmbHG, 9/1993, 1785

Heimann-Trosien, Georg: Zur strafrechtlichen Beurteilung des Scheckkartenmissbrauchs – Insbesondere zur Frage der Untreue, JZ 1976, 549

Hellmann, Uwe: Verdeckte Gewinnausschüttungen und Untreue des GmbH-Geschäftsführers, wistra 1989, 214

Hellmann, Uwe; Beckemper, Katharina: Wirtschaftsstrafrecht, Stuttgart, 2004

Helmreich, Kilian: Die Gewährung von Darlehen durch die GmbH in der Situation der Unterbilanz an ihre Gesellschafter nach der aktuellen Rechtsprechung des BGH – Zugleich Besprechung von BGH vom 24.11.2002 – II ZR 171/01, GmbHR 2004, 457

Hentschke, Helmar: Der Untreueschutz der Vor-GmbH vor einverständlichen Schädigungen, Berlin, 2002

Henze, Hartwig: Entwicklungen der Rechtsprechung des BGH im GmbH-Recht – Freud und Leid der Kommentatoren, GmbHR 2000, 1069

Hillenkamp, Thomas: Risikogeschäft und Untreue, NStZ 1981, 161

Hinterhofer, Hubert: Die Einwilligung im Strafrecht, Wien, 1998

Hippel, Robert von: Deutsches Strafrecht, Band 1, Aalen, 1971

Hirsch, Hans Joachim: Hauptprobleme einer Reform der Delikte gegen die körperliche Unversehrtheit, ZStW 83 (1971), 141

Hirte, Heribert: Kapitalgesellschaftsrecht, Köln, 5. Aufl. 2006

Hoffmann, Jochen: Das GmbH-Konzernrecht nach dem „Bremer Vulkan"-Urteil, NZG 2002, 68

Hölzle, Gerrit: Existenzvernichtungshaftung, „Klimapflege" und Insolvenzanfechtung – Zur Insolvenzanfechtung nach Befreiung aus der Haftung für Existenzvernichtung durch Zahlung der Gesellschaft, ZIP 2003, 1376

Hommelhoff, Peter: Unternehmensführung in der mitbestimmten GmbH, ZGR 1978, 119

ders.: Die qualifizierte faktische Unternehmungsverbindung: ihre Tatbestandsmerkmale nach dem TBB-Urteil und deren rechtsdogmatisches Fundament, ZGR 1994, 395

Hopt, Klaus J.; Wiedemann, Herbert (Hrsg.): Großkommentar AktG, Berlin, 4. Aufl. 1993 ff.

Hoyer, Andreas: Strafrechtsdogmatik nach Armin Kaufmann – Lebendiges und Totes in Armin Kaufmanns Normentheorie, Berlin, 1997

Hübner, Engelbert: Scheckkartenmissbrauch und Untreue, JZ 1973, 407

Hüffer, Uwe: Zur gesellschaftsrechtlichen Treuepflicht als richterrechtlicher Generalklausel, in FS Steindorff (1990), 59

Immenga, Ulrich: Die personalistische Kapitalgesellschaft – Eine rechtsvergleichende Untersuchung nach deutschem GmbH-Recht und dem Recht der Corporations in den Vereinigten Staaten, Bad Homburg v. d. H., 1970

ders.: Bindung von Rechtsmacht durch Treuepflichten, in FS 100 Jahre GmbH-Gesetz (1992), 189

Jähnke, Burkhard; Laufhütte, Heinrich Wilhelm; Odersky, Walter (Hrsg.): Leipziger Kommentar StGB, Berlin, 11. Aufl. 27. Lieferung, 1998

Jakobs, Günther: Strafrecht Allgemeiner Teil – Die Grundlagen und die Zurechnungslehre, Berlin, 2. Aufl. 1991

Jescheck, Hans-Heinrich; Weigend, Thomas: Lehrbuch des Strafrechts, Allgemeiner Teil, Berlin, 5. Aufl. 1996

Joecks, Wolfgang; Miebach, Klaus: Münchener Kommentar zum Strafgesetzbuch, München, 2003 ff.

Joost, Detlev: Kapitalbegriff und Reichweite der Bindung des aufgebrachten Vermögens in der GmbH, GmbHR 1983, 285

Jordan, Adolf-Dietrich: Untreue und Betrug durch Zweckverfehlung, JR 2000, 133

Kahlert, Günter: Verdeckte Gewinnausschüttungen an Nichtgesellschafter im Gesellschaftsrecht, Frankfurt am Main, 1994

Kaligin, Thomas: Das neue GmbH-Strafrecht, NStZ 1981, 90

Kargl, Walter: Die Missbrauchskonzeption der Untreue (§ 266 StGB) – Vorschlag de lege ferenda, ZStW 113 (2001), 565

Kasiske, Peter: Existenzgefährdende Eingriffe in das GmbH-Vermögen mit Zustimmung der Gesellschafter als Untreue, wistra 2005, 81

Kaufmann, Jochen: Organuntreue zum Nachteil von Kapitalgesellschaften, Frankfurt am Main, 1999

Kerber, Markus C.: Die Übernahme von Gesellschaften mit beschränkter Haftung im Buy-Out-Verfahren, WM 1989, 473

Keßler, Jürgen: Unternehmensstilllegung, Managementversagen und Haftungsdurchgriff – Zur dogmatischen Grundstruktur des existenzvernichtenden Eingriffs – Besprechung der Entscheidungen BGH vom 13.12.2004 – II ZR 206/02 und BGH vom 13.12.2004 – II ZR 256/02, GmbHR 2005, 257

Keßler, R.: Die Einwilligung des Verletzten in ihrer strafrechtlichen Bedeutung, Berlin, 1884

Keuffel-Hospach, Anne-Marie: Die Grenzen der Strafbarkeit wegen Untreue (§ 266 StGB) aufgrund eines (tatsächlichen) Treueverhältnisses, Tübingen, 1997

Kientzy, Dieter: Der Mangel am Straftatbestand infolge Einwilligung des Rechtsgutsträgers, Tübingen, 1970

Kindhäuser, Urs: Strafrecht Besonderer Teil II, Baden Baden, 4. Aufl. 2004

ders.: Pflichtverletzung und Schadenszurechnung bei der Untreue (§ 266 StGB), in FS Lampe (2003), 709

Kioupis, Dimitrios: Notwehr und Einwilligung – Eine individualistische Begründung, Baden Baden, 1992

Kleffner, Thomas: Erhaltung des Stammkapitals und Haftung nach §§ 30, 31 GmbHG, Berlin, 1994

Kleindiek, Detlef: Auf dem Weg zur Reform des GmbH-Rechts – Die Initiative zur Neuregelung des Mindestkapitals der GmbH (MindestkapG), DStR 2005, 1366

Klevorick, Alvin K.: Legal Theory and The Economic Analysis of Torts and Crimes, Columbia Law Review 85 (1985), 905

Knauer, Christoph: Die Strafbarkeit der Bankvorstände für missbräuchliche Kreditgewährung, NStZ 2002, 399

Kohlmann, Günter: Untreue zum Nachteil des Vermögens der GmbH trotz Zustimmung sämtlicher Gesellschafter?, in FS Werner (1984), 387

ders.: Die strafrechtliche Verantwortlichkeit des GmbH-Geschäftsführers, Heidelberg, 1990

ders.: „Vor-GmbH" und Strafrecht – Bemerkungen zur Anwendbarkeit der §§ 266 StGB, 84 Abs. 1 GmbHG, in FS Geerds (1995), 675

Koppensteiner, Hans-Georg: „Existenzvernichtung" der GmbH durch ihren einzigen Gesellschafter – Eine rechtsvergleichende Skizze, in FS Honsell (2002), 607

Kornblum, Udo: Rechtstatsachen zur GmbH aus Württemberg und aus den neuen Bundesländern, GmbHR 1994, 505

Kort, Michael: Das Verhältnis von Auszahlungsverbot (§ 30 GmbHG) und Erstattungspflicht (§ 31 GmbHG) – Besprechung der Entscheidung BGH, ZIP 2000, 1251, ZGR 2001, 615

Kramer, Bernhard: Strafbewehrte Vermögensbetreuungspflicht des Alleingesellschafters und seiner Organe zu Gunsten der abhängigen GmbH? – Zugleich Anmerkung zu BGH vom 17.9.2001, WM 2004, 305

Kratzsch, Dietrich: Das „faktische Organ" im Gesellschaftsstrafrecht – Grund und Grenzen einer strafrechtlichen Garantenstellung, ZGR 1985, 506

Krekeler, Wilhelm: Verteidigung in Wirtschaftsstrafsachen, Baden Baden, 2002

Krekeler, Wilhelm/Tiedemann, Klaus/Ulsenheimer, Klaus/Weinmann, Günther (Hrsg.), Handwörterbuch des Wirtschafts- und Steuerstrafrechts, Köln, 1990

Krekeler, Wilhelm; Werner, Elke: Verdeckte Gewinnausschüttung als Untreue, StrafFo 2003, 374

Krey, Volker; Hellmann, Uwe: Strafrecht, Besonderer Teil, Band 2, Stuttgart, 13. Aufl. 2002

Kropff, Bruno; Semler, Johannes (Hrsg.): Münchener Kommentar zum Aktiengesetz, München, 3. Aufl. 2000 ff.

Kubiciel, Michael: Gesellschaftsrechtliche Pflichtwidrigkeit und Untreuestrafbarkeit, NStZ 2005, 353

Kübler, Friedrich: Haftungstrennung und Gläubigerschutz im Recht der Kapitalgesellschaften, in FS Heinsius (1991), 397

Kübler, Friedrich; Assmann, Heinz-Dieter: Gesellschaftsrecht – Die privatrechtlichen Ordnungsstrukturen und Regelungsprobleme von Verbänden und Unternehmen, Heidelberg, 6. Aufl. 2006

Kühl, Kristian: Strafrecht Allgemeiner Teil, München, 4. Aufl. 2002

Kühne, H. H.: Die strafrechtliche Relevanz eines auf Fehlvorstellungen gegründeten Rechtsgutsverzichts, JZ 1979, 241

Kutzner, Lars: Anmerkung zu BGHSt 49, 147, NStZ 2005, 271

Labsch, Karl Heinz: Untreue (§ 266 StGB) – Grenzen und Möglichkeiten einer neuen Deutung, Lübeck, 1983

ders.: Einverständliche Schädigung des Gesellschaftsvermögens und Strafbarkeit des GmbH-Geschäftsführers – BGH, NStZ 1984, 118, JuS 1985, 602

ders.: Die Strafbarkeit des GmbH-Geschäftsführers im Konkurs der GmbH, wistra 1985, 1 und 59

ders.: Grundprobleme des Missbrauchstatbestandes der Untreue (§ 266 Abs. 1, 1. Alt. StGB), Teil (I) und (II), Jura 1987, 343 und 411

Lackner, Karl; Kühl, Kristian: Strafgesetzbuch, München, 25. Aufl. 2004

Lampe, Ernst-Joachim: in Müller-Dietz, Heinz (Hrsg.): Strafrechtsdogmatik und Kriminalpolitik, 1971

ders.: Unternehmensaushöhlung als Straftat, GA 1987, 241

Langer, Winrich: Die falsche Verdächtigung – Ein Beitrag zur Strafrechtsreform, Berlin, 1973

Langkeit, Jochen: Untreue von GmbH-Geschäftsführern als Gegenstand der anwaltlichen Beratungspraxis, WiB 1994, 64

ders.: Anmerkung zu BGH vom 10.7.1996 – 3 StR 50/96, WiB 1996, 1131

Larenz, Karl: Methodenlehre der Rechtswissenschaft, Berlin, 1991

Laskos, Thomas: Die Strafbarkeit wegen Untreue bei der Kreditvergabe, Baden-Baden, 2001

Lehmann, Michael: Bürgerliches Recht und Handelsrecht – eine juristische und ökonomische Analyse, Stuttgart, 1983

ders.: Das Privileg der beschränkten Haftung und der Durchgriff im Gesellschafts- und Konzernrecht, ZGR 1986, 345

ders.: Stellungnahme zu Roth: Zur „economic analysis" der beschränkten Haftung, ZGR 1986, 382

ders.: Schranken der beschränkten Haftung – Zur ökonomischen Legitimation des Durchgriffs bei der GmbH, GmbHR 1992, 200

Lenckner, Theodor: Die Einwilligung Minderjähriger und deren gesetzlicher Vertreter, ZStW 72 (1960), 446

ders.: Zum Problem des Vermögensschadens (§§ 253, 263 StGB) beim Verlust nichtiger Forderungen – Zugleich eine Besprechung von OLG Hamburg vom 8.6.1966 – 1 Ss 97/65, JZ 1967, 105

Liebl, Karlhans: Geplante Konkurse? – Prüfung der Vorhersehbarkeit eines Konkurses und Konkursanalysen anhand einschlägiger Bankrottverfahren in der Bundesrepublik Deutschland, Pfaffenweiler, 2. Aufl. 1988

ders.: Statistik als Rechtstatsachenerforschung – Ein Abschlußbericht zur Bundesweiten Erfassung von Wirtschaftsstraftaten nach einheitlichen Gesichtspunkten, wistra 1988, 83

Liebmann: Die Gesellschaft mit beschränkter Haftung in der Praxis, DJZ 1902, 327

Limbach, Jutta: Theorie und Wirklichkeit der GmbH, Berlin, 1966

Limmer, Peter: Die Haftungsverfassung des faktischen GmbH-Konzerns – Haftungsrechtliche Konsequenzen von Konzernleitung und -organisation, Köln, 1992

Lipps, Wolfgang: Nochmals – Verdeckte Gewinnausschüttung bei der GmbH als strafrechtliche Untreue?, NJW 1989, 502

Litschen, Kai: Die juristische Person im Spannungsfeld von Norm und Interesse – Am Beispiel der Gesellschafterhaftung in der GmbH, Frankfurt am Main, 1999

Lobe, Adolf: Der Einfluss des bürgerlichen Rechts auf das Strafrecht, in FS von Frank I (1969), 33

Löffeler, Peter: Strafrechtliche Konsequenzen faktischer Geschäftsführung – Eine Bestandsaufnahme der neueren Rechtsprechung, wistra 1989, 121

Lüderssen, Klaus: Zum Strafgrund der Teilnahme, Baden-Baden, 1967

ders.: Die Wiederkehr der „Befreiung des Strafrechts vom zivilistischen Denken" – Eine Warnung, in FS Hanack (1999), 487 *ders.*: Gesellschaftsrechtliche Grenzen der strafrechtlichen Haftung des Aufsichtsrats, in FS Lampe (2003), 727

ders.: Primäre oder sekundäre Zuständigkeit des Strafrechts?, in FS Eser (2005), 163

Luthmann, Walter: Zur Frage der Untreue im Rahmen rechts- oder sittenwidriger Abmachungen, NJW 1960, 419

Lutter, Marcus: Kapital – Sicherung der Kapitalaufbringung und Kapitalerhaltung in den Aktien- und GmbH-Rechten der EWG, 1964

ders.: Theorie der Mitgliedschaft – Prolegomena zu einem Allgemeinen Teil des Korporationsrechts, AcP 180 (1980), 84

ders.: Die Haftung des herrschenden Unternehmens im GmbH-Konzern – Überlegungen zur „Autokran"-Entscheidung des BGH vom 16.9.1985, ZIP 1985, 1425

ders.: Die Entwicklung der GmbH in Europa und der Welt, in FS 100 Jahre GmbHG (1992), 49

ders.: Gesetzliches Garantiekapital als Problem europäischer und deutscher Rechtspolitik, AG 1998, 375

ders.: Treupflichten und ihre Anwendungsprobleme, ZHR 162 (1998), 164

Lutter, Marcus; Banerjea, Nirmal Robert: Die Haftung wegen Existenzvernichtung, ZGR 2003, 402

Lutter, Marcus; Hommelhoff, Peter: GmbH-Gesetz, Köln, 16. Aufl. 2004

Lutter, Marcus; Ulmer, Peter; Zöllner, Wolfgang (Hrsg.): Festschrift 100 Jahre GmbHG, Köln, 1992

Lutter, Marcus; Wahlers, Henning W.: Der Buy out: Amerikanische Fälle und die Regeln des deutschen Rechts, AG 1989, 1

Maiwald, Manfred: Zum fragmentarischen Charakter des Strafrechts, in FS Maurach (1972), 9

Mangoldt, Hermann von; Klein, Friedrich; Starck, Christian (Hrsg.): Grundgesetz Kommentar Band 1, München, 5. Aufl. 2005

Manne, Henry G.: Our Two Corporate Systems: Law and Economics, Virginia Law Review 53 (1967), 259

Martin, Susanne: Bankuntreue, Berlin, 2000

Martinek/Theobald, Grundfälle zum Recht der Geschäftsführung ohne Auftrag, JuS 1997, 805, 992

Matt, Holger: Missverständnisse zur Untreue – Eine Betrachtung auch zum Verhältnis von (Straf-)Recht und Moral, NJW 2005, 389

Matt, Holger; Saliger, Frank: Straflosigkeit der versuchten Untreue – Über die Richtigkeit dieser Entscheidung des Gesetzgebers und dogmatische Konsequenzen, Institut KrimW (1999), 217

Maunz, Theodor; Dürig, Günter: Grundgesetz Kommentar, München, 7. Aufl. 1990 ff.

Maurach, Reinhart; Schroeder, Friedrich-Christian; Maiwald, Manfred: Strafrecht Besonderer Teil, Teilband 1 Straftaten gegen Persönlichkeits- und Vermögenswerte, Heidelberg, 9. Aufl. 2003

Maurach, Reinhart; Zipf, Heinz: Strafrecht, Allgemeiner Teil, Teilband 1: Grundlehren des Strafrechts und Aufbau der Straftat, Heidelberg, 8. Aufl. 1992

Mayer, Hellmuth; Materialien zur Strafrechtsreform, Bd. 1, Gutachten der Strafrechtslehrer, Bonn, 1954

Meilicke, Heinz: Verdeckte Gewinnausschüttung: Strafrechtliche Untreue bei der GmbH?, BB 1988, 1261

Meister, Burkhardt: Die Sicherheitsleistung der GmbH für Gesellschaftsverbindlichkeiten, WM 1980, 390

Mennicke, Petra: Zum Weisungsrecht der Gesellschafter und der Folgepflicht des GF in der mitbestimmungsfreien GmbH, NZG 2000, 622

Meyer, Justus: Haftungsbeschränkung im Recht der Handelsgesellschaften, Berlin, 2000

ders.: Die GmbH und andere Handelsgesellschaften im Spiegel empirischer Forschung (I) und (II), GmbHR 2002, 177 und 242

ders.: Die Insolvenzanfälligkeit der GmbH als rechtspolitisches Problem, GmbHR 2004, 1417

Meyer, Justus; Hermes, Judith: Das „GmbH-Schutzschild" in der Insolvenz, GmbHR 2005, 807

Meyer-Landrut, Joachim; Miller, Georg; Niehus, Rudolf J. (Hrsg.): GmbHG Kommentar, Berlin, 1987
Michalski, Lutz: GmbHG Kommentar, München, 2002

Miehe, Olaf: Die Erschleichung einer Anstellung bei einem privaten Unternehmen – Anmerkung zu BGH vom 9.5.1978 – 1 StR 104/78, JuS 1980, 261

Mihm, Asmus: Strafrechtliche Konsequenzen verdeckter Gewinnausschüttungen, Berlin, 1998

Mitsch, Wolfgang: Strafrecht Besonderer Teil 2, Vermögensdelikte Teilband 1, Berlin, 2. Aufl. 2003

Mödl, Robert: Pflichten des einzigen Gesellschafters gegenüber „seiner" GmbH – BGHZ 149, 10, JuS 2003, 14

Mohr, Randolf: Bankrottdelikte und übertragende Sanierung – Zur Konkursstrafbarkeit des GmbH-Geschäftsführers bei Vermögensverschiebungen im Zusammenhang mit der Krise der Gesellschaft, Köln, 1993

Möller, Christian: Die wirtschaftliche Betrachtungsweise im Privatrecht – Dargestellt an den Kapitalaufbringungs- und -erhaltungsvorschriften im Recht der GmbH, Berlin, 1997

Montag, Hans Dieter: Die Anwendung der Strafvorschriften des GmbH-Rechts auf faktische Geschäftsführer, Berlin, 1994

Muhler, Manfred: Darlehen von GmbH-Gesellschaftern im Strafrecht, wistra 1994, 283

Mülbert, Peter O.: Sicherheiten einer Kapitalgesellschaft für Verbindlichkeiten ihres Gesellschafters, ZGR 1995, 578

ders.: Shareholder Value aus rechtlicher Sicht, ZGR 1997, 129

ders.: Abschied von der „TBB"-Haftungsregel für den qualifiziert faktischen GmbH-Konzern, DStR 2001, 1937

ders.: Zukunft der Kapitalaufbringung/Kapitalerhaltung, Der Konzern 2004, 151

Mülbert, Peter O.; Birke, Max: Legal Capital – Is There a Case against the European Legal Capital Rules?, in EBOR 3 (2002), 695

Müller, Gerd: Fortbestand oder Untergang des Erstattungsanspruchs aus § 31 GmbHG bei Wegfall der Auszahlungssperre?, ZIP 1996, 941

Müller-Christmann, Bernd; Schnauder, Franz: Durchblick: Der zivilrechtliche Schutz des GmbH-Vermögens vor dem Zugriff der Gesellschafter, Teil 1 und Teil 2, JuS 1998, 980 und 1080

Müller-Dietz, Heinz (Hrsg.): Strafrechtsdogmatik und Kriminalpolitik, Köln, 1971

Müller-Erzbach, Rudolf: Das private Recht der Mitgliedschaft als Prüfstein eines kausalen Rechtsdenkens, Weimar, 1948

Müller-Freienfels, Wolfram: Zur Lehre vom sogenannten „Durchgriff" bei juristischen Personen im Privatrecht, AcP 156 (1957), 522

Müller-Gugenberger, Christian; Bieneck, Klaus: Wirtschaftsstrafrecht – Handbuch des Wirtschaftsstraf- und -ordnungswidrigkeitenrechts. Köln, 3. Aufl. 2000

Nelles, Ursula: Untreue zum Nachteil von Gesellschaften – Zugleich ein Beitrag zur Struktur des Vermögensbegriffs als Beziehungsbegriff, Berlin, 1991

Neumann, Ulfried; Puppe, Ingeborg; Schild, Wolfgang (Hrsg.): Nomos Kommentar zum Strafgesetzbuch, Baden-Baden, 1995 ff.

Nissing, Karin: Eigeninteresse der Gesellschaft oder Liquidation auf kaltem Wege?, Baden-Baden, 1993

Noll, Peter: Übergesetzliche Rechtfertigungsgründe, im Besonderen die Einwilligung des Verletzten, Basel, 1955

Ott, Claus; Schäfer, Hans-Bernd: Die ökonomische Analyse des Rechts – Irrweg oder Chance wissenschaftlicher Rechtserkenntnis?, JZ 1988, 213

Otto, Hans Jochen: Fremdfinanzierte Übernahmen – Gesellschafts- und steuerrechtliche Kriterien des Leveraged Buy-Out, DB 1989, 1389

Otto, Harro: Die Struktur des strafrechtlichen Vermögensschutzes, Berlin, 1970

ders.: Die neuere Rechtsprechung zu den Vermögensdelikten Teil 2, JZ 1985, 69

ders.: Die sogenannte tatsächliche oder wirtschaftliche Betrachtungsweise – eine spezifisch strafrechtliche Auslegungsmethode?, Jura 1989, 328

ders.: Die neuere Rechtsprechung zu den Vermögensdelikten Teil 1, JZ 1993, 559

ders.: Einverständnis, Einwilligung und eigenverantwortliche Selbstgefährdung, in FS Geerds (1995), 603

ders.: Aktienstrafrecht – Erläuterungen zu den §§ 399–410 AktG, Sonderausgabe aus Aktiengesetz Großkommentar, Berlin, 1997

ders.: Untreue der Vertretungsorgane von Kapitalgesellschaften durch Vergabe von Spenden, in FS Kohlmann (2003), 187

ders.: Grundkurs Strafrecht Allgemeine Strafrechtslehre, Berlin, 7. Aufl. 2004

ders.: Grundkurs Strafrecht Die einzelnen Delikte, Berlin, 7. Aufl. 2005

Paefgen, Walter G.: Wider die gesellschaftsrechtliche Ausländerphobie, ZIP 2004, 2253

Palandt: Kommentar Bürgerliches Gesetzbuch, München, 65. Aufl. 2006

Peltzer, Martin: Das Mannesmann-Revisionsurteil aus der Sicht des Aktien- und allgemeinen Zivilrechts – Besprechung von BGH vom 21.12.2005 – 3 StR 470/04, ZIP 2006, 205

Pelz, Christian: Strafrecht in Krise und Insolvenz, München, 2004

Peschke, Kurt: Zum Begriff der Untreue nach dem Gesetz vom 26.5.1933, DJZ 1933, 1098

Pfundner, Hans; Neubert, Reinhard: Das neue Reichsrecht, Berlin, bis 1945

Pigou, Arthur C.: The Economics of Welfare, London, Nachdruck der 4. Aufl. 1932

Polinsky, A. Mitchell: Economic Analysis as a Potentially Defective Product: A Buyer's Guide to Posner's Economic Analysis of Law; Harvard Law Review 87 (1974), 1655

Posner, Richard A.: The Rights of Creditors of Affiliated Corporations, Chicago Law Review 43 (1975), 499

ders.: Economic Analysis of Law, Boston, 2. Aufl. 1977

ders.: An Economic Theory of the Criminal Law, Columbia Law Review 85 (1985), 1193

Priester, Hans-Joachim: Die eigene GmbH als fremder Dritter – Eigensphäre der Gesellschaft und Verhaltenspflichten ihrer Gesellschafter, ZGR 1993, 512

Radtke, Henning: Einwilligung und Einverständnis der Gesellschafter bei der sog. GmbH-rechtlichen Untreue (I) und (II), GmbHR 1998, 311 und 361

Raiser, Thomas: Der Begriff der juristischen Person. Eine Neubesinnung, AcP 199 (1999), 104

ders.: Die Haftung einer Schwestergesellschaft für die Schulden einer anderen Schwester nach dem Urteil „Bremer Vulkan" des BGH, in FS Ulmer (2003), 493

Raiser, Thomas; Veil, Rüdiger: Recht der Kapitalgesellschaften – Ein Handbuch für Praxis und Wissenschaft, München, 4. Aufl. 2006

Ransiek, Andreas: Zur deliktischen Eigenhaftung des GmbH-Geschäftsführers aus strafrechtlicher Sicht, ZGR 1992, 203

ders.: Unternehmensstrafrecht – Strafrecht, Verfassungsrecht, Regelungsalternativen, Heidelberg, 1996

ders.: Untreue im GmbH-Konzern, in FS Kohlmann (2003), 207

ders.: Risiko, Pflichtwidrigkeit und Vermögensnachteil bei der Untreue, ZStW 116 (2004), 634

ders.: Anerkennungsprämien und Untreue – Das „Mannesmann"-Urteil des BGH, NJW 2006, 814

Rathenau, Walther: Vom Aktienwesen – Eine geschäftliche Betrachtung, Berlin, 1917

Rebmann, Kurt; Säcker, Franz Jürgen; Rixecker, Roland (Hrsg.): Münchner Kommentar zum Bürgerlichen Gesetzbuch, München, 4. Aufl.

Rehbinder, Eckard: Treupflichten im GmbH-Konzern, ZGR 1976, 386

Reiß: Das Steuerrecht als Erkenntnisquelle des Gesellschaftsrechts und das Untreuestrafrecht, StuW 1992, 233

Reiß, W.: Verdeckte Gewinnausschüttungen und verdeckte Einnahmen als strafbare Untreue des Geschäftsführers?, wistra 1989, 81

Renner, Franz-Felix: Die Einwilligung als Tatbestandsmangel und als Rechtfertigungsgrund, München, 1962

Richter, Hans: Der Konkurs der GmbH aus der Sicht der Strafrechtspraxis (I) und (II), GmbHR 1984, 113 und 137

Riemann, Thomas: Vermögensgefährdung und Vermögensschaden, Heidelberg, 1989

Rimmelspacher, Bruno: Strafrechtliche Organ-, Vertreter- und Verwalterhaftung, erörtert am Beispiel der Vollstreckungsvereitlung, JZ 1967, 472

Röhricht, Volker: Die GmbH im Spannungsfeld zwischen wirtschaftlicher Dispositionsfreiheit ihrer Gesellschafter und Gläubigerschutz, in FS 50 Jahre BGH (2000), 83

ders.: Insolvenzrechtliche Aspekte im Gesellschaftsrecht, ZIP 2005, 505

Römermann, Volker; Schneider, Henning: Aufgabe des qualifiziert faktischen GmbH-Konzerns – Das „Bremer Vulkan" Urteil des BGH vom 17.9.2001, GmbHR 2001, 1015

Rönnau, Thomas: Willensmängel bei der Einwilligung im Strafrecht, Tübingen, 2001

ders.: „kick-backs": Provisionsvereinbarungen als strafbare Untreue – Eine kritische Bestandsaufnahme, in FS Kohlmann (2003), 239

Rönnau, Thomas; Hohn, Kristian: Die Festsetzung (zu) hoher Vorstandsvergütungen durch den Aufsichtsrat – ein Fall für den Staatsanwalt?, NStZ 2004, 113

Rose, Frank: Die strafrechtliche Relevanz von Risikogeschäften – Zugleich Anmerkung zu BGH vom 4.2.2004 – 2 StR 355/03, wistra 2005, 281

Roth, Günter H.; Geschäftsführerpflichten und Gesellschafterhaftung bei Überschuldung einer GmbH, GmbHR 1985, 137

ders.: Zur „economic analysis" der beschränkten Haftung, ZGR 1986, 371

ders.: Die Haftung des faktischen Geschäftsführers im Konkurs der GmbH, ZGR 1989, 421

ders.: Anmerkung zu BGH vom 28.9.1992 – II ZR 299/91, LM 3/1993, § 678 BGB, 416

ders.: Gläubigerschutz durch Existenzschutz, NZG 2003, 1081 *ders.*: Qualität und Preis am Markt für Gesellschaftsformen, ZGR 2005, 348

Roth, Günter H.; Altmeppen, Holger: GmbHG Kommentar, München, 5. Aufl. 2005

Rowedder, Heinz; Schmidt-Leithoff, Christian: GmbH-Gesetz, München, 4. Aufl. 2002

Roxin, Claus: Verwerflichkeit und Sittenwidrigkeit als unrechtsbegründende Merkmale im Strafrecht, JuS 1964, 379

ders.: Offene Tatbestände und Rechtspflichtmerkmale, Berlin, 2. Aufl. 1970

ders.: Die durch Täuschung herbeigeführte Einwilligung im Strafrecht, in GS Noll (1984), 275

ders.: Strafrecht Allgemeiner Teil Band I Grundlagen, München, 4. Aufl. 2006

ders.: Täterschaft und Tatherrschaft, Berlin, 8. Aufl. 2006

Rubner, Daniel: „Solvat socius" statt „caveat creditor"? – Zur Haftung des GmbH-Gesellschafters wegen sog. existenzvernichtenden Eingriffs, Baden-Baden, 2005

ders.: Abschied von der Existenzvernichtungshaftung, DStR 2005, 1694

Rudolphi, Hans-Joachim; Horn, Eckhard: Systematischer Kommentar zum Strafgesetzbuch, Neuwied, 1994 ff.

Saenger, Ingo; Koch, Raphael: Kreditgewährung an Gesellschafter aus gebundenem Vermögen als verbotene Auszahlung auch bei vollwertigem Rückzahlungsanspruch – Zugl. Anmerkung zu BGH vom 24.11.2003 – II ZR 171/01, NZG 2004, 271

Salditt, Franz: Anmerkung zu BGHSt 49, 147 „Bremer Vulkan", NStZ 2005, 270

Saliger, Frank: Wider die Ausweitung des Untreuetatbestandes – Eine kritische Analyse der neueren Rechtsprechung zum Begriff des Vermögensnachteils in § 266 StGB, ZStW 112 (2000), 563

Samson, Erich: Untreue durch Unternehmensspenden?, in Non Profit Law Yearbook (2005), 233

Sauer, Dirk: Anmerkung zu BGH vom 6.12.2001 – 1 StR 215/01, wistra 2002, 465

Savigny, Friedrich C. von: System des heutigen römischen Rechts, Band 2, Aalen, 1974

Sax, Walter: Überlegungen zum Treubruchstatbestand des § 266 StGB (I) und (II), JZ 1977, 663 und 702

Schäfer, Carsten: Untreue zum Nachteil von GmbH, GmbHR 1992, 509 *ders.*: Zur strafrechtlichen Verantwortlichkeit des GmbH-Geschäftsführers (I) und (II), GmbHR 1993, 717 und 780

ders.: Darlehensgewährung an Gesellschafter als verbotene Ausschüttung i. S. v. § 30 GmbHG – Todesstoß für das konzernweite Cash Pooling?, GmbHR 2005, 133

Schäfer, Ernst: Das Gesetz zur Abänderung strafrechtlicher Vorschriften vom 26.5.1933, DJZ 1933, 789

Schäfer, Hans-Bernd; Ott, Claus: Lehrbuch der ökonomischen Analyse des Zivilrechts, Berlin, 4. Aufl. 2005

Schäfer, Helmut: Die Strafbarkeit der Untreue zum Nachteil einer KG, NJW 1983, 2850

ders.: Macht und Verantwortung in der Aktiengesellschaft (oder das Prinzip der Interesseneinheit), in FS Gessler (1970), 159

ders.: Das Aktienunternehmen, ZHR 144 (1980), 136

Schlehofer, Horst: Einverständnis und Einwilligung – Dargestellt an der Abgrenzung zwischen Raub und räuberischer Erpressung, Köln, 1985

Schmidhäuser, Eberhard: Strafrecht, Besonderer Teil, Tübingen, 2. Aufl. 1983

ders.: Strafrecht Allgemeiner Teil, Tübingen, 2. Aufl. 1984

ders.: Handeln mit Einwilligung des Betroffenen – strafrechtlich: eine scheinbare Rechtsverletzung, in FS Geerds (1995), 593

Schmidt, Karsten: Konkursgründe und präventiver Gläubigerschutz, AG 1978, 334

ders.: Konkursantragspflichten bei der GmbH und bürgerliches Deliktsrecht – Sanktions- und Koordinationsprobleme um § 64 GmbHG, JZ 1978, 661

ders.: Summenmäßige Grenzen der Haftung von Mitgesellschaftern aus rückständigen Einlagen (§ 24 GmbHG) und verbotenen Ausschüttungen (§ 31 Abs. 3 GmbHG), BB 1985, 154

ders.: Konzernhaftung oder mitgliedschaftliche Haftung des privaten GmbH-Gesellschafters?, ZIP 1986, 146

ders.: Konkursverschleppungshaftung und Konkursverursachungshaftung; Überlegungen zum Haftungsrecht der GmbH und GmbH & Co., ZIP 1988, 1497

ders.: Die Strafbarkeit „faktischer Geschäftsführer“ wegen Konkursverschleppung als Methodenproblem – Bemerkungen zum Wert der „faktischen Betrachtungsweise“ im Strafrecht, in FS Rebmann (1989), 419 *ders.*: Verlustausgleichspflicht und Konzernleitungshaftung im qualifizierten faktischen GmbH-Konzern – Zum Stand des Konzernhaftungsrechts nach dem neuen Tiefbau-Urteil des BGH vom 20.2.1989 – II ZR 167/88, ZIP 1989, 545

ders.: Gesellschafterhaftung und „Konzernhaftung" bei der GmbH – Bemerkungen zum „Bremer Vulkan"-Urteil des BGH vom 17.9.2001, NJW 2001, 3577

ders.: Gesellschaftsrecht, Köln, 4. Aufl. 2002

Schmitz, Friedrich: Die Reform des GmbH-Strafrechts, Köln, 1971

Schneider, Eberhard: Die Untreue nach dem neuen Aktiengesetz, Bochum, 1972

Schneider, Uwe H.: Anmerkung zu BGH vom 24.3.1954 – II ZR 23/53, GmbHR 1954, 75

ders.: Mittelbare verdeckte Gewinnausschüttung im GmbH-Konzern, ZGR 1985, 279

ders.: „Kapitalmindernde Darlehen" der GmbH an ihre Gesellschafter – Zugleich ein Beitrag zu den rechtlichen Grenzen der Finanzierung des Leveraged Management Buy-out, in FS Döllerer (1988), 537

Scholz, Franz: Kommentar zum GmbH-Gesetz, Köln, 9. Aufl., Band 1 2000; Band 2 2002; 10. Aufl., Band 1 2006

Schön, Wolfgang: Kreditbesicherung durch abhängige Kapitalgesellschaften, ZHR 159 (1995), 351

ders.: Die Zukunft der Kapitalaufbringung/-erhaltung, Der Konzern 2004, 162

Schönke, Adolf; Schröder, Horst: Strafgesetzbuch – Kommentar, München, 27. Aufl. 2006

Schramm, Edward: Untreue und Konsens, Berlin, 2005

Schreiber, Hans-Ludwig; Beulke, Werner: Untreue durch Verwendung von Vereinsgeldern zu Bestechungszwecken – Besprechung von BGH, NJW 1975, 1234, JuS 1977, 656

Schroeder, Friedrich-Christian: Beihilfe zum Selbstmord und Tötung auf Verlangen, ZStW 106 (1994), 565

Schröder, Horst: Anmerkung zu BGH vom 16.12.1960 – 4 StR 401/60, JR 1961 268

Schubert, Werner; Vornbaum, Thomas: Entstehung des Strafgesetzbuches, Kommissionsprotokolle und Entwürfe, Band 1, 1869

Schulte, Theo: Abgrenzung von Bankrott, Gläubigerbegünstigung und Untreue bei der KG, NJW 1983, 1773

ders.: Strafbarkeit der Untreue zum Nachteil einer KG?, NJW 1984, 1671

Schulze-Osterloh, Joachim: Gläubiger- und Minderheitenschutz bei der steuerlichen Betriebsaufspaltung, ZGR 1983, 123

ders.: Die verdeckte Gewinnausschüttung bei der GmbH als kompetenzrechtliches Problem, in FS Stimpel (1985), 487

Schünemann, Bernd: Nulla poena sine lege – Rechtstheoretische und verfassungsrechtliche Implikationen der Rechtsgewinnung im Strafrecht, Berlin, 1978

ders.: Unternehmenskriminalität und Strafrecht – Eine Untersuchung der Verantwortlichkeit der Unternehmen und ihrer Führungskräfte nach geltenden und geplantem Straf- und Ordnungswidrigkeitenrecht, Köln, 1979

ders.: Die Gesetzesinterpretation im Schnittfeld von Sprachphilosophie, Staatsverfassung und juristischer Methodenlehre, in FS Klug (1983), 169

ders.: Anmerkung zu BGH vom 17.9.2001, II ZR 178/99, LM Nr. 1 zu § 309 AktG 1965, 5/2002, 901

ders.: Organuntreue – Das Mannesmann-Verfahren als Exempel?, Berlin, 2004

ders.: Die „gravierende Pflichtverletzung“ bei der Untreue: dogmatischer Zauberhut oder taube Nuss?, NStZ 2005, 473

Schwinge, Erich; Siebert, Wolfgang: Das neue Untreuestrafrecht in strafrechtlicher und zivilrechtlicher Betrachtung, Berlin, 1933

Sendler, Horst: Grundrecht auf Widerspruchsfreiheit der Rechtsordnung? – Eine Reise nach Absurdistan?, NJW 1998, 2875

Serick, Rolf: Rechtsform und Realität Juristischer Personen – Ein rechtsvergleichender Beitrag zur Frage des Durchgriffs auf die Personen oder Gegenstände hinter der juristischen Person, Berlin, 1955

Sernetz, Herbert; Haas, Ulrich: Kapitalaufbringung und -erhaltung in der GmbH, Köln, 2003

Servatius, Wolfgang: Die besondere Zweckbindung des Stammkapitals bei Drittgeschäften mit Gesellschaftern, DStR 2004, 1176

Sonnenhol, Jürgen; Stützle, Rudolf: Bestellung von Sicherheiten durch eine GmbH und der Grundsatz der Erhaltung des Stammkapitals (§ 30 GmbHG), DB 1979, 925

Sowada, Christoph: Die „notwendige Teilnahme“ als funktionales Privilegierungsmodell im Strafrecht, Berlin, 1992

Stapelfeld, Ait: Zum Schutzgesetzcharakter der §§ 266, 266 a StGB in Bezug auf Untreuedelikte der GmbH-Geschäftsführer, BB 1991, 1501

Staub, Hermann: Handelsgesetzbuch Kommentar, Berlin, 1926

Stein, Ursula: Das faktische Organ, Köln, 1984

Sternberg-Lieben, Detlev: Die objektiven Schranken der Einwilligung im Strafrecht, Tübingen, 1997

Stimpel, Walter: Zum Auszahlungsverbot des § 30 Abs. 1 GmbHG – Die Befreiung vom handelsbilanziellen Denken und die Unzulässigkeit von Vermögenszuwendungen an Gesellschafter gegen hinausgeschobene schuldrechtliche Ausgleichsverpflichtungen, in FS 100 Jahre GmbH-Gesetz (1992), 335

Stratenwerth, Günther: Zum Begriff des „Rechtsguts", in FS Lenckner (1998), 377

ders.: Strafrecht Allgemeiner Teil I, Die Straftat, Köln, 4. Aufl. 2000

Teichmann, Arndt: Die „wirtschaftliche Betrachtungsweise" in der Anwendung des GWB, in FS Bartholomeyczik (1973), 377

Thomas, Sven: Untreue in der Wirtschaft, in FS Rieß (2002), 795

Thöni, Wilfried: Zur Haftung des GmbH-Gesellschafters in Geschäftsführungsangelegenheiten, GmbHR 1989, 187

Tiedemann, Klaus: Tatbestandsfunktion im Nebenstrafrecht, Tübingen, 1969

ders.: Straftatbestand und Normambivalenz am Beispiel der Geschäftsberichtsfälschung, in FS Schaffstein (1975), 195

ders.: Grundfragen bei der Anwendung des neuen Konkursstrafrechts, NJW 1977, 777

ders.: Strafbare Erschleichung von Investitionszulagen durch Aufhebung und Neuabschluss von Lieferverträgen?, NJW 1980, 1557

ders.: Datenübermittlung als Straftatbestand, NJW 1981, 945

ders.: Handhabung und Kritik des neuen Wirtschaftsstrafrechts – Versuch einer Zwischenbilanz, in FS Dünnebier (1982), 519

ders.: Auslegungs- und Methodenprobleme im neuen Wirtschaftsstrafrecht, in: Belke/Oehmichen (Hrsg.), Wirtschaftskriminalität, 1983, 26

ders.: Insolvenzstraftaten aus der Sicht der Kreditwirtschaft, ZIP 1983, 513

ders.: Die strafrechtliche Vertreter- und Unternehmenshaftung, NJW 1986, 1842

ders.: Gründungs- und Sanierungsschwindel durch verschleierte Sacheinlagen, in FS Lackner (1987), 737

ders.: Untreue bei Interessenkonflikten – Am Beispiel der Tätigkeit von Aufsichtsratsmitgliedern, in FS Tröndle (1989), 319 *ders.*: Artikel „Auslegung", in Krekeler, Wilhelm/Tiedemann, Klaus/Ulsenheimer, Klaus/Weinmann, Günther (Hrsg.), Handwörterbuch des Wirtschafts- und Steuerstrafrechts

ders.: Strafrecht in der Marktwirtschaft, in FS Stree und Wessels (1993), 527

ders.: Insolvenz-Strafrecht, Sonderausgabe der Kommentierung der §§ 283-283 d in der 11. Auflage des Leipziger Kommentars zum Strafgesetzbuch, Berlin, 2. Aufl. 1996

ders.: Literaturbericht zu Flum, „Der strafrechtliche Schutz der GmbH gegen Schädigungen mit Zustimmung der Gesellschafter" und Wodicka, „Die Untreue zum Nachteil der GmbH bei vorheriger Zustimmung aller Gesellschafter", ZStW 111 (1999), 693

ders.: GmbH-Strafrecht, Kommentar, §§ 82-85 GmbHG und ergänzende Vorschriften, Köln, 4. Aufl. 2002

ders.: Wirtschaftsstrafrecht – Allgemeiner Teil, Köln, 2004

ders.: Wirtschaftsstrafrecht – Besonderer Teil, Köln, 2006

ders.: Der Untreuetatbestand – ein Mittel zur Begrenzung von Managerbezügen?, Bemerkungen zum „Fall Mannesmann", in FS Ulrich Weber (2004), 319

ders.: Anmerkung zu BGH vom 13.5.2004 – 5 StR 73/03, JZ 2005, 45

Triebel, Volker; Otte, Sabine: 20 Vorschläge für eine GmbH-Reform: Welche Lektion kann der deutsche Gesetzgeber vom englischen lernen?, ZIP 2006, 311

Tries, Hermann-Josef: Verdeckte Gewinnausschüttungen im GmbH-Recht – Gesellschaftsrechtliche Schranken und Rechtsfolgen unter Hervorhebung des Sondervorteilsverbots, Köln, 1991

Tröndle, Herbert; Fischer, Thomas: Strafgesetzbuch und Nebengesetze, München, 53. Aufl. 2006

Ulmer, Peter: Die GmbH und der Gläubigerschutz, GmbHR 1984, 256

ders.: Der Gläubigerschutz im faktischen GmbH-Konzern beim Fehlen von Minderheitsgesellschaftern, ZHR 148 (1984), 391

ders.: Gesellschafterpflicht zur Erhaltung des satzungsmäßigen Haftungsfonds der GmbH?, Besprechung der Entscheidung BGH WM 1985, 194, ZGR 1985, 598

ders.: Schutz der GmbH gegen Schädigungen zugunsten ihrer Gesellschafter? – Zur Relevanz der Rechtsprechung zu § 266 StGB für das Gesellschaftsrecht, in FS Pfeiffer (1988), 853 *ders.*: Gesellschafterhaftung gegenüber der GmbH bei Vorteilsgewährung unter Verstoß gegen § 30 Abs. 1 GmbHG, in FS 100 Jahre GmbH-Gesetz (1992), 363

ders. (Hrsg.): Hachenburg, Großkommentar GmbHG, Berlin, 8. Aufl. 1996 ff.

ders.: Von „TBB“ zu „Bremer Vulkan“ – Revolution oder Evolution? – Zum Bestandsschutz der abhängigen GmbH gegen existenzgefährdende Eingriffe des Alleingesellschafters, ZIP 2001, 2021

ders.: Anmerkung zu BGH vom 24.6.2002 – II ZR 300/00, JZ 2002, 1049

ders. (Hrsg.): Großkommentar GmbHG, Tübingen, 2006

Venrooy, Gerd J. van: Beeinträchtigung der dienstvertraglichen Freistellung des GmbH-Geschäftsführers von Weisungen durch den GmbH-Gesellschaftsvertrag und durch Gesellschafterbeschlüsse?, GmbHR 1982, 175

ders.: Anspruch der GmbH auf sachkundige Geschäftsführung, GmbHR 2004, 237

Versteegen, Peter: Das TBB-Urteil als Wegbereiter einer allgemeinen Intransparenzhaftung in der GmbH? – Zugleich Anmerkung zum Urteil des BGH vom 29.3.1993, DB 1993, 1225

ders.: Konzernverantwortlichkeit und Haftungsprivileg, Köln, 1993

Vetter, Jochen: Darlehen der GmbH an ihren Gesellschafter und Erhaltung des Stammkapitals – Zugleich Anmerkung zu BGH vom 24.11.2003 – II ZR 171/01, BB 2004, 1509

Vogel, Hermann: GmbHG Kommentar, Berlin, 2. Aufl. 1956

Vogel, Joachim; Hocke, Peter: Anmerkung zu BGH vom 21.12.2005 – 3 StR 470/04 – Zur Gewährung „kompensationsloser Anerkennungsprämien“, Fall Mannesmann, JZ 2006, 568

Vonnemann, Wolfgang: Strafbarkeit von GmbH-Geschäftsführern wegen Untreue zu Lasten der GmbH bei Zustimmung der Gesellschafter?, Anmerkungen zur Entscheidung des BGH vom 29.5.1987 – 3 StR 242/86, GmbHR 1988, 329

ders.: Haftung der GmbH-Gesellschafter bei materieller Unterkapitalisierung, Baden-Baden, 1991

Vossius, Oliver; Wachter, Thomas: Begründung zum GmbH-Reformgesetz, BB 2005, 2539

Wackerbarth, Ulrich: Existenzvernichtungshaftung 2005: Unternehmerische Entscheidungen auf dem Prüfstand?, ZIP 2005, 877

Wagner, Klaus-R.; Hermann, Nora Anne: Verdeckte Gewinnausschüttung bei der Ein-Personen-GmbH, einmal nicht nur steuerrechtlich – Gesellschaftsrechtliche, strafrechtliche und steuerstrafrechtliche Hinweise für die Praxis, BB 1999, 608

Waßmer, Martin Paul: Untreue bei Risikogeschäften, Heidelberg, 1997

Weber, Dolf: GmbH-rechtliche Probleme des Management-Buy-Out – Koreferat aus der Sicht der Praxis, ZHR 155 (1991), 120

Wegenast, Martin O.: Missbrauch und Treuebruch – Zum Verhältnis der Tatbestände in § 266 StGB, Berlin, 1994

Wehleit, Burkhard: Die Abgrenzung von Bankrott und Untreue – Zugleich ein Beitrag zur strafrechtlichen Vertreterhaftung, Hamburg, 1985

Weigend, Thomas: Über die Begründung der Straflosigkeit bei Einwilligung des Betroffenen, ZStW 98 (1986), 44

Wellkamp, Ludger: Organuntreue zum Nachteil von GmbH-Konzernen und Aktiengesellschaften, NStZ 2001, 113

Welzel, Hans: Das deutsche Strafrecht, Berlin, 11. Aufl. 1969

Werner, Stefan: Die ökonomische Analyse des Rechts im Strafrecht: Eine modernistische Variante generalpräventiver Tendenzen?, KritV 1992, 432

Wessels, Johannes; Beulke, Werner: Strafrecht Allgemeiner Teil, Die Straftat und ihr Aufbau, Heidelberg, 36. Aufl. 2006

Wessels, Johannes; Hillenkamp, Thomas: Strafrecht Besonderer Teil/2, Straftaten gegen Vermögenswerte, Heidelberg, 29. Aufl. 2006

Wessels, Peter: Aufsteigende Finanzierungshilfen in GmbH und AG – Zugleich Besprechung von BGH vom 24.11.2003 – II ZR 171/01, ZIP 2004, 793

Westermann, Harm Peter: Auf dem Weg zum Wettbewerb der Gesellschaftsrechtsordnungen: die Kapitalbindung im Recht der GmbH, ZIP 2005, 1849

ders.: Die GmbH in der nationalen und internationalen Konkurrenz der Rechtsformen, GmbHR 2005, 4

Wiedemann, Herbert: Gesellschaftsrecht – Ein Lehrbuch des Unternehmens- und Verbandsrechts, Band I, München, 1980

ders.: Zu den Treuepflichten im Gesellschaftsrecht, in FS Heinsius (1991), 950

ders.: Reflexionen zur Durchgriffshaftung – Zugleich Besprechung des Urteils BGH WM 2002, 1804 – KBV, ZGR 2003, 283

Wiedemann, Herbert; Hirte, Heribert: Konzernrecht, in FS 50 Jahre BGH II (2000), 337

Wieland, K.: Die Gesellschaften mit beschränkter Haftung, ZSchwR 36 (1895), 205

Wieland, Karl Albert: Handelsrecht II, München, 1921

Wiesener, Axel: Die strafrechtliche Verantwortlichkeit von Stellvertretern und Organen, Frankfurt am Main, 1971

Wilhelm, Jan: Die Vermögensbindung bei der Aktiengesellschaft und der GmbH und das Problem der Unterkapitalisierung, in FS Flume II (1978), 337

ders.: Rechtsform und Haftung bei der juristischen Person, Köln, 1981

ders.: Konzernrecht und allgemeines Haftungsrecht, DB 1986, 2113

ders.: Kapitalgesellschaftsrecht, Berlin, 2. Aufl. 2005

ders.: Cash-Pooling, Garantiekapital der GmbH und die GmbH-Reform, DB 2006, 2729

Wilhelmi, Rüdiger: Der Grundsatz der Kapitalerhaltung im System des GmbH-Rechts – Eine Untersuchung anhand des Auszahlungsverbots des § 30 Abs. 1 GmbHG, Baden-Baden, 2001

ders.: Die „neue" Existenzvernichtungshaftung der Gesellschafter der GmbH, DZWiR 2003, 45

ders.: Anmerkung zu BGH vom 13.12.2004 – II ZR 206/02, EWiR 2005, 221

ders.: Das Mindestkapital als Mindestschutz – eine Apologie im Hinblick auf die Diskussion um eine Reform der GmbH angesichts der englischen Limited, GmbHR 2006, 13

Wilken, Oliver: Cash-Management und qualifiziert faktische Konzernierung – Neue Perspektiven nach der Bremer Vulkan Entscheidung des BGH vom 17.09.2001 – II ZR 178/99, DB 2001, 2383

Windbichler, Christine: Anmerkung zu BGH vom 28.9.1993 – II ZR 299/91, JR 1994, 60

Windolph, Jürgen: Risikomanagement und Riskcontrol durch das Unternehmensmanagement nach dem Gesetz zur Kontrolle und Transparenz im Unternehmensbereich (KonTraG) – Ius cogens für die treuhänderische Sorge i. S. von § 266 StGB – Untreue?, NStZ 2000, 522

Winkelbauer, Wolfgang: Strafrechtlicher Gläubigerschutz im Konkurs der KG und der GmbH & Co. KG, wistra 1986, 17

ders.: Anmerkung zu BGH vom 6.11.1986 – 1 StR 327/86, JR 1988, 33

Winter, Martin: Verdeckte Gewinnausschüttungen im GmbH-Recht, ZHR 148 (1984), 579

ders.: Mitgliedschaftliche Treuebindungen im GmbH-Recht – Rechtsformspezifische Aspekte eines allgemeinen gesellschaftsrechtlichen Prinzips, München, 1988

ders.: Eigeninteresse und Treuepflicht bei der Einmann-GmbH in der neueren BGH-Rechtsprechung, ZGR 1994, 570

Wittkowski, Lutz: Haftung und Haftungsvermeidung beim Management-Buy-Out einer GmbH – Eine Bewährungsprobe der Kapitalsicherung im GmbH-Recht, GmbHR 1990, 544

Wodicka, Josef Maria: Die Untreue zum Nachteil der GmbH bei vorheriger Zustimmung aller Gesellschafter, Frankfurt am Main, 1993

Wollburg, Ralph: Unternehmensinteresse bei Vergütungsentscheidungen – Oder: Verstieß die Zahlung der Mannesmann-Prämien gegen das Unternehmensinteresse der Mannesmann AG, ZIP 2004, 646

Ziegler, Klaus: Verlustausgleich und Haftungsdurchgriff beim qualifiziert faktischen GmbH-Konzern Teil I und II, WM 1989, 1041 und 1077

Ziemons, Hildegard: Die Haftung der Gesellschafter für Einflussnahmen auf die Geschäftsführung der GmbH, Köln, 1996

Zieschang, Frank: Strafbarkeit des Geschäftsführers einer GmbH wegen Untreue trotz Zustimmung sämtlicher Gesellschafter?, in FS Kohlmann (2003), 351

Zipf, Heinz: Einwilligung und Risikoübernahme im Strafrecht, Neuwied, 1970

Zippelius, Reinhold: Juristische Methodenlehre, München, 1990

Zitelmann, Ernst: Ausschluss der Widerrechtlichkeit, AcP 99 (1906), 1

Zöllner, Wolfgang: Die Schranken mitgliedschaftlicher Stimmrechtsmacht bei den privatrechtlichen Personenverbänden, München, 1963

Zöllner, Wolfgang; Noack, Ulrich (Hrsg.): Kölner Kommentar zum Aktiengesetz, Köln, 3. Aufl. 2004 ff.

FSC
www.fsc.org
MIX
Papier | Fördert gute Waldnutzung
FSC® C083411

Kolibri 360 GmbH
Ferdinand-Jühlke-Straße 7
99095 Erfurt, Deutschland
produktsicherheit@kolibri360.de

Druck:
CPI Druckdienstleistungen GmbH
im Auftrag der
Kolibri 360 GmbH
Ferdinand-Jühlke-Str. 7
99095 Erfurt